U0929768

2021
上海
信息化年鉴

SHANGHAI INFORMATIZATION

《上海信息化年鉴》编纂委员会 编

上海人民出版社 学林出版社

浦发银行
SPD BANK

数字金融
智能
旅程陪伴。
投融一体
专业
创造价值。
贵宾权益
匠心
甄选礼遇。

兴业消费金融股份公司

正规持牌金融机构

《2021 上海信息化年鉴》编纂委员会

《2021 上海信息化年鉴》编辑部

主　　编： 吴剑栋

副 主 编： 邵　娟

编　　辑： 李　燕　李丹文　蔡晶静　殷晓磊
王　婷

承办单位： 上海市经济和信息化发展研究中心

2020 年 11 月 5 日至 10 日，第三届中国国际进口博览会在上海举办，大量新产品、新技术、新服务亮相展会。

2020 年 7 月 9 日至 11 日，2020 世界人工智能大会在上海举办。此次大会以“智联世界　共同家园”为主题，举行近百场各类论坛和特色活动，共同探讨人工智能前沿技术、产业化发展和服务化应用。

2020 年 9 月 15 日至 19 日，第二十二届中国国际工业博览会在上海举办。本届工博会以“智能、互联——赋能产业新发展”为主题，共设九大专业展，参展企业超过 2000 家。

2020 年 9 月 24 日，以“科技让未来更普惠”为主题的全球高级别金融科技大会——首届外滩大会在上海举行。

2020 年 4 月 1 日，上海在全国范围内率先实现电子执照、电子印章同步发放。电子执照、电子印章不仅与纸质执照、实体印章拥有同等法律效力，在使用上，企业还可凭电子执照、电子印章在“一网通办”等政务网络平台办理业务。

2020 年，上海东方社区信息苑开展“一网通办”“随申办”等应用的社区辅导。市民在家门口就能享受专业讲师的讲解，系统学习如何通过智能手机使用各类便民服务。

2020 年 12 月 4 日，2020 中国（上海）大数据产业创新峰会举行。本届峰会以“数聚浦江之滨，赋能创新之城”为主题，线下线上同步举办。

2020 年，上海市长宁区江苏路街道科技赋能“一网统管”，AI 摄像头 5 分钟内拍照分析派单，结合线下基层干部高效处置，大大提升工作效率。

第三届中国国际进口博览会举办期间，上海市青浦区在进博会重点保障区域充分运用城市运行“一网统管”平台，突出科技赋能城市管理。

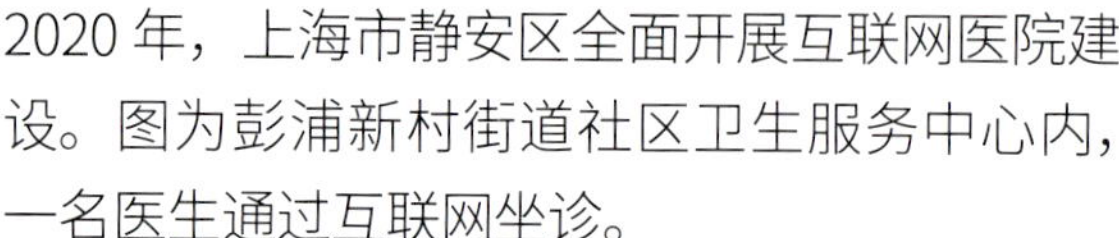

2020 年，上海市静安区全面开展互联网医院建设。图为彭浦新村街道社区卫生服务中心内，一名医生通过互联网坐诊。

2020 年 10 月 20 日，全国首家邮政金融旗舰店——上海市普陀区曹杨新村邮政支局开业。借助 5G 技术，曹杨新村邮政支局打造“万物互联、智慧洞察”的智慧银行，引领金融服务模式创新。

2020年11月26日，由中国科学技术交流中心、以色列创新署主办的第四届中以创新创业大赛暨第六届中以创新合作大会系列活动在上海举办。

2020年上海科技节期间，组委会在上海中心大厦、上海电影博物馆等五地举办“科学之夜”活动。图为小朋友在“科学之夜”活动中体验VR滑雪。

随着中国游戏产业研究院和拳头游戏公司亚太总部等相继落“沪”，上海正驶入打造全球电竞之都的快车道。图为2020英雄联盟全球总决赛（S10）在上海上演巅峰对决。

2020 年，中国（上海）自由贸易试验区临港新片区主要经济指标向好，“东方芯港”“生命蓝湾”“大飞机园”等特色产业园区相继开园。

2020 年 7 月 10 日，上海石化智能仓储项目上线运行。该仓库为中国石化首个使用 AGV（自动导引运输车）技术的智能物资仓库。

目录 · CONTENTS

特　载

2020 年上海市国民经济和社会信息化工作综述 ……2
推动产业和信息化高质量发展……13

第一编　信息基础设施

综　述 ……18
第一章　基础信息网络……21
概　述……21
一、数据通信网 ……21
二、移动通信网 ……22
三、有线电视网 ……22
四、广播电视网 ……23
第二章　网络传输设施……24
概　述……24
一、信息通信管线 ……24
二、上海超级计算中心 ……25
第三章　信息基础设施管理……28
概　述……28
一、无线电管理 ……28
二、广播电视管理 ……34

第二编　信息产业

综　述 …… 38
第一章　电子信息制造业 …… 39
概　述 …… 39
一、集成电路产业 …… 41
二、通信和网络设备制造业 …… 52
三、消费电子产业 …… 59
四、物联网产业 …… 67
第二章　信息服务业 …… 75
概　述 …… 75
一、软件和信息服务业 …… 75
二、电信传输服务业 …… 79
三、广电信息业 …… 90
四、新兴产业 …… 95

第三编　政务领域信息化

综　述 …… 104
第一章　电子政务支撑系统 …… 105
概　述 …… 105
一、一网通办 …… 105
二、政务服务渠道优化 …… 109
第二章　机关信息化 …… 111
概　述 …… 111
一、上海市人民代表大会 …… 111
二、中国共产党上海市委宣传部 …… 113

三、上海市高级人民法院 …… 114
四、上海市发展和改革委员会 …… 116
五、上海市经济和信息化委员会 …… 120
六、上海市公安局 …… 122
七、上海市司法局 …… 124
八、上海市财政局 …… 125
九、上海市规划和自然资源局 …… 131
十、上海市住房和城乡建设管理委员会 …… 134
十一、上海市水务（海洋）局 …… 137
十二、上海市文化和旅游局 …… 141
十三、上海市审计局 …… 142
十四、上海市市场监督管理局 …… 144
十五、上海市地方金融监督管理局 …… 147
十六、上海市国有资产监督管理委员会 …… 148
十七、上海市统计局 …… 151
十八、上海市绿化和市容管理局 …… 154
十九、上海市药品监督管理局 …… 156
二十、上海市知识产权局 …… 161
二十一、上海市监狱管理局 …… 162

第四编　公共服务信息化

综　述 …… 168
第一章　智慧交通 …… 169
概　述 …… 169
一、支撑体系 …… 169
二、示范应用 …… 170

三、公共交通信息系统 …… 176

第二章　智慧健康 …… 178

概　述 …… 178

一、卫生管理信息化 …… 178

二、疫情防控信息化 …… 180

第三章　智慧教育 …… 183

概　述 …… 183

一、教育信息化建设 …… 183

二、教育资源开发 …… 184

三、高校信息化 …… 185

第四章　智慧生活 …… 209

概　述 …… 209

一、智慧民政 …… 209

二、智慧社区 …… 211

三、智慧邮政 …… 214

第五章　智慧文化 …… 216

概　述 …… 216

一、数字新媒体 …… 216

二、网络出版 …… 217

三、重点文化机构信息化 …… 220

第六章　智慧旅游 …… 237

概　述 …… 237

一、旅游环境信息化 …… 237

二、旅游电子商务信息化 …… 238

第五编　经济领域信息化

综　述 …… 240

第一章　智慧商务 …… 241

概　述 …… 241

一、电子商务发展概况 …… 241

二、电子商务监管和服务 …… 243

第二章　制造业信息化 …… 245

概　述 …… 245

一、工业互联网 …… 245

二、智能制造 …… 248

三、典型案例 …… 252

第三章　农业信息化 …… 266

概　述 …… 266

一、平台体系建设 …… 266

二、发展应用 …… 267

第四章　金融信息化 …… 268

概　述 …… 268

一、银行业信息化 …… 268

二、证券业信息化 …… 272

三、期货业信息化 …… 274

四、基金业信息化 …… 275

五、保险业信息化 …… 276

六、互联网金融 …… 277

第五章　智慧航运 …… 278

概　述 …… 278

一、电子口岸平台 …… 278
二、国际贸易单一窗口 …… 278
三、亚太示范电子口岸网络 …… 280

第六编　信息安全

综　述 …… 282
第一章　信息安全服务 …… 283
概　述 …… 283
一、数字证书推广 …… 283
二、信息安全宣传教育 …… 287
第二章　信息安全技术研发及产业化 …… 289
概　述 …… 289
一、信息安全技术产业化 …… 289
二、重要信息安全企事业单位 …… 291

第七编　信息化环境

综　述 …… 304
第一章　信息化政策法规 …… 305
概　述 …… 305
一、行政审批制度改革 …… 305
二、依法行政工作 …… 306
第二章　信息化人才工作 …… 308
概　述 …… 308
一、信息化人才教育培训 …… 308

二、信息化人才技能竞赛活动…… 310
三、信息化优秀人才评选 …… 310
第三章 信息化研究与咨询 …… 312
概 述…… 312
一、上海市人工智能战略咨询专家委员会 …… 312
二、上海市经济和信息化发展研究中心 …… 313
三、上海市信息服务外包发展中心 …… 316
第四章 行业（专业）协会发展 …… 318
概 述…… 318
一、上海市信息家电行业协会…… 318
二、上海软件行业协会 …… 322
三、上海市无线电协会 …… 324
四、上海信息化发展研究协会…… 326
五、上海市交通电子行业协会…… 328
六、上海市信息安全行业协会…… 331
第五章 信息化合作交流及重要展会 …… 335
概 述…… 335
一、国内外合作交流 …… 335
二、重要展会 …… 342

第八编 区信息化建设

综 述 …… 348
第一章 浦东新区信息化建设 …… 349
概 述…… 349
一、政务领域信息化 …… 349
二、社会领域信息化 …… 354

三、城市建设管理领域信息化 …… 361
四、信息产业发展 …… 367
五、信息基础设施建设 …… 370
六、信息化环境建设 …… 372
第二章　黄浦区信息化建设 …… 376
概　述 …… 376
一、政务领域信息化 …… 377
二、社会领域信息化 …… 378
三、城市建设管理领域信息化 …… 379
四、信息产业发展 …… 381
五、信息基础设施建设 …… 381
六、信息化环境建设 …… 382
第三章　徐汇区信息化建设 …… 386
概　述 …… 386
一、政务领域信息化 …… 386
二、社会领域信息化 …… 388
三、城市建设管理领域信息化 …… 390
四、信息产业发展 …… 392
五、信息基础设施建设 …… 393
六、信息化环境建设 …… 394
第四章　长宁区信息化建设 …… 396
概　述 …… 396
一、政务领域信息化 …… 397
二、社会领域信息化 …… 397
三、信息产业发展 …… 398
四、信息基础设施建设 …… 400
五、信息化环境建设 …… 400

第五章　静安区信息化建设 …… 402
概　述 …… 402
一、政务领域信息化 …… 403
二、社会领域信息化 …… 404
三、城市建设管理领域信息化 …… 405
四、信息产业发展 …… 405
五、信息基础设施建设 …… 406
六、信息化环境建设 …… 407
第六章　普陀区信息化建设 …… 409
概　述 …… 409
一、政务领域信息化 …… 410
二、社会领域信息化 …… 411
三、城市建设管理领域信息化 …… 412
四、信息产业发展 …… 413
五、信息基础设施建设 …… 415
六、信息化环境建设 …… 415
第七章　虹口区信息化建设 …… 418
概　述 …… 418
一、政务领域信息化 …… 418
二、社会领域信息化 …… 420
三、城市建设管理领域信息化 …… 422
四、信息产业发展 …… 426
五、信息基础设施建设 …… 429
六、信息化环境建设 …… 430
第八章　杨浦区信息化建设 …… 434
概　述 …… 434
一、社会领域信息化 …… 434

二、信息产业 …… 435
三、信息基础设施建设 …… 436
四、信息化环境建设 …… 436
第九章　闵行区信息化建设 …… 438
概　述 …… 438
一、政务领域信息化 …… 438
二、社会领域信息化 …… 439
三、城市建设管理领域信息化 …… 440
四、信息产业发展 …… 442
五、信息基础设施建设 …… 443
六、信息化环境建设 …… 444
第十章　宝山区信息化建设 …… 446
概　述 …… 446
一、政务领域信息化 …… 447
二、社会领域信息化 …… 453
三、城市建设管理领域信息化 …… 457
四、信息产业发展 …… 459
五、信息基础设施建设 …… 461
六、信息化环境建设 …… 462
第十一章　嘉定区信息化建设 …… 463
概　述 …… 463
一、政务领域信息化 …… 463
二、社会领域信息化 …… 466
三、城市建设管理领域信息化 …… 467
四、信息产业发展 …… 469
五、信息基础设施建设 …… 471
六、信息化环境建设 …… 471

第十二章　金山区信息化建设 …… 473
概　述…… 473
一、政务领域信息化 …… 474
二、社会领域信息化 …… 477
三、城市建设管理领域信息化…… 479
四、信息产业发展 …… 483
五、信息基础设施建设 …… 485
六、信息化环境建设 …… 485
第十三章　松江区信息化建设 …… 488
概　述…… 488
一、政务领域信息化 …… 488
二、信息产业发展 …… 489
三、信息基础设施建设 …… 490
四、信息化环境建设 …… 490
第十四章　青浦区信息化建设 …… 491
概　述…… 491
一、政务领域信息化 …… 491
二、社会领域信息化 …… 492
三、信息产业发展 …… 493
四、信息基础设施建设 …… 493
五、信息化环境建设 …… 493
第十五章　奉贤区信息化建设 …… 495
概　述…… 495
一、政务领域信息化 …… 495
二、社会领域信息化 …… 497
三、城市建设管理领域信息化…… 500
四、信息产业发展 …… 501

五、信息基础设施建设 …… 501
六、信息化环境建设 …… 502
第十六章　崇明区信息化建设 …… 504
概　述 …… 504
一、政务领域信息化 …… 505
二、社会领域信息化 …… 506
三、城市建设管理领域信息化 …… 507
四、信息产业发展 …… 508
五、信息基础设施建设 …… 509
六、信息化环境建设 …… 510

附　录

2020 年上海市信息化建设大事记 …… 514
2020 上海市智慧城市发展水平评估报告 …… 531
2020 上海软件和信息技术服务业“百强”企业名单 …… 560
2020 上海软件和信息技术服务业高成长“百家”企业名单 …… 564
2021 年度上海市网络与信息安全服务推荐单位名单 …… 568

索　引

特　载

SHANGHAI INFORMATIZATION

2020年上海市国民经济和社会信息化工作综述

推进新型数字基础设施建设，为推进城市数字化转型注入新活力

为加快推进上海城市数字化转型，上海信息基础设施建设在夯实无线城市、宽带城市建设基础上，加快推进5G网络、新型城域物联专网、数据中心、通信网络等数字化基础设施建设，更好地支撑产业高质量发展、城市高智能运转，不断满足人民群众日益增长的美好生活需求，进一步提升上海城市发展核心竞争力。

基础信息网络

持续优化基础信息网络设施建设。2020年上海市移动电话用户数达到4 277万户，其中5G用户数612万户；千兆接入能力覆盖家庭数达到960万户；家庭宽带用户平均接入带宽达到210 Mbps。上海全市有线电视用户总覆盖用户数超750万户，宽带用户规模64.8万户，高清用户规模445.5万户。市级电视调频发射台和中波发射台共发射15个调频广播频率、8个中波频率、6个地面数字电视频道，发射信号覆盖整个上海市范围。

全力推进5G网络建设与场景应用。全市累计建设5G室外基站超3.2万个、室内小站超5.1万个，实现5G网络中心城区和郊区重点区域室外连续覆盖。长三角生态绿色一体化发展示范区、中国（上海）自由贸易试验区（以下简称“上海自贸试验区”）临港新片区、虹桥商务区、崇明花博园、张江科学城、金桥5G生态城等重点区域5G建设有序推进，浦东、虹

桥两大机场和297个地铁的地下站厅站台等5G覆盖取得阶段成果，发布《上海市综合杆基站建设导则》，推动浦东、黄浦、徐汇、虹口4区综合杆基站试点。智能制造、健康医疗、智慧教育等十大领域推进402项5G应用项目，以行业示范应用带动5G产业链、业务链、创新链融合发展。举办第三届绽放杯5G应用征集大赛上海分赛，发布《5G+智慧交通白皮书》和《5G+智慧教育白皮书》，发掘场景需求。

深入推进全市新型城域物联专网建设。发布《新型城域物联专网建设导则2020版》，覆盖近30个行业领域、95个应用场景。虹口、杨浦、普陀、嘉定、松江等区规模部署30余种场景累计60余万个智能传感终端建设，建立具有场景识别、数据管理、事件流转等功能的神经元综合管理平台，为城市管理、民生服务、工程建设、生态环境等提供物联感知综合数据服务，持续完善全市“新基建”物联感知终端部署和“一网统管”的基础支撑。

统筹推进互联网数据中心建设。第二批新建互联网数据中心建设方案征集和建设导则符合性评估共支持12个项目共计3.6万机架用能指标，2020年底前第一批支持的6个项目将陆续完成建设并逐步交付使用。稳步推进阿里巴巴飞天云计算中心和集团全球信息枢纽中心、腾讯长三角人工智能超算中心及产业基地、中国电信全球数据枢纽平台和公共算力中心、中国移动5G生态谷与临港数据中心（二期）、交通银行新同城数据中心等重大产业项目落地建设。开展上海市数据中心“十四五”发展规划编制与互联网数据中心建设导则（2019版）修编，指导全市互联网数据中心建设。

基础通信网络内部分化明显。全年上海固定电话主叫通话时长为84.3亿分钟，同比下降2.7%；移动电话通话时长841.8亿分钟，同比下降5.2%；移动短信业务量840.4亿条，同比增长10.9%，其中各类服务登录和身份认证等行业应用短信的占比为92.1%；移动互联网接入流量309 548.1万GB，同比增长33.8%，其中手机上网流量296 725.1万GB，同比增长29.1%。新一轮移动通信网络建设迎来高潮，移动电话基站物理站址2.3万个，同比增长3.2%；移动电话基站达到17.8万个，同比增长8.1%，其中4G基站9.5万个，同比增长1.5%，5G基站3.1万个，其中新建1.3万个。互联网宽带接入端口2 322.0万个，同比增长14.5%；互联网城域出口带宽33.9 Tbps，同比增长33.5%；互联网国际出口带宽7.6 Tbps，同比增长61.3%。

重大设施建设

超级计算中心服务能力明显提升。“魔方Ⅱ”全年可用率达99.51%，累积使用机时5 085万核小时。“魔方Ⅲ”可用率达99.88%，有效缓解了上海市及长三角地区研究机构及大型企业科技研发、工业产品设计对计算能力的迫切需求，截至2020年底，计算平台服务提交作业107万个，全年累积使用机时1.5亿核小时。承担国家和地方重大科技计划在研项目14个，中心科研创新能力提升。先后组织“魔方大数据系列论坛”11次，主办中国（上海）大数据产业创新峰会，联合多家单位共同成立“上海国际数据港产业合作共同体”，服务全市大数据“五位一体”发展战略。

无线电管理

持续优化全市无线电管理建设。2020年无线电频率使用率有效测试公里数达12 490公里，收集约530小时的全频段数据。2020年固定监测网站监测频点数累计达1 179 098个，累计监测时长43 824小时，主动信号分析累计2 399个。2020年无线电发射设备备案企业累计458家，涉及设备型号31 568个。主办首届长三角军地联合无线电安全保障技术演练，吸引16家专业机构到场、全国无线电管理机构6 000人次在线观摩。编制《上海市无线电管理“十四五”规划》《数字无线专用对讲通信系统工程技术射频标准研究》《5G网络用户感知测试规范》等规划文件与标准规范，统筹推进全市无线电与5G移动通信基站管理建设。开展“长三角地区频率管理区域协调”课题研究，为进一步推动长三角区域无线电管理协同合作打下坚实基础。

信息技术产业持续发展壮大，形成创新驱动的数字化产业服务引擎

随着大数据、人工智能等数字化技术在经济社会各领域的深化应用以及智慧化产业发展环境的持续优化，全市“以应用促产业，以产业带应用”的数字产业发展格局持续巩固推进，以人工智能、工业互联网、大数据、集成电路等为代表的数字化产业发展进入快车道，有力支撑全市产业创新与经济数字化转型。

电子信息制造业

集成电路产业超额完成“十三五”发展目标。上海集成电路产业累计总投资额为415.33亿美元，从业人员总数235 473人，累计总注册资金额为226.89亿美元。2020年产业销售收入为2 071.33亿元，比上年同期增长21.37%，其中设计业954.15亿元，同比增长33.39%；芯片制造业467.18亿元，同比增长19.87%；封测业430.9亿元，同比增长12.64%；设备材料业219.1亿元，同比微增0.06%。主要半导体设备材料制造企业共43家，科创板上市13家，其中设计企业7家、材料企业4家、芯片制造和设备企业各1家。国家集成电路创新中心牵头制定并发布《中国集成电路技术路线图（初稿）》，这是我国首次发布集成电路技术路线图。

通信和网络设备制造业发展稳中求进。上海市通信设备制造业2020年工业总产值1 808.97亿元，同比增长5.3%，销售收入1 784.11亿元，同比下降4.9%，利润总额36.97亿元，同比下降30.4%。在5G通信技术应用发展方面，有序推进5G商用落地，上海率先完成双千兆第一城建设，实现5G网络中心城区和郊区重点区域室外连续覆盖。

全市消费电子产业快速发展。2020年全市超高清视频产业快速发展，在标准制定、芯片研发、内容生产、传输渠道、终端显示等技术研发和产业化方面取得重要进展。全市发布《超高清有线电视智能机顶盒技术要求》和《超高清有线电视智能融合终端技术要求》两项超高清终端产品团体标准。超高清视频内容供给能力得到大幅提升，上海广播电视台“欢笑剧场”首个上星4K超高清频道正式开播，为全国五个超高清频道之一；上海电视台、百视通等众多内容制作相关企业积累众多超高清内容，为观众收看超高清视频带来良好的体验。超高清视频技术与5G、VR、AI等信息技术渗透融合，在远程医疗、视频会议、现场直播、在线教育等场景得到创新应用。

软件和信息服务业

信息服务业产业成为支撑服务业增长的主要力量。信息服务业产值10 912.97亿元，占全市生产总值的比重达到8.4%，增加值3 250.74亿元，同比增长13.5%，占全市增加值的8.4%，占第三产业增加值的11.5%，固定资产投资额达到278.2亿元，增长21%。从业人员80.9万人。规模以上信息服务企业超过2 200家，占全市服务业比重超过10%，超亿元企业812家，超百亿元企业15家。全年投融资共332笔，主要分布在互联网健康、在线文娱、垂直电商等领域，以战略投资和A轮为主，占全市投资数的比重分别为30%、22%；其中116笔共涉及金额超过350亿元，共有112个项目的投资金额超过100万元，82个项目的投资金额超过5 000万元，68个项目的投资金额超过1亿元。

软件产业发展生态逐步形成。软件产业实现营业收入6 395.5亿元，比上年同期增长11.5%。其中集成电路设计增长达到62.1%，成为拉动软件产业增长的重要动力。软件企业实现利润1 003.8亿元，比去年同期增长23.6%，平均利润率达到15.7%。以信息技术外包方式出口额达到54.4亿美元，同比增长11.9%。全行业从业人员达到55.3万人，超亿元企业数633家，营业收入增速为14%，收入占全行业比重超过90%，利润占全行业利润超过95%；超10亿元软件企业增速超过20%，远远高于行业平均水平。软件企业平均收入超过2.5亿元，高于全国平均水平。全市有85家企业通过国家规划布局内重点软件企业和集成电路设计企业所得税优惠核查，其中重点软件企业70家、重点集成电路企业15家。

互联网信息服务业蓬勃发展。上海互联网信息服务业实现营业收入3 484.37亿元，比上年同期增长 19.1%。上海占据全国 30% 的网络游戏市场、60% 的金融信息服务市场、70% 的 O2O 生活服务市场，形成业态最为完善的数字内容产业链。上海拥有增值电信业务经营许可证的企业数量为 6 176 家，其中跨地区企业 2 295 家、本地企业 3 881 家，拥有本地信息服务业务经营许可证（ICP）的企业数量为 2 811 家，全市共有 20 家互联网企业入选 2019 中国互联网百强。

电信传输服务业

电信业务总量继续保持高速增长。2020 年完成电信业务总量 2 822.9 亿元，同比增长 25.8%。电信业务收入 595.8 亿元，同比增长 2.3%。非话音业务收入 537.3 亿元，占电信业务收入的比例为 90.2%，提升 1.9 个百分点，通信业务结构持续优化。电信利润总额 98.6 亿元，同比下降 4.5%。固定资产投资完成额 116.9 亿元，同比下降 29.8%。

电信用户市场总量保持稳中有升态势。固定电话普及率为 26.2 部 / 百人，移动电话普及率为 176.2 部 / 百人。固定电话用户 636.5 万户，同比下降 1.1%。移动电话用户 4 227.6 万户，同比增长 6.7%，其中 3G 用户 176.3 万户，同比下降 27.9%，4G 用户 3 246.2 万户，同比下降 9.8%，占比 75.9%，5G 用户 859.7 万户，同比增长 1 733.0%。手机上网用户 3 361.6 万户，同比增长 5.7%。

固定互联网宽带接入用户规模保持上升趋势。固定互联网宽带接入用户 919.0 万户，同比增长 15.2%，其中 FTTH/O 用户为 862.0 万户，同比增长 4.5%，占比达 93.8%。速率在 100 Mbps 以上的用户为 764.5 万户，同比增长 4.2%，占比达到 83.2%。1 000 Mbps 以上用户为 47.3 万户，占全国 1 000 Mbps 以上用户总数的 7.4%，千兆光网建设先发优势明显。IPTV 用户 565.0 万户，同比增长 0.8%。

增值电信业务发展态势良好。市通信管理局共向 4 625 家增值电信企业合计颁发 5 130 个许可项目，许可项目较 2019 年同比增长 43.9%，其中信息服务业务数量占所有业务许可总量的 70.8%。规模以上互联网和相关服务企业业务收入 2 898.6 亿元，较 2019 年增长 20.9%，其中互联网平台业务收入总数达 1 944.6 亿元，较 2019 年增长 19.4%，信息服务业务收入 789.7 亿元，较 2019 年增长 27.5%。

新兴产业

人工智能产业带动效应明显。2020 年上海人工智能重点企业达 1 149 家，全年规上产业规模超过 2 000 亿元，行业复苏态势明显。平台型企业、技术类企业、基础类企业、应用类企业等产业链优势企业呈现协同发展态势。浦东张江人工智能岛成为国内行业地标，徐汇西岸国际人工智能中心正式启用，闵行马桥人工智能创新试验区以特色主导产业推动区域整体开发，临港新片区以前沿产业集聚和政策制度创新吸引一批领军企业与项目落户，市北高新、长阳创谷、虹桥智谷等特色园区加快建设，华东无人机基地等区域产业集聚发展。场景应用领域，持续建设洋山港—东海大桥—芦潮中心站海铁联运、张江人工智能岛智慧园区等综合性应用场景，发布申通地铁、华东无人机基地、张江科学城等重量级场景，在防疫、制造、金融、交通、商贸、文旅等领域打造一批人工智能应用场景。智能网联汽车累计开放测试道路 530.57 公里，向 20 家企业颁发道路测试和示范应用牌照 119 张。持续推进人工智能人才队伍、资金保障、行业组织、治理体系等行业资源建设，人工智能发展生态持续完善。

上海大数据产业位列全国第一梯队。2020 年上海市大数据产业总产值达 2 388.3 亿元，同比增长 16.3%，带动上下游及相关领域产业产值增长 6 000 亿元。2020 年企业研发投入总计超过 1 884.7 亿元，企业获授权专利数量达到 7 260 项。大数据产业链上，关键技术类企业 393 家，占比近 40%，总营收达 988.2 亿元；应用类企业达 564 家，占比超过 50%，总营收达 1 162.3 亿元。产业集聚方面，市区联动推动大数据产业基地（静安区市北高新）和大数据创新基地（杨浦区云基地）两个大数据产业集聚区建设，静安区大数据核心企业达 251 家，占全市大数据核心企业总数的四分之一（25.8%），杨浦区大数据核心企业达 88 家，占全市大数据核心企业比重达 9.0%。浦东新区、徐汇区大数据企业产值均超过 100 亿元。上海大数据联盟全国注册会员超过 700 家，十余所高校着力加强人才培养和数据科学基础研究，数据交易中心、应用创新中心等一批功能性机构快速发展。

加快推进“一网通办”与“一网统管”建设，深化治理数字化转型

上海坚持从群众需求和城市治理出发，紧抓政务服务“一网通办”、城市运行“一网统管”“牛鼻子”工程，在更大范围、更宽领域、更深层次推动城市治理的全方位变革，全面支撑上海超大城市治理现代化建设。

“一网通办”成为上海营商环境建设金字招牌。“一网通办”总门户接入 3 071 项服务事项，实现网办率达 55.60%，全程网办率达 47.15%，分别比上年同期增加 20 个百分点、27 个百分点，个人实名用户数超 4 415 万。完成“一网通办”PC 总门户、“随申办”App 以及支付宝、微信小程序四端升级改版，“一网通办”国际版、“随申办”市民中心和生活号正式上线运行，推进“一网通办”线下智能自助终端建设。“两个免于提交”归集了市级 590 类、区级 698 类电子证照，累计归集证照过亿张，累计调用超 3 亿次，在银行金融机构、电信运营商等领域持续推进电子证照社会化应用。上线市级重点 15 个“一件事”流程再造工作任

务，完成办件近25万件。长三角“一网通办”推进三省一市21类电子证照共享互认，实现83项服务事项跨省通办，开通550个长三角“一网通办”线下专窗办理点，全程网办办件460余万件。探索“AI+一网通办”应用示范，已在部分区推出“线上居住登记、居住证办理秒审秒批”等便民举措。

移动端“随申办”超级应用持续优化。“随申办”超级应用推出100项“不见面”办理事项，全面推动市级部门移动端整合至“随申办”工作。市民主页和企业专属网页特色服务实现主题、事项、政策等精准推送4.87亿次。新冠肺炎疫情防控期间加急推出“随申码”及其延伸服务，累计使用次数超21亿次，累计用码人数近4 400万人，日访问量峰值达到1 360万次。开设“一网通办”新冠防控专栏及“企业防疫战”专题，接入超过14.48亿余条数据，提供18.33亿次共享调用服务。推动“健康码”互认，实现跨层级、跨省市数据共享交换。第三届中国国际进口博览会（以下简称“进博会”）期间完成1 300多万人次的健康码数据比对，有效保障进博会安全。

“一网统管”构建上海城市数字治理新模式。“一网统管”纳入综治、市场监管、110非警情等业务，并逐步接入12345热线处置、社区云等内容，推动形成“1+3+N”网格化系统。“一网统管”市域物联网中心成立，其搭建的城市级物联网安全开放平台已为16个区以及水务、消防等委办提供100多个应用场景的物联数据与智能化服务解决方案，与50余个龙头企业形成开放共赢的生态伙伴关系，截至2021年3月，平台共汇入360类感知终端、51万个物联感知设备，日均数据增量840万条数据，2020年底达1 000万端感知设备数据接入。上海“一网统管”系统2.0版上线，市级平台汇集50多个部门的185个系统、近千个应用，有力提升城市治理能力和治理体系现代化水平。推出全新“一网统管”轻应用开发与赋能中心，实现瞬时汇集、动态分析，强化场景开发的“实战应用能力”，探索对基层单位赋能。

深化公共数据归集治理与共享建设。全市已归集公共数据394.66亿条，实现跨部门数据共享34.12亿条、跨层级数据交换205亿条次，调用国家共享数据1.58亿条。建成自然人婚姻、死亡专题数据库，自然人、法人、空间地理综合库以及相关专题库，有效支撑各类场景下的数据应用。全市建立以应用场景为基础的授权共享机制，需求部门数据获得率达到96%以上，符合应用场景授权的需求当天办结率达到92.5%，支撑55类材料的免交工作，落实材料减免需求111件，接口调用总量为80.5万次。迭代建设公共数据开放平台，发布全市各区各部门4 398个数据集，普惠金融应用新接入14家银行，累计向18家银行提供95万次数据调用，为27 000多户中小微企业提供200多亿元的授信支持。发布《公共数据共

享交换工作规范 第 1 部分：平台建设和运行管理要求》等 3 项地方标准，发布《自然人婚姻专题库数据规范》等 5 项标准化技术文件。

持续推进政务系统集约化建设。全市已完成 1 786 个系统迁移上云工作，并开展对云上应用整体的安全评估。全市电子政务云级建设形成电信、移动、联通 3 家云服务商共同参与，6 个高品质数据中心联合支撑，华为、阿里 2 种技术架构“双核驱动”，市公安局“城运云”统一纳管的合理布局。全市共撤销 8 个市级部门专网，实现 6 个市级部门专网与政务外网联通，完成市级电子政务外网升级改造。选择中共上海市委军民融合发展委员会办公室、上海市退役军人事务局、上海市体育局、上海市绿化和市容管理局、上海市机关事务管理局、上海市人力资源和社会保障局 6 个部门开展信息化建设运维整合试点工作。发布《上海市电子政务外网管理办法》《上海市电子政务外网建设和运行管理指南（试行）》，构建规范和指导全市政务云和政务外网建设管理工作的制度体系。上海市电子政务灾备体系建设实行市、区两级统筹建设、分级管理的模式。

持续推进公共服务领域创新应用，全面提升市民城市生活品质

全市围绕“基本民生、治理民生、底线民生”三方面，在交通出行、日常生活、教育教学、文化旅游等领域实施一批以提高市民感受度为目标的公共服务项目，利用智能化、数字化手段让资源精准触达每位市民，加快为市民打造面向未来的数字生活。

持续深化交通综合治理与公共服务建设。编制交通管理领域《“一网统管”三年行动计划》，聚焦大客流管控、轨道交通、停车监管三方面，开展“一网统管”智能化应用场景建设。累计向上汽、蔚来等 21 家车企发放 148 张自动驾驶汽车道路测试牌照，有效测试里程超过 11 万公里，2020 年新增总计达 429.6 公里的自动驾驶开放测试道路 203 条，全市累计开放总里程 559.9 公里的 243 条测试道路。交通出行方面，上海公交、乐行上海、上海交通 3 个 App 整合接入“随申办”移动端超级应用，“乘车码”接入“随申码”，市民通过“随申办”App、“随申办”微信小程序可扫码坐公交、乘轮渡、搭市域铁路，提升公共交通服务能级。上海市出租车统一平台“申程出行”App、“上海停车”App 正式上线试运行，为市民约车出行、便捷停车等提供全方位服务。

新版社保卡、付费通在便捷市民生活领域成果明显。全市累计 1 830 余万人申领新版社保卡，其中户籍人员 1 359 余万人，申领率为 92.15%；来沪参保人员 470 余万人，申领率为 96.72%。开通社保应用功能 1 601 余万人，开通率为 88.05%。新版社保卡即时申领、即

时制卡、即时补换功能覆盖 311 家社区网点及 526 家银行网点。付费通初步实现账单支付平台向支付服务平台的战略转型，为行业内 24 家保险公司提供安全便利且多元化的全场景支付解决方案。市民可通过“付费通”App、“付费通账单查缴”微信服务号、付费通网站等多种线上渠道，办理 2020 年度个人房产税税额查缴与 2019 年度及以前逾期的房产税补缴、少儿住院互助基金缴纳等业务。

统筹推进教育文化领域数字化创新应用。开展作业库与目标库、空中课堂视频资源标引与加工、数字教材应用推广、数字教材教学应用支持系统等教育资源开发应用，其中数字教材学校应用已扩大至 12 个区共计 166 所学校。上海市各类高等院校将信息化技术与教学、科研、管理、服务深度融合，围绕多元化教学、个性化学习、精细化治理、智慧化服务等方面创新推出一系列特色项目，支撑数字校园建设，推进学校教育持续高质量发展。“文化上海云”平台累计注册用户数达 675 万，月均浏览量达 630 万，活跃用户数达到 200 万，累计服务人次高达 5 180 万。数字新媒体快速发展，2020 年内容消费总额同比增长 90% 以上，垂直视听领域发展潜力巨大。

智慧旅游基础建设及商务领域有序推进。上海旅游突发事件安全管理系统明确市、区、企业三级处置流程，实现应急信息发送、信息反馈汇总，形成完整的上传下达信息闭环，提高应急响应处置效率。2020 年旅游“E”点通数据库触摸屏累计配送 12 台，维修及时率 100%，故障修复率 100%。上海市上报新建、改扩建旅游厕所计划 102 份，新填报 77 家 A 级景区厕所共计 465 座，百度电子地图旅游厕所标注数为 1 130 座，标注率达 100%，在全国各省、自治区、直辖市中排名第三。全市已有 1 047 家旅行社使用全国旅游监管服务平台上报旅游电子合同，累计合同上报量超 275 万份，上报游客超 765 万人次。其中 2020 年合同备案超 14 万份，服务游客超 65 万人次，旅游监管平台实现与全市“一网通办”平台对接。

加快推动产业数字化与数字产业化，推动数字经济创新发展

2020 年，上海市聚焦全国发展强劲活跃增长极的定位要求，持续推动大数据、人工智能、区块链等智能化技术在金融、制造业、农业等领域创新融合应用，全面推动产业转型，不断释放数字经济新活力，为经济高质量发展提供新供给、新动能。

推动工业互联网重大工程及项目落地。印发《推动工业互联网创新升级实施“工赋上海”三年行动计划（2020—2022 年）》、工业互联网“十四五”规划、《关于本市加快贯彻落实

深化新一代信息技术与制造业融合发展的实施意见》等政策，指导全市工业互联网建设。25家重点集团开展工业互联网促数字化转型专项规划编制和重点项目实施，建设长三角一体化公共服务平台、长三角 G60 工业互联网创新应用体验中心、工业互联网系统与产品检验检测中心等功能型平台，推动建筑、医药、科学服务、服装、食品等一批行业性工业互联网平台落地。2020 年度引导工业互联网项目总投资 13.13 亿元，支持 1.46 亿元，15 个重点项目获批国家级专项，10 个重点项目列入 2020 年度制造业与互联网融合发展试点。首批 196 个应用场景纳入“新四化”“两网贯穿”等征集范围。全市上线运行累计标识注册量超 16 亿个，累计标识解析量突破 4 亿次，接入二级节点的企业数近 3 000 家。

农业精准化管理和综合服务能力增强。绘制“1+N+X”数字农业云平台蓝图，新增绘制蔬菜大棚基本地块 21.6 万个，更新农用地块 10 万个，总计地块信息超过 100 万个，形成 30 张专题图层、100 余个数据接口，为全市数字农业建设赋能。构建农产品质量安全监管、绿色认证等应用场景，辅助农业监管部门为农产品安全监管、绿色认证监管预警等提供决策支持。累计归集证照 4 万多张，实现已归集电子证照应用 100% 覆盖政务服务事项、电子证照类目 100% 关联办事材料清单、实体窗口 100% 接入电子证照库。全市累计建成标准型益农信息社 1 112 家、专业型益农信息社 56 家，累计发布公益、培训、便民等方面的各类文章 2.9 万多篇，12316 三农热线服务 67 万人次。

金融科技赋能能力增强，行业信息应用和服务保障水平提升。银行业、证券业、期货业、基金业、保险业加大科技投入力度，深化金融科技化赋能。以银行业为例，5 家银行落地不见面持证抵押业务并全部纳入“一网通办”，实现“数据多跑路，群众少跑腿”，降低办理登记时间成本。各类银行金融机构深化金融科技建设，通过大数据、人工智能、机器学习等技术深化业务创新应用。中小企业融资综合信用服务平台（上海）暨上海信易贷综合服务平台上线“信息共享 + 信用赋能 + 融资匹配 + 线下推广 + 政策配套”的发展模式，截至 2020 年底，已有 22 家在沪商业银行总行和市级分行入驻，企业经营类、个人经营类和消费类等多个类型超过 168 款优选信贷产品上线，累计注册用户数近 126 万，成功授信近 12.1 万笔，授信金额超 136 亿元。

持续深化网络安全保障体系建设，筑牢城市数字化转型安全屏障

在数字化时代，物联网环境与人工智能运用下自主可控成为保障网络安全的必要条件，在此背景下，上海持续深化网络安全宣传教育、人才培养、技能提升等任务建设，提升全市

网络安全综合保障能力，为数字化转型保驾护航。

上海网络和信息安全产业年产值超过 122 亿元，较上年增长约 62%。身份管理、数据安全、密码等产品市场增长明显，物联网安全、工业互联网安全、人工智能安全、数据安全等新兴安全产品开始进入市场。成立上海市信息安全标准化技术委员会，承担上海地区信息安全专业领域标准起草和技术审查等工作。

开展各类网络安全宣传活动。结合新冠肺炎疫情防控常态化要求，以线上线下高度融合的创新宣传方式，成功组织上海市 2020 年国家网络安全宣传周（上海地区）活动，并在杨浦区、松江区、崇明区等各区举办开幕式、高峰论坛、网络安全进基层、主题日、网络安全嘉年华、“身边的网络安全”短视频评选、闭幕式等活动。2020 年网络安全宣传周活动首创推出“上海活动专属 IP”，创新开展“网络安全 e 讲堂”巡讲活动，网络安全宣传教育直接参与人数达 132 万人次，其中“网络安全小主播”评选活动参与人数较上年增长 500%，切实增强全社会的网络安全意识。

网络安全人才培养投入加大。上海市信息安全行业协会年度各类培训人数超过 4 000 人次，同时在推进人社体系职业技能培训、开展专业技术人才知识更新、做好网络和信息安全国家级认证培训等方面取得阶段性成果。成功开展网络安全技能竞赛（ISG），参赛队伍覆盖银行、证券、保险、教育、医疗卫生、工控、通信和互联网等行业，该竞赛成为网络和信息安全保障人员技能鉴定、人员培养、团队建设的重要平台和培养、发现网络安全人才的重要品牌赛事之一。开展“第六届 CSO 首席安全官评选”活动，获评的优秀首席安全官覆盖金融、医疗、公用事业、工控、能源、交通运输、互联网等领域。

推动产业和信息化高质量发展

上海市经济和信息化委员会

制造业是实体经济的主体，是城市能级和核心竞争力的重要支撑，是上海打造国内大循环中心节点、国内国际双循环战略链接的重要承载。上海全面贯彻落实习近平总书记考察上海重要讲话精神，按照党中央、国务院部署要求，积极承担国家战略，强化高端产业引领功能，做好各项落实推进工作，加快培育发展新动能、着力构筑发展新优势、积极打造产业新体系，全力打响“上海制造”品牌，推进产业经济和信息化高质量发展。

统筹疫情防控和产业经济发展，构建新型产业体系

积极应对疫情影响。2020 年以来，面对新冠肺炎疫情冲击，加强应急防疫物资生产保障，组织企业复工复产复市，持续发挥好制造业支撑经济平稳运行的重要作用。全市口罩日产量从疫情前的 40 万只提高到 3 600 万只，最大日产能超过 6 000 万只，医用防护服从无到有。在全力以赴做好疫情防控各项工作的同时，统筹抓好改革发展稳定各项工作，全力支持企业抗击疫情，切实减轻企业负担，着力优化企业服务，切实做好新形势下的“六稳”工作。

加快构建“3+6”新型产业体系。上海着力推进创新型产业引领发展，加快培育产业发展新动能。国产 CPU、5G 芯片等技术产品推动创新；涌现出阿尔茨海默病等领域全球首研新药、PET-CT（Positron Emission Tomography-Computed Tomography，正电子发射

计算机断层显像）等国际一流医疗器械；入选国家新一代人工智能创新发展试验区、创新应用先导区，连续成功举办 4 届世界人工智能大会。同时，上海市还着力打造六大重点产业集群——电子信息产业、生命健康产业、汽车产业、高端装备产业、先进材料产业、时尚消费品产业。

强化产业集群建设，推动实体经济高质量发展

以特色产业园区为载体打造产业发展新空间。坚定“上海制造”追求卓越的发展取向，形成一批名品、名企、名家、名园。“十三五”时期，上海 3 家企业进入世界 500 强，16 家（次）企业获得全国质量标杆，6 家企业和机构获得市长质量奖，48 家企业和产品获得“上海品牌”认证，制造业“隐形冠军”企业超过 500 家。16 人入选上海“千人计划”，72 人入选上海领军人才计划。国家新型工业化产业示范基地达到 20 个，推出 40 个市级特色产业园区。

以降本增效为导向构建绿色制造体系。在全国首创发布产业地图。“十三五”时期，落实“以亩产论英雄、以效益论英雄、以能耗论英雄、以环境论英雄”，建立资源利用效率综合评价制度，产业园区单位土地工业总产值从 67.4 亿元 / 平方公里提高到 76.7 亿元 / 平方公里，园区工业总产值占全市工业总产值比重超过 80%。绿色制造不断深入，开发设计 116 项绿色产品，建设 100 家绿色工厂、20 个绿色园区、11 条绿色供应链，“十三五”以来工业单位增加值能耗累计下降 17%。

以融合发展为抓手助推产业模式业态创新。制造业和服务业、工业化和信息化加快融合发展。生产性服务业增加值占服务业比重近三分之二，重点领域营业收入超过 3 万亿元，上海全市生产性服务业功能区单位土地面积营业收入达到 319 亿元 / 平方公里，累计认定服务型制造 46 家示范企业、27 个示范项目、17 个示范平台和 2 个示范区。在线新经济、新生代互联网快速发展，软件和信息服务业营业收入突破万亿元规模，年均增速超过 12%，文化创意产业年均增长超过 10%。

加强智慧城市建设，推动城市全面数字化转型

上海加快智慧城市建设步伐，打造 5G 引领的“双千兆宽带城市”，从 350 个国际城市中脱颖而出，摘取“世界智慧城市大奖”。2021 年，为贯彻落实“数字中国”建设战略部署，上海推出智慧城市建设升级版，全面推进城市数字化转型，加快推动经济、生活、治理等领

域数字化建设。

推进经济领域数字化建设，提高经济发展质量。推动数字产业化、产业数字化，放大数字经济的辐射带动作用，做优做强城市核心功能。以在线新经济为代表的“五型经济”发展壮大，2020 年，上海在线新经济基本形成了以杨浦区、长宁区、徐汇区和浦东新区为主的“浦江 C 圈”，全市大数据核心产业总产值超过 2 300 亿元。工业互联网快速发展，建设 C2M（Customer-to-Manufacturer，用户直连制造）、供应链等工业互联网平台，实施智能工厂“10030”专项行动。

加快生活领域数字化建设，提高城市生活品质。重点聚焦医疗、养老、教育、文旅、出行等民生服务重点领域，打造智能便捷的数字化公共服务体系，满足市民对美好生活的向往。聚焦人民群众最关心、最直接、最现实的问题，重点推进一批数字生活标杆应用，边谋划边推进，力争建设有感受度和体验度的数字生活场景。

推动治理领域数字化建设，提高现代化治理效能。持续提升“一网通办”服务能级，实现行政审批事项全覆盖，已接入“一网通办”平台事项超过 3 000 项；“一网统管”建设有序推进，建立市、区、街镇三级城运中心，全市 216 个街镇城运中心探索多格合一、联勤联动处置。

加强服务保障，持续优化产业发展生态

科技成果产业化加速推进。推动“基地 + 中心 + 联盟”三位一体的创新载体建设，支持高校、科研院所在产业创新项目攻关中发挥重要作用。搭建新兴产业高端交流对话平台，不断扩大工博会评奖影响力，以“创新引领新兴产业发展”为主题，每年举办创新与新兴产业发展国际会议，加速成果和需求对接，加快创新成果转化。

金融支持产业发展力度不断加大。创新金融服务实体经济模式，打造“产业基金 + 产业链”股权投资特色模式；创新供应链金融模式，加强核心企业与商业银行合作模式，为上下游企业提供融资支持，创新基于特色产业园区的供应链金融新模式。

民营经济和中小企业发展环境持续优化。加大放管服改革，持续优化营商环境，以更管用的政策、更用心的服务、更优质的环境，支持民营经济和中小企业发展。一是加大融资服务创新，进一步缓解中小企业融资难、融资贵；二是持续优化营商环境，努力降低企业经营成本和制度性交易成本，进一步提升企业服务能级；三是充分激发创新活力，促进大中小企业融通发展。在 2020 年度中小企业发展环境评估中，上海在 36 个参评城市中综合排名第一。

第一编　信息基础设施

SHANGHAI INFORMATIZATION

综　述

2020年，上海市信息基础设施建设围绕提升城市能级和核心竞争力，推进落实“人民城市人民建，人民城市为人民”重要理念，更好地支撑产业高质量发展、城市高智能运转、满足人民群众日益增长的美好生活需要，建设卓越的全球城市，进一步提升上海城市发展核心竞争力。

5G网络建设加快推进。聚焦网络部署、应用牵引、产业集聚，全力推进5G网络建设先行区、创新应用示范区和产业链企业集聚区建设。至2020年底，上海累计建设5G室外基站超3.2万个、室内小站超5.1万个，实现5G网络中心城区和郊区重点区域室外连续覆盖。一是重点区域和重点场所方面，推进长三角生态绿色一体化发展示范区、中国（上海）自由贸易试验区临港新片区、上海虹桥商务区、上海崇明花博园、张江科学城、上海金桥5G生态城等重点区域的5G建设。二是交通枢纽方面，推进浦东、虹桥两大机场和297个地铁的地下站厅站台等5G覆盖。举行上海机场（集团）有限公司、上海申通地铁集团有限公司（以下简称“申通地铁”）与通信行业企业的战略合作签约仪式。三是综合杆方面，发布《上海市综合杆基站建设导则》，推动浦东新区、黄浦区、徐汇区、虹口区4个区的综合杆基站试点。

强化5G创新应用。以行业示范应用带动5G产业链、业务链、创新链融合发展，在智能制造、健康医疗、智慧教育等十大领域推进402项5G应用项目，包括商飞、商发、外高桥造船厂、中烟机械、瑞金医院、5G 智慧核电、星逻 5G 无人机等标杆示范应用。

举办第三届绽放杯 5G 应用征集大赛上海分赛，共 153 个项目报名，筛选出 30 个项目进入决赛、5 个项目进入特色奖候选，其中，瑞金医院“基于 5G 监测和 AI 控制的瑞金智能机器人康复港建设”项目获得全国一等奖。发布《5G+ 智慧交通白皮书》和《5G+ 智慧教育白皮书》。完成新一代信息基础设施专项资金 2019 年项目中期评估及 2020 年项目申报工作。5G 创新应用服务保障第三届中国国际进口博览会（以下简称“进博会”），具体包括五大主题场景、20 多项高品质项目，以防疫急救、安全保障、运行保障、展会服务和宣传服务为重点，实现 5G 对进博会保障与服务工作的全方位赋能。

统筹推进互联网数据中心建设。一是统筹推进互联网数据中心建设工作，开展“十三五”期间第二批新建互联网数据中心建设方案征集和建设导则符合性评估工作，支持 12 个项目共计 3.6 万机架用能指标。二是协调推进相关重大项目落地，密切跟踪协调阿里巴巴飞天云计算中心和集团全球信息枢纽中心、腾讯长三角人工智能超算中心及产业基地、中国电信全球数据枢纽平台和公共算力中心、中国移动 5G 生态谷等重大产业项目在本市规划落地。协调推进中国移动临港数据中心（二期）、交通银行新同城数据中心等项目建设。三是发展规划编制和建设导则修编，组织编制上海数据中心“十四五”发展规划，开展互联网数据中心建设导则（2019 版）修编工作。

推动新型城域物联专网建设。一是加强标准规范指引。发布《新型城域物联专网建设导则 2020 版》，新增不同专业领域、应用场景的分级分类条目索引，形成 7 类平台管理通用算法和 45 类场景综合评估算法，覆盖近 30 个行业领域、95 个应用场景，进一步优化完善对上海市“新基建”物联感知终端部署和“一网统管”的基础支撑。二是继续推进全市物联专网项目建设。以建设导则促进运营商在虹口区、杨浦区、普陀区、嘉定区、松江区等区域的专网建设，通过市场化手段规模部署消防水压、门磁感应、烟雾报警、垃圾满溢、停车地磁、环境指数等 30 余种累计 60 余万个智能传感终端，建立具有场景识别、数据管理、事件流转等功能的神经元综合管理平台，并为城市管理、民生服务、工程建设、生态环境等提供物联感知综合数据服务。

关注市民感知度。2020 年 3 月，《上海市 5G 网络及用户感知测评报告（2019 年）》发布，根据综合场所自身特色、对外开放程度、5G 用户感知测试得分等因素，选取十大 5G 推荐体验点（浦东新区世博中心及世博展览馆区域、陆家嘴；青浦区国家会展中心；黄浦区南京东路商圈及外滩、豫园；虹口区北外滩及5G全球创新港、中共四大纪念馆等）。5月，在上海信息消费云峰汇期间举办“5G飞入寻常百姓家”网红探店活动，并为3名“5G网络质量监督员”代表颁发聘书、5G测试手机。聚焦“5G消费、数字家庭、增值服务”，为市民提供丰富多彩的信息消费体验。其间，三大运营商开展5G手机优惠折扣、赠送流量、“一元抽5G手机”、家庭宽带提速降费等活动。同时，通过线上线下两种方式，借助45家营业厅、虹口5G全球创新港、华为智能生活馆等场所，打造多个5G智慧体验点。11月，发布《上海“双千兆宽带城市”加速度三年行动计划（2021—2023年）》，实施百万家庭网速托底行动，2021年将为已实现光纤到户的100M带宽以下的存量家庭宽带用户，免费升速至100M。

（王慧婷）

第一章　基础信息网络

概　述

至2020年底，上海移动电话用户数达到4 277万户，其中5G用户数612万户；千兆接入能力覆盖家庭数达到960万户；家庭宽带用户平均接入带宽达到210 Mbps；互联网国际出口带宽达到6 941 Gbps；互联网省际出口带宽达到28 863 Gbps。

（王慧婷）

一、数据通信网

2020年，上海的固定电话主叫通话时长为84.3亿分钟，同比下降2.7%，降幅较上年有所收窄；移动电话通话时长841.8亿分钟，同比下降5.2%。移动短信业务量840.4亿条，同比增长10.9%，其中各类服务登录和身份认证等行业应用短信的占比为92.1%；移动互联网接入流量309 548.1万GB，同比增长33.8%，其中手机上网流量29 6725.1万GB，同比增长29.1%。月户均手机上网流量8 720.0 MB，同比增长26.9%，但仍低于全国11 280.0 MB的平均水平。

（杜　昊）

二、移动通信网

2020年，在双G双提、同网同速、提速降费等专项行动推进下，结合5G商用发展，宽带通信基础设施供给能力不断加强，通信基础设施布局逐步提升。截至2020年底，移动电话基站物理站址2.3万个，同比增长3.2%；移动电话基站达到17.8万个，同比增长8.1%，其中4G基站9.5万个，同比增长1.5%，5G基站3.1万个，其中新建1.3万个。互联网宽带接入端口2 322.0万个，同比增长14.5%，其中FTTH/O端口2 037.3万个，同比增长11.5%；互联网城域出口带宽33.9 Tbps，同比增长33.5%；互联网国际出口带宽7.6 Tbps，同比增长61.3%。

（杜　昊）

三、有线电视网

东方有线网络有限公司（以下简称“东方有线”）建成并独立运营业内领先的NGB（Next Generation Broadcasting Network，下一代广播电视网），主要负责上海地区有线广播电视网络的建设开发、经营管理和维护，广播电视节目的收转、传送，广播电视网络信息服务等，业务涵盖高清互动电视、个人宽带、企业数据、智慧城市、物联网等相关领域。

东方有线具有优质的网络资源，光缆皮长总量约10万公里。其中超干线光缆总皮长约3 342公里，累计总芯长约38万公里；干线光缆总皮长1.2万公里、平均使用率54%；配线总皮长8.6万公里、平均使用率60%。全市有线网络拥有总前端机房1个、核心机房及IDC机房5个、分中心机房46个、街镇机房327个、远端机房1 380个、光节点95 067个，构成覆盖全市的有线广播电视网、互动电视/宽带业务网以及各类政企业务的数据传输交换网。同时，东方有线建有完善的资源管理系统，对机房、机柜、内线设备、外线设备、光缆、电缆、管沟、设备间连接关系等进行全面的管理。

具备强大的客户业务运营支持系统。公司96877语音客户服务热线为用户提供7×24小时的热线服务。5家分公司、8家子公司提供属地化专业服务，遍布全市的269家营业网点为用户提供各类业务的便捷办理。近500个呼叫座席、6个电子渠道席位为客户提供产品订购、故障申告等各类服务。

2020年，东方有线努力克服新冠肺炎疫情影响，在确保公司主责主业任务完成的前提下，严格落实各项防疫措施，认真贯彻落实各项工作部署，推进智慧广电建设，确保生产经营活动有序推进。截至2020年12月底，上海全市有线电视用户总覆盖用户数超750万户，其中宽带用户规模64.8万户、高清用户规模445.5万户。

（毛占刚）

四、广播电视网

2020年底，上海市级频率完成地面数字电视广播频率迁移项目后，市级电视调频发射台和中波发射台共发射15个调频广播频率、8个中波频率、6个地面数字电视频道，节目包含15套模拟广播节目、23套数字电视节目，发射信号覆盖整个上海市范围。9个区级广播电视台共发射10套调频广播节目、9套电视节目，信号覆盖本区。截止到2020年，在上海地区19条越江隧道建立调频覆盖系统。

（毛占刚）

第二章　网络传输设施

概　述

2020年，上海市顺利完成三年架空线入地建设任务，优化网络管道建设布局，集约化信息管线长度达到11 788沟公里。同时围绕上海市科创中心建设，上海超级计算中心计算资源建设和计算平台服务取得成效，“魔方Ⅲ”自2020年1月1日正式上线投入运行以来，全年可用率达99.88%。

一、信息通信管线

【概况】2020年是“十三五”规划收官之年。上海市信息管线有限公司（以下简称“市信息管线公司”）以架空线入地和合杆整治任务为中心工作，聚焦城市精细化管理建设，提升信息基础设施服务能级，推动业务创新转型发展，并顺利完成三年架空线入地建设任务。

【信息基础网络建设】根据《上海市推进新一代信息基础设施建设助力提升城市能级和核心竞争力三年行动计划》，市信息管线公司以配合市政重大项目建设为契机，主动沟通协调，推进与各区的战略合作，落实新一代通信基础设施的集约化建设“三统一”，积极发挥总牵头、总协调作用，紧紧围绕上海城市数字化转型，聚焦长三角一体化、自贸区临港新片区建设任务，紧抓 5G 移动网络、新型城域物联感知网、工业互联网集群、人工智能赋能平台，依托管道和光纤资源优势，与数字城市新生态和产业链上的各类主体协同合作，努力成为全市新一代信息基础网络建设的开拓者、政务信息服务能力提升的建设者、在线新经济产业新动能的承载者，服务城市数字化转型，支撑经济高速发展。结合未来发展和 5G 建设需求，紧贴不同场景需求进行 5G 网络建设，在郊区新城等区域进行纵深建设和补盲覆盖，为通信管网建设提供科学规划，对管网布局进行优化，进一步提升信息基础设施服务能级。

【配合市政搬迁建设】配合推进北横通道、北翟路快速通道、武宁路快速通道等道路改扩建项目搬迁建设；推进龙耀路越江隧道、沿江通道、江浦路快速通道等越江隧道的搬迁建设；推进 10 号线、14 号线、15 号线、18 号线、崇明线、机场联络线等轨道交通搬迁建设；推进大芦线航道整治、吴淞江整治等河道整治搬迁建设；配合上海市重大工程建设办公室顺利完成中共一大会址老馆搬迁和新馆建设。

【架空线入地三年任务收官】2020 年是上海市架空线入地和合杆整治三年任务的收官之年，在新冠肺炎疫情导致延缓开工的情况下，市信息管线公司加强外部协调，根据“一路一方案”配合实施通信线缆入地，在长宁、虹口、杨浦、徐汇、静安、普陀等重点区域开展项目提速和建设冲刺，2018—2020 年共计完成 365 沟公里架空线沿线通信管道建设任务，为全市顺利完成三年架空线入地目标打下扎实基础。

（周立明）

二、上海超级计算中心

【概况】上海超级计算中心（以下简称“上海超算中心”）在上海市经济和信息化工作党委、上海市经济和信息化委员会（以下简称“市经济信息化委”）的指导下，认真学习贯彻落实中共十九届五中全会精神以及习近平总书记考察上海重要讲话精神，坚决贯彻落实国家、上海及上级机关关于新冠肺炎疫情防控工作决策部署安排，围绕科技创新计算平台服务和大数据产业发展重点任务，全面提升高性能计算能力，提升服务能力和竞争力。

【计算资源和计算平台建设】围绕上海市科创中心建设，上海超算中心计算资源建设和计算平台服务取得成效，包括部署“魔方Ⅱ”“魔方Ⅲ”超级计算机及丰富的科学和工程计算软件，构建高性能计算、云计算、大数据研发环境和人工智能算力平台等。其中，“魔方Ⅲ”自2020年1月1日正式上线投入运行以来，全年可用率达99.88%，有效缓解了上海及长三角地区的研究机构及大型企业在科技研发、工业产品设计等方面对计算能力的迫切需求。同时为上海市气象局、上海市环境监测中心开设计算资源专区，有力支撑了气象预报及环境监测的业务运行。截至2020年12月，计算平台服务提交作业107万个，全年累积使用机时1.5亿核小时。“魔方Ⅱ”2020年全年可用率达99.51%，共完成提交38万个作业，全年累积使用机时5 085万核小时。

【重大科技计划项目承担】积极承担国家和地方重大科技计划项目，在研项目共14个；成功争取国家重大社科项目一个。作为国家重大科技专项《E级高性能计算机原型系统研制》研制单位之一，积极组织项目应用环境开发等相关工作，科研创新能力得到一定提升。“十三五”期间，上海超算中心与外单位共同承担国家科技部“国家超级计算基础设施支撑软件系统”项目。在此项目中，上海超算中心牵头中间件Xfinity的设计和研发，开展软件应用推广和培训等工作；负责工业仿真和创新设计平台的设计、研发、应用推广和培训等工作；参与新药研发等应用系统的研发和应用推广工作。2020年末，该项目通过国家科技进步二等奖评选公示。

【上海大数据联盟工作推动】上海超算中心举办“魔方大数据”系列论坛11次，主办中国（上海）大数据产业创新峰会。借大数据产业创新峰会之机，上海联和投资有限公司、上海临港经济发展集团有限公司、杭州跨境数据科技有限公司、上海临港智能网联汽车研究中心有限公司、施耐德电气（中国）有限公司、上海银行、上海汽车集团股份有限公司、上海亿通国际股份有限公司、优刻得科技股份有限公司、工业互联网创新中心（上海）有限公司和国家大数据产业基地等单位共同成立“上海国际数据港产业合作共同体”，并号召各界共同参与“国际数据港”建设，广泛联手、各展所长、积极创新、有序推进，共同促进国际数据流通便利化，打造国际数据产业集聚区。

【信息化手段抗击新冠肺炎疫情】2020年春节期间，上海超算中心统筹协调大规模计算资源，为新型冠状病毒的治疗和研究提供了药物虚拟筛选和分子动力学模拟计算支撑，为奋战在战“疫”一线的病毒研究、药物研发提供保障。

支持中南建筑设计院和达索系统利用先进的CFD（Computational Fluid Dynamics，计算流体动力学）技术对雷神山医院室外排风系统进行精细分析，计算病人和医护人员位置污染物浓度与气流组织的关系，研究污染物扩散对周边环境的影响，为抗疫一线医护保驾护航。

作为上海大数据联盟秘书长单位，在上级部门的指导下，先后开展以抗击疫情先进案例、中小企业受疫情影响、企业防护用品需求、复工复产解决方案等为主题的方案征集和调研，并将征集到的全部124个解决方案相关信息以及联系方式汇总分类，在市经济信息化委、联盟微信公众号等平台发布，助力行业共同抗击疫情。

【学科知识职能承担】上海超算中心在履行公共服务平台职能的同时，积极承担其向社会普及高性能计算、云计算、大数据等科学知识的职能。采用线上与线下相结合的方式，以中心的计算平台和计算机博物馆为载体，在线上参加“上海科技节线上活动——科创未来”“科普缤纷秀、云游科普馆”（活动在“百视通”、IPTV、“学习强国”App等平台上播出）等重要活动，在线下参加“科普惠民活动”和“双创少年说”等大型科普活动；2020年全年科普活动共接待社会各界人士2 600多人次。

（戴松筠）

第三章　信息基础设施管理

概　述

2020年，上海无线电管理围绕保障用频需求、推动频率使用率、强化日常重点频段监测、深化无线电台站分级管理、推进5G基站干扰协调等展开工作。广播电视管理方面，完成700兆频段数字电视频点搬迁项目，加强监测监管和预警通报机制。

一、无线电管理

【概况】2020年，上海市无线电管理机构坚持以习近平新时代中国特色社会主义思想为指导，深入学习贯彻习近平总书记考察上海和在浦东开发开放30周年庆祝大会上的重要讲话精神，切实落实市委、市政府决策部署，统筹新冠肺炎疫情防控和无线电管理事业发展，坚持"稳中求进"工作总基调，紧扣高质量发展要求，着力提升频谱资源利用效率，强化无线电台站和发射设备精细化管理，保障重大活动无线电安全，推进无线电技术设施建设，保障城市安全运行，服务全市经济社会发展，各项工作取得积极成效。

【重大任务用频需求保障】积极整合频谱资源，为不同无线电应用提供频率使用便利化服务。在第三届进博会期间，面向各相关管理部门、保障单位以及参展商、服务商等发布《中国国际进口博览会期间无线电管理有关事项的通告》，并编制媒体专用通告，采用预先告知措施，统筹配置无线电频谱资源，先后受理进博会临时频率使用申请4起，指配频率78组，涉及无线电设备共657个。在现有政策框架下积极利用有限频谱资源，服务全市科创中心建设，先后在5G研发、工业互联网等领域，为科创企业提供服务，给予临时用频许可，并免征无线电频率占用费。

【频谱资源使用效率提升】推动频率使用率评价工作实施，2020年累计开展4个月全市范围测试，有效测试公里数达12 490公里，收集约530小时的全频段数据。在此基础上，深入分析5G频段、800 MHz无线政务网频段、1 447 MHz—1 467 MHz等重点频段频率使用率情况，积累全市频谱基础数据，对重点频段使用情况进行深入排摸，为后续频率管理提供决策依据。研究梳理无线电频率在全市社会经济、城市治理、重大活动、智慧生活与科技创新等领域中的使用状况，开展《上海市无线电频率使用状况白皮书》编制。

【日常重点频段监测强化】完善无线电监测制度，规范监测流程，提高监测数据分析处理能力，提升监测工作整体水平。2020年全年，全市固定监测网站监测频点数累计达到1 179 098个，累计监测时长43 824小时，出动监测技术人员589人次，出动监测车辆241次，主动信号分析累计2 399个，发现并解决异常信号58个，受理处置各类干扰81起。

【无线电台站分级管理深化】推进重点台站选址设置评估，加强对重点台站设台选址的电磁环境评估和论证，分别开展了卫星互联网关口站、东部战区拟建雷达站等重点台站的协调评估工作。指导基站合理布局，开展公众移动通信基站选址行政指导，涉及各电信运营企业33批4 597个基站。加强台站数据清理核查，加强台站精细化管理，提高台站数据的完整性、准确性，启动台站数据专项清理核查工作，通过会议、电话等多种手段，进一步核实台站数据，为提高数据质量工程打好基础，完成国家下达的数据库数据质量抽查工作。

【5G基站干扰协调推进】按照5G基站干扰协调实施办法和协调指南要求，积极开展干扰协调工作，干扰协调工作机制更加健全。建立干扰协调领导小组和工作机制，针对全市驻沪部队、广电、应急通信、天文等重要设台单位分别成立专项协调小组，统筹推进干扰协调。指导上海电信、上海联通落实干扰协调主体责任，推动干扰协调协议签署，签署率达90%，完善干扰协

调工作闭环。干扰分类排查处置更加高效。针对邻频干扰，协调相关电信运营企业通过对受干扰台站“加装带通滤波器”进行技术改造，累计改造318个卫星地球站，完成率100%，消除5G干扰影响；针对同频干扰，会同东部战区协调特殊台站干扰问题，指导电信运营企业“由近及远”开展试验验证，形成“换星移频”改造方案，并探索利用“同频干扰对消技术”手段缓解干扰影响。“两表一单”信息填报更加准确。持续更新需要受到保护的台站目录并对目录中台站的位置数据纠偏落图，划示干扰协调区域，持续跟踪干扰协调进度，完成“两表一单”汇总上报。

【5G基站布局谋划】按照“规划引领、统筹推进、区域落实”的总体思路，编制发布《上海市5G移动通信基站布局规划导则》，探索构建“1个市级布局规划导则、16个区级5G基站布局规划、X个区域性规划”的“1+16+X”5G基站布局规划体系，引导区级、区域性布局规划的编制要求和路径，明确5G公众服务和创新应用能级、5G基站布局规划编制要求和基站设置要求，有力推动全市5G网络科学规划、合理布局，促进5G基站的有序设置和合法保障。

【无线电发射设备源头管理】通过检查规范无线电发射设备销售环节，严厉打击利用无线电发射设备实施电信诈骗、考试作弊等违法行为，先后对太平洋数码广场、大奥通讯商城等大型电子设备销售市场进行突击检查，对检查中发现的部分商户的不当销售行为，责令商户立即整改。同时，对14家无线电发射设备生产企业的21个指定型号的无线电发射设备进行型号核准项目的“双随机一公开”抽查。持续开展销售备案管理，加强备案热点问题宣传，启用工业和信息化部（以下简称“工信部”）无线电管理局新版无线电发射设备销售备案信息平台，审核销售企业备案申请，2020年全年累计备案企业458家，涉及设备型号31 568个。

【城市电磁空间安全保障】处置无人机压制设备干扰。2020年以来，上海先后发生黄浦江GPS（Global Positioning System，全球定位系统）信号“麦田怪圈”、“7·1”轨道交通9号线CBTC（Communication Based Train Control System，基于通信的列车自动控制系统）系统失灵、民航GPS信号丢失等多起因无人机压制设备无序使用而导致的无线电干扰事件。在及时妥善处置此类干扰事件的基础上，以“预防干扰和遏制源头并举”的工作思路，采取了一系列“既管当前，又管长远”的工作举措，取得了积极成效。先后与上海市公安局（以下简称“市公安局”）联合建立全市无人机压制设备使用管理协调机制，制订相关使用规范和技术标准，开展专项整治和教育培训；与申通地铁建立轨道交通无线电安全保障机制；与上海海事局建立水上无线电管理协同工作机制等。这些举措有效遏制了同类事件的发生，维护了上海电磁空间安全。

完成各类无线电安全保障任务。成立由市经济信息化委任组长单位的无线电安全保障应急联动协调小组及无线电安全保障团队；开展进博会专项非法用频信号排摸，查处“黑广播”18 个，协调处置专用频率干扰 9 起。第三届进博会期间，保障团队驻守国家会展中心（上海）和虹桥、浦东两大机场，并在市无线电监测站设指挥中心，24 小时专人值守，通过固定站、射频眼等各类技术设施进行持续监测，先后查处“黑广播”3 个，协调处置干扰事件 2 起，确保无线电安全“零事故”，有力保障进博会顺利举行。切实做好考试保障，精心安排巡查路线，加强对可疑信号的监测，2020 年全年共组织完成高考、公务员考试、大学英语四六级考试、法律职业资格考试等 29 场重要考试无线电保障任务，累计出动车辆 98 车次、专业技术人员 268 人次，完成考场周边电磁环境测试 46 项。

开展打击治理“黑广播”“伪基站”违法犯罪。进一步巩固多部门联合打击治理工作长效机制，加强和文广、公安、运营商等部门的联系，确保打击治理工作的高效顺畅。充分发挥信息化平台的作用，利用“黑广播智能监测平台”自动发现、自动录音的功能，实现 24 小时监听，在第一时间予以监测定位，2020 年全年共监测定位并取缔 46 处“黑广播”。

统筹做好新冠肺炎疫情防控保障复工复产复市。新冠肺炎疫情暴发后，一是建立绿色无接触“零见面审批通道”，大大增强疫情防控期间的流程安全，同时确保审批业务不受影响；二是坚守无线电安全底线，保障 5G 新基础设施建设，持续更新需要受保护台站目录，提升数据质量精准落图，持续跟踪干扰协调进度，跨前一步、精心组织，积极稳妥开展 5G 相关协调工作；三是打击无线电非法设置，全力维护空中电波秩序，针对黄浦江某航段 GPS 导航信号“麦田怪圈”现象，迅速行动，查明原因，消除干扰，确保航运安全，并及时将相关情况呈报上级单位；四是统筹疫情防控和无线电事业发展，积极响应上级号召，有力驰援疫情防控和复工复产等紧急任务，调集无线电精干力量，连续一个月对 355 家企业进行实地督查和电话调查，督查期间加大对优惠贷款、租金减免等支持企业发展政策的宣贯，及时将企业反映的物资、物流等各类问题提交主管部门协调解决，推动企业员工复工率、产能复产率稳步提高。

【无线电管理依法行政推动】推进“放管服”改革。不断优化行政服务和信息化水平，努力提高群众办事的便捷度、满意度。着力推进“一网通办”政务服务。2020年，全年受理无线电行政许可共2 710件，其中频率许可事项116件，设置、使用无线电台（站）许可、无线电台站识别码核发和无线电发射设备进关核准等许可事项2 594件。完成“一网通办”信息化系统升级改造，行政审批实现“全程不见面审批”和“全程无纸化办理”，实现用户线上提交申请、数据交互、审批人员线上完成审批并核发电子证照。同时，做好频率和台站审批系统上线后的用户在线申报指导工作，不断完善审批系统的功能，“一网通办”行政审批办理时限全部实现减半。持续加大事中事后监管力度。进一步落实“双随机，一公开”工作要求，按照分类分级的管理思路，重点对近三年新设台站、重点台站开展行政审批事后监督检查工作，完成书面监管92个、无线电台（站）现场勘验500个、检查检测1 030个，同时注重将无线电管理政策宣贯融入事中事后监管过程中。加强业余无线电台站管理。持续开展对业余中继台的日常监控工作，监控时长752小时，形成12份监测月报。2020年全年组织业余无线电台能力验证考试7次，参加人数281人，累计换发业余电台操作技术能力证书215张。切实提高12345热线投诉处理的满意度。2020年全年共受理咨询投诉1 430件，通过现场勘验、约谈等方式，对不符合设台流程、违规建设无线电台（站）的设台单位责令限期改正，并对相对人进行无线电管理宣传。根据市热线办工单的满意度回访，2020年市经济信息化委的市民服务热线工作绩效考核分数较2019年有较大提升。

行政执法规范化、标准化建设。推行行政执法公示制度，细化执法全过程记录制度，加强执法信息化建设，对现有行政执法询问室音像记录系统进行升级改造，严格规范公正文明执法水平。全面梳理法律、法规、规章和行政处罚裁量基准，开展行政执法典型案例收集，编制《上海市经济和信息化领域行政执法实用手册（含案例汇编）》，聚焦手机信号放大器干扰公用移动通信基站、无人值守考试作弊设备、GPS信号屏蔽器干扰航空无线电专用频率等典型问题，“以案释法”。制定《上海市经济和信息化委员会行政执法用语规范》，促进执法人员依法履行职责，保障行政相对人合法权益，为提升城市精细化管理提供法治保障。

开展无线电违法违规线索和举报调查。根据运营商的投诉，对9家企业或个人私装手机信号放大器干扰公用移动通信基站的情况开展调查，协调解决通信需要，排除干扰。对部分企业涉嫌生产、销售未取得型号核准的无线电发射设备和未办理销售备案等违法行为展开调查。受理国家信访系统上海分系统举报函7件。协调解决杨浦油库反无人机系统干扰GPS导航、健身房使用对讲机、智慧交通综合应用云平台干扰船舶自动识别AIS（Automatic Identification System，船舶自动识别系统）等无线电干扰事件。对安装3套GPS干扰器导致虹桥机场盲降能力被降级的个人进行行政处罚，没收违法设备。对标法院判例，确保证据收集和文书制作符合法律规范，并按流程信息公开和纳入诚信平台。

【无线电监管能力建设水平提升】区域无线电安全联合演练。策划主办首届长三角军地联合无线电安全保障技术演练，来自上海市、江苏省、浙江省、安徽省、国家无线电监测中心上海站、东部战区的6支队伍参加，设置5个演练项目，吸引了16家专业机构到场、全国无线电管理机构在线观摩6 000人次。同时，组织开展“长三角地区频率管理区域协调”课题研究，形成长三角区域无线电管理一体化协同建议，在全国范围创新探索一条区域无线电管理一体化发展的实践路径，为贯彻国家战略、进一步推动长三角区域无线电管理协同合作打下坚实基础。

“十四五”规划研究编制。按照相关要求，细化编制进度和工作安排，组织开展相关调研，稳步推进《上海市无线电管理“十四五”规划》编制。先后成立规划编制专项工作组，组建规划编制团队，明确上海无线电管理“十四五”规划的“1+1”编制框架，即《上海市无线电管理“十四五”规划》加《无线电管理技术设施建设“十四五”子规划》。出台规划编制方案，有效推进规划编制，并按时向工信部无线电管理局上报规划编制月报。先后组织开展国家、兄弟省和重点行业调研，广泛听取意见，集思广益，力求体现规划编制的战略性和前瞻性。2020年底，已完成“十三五”规划总结和评估以及“十四五”规划初稿编制。

提升无线电管理技术支撑能力。扎实推进《数字无线专用对讲通信系统工程技术射频标准研究》和《5G网络用户感知测试规范》编制。不断夯实监测网运维能力，2020年全年固定监测网有效运行率达94%。落实信息化设备和系统运行安全，确保全年不发生重大信息安全泄露事件。认真推进固定资产管理信息化建设，完成2 757件重要固定资产盘点和RFID（Radio Frequency Identification，射频识别）贴签入库，有效提升固定资产精细化管理水平。

频占费资金项目管理。积极开展2021年频占费资金项目申报，确定拟立项项目共26个，涉及资金共4 281万元。做好2020年无线电频率占用费计费征缴，发放缴费通知书485份，完成非税收入一般缴款书发放88份，涉及缴费金额共计933万元。研究编制《上海市“十四五”无线电频率占用费专项资金储备项目研究报告》，回顾总结“十三五”频占费资金使用情况，规划好“十四五”重点项目建设，强化资金使用前瞻性。迎接工信部无线电管理局财务检查组来沪检查，配合完成国家频占费专项财务检查工作，并抓好后续整改。

【无线电管理队伍建设】制定并实施无线电管理工作制度。建立无线电管理工作会议制度，明确年度会议、季度例会、专题研究会等各类无线电管理工作会议的制度化安排。建立工作情况报告制度，明确“三处一站”月度报告、每月简报、年度专报等工作要求。上述制度得到严格执行和落实，有效增强了全市无线电管理工作的规范性。

增强无线电管理宣传效应。以长三角军地联合演练为契机，邀请各传统媒体、主流网络媒体进行专题报道宣传，并在全国无线电管理系统内进行现场直播。收集整理历史资料，协助国家局编制《中国无线电管理志》(上海市篇章)，全面展示上海无线电管理事业发展历程。编制发行两期《上海无线电专刊》，结合上海无线电管理重点工作，积极开展高考无线电保障、进博会无线电安全保障、无线电销售市场检查等专题宣传。积极开展“无线电宣传月”和无线电特色学校专题活动，组织无线电科普活动进社区和校园活动 30 场，2 500 人次参与。组织青少年参观科普基地共计 4 场次，开展青少年无线电卡片设计竞赛活动 1 次，共计 217 人次参与。

无线电管理工作交流培训。顺利举办上海、西藏两地无线电管理工作交流活动，进一步深化沪藏两地无线电管理机构交流合作。对 30 所授牌“无线电特色学校”管理人员以及教师开展师资网上培训。组织开展执法人员和执法支撑力量业务培训，提高行政执法人员及执法支撑力量的法律基础知识及业务水平。积极开展无线电管理人员培训，先后举办无人机压制设备干扰防范、5G 布局规划导则、无线电监测技术、5G 检测技术、新闻撰写等培训，累积培训近 300 人次。

（张　斌）

二、广播电视管理

【700 兆频段数字电视频点搬迁项目完成】2020 年 7 月，上海市文化和旅游局（以下简称“市文旅局”）遵循国家广播电视总局（以下简称“广电总局”）的“模转数”工作安排，关停了 DS-8、DS-26、DS-38 三个地面模拟电视频道在上海地区的发射传输。并在 2020 年底前完成 700 兆频段数字电视频点的搬迁项目的市级发射台工作内容，上海现有市级无线数字电视频道为 DS-23、DS-24、DS-25、DS-32、DS-33、

DS-36，除DS-36采用了多站点的数字单频网覆盖技术外，其余均由东方明珠发射台进行发射传输。

【监测监管和预警通报机制加强】2020年，市文旅局完成上海广电行业网络安全监测系统建设，将上海广电行业主要系统和网站纳入监测监管。项目运用了网络入侵检测、攻击行为识别、分布式存储检索、基于数据平面的网络数据过滤、漏洞扫描、网站监测等技术，实现上海广电行业网络安全风险漏洞的分布监测、集中预警、统一监管，加强网络安全系统防护，提升应急突发的处置能力，形成上海广电行业网络安全监测监管的新格局。

【应急广播预警信息制作审核发布平台建设】市文旅局完成与上海市突发事件预警信息发布中心（挂靠上海市气象局）、上海广播电视台应急广播图文包装系统、105.7 Mhz交通广播、上海市应急广播指挥调度平台的对接，对应急信息进行制作、审核，实现调频副载波的发布和覆盖，完成和新媒体App的对接适配，进一步强化了应急分发能力。

（毛占刚）

第二编 信息产业

SHANGHAI INFORMATIZATION

综　述

信息产业作为上海的支柱性产业，在全市经济发展中扮演着重要角色。近年来，上海信息产业逐步形成了完整的产业链、先进的技术储备、良好的产业公共服务平台和国际合作经验，令上海在新一代信息技术和制造技术融合发展领域具备了得天独厚的优势。2020 年，上海信息产业加速发展，新旧动能顺利转换。其中电子信息制造业实现逆势增长，投资稳步提升，全年工业总产值同比增长 5.3%；软件和信息服务业稳中求进，形成了“大循环”“双循环”相互促进的新发展格局，全年实现营收 10 912.97 亿元，同比增长 13.5%，有力拉动了全市服务业增长。

第一章　电子信息制造业

概　述

2020 年，上海市电子信息制造业呈现平稳发展态势，新旧动能转换顺利，传统产业不断升级，进一步向高质量发展目标迈进。

一是产业实现逆势增长。

电子信息制造业深化供给侧结构性改革，投资稳步提升，未来发展动能可期。2020 年，电子信息制造业实现工业总产值同比增长 5.3%，占六大支柱行业比重达 27.2%。新一代信息技术体系不断完善、产业加速向中高端迈进。新一代信息技术电子信息产业部分全年实现工业总产值同比增长 6.2%，高于电子信息制造业增速，产业高端转型升级成效显著。核心环节形成突破，促进产业链整体跃升。在前期培育积累下，2020 年通信设备制造业总产值同比增长 5.3%，电子计算机制造业总产值同比增长 11.5%，电子元件制造业总产值同比增长 12.6%。集成电路产业超额完成“十三五”发展目标。2020 年上海集成电路产业销售规模同比增长 21.37%。

二是坚持规划引领，加强产业发展顶层设计。

做好“十三五”“十四五”规划衔接：对照《上海促进电子信息制造业发展“十三五”规划》推动各项工作目标顺利实现；加快电子信息产业和集成电路产业两个“十四五”规划编制工作，明确发展目标，制定发展任务。

编制出台系列政策：进一步聚焦重点、明确任务，加快解决关键核心技术“卡脖子”问题。

三是加快建设集成电路世界级产业集群。

集成电路设计产业园加快建设：聚焦产业链上的重点环节，实现相关企业的落地；上海集成电路产业发展展示厅正式建成运行。

智能传感器产业园持续完善：上海智能传感器产业园对接项目洽谈入驻达成预期目标。

支撑长三角集成电路一体化发展：成立长三角集成电路设计与制造协同创新中心、长三角集成电路产业公共服务机构联盟和平台，举办长三角集成电路产业融合发展座谈会。

四是坚持核心攻关，推动重点领域实现系列突破。

新一代通信技术和物联网扩展应用：推动应用场景部署，将产业发展与老旧小区加装电梯、停车场改造等惠民工程相结合，进一步寻找产业发展的蓝海空间；加强上下游对接，组织开展上海市5G产业链对接交流活动，讨论研究全市新一代通信领域下一步发展重点；组织编制智能硬件、数据传输技术要求及建设运营规范。

新型显示聚焦中小尺寸创新：AMOLED（Active Matrix/Organic Light Emitting Diode，主动矩阵有机发光二极体面板）显示链不断完善，推出笔记本电脑、车载显示等创新产品；OLED光电材料加快突破，逐步在部分高端材料领域实现自主供给；新技术不断实现突破，超高对比度mini LED屏导入车载医疗领域；硅基微显示持续创新，分辨率和亮度达到国际领先水平；加强显示产业供应链研究；做好长三角三省一市新型显示产业链供应链梳理和风险点研究任务，签订长三角新型显示一体化发展协议；虚拟现实应用示范加快推进；推动上海虚拟现实行业协会正式组建成立，加快在VR+商贸、文旅方面的试点应用合作。

超高清视频产业链日趋成熟：产业链核心技术实现突破，超高清内容供给逐步丰富，上海电视台开通首个4K超高清频道，咪咕视频实现周均4场4K体育赛事直播，年产约350场，超高清内容储备超10 000小时。超高清终端持续部署，东方有线4K智能机顶盒共发放近20万台，电信IPTV 4K机顶盒路数达到322万台。

汽车电子实现量质齐飞：智能网关、智能座舱、域控制器形成了产业化配套能力，固态激光雷达打开智能化产品出口配套局面。智能网联汽车示范测试区、网联试验场和5G无人驾驶试验场加快建设，为智能网联汽车安全示范应用提供了基础保障。

智慧健康养老积极构建产品体系：积极支持面向居家、社区和机构养老的健康物联网及智慧养老产品研发产业化；以场景试点示范为推手促进应用普及。联合市民政局发布首批智慧养老应用场景需求，开展上海市智慧养老典型案例征集活动。

五是搭建国际化交流平台。

烘托集成电路产业发展氛围：Semicon China 2020、第三届全球 IC 企业家大会暨 IC China 2020、SENSOR China 2020 等行业活动，为产业发展搭建了系列化的合作交流平台，集聚全球创新资源，展示中国产业发展成果。

指导举办一系列高端会议：重点围绕全市电子信息重点发展领域，指导组织超高清视频、新型显示、汽车电子、物联网、智能传感器、亚洲消费电子展等一系列国际论坛、展会和大赛，促进国内外技术交流与产业合作。

（罗　萍）

一、集成电路产业

概况

集成电路产业是国之重器，是国家重要的基础性、先导性、战略性产业。上海作为我国集成电路产业重镇，正大力优化产业布局，持续提升产业能级，将自身优势向周边投射，打造具有全球影响力和竞争力的集成电路产业创新高地。这是国家赋予上海的重大任务，也是上海发挥自身优势、服务国家战略的职责使命。

2020 年，在新冠肺炎疫情和国际复杂形势的双重影响下，服务行业、传统制造业纷纷遭受不同程度冲击，但上海集成电路行业坚持抗疫、产业“两手抓”，逆市实现稳中有增。2020 年上海集成电路产业销售收入达到 2 071.33 亿元，比上年同期增长 21.37%，超额完成上海集成电路产业“十三五”发展目标。其中 IC 设计业销售收入达到 954.15 亿元，同比增长 33.39%；芯片制造业销售收入达到 467.18 亿元，同比增长 19.87%；封装测试业销售收入达到 430.9 亿元，同比增长 12.64%；设备材料业销售收入达到 219.1 亿元，同比微增 0.06%。2020 年上海集成电路产业及各行业销售收入及增长率见表 2-1。2020 年上海集成电路产业链结构见图 2-1。

表 2-1　2020 年上海集成电路产业及各行业销售收入及增长率

行　业	2020 年销售收入（亿元）	2019 年销售收入（亿元）	2020/2019 同比增长率（%）
IC 设计业	954.15	715.31	33.39
芯片制造业	467.18	389.75	19.87
封装测试业	430.90	382.54	12.64
设备材料业	219.10	218.96	0.06
合　计	2 071.33	1 706.56	21.37

数据来源：上海集成电路行业统计网（SICS）

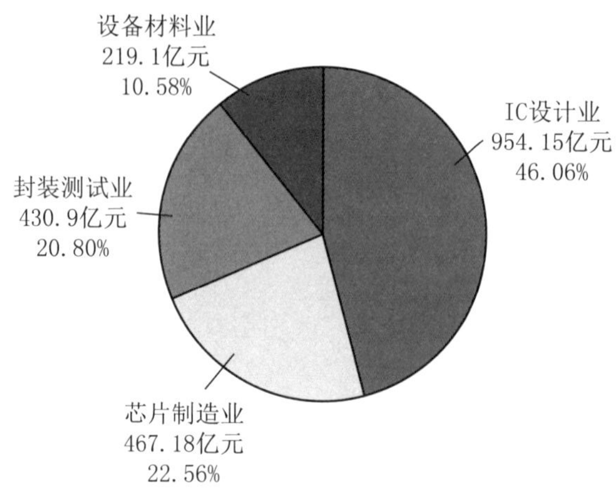

图 2-1　2020 年上海集成电路产业链结构

截至 2020 年底，上海集成电路产业累计总投资额为 415.33 亿美元，其中 2020 年净增投资 36.12 亿美元；累计总注册资金额为 226.89 亿美元，其中 2020 年净增注册资金额为 15.34 亿美元。

截至 2020 年底，上海从事 IC 研究开发、设计、制造生产、推广应用、配套服务和专业教育培训的企事业单位共有 713 家，较 2019 年增加 81 家。同期，上海集成电路产业从业人员总数达 235 473 人，较 2019 年增加 23 600 人。在从业人员中，专业技术人员为 90 648 人，占从业人员总数的 38.5%。

集成电路技术是信息社会的基础，也是国家综合实力的关键标志之一。2020 年上海集成电路产业的技术创新依然体现于两方面：一是继续沿着摩尔定律（More Moore）向前推进，最先进的芯片制造技术已经从 14 纳米提升到 12 纳米；二是继续扩展泛摩尔定律（More than Moore）的技术内容，不依赖特征尺寸缩微的特色制造工艺和高端先进封装工艺继续扩展，多种特色技术不断涌现，并导入量产。

2019 年 7 月 22 日，筹备 8 个月的科创板鸣锣开市。截至 2020 年底，上海共有 13 家集成电路企业在科创板上市，具体名单见表 2-2。

表 2-2　截至 2020 年底上海集成电路产业上市企业名录

序号	企业名称	区　域	板　块	证券代码	上市日期	行业类别
1	中芯国际 -U	浦东新区	科创板	688981	2020/7/16	制造
2	澜起科技	徐汇区	科创板	688008	2019/7/22	设计
3	乐鑫科技	浦东新区	科创板	688018	2019/7/22	设计
4	晶晨股份	浦东新区	科创板	688099	2019/8/8	设计

续表

序号	企业名称	区　域	板　块	证券代码	上市日期	行业类别
5	晶丰明源	浦东新区	科创板	688368	2019/10/14	设计
6	聚辰股份	浦东新区	科创板	688123	2019/12/23	设计
7	芯原股份 -U	浦东新区	科创板	688521	2020/8/18	设计
8	恒玄科技	浦东新区	科创板	688608	2020/12/16	设计
9	中微公司	浦东新区	科创板	688012	2019/7/22	设备
10	安集科技	浦东新区	科创板	688019	2019/7/22	材料
11	沪硅产业 -U	嘉定区	科创板	688126	2020/4/20	材料
12	正帆科技	闵行区	科创板	688596	2020/8/20	材料
13	南亚新材	嘉定区	科创板	688519	2020/8/18	材料

在13家科创板上市的集成电路企业中，IC设计企业有7家，占比53.8%，优势明显，遥遥领先于其他行业；材料企业有4家，占比30.77%；制造和设备企业分别各有1家。

IC设计业

【概况】2020年上海集成电路设计业（以下简称“IC设计业”）销售收入为954.15亿元，较2019年的715.31亿元增长33.4%，产业链占比达46.1%。其中，出口金额为17.95亿美元，同比增长14.6%；实现利润总额50.63亿元，同比增长59.8%。2011—2020年上海IC设计业销售收入、增长率及占上海集成电路产业链比重见表2-3。

表2-3　2011—2020年上海IC设计业销售收入、增长率及占上海集成电路产业链比重

年　份	2011年	2012年	2013年	2014年	2015年	2016年	2017年	2018年	2019年	2020年
销售收入（亿元）	149.5	171.2	210.3	240.9	303.50	365.24	437.45	482.0	715.31	954.15
增长率（%）	32.1	14.5	22.8	14.7	26.0	20.3	19.8	10.2	48.4	33.4
占上海集成电路产业链比重（%）	23.7	25.2	28.8	29.3	31.9	34.7	37.1	33.2	41.9	46.1

数据来源：上海集成电路行业统计网（SICS）

【企业状况】2020年，上海拥有IC设计企业321家，其中销售收入超亿元的IC设计企业有69家，较2019年增加9家；销售收入超10亿元的IC设计企业有18家。2004—2020年上海集成电路设计业销售规模超亿元的企业数量见图2-2。

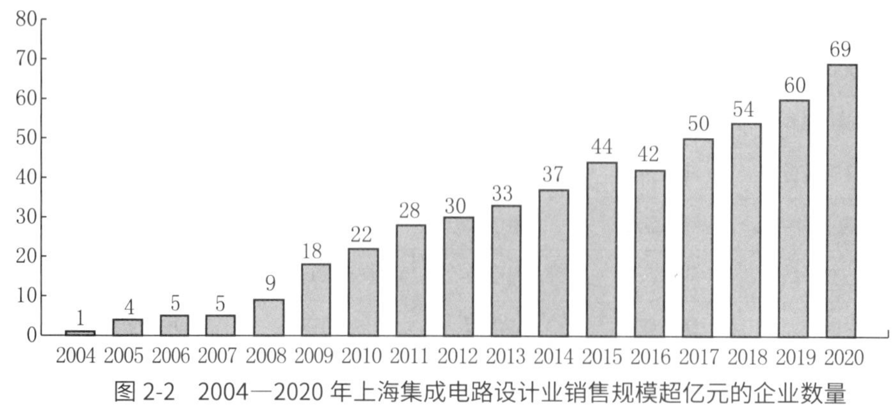

图 2-2　2004—2020 年上海集成电路设计业销售规模超亿元的企业数量

【技术水平及产品发展】上海 IC 设计业的主流设计技术为 40—28—16/14 纳米，智能移动终端芯片设计 12 纳米技术趋向成熟并正在扩展应用，先进产品已经达到 6 纳米设计水平。数模混合电路芯片的设计技术普遍采用 0.18—0.11 微米嵌入式存储器（eEEPROM/eFLASH）或嵌入式处理器（eCPU）SoC（System on Chip，系统级芯片）技术。模拟电路芯片普遍采用 0.35—0.13 微米 BCD（Binary-Coded Decimal，二—十进制代码）技术。

上海 IC 设计企业较多，涉及的集成电路产品种类繁多、跨度很大，大致可以分成十几个大类，如移动智能终端、无线通信及互联网、智能卡、电源管理、显示驱动、电能计量及电力线载波通信、音视频多媒体、数字电视及机顶盒、微控制器（MCU）、存储器芯片、信息安全及安全防护、I/O 接口及保护电路等各类芯片；以及人工智能类、MEMS（Micro-Electro-Mechanical Systems，传感器）、汽车电子及高端通用芯片 CPU 与 FPGA（Field-Programmable Gate Array，现场可编程门阵列芯片）等新兴领域产品。

芯片制造业

【概况】2020 年，上海芯片制造业实现销售收入 467.18 亿元，较 2019 年增长 19.87%。其中，境外代工销售收入 22.63 亿美元，实现利润总额 13.57 亿元。2011—2020 年上海芯片制造业销售规模及增长率见表 2-4。

表 2-4　2011—2020 年上海芯片制造业销售规模及增长率

年　份	2011 年	2012 年	2013 年	2014 年	2015 年	2016 年	2017 年	2018 年	2019 年	2020 年
销售规模（亿元）	127.8	134.6	151.9	186.27	215.86	261.99	281.95	398.4	389.75	467.18
增长率（%）	-4.2	5.3	12.9	22.7	15.9	21.4	7.6	41.3	-2.2	19.87
占上海集成电路产业链比重（%）	20.4	19.8	20.8	22.7	22.7	24.9	23.9	27.5	22.8	22.56

数据来源：上海集成电路行业统计网（SICS）

【企业发展】上海是我国自主芯片制造企业最为集中、工艺技术水平较为先进的产业基地。上海集成电路芯片制造企业不断提升芯片制程技术、扩大高阶制程产能，满足日益旺盛的晶圆制造需求。

2020 年，中芯国际集成电路制造有限公司（以下简称“中芯国际”）（含中芯南方）14 纳米顺利量产，上海华虹（集团）有限公司（以下简称“华虹集团”）28 纳米工艺技术持续优化并实现量产，上海积塔半导体有限公司（以下简称“积塔半导体”）特色工艺生产线迎来首台光刻设备搬入，这些重大工程的持续推进对上海晶圆代工业产业规模、技术升级作出重要贡献。

上海芯片制造企业主要包括：中芯国际、华虹集团旗下上海华力微电子有限公司、上海华力集成电路制造有限公司、上海华虹宏力半导体制造有限公司、台积电（中国）、积塔半导体、上海新进半导体制造有限公司和凸版中芯彩晶电子（上海）有限公司。此外，还有上海集成电路研发中心（ICRD）、上海微技术工业研究院等专业工艺技术研发机构。2020 年上海芯片制造企业晶圆生产线的分布、工艺技术水平及计划产能见表 2-5。

表 2-5　2020 年上海芯片制造企业晶圆生产线的分布、工艺技术水平及计划产能

企　业	生产线编号	晶圆尺寸（英寸）	工艺技术水平	计划产能（万片 / 月）
中芯国际集成电路制造（上海）有限公司	中芯南方	12	14—12 纳米	3.5
	中芯南方	12	14—10—7 纳米	3.5（在建）
	Fab8	12	65—40—28 纳米	1.5
	Fab1	8	0.35—0.11 微米	12.0
	Fab2			
	Fab8B	8	CMOS-MEMS 芯片	5.0
	Fab3B	8	0.13 微米—90 纳米 铜互连	3.0
	Fab9	8	CMOS 图像传感器芯载彩色滤膜制作	1.0
上海华虹（集团）有限公司	华虹一厂	8	0.35—0.095 微米	6.5
	华虹二厂	8	1.0—0.18 微米	6.0
	华虹三厂	8	0.35 微米—0.09 微米	5.3
	华虹五厂	12	55—28 纳米	3.8
	华虹六厂	12	28—14 纳米	4.0
上海积塔半导体有限公司		12	65 纳米 BCD	5.0（在建）
		8	0.35—0.11 微米	6.0

续表

企　业	生产线编号	晶圆尺寸（英寸）	工艺技术水平	计划产能（万片/月）
上海积塔半导体有限公司（上海先进半导体制造有限公司）	Fab1	8	0.50—0.25 微米数模混合	2.6
	Fab2	6	1.0—0.8 微米 BCD/BiCMOS/IGBT	4.2
	Fab3	5	4.0—1.25 微米模拟	0.7
台积电（中国）有限公司	Fab10	8	0.35—0.18 微米	13.0
上海新进半导体制造有限公司		6	3.0—0.5 微米数模混合	6.0
上海新进芯微		6、8 混合	0.6—0.18 微米数模混合	3.0
格科微电子（上海）有限公司		12	CIS 芯片	6.0（在建）

资料来源：上海集成电路行业统计网（SICS）

【技术发展】中芯国际是世界领先的集成电路晶圆代工企业之一，也是中国内地技术最先进、规模最大、跨国经营的集成电路制造企业集团。中芯国际向全球客户提供 0.35 微米到 14 纳米不同技术节点的晶圆代工与技术服务，包括逻辑芯片、混合信号芯片、射频芯片、高压 CMOS（Complementary Metal Oxide Semiconductor，互补金属氧化物半导体）芯片、Flash（闪存）/EEPROM（Electrically Erasable Programmable Read-Only Memory，电可擦可编程只读存储器）芯片、图像传感器芯片、电源管理芯片、微机电系统等，其代表了中国本土代工企业最高技术水平。

华虹集团成立于 1996 年 4 月，是国家“909”工程的主体单位，是我国拥有先进芯片制造主流工艺技术的 8+12 英寸芯片制造企业。二十多年来，华虹集团率先建成了中国大陆第一条 8 英寸集成电路生产线，建设了本土企业第一条全自动的 12 英寸生产线。集团旗下业务包括集成电路研发制造、电子元器件分销、智能化系统应用等板块，量产工艺制程覆盖 1 微米至 28 纳米各节点。华虹集团通过连续建设投产华虹六厂、华虹七厂，实现了从 8 英寸为主转型为 12 英寸为主的工艺能力跨越，12 英寸产能超过 50%，销售收入占比首度超过 8 英寸业务。

2020 年，华虹集团的 28 纳米低功耗和 HKMG（High-K Metal Gate，高介电常数金属栅极）高性能平台均实现量产；12 英寸 CIS（Contact Image Sensor，接触式图像传感器）芯片工艺技术进入全球领先阵营；12 英寸蓝牙、NOR（非易失）型闪存等特色工艺平台市场占有率国内领先；华虹七厂实现了我国首条 12 英寸功率器件代工线规模量产；8 英寸平台在功率半导体、嵌入式存储器 SoC 等方面成为我国工艺技术最全面、最领先的企业之一。

积塔半导体于2017年11月成立于上海，注册资金40亿元，其中华大半导体有限公司出资22亿元，占比55%；上海集成电路基金出资18亿元，占比45%。经营范围包括集成电路芯片设计及服务，集成电路芯片制造，半导体科技领域的技术开发、技术咨询、技术服务、技术转让，电子元器件、电子产品、计算机软件及辅助设备的销售，计算机系统集成，货物及技术进出口业务。2020年6月，积塔半导体位于上海浦东临港新片区的特色工艺生产线项目正式投产，项目致力于工业控制和汽车电子等高端应用特色工艺生产线产能布局，包括8英寸生产线6万片/月、12英寸特色工艺生产线3 000片/月、6英寸SiC（碳化硅）生产线5 000片/月，旨在显著提升我国功率器件（IGBT）、模拟电路、电源管理、传感器等芯片核心竞争力和规模化生产能力。该项目自2018年8月正式开工，2020年3月正式投片，2020年6月实现正式投产，圆满完成第一阶段任务。

封装测试业

【概况】2020年，上海集成电路封装测试业销售规模为430.9亿元，同比增长12.6%，占上海集成电路产业链的比重为20.8%。2020年上海集成电路封装测试业出口金额达到56.86亿美元，同比增加51.2%；实现利润总额29.80亿元，同比增长160.72%。2011—2020年上海集成电路封装测试业销售规模及增长情况见表2-6。

表2-6　2011—2020年上海集成电路封装测试业销售规模及增长情况

年　份	2011年	2012年	2013年	2014年	2015年	2016年	2017年	2018年	2019年	2020年
销售规模（亿元）	287.0	293.9	295.3	310.27	332.19	312.81	310.3	368.9	382.54	430.9
增长率（%）	14.8	2.4	0.5	5.1	7.06	−5.8	−0.8	18.9	3.7	12.6
占上海产业链比重（%）	45.5	43.2	40.5	37.8	35.0	29.7	26.3	25.4	22.4	20.8

资料来源：上海集成电路行业统计网（SICS）

【企业发展】上海集成电路封装测试企业基本以外资控股为主，从事集成电路封装测试的外资企业主要有日月光封装测试（上海）有限公司、安靠封装测试（上海）有限公司、晟碟半导体（上海）有限公司、捷敏电子（上海）有限公司、葵和精密电子（上海）有限公司等。从事集成电路封装测试的中外合资企业主要有环旭电子股份有限公司、环维电子（上海）有限公司、紫光宏茂微电子（上海）有限公司、上海芯哲微电子科技有限公司等。从事集成电路封装测试的内资企业主要有上海华岭集成电路技术有限责任公司、闳康技术检测（上海）有限公司、上海纪元微科电子有限责任公司、上海伟测半导体科技有限公司、上海旻艾半导体有限公司等。近年来，这些企业积极引进世界先进的封装形式和测试技术，推动企业从传统封装形式向先进封装形式快速转型，为上海集成电路封装测试业进入新一轮发展奠定了技术基础。

【技术发展】 上海集成电路封装技术除了传统的封装形式，如 DIP（Dual Inline-pin Package，双列直插式封装）、SOP（Small Out-Line Package，小型封装）、SSOP（Shrink Small-Outline Package，超小型封装）、QFP（Quad Flat Package，四边引脚扁平封装）和 QFN（Quad Flat No-leadPackage，四边无引脚扁平封装）之外，先进封装形式也占相当比重，主要的先进封装形式有 BGA（Ball Grid Array，球形列阵结构）、PGA（Pin-Grid Array，针栅阵列封装）、PBGA（Plasric Ball Grid Array，塑料球栅阵列封装）、FC（Flip Chip，倒装焊封装）、CSP（Chip Scale Package，芯片级尺寸封装）、WLP（Wafer-Level Package，晶圆级封装）、MCP（Multi-Chip-Package，多芯片封装）、MCM（Multi-Chip Module，多芯片组装）等，有些先进封装形式已占据行业主流地位，更先进的 3D/2.5D 叠层式封装也进行了批量试产。

设备材料业

【概况】 根据上海集成电路行业统计网（SICS）对上海 42 家半导体设备材料企业的跟踪统计，2020 年上海半导体设备材料制造业的销售规模为 219.1 亿元，同比增长 0.06%。2011—2020 年上海半导体设备材料制造业销售收入及增长率见表 2-7。

表 2-7　2011—2020 年上海半导体设备材料制造业销售收入及增长率

年　份	2011 年	2012 年	2013 年	2014 年	2015 年	2016 年	2017 年	2018 年	2019 年	2020 年
设备材料合计销售收入（亿元）	65.9	68.3	72.8	84.52	98.61	112.56	150.91	201.2	218.96	219.1
增长率（%）	19.6	3.6	6.6	16.0	16.8	14.2	34.1	33.3	8.8	0.1
占上海产业链比重（%）	10.5	10.2	10.0	10.3	10.4	10.7	12.8	13.9	12.8	10.6
其中，设备业销售收入（亿元）	18.30	22.33	21.0	24.91	36.85	39.01	82.68	125.75	136.72	139.9
增长率（%）	30.6	22.0	-6.0	18.6	48.0	5.9	111.9	52.1	8.72	2.33
其中，材料业销售收入（亿元）	47.60	45.97	51.8	50.61	61.75	73.55	68.23	75.45	82.2	79..2
增长率（%）	4.8	-3.4	12.7	-2.3	22.0	19.1	-7.2	10.6	8.94	-3.6

数据来源：上海集成电路行业统计网（SICS）

半导体设备材料是集成电路产业发展的基础。一直以来，自主技术创新是推动上海半导体设备材料业快速发展的两大主要动力，也是培育上海半导体设备材料企业不断成长壮大的源泉。同时，其发展离不开国家政策支持，近年来，由国家科技重大专项、国家和上海市政府各主管部门支持的高端装备和关键配套材料研发项目陆续取得丰硕成果，这些产品进入国内甚至国外部分大生产线实际应用。

【企业发展】截至2020年底，上海共有半导体设备材料制造企业43家。其中，规模较大的本土半导体设备制造企业（内资或内资控股）共11家，世界著名半导体设备厂商在上海设立的分公司（或分支机构）主要有8家。规模较大的本土半导体材料制造企业（内资或内资控股）共7家，世界著名半导体材料厂商在上海设立的分公司（或分支机构）主要有8家。

中微半导体设备（上海）有限公司（以下简称“中微半导体”）开发的等离子体刻蚀设备和化学薄膜设备是制造各种微观器件的关键设备，其中，等离子体刻蚀设备被广泛用于国际一线客户从65纳米到5纳米工艺的众多刻蚀应用中。中微半导体开发的用于LED（Light Emitting Diode，发光二极管）和功率器件外延片生产的MOCVD（Metal-organic Chemical Vapor Deposition，基于金属有机化合物化学气相沉淀的气相外延生长技术）设备已在客户生产线上投入量产，在全球氮化镓基LED MOCVD设备市场占据领先地位。2020年7月30日，中微半导体在上海宣布推出Prismo HiT3™ MOCVD设备，主要用于深紫外LED衬底上外延工艺量产。Prismo HiT3™是中微半导体Prismo系列MOCVD设备新品。作为高质量氮化铝和高铝组分材料生长的关键设备，该设备反应腔最高温度可达1 400度，具有优异的工艺重复性、均匀性和低缺陷率。该设备同时也为高产量而设计，单炉可生长18片2英寸外延晶片，并可延伸到生长4英寸晶片。

上海微电子装备（集团）股份有限公司（以下简称“SMEE”）主要致力于半导体装备、泛半导体装备、高端智能装备的开发、设计、制造、销售及技术服务，产品广泛应用于集成电路前道、先进封装、FPD（Front Panel Display，平板显示）面板、MEMS、LED、Power Devices（电源装置）等制造领域。截至2020年底，SMEE申请专利总数共计3 468项，获得授权专利2 173项。2020年10月，SMEE荣获“上海知识产权创新奖”，并于同年12月入选首批20家上海市智能工厂。

盛美半导体设备（上海）有限公司（以下简称“盛美半导体”）主要从事半导体专用设备的研发、生产和销售，主要产品包括半导体清洗设备、半导体电镀设备和先进封装湿法设备等。通过自主研发的单片兆声波清洗技术、单片槽式组合清洗技术、电镀技术、无应力抛光技术和立式炉管技术等，盛美半导体向全球晶圆制造、先进封装及其他客户提供定制化的设备及工艺解决方案，有效提升客户的生产效率、提升产品良率并降低生产成本。截至 2020 年 12 月，盛美半导体申请专利 868 项，其中有 353 项已获得授权发明专利。

上海精测半导体技术有限公司（以下简称“上海精测半导体”）主要从事以半导体测试设备为主的研发、生产和销售，同时也开发一部分显示和新能源领域的检测设备。通过自主构建研发团队、海外并购等手段，上海精测半导体实现了半导体测试、制程设备的技术突破及产业化，并倚靠母公司精测电子在国内平板显示检测领域所取得的市场领先地位，快速提高相关产品在集成电路市场的竞争力。2020 年 2 月，上海精测半导体的 OLED（Active Matrix/Organic Light Emitting Diode，主动矩阵有机发光二极体面板）微型显示器膜厚测量仪出货。4 月，上海精测半导体 EFILM 300IM 首台样机发运合作商，并于 5 月获得 SEMI（Semiconductor Equipment and Materials International，国际半导体产业协会）的 S2 和 F47 认证。12 月 23 日，上海精测半导体宣布推出首款半导体电子束检测设备——eViewTM 全自动晶圆缺陷复查设备，并正式交付国内客户。

安集微电子科技（上海）股份有限公司（以下简称“安集科技”）是一家以自主创新为本，集研发、生产、销售及技术服务于一体的高科技半导体材料公司。主营业务为关键半导体材料的研发和产业化，产品包括不同系列的化学机械抛光液和光刻胶去除剂，主要应用于集成电路芯片制造和先进封装领域。2020 年，安集科技专注化学机械抛光液领域，其 14 纳米技术节点铜和阻挡层抛光液研发取得突破，并获得客户订单。

上海新阳半导体材料股份有限公司（以下简称“上海新阳半导体”）专注于半导体行业所需的功能性化学材料产品及应用技术的研发创新、生产制造和销售服务，致力于为用户提供化学材料、配套设备、应用工艺和现场服务一体化解决方案。经过多年积累，上海新阳半导体形成了拥有完整自主知识产权的电子电镀、电子清洗两大核心技术，申请授权国家专利 210 项，其中国内发明专利 102 项、国际发明专利 8 项。围绕两大核心技术，上海新阳半导体开发研制出 140 多种电子电镀与电子清洗系列功能性化学材料，产品广泛应用于集成电路制造、3D-IC（三维堆叠式晶片）先进封装、IC 传统封装测试等领域，满足芯片铜制程 90—28 纳米工艺技术要求，相关产品已成为多家集成电路制造公司 28 纳米技术节点的基准材料（Base Line）。

上海至纯洁净系统科技股份有限公司致力于为高端先进制造业企业提供高纯工艺系统解决方案，涵盖整个系统的设计、选型、制造、安装、测试、调试和系统托管服务，涉及领域包括半导体、微电子、生物医药、光伏、光纤、TFT-LCD（Thin Film Transistor-Liquid Crystal Display，薄膜晶体管液晶显示器）、LED 等；客户包括上海华力、华润上华、士兰微、台积电、力晶等半导体知名用户，京东方、和辉等显示屏领导企业，中天、富通、通鼎、亨通等光纤用户，华灿、聚灿、圆融、国星光电等 LED 用户，英利、晶澳等光伏用户，中信国健、扬子江药业、武汉生物所、华瑞等生物制药企业。

上海硅材料生产企业共有 6 家，即上海新傲科技有限公司、上海新昇半导体科技有限公司、上海申和热磁电子有限公司、上海晶盟硅材料有限公司、上海合晶硅有限公司及上海超硅半导体有限公司。相关重大项目持续推进，形成了较完善的硅材料研发、生产新布局，提升了上海在全国硅材料研发生产领域的地位。

（毛彩虹）

【半导体设备上的真空插板开关阀研制和产业化】中微半导体设备（上海）股份有限公司承担的“半导体设备上的真空插板开关阀的研制和产业化”项目于 2020 年 9 月 4 日通过综合绩效评价。项目研制的应用在 12 英寸半导体设备上的真空插板开关阀、漏率、产品寿命和运转速率等技术指标都达到了任务书规定的要求。产品已通过测试验证，处于产品小试阶段。

【光刻机关键零部件（运动控制和光学镜片）研制与配套应用】上海微电子装备（集团）股份有限公司承担的“光刻机关键零部件（运动控制和光学镜片）研制与配套应用”项目于 2020 年 4 月 30 日通过综合绩效评价。项目完成了光刻机精密运动实时控制系统和光刻机曝光系统高精密光学镜片设计与制造两项任务，相关成果已应用于光刻机整机。

【高端半导体芯片制造用超高分辨率新型 DSA 光刻材料突破】复旦大学承担的“高端半导体芯片制造用超高分辨率新型 DSA 光刻材料”项目于 2020 年 9 月 15 日通过综合绩效评价。项目突破 5 纳米超高分辨率、低温快速图形化的 DSA（Directed Self-Assembly，定向自组装）光刻图形化关键技术，填补了国内 10—5 纳米工艺的光刻材料空白，完成了项目任务书规定的技术指标，项目成果有助于推动行业技术进步。

【面向 TVOS 家庭物联应用的千兆无线安全智能路由芯片研制和规模应用示范】东方有线网络有限公司承担的“面向 TVOS 家

庭物联应用的千兆无线安全智能路由芯片研制和规模应用示范”项目于2020年11月16日通过综合绩效评价。项目对物联网安全无线路由芯片及相关超高清智能机顶盒终端进行研究，芯片采用28纳米工艺流程完成流片，经第三方测试机构测试，可支持IEEE 802.11 a/b/g/n/ac标准，达到技术指标考核要求。项目达成105万颗芯片的意向采购，终端支持百万量级用户覆盖，规模安装数量达13 666台。项目研制部署了TVOS（智能电视操作系统）智能家庭网关安全运营管理验证系统，实现10万台设备管理；完成了28/16纳米工艺设计及验证参考流程1套，提供物联网芯片流片支持服务，形成了Chip Probe及Final Test相关测试项及测试方案。

（王卓曜）

二、通信和网络设备制造业

概况

2020年，上海市通信设备制造业持续受国际经贸形势及全球新冠肺炎疫情影响，下半年度逐渐复工复产复市。我国大力扶持本土通信制造业重点企业发展，加快核心零部件研发、投产和使用，上海通信设备制造业加速发展。上海市通信设备制造业2020年1—12月发展情况见表2-8。

表2-8　上海市通信设备制造业2020年1—12月发展情况

通信设备制造业	工业总产值		销售收入		利润总额	
	1—12月（亿元）	同比（%）	1—12月（亿元）	同比（%）	1—12月（亿元）	同比（%）
	1 808.97	5.3	1 784.11	-4.9%	36.97	-30.4

数据来源：上海市统计局

上海5G通信技术应用发展情况

2020年是“十三五”规划收官之年，国内5G规模商用实现快速发展。我国在取得新冠肺炎疫情防控攻坚战阶段性胜利后，加快推动数字新基建，有序推进5G商用落地。上海率先完成“双千兆第一城”建设，累计建成超3.2万个室外基站和超5.1万个室内小站，实现5G网络中心城区和郊区重点区域室外连续覆盖，并在诸多上海标志性建筑、景点及地铁、机场等特殊场景完成了5G网络全覆盖，示范应用落地展示。

重要企事业单位

【上海诺基亚贝尔股份有限公司】上海诺基亚贝尔股份有限公司（以下简称“上海诺基亚贝尔”）是中国改革开放之初，由国家决策成立的信息通信和高科技领域的第一家中外合资企业，也是诺基亚在华独家运营平台。公司积极“引进来”“走出去”，通过引进、消化吸收、再创新，响应“一带一路”倡议，在技术创新和国际化发展合作方面走出了企业独特的发展道路，为我国通信网络和通信技术实现跨越式发展作出积极贡献，并有效带动中国通信产业的群体崛起。2017 年 7 月 1 日，上海贝尔与诺基亚在中国的业务完成整合，组建成立了新的上海诺基亚贝尔股份有限公司。

上海诺基亚贝尔拥有员工约 13 000 人，业务遍及 50 多个国家和地区，为全球电信运营商和各领域行业信息化提供端到端信息通信解决方案和高质量服务，在移动网络、固定网络、IP 网络、光网络、软件应用及 5G、物联网、云计算等下一代网络技术领域成为行业领先者。

上海诺基亚贝尔扎根中国创新，同时也是诺基亚全球研发的重要组成部分。上海诺基亚贝尔的研发人员超过 8 000 名，拥有 6 个产品研发中心和贝尔实验室强大的全球创新资源。作为国家创新型企业和国家企业技术中心，上海诺基亚贝尔积极参与实施《国家中长期科学和技术发展规划纲要》，为信息通信领域的国家中长期科技重大专项作出卓越贡献。

2020 年是我国“十三五”规划收官之年，也是脱贫攻坚之年。“十三五”期间，站在创新驱动发展战略和“互联网 +”国家战略“双风口”下，5G、云计算、人工智能、工业互联网等新一代信息技术和新业态蓬勃兴起。对上海诺基亚贝尔而言，2020 年是全面抗疫、厚积薄发的一年，作为中国通信市场的“老兵”，公司深耕 5G、700 MHz、云网融合、全光网等领域创新，拥有了 5G 全系列产品。2020 年，上海诺基亚贝尔率先开通武汉火神山医院首个 5G 基站，完成 700 MHz 5G NR（New Radio，新空口）广播业务演示，率先成功展示毫米波 4 Gbps 峰值性能，开启新一代云网蓝图，开启全千兆时代，刷新光网络极限，以 5G 全系列产品赋能行业数字化转型。

（林文琦）

【上海博达数据通信有限公司】上海博达数据通信有限公司（以下简称“博达”）成立于 1994 年，位于中国（上海）自由贸易试验区，是一家集研发、生产、销售于一体的高新技术企业。作为业界领先的网络数据通信设备提供商和整体网络解决方案供应商，博达主营交换机、路由器、无源光网络、无线产品、工业产品和网络安全产品等网络数据通信产品，产品广泛应用于运营商、政府、金融、教育、医疗、工业等诸多领域，并进军亚洲、美洲、欧洲等海外市场。

企业信息化建设。博达公司2018年对公司原用友U8系统启动信息化改建计划，2019年启动用友NC65（ERP）系统建设，2020年，完成公司新老信息化系统转换。新系统主要包括供应链、财务、仓储、生产计划四大模块，实现了业务财务数据一体化，有效降低了操作人员工作强度，提高了工作效率和数据准确性。基于公司市场发展需要，2020年，博达启动CRM（Customer Relationship Management，客户关系管理）系统建设，该系统包括客户与项目管理模块、询价特价单模块，改进了客户关系管理，提高了客户信息维护准确性，提升了审批效率。截至2020年底，用友NC65系统和CRM系统完成系统对接，为公司效率提升和科学管理打下坚实基础。

普陀区社区智能安防项目建设。博达参与的普陀区智能安防项目分为前端社区智能安防建设、街道智能安防系统建设、区运营中心建设、区政法委平台建设和公安分局后端建设四部分，其中前端社区智能安防建设采用博达设备。该项目建设完成了普陀全区监控视频、人脸图片、车牌图片及结构化数据联网，通过区运营中心统一管理，街道、派出所及各委办可实现视频、图片实时调阅。系统可根据各街道应用需求，将需布控的图片传送至公安分局进行相关解析，再将告警信息经区运营中心转发至各街道。此外，人脸、车辆图片及结构化数据经街道智能安防系统上传于公安分局“公安图像网”，完成相关解析与应用，设备信息与视频图像信息经街道智能安防系统转发区运营中心，实现监控视频、人脸图片、车辆图片及结构化数据联网。该项目建设为智慧城市、平安城市添砖加瓦，使民众安全得到进一步保障。

崇明公安监控及智慧小区改造。博达参与的崇明区公安监控及智慧小区改造项目总计改造超50个居委、100个小区、400个重要路口监控。项目分两期建设，一期主要集中进行重要交通路口监控改造，通过政务外网连接至公安监控管理平台，整个前端网络传输产品选用工业级设计，可以适应恶劣的应用环境。二期改造主要集中进行小区出入口监控覆盖，每个居委下挂1—4个小区，每个小区通过光纤上联到对应居委的网路通信设备，再与政务外网互连互通，实现视频数据与公安监控管理平台对接。通过该项目建设，监控系统实现了各小区出入口、各重要交通路口可视化、快速化管理，各部门、各通信系统快速联动、快速响应，提高应急处理能力，提升群众安全感。

防疫隔离安置区信息化建设。新冠肺炎疫情期间，博达积极参与防疫抗疫工作，助力防疫隔离安置区信息化建设。项目明确网络设计层次化，采用核心、接入层次进行改造，简单二层组网减少网络施工，快速搭建网络。采用博达路由网关路由器、核心交换机、汇聚层交换机、接入层交换机、网管软件等通信设备，以及博达的整体网络设计规划和技术支持，提供内网、外网和视频监控内网的全面解决方案。该项目构建完善的有线无线网络覆盖，实现内部用户访问网速稳定、上网体验飞速。通过无线网络实现全方位、无缝、无死角定位系统，照顾管理隔离区病人。项目建设完成后有效提升医护过程监管、医药品追踪管理和资产管理水平，满足管理系统对影音、图片实时传输的高需求。

（邓美梅）

【上海汇珏网络通信设备股份有限公司】

上海汇珏网络通信设备股份有限公司（以下简称“汇珏网络”）创立于2002年，是一家集研发、生产、销售于一体的服务型高新技术企业，形成了“以智能ICT（Information Communication Technology，信息通信技术）网络通信设备设计制造为核心、物联网智能网络通信系统集成应用为动力”的两大业务主线。汇珏网络下辖6家子公司、三大生产基地，总占地面积超10万平方米，在全国设立30多个办事处，形成了以上海为中心、覆盖全国的营销服务网络体系。近三年销售额超过16亿元，其中2020年实现营收5.86亿元。先后荣获国家级“高新技术企业”、工信部“服务型制造示范”、上海市“专精特新”中小企业、“上海市品牌培育示范企业”等荣誉称号，在配线配电等细分行业综合实力排名前五。

汇珏网络不断汇聚多方智慧、积极创新增效，2019年获得“上海市专利试点企业”称号，2020年被认定为“上海市版权示范企业”。汇珏网络与南京邮电大学、上海交通大学、华中科技大学、上海通信行业协会等高校和研究机构建立国内外技术联盟，长期开展产学研合作，在“通信网络”“光传输”“有线宽带”“无线通信”“物联网”“微波通信”“新型动力电池”等多个领域深入研发，每年研发投入占比超过4%，拥有有效专利182项，其中发明专利19项、登记软件著作权20项、参与制修订行业标准10项，提供ICT基础建设设备、智能配电设备、移动通信设备、光器件光纤、数据中心设备、一体化电源电池及智慧城市和互联网设备全系列产品解决方案，通过多元化产品创新和管理模式的双向并举，提升核心竞争力。

坚守“持续创新”价值观，为推动上海智慧城市建设，汇珏网络积极开展物联网技术研发和行业应用落地，研发了多种智能产品及整体解决方案。先后推出智能锁、智能地埋光交箱、智慧公交站牌、智慧园区、智慧校园、智慧交通、智慧停车、智能充电桩、汇珏智慧互联管理平台、智汇管家等 20 多种数字化转型产品，以智能硬件为基础，以智能化的信息数据综合应用为本质，以智能技术发展为牵引，推进智慧城市建设，为政务、运营商、交通等行业提供智能应用产品、IT 服务及一体化解决方案，助力城市运行节能降耗。

2020 年重点项目："智汇管家"楼宇机电一体化项目。汇珏网络于 2020 年推广重点项目"智汇管家"楼宇机电一体化项目，于 2020 年 9 月被奉贤区科学技术委员会评为"汇珏智能智慧楼宇奉贤区'5G+创新应用'示范试验点"，同年中标南京美术馆新馆项目，为其提供建筑设备一体化监控系统及配套模组设备。"智汇管家"楼宇机电一体化项目适用于楼宇所有机电设备的智慧管控，以建筑使用者和管理者的需求为导向，融合检测技术、控制技术和边云协同技术，配置实时感知、理解、学习、判断、决策、执行等智慧能力，以追求全局智能协同、运行效率为目标，全面获取、共享建筑机电系统的静态和动态数据，建立建筑机电设备供电与监控、机电优化运行与维护的一体化管控机电系统。它采用物联网理念将传统割裂的电气元件、控制系统、通信部件集成融合，并借助控制科学、网络通信、人工智能及大数据等技术，实现对建筑物空调、照明等各类设备的一体化供电监控。

（张　芳）

【上海移为通信技术股份有限公司】上海移为通信技术股份有限公司（以下简称"移为通信"）属于物联网中的无线 M2M（Machine To Machine，机器对机器）行业，成立于 2009 年 6 月 11 日，并于 2017 年 1 月在深圳创业板上市。

移为通信主营业务为嵌入式无线 M2M 终端设备的研发和销售，通过在机器内部嵌入通信模块，以蜂窝通信、ZigBee（紫蜂，一种低速短距离传输的无线网上协议）、RFID（Radio Frequency Identification，射频识别技术）、蓝牙、有线网络等通信接入方式为用户提供综合信息化解决方案，满足用户在监控、指挥调度、数据采集测量等领域的信息化需求。

移为通信主要产品包括车载追踪通信产品、物品追踪通信产品、个人追踪通信产品和动物溯源识别追踪通信产品。产品通信主要基于电信运营商移动通信网络，通信制式以 2G、3G、4G、eMTC（enhance Machine Type Communication，超大连接物联网）/NB-IoT（Narrow Band Internet of Things，基于蜂窝的窄带物联网）为主。

移为通信的研发和运营总部位于上海，具有基于芯片级的开发设计能力、传感器系统和处理系统集成设计能力。研发技术团队可以直接基于基带芯片、定位芯片进行硬件设计开发，通过传感器、处理系统整体设计，来完成对不同类型传感器集成能力的提升。

移为通信于2012年7月成立合肥研发中心，2015年8月成立深圳研发中心。上海、合肥、深圳三大研发中心均为高新技术企业，并于2018年在上海漕河泾开发区内新建2 000平方米研发中心，举集团之力打造以市场为导向，集研发、设计、制造、系统集成于一体的企业技术中心。2019年被评为“上海市企业技术中心”。2020年在七宝新建5 931平方米研发楼。

移为通信先后获得“高新技术企业”“上海市科技小巨人企业”“上海市高新技术成果转化项目百佳”“专精特新企业”“上海民营服务业企业100强”“上海市企业技术中心”“上海市专利工作试点企业”“上海外贸自主品牌示范企业”等多项荣誉。

移为通信90%以上的销售收入来自国际市场，市场覆盖北美洲、南美洲、欧洲、非洲、亚洲及大洋洲的140多个国家，是物联网行业M2M主流产品供应商之一。在实时资产追踪领域，移为通信是当之无愧的行业领军者，在全球部署了超过100万台设备。在UBI车险领域，移为通信不断开发特色产品，为全球多家UBI行业领军企业（包括保险公司和服务提供商）提供个性化产品定制，在全球部署了270多万台UBI智能终端设备。在共享出行领域，移为通信创新解决方案，首次实现LTE技术商用，与滑板车制造商合作进行前装定制，与服务提供商合作定制设备后装。已在全球部署60多万辆滑板车产品。

（朱维娜）

【影创科技集团】影创科技集团（以下简称“影创科技”）成立于2014年8月，是全球领先的混合现实行业领军企业，主要业务为扩展现实、人工智能、半导体三大领域的基础科学研究、应用技术及产品研发。总部位于上海，在青岛、北京、重庆、成都、南昌、南京、开封等多地设有产业基地，研发及生产场所占地面积超过2万平方米，实现全产业链布局，构建闭环生态。

影创科技坚持科技独立、产品自主研发，现有产品包括多种光芯片、光学镜片、人工智能算法，以及鸿鹄（Hong Hu）、即墨（JIMO）、Action One Pro等多款智能眼镜。影创MR（Mixed Reality，混合现实）智能眼镜广泛应用于教育、工业、文旅、医疗等各类垂直领域，以科技力量赋能全行业。

首款头手6DoF MR眼镜“鸿鹄”发布。2020世界VR（Virtual Reality，虚拟现实）产业大会上，影创科技发布首款头手6DoF MR眼镜“鸿鹄”，其搭载高通骁龙XR2平台，采用全自由度手势操作，为用户创造更为“本能”“真实”的交互体验。

“AI+技能湾”就业创业见习基地揭牌。2020年12月30日，由上海市人力资源和社会保障局指导、浦东新区人力资源和社会保障局主办的“点创未来，智享智造浦东新区‘AI+技能湾’启动暨‘AI+技能人才培养基地’揭牌仪式”在康桥智能制造产业园举行。上海市职业技能鉴定中心主任孙兴旺、浦东新区人社局就保处处长徐浙波向影创科技集团、中科新松有限公司、上海七牛信息技术有限公司、亮风台（上海）信息科技有限公司授予就业创业见习基地（试运行）铜牌。

（谢漪珺）

【翱捷科技股份有限公司】翱捷科技股份有限公司（以下简称“ASR”）成立于2015年4月，是一家提供无线通信、超大规模芯片的平台型芯片企业。公司自设立以来一直专注于无线通信芯片的研发和技术创新，是国内极少数同时拥有全制式蜂窝基带芯片及多协议非蜂窝物联网芯片研发设计实力，且具备提供超大规模高速SoC芯片定制及半导体IP授权服务能力的平台型芯片设计企业。ASR各类芯片产品下游应用场景广阔，可用于以手机、智能可穿戴设备为代表的消费电子市场及以智慧安防、智能家居、自动驾驶为代表的智能物联网市场。2020年8月，公司名称正式变更为“翱捷科技股份有限公司”。2020年11月，4G多模物联网芯片ASR3601荣获第十五届“中国芯”优秀技术创新产品。2020年12月，公司向上海证券交易所提交科创板上市材料并获得正式受理。

（陈俊龙）

【上海祐云信息技术有限公司】上海祐云信息技术有限公司（以下简称“祐云信息”）是一家平台型物联网科技企业，有连接管理平台（CMP）、设备管理平台（DMP）和应用开发平台（AEP），基于自有物联网平台，专注物联网技术服务，致力于为客户提供物联网模块组、物联网流量、一号双终端、2G、4G、NB-IoT蜂窝模块（自主研发）、流量管理后台、物联网云及相对应的各种服务。

在芯片模块研发领域，祐云信息与诸多世界知名企业建立了合作伙伴关系，同时与国内权威机构、三大运营商、大学保持合作，是上海物联网协会成员、中国电信终端产业协会成员、世界通讯协会（GSMA）成员、上海人工智能发展联盟成员、上海5G创新发展联盟成员、上海大学通信与信息工程学院产学研合作基地、上海第二工业大学研究生培养基地。

祐云信息于2017年获得“上海市双创企业”，2018年获得“科技型小微企业”，2019年获得“国家高新技术企业”等荣誉称号。公司自2018年开始深度研发适用中小企业的4G、5G基础网络平台及带有人工智能算法的可视化系统，应用于智慧园区、智慧工厂、智慧农业和智慧医疗等领域，并取得了良好效果，2020 年实现千万元级营收，成为行业领军企业。

2020 年，南通产业技术研究院牵头，联合祐云信息等 4 家单位申请成立江苏省智慧建筑产业创新中心，与此同时，祐云信息也是江苏省智慧建筑工程研究中心的会员单位。2020 年 12 月，祐云信息的《5G 专网智慧工地》获得上海市创青春智慧城市组优胜奖，同月与上海移动签署基于 5G 专网的“智慧工地”“智慧建筑”“智慧工厂”“智慧农业”合作框架协议。祐云信息的“智慧建筑”平台还获得华为鲲鹏系统认证，借内循环、新基建等建设浪潮，将智慧城市相关业务作为发展重心。

（赵　强）

三、消费电子产业

概况

超高清视频是数字音视频产业继标清、高清之后的新一轮重大技术和产业革新。在国家和上海市政府相继出台超高清视频产业发展行动计划的政策支持下，2020 年上海超高清视频产业快速发展，在标准制定、芯片研发、内容生产、传输渠道、终端显示等技术研发和产业化方面取得了重要进展；在政、产、学、研各方共同努力之下，深入贯彻落实国家和上海市超高清视频产业发展战略，取得阶段性成果，数字音视频产业步入产业链优化提质新阶段，进一步助力上海市科创中心和四大品牌建设。

构建超高清视频标准体系，加速产业链上下游协同合作。2020 年，国家工信部和广电总局联合发布了《超高清视频标准体系建设指南（2020 版）》，为超高清视频标准体系规划和统筹推进打下了基础。此外，上海市两项超高清终端产品团体标准《超高清有线电视智能机顶盒技术要求》和《超高清有线电视智能融合终端技术要求》正式发布实施，此项团体标准由上海市信息家电行业协会主导发布，东方有线、仪电数字、上海海思、上海国茂等上海市超高清产业重点企业共同参与编制，基于此团体标准的超高清智能融合终端在东方有线网成功进行规模商用部署，有效推动了上海市超高清用户发展。随着产业的加速推进，超高清标准体系建设将越来越完善。

内容供给持续丰富，上海首个上星 4K 超高清频道正式开播。2020 年 7 月 15 日，上海广播电视台“欢笑剧场”首个上星 4K 超高清频道正式开播，为全国五个超高清频道之一。内容供给难以满足消费者需要一直是超高清产业发展的一大痛点，2020

年，上海电视台、咪咕视讯、文广互动、百视通等内容制作相关企业不断发力，积累了众多超高清内容，为观众收看超高清视频带来了良好的体验，超高清视频内容供给能力得到了很大提升。

超高清设备更新迭代、市场规模不断扩大。2020年，我国超高清视频产业链相关环节产品种类不断丰富，在内容生产领域，索尼、创维、极清慧视等企业推出的8K摄像机、监视器等产品，丰富了超高清内容制作设备；在终端显示领域，国内市场43英寸以上的4K超高清电视渗透率已接近100%，为此，各大电视机厂商纷纷推出8K超高清电视。

行业应用加速落地，经济社会效益显著。2020年突发的新冠肺炎疫情进一步加速了超高清视频产业的发展，超高清视频技术与5G、VR、AI（Artificial Intelligence，人工智能）等新一代信息技术不断渗透融合，在远程医疗、视频会议、现场直播、在线教育等场景发挥了重要价值，催生了更多的需求和应用空间，进一步驱动了超高清视频产业的快速发展，赋能以音视频为核心的各行各业创新发展，产生了良好的经济效益和社会效益。

东方有线网络有限公司

【智慧城市业务较快增长】2020年，东方有线网络有限公司（以下简称“东方有线”）牢牢把握智慧城市信息化深化应用，基于此前智慧公安、智慧社区的应用基础，继续拓展智慧业务。东方有线下属8家郊区子公司积极全面参与各郊区智慧城市、雪亮工程、政务网络、智慧社区、视频监控、应急广播等项目建设，业务收入同比增长较大。面对新冠肺炎疫情影响，东方有线努力开拓，积极寻找市场热点，“危”中寻“机”，通过一系列针对性措施，取得金融行业灾备项目重大突破。同时，全面深入参与上海雪亮工程建设，在光缆建设服务基础上，进一步推动各项应用服务的智能化，实现由“资源”导向向“应用”导向全面转型。

【升级扩容改造】上海市电子政务外网（530网）升级扩容改造项目是上海市委、市政府实现“一网通办”“一网统管”，提升城市治理现代化水平的重点项目，东方有线负责项目具体实施工作。自2019年12月项目启动以来，东方有线积极对接市电子政务办、市大数据中心的业务需求，克服新冠肺炎疫情影响，全力以赴，仅用时5个月就圆满完成了530网络升级扩容专项工作，得到主管单位认可。

【5G网络部署】2020年，东方有线在中国广播电视网络有限公司（以下简称“中国广电”）的统一领导下开展5G网络部署工作，完成了核心网上海用户安装部署并接入中国广电核心网，利用现有网络完成试

验用承载网建设，支撑试验业务传输。完成了虹口足球场、梅赛德斯-奔驰文化中心、东方明珠、张江高科等标志性试验基站建设。积极推进北横通道等上海市信息基础设施重大项目、国际会议中心等上海市重点场所5G覆盖工程。结合广电自身特点优势，积极探索“5G+应急广播”“5G+智慧场馆”“5G+智慧公安”“5G+智慧公园”“5G+智慧家庭”等方面应用，推动智慧城市建设。积极做好应用试验，配合中国广电成功完成京沪杭广电首个省际5G语音通话和5G视频通话，携手华为完成全球首个5G 700 MHz执法仪测试验证等工作。

【“空中课堂”播出】2020年，为应对新冠肺炎疫情期间学生无法正常到校集中上课的现实问题，上海市教委按照“停课不停学”的总体要求，以电视为主要渠道，开设“空中课堂”在线教育服务。东方有线积极对接市教委，推出了12套“空中课堂”专属直播教学频道和在线教学点播专区，并承担了“空中课堂”播出端的运营和保障工作。在东方明珠新媒体的统一部署下，积极实施，圆满完成了“空中课堂”播出任务。

【架空线入地】根据上海市政府第175次常务会议精神，为进一步加强城市精细化管理，上海将加快推进重要区域、内环内主次干道以及内外环间射线主干道架空线入地及合杆整治工作，计划2018—2020年三年期间完成470公里的道路架空线整治入地工作。2020年，东方有线稳步推进架空线入地整治专项工作，各部门集中相关资源，根据年度计划任务清单排摸基础信息，编制一路一方案，明确各项工作的执行部门以及完成时间点。截至2020年底，东方有线按市指挥部要求，圆满完成75公里道路架空线入地工作。

上海仪电数字技术股份有限公司

【智能车辆分析系统立项】上海仪电数字技术股份有限公司（以下简称“仪电数字”）经前期调研、技术论证，于2020年8月完成智能车辆分析系统立项工作。智能车辆分析系统由基于深度学习框架的人工智能边缘计算网关及数据可视化管理平台组成，针对无感识别的场景有着较强的分析能力，可全面覆盖单通道单向行驶、单通道双向行驶、双通道双向行驶的社区出入口场景。系统提供了车辆分析能力，对车辆的车牌号、车牌类型、车牌颜色、车辆车头/车尾进行精准分析，同时完成结构化数据的整合，并将数据上报平台，为解决长期困扰社区居民的停车难、停车乱、社区间停车资源失调等问题提供了稳定数据支撑。立项后，项目团队制定了使用要求及适用范围，并在开发设计中通过设计参数调整不断优化系统，进一步完善部署方案，确保部署点位周围具有良好的环境，保证分析结果有较高的准确性。在部署试点的部分小区稳定运行近两个月，得到用户好评。

上海索广映像有限公司

【概况】2020 年，上海索广映像有限公司（以下简称“索广映像”）以“共创”为口号推进各项工作，在新环境、新形势下，以创新思维、责任意识攻坚克难，无论在应对新冠肺炎疫情、与上海索广电子有限公司合并，还是在应对增产增效方面，均取得优异成绩。2020 年全年实现销售总量 215.8 万台，其中液晶彩色电视机及模组 210.29 万台，专业机及光机组件 5.51 万台；总销售收入 112.89 亿元，上缴税收 1.82 亿元。

【同心聚力抗疫】2020 年伊始，在新冠肺炎疫情威胁下，索广映像的总务、人事部门提早构建实施 BCP（Basic Control Program，基本控制程序）体制和措施。为确保公司恢复正常生产，事前进行防疫物资确认等准备工作。在防疫物资不足、防疫监督推进过程中，来自公司各个部门的志愿者同心聚力；在中高风险时期，只要有需要就有志愿者的身影，切实保障防疫制度落实。设计部门针对疫情宅家的人增多、电视机市场需求增大、整机和屏模组处于增产、海外部品无法调达的状况，承担起新规供应商切换评价及导入等重要工作，并活用公司既有资源。在两个月时间内，先后达成 10 个对象机种的 LED 和光学纸试作、评价及量产切换按日程导入，从而使生产得以继续。生产一线通过新人育成和加班对应、生产线切换调整、强化防疫措施来保证高品质产品生产，满足出荷要求。为确保新冠肺炎疫情下可持续生产经营，技术开发中心在 3 天内完成了设备改造调试，通过场地调整和人员活用，两周内就达到日产 6 000 枚口罩的产能，确保员工使用，比外购口罩节省 35 万元。

【品质效率提升】2020 年 8 月 1 日，索广映像与上海索广电子有限公司正式合并。为实现又快又好地运作，新公司针对拟成为以技术生产为轴心的索尼电子产品的综合运营据点，首次建立了部门长负责组织，围绕部门长负责制重组了部品技术部，旨在强化部品对应力度，确保与提升部品品质。新公司还开设了由索广映像外方专家组织的品质基础系列知识讲座，以提升全员品质管理的认知水平及进一步为提高品质赋能。品质讲座的内容包含：数字 / 模拟信号的概念、衡量数字 / 模拟信号的频率等参数特性。为确保新目标的实现，新公司还在“人事委员会、设备委员会、社内通讯员、5S 管理体制”等各方面进行多形式的融合和能力提升，从而使产品品质和工作效率得到进一步提升。

【新品导入发力】2020 年，尽管遭受新冠肺炎疫情影响，但索广映像一如既往积极导入新品，确保公司业绩最大化。全年电视机门类完成了 NB 55/65、组装机器人等机种生产线组建、设备安装、调试，高精度在线面板贴装 5 机种、激光打印设备等有超高技术能力要求的技术导入工作（这些工作原计划由海外厂商支援完成），共完成 49 个新机种导入。通过远程直播方式，将新机种导入实况信息及时传送给海外设计部门，以方便远程进行信息交流，保证产品按时出荷。专业机门类完成电影摄影机系统的最新产品 Chaplin 等 8 个新机种的试作及量产。与此同时，还活用自制监控等各种摄像机和 Teams 等工具，建立了生产现场和设计之间及时共享信息的渠道。技术人员更通过有效的工厂编程、结构及材质变更等方法弥补远程图像确认的不足。

【新专利获得授权】在确保生产与质量的同时，索广映像不忘知识产权、软件著作权建设，不断提升技术实力。2020 年，共有 9 项专利获得授权证书，其中包括《一种基于脚本数据的调整检查流程切换方法（专利号：201711342902）》发明专利 1 项和《一种铝框加压贴合夹具及装置（专利号：201921381999）》《一种平面镜调整机光学装置（专利号：201921382063）》《一种高精度镜头安装位置检测装置（专利号：201922455025）》等实用新型专利 8 项。

上海国茂数字技术有限公司

【继续拓展 AVS 系列产品】上海国茂数字技术有限公司（以下简称“上海国茂”）在 AVS（Audio Video coding Standard，数字音视频编解码）/ AVS+（Audio Video coding Standard+，数字音视频编解码升级）/ AVS2（Audio Video coding Standard 2，第二代数字音视频编解码）/AVS3（Audio Video coding Standard 3，第三代数字音视频编解码）技术的标准研究、产品开发及产业化领域已持续积累近二十年，在国内数字音视频编解码领域处于领先地位，在 5G+4K/8K、虚拟现实 VR、智能安防等编解码压缩技术领域取得多项专利，获得先发优势。2020 年，上海国茂继续开展 AVS3 标准产品研发，首次推出“基于 AVS3 标准 + 全景声标准”系统，进一步推进 8K 超高清在多个行业领域的应用。同年，又研制完成国内首个基于 AVS 标准的 8K 实时编码器，成功在中国商飞的 5G 十大工业场景中得到应用，为 AVS 标准在工业智能制造领域的产业化推广提供了有力的支撑。2020 年，上海国茂基于 AVS 的高稳定编码器产品在太原卫星发射基地、甘肃酒泉卫星发射基地均得到应用，成功保障了十余次卫星发射图像 / 声音信号以高稳定、高可靠的质量实时传输到上海，为 AVS 标准进一步在各行业领域的产业化推广打下坚实基础。2020年，上海国茂参与完成的“4K超高清电视直播系统关键技术与应用”项目荣获上海市科技进步一等奖。

相舆科技（上海）有限公司

【创新开发与拓展应用并举】2020年，相舆科技（上海）有限公司（以下简称“相舆科技”）在继续创新开发的同时，十分注重应用拓展，基于自主原创的XPOWER创新电力系统底层技术路线，完成了装配式内装管线分离的创新应用系统方案设计。该技术突破了原有建筑内装隐蔽工程基于湿法作业、大量依赖低端人工、污染耗能的生产力方式，填补了装配式内装产业在管线分离体系的技术空白，模块化设计、工厂化生产、积木化安装，大大提高了装配式内装的效率和品控。研发过程中，团队克服了小尺径、大功率电气系统的结构工艺难度，实验了上百种装配式墙体的匹配性，实现了不同装配式墙体的通用性兼容。相舆科技创新的装配式内装管线分离技术，已在多个实际用户项目中实施验证交付，成功应用于普华永道亚太总部、欧派家居集团的装配式墙体系统和金地集团、金茂集团的装配式精装修住宅方案，并与同济大学、金螳螂等学术、产业巨头展开深入合作，得到了学术界、产业界的高度关注、认可和评价，有望成为全球最新一代装配式内装管线分离技术的领先方案与标准。2020年，相舆科技获得《一种插座（专利号：ZL2018100308491）》等12项专利授权，其中6项为境外发明专利；申报包括《一种基于电力传输系统的变压单元（专利申请号：2020108047675）》发明专利等8项专利。2020年，相舆科技XPOWER系列产品继续扩大市场，得到越来越多的市场关注、认可和青睐，在新冠肺炎疫情期间业绩稳步增长，同比增长20%，在手订单翻番。

移康智能科技（上海）股份有限公司

【防疫产品开发】移康智能科技（上海）股份有限公司（以下简称“移康智能”）针对2020年突如其来的新冠肺炎疫情积极开发相应产品，在短时间内推出疫情防控可视化平台系统。该系统利用人工智能与物联网技术，满足大规模公共安防居家隔离需求，完善监控对象活动轨迹智能化捕捉，助力城市应急态势研判和精准防控。这一拥有自主知识产权的非接触无人值守家庭安防+公共安防联控系统通过人脸识别、远程监控、远程可视对讲，实现重点疫区人员出入监控管理。系统“快速大规模部署、方便快捷的社工手机App绑定接入、智能对接多方平台”等优势消除了重大公共安全卫生事件爆发时，传统“人盯人”策略面对大规模城市人口隔离需求所暴露出来的缺陷，极大地缓解了新冠肺炎疫情防控人员的工作压力，提高了防控效率，增强了人性化管理能力，给予隔离人员更多科技人文关怀。2020 年 2 月 13 日完成首批交付，先后在上海浦东新区、深圳、成都投入使用数万套。

【智能门锁系统市场进一步拓展】移康智能自推出智能门锁系统以来，由于产品具有“安全、方便、互动”等优点，因此 2020 年的用户市场继续拓宽。该系统设有“安防录像、远程抓拍、AI 人工智能人体探测、雷达感应防盗报警”等功能，支持 4.3—10 寸显示屏及指纹、密码、刷卡、人脸识别、App 远程控制等多种开锁方式，使用阿里 Link ID² 金融级安全算法，支持华为智慧屏、苏宁智能电视、海尔智能冰箱、方太智能抽油机等多屏联动，拥有非常强大的智能家居联动能力。2020 年，移康智能除为战略合作伙伴华为、腾讯、阿里巴巴、海尔、海信、百度、苏宁、广东名门锁业有限公司等各行业知名企业提供物联网视频解决方案和服务外，还为中国众多智能锁企业提供嵌入式超低功耗视频模块和人脸识别模块解决方案，为智能锁企业赋能，让智能锁集成可视对讲、安防、远程开锁、App、物联网云平台等先进功能。与此同时，移康智能可视门铃进入联通、移动、电信集采库，已经配合运营商销售数十万台。

上海极清慧视科技有限公司

【概况】上海极清慧视科技有限公司（以下简称“极清慧视”）是一家专注于研发 8K 超高清无损影像获取、显示、存储、编解码、5G 传输等产品及提供 8K+5G+Cloud 解决方案的创新型高科技企业，其产品主要应用于高精度工业瑕疵视觉检测、大场景超高清全天候监控、分毫毕现的超高清医疗影像及超高清视频直播等领域的落地发展。公司自 2016 年创立以来，秉承研发底层硬核科技的指导思想，其产品规划、系统设计、电路设计、算法设计、编程设计、外观结构设计皆为自主研发。2020 年，公司申请 / 授权知识产权若干项，如发明专利《一种在视觉摄像机中运用三阶导数于图像边缘检测的方法（专利号: 201710226536.9）》、实用新型专利《一种工业相机连接装置（专利号: 201922379333.0）》、外观设计专利《相机（8K）（专利号: 202030130659.5）》，以及软件著作权登记《基于深度学习的多传感器高清图像网络融合及增强算法软件（登记号: 2020SR0401329）》等。

【8K 超高清产业竞争力提升】极清慧视先后开发了 4/3 英寸靶面 30 帧、Super 35 靶面 60/120 帧、全画幅全局曝光 30 帧、全画幅全天候 30/60 帧等规格 8K 超高清摄影机，与 8K 超高清摄影机配套的 RAW DATA 影像存储单元、显示单元、超高清矩阵、同步控制器和 8K@30 帧的编解码系统，及 8K@30 帧推流入云和拉流入地的软

件系统。2020 年下半年，极清慧视参与了由数字电视国家工程研究中心牵头、上海海思技术有限公司协同的“8K 超高清产业核心芯片、关键设备与终端方案研发及应用”项目建设，开启了 8K 超高清影视行业的国产化进程，联合 8K 采集、制作、芯片、终端产业链优势企业，构建我国 8K 超高清、高价值、独立式产业链体系，实现自主研发的 8K 超高清芯片和 8K 摄影机规模化应用，设计各类 8K 超高清终端解决方案，建立规模化的专业 8K 内容素材库，推动上海市 8K 超高清视频产业能力达到世界领先水平。

【“8K+5G+Cloud”超高清直播】极清慧视的愿景是为世界呈现真实、清晰的影像。2020 年 9 月，极清慧视作为上海展团企业之一，携自主研发的“8K+5G+Cloud”超高清直播系统亮相 2020 中国国际服务贸易交易会。公司摄制组分别在上海虹口区 5G 全球创新港和黄浦区某商务楼顶层架设两台 8K 摄影机进行拍摄，经 8K 编码器，将影像通过 5G 实时传输至服贸会现场，并在全球首台夏普 120 英寸 8K 电视机上显示。通过屏幕展示黄浦江波光粼粼、运输船只来来往往、浦东滨江高楼林立、浦西北外滩开发热火朝天的场景……大场景超高清实时直播不仅体现了国内超高清视频产业的弯道超车，而且展现了“8K+5G+Cloud”超高清系统技术成果转化应用。

上海风语筑文化科技股份有限公司

【概况】上海风语筑文化科技股份有限公司（以下简称“风语筑”）成立于 2003 年，是 A 股主板上市公司、中国数字科技应用领域龙头企业，致力于数字新媒体技术研发及数字内容生产、分发与管理。依托强大的创意、设计和内容制作能力，结合长年积累的 CG（Computer Animation，计算机动画）特效、人机交互、裸眼 3D、全息影像、5G 云 XR、AI 人工智能、大数据可视化等关键技术手段，产品及系统广泛应用于政务服务、城市文化体验、数字展示、文化旅游、广电 MCN、新零售体验及数字艺术消费等众多领域。5G 时代的到来促进数字科技颠覆性变革，公司以 5G 新基建为战略基石，加强后端应用，加大对 5G 实时云渲染、全息现实、VR、AR、MR，以及 4K/8K 超高清视频等数字新媒体技术的投入，强化数字文化 IP 的开发、打造及运营能力，巩固数字内容的生产制作及场景供给优势，力争成为全球新媒体数字科技的超前引领者及优质数字内容全渠道服务商。

【长三角 G60 科创走廊规划展示馆落成】2020 年 11 月 19 日，风语筑承接的国家战略重要平台“长三角 G60 科创走廊”缩影的规划展示新馆落成，该项目从设计、施工到布展仅用了1个月时间。展馆主要展示了"G60科创走廊服务长三角一体化发展"国家战略，特别是纳入《长江三角洲区域一体化发展规划纲要》以来，按照习近平总书记要求，聚焦"科创+产业"战略定位，勇当科技和产业创新开路先锋，科创驱动先进制造业产业集群高质量一体化发展等方面的成效。展馆创意运用多项前沿科技，着力打造"说硬话、做实事、讲成果"的"硬核"科创展示馆。规划模式演绎科创走廊3.0升级版的总体规划；大数据模式则通过数字可视化，实时呈现科创走廊各项数据指标。展厅通过实物结合全息影像、智慧机器人等形式，直观展示了人工智能、高端装备、集成电路、新材料、新能源汽车、生物医药等战略性新兴产业的发展现状和产业布局。

【广电融媒体新物种AH SPACE】2020年6月9日，风语筑与安徽广播电视台达成战略合作，共同出资成立MCN（Multi-Channel Network，短视频创作）合资公司安徽阿玛歌文化传媒有限公司，拓展"沉浸式直播+短视频+区域经济电商"新零售供应链生态圈。公司随即启动"AH SPACE"项目，共同打造国内首个沉浸式直播和网红艺术展览空间。项目集合沉浸式直播间、数字艺术网红展览、VR影院、潮玩咖啡厅等2B、2C、2G多类型功能空间，在整体空间上除引人循序前进的序厅外，主要划分为时尚创造营及网红制造局两大篇章。前者包含了沉浸式VR影院、湖景平台等空间；后者有多个运用前沿科技的短视频拍照打卡空间，包括镜无止境、流量隧道等，此外还包含18个风潮直播间及虚拟直播间。AH SPACE以5G+4K/8K+VR等核心技术为基础，开展时下热门的直播、短视频制作等网红经济产业领域前沿业务，以及联合政企校及各品牌方共同开展社会公益直播等活动。12月22日，广电融媒体新物种"AH SPACE"品牌发布会暨资源推介会隆重举行，标志着作为风语筑布局广电MCN赛道的重要一环，AH SPACE将成为国内广电运作新模式的典范，助力安徽广电中心大楼成为示范性网红新地标以及创新文化新高地。

（解　放）

四、物联网产业

【数据流通市场体系建设】项目由上海数据交易中心有限公司承担，2020年6月24日通过市科委验收。项目研究了基于区块链智能合约的大数据交易安全管理、基于机器学习的数据质量治理、基于贝叶斯网络的质量评估、MDM（Master Data Management，主数据管理）、智能化元数据管理、ETL（Extract-Transform-Load，抽取—转换—加载）数据处理、大规模知识库存储与搜索、数据交易生命周期安全评估、基于路由策略集的金融风控数据整合九大关键技术，实现了去中心化的数据互联和流通信用体系建设。项目开发形成了：基于区块链的数据交易系统1套，实现了交易记账功能、结算处理功能和分布式环境下的信息分发、同步、存储功能；数据质量评估系统1套，实现了低采样情况下的数据质量评估；基于知识库的数据搜索引擎服务工具，实现了面向数据的自动索引标准系统和面向数据市场的数据产品服务平台；面向金融征信风控的数据应用系统1套，实现了对企业及个人信息画像的绘制，提供数据核验、数据查询和风险名单探查等服务。项目申请获得软件著作权32项，申请发明专利13项，发表论文40篇，针对数据安全评估规范方案完成了行业标准草案3项，撰写了2家企业的大数据战略规划报告，完成了对上海旅游、金融、教育3个行业的数据资源分析，形成研究报告12篇。

【上海城域物联专网平台关键技术研究及运营示范】项目由上海东方明珠数字电视有限公司承担，2020年7月16日通过市科委验收。完成上海城域物联专网运营平台的研制搭建与平稳运行，具备上亿连接和多元方式接入的承载能力，实现接入应用种类21种，实际终端连接数量达18万个。研发形成大数据处理平台，形成数据可视化、数据共享开放与安全处理机制，并完成数据建模。数据导入导出速率高于10万条/秒，数据规划和查询时间延迟低于1分钟，完成符合LoRaWAN（Long Range Wide Area Networks，超长距低功耗数据传输无线网络）协议的无线中继设备研制，实现3个智慧园区场景的应用落地。形成一套上海城域物联专网的测试认证体系，搭建了接入网测试验证环境，并形成测试规范；开发一套LoRa（Long Range，超长距低功耗数据传输）技术制式的网络性能测试系统，包括1套测试软件、2个测试终端；项目期内对LoRa技术制式的主要网络设备测试服务次数大于100次。完成全球物联网技术应用发展现状与趋势调研分析报告1份，完成物联网发展技术路线图与上海物联网战略规划建议1份，完成基于城域物联专网的智慧园区物联应用的数据服务标准草案1份。

【基于核医学影像大数据时空演化特征知识挖掘的计算机辅助诊断系统开发】项目由上海中山医疗科技发展公司承担，2020年6月28日通过市科委验收。项目研究了融合PET（Positron Emission

Tomography，正电子发射断层显像）与CT（Computed Tomography，电子计算机断层扫描）联合三维建模方法、智能影像分割算法等技术，研制了多个用于医学影像病灶分析的算法，开发了核医学影像的Medas辅助诊断系统，并接入了中山医院的PACS（Picture Archiving and Communication Systems，医学影像存档与通信系统）、RIS（Radioiogy Information System，放射信息管理系统）报告系统。项目申请国家发明专利5项，获得软件著作权4项，发表科技论文9篇，相关成果在上海瑞金医院放射科开展试用。

【大数据驱动的城市交通精细化管理关键技术研究与应用示范】项目由上海银江智慧智能化技术有限公司承担，2020年7月8日通过市科委验收。项目研究了基于SDN（Software Defined Networking，软件定义网络）的交通大数据DMZ高效传输、结构化交通大数据存储管理、面向交通大数据的多时态智能分析等关键技术；研制了交通大数据平台、警情警务研判，交通异常识别、交通设备故障检测系统，在杭州、南昌实现了落地应用，覆盖1 100多路高清道路监控摄像头、600多套微波或地磁设备监测点、500多个卡口监测点位及700多个交通信号灯。项目申请国家发明专利6项，申请软件著作权6项，发表科技论文8篇，培养博士1名、硕士4名。

【基于深度学习的交通大数据车路全息画像关键技术研究及应用】项目由上海电科智能系统股份有限公司承担，2020年8月6日通过市科委验收。项目研究了面向车路结构化基础信息的大数据分析技术、基于交通大数据的信号控制优化技术、非结构化车辆视频数据深度学习技术、基于出租车卫星定位的半监督机器学习路径重构技术。项目开发了一套基于大数据的车辆行为分析系统，并选取典型的SCATS信号进行交叉路口信号控制优化，在闵行区开展了应用示范。项目申请发明专利3项，登记软件著作权6项，发表科技论文6篇。

【富媒体大数据智能分析云服务平台】项目由上海七牛信息技术有限公司承担，2020年9月17日通过市科委验收。项目研制了富媒体大数据智能分析云服务平台，支持智能作业编排、分布式机器学习算法训练、PB级数据存储，日均访问次数10亿次以上，实现了应用示范，为中小企业和开发者提供了非结构化数据的应用平台。项目研究了图像视频内容检测与识别、课堂教育监控视频分析等关键技术。申请国家发明专利6项，申请软件著作权登记3项，发表论文10篇。

【基于LoRa的消防物联网关键技术研发与应用示范】项目由上海联数物联网有限公司承担，2020年6月5日通过市科委验收。项目通过基于LoRa的关键技术研发，针对消防应用场景重点研制智能水压传感器、消防主机火警联动智能网关、独立式烟感三种智能消防传感器产品原型，解决了消防管网水压数据特征波动性大、不同厂家消防主机多协议数据分级支持、缩短火警信息触发LoRa启动通信功能时延等技术问题。项目建设完成了面向虹口区典型标志性商业体、居民楼、养老院区域范围全覆盖的低功耗LoRa通信模块及网络；针对消防物联网窄带技术进行测试验证，完成企业标准1套；开展了面向大型商业体和居民区、养老院等区域的消防物联网应用示范，接入感知节点15 631个，部署终端感知设备5 035个，实现了基于物联网专网窄带技术（LPWAN）的消防领域应用示范。项目申请发明专利5项，发表学术论文4篇。

【基于LPWAN的智慧养老应用关键技术研发与示范】项目由海恩谷信息科技有限公司承担，2020年5月22日通过市科委验收。项目研究了异构通信网协作传输架构、基于能效优先的轻量级安全路由协议、基于生物特征标识的用户认证协议、新型低功耗远距离无线传输网络、多维传感器感知及集成、智慧养老SaaS化运营管理等关键技术，研制了5种智慧健康养老关键感知终端，相关性能经第三方检测机构测试符合指标要求。项目研制的基于LPWAN的智慧养老应用平台、基于LPWAN关键技术的多种感知终端，在上海市浦东新区北蔡彭海养护院等地实现了落地应用。

【视频图像大数据服务平台关键技术研究】项目由中国电子科技集团公司第三十二研究所承担，2020年6月28日通过市科委验收。项目研究了多源异构数据融合、海量数据分布式存储、图像视频并行计算、基于语义标签与摄像机关联模型融合的跨时空目标轨迹跟踪、目标行为分析等技术，研制了一套图像视频大数据服务平台，可对所采集的图像视频进行存储和搜索，并提供人和车辆的多种特征事件识别与跟踪能力。项目申请国家发明专利2项，获得软件著作权3项，发表科技论文10篇，成果在多个视频安防用户机构进行示范应用。

【城域物联网环境下的独居老人安全看护系统研制及应用示范】项目由上海数荃数据科技有限公司承担，2020年6月24日通过市科委验收。项目研究了传感器与LoRa网络结合，高性能、超低功耗、超长距离射频通信以及具有无线联网功能的低功耗智能传感器等关键技术，研制了居家养老分析管理系统、居家养老客户端及管理端App、LoRa集成终端、LoRa通信中继器、LoRaWAN网络服务器、睡眠监护终端，实现了上海市杨浦区长白新村街道等独居老人家庭落地应用。项目申请发明专利2项、软件著作权6项。

【基于LPWAN技术的智能水表与河道水质在线管理系统研究】项目由上海云衡科技有限公司承担，2020年5月22日通过市科委验收。项目研究了光路式光电直读传感技术、多参数水质监测传感技术、水质监测分析及预警等关键技术，研制了智能水表采集平台、水质实时在线监测系统、河道水质检测传感器及基于光路式光电直读传感器的智能水表。该项目实现了基于LPWAN（Low Power Wide Area Network，低功耗广域网络）的水质在线检测和智能水表的落地应用，在多条市级河道、自然河道和多个居民小区布设了超过10 000个河道水质监测传感器终端和智能水表抄表终端。项目申请发明专利5项，发表论文5篇。

【基于视频深度学习的不良驾驶行为分析技术及面向公共交通安全的应用示范】项目由新智认知数据服务有限公司承担，2020年8月6日通过市科委验收。项目攻克了视频小尺度和变化尺度下的高精度目标快速定位难题，开发出了基于最佳图像选择的目标身份认证系统、基于人体骨骼分析的司乘人员不良驾驶行为检测系统、高精度嵌入式智能视频监控识别设备，实现了资源受限环境下的高精度识别任务。通过对司乘人员不良驾驶行为的精确识别，提升交通管理智能化程度，显著减少交通事故的发生。经第三方测试，项目实现了对10种以上典型不良驾驶行为的监测与预警。项目研究成果成功应用于2018年、2019年上海电子警察设备施工建设及2019年宁波市公安局交通警察局交通执法取证设备施工等项目。项目申请发明专利15项，登记软件著作权6项，发表学术论文6篇。

【新型城域物联专网管理平台关键技术研究与应用示范】项目由上海东方明珠数字电视有限公司承担，2021年1月28日通过市科委验收。项目研究了新型城域物联专网管理平台相关技术，研发了社区大脑管理平台和智慧消防社区应用系统，在杨浦、虹口两区进行了示范应用。项目部署超过1.2万个物联终端，无线窄带城域物联专网的室外覆盖率达到95%，日处理数据100万条以上；形成了《新型城域物联专网建设规范化研究》《新型城域物联专网评估体系研究》等调研、评估报告和测试方案。项目申请专利1项，获得软件著作权2项。

【基于LPWAN的远程无线抄表系统研究及应用示范】项目由国动物联网有限公司承担，2020年11月27日通过市科委验收。项目应用终端海量接入、低功耗等技术，研制了基于LPWAN的无线抄表系统。项目成果在上海、浙江衢州江山等地实现了示范应用，成果应用终端规模达到2万个以上。项目申请国家发明专利8项，获得软件著作权10项，发表科技论文2篇。

【血管疾病医疗大数据库构建及在上海市脑疾病中心（华山西院）运营中的示范应用】项目由复旦大学附属华山医院承担，2021年2月5日通过市科委验收。项目成功建立脑血管疾病数据库，覆盖了动脉瘤、血管畸形、动脉硬化和烟雾病等四种典型脑血管疾病；其中动脉瘤样本数5 223例、血管畸形样本数5 116例、烟雾病样本数5 315例。建立PB级的以脑血管疾病为基础的医学大数据库；数据库维度大于三维；覆盖多个计算平台建设；计算平台算力为TFLOPS（GPU FP16）480；标准影像数据库的测试准确率为98.86%，假阴性率为0.09%。项目突破了脑血管疾病智能诊断、预测风险等关键技术，形成了全产业链的技术能力。申请国家发明专利3项，申请软件著作权3项，发表科技论文7篇，培养博士2名、硕士2名。

【面向人工智能分析的医疗大数据库构建及在肿瘤影像辅助诊断的示范应用】项目由上海交通大学医学院附属仁济医院承担，2020年12月23日通过市科委验收。项目建立了包含多维信息的肺肿瘤、乳腺肿瘤、肝肿瘤与胰腺囊性肿瘤医学影像大数据库，病例超过2万例，研究了相关人工智能算法，并研制了人工智能辅助诊断计算平台，在上海三家医院（仁济医院、胸科医院、华山医院）实现了示范应用。项目探索了多种模态的影像数据标准化、小样本学习、弱监督学习等关键技术，形成了知识产权并发表了科研论文。具体为：申请或授权国家专利3项，申请软件著作权5项，发表科技论文15篇。

【低功耗广域网智能抄表技术研发与应用示范】项目由上海燃气（集团）有限公司承担，2020年11月19日通过市科委验收。项目研制了一套支持广域用户的无线智能抄表系统，包括NB-IoT智能燃气模组及调试工具两项新产品，以及面向智慧燃气的NB-IoT传输系统的中间件平台、云端服务器和App软件。在上海实现了基于窄带物联网的城域远程自动抄表落地应用，项目规模用户达到29 170个。项目研究了基于openCPU架构的5G-IoT终端开发技术、定制化行业5G-IoT终端检测技术、基于SOTP算法的物联网加解密技术等关键技术，完成了《NB-IoT用户燃气表数据采集系统技术规范》和《基于窄带物联网技术（NB-IoT）智能燃气表检测标准》2项企业标准，建立了1个燃气表具检定验证服务中心。项目申请国家发明专利4项，获得软件著作权4项，发表论文5篇，培养硕士4名。

【基于大数据和人工智能的区域医学影像协

作共享平台建设与示范应用】项目由上海申康医院发展中心承担，2021 年 1 月 13 日通过市科委验收。项目研制了基于大数据和人工智能的区域医学影像协作共享平台，研究应用了医学影像信息共享与渐显传输、基于生成对抗网络的医学影像样本生成模型、基于注意力机制的深度学习医学影像半自动标注的标签生成等技术，汇集了 15 种重大疾病的 10 680 份病例数据，形成了 6 个医学影像分析诊断服务模块及系统，制定了 5 个相关标准与管理规范，创新了智能分析诊断等服务模式，并在仁济医院、肺科医院、公共卫生临床中心等医疗机构进行了示范性应用。项目研制期间，申请国家发明专利 9 项，获得软件著作权 7 项，发表科技论文 10 篇。

【基于大数据的航班延误预测及旅客体验改善】项目由携程旅游网络技术（上海）有限公司承担，2020 年 12 月 7 日通过市科委验收。项目研制了航班延误预测系统、话务预测系统，在上海实现了航班延误预测和企业话务预测排班的落地应用，规模用户达到千万级，项目给企业带来营业收入 1 251.57 万元。项目突破航班延误问题的机器学习模型，形成了航班延误预测模型、话务预测模型等关键技术，形成了全产业链技术能力。申请国家发明专利 2 项，申请软件著作权 2 项，发表科技论文 1 篇，培养了 16 名优秀技术人才。

【运营级实时大数据高性能处理设备的研究及应用】项目由上海兴畅网络技术有限公司承担，2021 年 1 月 13 日通过市科委验收。项目研发了芯片级模式匹配引擎 CPME、深度学习引擎 DLE、基于硬件倍增与软件定义思想的弹性架构等关键技术，研制了运营级实时大数据高性能处理设备与系统，并在上海、山西等地得到应用。项目获得了实用新型专利 3 项、软件著作权 5 项，发表学术论文 3 篇，培养博士 1 名、硕士 5 名。

【基于大数据技术的智能停车管理平台与示范应用】项目由上海剑创信息技术（集团）有限公司承担，2021 年 1 月 7 日通过市科委验收。项目研制了一套智能停车管理平台，平台基于数据挖掘和分析算法实现了个人与车辆的室内定位、反向寻车和停车引导等功能。项目申请国家发明专利 2 项，获得软件著作权 2 项，项目成果经第三方测试，主要性能指标达到了任务书规定的考核指标要求，并已在上海嘉定、浦东新区的部分停车场进行了试用。

【高性能大数据全息信息生成处理系统研制及公共安全领域应用】项目由上海阅安信息科技有限公司承担，2021 年 1 月 7 日通过市科委验收。该项目研制了高性能大数据全息信息生成处理系统，开发了多种 FPGA 硬件分析板卡，可对网络行为进行识别与要素提取，对离散网络行为进行了归一化主体关联。项目申请国家发明专利4项，获得软件著作权4项，发表科技论文4篇。经第三方测试，性能指标达到了任务书的考核指标要求，成果已在上海市公安局和辽宁省公安厅进行了试用。

【基于大数据的银行间市场智能监测与风控平台研发应用示范】项目由中汇信息技术（上海）有限公司承担，2020年11月25日通过市科委验收。项目研制了银行间市场智能监测与风控平台，包含市场宏观分析、机构交易模式分析、异常交易监测等功能；建立银行间市场交易监测规则库，包含20项以上市场监测规则；基于深度学习算法构建了交易模型库。平台相关功能应用在现券买卖、质押式回购、信用拆借3个市场，支持对3.1万家以上参与机构进行实时监测。项目针对银行间市场交易网络特点优化了网络嵌入方法，研究了基于对齐多层网络的层间相似性分析方法、基于网络嵌入与时序分析的交易链接预测模型、基于长短时记忆模型的异常交易行为检测模型等关键技术。申请国家发明专利2项，获得软件著作权2项，发表科技论文4篇，制定企业标准1项。

（王卓曜）

第二章　信息服务业

概　述

2020 年，面对新冠肺炎疫情的严重冲击，上海信息服务业在上海市委、市政府的领导下，坚持稳中求进的工作总基调，坚持推动形成“大循环”“双循环”相互促进的新发展格局，积极落实“六稳”“六保”，布局实施“五个重点”专项，规划布局在线新经济产业生态园，产业活力显著增强，各项指标远超预期，圆满完成“十三五”产业发展目标。

一、软件和信息服务业

【概况】2020 年，上海信息服务业产业规模达到 10 912.97 亿元，产业增加值达 3 250.74 亿元，同比增长 13.5%，占全市产业增加值的 8.4%，占第三产业增加值的 11.5%，信息服务业领先增长，成为支撑上海市服务业增长的主要力量。截至 2020 年底，上海信息服务业从业人员达 80.9 万人，全市规模以上信息服务企业超过 2 200 家，占全市服务业比重超过 10%。其中 2020 年经营收入超亿元企业 812 家，超百亿元企业 15 家。全年信息服务业固定资产投资额达到 278.2 亿元，增长 21%。2020

年上海信息服务业收入构成见图 2-3。2020 年上海信息服务业与其他主要服务业的增加值对比情况见图 2-4。

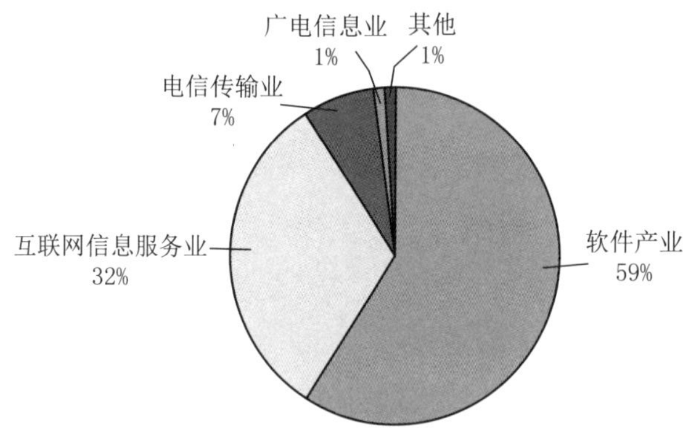

图 2-3　2020 年上海信息服务业收入构成

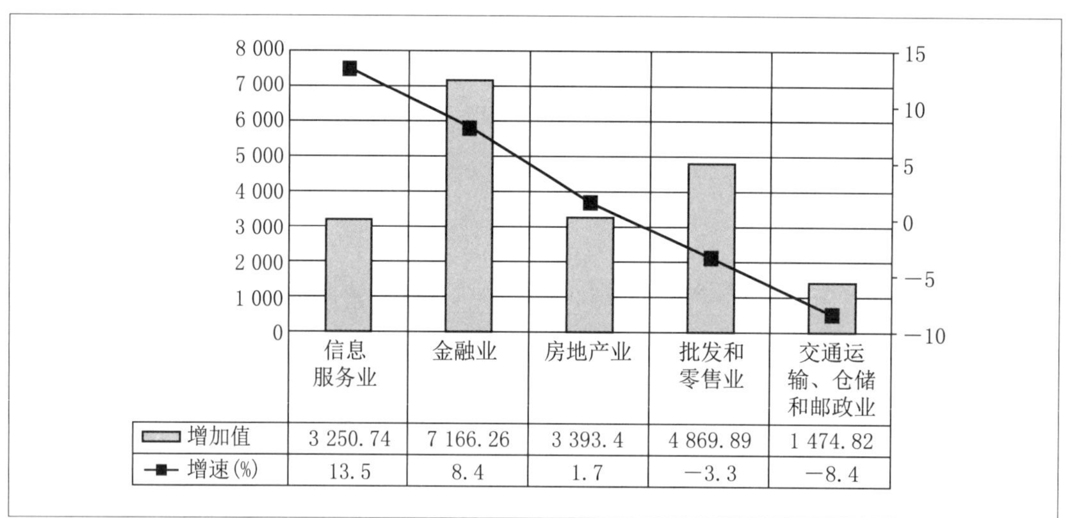

	信息服务业	金融业	房地产业	批发和零售业	交通运输、仓储和邮政业
增加值	3 250.74	7 166.26	3 393.4	4 869.89	1 474.82
增速(%)	13.5	8.4	1.7	−3.3	−8.4

图 2-4　2020 年上海信息服务业与其他主要服务业的增加值对比情况

【软件产业保持平稳增长】2020 年，上海市软件产业呈平稳增长态势，实现营业收入 6 395.5 亿元，较上年同期增长 11.5%。其中集成电路设计增长达到 62.1%，成为拉动软件产业增长的重要动力。信息系统集成等细分领域下降 4%，降幅较前三季度减少 1.5 个百分点。软件企业效益利润持续向好，实现利润 1 003.8 亿元，较上年同期增长 23.6%，平均利润率达到 15.7%。上海软件出口额达到 54.4 亿美元，同比增长 11.9%。出口前三的国家是美国、德国和日本，出口方式主要是信息技术外包，出口额居首的仍是外商独资企业。截至 2020 年底，软件产业从业人员达到 55.3 万人。软件骨干企业加快发展，共有 85 家企业通过国家规划布局内重点软件企业和集成电路设计企业所得税优惠核查，其中重点软件企业 70 家、重点集成电路企业 15 家。2020 年上海软件产业主要指标完成情况见表 2-9。

表 2-9 2020 年上海软件产业主要指标完成情况

主要指标	单位	绝对值	增长（%）
营业收入	亿元	6 395.5	11.5
利润总额	亿元	1 003.8	23.6
软件出口	亿美元	54.4	11.9
超亿元企业数	家	633	—

【互联网信息服务业蓬勃发展】2020 年，上海互联网信息服务业实现营业收入 3 484.37 亿元，较上年同期增长 19.1%。上海占据了全国 30% 的网络游戏市场、60% 的金融信息服务市场、70% 的 O2O（Online To Offline，线上到线下）生活服务市场，具备业态最为完善的数字内容产业链。从大企业情况看，除携程、银联国际等与海外市场关联度较大的企业跌幅较大外，七成以上的互联网信息服务企业实现了正增长。拼多多、小红书、喜马拉雅、东方财富、途虎养车、哈罗单车、盒马等企业凭借其在所属细分市场的领先优势，继续保持较高速的增长。上海拥有增值电信业务经营许可企业 6 176 家，其中跨地区企业 2 295 家、本地企业 3 881 家，拥有本地信息服务业务经营许可证（ICP）的企业数量为 2 811 家。上海共有 20 家互联网企业入选“2019 中国互联网百强”。

【产业规模稳步扩大】“十三五”期间上海信息服务业始终保持 10% 以上增速，上海市信息服务业产值从“十二五”期末的 6 000 亿元增长到 10 912.97 亿元，占全市生产总值的比重从“十二五”期末的 7.0% 提高至 8.4%，从业人员从 62.1 万人扩大至 80.9 万人。超亿元企业从 494 家扩大至 812 家。产业能级、对经济社会的贡献稳步提升。同时，产业结构不断优化。软件产业、互联网信息服务业占信息服务业的比重从“十二五”82.4% 提高至 90.5%。软件产业支撑服务的领域日益广泛，产业链不断延伸，良性产业生态逐步形成。互联网信息服务业呈现出“百花齐放”的发展格局，一批新兴头部企业精准切入细分领域，成为细分领域的领军企业，从而带动上海互联网信息服务业的发展，如网络音频领域的喜马拉雅、蜻蜓 FM，生鲜电商领域的盒马和叮咚买菜等。

【企业发展卓有成效】一是企业单体规模稳步提升。2020 年，上海市软件企业平均营业收入超过 2.5 亿元，高于全国平均水平。二是龙头企业引领增长。2020 年，上海超亿元软件企业收入占全行业比重超过 90%，超亿元软件企业的利润占全行业利润超过 95%，超亿元软件企业营业收入增速为 14%，超 10 亿元软件企业增速超过 20%，远远高于行业平均水平。三是特色领域龙头企业发展优势突出。具体如下：

信创领域：兆芯、中标、普元、达梦、格尔、汉邦等企业产品销售大幅度提高，爱数、浪擎、星环等一批企业产品完成了适配改造，文思海辉、金山办公、博睿、瀚高数据库、福昕等一批重点企业落户上海。

轨道交通领域：卡斯柯成功在一个月内将 GoA4 级全自动运行系统运用于成都 9 号线和上海轨道交通 15 号线、18 号线。在国内已开通的 4 条 GoA4 级地铁线路中，卡斯柯独占 3 条。

区块链领域：中远海运开发完成了“中远海科区块链存证平台”“基于区块链的物流溯源管理系统”，以及一系列区块链技术应用场景，实现了区块链技术的平台服务化，在航运、物流区块链存证应用方面形成示范应用。

网络游戏领域：莉莉丝凭借《剑与远征》和《万国觉醒》在 App Annie 发布的《2020 年度中国厂商出海榜单》中位列第 2 名，米哈游自主研发的《原神》成为上榜即爆款的现象级产品，不仅新晋出海收入 30 强，且直接跃居第 9 名。

【投融资受疫情影响下降】2020 年，上海公布的信息服务业投融资共有 332 笔，主要分布在互联网健康、在线文娱、垂直电商等领域。有 116 笔公布了具体投资金额，涉及金额超过 350 亿元。从公布投资额来看，112 个项目的投资金额超过 100 万元，投资超过 5 000 万元的有 82 个，超过 1 亿元的有 68 个。尽管受新冠肺炎疫情影响，全市投融资数量有所下降，但超过 1 亿元的投资较上年增加了 24 个，表明资本市场仍然看好上海信息服务业企业。从融资轮次看，上海市信息服务业投融资以战略投资和 A 轮为主，占全市投资数的比重分别为 30%、22%。同时，上海市信息服务业大企业，特别是上市企业，正通过投融资来整合产业链上下游，构建完整的生态体系，如哔哩哔哩、卫宁健康等。

【产业发展载体进一步完善】上海共有 5 个国家级产业基地、35 个经认定的市级信息服务产业基地，形成了“一中四方”错位发展的产业布局。2020 年围绕“一带一城”打造在线新经济产业生态园，推动哔哩哔哩、喜马拉雅、小红书等一批新生代互联网企业总部在杨浦滨江和浦东张江落地，为上海市在线新经济发展布局新的发展空间。联合浦东、杨浦、普陀、宝山、临港新片区等重点区和相关园区，推动国内国际互联网龙头企业在沪集聚。引入美团点评新上海总部项目、安恒信息长三角总部和智慧城市安全总部项目、SAP 临港企业服务云总部项目、

360 集团上海总部项目、京东第二研发中心及电子商务运营基地项目、网易西岸研发中心及国际文创科技园项目。

（叶月明）

二、电信传输服务业

【概况】2020 年，上海通信行业完成电信业务总量（2015 年不变单价）2 822.9 亿元，同比增长 25.8%，继续保持高速增长。电信业务收入 595.8 亿元，同比增长 2.3%，增速与 2019 年基本持平。非语音业务收入 537.3 亿元，占电信业务收入的比例为 90.2%，提升了 1.9 个百分点，通信业务结构持续优化。电信业务利润总额 98.6 亿元，同比下降 4.5%。固定资产投资完成额 116.9 亿元，同比下降 29.8%。

【电信用户规模变化】电信用户市场总量保持稳中有升态势。2020 年底，固定电话普及率为 26.2 部 / 百人，移动电话普及率为 176.2 部 / 百人。固定电话用户 636.5 万户，同比下降 1.1%。移动电话用户 4 227.6 万户，同比增速 6.7%，其中 3G 用户 176.3 万户，同比下降 27.9%；4G 用户 3 246.2 万户，同比下降 9.8%，占比 75.9%；5G 用户 859.7 万，同比增长 1 733.0%。手机上网用户 3 361.6 万户，同比增长 5.7%。

固定互联网宽带接入用户 919.0 万户，同比增长 15.2%，其中 FTTH/O（Fiber To The Home/Office，光纤到户 / 办公室）用户为 862.0 万户，同比增长 4.5%，占比达 93.8%。速率在 100 Mbps 以上的用户为 764.5 万户，同比增长 4.2%，占比达到 83.2%。1 000 Mbps 以上用户为 47.3 万户，占全国 1 000 Mbps 以上用户总数的 7.4%，千兆光网建设先发优势明显。IPTV（Interactive Personality TV，交互式网络电视）用户 565.0 万户，同比增长 0.8%。2020 年上海市各行政区电信用户情况见表 2-10。

表 2-10　2020 年上海市各行政区电信用户情况

行政区 \ 指标	固定电话用户普及率（%）	移动电话用户普及率（%）	固定互联网宽带接入用户普及率（%）	固定互联网宽带接入用户中速率在 100 Mbps 以上的宽带用户占比（%）
浦东新区	25.2	129.9	88.7	82.6
黄浦区	38.5	153.9	68.2	81.8
徐汇区	39.9	191.9	104.6	81.5
长宁区	39.5	152.5	119.5	81.8

续表

行政区＼指标	固定电话用户普及率（%）	移动电话用户普及率（%）	固定互联网宽带接入用户普及率（%）	固定互联网宽带接入用户中速率在 100 Mbps 以上的宽带用户占比（%）
静安区	39.2	171.6	104.9	82.1
普陀区	27.2	140.7	106.8	82.7
虹口区	34.7	156.4	106.0	78.9
杨浦区	24.9	125.8	107.0	77.6
闵行区	22.6	140.2	96.5	83.7
宝山区	18.3	126.5	95.7	84.7
嘉定区	23.7	146.0	99.6	85.9
金山区	18.5	125.5	95.8	81.4
松江区	17.0	137.2	92.0	82.3
青浦区	16.1	123.7	80.7	85.1
奉贤区	14.6	134.3	91.1	79.4
崇明区	14.1	130.4	94.1	69.0

注：固定电话用户普及率、移动电话用户普及率 = 用户数 / 常住人口数；固定互联网宽带接入用户普及率 = 用户数 / 常住人口数 * 平均每户人口数；固定互联网宽带接入用户中速率在 100 Mbps 以上的宽带用户占比 = 速率在 100 Mbps 以上宽带用户 / 用户数。

【增值电信业务发展】截至 2020 年底，上海市通信管理局（以下简称“市通管局”）共向 4 625 家增值电信企业合计颁发了 5 130 个许可项目，许可项目较 2019 年同比增长 43.9%，其中信息服务业务数量占所有业务许可总量的 70.8%。上海规模以上互联网和相关服务企业（上年度互联网和相关服务收入达 500 万元以上的企业）业务收入达 2 898.6 亿元，较 2019 年增长 20.9%。其中，互联网平台业务收入比重最高，收入总数达 1 944.6 亿元，较 2019 年增长 19.4%；信息服务业务收入 789.7 亿元，较 2019 年增长 27.5%。2020 年上海增值电信业务许可证发放情况见表 2-11。

表 2-11　2020 年上海增值电信业务许可证发放情况

在线数据处理与交易处理业务	557	存储转发类业务		—
国内多方通信服务业务	—	国内呼叫中心业务		2
国内互联网虚拟专用网业务	—	互联网接入服务业务		25
互联网数据中心业务	9	信息服务业务		1 240
无线寻呼业务	—	其中	仅限互联网信息服务	1 239
模拟集群通信业务	—		不含互联网信息服务	1
固定网国内数据传送业务	—	互联网域名解析服务业务		2

注：其中无线寻呼和模拟集群通信比照增值电信业务管理。

【互联网站发展】根据工信部统计数据，截至2020年底，上海市共有237 000个网站主办者开办的327 672个网站。其中，17.83%的主体将服务器放置在上海，82.12%的主体将服务器放在外省，0.05%的主体将服务器同时放置在上海及外省；网站主办者中，约89.82%为单位主办者，约10.17%为个人主办者。2020年全年，上海市网站数量较2019年实际减少9 333个，平均每月减少网站777个。网站备案信息中涉及各类型前置审批的网站共计1 275个。

截至2020年底，上海共有143家接入商开展网站接入服务，共为179 498个网站主办者提供了专线、服务器托管、虚拟主机等各种形式的接入服务。其中，接入网站数量超过1万个的接入服务单位两家，分别是优刻得科技股份有限公司和上海美橙科技信息发展有限公司。这两家接入服务单位接入的网站总数达156 132个。2020年上海市主要互联网接入服务单位见表2-12。

表2-12　2020年上海市主要互联网接入服务单位

单位名称	主体数量	网站数量
优刻得科技股份有限公司	72 449	85 511
上海美橙科技信息发展有限公司	59 958	70 621
珍岛信息技术（上海）股份有限公司	7 496	7 996
上海呼啸信息科技发展有限公司	7 087	8 389

（杜　昊）

中国电信股份有限公司上海分公司

【“双千兆宽带城市”率先建成】上海在全国率先提出打造“双千兆宽带城市”，中国电信股份有限公司上海分公司（以下简称“上海电信”）在上海“双千兆宽带城市”建设过程中发挥主力军作用，经过九次大提速促进带宽跨越式提升，从2009年到2020年，平均带宽增长35倍，上海电信用户平均接入带宽达到245 Mbps，保持全国第一。上海电信在国内率先启动基于10G EPON（Ethernet Passive Optical Network，以太网无源光网络）技术的千兆光网建设和规模商用，实现了全球最大规模的运营商10G FTTH（Fiber To The Home，光纤到户）升级，推动上海成为“全球千兆第一城”。

（钱立富　张　军）

【首张多云交换网络建成】随着云计算发展，业务上云成为大多数客户首要考虑的服务部署方式，而多云/混合云架构是大多数政企客户上云的首选策略。2020年4月，上海电信建成首张多云交换网络，满足用户多云接入、跨DC灵活组网的业务需求。

（刘雪微　张　军）

【12345市民服务热线平稳运营】为深入贯彻市政府常务会议提出的“要更好地发挥‘一网通办’总客服作用”精神，落实“人民城市人民建，人民城市为人民”重要理念，对接城市“一网统管”总客服工作，实现上海12345市民服务热线（以下简称服务热线）跨越式高质量发展，2020年面临突发的新冠肺炎疫情，服务热线坚持“市民至上，倾心服务”宗旨，积极应对各类突发情况，确保服务热线平稳运营。受新冠肺炎疫情影响，2020年全年呼入量达6 488 688通，同比增长38.41%；应答量6 017 545通，同比增长35.29%；接通率92.47%（剔除2月新冠肺炎疫情影响后为93.82%），一次性解答率77.42%，有责投诉率0.04‰，有责退单率1.11%，回访比例35.24%，顺利完成市政府下达的各项任务。

（陈　芳　张　军）

【复工复产促经营发展】面对突如其来的新冠肺炎疫情及错综复杂的内外部不确定因素，上海电信统筹推进新冠肺炎疫情防控和生产经营，助力上海复工复产，服务上海新经济、新基建，全面完成年度经营发展目标。一是推进百兆批量提速，百兆用户占比超过82%。推进中小企业普通光网宽带降费，资费降幅达20%。持续优化携号转网服务，优化携转服务规则和交互规范，提升服务水平，提供用户自助办理携入服务。二是推进4G、5G协同发展，提升移动业务竞争力。推进5G SA（Stand alone，独立组网）新系统上线。完成5G SA/NSA（非独立组网）双子产品业务模式、业务规范、业务流程制定和开发上线。以八大原子能力为基础，围绕政务、医疗等行业，打造重点标杆项目，推动上海电信移动业务规模发展。三是打造“三千兆”概念，确保宽带业务优势地位。创新打造“三千兆”概念，极致融合引领凸显电信品质。同时在中低端宽带市场维持进攻策略，引入合作方，拓展低端宽带市场，精细化耕作宽带增量市场。大力推进智慧家庭建设，以全屋WiFi为抓手，创新推出家庭ICT（Information Communication Technology，信息通信技术）安装运维服务，提升用户服务感知。

（杨福强　张　军）

【技术管理与新技术开发】承接国家科技创新战略，落实中国电信集团公司科技创新部署，在体系建设、技术引领、技术创新等方面作出贡献。一是强化大技术体系。继续深化“1+N+M”技术研发与创新合作体系，做强公司技术研发中心，新挂牌成立6家技术创新基地，发布27项创新成果。营造科技创新氛围，以科技节、技术沙龙、全员创新、技术人才团队建设、荣誉体系评选、技术创新激励等为抓手，完善平台，鼓励创新。二是强化技术引领助推生产。发布2020年技术发展规划，形成多项重大技术方案并被集团公司采纳，发挥技术决策建议作用。面向市场，在政企双线、智慧家庭、数字政务、智慧城市等领域输出可复制推广解决应用和方案；面向云网，开展承载网研究、5G发展与创新、云发展、安全+量子保密通信等领域的创新和应用试点；面向运营，在技术防疫、AI赋能客服、大数据、能力开放等领域支撑效能提升。三是推进科技创新成果变现。强化研发成果挖掘和变现，全年研发项目投入带来收入数千万，积极承接集团公司双重项目及成果转化落地，超额完成研发年度考核目标。

（邵文艳　张　军）

【合作推动5G基站全市覆盖】中国电信股份有限公司（以下简称“中国电信”）和中国联合网络通信集团有限公司（以下简称“中国联通”）携手推进5G网络共建共享，有利于整合双方资源，实现优势互补、合作共赢，快速建成覆盖广、技术优、投资省、感知好、体验佳的5G网络。截至2020年12月，上海电信在上海市部署超过8 000个室外5G基站，通过与中国联合网络通信集团有限公司上海市分公司（以下简称“上海联通”）共建共享，电信用户在全市可接入超过16 000多个室外5G基站。室内覆盖方面，上海电信在全市部署超过800个室内小站，共享上海联通5G室内小站700余个，电信用户在全市可接入超过1 500多个5G室内小站。随着5G SA到来，5G网络将通过网络切片等技术，提供满足客户需求的“大带宽、低时延、高可靠”的全覆盖5G网络服务，赋能千百行业。

（宋靖雯　张　军）

【各项通信保障任务圆满完成】2020年上海电信共完成各类通信保障任务525次，完成应急保障与演（习）练任务、跨区灾情支撑保障342项，出动应急通信保障车辆536台次、国际海光缆巡逻船只187艘次、保障人员4 240人天次。圆满完成了第三届中国国际进口博览会（以下简称“进博会”）、全国两会、习近平总书记在浙江和深圳等地考察期间的通信保障、应急指挥平台建设、“双城”论坛、科学家论坛、城市推介大会、友好城市合作论坛等重大应急通信保障任务237项，完成四川木里山火灾害、贵州泥石流，安徽、江西水灾，广东、福建、浙江抗击强台风等工信部和集团公司下达的跨区灾情支撑保障任务67项，组织参与完成了华东大区10省市应急联合保障演练、全市应急救灾物资保障演练等23项。

【打击通讯信息诈骗】上海电信根据上级部门对打击通讯信息诈骗犯罪的总体要求，严格落实工信部452号、157号及121号文件工作部署，制定下发《2020年上海公司“长春行动”防范打击通讯信息诈骗专项工作方案及任务分解表》等文件，承接公安部“断卡”行动工作方案，推进开展相关工作。根据涉新冠肺炎疫情网络诈骗、高危地向全国蔓延的突发态势，及时优化技防系统及策略，形成对VOTLE“疑似号码”的监测处置，率先形成诈骗短信的收端拦截能力，经公安反诈中心测试确认，准确率达95%。全年共处置疑似涉诈号码151 216件次，拦截疑似诈骗短信49 573件次。

【疫情防控通信保障】一是完成金山区公共卫生临床中心“上海小汤山”5G应急通信基站车的紧急开通与保障，开通“上海市发热咨询平台”热线，紧急建设全国电信大数据综合分析平台，完成市外办向驻沪总领事疫情宣贯会视频保障，完成上海疾控中心疫情防控靠前指挥部网络通信建设，对入沪的机场、高铁、码头、高速公路等交通口岸和道口固网、移动网络进行优化和保障，联合江苏、浙江公司组成长三角跨省协作团队，开通应急通信车1辆，完成本省小区4G载频扩容9个、边界道口天馈调整7个，协调邻省完成边界小区4G载频扩容6个，共增加并发接入数量6 200个。对全市415个地铁站1 315个地铁出入口进行小微基站布放，对人员进出站精准定位。二是根据上海市委、市政府、市通管局等职能部门做好疫情期间“停课不停学”的重要指示精神，快速扩容相关电路146条，共1 460G带宽，对569台设备版本进行确认升级，在“天翼高清IPTV”上开通“空中课堂”，为140余万上海中小学生按时上课提供保障。三是紧急上线“天翼云会议产品”，累计注册用户数超过800万，累计会议时长超过1.28亿分钟，为各级政府、卫健委、医院提供1 000余场会议重保支撑。四是积极配合政府部门发布预防疫情、公共卫生、道路交通等信息，累计发送和疫情防控相关的公益短信3.7亿余条。

（曹　艳　张　军）

【上海电信过江光缆抢建保障】2019年12月26日，上海电信过江光缆在长江内发生中断，导致重要国际电路仅存单路由，存在极大的安全隐患。为了做好国际通信及国家一级干线的重点保障工作、尽快完成备份路由的建设，上海电信协调上海市相关部门，解决了跨长江隧道人员施工及车辆临时道路通行权、车辆停放主干道施工等难题，在春节之前完成这一重要抢修保障任务，有力地保证过江光缆通信的安全畅通。

【解决岛礁、进港航道无线信号覆盖难题】根据市通信管理局部署要求，协调驻沪海军部队、上海海事局解决上海公司在横沙岛、佘山岛、鸡骨礁、大戢山四个岛礁，以及进港航道、灯塔上无线信号覆盖弱、岛礁建站难等问题。

（彭文琪　张　军）

中国移动通信集团上海有限公司

【概述】中国移动通信集团上海有限公司（以下简称“上海移动”）2020年党建质量全面提升，坚持以党的政治建设为统领，全面学习贯彻落实中共十九届二中、三中、四中、五中全会精神，发挥党委“把方向、管大局、保落实”作用，增强“四个意识”，坚定“四个自信”，做到“两个维护”，全面提升党建工作质量，推进党业融合发展，坚决将党中央各项决策部署落到实处。5G发展全面提速，5G基站开通数突破1.3万个，实现主城区及业务热点区域、重点楼宇及场所5G室内外覆盖；面向全网用户开启5G SA功能，打造十大垂直领域、40个5G行业应用“样板房”，4个项目入选国家发改委专项；加快5G技术沉淀，打造5G发展生态，塑造“5G+”品牌领军形象，5G全球创新港接待政府及国际运营商等人员近2万人次。价值经营持续深化，围绕创世界一流“力量大厦”总体部署，持续推动CHBN融合运营、全向发力，个人市场客户规模企稳，5G客户规模加速发展；家庭市场规模与价值并重发展；政企市场保持快速增长，移动云实现跨越式发展；新兴市场加快布局，权益运营全面推进。基础能力转型提升，大力夯实网络基础资源，楼宽资源同比增长43%；完善前瞻性能力布局，建成颛桥中心节点，为华东地区提供公有云资源；大力培育科技创新，打造“123”科研布局，荣获省部级科技奖、5G“绽放杯”等奖项20个。运营效能智慧升级，深化提质增效，应用新技术年节电量超过2 460万度；深化风险防控，结合疫情防控强化应急管理，保障生产经营安全形势平稳受控；加快智慧中台建设，打造融合共享的业务中台、融通敏捷的数据中台、融智灵活的技术中台。

【以信息化助力打赢疫情防控阻击战】做好“六稳”工作、落实“六保”任务，毫不放松抓好常态化疫情防控，以高质量的信息通信保障与服务，助力打赢疫情防控人民战争、总体战、阻击战。全力保障通信网络顺畅，加强疫情期间应急保障值班值守，强化监测巡检，持续改善网络体验，实现“零安全隐患、零重大故障、零重要客户投诉”的重保“三零”目标。全力做好信息通信服务保障，做好大数据在疫情监测分析、病毒溯源、患者追踪、人员流动等方面的应用，协助政府部门科学精准防疫，累计发送防疫相关短信10.3亿条；为医院、社区等提供防疫机器人等应用服务，全力护航全市超140万中小学生“空中课堂”，满足广大客户疫情期间远程办公、学习、娱乐等信息通信服务需求，助力复工复产复学。全力保障员工身心健康，始终把员工生命安全和身体健康放在第一位，强化防疫期间政府协调、新闻宣传、舆情监测等沟通工作，确保防疫物资到位。

【深入贯彻长三角一体化发展国家战略】紧扣“一体化”和“高质量”两个关键词抓好重点工作，资源与生态共享初步形成，依托5G先试先用推动长三角数字经济率先发展战略合作、长三角5G创新发展产业联盟，协同共建数字长三角。基础建设与服务保障能力持续提升，在疫情防控中发挥互联互通基础设施作用，做好大数据支撑、交通枢纽网络保障等综合服务；紧密围绕自贸区临港新片区与长三角示范区“东西两翼”，推动中国移动上海国际海缆登陆局、临港IDC研发与产业化基地等新一代基础信息建设和综合通信服务快速发展；对标护航进博会“5G+”网络和通信服务保障，积极服务虹桥商务区总部经济，助推区域开放合作和共同发展。垂直领域应用形成示范，紧抓区域内产业链现代化、数字化、智能化升级转型契机，聚焦智慧金融、医疗、交通物流等重点领域应用，助力发挥数字经济优势。

【助力打赢脱贫攻坚战】深入贯彻习近平总书记关于扶贫工作重要论述，积极落实中央脱贫攻坚决策部署，坚持精准扶贫精准脱贫基本方略，重点帮扶对口深度贫困地区，全力以赴、务求实效，为全面打赢脱贫攻坚战贡献力量。5G引领打造“互联网＋医疗”扶贫，协同上海市第十人民医院，与新疆卫健委联合开展远程超声教学，为新疆阿克陶县昆仑佳苑卫生院、丝路佳苑卫生院开展远程培训课堂。大力推进教育扶贫，通过“5G+云视讯”实现上海市徐汇中学与云南帮扶学校的远程高清视频和4K直播课堂；定制“和教育”双师课堂产品，协同新疆公司为新疆4所帮扶学校提供上海市同济附中的优质教育资源接入。大力推广消费扶贫，广泛动员全民参与，鼓励外部资金引入，以多种形式促进扶贫产品销售，开展“助力湖北”等主题活动，形成线上线下立体销售网络，形成购买热潮。

【5G引领助推城市数字化转型】致力当好5G网络建设的先行者、应用创新的引领者、产业发展的集聚者，以“新基建、新连接、新体验”赋能城市数字化转型，谱写新时代人民城市新篇章。提速新基建，全力打造“双千兆第一城”。发力5G数据中心等新型基础设施建设，丰富应用场景，5G部署由主城区、郊区城镇中心向一般城区逐步实现全覆盖；有序推进临港数据中心二期工程建设，预计完工后提供超过一期两倍的机架空间，支撑全球科创中心建设。拓展新连接，着力护航城市管理。全

力响应“两张网”建设，综合运用5G、大数据、AI等新技术，服务动态化景区游客管理、智慧社区综合管理、5G“远程执法”等城市管理各方面，以综合信息服务为城市改革发展进一步蓄能。优化新体验，倾力守护人民幸福生活。以新技术赋能医疗、教育、融媒体、电竞等千行百业，打造国内首个5G医疗新基建项目，建立“远程课堂”，助力教育扶贫。

【5G“新基建”建设加速】立足上海超大城市治理需求，全面实施“5G+”计划，建设基于5G物联和人工智能的城市大脑集群，支撑基本公共服务便利共享、人民高品质生活。以5G为核心加快“新网络”建设，实现主城区及业务热点区域、重点楼宇及场所5G室内外覆盖；实施“双千双万”光纤宽带网络升级计划，实现千万户家庭千兆宽带能力全覆盖、万栋商务楼宇万兆接入能力全覆盖。以数据中心为基础驱动“新平台”建设，加快推进临港IDC研发与产业化基地（二期）项目，助力构建全球信息通信枢纽；在提供政务云服务基础上强化“两张网”建设支撑，助力智慧城市建设。以“5G+”应用融合加速培育产业动能，加速推动5G与新兴信息技术深度融合，促进5G与AICDE（即AI—人工智能、IoT—物联网、Cloud Computing—云计算、Big Data—大数据、Edge Computing—边缘计算）相互融通、赋能百业；加快推进“5G+”工业互联网、交通、医疗等重点垂直行业应用落地，推动5G融入百业、服务大众。

（蒋晓馨）

中国联合网络通信有限公司上海市分公司

【概况】2020年，中国联合网络通信有限公司上海市分公司（以下简称“上海联通”）以习近平新时代中国特色社会主义思想为指导，在上海市委、市政府和集团公司领导下，深入贯彻落实中共十九大及历次全会精神，推动党中央重大决策部署做深做实，坚定不移落实集团聚焦战略和“五新”联通要求，纵深推进混合所有制改革，深化全面数字化转型，统筹抓好疫情防控和改革发展工作，打造5G领先优势，坚持一张蓝图绘到底，保持整体工作连续性，久久为功抓执行，全面实现更高质量发展。坚持与上海城市发展同频共振，主动对接上海经济建设、社会发展、“五个中心”和“四大品牌”建设，在助力上海打造数字经济发展新亮点、提升城市能级与核心竞争力上下功夫，为上海打造全球卓越城市和建设社会主义现代化国际大都市、推动智慧城市建设积极贡献智慧和力量，持续助力城市管理、公共服务和民生质量提升。

2020年，上海联通克服新冠肺炎疫情影响，收入利润超额完成年度任务目标，圆满完成混改第一个三年盈利计划目标。

坚持人民群众生命至上，统筹抓好疫情防控、复工复产、改革发展工作，在沪员工实现“零感染”。坚持优化行业生态，强力推动行业竞合和共建共享。坚持5G牵引，加大5G发展，移动业务持续改善，全面推行家庭宽带社会化合作，政企业务继续保持良好增长。持续加大创新领域投入，持续锻造核心自主能力，聚焦领域新型ICT应用全面开花，“云、大、物、智、安”量质并举，把握数字化转型机遇，实现了政务云、在线教育、远程医疗的重大突破。坚持提升网络能级，夯实数字基座。高起点、高标准部署5G网络建设，全面完成2G网络精简，网络感知持续向好。强化网络资源布局，全量完成万兆能力打造，政企精品网迈上新台阶。持续推进网络“四化”，形成以两大云枢纽为核心的云网布局，完成智能城域网SDN升级改造，建成业内领先的网络运营指挥中心，网络智慧运营能力持续提升。

【疫情防控、复工复产、改革发展工作统筹】上海联通坚持将员工生命安全放在首位，第一时间迅速成立疫情防控领导小组，根据疫情发展将领导小组升级为疫情防控指挥部，在本地央企中率先制订较为完备的疫情防控方案，在防控措施得当的前提下，率先推动复工复产。广大一线员工以“最美逆行者”姿态奋战在疫情通信服务保障第一线。因防控措施得当，在沪员工实现“零感染”。把握数字化转型机遇，于危机中育先机，助力政府、企事业单位复工复产，实现了政务云、在线教育、远程医疗的重大突破。

【5G建设加速】上海联通坚持从国家战略发展高度，高起点、高标准部署5G网络建设。2020年3月24日，上海联通携手华为完成首个C-Band 300M最大带宽5G隧道方案部署。4月26日，上海联通携手华为打通首个基于大区集中化部署的5G SA（独立组网）语音First Call。7月15日，上海联通与上海电信顺利完成首次5G频率融合并网工作。7月，上海联通5G用户规模突破100万户。截至2020年底，通过与上海电信共建共享，5G站点规模达1.6万站，实现上海全覆盖，规模和质量领先行业。

【“双千兆之城”建设】助力上海率先建成“双千兆宽带第一城”。完成全量政企10GPON升级提速改造，实现千兆业务能力全域覆盖，率先发布千兆业务，政企千兆业务规模占比最大，实现万兆到楼、千兆到桌面，中心城区及业务密集区千兆业务全覆盖。

【惠民为民，提速降费】移动业务全面开展老旧资费套餐迁转工作，2020年底流量单价同比再降20%；针对企业宽带用户先后发布三批主动升速活动，惠及 1.1 万用户，宽带平均资费降幅为 51.8%，企业专线平均资费降幅为 27.3%，超额完成国务院、工信部下达的目标。

【长三角一体化发展助力】推动区域型数据中心建设。打造城市运行数字化服务基座，建成技术领先、绿色节能、智能运维的自有 IDC 浦江机房。以 5G 为核心打造网络连接速度最快的世界级城市群。在中国联通统一部署下，2020 年长三角核心城市 5G 人口覆盖率达到 79.5%。打造长三角区域低时延圈，实现长三角区域重点城市 8 ms 时延圈、环沪 3 ms 时延圈、城市群内 2 ms 时延圈目标。

【上海智慧城市及新基建建设】2020 年，上海联通重点承接上海市电子政务云新云池、市域物联网平台、奉贤公共安全视频监控、浦东新区雪亮二期等项目。紧扣上海市重点产业发展方向，以 5G 为代表的云网新基建能力赋能制造业数字化转型，总结提炼大量场景化经验，荣获“绽放杯”全国三等奖 2 项、优胜奖 2 项。深度参与《工业互联网三年行动计划》编制，积极参与杨浦、金山等区域工业互联网平台建设，服务区域产业集群，服务规上企业两化融合，为区域内先进制造业的发展方案出谋划策。聚焦医疗、教育、金融等领域，培育数字化服务信息化应用产品，赋能各行业数字化转型发展。如在智慧医疗领域，成功打造瑞金医院项目，入选国家发展改革 2020 年新型基础设施建设工程；打造中山医院医联体项目，成为上海首个专科医联体云平台。在智慧教育领域，打造卢一未来数字校园、浦二实验小学智慧校园等标杆项目，助力校园信息化水平提升。2020 年 11 月 17—18 日，全球智慧城市大会上海分会召开，上海市斩获世界智慧城市大奖、大中华区城市大奖两项殊荣，上海联通作为获奖企业代表陪同领奖。

【重要通信任务保障】2020 年，上海联通完成疫情防控、全国两会、第三届进博会等 71 次重大通信保障任务，完成各类业务重保 377 家，共计 16 375 条电路，总保障时长 86 535.5 小时。积极投入疫情防控，对 109 家重点客户、654 条电路、30 条裸光纤、84 台医疗云虚机进行保障，其中包括 3 家新冠救治机构的 42 条电路；为复旦大学附属中山医院“北京上海广州武汉四地对雷神山医院危急重症患者远程会诊”提供 5G 网络保障；为浦东机场核酸检测提供应急通信保障；对上海市教委云课堂、IPTV、沃视频等共计 313 条电路进行保障；全面完成员工复工复产、工程建设从业人员疫情防控。与上海电信首次启动共建共享联合保障，圆满完成第三届进博会重大通信保障任务，实现“1+1＞2”的服务效果。

（孙文龙）

三、广电信息业

东方明珠新媒体股份有限公司

【全市中小学生学习保障】2020年，东方明珠新媒体股份有限公司（以下简称“东方明珠新媒体”）旗下百视通网络电视技术发展有限责任公司（以下简称“百视通”）响应新冠肺炎疫情期间“停课不停学”号召，在上海市教委指导下，于3月2日在IPTV（Interactive Personality TV，交互式网络电视）及App平台成功上线空中课堂点播及直播专区。空中课堂提供从小学一年级到高中三年级共12个直播频道，直播频道内容同时转为点播形式播放。直播覆盖中国电信、中国移动、中国联通三大运营商，可支持学生收看直播时通过微信扫码实现课程打卡。结合运营商IPTV/OTT（Over-The-Top，通过互联网向用户提供各种应用服务）平台的实际情况，百视通IPTV团队设计了一套可以适用于全平台的专区架构，以看吧的方式统一呈现，并兼容支持上线IPTV、OTT高清、标清机顶盒及智能机顶盒。

【VR超高清制播系统建设】2020年，百视通全力打造VR超高清制播系统，该项目通过整合百视通原有制作和播控资源，融入包括VR（Virtual Reality，虚拟现实）拍摄、超高清编解码、5G传输及动态网络适配等多项技术，以打造具有全新沉浸式体验的全景视频、VR游戏、VR直播和VR巨幕影院四大虚拟现实产品线。经过上下通力合作，先行完成了外场VR直播录制子系统、VR制作播出子系统，并和合作伙伴共同开发出“片源+转码+制作”的VR生产模式，形成了先行先试，解决了市场超高清VR内容严重匮乏的问题。2020年6月起，项目先在陕西驻地应用，随后完成了珠峰等著名景点的慢直播工作，获得用户好评。项目获得2020年中国超高清视频产业联盟“优秀创新产品和解决方案奖”。

【平台用户体验改善】2020年，百视通为提高现有IPTV渠道运营能力，着力对智慧化运营项目予以优化，基于大数据能力，对用户行为与场景进行标签化，通过消息形式主动连接用户，从而快速、高效地建立用户连接能力。消息能够主动实现电视全场景触发、点对点千人千面触发，可承载节目信息、活动信息、营销信息等多元化内容，从而快速响应用户需求，提升平台与用户连接效率、付费转化率、用户开机率等关键指标，进而全面改善用户体验，支撑市场营销与服务。2020年12月，EPG（Electronic Program Guide，电子节目指南）智能运营系统率先在上海移动上线。

上海东方明珠数字电视有限公司

【“智联普陀”物联感知设施租赁】上海东方明珠数字电视有限公司（以下简称“东方明珠数字电视”）为全面推进物联网感知设施部署和应用落地工作，自2018年开始在普陀区10个街镇实施“智联普陀”物联感知设施租赁服务项目。截至2020年底，在普陀区全区共性建设方面部署了24种类型共107 776个感知设施，服务于64个不同场景；个性建设方面部署了9种类型共2 695个感知设施，满足城市管理的多维度需求，实现质量与数量并重。在建设格局上，条块结合、多层次、立体化的全区级范畴的“神经末梢感知”成为海量物联大数据的基础。同时，在全区选取石泉街道岚皋大楼、长风街道风荷苑、长征街道象源丽都、万里街道颐和华城四个小区作为物联感知试点小区，其中岚皋大楼及风荷苑做较高配置试点、象源丽都及颐和华城做基础配置试点。将样板小区出入口数据接入小区安防中心控制室，并同街道片区城市大脑平台、公安进行对接，通过普陀运营中心进行统一管理，服务于普陀区城市管理，为城市精细化管理提供有力支撑。

【“智联普陀3.0”城市运行管理平台建设】2020年，东方明珠基于普陀区“智联普陀”项目的建设成果，响应市“一网统管”的具体要求和工作目标，提出了“智联普陀3.0”城市运行管理平台的建设规划，旨在落实“观、管、防、处”的建设要求。建设开放、实用、智能的中屏系统，即普陀区城市运行管理平台，该平台既可辅助大屏端指标的呈现，也可服务城运各类工作的开展，还可支撑小屏端的调度。该平台融合了城运中心“观、管、防、处”各项工作要求，运用政务微信的用户体系，实现城运日常的精细化管理以及精准到人的指挥调度。平台覆盖10个街镇、60个委办部门，接入14个业务系统，汇聚形成19个智能应用，并成为全市的中屏管理样板。

【“一网统管”市域物联网运营平台建设】2020年，东方明珠基于普陀区“智联普陀”项目的建设成果，建设了上海市“一网统管”市域物联网运营中心，这是全国首家市域物联网运营中心，致力于解决分散建设、运维管理不到位、数据非全量、共享不到位等问题。通过集政府和社会合力统筹上海物联感知基础设施的有序建设和智慧运维，为城市生命体征提供实时感知数据，并推动物联数据与公共数据、社会数据的融合，丰富城市运行管理的神经元体系，更好地支撑“一网统管”和赋能城市运行管理。平台实现了上海市容管理、数字农业、防汛防台、水务管理等数据的实时更新，形成了集泛在接入、数据汇聚、预警预报、评估评价及应用示范于一体的可复制、可推广、可共享、可开放的平台，在全国发挥引领示范作用。

数字电视国家工程研究中心

【8K 超高清项目建设】数字电视国家工程研究中心（以下简称“数字电视国家工程中心”）牵头承担了 2020 年上海市产业转型升级发展专项“8K 超高清产业核心芯片、关键设备与终端方案研发、设计、测试与应用”项目，项目联合了上海海思和极清慧视等机构，聚集了国内在 8K 采集、制作、芯片、终端产业链的优势企业，组建了强强联合、优势互补的创新团队。面向 8K 超高清视频产业发展需求，协同产业链上下游攻克采集、制作、接收、测试和呈现等关键问题。

【巴西 SBTVD TV3.0 标准制定】2020 年 11 月，巴西数字电视标准组织 SBTVD 启动新一代数字电视标准 TV3.0 全球方案征集，工程中心与上海交大提交的媒体传送技术提案，作为中国数字电视系统技术提案重要组成部分参与巴西新一代数字电视标准研究，并随即展开方案陈述及样机测试等验证工作。

SMG（上海东方传媒集团）

【媒体内容智能生产服务中台建设】2020 年，上海广播电视台、上海文化广播影视集团有限公司（Shanghai Media Group 上海东方传媒集团，以下简称“SMG”）正式启动国家广播电视总局重点实验室“智慧媒体制播应用”项目的“媒体内容智能生产服务中台”（2019 年 2 月立项）二期建设，在前期主要针对人工智能在广播电视内容生产领域的应用进行研究开发与示范的基础上，SMG 再接再厉，一方面结合平台现有 AI 能力，对人脸识别等功能进行深度场景化设计，形成敏感人物识别功能，分别对接媒资网、无带化送播等台内业务系统，实现媒资素材及播出节目的辅助智能审核；另一方面，通过引入多语种文字识别、翻译等全新 AI 能力，帮助融媒体中心等实现外语视音频素材的智能化处理及审核。此外，还基于微信小程序开发，将平台所提供的 AI 能力延伸至移动端，结合移动端应用特性，形成会议听写、拍照翻译、图片识人等一系列轻量级微信应用，面向台与集团全体员工提供智能化办公及生产辅助服务。

【智能移动媒资网建设】2020 年，SMG 完成并投入应用国家广播电视总局重点实验室在行项目“智慧媒体制播应用”中的“智能移动媒资网”（2019 年 4 月立项）课题，课题主要基于 AI 的媒体资产管理研究，初步形成媒资“四个自动化”，包括：自动采集工具、自动编目工具、自动水印工具、自动维权监测。借助人工智能技术，对媒资资源深度整合、关联、挖掘，结合场景需求推出了“今日热点”“史上今日”“用户推荐”“词条图谱”等智能化服务。通过智能媒资生产管理平台的开发，深度挖掘了媒体资料价值，提升了用户的活跃度和黏度，提高了生产效率。继媒资四个自动化之后，该课题正进一步开展AI在媒资管理领域的应用实践：媒体内容图像质量增强的算法研究以及基于广电数据集的模型训练。通过AI智能算法提升视频画面的分辨率，并引入去噪、弱光增强、色彩增强等技术，使2K高清视频基本达到4K超高清要求，优化提升老旧历史节目资料的视频图像质量。基于SMG媒体内容智能生产服务支撑平台，研究搭建视频超分辨率系统、视频去噪系统、视频画质增强系统等，并接入节目资料存储和内容分发平台，提升SMG历史资料影像库中视频内容的图像质量。

【大数据情感交互受众测评平台建设】2020年8月，SMG完成了国家广播电视总局重点实验室在行项目“智慧媒体制播应用”中的“大数据情感交互受众测评平台”（2018年10月立项）课题研究与开发。为在SMG媒体内容智能生产服务支撑平台的基础上，面向智能化节目测评，SMG与共建单位复旦大学计算机科学技术学院联合，自主开发了大数据情感交互可视化受众测评系统，用于针对视听内容产品进行受众观感评测（主要应用于SMG受众测试中心）。该课题的研究及系统实现旨在让数据指导节目内容“智”造，即节目内容制作团队能根据测试数据报告，对节目的内容环节、内容时长、内容情节设置等进行调整。该系统能实施绘制观众情绪变化曲线，基于算法分析指导节目创作优化，精准定位嗨点，通过播前、播后受众用户行为数据汇集分析，提高节目质量、提高节目收视效果。截至2020年底，已完成近30场、600余项、8 000余人的台内外原创视听节目内容的测试，有效提升了主流媒体节目宣传的到达率和影响力。

【全媒体智能监播系统建设】2020年8月，SMG完成了国家广播电视总局重点实验室在行项目“智慧媒体制播应用”中的“全媒体智能监播系统”（2019年10月立项）课题研究与开发。课题以SMG播出智能监管系统为基础，与共建单位上海佰贝科技发展有限公司共同研究开发基于AOIP（A interface over IP，基于IP传输承载的A接口）架构的自动播出智能监管与应急应用，探索基于AOIP架构的广播总控自动监测报警、监听监看、逻辑处理、自动报警应急等应用，通过深入融合硬件系统和播控软件应用，构建出完整的全链路模块化新型广播播控系统。系统已在SMG的传统电视播出、传输和卫星上行等全流程应用，覆盖SMG电视播出的70个频道，有效解决了传统监测系统的误报以及速度和精准度不能兼得的问题，同时在双岗变单岗中，播控值班人员由原来的20人减少为10人，节支200万元/年以上。联合研发、项目合作的科研成果现已成功推向市场，用户包括广电总局广播电视卫星直播管理中心、贵州省广播电影电视监测中心、江苏省广播电视集团有限公司、湖南广播电视台、四川简阳台、宁波鄞州台等单位，并获得一致认可。其中，无线广播电视信号合法性自动化监管系统获得上海市科技成果转化项目认定，技术贡献度高达0.9。

【UM优觅大型云端会议与线上节目制作系统建设】 2020年初，为满足新冠肺炎疫情期间节目制作需求，SMG成功开发出一款广电专业级别的云端连线类产品UM优觅（原名为SMT云制作）。2020年6月完成所有功能模块，7月试运行，8月验收完成，11月获得优觅云端会议系统计算机软件著作权。作为大型云端会议与线上节目制作解决方案，UM优觅致力于解决新冠肺炎疫情期间嘉宾出行不便、人员不能聚众等节目制作和会议举办问题，让艺人、主持人、观众、参会者在任何时间、任何地点通过PC端、手机App端接入云演播室，即可参与节目或大型会议，极大丰富了新冠肺炎疫情形势下的业务制作形态。其具体用途与功能特性包括：云直播与云观众系统搭建、多端多方式接入、嘉宾上屏低延迟、不限地域云端互动，以及对接演播室系统进行再包装等。UM优觅上线以来，完成了28场各类节目、活动的云端制作需求。

上海文广互动电视有限公司

【全3D多屏互动电视平台研制与专利开发】
2020年11月，上海文广互动电视有限公司（以下简称“文广互动”）完成了由新华通讯社牵头，上海交通大学、北京传媒大学及成都索贝数码科技股份有限公司共同承担的国家科技支撑计划项目“数字媒体新技术开发”子课题“全3D多屏互动电视平台研制与示范”全部结项验收前的准备工作。验收会上，专家组听取课题组汇报，审阅相关资料，观看成果演示，经质询讨论后一致认同课题完成了任务书中各项要求，同意通过验收。专利开发方面，文广互动2020年度共申请发明专利4项，分别为《一种超高清视频点播系统（专利申请号：202010311213.1）》《一种针对超高清内容的后台演播系统（专利申请号：202010310740.0）》《一种广电网络数据分析系统（专利申请号：202010310751.9）》和《一种面向广电网络的数据处理方法（专利申请号202010310738.3）》。

【付费4K超高清频道开播】 2020年7月15日，文广互动在上海正式对外开播上海首个4K超高清频道、全国首个付费4K超高清频道——“欢笑剧场”，频道由文广互动负责制作运营，24小时全天播出，内容囊括影视剧、综艺、纪实、体育等门类。首播栏目包括《甄选影院》《强档综艺》《超清赛事》《探索大发现》等，播出内容全部符合国家广电总局关于4K超高清电视播出的相关技术标准。

（解 放）

四、新兴产业

大数据产业

【概况】2020年是《上海市大数据发展实施意见》发布的五年收官之年，“十三五”以来，上海市持续推进国家大数据综合试验区建设，在体制机制建设、公共数据开放、产业集聚发展、创新生态营造等方面取得了良好成效。全市大数据产业能级不断跃升，数据红利深度释放，技术产品爆发增长，创新企业持续涌现，产业生态日趋繁荣，支撑体系日益完善。从世界范围看，对标国际发达地区，上海大数据产业发展基本处于“并跑”阶段；从全国范围来看，上海大数据产业发展始终位列第一梯队。

【产业规模呈现两位数增长】2020年，上海市大数据核心企业总数达到973家，较上年同比增长24.6%；总产值达2 388.3亿元，同比增长16.3%，带动上下游及相关领域产值增长达6 000亿元。面对新冠肺炎疫情和众多外部环境挑战，大数据产业持续保持中高水平增长。2020年大数据企业研发投入总计超过1 884.7亿元，其中研发投入超过1 000万元的企业334家，占比达34%；企业获授权专利数量达到7 260项，授权发明专利数量2 996项，形成了雄厚的技术储备和知识产权“护城河”。

在大数据产业链分布上，关键技术类企业393家，占比近40%，总营收达988.2亿元，核心业务主要集中在大数据基础软件、大数据采集、大数据存储、大数据处理、大数据可视化、大数据安全等领域，涌现出星环科技、明略数据、达而观信息、爱数信息、跬智信息、观安信息等一批具有自主核心关键技术的行业领先企业，其中星环、明略、达而观多次入选全球Gartner魔力象限，部分产品性能处于国际一流领先水平。应用类企业达564家，占比超过50%，总营收达1 162.3亿元，围绕工业生产、金融贸易、交通旅游、医疗健康、空间定位、商贸服务等上海市重点行业领域，持续加大龙头企业引进培育的力度，形成了宝信软件、银联智策、携程旅游、卫宁健康、千寻位置、合合信息等一批新的行业领导者和“隐形冠军”企业，引领行业大数据行业发展。此外，还涌现出德勤、尼尔森、艾瑞咨询、畅享网等一批推出大数据行业咨询、人力资源、教育培训等衍生类服务业务的创新企业。

【产业集聚效应显著】国家大数据示范基地、自贸新片区“信息飞鱼岛”等载体功能进一步凸显。国内外大数据龙头企业和近百家创新企业扎根落户，引进培育一批高速成长的优势企业。以市、区联动为抓手，积极推动大数据产业基地（静安区市北高新）和大数据创新基地（杨浦区云基地）两个大数据产业集聚区建设。静安区有 251 家大数据核心企业，占全市四分之一（25.8%）。市北高新吸引了亚马逊 AWS、浪潮云、金棕榈、合合信息、宝尊等国内外大数据龙头企业和近百家创新企业扎根落户，市大数据中心、大数据交易中心、大数据股份公司、大数据应用创新中心等机构汇聚。杨浦区拥有 88 家（占全市 9.0%）大数据核心企业，杨浦云基地依托高校优势资源加快大数据创新人才培养，引进培育了盛庞卡、博康智能、英语流利说等一批高速成长的优势企业。此外，徐汇大数据 + 人工智能、松江大数据 + 工业制造、嘉定大数据 + 智能汽车、临港新片区国际数据港等大数据经济带产业支撑效果凸显。浦东新区共有 229 家（占全市 23.5%）大数据企业，其次是徐汇区 142 家（占全市 14.6%），产值均超过 100 亿元。

【创新生态持续完善】上海市先后试点开展两批共 11 个领域的大数据联合创新实验室建设，支持上海市龙头企业、应用需求方、研究机构、知名高校等以“产学研用”联合共建模式，加快探索行业数据开放融合新模式，推动数据—知识—算法的有效转化。以上海大数据联盟为纽带，推动跨行业间企业协同创新和品牌建设，开展长三角地区大数据联盟战略合作，联盟全国注册会员已超过 700 家。复旦大学、上海交通大学、同济大学等十余所高校开设大数据学院、大数据专业、实训基地或研究中心，加强人才培养和数据科学基础研究。构建一批功能性机构支撑上海市大数据产业发展，例如数据交易中心、应用创新中心、大数据产业基金等。

【重点领域数据公开】上海市从 2012 年起，在全国率先探索推进公共数据开放和创新应用工作，并取得较大进展，在《全球重要城市开放数据指数》报告等第三方评估中连续多年名列前茅。作为国家公共信息资源开放五个试点城市之一，上海全面完成试点任务。通过统一开放平台累计向社会开放数据资源近 5 200 项，包括 4.3 万个数据项、1.16 亿条数据。其中 2 200 余个为实时更新的动态数据接口，开放内容基本覆盖各市级部门、各区主要业务领域，涵盖经济建设、资源环境等 12 个重点领域。

【公共数据开放应用制度设计】上海发布了全国首部公共数据开放地方政府规章《上海市公共数据开放暂行办法》，制定了分级分类、统筹协调、专家议事、多元生态四大创新机制，建立了条件审核、平台监管、跟踪追溯、风险预警、应急管理、评估考核等六大监管举措，全面保障公共数据开放应用的健康有序。分级分类开放方面，研究发布了《上海市公共数据开放分级分类指南（试行）》，将公共数据从个人、组织、客体三个维度分为48个不同开放级别，并归入无条件开放、有条件开放、非开放三类，分别采取不同的管理流程和开放条件，对开放数据实行精细化管理。专家咨询方面，组建了上海市公共数据开放专家委员会，首届专家委员会邀请了40位大数据和各行业领域的专家学者和企业代表，共同研判公共数据开放风险，审议年度开放计划等重大事项，为公共数据开放工作提供专业建议。评估考核方面，每年末开展公共数据开放工作年度绩效评估，对全市各单位进行全面评估和排名，形成总报告和部门分报告，并将年度评估结果纳入市政府“公共数据和一网通办”年度考核体系。

【公共数据赋能多领域试点】自2018年起重点聚焦金融、医疗、旅游、交通、社会信用服务等领域，汇聚产学研用多方主体和数据资源，探索建立了两批11家大数据联合创新实验室，形成了一系列创新成果，形成了10个行业服务平台，汇聚250TB各行业高质量数据，形成17个标准，获得17个专利、软著，发布5个研究报告。医疗大数据共享资源平台汇聚了超60TB高价值医疗数据；交通数据服务平台动态发布长三角路网状态指数；旅游大数据平台整合多源数据服务“一部手机游长三角”；智慧城市能源云平台服务近150幢商业楼宇，开展智能能耗监测和用电削峰填谷。

2020年开展了公共数据开放应用试点项目的征集工作，在交通出行、医疗健康、金融服务、社会信用、商业服务等领域遴选出11个具有标杆示范性和民众感知度的试点项目。其中，美团点评利用交通出行公共数据优化外卖骑手配送路线，提高城市运行效率；平安科技利用医疗机构公共数据建设智能健康咨询平台，为病患提供就医引导；国泰君安利用企业工商税务等数据优化信用评级和金融风险预警平台，为企业提供精准金融服务；上研智联融合政企交通数据打造自动驾驶AI训练数据集，服务东海大桥人工智能重卡运输。华闵科技综合利用环境监测数据面向园区开展精细化环保服务；社会信用促进中心利用企业信用数据建立信用地图，服务民众避开“黑商户”；工商银行“政采贷”项目利用政府采购数据面向企业提供信贷服务。这批项目于2020年12月举办的中国（上海）大数据产业创新峰会上正式发布，标志着上海市公共数据开放进入了深度赋能的新阶段。

【普惠金融试点示范】以普惠金融应用为试点示范，向18家试点银行开放了税务、人社、市场监管等8个部门共300余字段的企业相关数据，促进银行以公共信用为基础向小微企业提供融资服务和信贷产品。普惠金融试点项目已调用公共数据107万余次，为中小微企业提供贷款支持达400亿元。在此基础上组织开展了一批试点项目征集建设工作，联合市商务委、市财政局、市科委、市公安局、市民政局、市人社局、市生态环境局、市交通委、市卫健委、市市场监管局等部门，面向社会企业应用场景开放公共数据，8个试点项目形成初步成果，形成标杆效应。

【数据开放创新应用生态体系完善】为推动社会各方对政府公共数据资源的深度应用和增值开发，上海连续六年举办“上海开放数据创新应用大赛（SODA）”及其系列赛事，以“数据众筹、问题共治”为理念，汇集公共数据和企业数据，广泛吸引海内外团队踊跃报名开展创新应用。同时，与浙江、中国香港、大连等地合作办赛，联合国内七大开放赛事成立开放数据赛事联盟，并建立了全国首个围绕公共数据开放的孵化器SODA SPACE，首批引入11家企业入驻孵化。SODA系列赛事初步形成了开放数据、创新应用、落地孵化的创新生态。

（杨立哲）

人工智能产业

【概况】2020年，人工智能产业作为上海重点发展的三大先导产业之一，克服新冠肺炎疫情带来的不利影响，危中迎机，逆势增长。产业规模持续扩大，重大创新成果涌现，应用赋能价值凸显，行业生态进一步完善。人工智能“上海方案”获批实施，国家新一代人工智能创新发展试验区、创新应用先导区建设稳步推进，2020世界人工智能大会云端峰会成功举办，品牌知名度进一步打响。在“十三五”收官之年，上海人工智能产业发展为“十四五”期间建成人工智能“上海高地”、打造世界级产业集群奠定了良好基础。

【优势企业协同发展，产业规模持续扩大】截至2020年，上海人工智能重点企业有1 149家，全年规上产业规模超过2 000亿元，其中一季度产业规模达326亿元，二季度产业规模达546亿元，三季度产业规模达669亿元，行业复苏态势明显。

产业链优势企业协同发展。微软、亚马逊、阿里、腾讯、百度等平台型龙头企业纷纷围绕产业生态在沪布局；商汤、依图、深兰等技术类企业不断取得突破性创新成果，推进重大项目建设；寒武纪、平头哥、天数智芯、燧原、禾赛等基础类企业致力于研发高端智能芯片、传感器，突破关键环节“卡脖子”问题；达闼、钛米、高仙等产品类企业持续推出智能机器人、智能终端新产品，进一步拓展市场空间；明略、联影智能、达观、氪信、趣头条、极链、乂学等应用类企业深耕商贸、医疗、金融、文娱、教育等垂直领域，提升人工智能赋能价值。

招商引资成果丰硕。在2020世界人工智能大会上，36个人工智能产业项目签约落户，项目总投资超过300亿元，包括华为“鲲鹏+昇腾”生态创新中心、华复长三角智能医疗产业谷等14个产业生态类项目，达闼科技全球总部、中智行车路协同应用等15个新兴产业类项目，壁仞科技芯片、紫光云等7个产业基础类项目。此外，在2020年内，腾讯长三角AI超算中心、美的集团第二总部项目及人工智能研发中心、北杨人工智能小镇、天数智芯AI芯片、银河水滴计算机视觉等项目完成签约。

产业空间格局初步形成。浦东张江“智能产业+科创”融合发展，人工智能岛已成为国内行业地标，正推动由岛扩区。徐汇西岸国际人工智能中心正式启用，吸引国际顶尖企业和科研机构入驻。闵行马桥人工智能创新试验区以特色主导产业推动区域整体开发，创建“智生产、智生活、智生态”的产城共生家园，“达闼智能机器人产业基地”等重大项目开工。临港新片区积极探索前沿产业集聚和政策制度创新，地平线、寒武纪等一批领军企业落户，商汤人工智能计算与赋能平台项目建设推进，智能网联汽车综合测试稳步开展。此外，市北高新、长阳创谷、虹桥智谷等特色园区加快建设，华东无人机基地等区域产业正集聚发展。

【创新体系建设完善，重大项目实施推进】

创新平台集群初步形成。上海人工智能实验室、上海期智研究院、上海白玉兰开源开放研究院等揭牌运作，中科院计算所处理器技术创新中心落地。第二批市级人工智能创新中心揭牌，围绕产业赋能和集成应用两大方向，依托微软—仪电人工智能创新院、电科所、联影智能、工商银行、建信金科、中国商飞等领军企业，在人工智能基础共性技术、智能机器人、AI+医疗、AI+金融、AI+制造等重点领域进行突破。

重大创新项目加快推进。商汤“新一代人工智能计算与赋能平台”项目于临港奠基，总投资60亿元，已完成主体建筑封顶。依图“基于异构运算处理器芯片组的通用融合计算云平台”项目总投资20亿元，天数智芯7纳米通用GPU芯片流片成功，有望突破智能芯片领域“卡脖子”问题。国家创新应用先导区的应用场景公共服务平台项目获工信部立项支持。在科技部首批33个国家新一代人工智能2030重大项目中，上海3家单位牵头承担4个，承担项目数仅次于北京，排名全国第二。西井“智慧港口无人驾驶平台”、云从“人机协同智能操作系统”、扩博“基于计算机视觉的机器人全自动检测平台”等获市级战新重大项目支持。同济大学、上海交大、复旦大学围绕自主智能系统、机器智能、三元群智智能等方向，开展市级科技重大专项攻关。

【应用赋能百花齐放，示范推广成效显著】

打造示范性应用场景。洋山港—东海大桥—芦潮中心站海铁联运、张江人工智能岛智慧园区等综合性应用场景持续建设，申通地铁、华东无人机基地、张江科学城等重量级场景发布，11项上海市第三批人工智能应用场景需求开放，促进人工智能在制造、金融、交通、商贸、文旅等领域应用。此外，在2020年抗击新冠肺炎疫情期间，建设了上海市公共卫生临床中心、上海市东方医院援鄂医疗队两个人工智能应用场景，一批上海人工智能产品投入疫情防控一线，取得良好成效。

全国人工智能“揭榜挂帅”赛道建设推进。围绕智能网联汽车、医疗影像辅助诊断、视觉图像身份识别、智能传感器4条赛道开展测评工作，梳理一批行业标准成果和政策瓶颈。2020年2月，国务院批复在上海设立长三角医疗器械评审中心，重点推动AI+医疗落地推广进程。《上海道路交通自动驾驶开放测试场景管理办法》出台，智能网联汽车已累计开放测试道路530.57公里，向20家企业颁发道路测试和示范应用牌照119张，企业数、牌照数均居全国首位，整体发展水平领先全国。

【行业资源汇聚融合，健康发展生态形成】

多层级人才队伍加快建设。在人才引进方面，将上海市人工智能领域纳入人才引进重点支持领域范围，重点用人单位符合条件的核心业务骨干可直接落户。通过留学人员直接落户政策和“浦江人才计划”为海归人才提供政策和资金支持。在人才培养方面，开展2020年度工程系列人工智能专业高级职称认定工作，2020年度共有70人获得正高级、副高级职称；加强人工智能领域专业技术人才培养，依托上海交大、同济大学建立人工智能平台基地，依托仪电集团、计算技术研究所、上海电科所建设人工智能专业继续教育基地。依托大型企业、集团公司、产业园区和行业协会，启动开展人工智能产业领域高技能人才培养基地建设工作。

资金保障进一步完善。通过市级战略性新兴产业专项、人工智能创新发展专项、科技创新行动人工智能专项等资金渠道，支持多批AI技术创新和应用项目。上海人工智能产业投资基金完成首期募集，与上交所共建“科创板AI产业工作站”。优刻得、澜起等企业科创板上市，市值规模超过千亿元。

行业组织工作体系建立。在人工智能发展联盟的基础上，成立上海市人工智能行业协会，开展资源对接、人才培训、行业研究等工作。形成人工智能产业专项统计调查制度，完善人工智能企业库，跟进一批新生代人工智能潜力企业运行情况，在科创板上市、企业融资、应用场景对接等方面予以积极支持。

人工智能治理体系初步形成。国家人工智能试验区专委会治理工作组成立，积极参与全球人工智能治理问题研究与交流，开展人工智能治理方面的政策体系、伦理规范和技术标准研究。人工智能治理国际交流活跃，借助世界人工智能大会平台，持续举办法治、安全、治理等论坛，发布《人工智能安全发展上海倡议》《人工智能安全与法治导则》《世界人工智能法治蓝皮书》等报告。人工智能地方立法加快探索，瞄准人工智能最核心的数据安全问题开展人工智能数据安全立法调研，开展可信人工智能研究，探索各类主体协同治理的长效机制。

【云端峰会成功举办，树立国际品牌标杆】 2020世界人工智能大会首次采用“云峰会”模式，以“智联世界 共同家园”为主题，实现“百台同播、千网同发、亿人同观”目标。大会累计举办1场开幕式、2场全体会议、11场主题论坛、20多场行业论坛、20多场特色活动，共邀请演讲嘉宾550余位，众多“首创”亮点纷呈，对于新冠肺炎疫情过后经济社会的发展，起到了提振信心的作用。大会各类活动66项内容网上展示，海内外媒体注册303家，观看数突破2.5亿人次；线上“3D AI家园展”，来自13个国家和地区、超过150家企业参展，超过242万人次观展。与国内同类型、同规格会议相比，2020世界人工智能大会传播范围广、搜索热度高、境外活动多。

经过三年的发展，大会同上海人工智能产业发展形成循环联动，成为引进产业项目的“会客厅”，吸引凝聚的重量级演讲嘉宾、重要合作伙伴、战略咨询专家委委员先后为上海带来20多个重要合作项目，世界人工智能大会成为上海招商引资的重要门户、展示产业成果的“大舞台”。三年来，上海多项重要政策在世界人工智能大会上发布，十多个重要平台揭牌，一大批优秀企业和成果通过大会平台走向国内外市场。作为优化创新生态的“百花园”，世界人工智能大会上有联动投资人的“投资俱乐部”，有集聚创新者的“开发者日”，有吸引海内外人才的AI云端招聘，有打造国际合作平台的“国际日”，有汇集全球科技成果的SAIL奖，为上海构建一流创新生态打下了重要基础。

（郑 直）

第三编　政务领域信息化

SHANGHAI INFORMATIZATION

综 述

2020年是“十三五”规划收官之年，也是“十四五”规划的关键之年。面对新冠肺炎疫情和外部环境变化带来的严峻挑战和重大困难，上海继续深化改革、推进创新转型，各部门进一步强化业务系统信息化建设，加快建立流程优化再造工作推进机制。2020年也是“一网通办”改革的攻坚提升年，上海市政务信息化建设依托大数据、人工智能、物联网等新技术，提升政府管理标准化、规范化、智能化水平。加大服务模式改革创新力度，以事项标准化为基础、数据共享核验为手段，深入推进“一网办、一窗办、一次办”，全面提高在线办理率和全程网办率。

第一章　电子政务支撑系统

概　述

2020年，在上海市委、市政府的统一安排下，全市电子政务工作围绕“互联网+政务服务”的理念，实现政务服务“一网通办”行政审批事项全覆盖，做优、做强“随申办”超级应用，深化公共数据共享、开放和应用，加强公共数据安全管控和灾备系统，进一步提升政府部门业务协同能力和服务水平。

一、一网通办

【概况】2020年是“一网通办”改革的攻坚提升年，上海市大数据中心（以下简称“市大数据中心”）认真贯彻落实党中央、国务院和上海市委、市政府部署，按照市政府办公厅具体工作要求，在全市各区、各部门协同配合下，围绕“两个免于提交”和“两转变”的目标，在工作中强特色、优体验，精治理、助应用，固安全、保运维，强服务、提效能，多维发力。2020年“一网通办”总门户已接入3 071项服务事项，实际网办率达55.60%，实际全程网办率达47.15%，分别比2019年同期增加20个和27个百分点；个人实名用户数超4 415万，是2019年同期的4.3倍。在

《2020联合国电子政务调查报告》中，上海排名全球各大城市第九位。在国家行政学院《省级政府和重点城市网上政务服务能力（政务服务“好差评”）调查评估报告（2020）》中，上海排名全国第二。在各方面共同努力下，“一网通办”已成为上海营商环境建设的一块金字招牌。

【“一码”“一页”建设】在疫情实战中接受检验，运用大数据为扎实做好疫情防控、推动企业复工复产提供有力支撑。一是加急快上“随申码”等应用服务。2月17日推出“随申码”服务，加快推进“随申码”延伸应用，累计使用次数超21亿次，累计用码人数近4 400万人，日访问量峰值达到1 360万次。二是实现“一页”汇聚。开设“一网通办”新冠肺炎疫情防控专栏及“企业防疫战”专题，主动推送疫情防控、企业复工复产政策、公告及税惠服务等。三是数据支持疫情防控。接入超过14.48亿余条数据、提供18.33亿次共享调用服务，推动“健康码”互认，实现跨层级、跨省市的数据共享交换。保障第三届中国国际进口博览会（以下简称“进博会”）安全，完成1 300多万人次的健康码数据比对。四是拓展完善全市视频会议系统建设，助力疫情防控和会议“减负”。支撑疫情期间市领导通过视频形式进行工作调度和会议部署。五是全面做好市大数据中心疫情防控管理，严格落实防控措施。

【服务能级提升】推动“一网通办”从“能办”向“好办”转变。

一是全面开展“一网通办”升级改版。对“一网通办”PC总门户、“随申办”App以及支付宝、微信小程序四端进行升级改版。精心优化视觉体验、栏目设置、通用功能，整合强化搜索和智能服务能力；“一网通办”国际版正式上线运行，为用户提供更高效、更便捷、更精准的服务。加强“一网通办”体验优化和运营管理。针对“随申办”移动三端、PC端高频服务开展“好差评”“专家走查”，跟踪改进问题，逐一销项管理，打造工作闭环。形成“一网通办”（“随申办”）运营管理规范，上线“随申办”市民中心和生活号。

二是提升统一受理平台服务能级。通过打造“服务中台”，支撑各区综合窗口解决二次录入问题。拓展公共服务事项接入范围。融合升级优化事项库、办件库。推进“一网通办”线下智能自助终端建设，赋能各区街道社区事务受理中心和银行网点社会化应用。

三是持续优化移动端“随申办”建设。通过“随申办”超级应用推出涵盖公安、医保、人社、税务等领域100项“不见面”办理事项。全面推动市级部门移动端整合至“随申办”工作，打造全市政务服务移动端统一入口。

四是深化市民主页和企业专属网页特色服务。持续归集“一人（企）一档”信息，按照全生命周期，提供需求侧档案数据展示方式，输出“专属”服务。推送办件进度、证照到期提醒，实现主题、事项、政策等精准推送4.87亿次。加强市、区两级运营，打造各区特色企业专属网页。

五是深化电子证照应用。全力支撑“两个免于提交”落地，已归集市级590类、区级698类电子证照，累计归集证照过亿张，累计调用超3亿次。在银行金融机构、电信运营商等领域持续推进电子证照社会化应用。

六是探索“AI+一网通办”应用示范。建设完善AI内容学习总库，提升搜索、问答、推荐等功能智能化水平。联合部分区，开展先行试点，推出“线上居住登记、居住证办理秒审秒批”等便民举措。

七是全力支撑“一件事”流程再造。配合相关委办部门，全力推进市级重点15个一件事工作任务落实，全面上线试运行，办件近25万件。全面固化优化营商环境成果，在企业开办、纳税缴费、获得电力、单一窗口等方面快速上线新功能。

八是推进长三角“一网通办”再提速。依托国家政务服务平台支撑能力，推进三省一市21类电子证照共享互认。实现83项服务事项跨省通办。全面拓展长三角“一网通办”线下专窗，开通550个线下专窗办理点，全程网办件460万余件。

九是持续集约优化，提升门户网站管理水平。集约化平台建设工作顺利完成，优化升级智能问答、智能检索，保证信息的时效性和准确性。打出“中国上海”解读品牌，持续开展多元化的政策解读。积极开展“中国上海”在线访谈活动。

【公共数据治理持续推进】全力推进数据“应编尽编”“应归尽归”，归集公共数据394.66亿条；实现跨部门数据共享34.12亿条，跨层级数据交换205亿条次，调用国家共享数据1.58亿条。

一是夯实平台建设，提升平台能级。持续推进市大数据资源平台建设及优化工作，形成统一的公共数据管理门户，实现数据抽取、数据治理、共享交换、质量检测、安全防护等功能。

二是深化公共数据治理。建成自然人婚姻、死亡专题数据库，支撑房地产交易涉税事项、个人所得税专项抵扣等应用场景；建设自然人、法人、空间地理综合库，2020年内完成相关专题库的建设任务；深化数据质量监测机制，推动多元、动态数据的融合治理。

三是加大数据共享力度。创新“三清单一目录”机制，建立以应用场景为基础的授权共享机制，需求部门数据获得率达到96%以上，符合应用场景授权的需求当天办结率达到92.5%。以数据共享的方式支持“高效办成一件事”“两个免于提交”“一网通办”“一网统管”等应用场景，支撑55类材料的免交工作，落实材料减免需求111件，接口调用总量为80.5万次。

四是完善公共数据开放平台，深化普惠金融应用试点工作。迭代建设公共数据开放平台，建立开放运营服务体系，发布全市各区各部门4 398个数据集，获DMG测评全国第一。普惠金融应用方面，2020年新接入14家银行，累计向18家银行提供95万次数据调用，为27 000多户中小微企业提供200多亿元的授信支持。与市担保基金签约，为普惠金融应用丰富增信保障。探索公共数据开放长效运营机制。

五是推进数据驾驶舱，涵盖经济发展、政务服务、城市管理等各领域，接入公安局、统计局、卫健委等逾20家单位的实时数据，开发逾1 500个数据指标、70余个页面的综合观览系统，建立数据更新的长效机制，支撑辅助决策。深化“数据月月讲”，已邀请市农委、市市监局、市住建委、市规划资源局、市交通委等多个委办部门，开展4期“月月讲”工作，“以讲促用，以用促建”，推动全市公共数据汇聚、治理和应用。

六是标准先行。依托市公共数据标准化技术委员会，研制并发布《公共数据共享交换工作规范　第1部分：平台建设和运行管理要求》等3项地方标准，发布《自然人婚姻专题库数据规范》等5项标准化技术文件。

【“一朵云”“一张网”“一中心”升级改造】一是“应迁尽迁”完成全量上云迁移工作，升级政务云能力。实现全市非涉密应用系统“应迁尽迁”，完成全市1 786个系统迁移上云工作。全市电子政务云级建设形成电信、移动、联通3家云服务商共同参与，6个高品质数据中心联合支撑，华为、阿里2种技术架构“双核驱动”，市公安局城运云统一纳管的合理布局。实现市、区两级电子政务云集约统筹建设。

二是加强顶层设计、坚持统筹集约，整合专网，提升能级。制定发布《上海市电子政务外网管理办法》《上海市电子政务外网建设和运行管理指南（试行）》，构建规范和指导全市政务云和政务外网建设管理工作的制度体系。提前完成业务专网整合，共撤销8个市级部门专网，实现6个市级部门专网与政务外网联通，完成市级电子政务外网升级改造。

三是系统谋划全市灾备体系建设。加强课题研究和顶层设计，形成《上海市电子政务灾难备份管理调研报告》等研究成果和工作方案，形成《上海市电子政务灾难备份管理办法（讨论稿）》，明确全市电子政务灾备实行市、区两级统筹建设、分级管理的模式，形成全市统一的灾备分类分级思路。强化灾备恢复演练。全力保障汛期、国庆和进博会重保期间的800兆集群政务公网工作。

【信息化系统运行维护保障】一是开展整体安全运营服务工作，加强安全运营平台建设，依托数据运营服务开展安全运营工作，使用安全监测监管平台对覆盖中心“网、云、数、用”重要信息系统上的网络攻击行为进行全面监控和预判处置，完成“两会”、国庆、进博会期间的重保工作。迭代升级安全监测监管平台，增加平台离线安全模型分析能力。

二是强化落实各部门安全主体责任。数据安全方面，强化数据安全分级管理，加强数据安全专项审计，对高危预警溯源确认，保障中心数据安全。电子政务云方面，开展对云上应用整体的安全评估工作。网站工作方面，“中国上海”门户网站顺利通过等保三级复测，确保“两会”、五一、国庆、进博会等特殊关键时期，门户网站运行平稳有序。

三是开展市级部门信息化建设运维整合试点工作。选择市委军民融合办、市退役军人局、市体育局和市绿化市容局、市机管局、市人社局六个部门试点，通过组建派驻服务组、从部门信息中心抽调力量组建服务团队、以市级部门力量为主等不同试点模式，加强分类指导，承接试点部门的信息化建设运维服务职能。

四是完成2021年度市本级预算部门信息化运维项目预算资金审核工作。完成116家市级预算主管部门、307家预算单位申报2021年信息化运维项目的市级财政预算共计1 523个项目（其中二上运维项目6个）的预算审核。

【立法调研和专项研究】一是开展相关立法调研，为“一网通办”改革和公共数据治理提供法律支撑。形成数据安全法律法规政策分析、公共数据安全管理体系等5项研究成果；形成《公共数据安全管理办法》草案。推进“一网通办”改革和公共数据立法列入2021年度地方性法规制定计划。

二是持续加强重点领域研究与对外合作交流。推进“十四五”大数据发展规划研究等重点领域研究与评估工作。构建多元合作“朋友圈”，与浦发银行、上海银行、建设银行上海分行签署《全面战略合作协议》，与上海交通大学举办战略合作协议签约仪式，揭牌“大数据联合创新实验室”等合作示范项目。

（沈　磊）

二、政务服务渠道优化

“12345”市民服务热线

【概况】2020年，“12345”市民服务热线（以下简称“热线”）通过电话、手机客户端、网站以及双向通道等渠道共受理市民诉求6 927 214件，与2019年同期相比诉求量增加 1 864 003 件，增速为 36.81%。其中，电话受理诉求 5 819 375 件，占 84%；微信小程序受理诉求 399 255 件，占 5%；语音信箱受理诉求 339 223 件，占 5%；手机客户端受理诉求 270 579 件，占 4%；网站受理诉求 40 231 件，占 1%；“一网通办”及其他双向通道共受理诉求 58 551 件，占 1%。

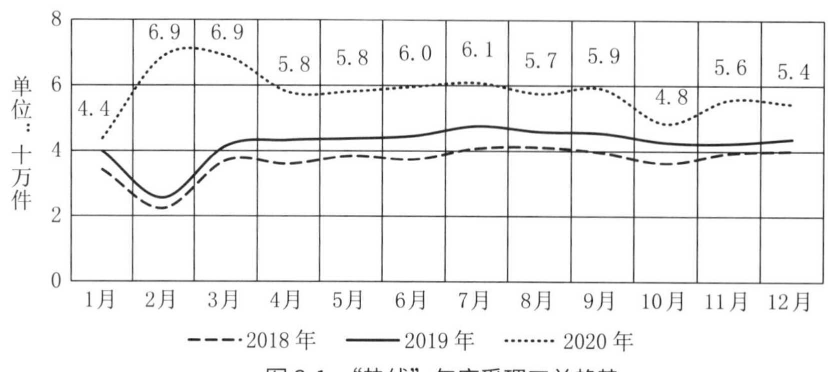

图 3-1 “热线”年度受理工单趋势

市民诉求类型为：咨询类 2 792 402 件，占 40.31%，与 2019 年同期相比增长 51.38%；求助类 2 122 378 件，占 30.64%，同比增长 24.89%；投诉举报类 1 465 239 件，占 21.15%，同比增长 22.89%；意见建议类 226 537 件，占 3.27%，同比增长 45.09%；其他类 320 658 件，占 4.63%，同比增长 87.77%。

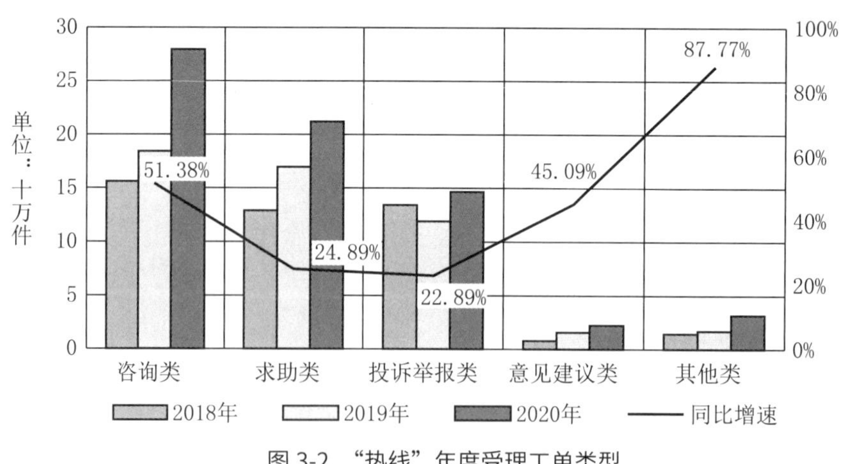

图 3-2 “热线”年度受理工单类型

（银　峰）

第二章　机关信息化

概　述

2020年，是落实中共十九大精神、深化机构改革的重要一年。上海市各机关在信息化推进过程中，将各部门的重点业务及机关信息系统整合重构，将分散、独立的信息系统整合为互联互通、业务协同、信息共享的大系统、大平台，从而不断提升政府经济管理、社会管理和公共服务的效率和水平。

一、上海市人民代表大会

【概况】2020年，上海市人民代表大会常务委员会（以下简称“市人大常委会”）办公厅积极谋划“十四五”时期信息化建设目标，着手推动“数字人大”建设，完成主任会议室会务系统改造项目、市人大常委会会议厅扩声系统改造项目和市人大常委会财务核算系统建设任务。上海人大全媒体平台和上海人大“一网通”政务微信紧扣市人大常委会重点工作，为代表依法履职、密切联系群众、疫情防控等提供有力支撑。

【主任会议室会务系统、常委会会议厅扩声系统升级改造】按照“数字人大”建设要求，对市人大常委会主任会议室现有的信息系统进行升级改造，凸显“无纸化”“超高清”“视频会议”等建设理念，并满足智能化会务系统建设要求。“无纸化”会议子系统采用电子会议一体机，包含触摸一体升降屏、话筒、控制面板等，配置的无线表决器具有会议签到、表决模式选择、表决结果查询等功能；“超高清”显示子系统配置有4K国产高清大屏、高清桌面升降屏、4K双通道监视记录一体机等，整体采用HDSDI高清信号统一传输与处理；“视频会议”子系统采用会议室顶部摄像机与现场直播流动机位相结合的方式，多视角获取视频信号，与切换台、矩阵、直播编码器共同完成视频会议直播任务。

按照市人大常委会会议现场扩声需求，对2004年建成的常委会会议厅扩声系统进行升级改造，系统整体选择业内成熟产品，对调音台等部分扩声环节进行数字化改造，确保会场整体音质柔和、保真，放音响度和均匀度符合会议要求。

【市人大常委会财务核算云平台建设】按照市人大机关内控管理规范与内部财务管理的实际需求，通过对市人大机关内部经济活动的逐步梳理和精细研究，建设完成一套涵盖预算指标管理、经费报销管理、财务核算管理、薪资管理等多个模块的财务核算云平台，初步实现市人大机关行政财务工作的全流程信息化管理。

预算指标管理模块针对不同类型的经费预算、资金来源进行组合分类管理，包含财政数据导入、二级指标精细化统筹分配、预算指标调整、未执行预算自动滚存等功能；报销业务管理模块对出差费用、培训费、会议费、公务接待费、劳务费、慰问费、因公出国费、日常公用经费等报销行为进行线上管理，并能自动生成财务、会计凭证；账务核算模块对会计科目、预算科目以及各辅助核算项的基础资料进行管理，达到财务核算及财务辅助控制要求，并实现各种财务报告的线上查询；薪资管理模块对非财政统发人员与统发人员的薪资数据进行导入、填报及审核，实现个人所得税、社保、公积金等的自动计算，可以自定义薪资子项目，可以自动生成财政核算系统中的会计凭证。

【上海人大全媒体平台建设】2020年4月，市人大常委会研究室推出上海人大全媒体平台，推动上海人大网、《上海人大》月刊、“上海人大”微信公众号采编力量整合，加强原创报道内容采集制作，形成一体策划、一次采集、多种生成、多元传播的流程机制和同频共振的宣传合力，有效提升原创新闻报道的量、质水平，使“一网、一微、一刊”继续保持地方人大宣传平台领先地位。

上海人大网围绕市人大常委会年度重点工作，全年对常委会150余个会议活动进行采访报道，采写原创稿件153篇，制作相关专题24期，总发稿量近2万篇，总浏览量118万，用户数66万。2020年7月1日，上海人大网进行了全新改版。网站新版推出“代表风采”“基层人大”“基层立法联系点”等新栏目，聚焦上海各级人大代表、各级人大和基层立法联系点的履职实践，传递代表“好声音”、交流工作“金点子”。

2020年，“上海人大”微信公众号充分发挥新媒体平台传播优势，及时推送重要信息、进行权威发布，并精心制作专题，形成“叠加”传播效应。其中，2月至3月推出《战“疫”时刻》《代表在行动》等抗击疫情主题系列报道，全年不间断推送“上海人大代表论坛”活动等，受到各级人大代表、各区人大工作者的高度关注和好评。

【上海人大“一网通”政务微信建设】上海人大“一网通”政务微信融入“一网通办”理念，致力于密切联系人大代表、充分发挥人大代表作用、助力人大代表依法履职，为规范市人大机关业务工作流程、提高办公智能化水平提供服务。

2020年，上海人大“一网通”政务微信新建“四史学习教育”“中心组学习”“学习园地”“研究参考”“法律专家库”“保密教育”等栏目。市人大常委会领导和人大代表可在手机端进行视频、课件学习，调阅“四史”学习教育相关文件资料、市人代会专题审议资料、市人大机关调研课题报告等，发挥了市人大机关线上学习、特色学习的主渠道、主阵地作用。按照市人大机关实际工作需要，上海人大“一网通”政务微信还定制开发了“合同助手”“发票助手”“订票助手”“交通工具标准”“用车申请”等一系列实用工具，规范了工作流程，提高了工作效率。

（宋　兵）

二、中国共产党上海市委宣传部

【政务服务系统建设】按照《进一步优化“一网通办”事项接入模式的通知》要求，2020年对行政审批系统进行升级改造，11月覆盖全市。各区新闻出版、电影行政管理部门整体联动，市区协同，一网办理的不见面政务服务系统上线试运行，直接接入“一网通办”平台，实现政务服务办件的咨询、提交、受理、流转、审批、反馈全流程办理。落实上海市“一事一码”改造要求，改进和提升办件数据质量，实现办件数据与事项的高度关联，采用“接口模式”汇聚办件数据，提高办件数据汇聚效率和准确性。

推进“双减半”工作成果落实到审批办理全流程，对“无法律依据的”“对审批没有起实质性作用的”“能够通过内部数据核验的”材料予以减除，无需申请人提交；对“已归集或拟归集到电子证照库”“能够通过数据共享或网络核验”方式减材料的，通过电子证照、数据共享应用平台调用方式，实现材料免提交。政务服务系统与市法人库、市“双告知”平台、市大数据中心证照库、共享库、市政务服务“好差评”系统、“互联网＋监管”平台进行对接，实现数据实时更新，并实现政务服务办件“一网通办”电子文件归档。

【上海市电影局门户网站建设】网站设有通知公告、备案立项公示、政府信息公开、网上办事、局长信箱、在线填报、“一网通办”和友情链接栏目，2020 年 6 月正式上线试运行，11 月通过验收。

（梁国奋）

三、上海市高级人民法院

【概况】2020 年，上海市高级人民法院（以下简称“上海法院”）准确把握现代科技发展的战略态势，推动大数据、人工智能与法院工作的深度融合，信息化建设与应用取得了较好成效。全年共实施基础设施建设项目 77 个，常规预算项目申报、招标、开发建设 305 个；开发完善应用软件 48 个，完成 29 项对接工作，其中 18 项涉及与最高法院相关系统对接；加大对基层法院信息化建设指导力度，下发指导方案、文件、操作手册等共计 72 件，接待信息化相关的参观交流 31 批 395 人次，保障全市法院 1 600 余场重大庭审、重要会议和接待的顺利进行。

上海法院智慧执行研发与应用成果入选“全国政法智能化建设智慧法院十大创新案例”，得到最高法院办公厅专门发文积极引导、全力推广；上海刑事智能辅助审判系统获得时任上海市委政法委书记廖国勋批示。上海法院在线庭审入选“全国 2020 年政府网站精品栏目”，上海法院金融案件智慧审判系统入选《2020 上海智慧城市优秀应用案例集》，上海法院诉讼服务智慧舱入选 2020 上海智慧城市建设“智慧工匠”选树、“领军先锋”评选活动。

【法制一体化发展】落实《上海法院推进法治化营商环境建设专项行动 3.0 版》，充分发挥信息技术动能。一是推进网上立案无纸化操作，疫情期间确保当事人诉讼服务不打烊，截至 2020 年 10 月底，网上立案 54.2 万件，网上立案率达 72.6%。二是调整延期开庭控制时限，扩展电子送达方式，有效降低诉讼成本。三是增加专项管理平台，建立营商环境指数管控平台，实时管理法治营商环境。

推进长三角法治一体化高质量发展。一是制定信息资源共享平台建设方案，重点在执行联动、跨域诉讼服务、类案共享等方面打通数据接口。二是建设长三角法院协作办案子系统，覆盖苏浙沪皖四地高院七大事项、26 类数据的数据信息交互，已通过长三角政务服务“一网通办”平台上线运行。

【在线诉讼服务完善】一是增加线上预约功能，部署在移动端和 PC 端。截至 2020 年 10 月底，通过线上预约 13.6 万人次。二是上线智能合约功能，有效解决“有案久拖不立”问题。三是增加以短信方式代替纸质缴费通知书功能。截至 10 月底，网上缴费 24 万余次。四是推进一站式多元解纷平台建设应用。强化诉源治理，实现诉前调案件的在线调解，截至 10 月底，在线委托委派调解案件 6.2 万件，调解成功 2.6 万件。五是完善电子送达平台，增加邮件送达、短信送达功能，全面对接全国法院统一电子送达平台。截至 10 月底，电子送达共 5.2 万件次。六是建设在线债权人会议平台，大力推进电子化办案方式。截至 10 月底，采用在线方式召开网络债权人会议 1 317 场，10 440 人参加。七是研发移动端网上信访功能，方便当事人通过“随申办市民云”“上海移动微法院”等平台进入网上信访功能。2020 年以来，网上信访 9 000 余件。八是建设“诉讼服务智慧舱”。全面推进 2020 年上海市法治为民办实事活动，在全市各法院部署“诉讼服务智慧舱”，为当事人提供 23 项自助式服务。

【智能辅助办案提升】积极推进刑事 206 系统功能完善与应用，着重开展“单套制”试点。持续完善系统功能，引入区块链技术，保障“206 系统”数据的安全可信。全力推进系统融合，推进电子卷宗“单套制”和网上换押功能试点，截至 2020 年 10 月，收案 45 972 件，结案 41 447 件。加强智能辅助执行技术支持，提升执行办案质效；围绕全案信息自动回填等十个自动化功能，不断进行系统功能迭代优化；在全国法院率先使用区块链智能合约技术实现执行案件终本标准的自动审查判断。2020 年以来，试点法院核查终本案件 8 008 件，提醒瑕疵案件 1 470 件。该系统入选“全国政法智能化建设智慧法院十大创新案例”。

【司法改革落实】一是推动电子卷宗随案同步生成规范运转。围绕提升电子卷宗完整性、可信度、使用率等，全面推进电子卷宗同步生成工作，2020 年以来，卷宗电子化率 77.92%，电子卷宗覆盖率 97.56%，电子编目软件识别率 85%、文字识别准确率 96%，处于全国法院前列。

二是做好庭审记录方式改革的保障工作。按照边应用、边完善的思路，完善系统功能，确保好用管用；改进法庭各项软硬件设施，已建成支持庭审记录方式改革的法庭370个；采用点对点、直播等方式培训2 000多人次，规范了操作流程。截至10月底，全市法院适用庭审记录改革的庭审4.3万场，占全部庭审数的12.27%，均有技术人员保障。

三是推动电子档案单套制试点取得新进展。完善系统功能，增强系统运用的“友好性”，已具备400多项功能、480多个全程留痕信息点；大力推广单套制相关应用，截至10月底，试点法院采用“单套制”归档案件数2.2万件，使用率17%。

四是大力推进在线庭审应用，确保审判执行工作顺利开展。完善或新增系统功能42项，确保在线庭审顺畅高效。加速建设具备在线庭审条件的法庭，截至10月底已建成274个，在线庭审达3.3万场。

五是完善审判监督管理相关功能，完善随机分案信息系统建立“四种分案模式”，提高随机分案率。截至10月底，全市法院随机分案53.6万件，占所有案件的73.13%。建立立案自动识别监测系统，实现“四类案件”自动化识别、智能化监管。在审判业务一体化支持平台中增设类案办案要件指南栏目，为类案及关联案件检索提供配套保障。

【“智慧法院”建设】一是积极推进司法警察“六专四室”相关信息化建设，根据最高法院要求，编制“六专四室”项目方案并申报市经济信息化委审批。二是推进信创工作，完成全市法院“信创”方案编制，通过市职能机关组织的评审，已完成项目立项审批工作，启动项目招标。三是推动信息系统应用整合工作，按照新三年规划“四大平台”建设和信创工作要求，对现有信息系统和全市中、基层法院现有移动端诉讼服务功能进行全面梳理、优化，已完成信息系统应用整合方案，并初步完成办案平台的整合开发工作，12月开始测试与试运行。四是做好上海法院政务内网和外网的等级保护工作建设，完成法院政务外网系统网络接入边界的安全防护建设，编制政务内网等级保护保密方案和可研建设方案，已获党组会原则通过，报市保密局审批。五是开展攻防演练，提升网络安全应急响应处置能力。六是加强网络安全教育，开展全员网络安全培训，加强外包服务人员安全管理。

（徐　沛）

四、上海市发展和改革委员会

【概况】2020年，上海市发展和改革委员会（以下简称“市发展改革委”）根据全市信息化工作的要求，并结合自身实际情况积极推进信息化工作，在“一网通办”、系统整合、数据治理等方面取得了一些成果。“一网通办”方面，不仅通过新建通用业务办理平台扩大政务服务事项的接入范围，而且依托上海在线投资审批监管平台，会同多个兄弟部门开展全市固定资产投资项目审批事项的一口申请、数据一库归集工作。新增“项目页面”模块实现了项目全生命周期的管理。

信息系统整合工作方面，对照“六个统一”的要求，依托“我的发改委”个人政务门户，大力推进内部政务信息系统整合改造工作。并且通过信息预处理和可视化平台的建设，从数据层面打通各个业务系统，实现了数据层面的整合。

数据治理方面，根据全市公共数据资源共享和开放工作要求，制定了“信息系统编目清单表”“数据表字段描述表”“数据资产表”3 张表单构成的数据编目标准，并组织市发展改革委系统单位完成所有上云系统的数据编目和数据资源归集工作。同时，通过数据资源共享建设各类主题库，以满足不同的决策支撑需要。

【“事项一口申请、数据一库归集”实现】围绕“项目全覆盖、流程全环节、数据全归集”的总体目标，市发展改革委会同市规划资源局、市交通委、市住建委、市大数据中心等部门开展了深入研究，依托全市工程建设项日管理平台开发“项目页面”模块，初步实现“一页展示项目情况、一口提出办理申请、一库归集审批数据”的功能目标，并与上海市“一网通办”平台和其他部门的业务办理系统进行了深入对接。

“项目页面”模块是全市所有固定资产投资项目审批事项申请的总入口，具备项目申请接收、审批事项引导、项目数据归集等功能，覆盖项目立项、用途管制规划许可、施工许可、竣工验收等项目建设的全生命周期。

整个体系按照“申请—办理”分离的架构设计，将项目页面作为面对用户的前端，接收项目推进中各个政务服务事项的申请，并将申请数据根据职能分工导入各部门的业务系统办理。办理完毕后，各部门将办理结果推送回项目页面进行展示，并为之后办理的事项提供数据复用和电子证照应用支撑。

通过上述机制，项目页面在不改变审批职能分工的前提下，实现了项目各个审批事项的一口申请和数据共享，并为“不同事项一表申请、并联办理”等优化流程的改革措施打下基础。

【通用业务办理平台建设】2020 年通过通用业务办理平台建设，完成了市发展改革委合计 7 个“一网通办”事项的实施工作，具体包含的事项为：境外投资项目备案—新办、境外投资项目备案—变更、境外投资项目备案—延期、对石油天然气管道保护范围内特定施工作业的审批（机场区内）、对石油天然气管道建设选线通过地理条件限制区域防护方案的审批、对石油天然气管道竣工测量图的备案审批、对石油天然气管道停止运行、封存、报废的备案审批。

此平台按照全市“一网通办”实施标准完成与“一网通办”对接，并达到以下五个方面目的：首先，通过网上申报，实现“企业最多跑一次”；其次，通过电子证照库调用“统一社会信用代码证”等文件，实现企业减少提交材料；第三，对于企业提交的附件材料，均使用电子签章代替纸质盖章扫描件，减少企业重复打印盖章的工作；第四，各事项批文均完成电子证照归集，实现政府批文的共享利用；第五，各办理事项的办事节点进度均面向办事企业展示，便于企业查询项目进度及督促有关部门及时处理。通过此平台，提升政府部门的办事效率，降低企业办事成本。

【政务信息系统整合】统一门户集成。重点推进“我的发改委”个人政务门户的国产化适配改造，并根据统一门户建设要求，在内网中集成公文管理、任务管理、事务管理、预处理平台、可视化平台、档案管理系统、人事管理系统、投资项目审批管理系统等子系统。政务外网上集成通用业务办理平台、专项资金管理系统等子系统。完成涉密内网和政务外网统一门户的建设工作。

统一用户管理。完成统一用户管理系统的建设，通过统一用户管理系统对全委的组织架构和人员账号进行统一管理。对于没有用户管理模块的系统采用接口直接对接方式使用组织架构和人员账号信息，对于已经有用户管理模块的系统采用用户信息同步的方式进行整合，实现所有应用系统使用一套身份认证体系管控所有业务应用系统的目标。

统一权限管理。建立统一的权限管理配置平台，对用户的角色权限进行统一的配置和管理。通过梳理所有子系统的功能，将角色与可访问的子系统和功能进行钩稽，实现角色权限的统一配置。最后通过接口方式向各个子系统提供权限配置信息，由各个子系统负责实现相应角色的访问控制。

统一接入管理。制定统一的应用系统接入技术标准，并建设统一接入平台，所有应用系统的接口都要符合统一接入的要求、并在统一接入平台中注册后才能被其他应用系统调用。通过统一接入平台也可设置应用系统接口的调用权限或共享范围。通过这种形式规范应用系统之间的对接标准，更有利于系统整合和信息共享。

统一资源管理。一方面着力设计数据中台模块，用于承载委内应用系统数据编目、数据归集、数据共享功能，对外实现同市数据资源平台的互联互通。另一方面制定委内数据交换数据共享技术标准，依托预处理平台实现统一的数据内外网交换功能。最后通过可视化平台的建设统一实现数据分析和展现的功能。

统一安全防护。一是通过采购卫盾业务性能保障与优化系统，实现应用系统运行情况的统一监控和管理，保障各个子系统运行稳定。二是通过采购中孚运维管理系统，实现服务器网络等相关硬件设备的统一监控，保障设备运行稳定可靠。三是建立统一安全审计平台、实现所有子系统的安全审计日志的汇总和监控。

【信息预处理和可视化平台建设】通过信息预处理和可视化平台的建设，汇聚各业务系统数据，挖掘数据价值，提升全委工作效率。首先，通过自动化的信息抓取和预处理，实现业务系统的数据融合。信息预处理和可视化平台能根据实现定义的数据抽取规则，定期抓取和处理来自各个业务系统的运行数据，打通各个业务系统的数据壁垒，并按照不同业务的特点，对业务办理数据进行自动处理和统计分析，实现重要业务运行数据的统一汇聚。其次，建立统一的数据可视化平台，实现业务全流程的可视化。通过统计表、柱状图、折线图、饼状图等形式对公文、事项、任务等不同类型业务进行可视化展现。特别是行政服务事项办理时间的分析功能，可以清晰展现每个事项办理的实际阶段和所用时间，实现对业务办理全过程的监控和管理，落实“双减半”的工作要求。第三，建立可扩展的个性化数据展现形式。满足不同用户对于可视化的各种需求，通过与“我的发改委”个人政务门户整合，用户可自定义关注的统计图表，并在个人政务门户的首页展示。

【数据治理】根据全市公共数据资源共享和开放工作的要求，市发展改革委开展了一系列数据治理的工作，主要可以分为数据编目与归集、数据共享与利用两大方面。

数据编目与归集。2020 年 9 月，召集各直属机构的信息化平台建设单位，发布了内部数据编目标准，并要求各单位据此标准完成数据编目，并同步完成数据归集工作。截至 2020 年 12 月，在市公共数据管理平台中共完成 68 条数据编目、7 个应用系统；共归集业务数据 16 672 956 条。同时制定了数据归集定期检查制度，排查数据归集存在问题，提升全委公共数据归集质量。

数据共享与利用。市发展改革委从业务处室的实际需求出发，基于市公共数据管理平台数据共享机制，从市场监管局等其他委办获取相关业务数据，并在此基础上进行加工处理，为处室实际业务工作提供数据支撑。首先，确认主要投资国。通过法人库获取外商投资企业的法人信息，同时获取此企业非中国股东的国籍，通过股本分析，据此定义此外商投资企业的主要投资国。其次，统计新增注册外商投资企业。通过法人库获取指定时间区段中企业性质为外商投资企业的信息，汇总统计其数量、注册金额，按月分析外商投资企业新增情况及变化趋势。第三，分析外商投资企业注册资本变动情况。通过法人库和工商注册变更信息库获取在指定时间区段里的外商投资企业信息和发生注册资本变化的外商投资企业，进行汇总统计，得出上海市外商投资企业注册资本变化趋势。

（杨　涛）

五、上海市经济和信息化委员会

【全市防疫保障物资生产情况数据分析系统开发建设】2020年伊始，新冠肺炎疫情来势凶猛，上海市经济和信息化委员会（以下简称“市经济信息化委”）高度重视疫情防控工作，组织和动员系统各单位立足本职，全力以赴投入疫情阻击战。

疫情期间，市经济信息化委组织团队成立防疫物资系统开发攻坚小组，仅用十天时间，就完成一整套防疫物资全流程监控业务系统的开发。该系统主要开发内容为物资生产情况相关数据指标的梳理、SQL数据清洗和处理、基于Tableau敏捷开发的灵活展现大屏可视化工具，以及基于Python等技术工具定时获取全国和上海市的疫情更新数据四部分。同时使用Tableau Server工具的定时数据刷新服务，定时从数据库抽取最新数据展示在大屏上，保证数据的实时性和准确性；应用新兴的Python工具定时从权威疫情数据发布网站上抽取全国和上海疫情的实时更新数据，保证数据的及时性。

该系统上线后实现征用企业库100家、物资类别库100种，上报产能数据13 695条，上报困难问题6 842条。

【“一网通办”建设】一是优化统一受理平台接入方案。市经济信息化委已于2018年底第一批完成全事项统一受理平台的接入工作，共涉及委内13个行政审批事项和政务服务事项，平衡有序接入11个平台。丰富了市经济信息化委政务服务维度，将原市无线电管理局审批事项纳入市经济信息化委权责清单中，并实现“一网通办”统一受理的政务服务目标；提升企业政务服务获得感，从业务场景出发，优化办理方式；制定“减时间、减环节、减材料、减跑动”的业务标准，优化审批服务事项申报流程；建立市经济信息化委层面的“承诺办理时间动态调整”机制，实现从“办成事”到“快办事”的转变。

二是进一步推进电子证照归集与应用。市经济信息化委已归集电子证照 2 085 张且涉及 5 类审批事项，分别为对国家鼓励发展的内外资项目的确认（进口设备免税）、无线电设备进关核准、设置使用无线电台站的许可、无线电台站识别码核发、食盐定点生产企业的审批。优化了市经济信息化委电子证照库，丰富了电子证照使用场景；普及电子证照的法律效力，将电子亮证应用对应到各审批事项中，让申请人切实体会电子证照的便利；严格制定制证线上机制，从业务流程及数据安全的角度，防止制证漏洞。

三是拓展和优化公共服务事项的接入。推动高频公共服务事项网上办理并提供服务，进一步加强公共服务事项标准化建设。2020 年，市经济信息化委在“一网通办”上线了“上海市产业地图查询”“新能源汽车车辆信息确认”“新能源汽车购车资格查询”“新能源汽车专用牌照申请”“上海市电动自行车产品目录查询”“工业和信息化继续教育证书查询”“上海市中小企业服务”“上海市新能源汽车车型申请信息查询”“上海市投资促进服务”，并全部实现“立即办理”。

四是推进新能源汽车专用牌照申领“一件事”方案。新能源汽车办理存在专用牌照申领瓶颈环节耗时长、专用牌照申领过程中需至多窗口进行现场办理、专用牌照申领流程涉及多个信息系统未实现数据对接的问题，通过 2020 年的优化推进，压缩办理周期，打通壁垒，减少跑动，简化申请材料。优化了办理流程，瓶颈环节“甩项后置”；整合对接信息系统，申领全程“一网通办”；减少申请材料，填报信息“一表申请”。市民可登录“一网通办”平台或通过“随申办”App，实时查看办理进度，以及各环节办理主体和实际状态，实现新能源汽车专用牌照申领过程公开透明。

五是计划推进的其他特色工作任务。市经济信息化委严格按照市委、市政府关于“一网通办”工作的全面部署和工作要求，结合委内业务实际情况及工作特点，以“统一入口、统一归集、统一受理”为目标，全力打造政务服务协同工作三大中心业务平台。具体包括以信息服务、政务服务为统一入口的市经济信息化委门户集约化平台；以数据归集、数据整合、数据共享、数据分析为核心的市经济信息化委大数据资源共享平台；以解决社会需求，优化受理审批服务为目标的市经济信息化委行政审批办公平台。加快形成三维一体、相互支撑、数据共享的政务服务体系，为全市“一网通办”政务服务改革工作作出积极贡献。

（信息中心）

六、上海市公安局

【概况】2020 年，上海市公安局（以下简称“市公安局”）深入推进智慧公安建设应用，基本完成智慧公安建设“三步走”第二步既定任务。

【全域化智能安防体系建成】一是智能图像规模达到一定水平。经过又一年的“雪亮工程”建设和图像监控探头智能化升级，覆盖密度和智能化程度大大提升。植根于智能图像应用建设的“城市之眼”，赋能城运系统建设和智慧安保应用，有效促进业务、算法、探头的有机融合。二是城市安防基本实现数字化。社区、楼宇、场所、轨交站点智能安防建设基本实现，总体上完成城市安防数字化；社区、商业楼宇、场所和轨交站点的智能安防上云率均达 90% 以上。三是网络安全防护能力持续提升。网络安全态势感知系统经过三期建设，对重点网站目标和城域网实时监测能力有一定提升，网络安全事件处置效率提升 1 倍以上。

【科技赋能体系完善】坚持“科技兴警”理念，在智慧公安建设应用过程中逐渐积累沉淀多元化的科技赋能体系，为警务工作提质增效。一是数据服务日益成熟。“警务中台”服务体系，试点覆盖市局、分局、派出所，全面融合刑侦、经侦、交警等各业务警种数据资源，24 小时为一线民警提供信息研判、战术提示等支援保障。二是智能应用更加完善。不断促进线上数据和线下警力的零距离互动，更好地推动智慧公安建设成果转化为现实战斗力；建立健全应用激励机制，组织开展移动应用和实战模型“双十佳”评选，进一步激发应用活力；进一步完善移动应用优胜劣汰机制。三是警用装备渐有智慧。更新配换支持 5G 通信技术的手持式智能警务终端，进一步提升警务工作效率。扎实推进智能头盔功能完善，相关成果获得公安部肯定和推广。“智慧巡车”建设取得阶段性成效，初步形成功能配备规范。探索拓展警用无人机应用，结合图像传输、扩音装置等设备，试点开展道路交通事故查处、公路巡查、刑侦突击等实战应用。

【业务技术融合体系迭代优化】警务科技含量提升、现代警务流程再造和队伍管理手段升级在 2020 年得以进一步实践，逐步形成迭代优化的业务技术融合体系。一是以一线综合执法全面推开为标志，警务流程再造取得阶段性成效。在全局范围内推行一线综合执法，警务责任区“属地主战”模式全面成型。经过一年多的发展，派出所已成为一般道路交通管理主力。与此同时，智慧公安赋能派出所实战的效能日益凸显，全市200余个派出所已按标准建成并启用了综合指挥室，有力推动智慧公安建设成果在基层的集成普及应用。二是以智慧政工管理服务系统推广应用为标志，队伍管理手段向智能化升级。先后组织开展智慧政工管理服务系统整体试用和全局应用，持续优化系统架构设计，将智能化技术延伸应用至基层党建、干部管理、人事管理、公安内宣、文化培育等领域，基本满足民警、政工干部开展移动办公与掌上应用的日常需求。三是全市智能交通技术水平进一步提升。基于路网数据感知的智慧交通管理系统（IDPS），完成全市7 038公里可计算路网建设，并针对进博会安保需求研发了持证车辆检测、重点路口监测、异常事件告警等功能，有效保障道路交通安全有序。

【智慧防疫体系形成】面对新冠肺炎疫情防控的特殊形势，基于人工智能技术，科学统筹安保实战和疫情防控工作，逐步形成常态化的智慧防疫体系。一是推动疫情防控工作无感化。根据疫情防控实际需要，在全市发热门诊、发热哨点诊室均布建了防疫感知设备。积极推动在出入市境道口、机场、火车站等交通枢纽和场所出入通道处加装无感测温设备，有效提升群众感受度、满意度。二是推动疫情防控工作智能化。开发推广“疫情防控”轻应用，方便一线民警开展涉疫情况核查，按照寓管理于服务的工作思路，牢牢守住“入城口、落脚点、流动中、就业岗”。

【全市“两张网”建设】“一网统管”方面。深化智综系统建设，同步推出移动应用，指挥决策、案件办理、侦查打击、派出所基础工作四大模块在静安分局、宝山分局等单位开展试运行。开发了大客流预警系统，实现对指定区域的客流监测、客流分布情况展现，并对区域内客流人数及时预警提示。推进智慧交通管理系统（IDPS）建设；推动责任区警务融入城市运行管理网格，有13家分局已推动所在区发文部署了非警务信息制度性分流工作，静安区、徐汇区、长宁区、嘉定区、金山区5个先行先试区的公安110接处警系统与城运系统已完成联网调试。

“一网通办”方面。在2019年将公安71项242小项审批事项接入“一网通办”总门户的基础上，2020年又新接入67项服务事项，新增96项个人全市通办事项，累计归集19类4 700万张电子证照，占全市总量的三分之二。完善网上办事服务，优化网上办事体验，大力推进“不见面办理”“新版社保卡申领、开通”“开具有无违法犯罪记录证明”等8项“不见面办理”专栏。推动派出所“综合窗口”建设，共有309个地区派出所建成“综合窗口”，统一受办治安、出入境、交警、人口等82项政务服务事项。

（漆　源）

七、上海市司法局

【概况】2020年，上海市司法行政信息化工作坚持服务大局，加快推进上海“数字法治　智慧司法”大数据平台建设；深入推进“一网通办”“一网统管”系统建设；全面推进法治上海、法治政府、法治社会信息化支撑体系建设；各项工作取得新成效、新亮点，为促进城市数字化转型打下坚实基础。

【“两网”融合发展】2020年，上海市司法局（以下简称“市司法局”）成立“两网”建设工作领导小组；下发《上海市司法局“一网统管”建设实施方案（2020—2022）》，明确任务目标。构建市司法局“一网统管”基础建设子平台，实现调解、矫正系统与市城运系统对接，率先纳入全市“一网统管”体系，融入上海城市治理全局。三次面向全局开展信息化演示汇报，展示信息化阶段成果，以用促建、以建促管，打造“一网统管”场景应用。2020年，“一网通办”新增37个服务事项，事项总数保持全市第一。深入推进“两个免于提交”，全面落实“双减半”“互联网＋监管”，提升“全程网办”“零跑动”事项比例达90%。推动长三角数字化发展协同共进，开通长三角律师信息查询平台，完成长三角“一网通办”12项公证服务事项，推进公证协作办证机制。

【206系统司法子平台建设】扎实推进206系统司法子平台建设，重点推进“入监入所、入矫衔接”“社区服刑人员出入境报备”等数据共享共建，进一步完善“减刑假释”“刑满释放”“特殊人群”“罪犯认罪悔罪”等业务功能建设。截至2020年底，从全市法院共获取数据43.5万余条，减刑假释案件累计流转5 104件，结案3 186件，法院反馈公示文书1 175份、刑事裁定书3 292份，检察院发起法律援助443件，已受理373件。

【司法行政大数据平台建成】2020年，市司法局基本建成“数字法治　智慧司法”大数据平台总体框架，紧紧抓住数据汇聚关键要素，形成全市司法行政数据资源池，实现司法行政12个业务条线数据全量归集，接入源数据模型1 300余个，源数据量2.8亿条，形成主题库数据模型49个。部署可视化数据分析工具（BI），为各子平台提供快速个性化定制数据分析页面和数据研判报告。搭建大数据平台统一门户，完成市司法局17个业务系统和监狱、戒毒、矫正子平台全部接入，实现大数据平台与各业务系统互联互通、快速访问，逐步凸显“大平台共享、大系统共治、大数据慧治”新格局。

【“法治上海”信息化建设】结合新时期全面依法治市、法治政府建设要求，推进行政立法、行政复议、行政应诉、执法监督等系统升级改造，新建全面依法治市课题管理系统。推进行政立法、复议、应诉等系统在相关委办局部署应用，实现与法院信息系统互联互通，行政复议、应诉工作实现全过程网上办理和业务协同。

【公共法律服务信息化】2020年，“智慧公证”办证及监管平台在全市22家公证机构持续深化应用，全年累计办理业务超过29万件，服务群众超过50万人次。2020年，“智慧调解”平台登记调解案件达37万余件，其中110非警情警务联动案件处置近20万余件，纠纷排查反馈1.7万余条；2020年初新冠肺炎疫情发生以来，依托“智慧调解”平台，处置涉疫情纠纷17 057件。1月1日，与法院实现诉调对接，接收法院推送案件7.5万余件，全市“一体化”多元纠纷化解大平台建设初步成型。同时，进一步优化“智慧法援”“智慧司鉴”“律师管理”等系统功能；完成涉法涉诉案件管理系统建设，实现市司法局系统信访、法律执业投诉等案件统一平台管理。推进人民陪审员、道路交通纠纷人民调解、视频联网、村居法律顾问等信息化系统建设，进一步提升相关公共法律服务业务信息化水平。

【信息化基础建设】完善信息化制度建设，制定《上海市局预算项目管理办法》，严格进行贯彻落实，规范推进年度项目验收。制定《上海市司法局信息化项目建设流程及文本格式规范》，进一步规范信息化项目申报、招标采购、开发实施等各阶段建设流程及文本格式。理顺信息化运行机制，进一步规范信息化项目申报机制，完善立项申报流程。加强信息安全保障，完成市司法局政务信息系统等级保护测评，涉密领域通过市保密局分级保护测评。对照市信息安全考核标准，部署开展信息化安全专项检查，全面排查市司法局机关设备终端，进一步建强网络安全防线。

（季　冬）

八、上海市财政局

【概况】2020年，上海财政信息化工作坚持以“一体化、数字化、智能化”为主线，突出重点任务、拓展系统功能、加强运维管理，保障财政业务顺利开展，全面推进财政信息化建设。

【公共支付平台覆盖范围扩大】根据2020年上海市深化“一网通办”改革要求，上海市公共支付平台不断深化多渠道支付能力、扩大覆盖范围。一是持续增加接入事项。2020年，支付平台积极与各执收单位开展对接，顺利完成3项考试报名、1项行政处罚和1项设备检测事项的接入，同步上线电子票据替代纸质票据，方便政府事项的办理，助力财政资金的规范化管理。二是进一步扩充支付场景。法院诉讼费支付在支持个人支付功能的基础上，对接上线企业网银支付功能，为企业在线支付提供便利。道路停车收费在扫码支付的基础上，对接实现App支付、支付宝/微信小程序支付，进一步实现多渠道的缴费功能。2020年，公共支付平台交易笔数总计3 600万笔，帮助执收单位实现办事、缴费的“一窗式”服务，缴费更便捷、业务办理更高效。

【医疗收费电子票据系统建设和应用】根据2020年上海市深化“一网通办”改革要求，持续拓展电子票据应用场景。结合国家关于医疗收费电子票据管理改革要求，有序推进医疗电子票据系统的建设和推广应用。各试点医疗机构按照统一的技术方案和接口标准，积极稳妥推进医疗收费电子票据系统开发和对接工作。4月26日，瑞金医院开出上海市第一张医疗收费电子票据。2020年，有26家医院完成与医疗收费电子票据系统的对接，累计开具医疗收费电子票据逾2 400万张。

医疗收费电子票据的应用，全面实现了对纸质票据的替代。就医人员通过医院App和微信公众号等渠道获取电子票据，也可根据需要在医院进行打印。借助财政、医疗机构、医保结算部门的信息共享，确保医疗收费电子票据的真实性、准确性和完整性，进一步规范医疗收费和票据使用。

【政务服务事项接入“一网通办”平台】2020年，按照市政府办公厅关于推进“一网通办”从“侧重行政权力事项”向“行政权力事项和公共服务事项并重”转变的要求，积极推进政务服务事项接入“一网通办”，新增注册会计师继续教育事项等5个公共服务事项，做到办事指南的标准化、精细化、场景化；完成（正）高级会计师评审论文申报等3个事项与“一网通办”平台对接。同时，实现财政电子票据和会计人员继续教育可在“随申办”中进行查询。

【预算管理业务一体化系统建设】根据财政部关于预算管理一体化系统建设的总体部署，以及财政部统一的业务管理规范和技术标准，统筹规划系统建设、系统整合，按照升级改造的模式，开展上海市预算管理一体化系统建设工作。

预算管理一体化以项目全生命周期管理为核心，构建政府预算管理体系，打通预算管理各业务环节。按照预算、执行、决算三个阶段，分为基础信息管理、项目库管理、预算编制、预算批复、预算执行、预算调剂、会计核算、决算和报告八个方面。以财政部业务规范为基础，补充绩效管理和资产管理，并对预算编制和预算执行进行调整，形成十个方面的上海业务规范。

围绕系统各功能模块开发、培训、推广实施、运维管理等工作，协调相关各方，遵循有关数据贯通要求，结合改造需要，重点抓好“标准管控、版本管理、数据通道、数据服务”四项工作。2020 年 9 月，基础信息、项目库、部门预算编制、绩效、资产配置计划 5 个业务功能部署上线，顺利完成市级单位、试点区镇 2021 年的预算编制。10 月，账户管理、政府采购提前实施、指标账 3 个业务功能部署上线。截至 2020 年底，预算管理一体化系统改造全面完成包括预算执行、单位会计核算、财政总会计、决算等在内的升级开发，并在新系统上实现市级财政、试点区镇财政预算执行的切换。

【政府采购云平台建设和应用】政府采购云平台是上海市财政局信息化建设的重点项目之一。在继续做好原政府采购系统功能优化和日常运维的基础上，通过完成新系统功能开发、联调测试、数据迁移等工作，云平台于 2020 年 11 月 16 日正式对外开放运营，全市所有协议采购项目及 5 个试点区的项目采购流程切换到云平台上开展。云平台充分运用云计算和大数据技术，强化政府采购监管，做到“价格可比对、过程有留痕、结果可追溯”；助力政府采购制度改革，创建“电子卖场采购”；服务实体经济，精准落实扶持政策，推动供应商转型入网、上云。

【财政非税收入缴款电子化系统建设】为进一步提升上海市非税收入管理水平，根据《财政部关于加快推进地方政府非税收入收缴电子化管理工作的通知》的要求，启动财政非税收入收缴电子化信息系统的建设。遵循财政部收缴电子化管理有关业务规范和技术标准，制定上海的具体业务规范和技术标准，完善上海市财政非税收入收缴电子化管理体系，以信息化手段实现开具缴款通知、缴费人缴款、收入确认、资金入库、报表反馈的完整闭环。通过系统建设，进一步规范执收行为，加强收缴监管，强化资金入库的及时性和准确性，全面提升财政非税业务管理水平和效率。经过多轮对接测试，确保收缴电子化管理功能于 2020 年 12 月 15 日上线应用。

【财政数据治理和应用】推动财政数据治理。一是完成已编目的数据提供和库表结构提供工作。确定数据提供范围，完成数据推送到市公共数据资源平台的接口开发，并按要求完成系统库表的结构统计及上报。二是制定财政公共数据标准，核对确认业务数据信息项和代码表，汇总形成上海财政业务数据标准。

推动财政数据开放共享。一是推进数据开放工作。根据市经济信息化委下发的《上海市公共数据资源开放 2020 年度工作计划》，进一步梳理数据家底，形成 2020 年公共数据资源开放清单，并制定部门公共数据开放管理制度。结合财政业务特色，面向社会主体开展主动服务和共同策划，为建设公共数据开放应用项目，形成应用成果。市财政部门根据需求向工商银行提供政府采购供应商的投标、成交、合同等相关数据信息，辅助工行判断企业的资质和快速完成贷款授信。二是推动数据共享工作。向浦东新区提供上海市政府采购平台有关浦东的采购项目数据，满足建设浦东新区政务采购大数据监管服务平台的需要。

推动财政数据应用。一是探索一体化应用蓝海。以数据中台支撑对财政大数据应用场景与模式创新的探索；充分应用大数据，拓展数据应用场景，通过“数据感知—数据认知—数据生态—智能应用”的数据智能化发展路径，从数据服务、支撑向推动、引领业务转变，探索以大数据驱动财政业务管理向智能化方向发展。二是展现多重画像。2020 年已开发项目画像、部门画像、差旅费画像、企业画像、直达资金画像等，通过数据可视化方式，实现对某个项目从项目储备、预算、执行、决算到绩效等项目全生命周期的展示；勾画某一部门在不同预算年度内的部门基本信息、预算、执行、绩效等整体管理情况；通过多维度分析出差信息，全面、深入、细化展示单位差旅费使用与增减变化情况；通过多维度归集、整理、挖掘和展示企业信息，辅助支撑对财政收入分析、财政对企业扶持资金的辅助审批和财政资金分配效应的分析，并对直达资金分配和受惠企业进行追踪分析。

【财政业务开展】完成财政网站各子系统新功能开发。一是完成财政门户网站向集约化平台迁移工作。根据集约化平台功能特性，多方协调，制定详尽迁移方案，于 2020 年 3 月底前完成数据迁移、模板制作、软件修改等开发迁移工作，按时完成迁移。二是新增开发上海市优秀会计人才报名功能。功能涵盖项目发布、报名申请、财政审核、选拔管理、培养考核、跟踪管理和数据分析等，大大方便会计人员进行报名申请和财政部门人员审核确认，实现“全程电子化”“零见面”。三是完成报表报送统一管理平台部分新增功能开发。包括高级查询分析图表功能、浏览器兼容性适配改造、报表报送平台自动实现与市大数据中心数据交换前置机的数据同步。

完善绩效管理系统功能。一是进一步实现绩效管理与预算管理的系统融合。在2020年度绩效目标填报与部门预算同步编制、批复的基础上，实现绩效目标与预算同步调整、审核，并将近两年的绩效管理结果辅助预算审核。二是提高绩效管理系统便捷度。听取预算部门、中介机构等系统用户意见，提高项目绩效指标复用以及绩效案例引用的便捷度，业务延伸功能拓展到绩效跟踪、绩效自评价业务管理，保障预算项目自评价业务开展。以项目为主线，提供项目绩效目标、绩效跟踪和评价信息等，支撑财政和部门的项目绩效重点评价开展。

做好资产系统和公物仓系统应用。一是做好资产系统应用。完成资产报告、公共基础报告等两套报告全市汇总、上报支持工作。支撑简政放权业务应用，根据资产审批权限下放相应管理办法，调整相关审批事项的流程配置功能，并针对科技成果资产转换新增开发相应功能，以满足资产管理的放管服工作要求。二是完成市级公物仓建设与应用。累计完成600多家单位地图地点和电子签章的初始化工作；完成出仓业务流程修改工作，完成公物仓出仓审批功能的应用。

实施直达资金监控系统。一是部署直达资金系统。为落实党中央、国务院关于新增财政资金直达基层、直达民生监控工作要求，搭建直达资金监控系统，实现对新增财政资金直达基层、直达民生的监控。6月，完成直达资金监控系统的安装部署，实现中央到省级系统的连通并上线试运行，同时，按照财政部下发的直达资金监控系统与指标系统接口方案以及与国库支付系统接口方案，改造市、区指标系统和支付系统，实现直达资金的指标分配和支付。二是实现直达资金监控。采用市级集中模式采集市、区、镇三级直达资金指标和支付数据，同步到直达资金监控系统，于7月实现预算系统与监控系统的对接，导入相关数据，实现台账每日更新，确保新增财政资金下达时同步开展监控。

完成综合办公系统纵向协同办公功能推广应用。为贯彻落实上海市政务信息系统整合工作推进的要求、提高财政系统纵向协同办公效率，市财政监督局作为试点单位首先上线试用综合办公系统纵向协同办公模块。在总结经验的基础上，持续对协同办公模块进行完善，优化意见查看、意见打印、流程跟踪等功能，以适应财政系统各级用户使用习惯。市注册会计师服务中心、市财政专项资金评审中心、市国库收付中心、市财会管理中心和市融资担保中心于4月至10月间相继上线使用。整合后的综合办公系统实现六个“统一”，避免直属单位多头登陆、重复操作，提高工作效率。系统通过流程再造，有效提高了财政系统上下级公文流转效率，实现数据共享、协同高效的政务信息大系统。

【基础运维工作】运维服务管理平台建设与应用。为拓展财政信息系统运维方式和运维服务渠道、提升服务质量，搭建并上线运维服务管理平台。利用在线平台，同时服务于多个使用者，减少电话排队现象，更好地管理、考核系统软件供应商和运维服务人员的服务质量。一是建设面向用户的“建议与反馈窗口”。打通市与区、财政与预算单位、用户与系统间点对点的沟通服务渠道，以信息化手段实现对业务系统的意见收集、需求传递、结果反馈。二是完成运维平台功能开发上线。完成在线服务、工单管理、知识库管理、电话记录管理、监控平台等模块的开发工作，运维人员可在平台上进行日常电话记录、知识库登记等工作。三是建立应用知识库。与“电话客服”和“后台运维”体系作整合，逐步形成常见问题知识库、标准答案库，提高电话客服的工作效率，提高服务准确度。四是加强监控功能。根据每日运维记录，形成工作日报表，体现每个系统每天每人问题处理情况、系统运维服务质量挂钩知识库应用情况、系统功能模块服务使用率、问题处理效率等，以全面提升用户使用满意度。五是构建运维管理体系。树立“为预算单位服务、为基层财政服务”的工作理念，用课题的形式对运维管理体系进行深入研究。用信息化手段打通系统用户、信息技术处和运维公司三者之间的运维链，引入绩效管理理念，将运维成效与运维费用挂钩，进一步加强对运维机构的绩效考核。

创新培训体系建设。为提升培训质量、保障培训效果，搭建包括培训组织、培训课程和自我学习等在内的培训体系。突出需求导向，针对各类培训对象“量身定制”培训教材，满足用户多元化、差异化培训需求。突出创新导向，将传统单一的现场集中培训与网络远程教学、流媒体教学、知识库学习、在线帮助等多种形式结合，“线上学”与“线下学”同步，使培训学习日常化，进一步增强培训效果。突出质量导向，按照岗位角色和业务环节制作短视频，通过真实业务场景讲解，精准定位到具体功能节点。突出效果导向，通过培训效果调查问卷，收集反馈意见，对培训全过程进行总结，不断改进和完善培训体系。

以预算管理一体化系统上线为契机，确保2021年预算编制在新系统上运行。按照新的培训思路，2020年9月，组织3场大型培训会议，培训对象包括市级预算主管部门和基层预算单位的系统使用人员逾千人。8—9月，分别在试点区镇的松江区、崇明区组织培训24场，参训人员约1 500人，培训收到了良好效果。

做好基础软硬件设施的运维。一是做好基础设施日常运维工作。定期做好市财政局数套物理网络（外网、内网、政务外网、城市金融网及国库专用网）、信息化设备、基础设施的日常巡检，做好桌面信息化终端设备的故障处理和服务支持等技术保障工作。根据信息系统等级保护要求，通过了上海市信息安全测评认证中心对各系统的安全测评。对应用系统分别开展数据库备份恢复演练，确保财政数据安全。二是做好财政系统网络信息安全工作。加强计算机客户端安全管理，在财政部的组织指导下，采取集中管理和分级监控相结合的方式，开展财政客户端安全管理系统建设。建立财政部、市财政部门、区财政部门三级监控管理平台，进一步保障整个网络的安全稳定运行，同时规范和加强客户端用户网上操作行为，实现用户行为可管理，及时发现和解决客户端安全问题。三是做好信息化基础保障设施应急演练。组织开展信息化基础保障设施（电力、制冷和发电）应急演练。模拟遭遇到信息化基础保障设施故障条件下，电力系统、制冷系统和发电系统应急切换及回切的全部过程。通过编制应急演练专项预案、制定演练计划、细化工作任务、实施演练等全过程的实际操作，锻炼应急响应技术队伍，提升应对信息化基础保障设施突发事件的整体处置响应能力，提高财政信息化综合保障水平。四是做好网络安全专项检查工作。组织开展2020年网络安全专项检查工作。各系统按照检查实施方案完成关键信息基础设施网络安全自查，对发现的薄弱环节进行整改，堵塞漏洞，增强系统网络安全保障能力。

（包俊虎）

九、上海市规划和自然资源局

【概况】2020年，上海市规划和自然资源局（以下简称“市规划资源局”）认真贯彻落实上海市委、市政府关于“一网通办”“一网统管”和公共数据治理的工作部署，加快推进局信息资源整合融合，同步深化智慧化应用场景和数据治理，支撑政务服务“一网通办”、城市运行“一网统管”，以“智慧赋能”促进政府管理运作模式转变，助力空间治理体系创新。

【信息资源整合融合】市规划资源局充分发挥信息化工作“牵一发而动全身”的作用，以信息资源整合融合重构业务，推动规划资源系统业务工作的整体提升。2020年根据《局信息资源整合融合指导意见》，按照局重点工作部署，持续深化“一厅八室”

信息化框架建设。其中项目、规划、土地等核心管理模块已上线运行，以信息化手段带动工作模式、管理逻辑的转变，大规划融合整合总体、单元、详细等各层次规划的“评估—编制—审批—实施”管理闭环，达到数据流与业务流同步、全程带图审批改变作业方式、数据协同减少沟通成本、灵活配置为审改留出弹性空间四方面效果。大土地按照自然资源保护修复、开发利用、资产管理三大板块架构，强化底线管控，突出精细管理、全面重塑流程，形成了“空间保护—资源利用—资产管理”的全生命周期管理体系。2020 年，大项目在原有上线功能基础上进一步深化建设，实现开工放样复验的无人干预自动办理、报建图形自动质检的智能预审、13 项工程项目审批事项的企业专属页面“我的项目”专栏接入，提升了审批效率，优化了审批服务。

【智慧化应用场景建设】按照市规划资源局重点工作要求，结合各模块重构建设，围绕业务场景，运用新技术新手段，开展全局 20 项智慧化应用场景建设，“智慧产业空间”“智慧耕保应用”“15 分钟生活圈”等一批场景已上线运行。通过智慧化应用场景建设，为业务提升注入动能。智慧产业空间对接市大数据中心，实时汇集产业空间的规划、供应、绩效和监管数据，动态反映产业空间流量变化、布局演变、供应结构、绩效对比情况，全面支撑产业空间全周期全要素管理。智慧耕保应用立足耕地和永久基本农田数量、质量、生态“三位一体”保护，实现国土空间用途管制和动态实时监管的耕地保护管理模块集成“驾驶舱”。“15 分钟生活圈”由区域扩展到全市域，关联三调、规划、土地及权属数据，找出全市及每个社区（街镇）的现状与规划的各项公共要素短板，对应潜力用地空间的识别，提出新增公共要素布局建议，强化规划在社区建设中的导向作用，为规划编制提供基础研判与数据支持。

【数据治理推进】贯彻落实市委、市政府加快推进数据治理工作要求，按照《局系统数据治理工作方案》，结合市规划资源局数据管理和数据标准现状，制定了《规划资源数据标准编制技术规定》及配套管理办法，指导各业务模块数据标准的编制；修订了《城市空间基础数据编目（2020 年局内版）》，共收录数据 550 条，较 2019 年新增 59 条、删除 84 条、调整 4 条，夯实了市规划资源局空间基础数据管理；按照数据标准编制规范修订重构局核心业务数据标准，分别印发《国土空间规划数据标准》《土地管理数据标准》，实现了规划、土地跨部门数据统一；完成规划管理、土地管理、测绘调查、执法监督模块数据汇交，实现存量数据的补全。梳理市规划资源局核发证照 58 种，建立以要素证照为核心的电子证照库，并完成电子证照清洗，实现了要素证照照面信息与数据库系统结构关联对应。落实市公共数据治理工作要求，编制公共数据资料目录271个，资源挂载率100%，开展公共数据归集清洗、共享及应用，无条件共享目录占比54.24%，高出全市平均占比17.62%，累计归集数据23 333万条，清洗率97.80%，已汇聚的数据资源被38个委办所调用，累计调用次数253万次。

【“一网通办”支撑】深入贯彻落实习近平总书记考察上海重要讲话精神，转变政府职能、推进政府治理体系和治理能力现代化，对标市“一网通办”工作要点，制定了《市规划资源局2020年深化“一网通办”改革工作要点》。分解目标任务，逐级落实责任，按时有效推进。推动“两免交”落地实施，完成项目、登记、测调、地质等系统的“两免交”改造，巩固深化了“双减半”工作成果；拓展公共服务事项接入，新增46个公共服务事项并完成办事指南编制和系统接入工作，落实对外提供服务事项“应进必进”；加快系统接入模式优化，完成土地、登记、测调、地质四大模块模式“三转二”改造。推动政务信息系统、专网、移动端“三整合”，将市规划资源局三级网络和不动产登记中心二级网络专网整合至政务外网，顺利完成规划资源专网整合任务；推进电子证照归集应用，完成建设项目竣工规划资源验收合格证等9类电子证照归集。在2020年度市直部门（44家）“一网通办”服务能力评估中排名第四。

【“一网统管”支撑】紧扣城市运行“一网统管”的要求以及目标方向，根据市委、市政府的决策部署要求，对照《三年行动计划》，建设了地质灾害预警和土地执法监管两个主题的智能化场景，作为全市“一网统管”的重要支撑。根据上海市地质灾害的特点，建设“地质灾害智能分析与监测预警系统”，重点聚焦系统“观、管、防”的功能，实现全市地质灾害的实时感知、动态评价、智慧分析与安全预警。根据上海市土地违法行为特点，建设“规划自然资源违法行为智能监管系统”，依托“平台+工具”的技术支撑，打造“全面查+清单查”的巡查工作机制，建立“及时发现、实时处置、规划查处、适时监管”的执法体系，实现市、区联动，行刑衔接，落实“高效办成一件事”。

【“市空间库”建设】根据市政府统一部署，按照市空间地理综合库推进要求，市规划资源局组建工作专班，明确责任分工。牵头编制《市空间地理综合库总体方案》，遵循“统一规划、迭代建设”的思路，依托市大数据资源平台，推进空间数据资源整合。牵头完成基础地理专题库、规划土地专题库、地下管线专题库3个子库的建设。其中基础地理专题库和规划土地专题库已完成对58类数据和73类服务的标准化处理，实现了数据归集和服务聚合；地下管线专题库完成规划资源局“智慧管线数据库”和市住建委“现状管线普查数据库”的“两库融合”，覆盖10万公里全市地下管线数据库。

【信息安全管理】一是开展疫情防控网络安全检查。根据市网安办《关于预防涉“新型冠状病毒”系列电脑病毒的预警通报》等系列预警通报和局领导批示精神，市规划资源局召开视频工作会议，完善安全风险排查，切实保障疫情防控环境下工作正常进行。二是组织开展局属单位网络安全专项检查。根据市网信领导小组《关于开展2020年全市网络安全专项检查的通知》要求，市规划资源局组织16家局属事业单位开展网络安全专项检查，以查“促建、促管、促防、促改”，压实网络安全责任，提升网络安全防护水平和安全防范体系建设。三是制定应急预案保障重大活动网络安全。下发《关于做好2020年国庆假日期间网络信息安全保障工作的通知》以及《关于做好第三届中国国际进口博览会网络安全保障工作的通知》，部署了国庆及进博会期间网络安全保障工作，各局属单位均形成《重大活动、节日的网络安全应急保障方案》，并上报市规划资源局网信办，全力保障重大活动顺利进行。

（柯晓龙）

十、上海市住房和城乡建设管理委员会

【12319热线受理】一是做好“夏令热线”相关工作。落实市领导、系统“三委五局”班子成员等领导接听“夏令热线”；优化人员配置，合理排班，强化培训，提升业务水平，确保市民诉求得到及时、准确转派。活动期间共受理建设交通行业相关信息62.6万件。二是加强与12345市民服务热线对接。1月1日至12月31日，12319热线受理12345市民服务热线工单153 003件，其中市住房建设管理委受理56 866件，市城管执法局受理279件，回访复核单152件，处置协调12345市民服务热线疑难案件38件。三是深化数据分析与研判。继续做好12319热线情况通报、夏令热线快报、年报工作，反映群众呼声，为有关部门提供及时信息。此外，配合市交通委做好ETC日报的上报工作。四是积极应对极端天气。台风“黑格比”及2020年12月底的寒潮期间，12319热线启动应急预案，加强人员值守，咨询员增加排班，确保接电工作不断、不乱，并及时书面上报相关

情况。

【城市管理重要信息平台建设和数据应用】 一是发挥共享交换平台数据共享交换中枢作用。通过上海市住房和城乡建设管理委员会（以下简称“市住建委”）共享交换平台将 220 个政务数据、390 个图层（类）空间地理数据归集到市大数据中心。开发数据工单管理子系统，线上处理完成市大数据中心责任工单 228 条，为城管执法局、公积金中心、房管局市场处等多家单位提供共享应用。

二是拓展综合交通信息平台建设。完成市级综合交通信息平台展示系统升级；完成徐汇区建交委交通综合信息平台三期工程；完成徐汇区交警支队、浦东城运中心的相关软件开发和交通信息数据的接入工作；启动徐汇区、静安区、黄浦区的智能交通系统相关开发工作。

三是做好地下空间数据建设、维护与应用服务。在市住建委相关部门牵头下，做好地下管线数据融合工作，与市测绘院合作，2020 年内建成全市统一的“地下管线数据库”。配合市水务局利用地下管线信息基础平台的地下管线数据开展大口径高压供水管风险排摸工作。此外，推进市住建委信用信息数据库系统及社情民意数据分析系统建设。

【2020 年“民心工程”——停车难综合治理】 完成上海公共停车信息平台建设。已完成全市 3 200 多家备案场库和 1 100 多条收费道路动态数据上传，超额完成 10 000 多个专用场库 250 多万个泊位的数据整合，并做好“上海停车”App 上线试运行，注册用户超过 25 万，日访查询超过 30 万次，每天停车交易额近 100 万元，无一差错。另外，作为停车难综合治理工作的一部分，负责首次全市范围停车设施普查工作，重点针对全市 16 类与社会生产运行及市民生活密切相关的建筑或场所，覆盖 16 个区 220 多个街道的 400 余万个车位。

（乔延军）

【建设工程联审平台建设】 2020 年，结合《上海市优化营商环境条例》要求，依托“一网通办”总门户，牵头建立统一的工程建设项目审批管理系统，推动工程建设项目审批实现全流程网上办理。会同市大数据中心、市发展改革委、市规划资源局、市交通委等有关单位，深化建设审批管理系统统一数据标准、统一纳入模式、统一对外入口等，建立系统化的审批管理系统运行管理模式，将更多的审批事项纳入系统一口办理。截至 2020 年底，审批管理系统已覆盖工程建设项目四阶段的高频政务事项和部分低频政务事项 50 项，覆盖的办理部门包括市、区两级发改部门、规划资源部门、建设管理部门（含消防）、交通管理部门、绿化市容管理部门、民防部门、卫生部门、水务部门等 369 家，办理企业总数（含建设单位、设计单位、施工单位、监理单位等）20 893 个，服务单位（含供水、排水、供电、燃气、通信服务、施工图审查、第三方技术咨询单位）139 个。全市已有 12 015 个项目（包括新改扩建的房屋建筑项目、装饰装修工程、交通工程、绿化工程、水务工程）进入审批管理系统运行，其中，房屋建筑项目中，531 个项目完成设计方案审批、2 528 个项目取得建设工程施工许可证（含多图联审、工程规划许可证并联审批）、1 939 个项目完成综合验收（含各并联部门专项验收）；装饰装修工程中，3 873 个完成施工许可证核发、1 019 个完成竣工验收和备案。

（周婷婷）

【住房公积金综合业务服务和管理平台建设】在市公积金管理中心全面统筹下，经需求、开发、测试、培训各阶段工作，于 2020 年 8 月完成上海市住房公积金综合业务服务和管理平台二期项目建设，实现个人贷款管理、风控管理等系列系统上线。至此，全面完成上海市住房公积金综合业务服务和管理平台项目建设，实现了整体技术架构、数据标准、门户管理、用户权限管理、安全防护体系设计、线上线下系统平台“六统一”，打破了系统间壁垒，全面完成上海公积金归集、提取、贷款的业务自主核算，实现业务、财务、资金“三账”联动、实时结算，落实了国家部委“双贯标”“结算应用系统接入”工作要求。信息化工作迈入全新阶段，实现跨越式发展，为上海市公积金管理中心提升管理、服务效能，实现精细化管理、防控资金风险打下了信息化基础。

【“一网通办”建设】2020 年，按照上海市委、市政府“一网通办”等工作要求，在新系统、新架构的基础上，完成 22 项业务及功能接入“一网通办”网站和“随申办”，包括个人住房公积金账户信息查询、冲还贷信息查询、离退休提取、丧劳提取、个人租赁提取、自愿缴存期满提取、个人提取银行卡变更、异贷证明，单位缴存证明等查询类、提取类、贷款类、变更类及部分小工具。同时，新增电子营业执照作为企业认证方式；强化企业“一窗通”服务平台建设；新增公积金基数调整方式和渠道；实现疫情期间缓缴、缓缴单位职工变更、贷款、疫情后补缴等系统功能，提高了服务效率，提升了百姓满意度。

（阎秀英）

【廉租房申请“一件事”工作开展】根据上海市委、市政府有关深化“一网通办”改革工作相关要求，为进一步推进上海市廉租住房申请配租更加便捷高效，全面提升申请对象办事的便捷度、体验度和满意度，上海市房管局成立了廉租房申请“一件事”

工作专班，围绕“减材料、减环节、减时间、减跑动”推进廉租住房管理信息系统的升级改造。廉租住房管理信息系统的升级改造已全部完成。数据共享集成应用方面，凡是通过电子证照调取、数据核验、历史材料共享等方式可归集到的信息，都无需提交纸质材料，改造后申请对象需自行提供的常规性材料从原有 22 项缩减到 5 项，减少 75% 以上。“一网通办”方面，经过流程优化、系统改造，已达成申请家庭线下申请只跑一次、线上申请全程网办的目标。廉租住房管理信息系统将串联审核改为并联审核，并调整公示日期，结合其他优化，从正式受理到出具审核结果的办理时限由原有约 2.5 个月缩减至约 1.5 个月，其中低保特困家庭缩减至约 0.6 个月。

（郑丽丽　崔兆彦）

【燃气行业监管信息系统建设】持续推进燃气行业监管信息系统建设。2020 年 8 月完成燃气行业监管信息系统开发工作，进入试运行阶段，并同步开展系统使用培训。9 月通过第三方软件测评和安全测评，测评结果符合验收条件。10 月进行委内功能验收。燃气行业监管信息系统主要有七个子系统，分别是燃气供求监测与调度信息管理子系统、市场基础性检查管理子系统、行政执法子系统、燃气行业应急管理子系统、燃气行业综合信息管理与应用子系统、外部数据接口子系统和系统管理子系统。该系统的建成弥补了管理中缺失的部分动态数据，完善了业务信息统计分析等应用功能，初步发挥其数据汇聚中心和综合信息管理中枢的作用，为提升行业管理水平和服务水平提供了技术手段和支持。

（杨　柳）

十一、上海市水务（海洋）局

【概况】2020 年，上海市水务（海洋）局以信息化服务支撑行业监管、促进信息互通共享、提升全行业工作效能为主线，深化平台信息化转型升级，聚焦“一网统管”和“一网通办”建设，着力完善水务海洋行业信息化管理服务体系，全力做好水情预报和防汛信息保障，推进水务海洋数据中心和重点信息化项目建设，进一步提升防汛决策支撑能力、信息化行业管理能力和服务保障能力，有效支撑水务海洋业务发展。

【城运系统 2.0 版建设】2020 年 3 月，正式启动“一网统管”防汛防台指挥系统建设，6 月 1 日正式上线值守运行。该系统建设在 2019 年 1.0 版的基础上，加强智能感知能力、扩大信息覆盖范围、精准把控风险隐患、提升预警预报水平、及时获取灾情信息，并根据实战情况持续优化完善，已完成4次迭代升级。同时，印发《上海市“一网统管”防汛防台指挥系统区级和街镇级大屏基本版建设指导意见》，建设覆盖16个区的防汛大屏基本版，并将市级20多个功能模块、数据服务封装为插件，服务支撑区、街镇各级防汛大屏功能部署，更加便捷高效服务基层。本系统荣获“首届上海城市治理最佳实践案例”。

【“河长制”信息化智能应用】开展“河长制”工作平台和“上海河长”App的升级改造和功能整合，完成河长信息、水质监测、河湖数据、巡查统计等多模块更新应用，优化《河长制工作简报》报表编制，为全市“河长制”工作考核提供信息支撑。

【水资源管理系统优化建设】优化取水许可登记管理、取用水监管与农业用水管理等功能模块，推进水资源管理系统市、区两级“一个系统、分级应用”的高效运行。完成对近三年取水监测数据质量核查，实现对实时监测数据的统计和动态跟踪。拓展取水管理的移动应用，提升许可证超期预警、灌区预警、水文测站数据提醒等预警服务能力。

【工程建设和水土保持信息化支撑】以水利工程建设精细化管理为目标，有机整合水利工程质量监督系统、BIM平台、水利工程协同等多个平台，实现数据治理要素“一张图”。以张泾河、吴淞江、杨树浦水厂为对象，建立重点工程信息化示范样板，实现工程质量安全管理全天候、多方位、全生命周期综合监管。

【数据资源整合共享】充实数据全量接入，完成与相关部门的基础数据校核对接和持续更新。新接入城投水务及12家郊区供水企业；市规划资源局333个地下水监测数据、市环保局15个断面水质每月监测数据和122个排放口水质在线监测数据；青浦区和松江区的60余个圩区水闸工况数据；市水文总站91个地下水监测和33个河湖在线水质数据；市水利处101处泵闸监测数据；市堤防处21处泵闸监测数据；市供水处21个大用水户用水量数据、55个大取水户取水数据和6个水厂地表水取水监测数据，市供水调度中心508处管网压力监测数据。规范数据资源编目，形成较全面的水务海洋数据资源目录；持续完善提高数据库表完整性、编目质量、入湖效率、共享服务等。提升数据对外服务，基于数据总线规范数据服务发布机制，实现数据服务的全程可监管、可追溯。累计向市公共数据管理门户、市法人库、太湖流域水环境综合治理信息共享平台等提供200余项数据服务；每月向市大数据资源平台共享3 400余万条数据。

【网络与信息安全管理】提升行业工控能力建设。持续做好水务关键信息基础设施安全保障工作，组织成立市水务行业工控系统安全专家委员会，建设基于“数字孪生”的智能水务工业系统安全实验室和区块链的一体化水务系统安全监测预警平台，编制“面向水务行业纵深领域”的标准规范及指导意见，加快补齐行业网络安全短板，提升安全保障强监管能力。开展关键信息基础设施安全专项检查工作。开展全行业关键信息基础设施安全专项检查工作，组织运营单位自查、现场技术检查等，促进水务行业关键信息基础设施网络安全责任制落实和防范体系建设。

【水情预报和防汛信息服务】扩大监测感知覆盖面，提升预报精度和服务质量。为实现全面报送水情信息的要求，新增16处水位报汛站点、7个雨量报汛站点，整理校核1998年至2019年4个中央报汛站的雨量资料，实现黄浦江干流、长江口、杭州湾、水利控制片内以及道路积水等上海地区的水情预报全覆盖。加强洪水风险图成果应用实践，制定超标洪水方案，分析黄浦江上游及4条主要支流在超标洪水条件下的溃堤洪水风险，分析研判可能造成的灾害范围和程度，为有效应对洪水提供支撑。完善分片预警模块，提升防汛预警管理和应急指挥水平。开展防汛应急值守培训和区、街镇防汛干部专题培训，组织开展防汛预警信息发布应急演练，进一步提高防汛应急意识，确保汛期各信息化应用稳定高效运行。

【进博会服务保障工作开展】主动对接第三届进博会防汛信息服务需求，认真做好网络、视频会议、专题地图数据接入、系统预案等基础保障任务，有力支撑进博会防汛安全服务保障中心各项工作；在预警发布期间，对进博会区域的水雨情进行全面监测分析，为进博会防汛应急排水、泵闸调度等提供有力的信息支持。

【“十四五”信息化规划编制】组织开展信息化“十四五”规划编制工作。在总结评估信息化“十三五”规划完成情况的基础上，开展信息化“十四五”规划的需求调研、意见征询等工作。在长三角一体化发展国家战略背景下，结合上海市建设全球新型智慧城市“一网统管”“一网通办”的发展思路，按照上海水务海洋“更安全、更优质、更生态、更智慧的水”的目标要求，编制完成《上海市水务海洋信息化“十四五”规划》(报送稿)。

【“一网通办”业务流程支撑】积极推动政务服务事项“全程网办”，提升网上办理比例，累计接入行政许可34项、公共服务事项55项、事项情形256项，全程网办比例达94%。积极探索“AI+审批”功能，通过电子证照共享等手段，完成31项“即办件”、排水许可证“无人干预自动办理”“河道管理范围内建设项目审批”和“海域使用权审核”、水务“一件事”等业务系统改造。积极拓展公共服务事项范围，“水情通报”等3项公共服务事项接入“随申办”，供水“一户多人口”事项2020年9月1日上线运行，城投水务集团及12家郊区供水企业水费账单和欠费数据完成归集。深化局“一网通办”支撑平台建设，完成全部5类证和23类行政许可决定书的电子制证工作，实现电子证照全量归集；完成电子档案系统建设试点，实现“核发《取水许可证》”等两项审批事项的电子归档；完成局行政许可大额支付事项与财政非税系统的数据对接，实现在线支付功能。

【网站和新媒体建设】持续做好局门户网站、“双微”等新媒体平台建设运维，积极整合资源，拓展发布渠道，完善网站管理办法和信息发布机制，优化信息发布、信息公开、便民服务、互动交流等网站功能。聚焦全市水务海洋领域“重点任务、重大工程、重要活动和重要事件”，强化与“中国上海”“上海发布”“今日头条”等社会化媒体平台协作，做好新闻宣传和信息发布，及时传导水务海洋“正能量”、发出水务海洋“好声音”，局门户网站推送新闻350余篇，政务微博推送1 600余条，“上海水务海洋”微信公众号推送1 500余篇、微信企业号推送1 100余篇，微信公众号荣登2020年全国水利系统政务新媒体矩阵传播力排行榜第五名，有力支撑了系统内新冠肺炎疫情防控和复工复产宣传引导、“政风行风热线”互动宣传、“世界水日”“中国水周”“世界海洋日”“节约用水宣传周”等活动宣传、庆祝建党99周年、庆祝新中国成立71周年等专题宣传。

【执法信息技术开发】编制完成《上海市水务局执法总队水务海洋执法信息化建设三年行动计划》初稿。加大资金投入，完成执法全过程记录系统和执法船艇管理App的开发建设；结合全过程记录系统应用及执法业务要素完成执法数据库搭建，打通各系统数据“孤岛”壁垒，促进执法数据信息化。切实加强网络应用安全和提升，对总队系统在外网的端口服务进行全面扫描，杜绝风险隐患；提速政务网带宽以满足执法业务和办公应用的需求。加大无人机等装备技术的推广应用，组织开展全市无人机执法案例应用劳动竞赛。

【智能供水加速发展】开展智能供水系统建设。作为整个智能供水平台的第四期项目，二次供水安全保障监管系统于2020年12月完成验收。该系统全面提升水源、水厂、管网和二次供水四大环节的全过程水量水质监管和安全保障水平。扩大供水感知元建设。分别在金山区、嘉定区、长兴岛、川沙及崇明花博会等地区新建5个站点，继续扩大感知覆盖范围，同时接入地表地下取水数据以及二次供水在线监控数据，进一步扩大供水监测数据的范围和种类。共有1 825个实时监测站点，各类供水实时监测数据7 182个，84类信号类型，年存储量2.43TB，数据接入与共享单位25家。1—11月，全市供水在线监测数据完好率99.29%。完善供水管网GIS信息，积极推进“一网统管”系统建设。

【排水信息化建设加强】 全面开展“厂、站、网”一体化排水运管平台和城运2.0建设。制定《关于开展排水系统“厂、站、网”一体化运行监管平台建设的实施意见》；中心城区126个排水监测站点建设基本完成并投入运行；排水运行调度控制中心建成投运；市级排水运管软件平台完成主要功能开发并投入试运行；中心城区三片区雨污水模型项目完成基础资料梳理及干线模型开发。完成泵站放江智能化应用建设、城运系统排水专业屏的开发工作。两大防汛应急系统已形成“一网统管”防汛防台指挥体系。排水设施基础数据维护工作持续推进，完成2.8万公里排水管道设施数据和1 450座泵站数据校核更新工作。截至2020年12月，完成全市入库管网属性问题校核整改19 485处，更新录入管网数据403.5公里，现场抽检复核全市管网560处，合格率达到57.68%。

（蓝 岚）

十二、上海市文化和旅游局

【概况】 2020年，以“一网通办”和“一网统管”工作为指导，以政务信息系统整合为契机，上海市文化和旅游局（以下简称“市文化旅游局”）全面做好2021年市文化旅游局信息化项目申报工作，根据上海市政务信息系统、政务服务移动端和业务专网“三整合”工作推进视屏会议精神，以及《上海市全面推进市级部门政务信息系统整合工作方案》工作要求，全面梳理市文化旅游局机关信息系统情况，制订《上海市文化和旅游局政务信息系统整合共享方案》，将局机关所有信息系统划分为政务服务平台、协同办公平台、综合管理平台、监测与安全防护平台和数智文旅信息系统五个大系统。

【共享交换平台建设】 实现市文化旅游局系统现有信息系统数据层面的归集整合，提供对接入数据的标签化管理，提供多形式的数据发布服务，实现数据自定义分析，实现各类数据可视化展示。对内提供标准接口，供局机关及局属各单位信息系统互联互通、共享交换，可配置归集频率、监测归集状态；对外根据市政府办公厅、市经济信息化委、市大数据中心需求完成数据归集、数据共享、数据开放，提高市文化旅游局数据治理水平。已完成 28 个系统的对接工作，归集数据 2 000 多万条，为进一步提高数据应用提供支撑。

【内部控制管理系统建设】 进一步增强财务管控能力、提升业务管理水平、健全内部控制运营机制、防范经济风险，做到财务资源的标准化、信息化、规范化、智能化，实时、动态、全面地反映财务状况，强化管理职能，嵌入制衡机制，实现内控的基本原理与单位业务管理的有机结合，形成以内控制度为指导、以预算管理为龙头、以资金管控为核心、以业务流程为驱动、以风险管理为重点、以监督控制为手段的多维一体内部控制管理体系。

【"文化上海""乐游上海"政务微博运营】 "文化上海""乐游上海"政务微博、微信订阅号是市文化旅游局的官方政务新媒体品牌，致力于发布文旅政策、公告信息和行业动态。2020 年，主动服从服务战疫大局，重点发布文旅行业防疫指南、助企政策、安全提示、在线文旅、惠民活动等文旅资讯，助推文旅行业抓实疫情防控、加快复苏回暖。2020 年，"文化上海""乐游上海"政务微博发布信息 9 000 条，粉丝总数 420 余万人；微信订阅号发布信息 1 863 条，粉丝总数 54.6 万人。

（毛占刚）

十三、上海市审计局

【"金审三期"上海建设】 一是深入调研学习，前往审计署等单位调研学习"金审三期"建设经验。二是充分协调沟通，及时与市发展改革委、市经济信息化委、市大数据中心等部门磋商研究，确定"金审三期"具体建设相关情况。三是编制调整方案，对"金审三期"可研、投资估算表、项目建设方案、调概方案等做反复讨论和修改，已完成专家评审会的评估。四是加强内部指导，建立市区审计机关"金审三期"项目对口联系人机制和区审计局信息化建设情况台账，助力各区审计局完成"金审三期"项目的立项工作。

【一级预算单位审计全覆盖数据采集】 根据审计署审计全覆盖工作的统一部署，2020 年，上海市审计局（以下简称"市审计局"）全面采集、标准化、校验和向审计署上报上海市、区两级财政一级预算单位财务数据，构建系列数据转换模板和审计分析模型，深入分析财政资金的收入、分配、管理和使用等情况。积极推进研制“一级预算单位全覆盖审计平台”，探索构建报送、转换、校验、管理、分析和过程跟踪监督等功能于一体的全流程闭环管理系统。

【大数据审计工作开展】一是制定年度大数据审计计划，明确大数据工作任务和分析主题。二是完成大数据集中分析室二期的改造，为大数据环境下开展审计数据采集、处理和查询分析提供安全可控、集中高效的工作环境。三是提升技术研发攻关能力，完成GIS平台的升级改造，优化审计核心库，组织参加线上人工智能大会，举办新技术培训班等。四是加大大数据在审计中的应用力度。全年超2 000人次进入大数据分析室分析数据，在审计署大数据审计创新应用案例征集活动中，上报的5篇案例被审计署分别评为一、二、三等奖，市审计局调研报告被评为优秀调研报告。

【部门网站信息公开平台发挥作用】一是依法推进政府信息主动公开，积极通过市审计局网站，及时公开重点审计项目计划、审计工作成果、审计工作报告及审计整改报告等；及时公开部门、本级和下属单位的年度预决算、机构领导、招考录用、政府采购等信息，引导社会各界了解审计、重视审计。二是依法依规做好依申请公开，优化完善依申请公开工作流程，全年通过网上等渠道共受理政府信息公开申请21件。三是加强政府信息管理，推进政务公开标准化规范化建设，完成全市审计领域政务公开事项梳理、公开标准目录编制以及向社会公布工作。四是强化部门网站平台建设和管理，完成政府信息公开专栏建设，按季度形成网站检查和整改检查报告并向社会公布。五是充分利用“上海审计”官方微博，“上海审计”官方微博2020年全年共发布、转发微博73篇（次），阅读量达74.3万余次。

【信息化网络安全管理工作】一是对专网应用系统进行改造。完成几十个流程近千个功能点的需求调研和功能开发；进行正式环境的集群化部署，确保专网应用系统能够支撑近千名用户的并发访问；认真监控系统运行情况，及时处理遇到的各类问题。二是加强网络安全防护。部署防火墙等设备和上海CA数字证书系统，部署非法外联监控软件，安装终端安全管理软件，部署网络版保密检查系统，开展经常性保密检查、自查、复查等工作。三是组织全市审计机关开展网络安全知识答题，共有869人参与活动，提升了审计干部的网络安全防护能力。

（张云天）

十四、上海市市场监督管理局

【概况】2020年，上海市市场监督管理局（以下简称“市市场监管局”）信息化工作贯彻落实“放管服”工作要求，聚焦政务服务“一网通办”和城市运行“一网统管”，推进业务专网和政务信息系统整合建设，提升综合监管能力和市场服务效能。

【业务专网迁云和政务信息系统整合】按照时间节点要求，完成市场监管核心业务信息系统向上海市电子政务云的整体迁移和跨域整合，实现了以市市场监管局大楼为全系统控制中心，电子政务云两个数据中心机房为业务应用资源池的信息系统基础架构，实现全市市场监管业务统一受理和数据统一管理；市市场监管局控制中心主要承担信息系统资源调度、业务展示、跨层级数据交换的功能。

【政务信息系统整合统筹推进】经过对市场监管政务信息系统的全面梳理，聚焦数据融合与业务协同，以核心业务为主线，优化业务流程，实现业务重构，形成系统整合方案，根据“三整合”总体任务目标，围绕五个大系统建设工作有序展开，全力打造市场监管“一网通办”大系统、市场监管“一网统管”大系统、市场监管“协同办公”大系统、市场监管“质量发展与技术基础”大系统和市场监管“数据慧治”大系统。所有政务信息系统均按照“统一门户支撑、统一接入管理、统一用户管理、统一权限管理、统一资源管理和统一安全体系”的“六统一”要求，纳入市场监管全流程一体化政务信息平台，为智慧市场监管建设夯实信息化基础。

【统一行政审批系统建设】根据国家市场监管总局《市场监督管理行政许可暂行规定》有关要求，市市场监管局在梳理原有各业务条线审批许可系统基础上，基于上海市政务服务“一网通办”整体框架，按照“突出重点、高频优先”的原则，通过系统融合改造，完成上海市市场监管部门统一行政审批系统，实现对市场监管食品类、特种设备类、计量类、产品质量类、广告类、经纪人类和资格评定类等31个行政许可事项的全覆盖。该系统于2020年底前完成改造并正式上线运行。

统一行政审批系统基于“一网通办”平台实现用户的统一身份认证，支持企业网上申请、在线材料提交、网上受理、网上审批、电子签章、电子制证、电子归档等功能，并通过调用全市电子证照库和对接有关部门系统进行数据核验，满足了“两个免于提交”“全程网办”“模式优化”“证照库归集应用”“高效办成一件事”和“好差评”精准评价等工作要求，同时也支撑了市市场监管局行政服务大厅启用后的窗口业务办理需要。

根据“证照分离”改革要求，统一行政审批系统通过系统流程调整，实现对优化审批流程、审批改为备案、实行告知承诺等改革内容的全面支持，并与上海市“双告知”“双随机”“企业信息公示”等系统衔接，为“证照分离”改革全覆盖工作夯实基础。

【智慧电梯系统建设】智慧电梯应用场景于2020年6月上线运行，实现了与市场监管行政审批系统（电梯基本信息、电梯参数信息、历史证书、单位信息、单位证书、单位许可项目、作业人员证书）、检验系统、移动监管系统（监督检查记录、专项检查记录、举报投诉检查记录、突发事件检查记录、复查记录、监察指令书）、隐患排查系统（隐患排查信息、隐患记录）、总局电梯追溯系统、市房管局智慧物业系统、城市运行网格化综合管理平台和区级城运平台（闵行区、嘉定区、徐汇区、长宁区）的系统对接，开发完成市、区、街镇三级智慧电梯管理功能，结合推行“上海智慧电梯码”、无纸化电梯维保等举措，实现应用场景的实时、高效、智能，并在地铁汉中路站、瑞金医院等轨道交通、医疗卫生重点公共场所开展智能化监管试点。2020年，全市推广张贴“上海智慧电梯码”22.9万张，开发应用电梯维保和电梯公众监督两个微信小程序，全市电梯无纸化维保率达78.5%；全市超过1.3万台加装远程监测的电梯接入市智慧电梯平台。

【电子营业执照推广应用】根据《上海市人民政府办公厅关于同意〈关于做好企业电子营业执照和电子印章应用工作的通知〉的通知》，市市场监管局会同相关部门在全国范围内率先启动统一的电子营业执照和电子印章制作、发放和使用服务体系建设工作，同步发放系统于2020年4月1日正式提供社会应用，向每户新设企业免费同步发放电子营业执照和电子印章，实现了无需领取纸质执照，也无需刻制实体印章，即可在线开展经营活动。

全市统一的电子营业执照和电子印章制作、发放和使用服务体系打通了电子营业执照、电子印章、实体印章系统，共享企业登记和印章制作数据，再造企业印章刻制流程。在新的服务体系下，企业设立后，电子营业执照和电子印章即自动生成，企业法定代表人使用手机，通过“随申办”App或微信、支付宝电子营业执照小程序一并免费下载；通过扫描二维码实现企业身份认证、营业执照出示、登记信息采集、文档数字签名等多种功能，简化开办企业环节、降低开办企业成本，也推动“无纸化”办事向纵深发展。

基于电子营业执照和电子印章服务体系，升级改造后的企业开办“一窗通”3.0版，实现了使用电子营业执照在多个部门进行网上办事应用，包括登记注册、年报公示、涉税事项、“五险一金”等各类业务；同时，在中国人民银行上海总部的推动下，逐步在各大商业银行机构开展相关应用，特别是在交通银行率先实现的企业无纸化开户场景中发挥了示范作用。

立足全市电子证照库的建设完善和共享服务，市市场监管局对纸质执照与电子执照的数据进行了全量核对检查，以满足电子营业执照社会化应用的需要，共完成全市290万户存续企业、50万户个体工商户和29万户注销企业历史存量数据的清理比对工作，并同步更新至市电子证照库。

【“互联网+监管”系统】根据国办关于《各省（自治区、直辖市）“互联网+监管”系统建设方案要点》和《上海市“互联网+监管”工作实施方案》有关要求，在原有事中事后综合监管平台的基础上，按照国家“互联网+监管”系统建设要求，开展全市“互联网+监管”系统建设和应用，实现与全国“互联网+监管”系统的对接，实现用户单点登陆、监管事项认领维护、监管线索和投诉举报件的分派处置等功能要求。同时，为相关部门开展双随机、联合监管、审批联动、日常监管、监管预警、智慧监管、信用监管、风险预警、分析评价、数据展示等工作提供应用支撑，实现了基于市、区两级一体化的“1+16”体系架构，支撑40多个政府部门监管业务、行业数据的上传下达，并按照国家“互联网+监管”系统数据规范，实现了四类监管行为等数据上报以及国家平台风险预警、信用评估等数据订阅。

【市场监管重要信息化建设】配合商务部门落实外商投资信息报告制度，国家企业信用信息公示系统扩展了应用功能，将外商投资企业（机构）年报纳入“多报合一”；同时，按照统筹疫情防控与经济社会发展工作要求，针对疫苗、特种设备等特殊行业企业强化信息报送功能。

按照“证照分离”改革工作要求，企业登记系统实现对市市场监管局经营范围登记规范表述的应用集成，支撑“双告知”工作；落实“放管服”工作要求，实现名称告知承诺制系统改造；配合中国（上海）自由贸易试验区临港新片区建设，完成相应功能扩展改造并上线运行，实现了企业登记注册确认制相关应用功能。

行政处罚系统按照《反垄断法》的要求，针对反垄断案件的备案、公示、审批等环节，对市场监管行政处罚系统进行功能完善与优化，同时增加常驻代表机构的年报案件处理功能。执法监督系统升级改造完成了行政复议流程、被复议流程、行政诉讼流程以及相关查询统计功能。

落实《电子商务法》相关要求，加强网络市场监管，推进主体资格与经营资格网上公示，网络监管系统在企业网上亮照的基础上实现网上亮证。

根据总局业务要求，投诉举报系统完成上海12315话务系统与全国12315平台对接并实现切换运行，同时实现了国家局系统的数据落地应用。

推进办公门户系统相关改造，技术上完成移动App的应用整合，实现对市市场监管各业务信息系统的统一门户支撑、统一接入管理、统一用户管理和统一权限管理。按照网站集约化建设要求，完成数据对接、栏目和模板设置等工作，实现门户网站的集约化改造，改造后的门户网站于2020年4月30日上线运行。

完成统一数据中心建设，实现市场监管领域所有业务数据汇聚，重构数据资源目录，完善数据资源体系。

开展市场监管城运主题数据库建设工作，汇聚市场监管系统产生的城市生产、生活、治理的各类数据，加强数据的实时汇聚以及分级治理。

配合市法人综合库建设，完成市场监管领域法人登记信息、法人联系信息、企业消亡、中小微企业、企业活跃度5个专题库建设。

（付学敬）

十五、上海市地方金融监督管理局

【“上海市地方金融数据平台”建设】2020年10月，“上海市地方金融数据平台”完成开发，并于10月下旬正式上线试运行。该平台通过制定地方金融监管数据标准，实现对地方金融业态和非法集资监测数据的统一收集、存储、加工与管理，形成地方金融机构全业态数据统一视图，为工作人员日常工作提供指标分析、数据查询和数据统计，并在此基础上建设全局可视的数据管理驾驶舱，实现直观化的指标分析、监测及监管统计分析。

【“上海市融资租赁和商业保理企业管理信息系统”建设】2020年10月，“上海市融资租赁和商业保理企业管理信息系统”完成开发，并于10月下旬正式上线试运行。该系统围绕融资租赁、商业保理两类机构监管要求，针对该两类机构经营特点，设计相应监管体系，建设行业监管信息系统，实现融资租赁、商业保理两类机构有效、精准监管。系统实现了市、区和企业三端用户的功能研发，包括企业信息归集、在线业务办理、监管信息归集、协同监管、风险预警、财政扶持、政策消息、统计分析等功能模块，能对企业端报送的经营数据进行智能检验，帮助监管人员及时掌握企业的基础信息和经营动态，实现便捷的信息交流。

（吴中华）

十六、上海市国有资产监督管理委员会

【概况】2020年，受新冠肺炎疫情影响，上海市国有资产监督管理委员会（以下简称“市国资委”）信息化工作紧紧围绕市政府重点任务和两委重点工作，着力推进《上海市国资委信息化建设三年行动计划》落地，取得了一定成果。

【国资国企在线监管服务平台初步构建】市国资委根据信息化建设三年行动计划，会同信息中心，结合国产技术创新工作推进系统整合，开展数据集中采集汇集共享，初步构建国内先进的国资国企在线监管服务平台。一是制定市国资委国资监管信息化建设实施方案，确定实施原则、实施项目、经费预估等事项。二是签署《上海市国资国企在线监管服务平台工作备忘录》，推进国资国企在线监管服务平台建设。三是联合市国资委信息中心开展国资国企在线监管服务平台各应用系统需求的详细调研和招标前期工作。四是完成“三重一大”、监督追责系统建设工作方案，为推进与国务院国资委国资国企在线监管系统的数据对接工作、实现“十四五”期间国资国企监管全覆盖和实时动态数字化监管夯实基础。

【重点课题研究和“十四五”专项规划编制】一是开展市国资委重点课题研究。聚焦“三重一大”国资国企监管信息化，开展“加强信息化监管，提升国资监管效能”课题研究，形成课题报告。二是编制市国资委国企信息化发展“十四五”专项规划。召开沪江浙皖三省一市国资委信息化工作视频会议，交流机关信息化建设工作情况。专题调研京、深两地国资监管机构以及上海市兄弟单位和部分企业，学习大数据展示以及企业信息化转型发展情况；向国务院国资委汇报信息化“十四五”规划情况，听取国务院国资委的意见和建议。

【信息化管理机制建立健全】建立健全信息化“1+M+N”制度体系，确保国资监管信息化建设和运维的规范有序。修订《上海市国有资产监督管理委员会信息化管理办法》和《上海市国有资产监督管理委员会国资监管信息服务项目管理试行办法》，规

范市国资委信息化建设和服务项目程序。形成数据分类分级管理、数据共享管理、数据安全管理、数据治理监督检查四个实施细则初稿，推进市国资委机关数据治理。修订《软件正版化管理办法》，规范市国资委软件正版化工作。

【网络安全党建责任制落实】一是落实责任主体，推进网络安全绩效考核。调整设立市国资委网络安全和信息化领导小组，明确领导小组工作职责。落实网络安全主体责任，将网络安全管理纳入企业领导班子党建责任制考核，制定《市国资委监管企业实施网络安全管理考核评价工作方案》，明确考核指标和分值，并召开专题会议进行政策宣贯和解读。

二是协调督促监管企业，推进网络安全防范和漏洞整改工作。建立日常网络安全预警信息通知机制和网络安全教育日常沟通联络制度，督促相关企业及时做好网络安全通报事项处置和整改。加强市国资委门户网站、业务系统的安全防护工作。组织开展机关及系统企业网络安全隐患排查和应急演练，保障国资国企网络安全，连续两年获评市网络安全工作先进单位。

三是做好配合事项，共同推进国资国企网络安全。配合市委网信办开展网络安全专项检查，落实 IPV6 标准应用推广。

四是协调推进申能集团发电企业网络接入国务院国资委网络安全和能源智慧平台工作。申能集团 25 个发电场站中 17 个场站已完成接入，3 个场站已启动接入工作，装机容量接入比率达到 98.4%，接入率在全国各地区场站中排名靠前。

【监管数据标准化和共享可视化】一是初步建成数据交换共享平台，试点通过平台将财务统计数据经分类分级后实现市国资委委内共享。二是探索企业间数据共享，尝试通过数据汇集应用，形成数据叠加效应，使国资国企大数据为国资监管企业防范风险提供精准支撑。三是全覆盖调研业务处室，梳理处室数据共享需求，汇总监管企业基本信息库与处室报送数据，开展数据校验对比，提升监管数据质量。四是配合市大数据中心，提高共享数据更新频率、扩大共享数据范围，开通国家政务外网访问权限，与人大、市市场监管局等委办局协调改造已有共享模块，初步形成市国资委公共数据标准，提升公共数据绩效排名。

【国有企业数字化转型】一是用好扶持政策，引导企业信息化发展方向。配合市经济信息化委做好项目政策宣贯和解读，指导企业信息化项目申报并获得市级资金支持；配合市经济信息化委推进国资国企工业互联网创新发展促企业数字化转型专项工作实施，分三批推进监管企业数字化转型，2020 年完成首批 15 家企业数字化转型三年行动计划方案并上报市经济信息化委；同时配合业绩考核处共同推进企业集团信息化项目投入费用视同于利润。

二是倒逼企业提升信息化建设水平。对标先进省市水平评价指标，将网络安全、数字化转型等内容纳入评价指标，完善评价指标体系。实施企业间自评互查工作，提高评价结果的准确性。将评价结果在年度信息化工作会议上展示，倒逼企业对标先进找差距，加大投入提能级。

三是外融内通搭建服务平台，助推企业数字化转型。会同信息中心搭建央地国企信息化建设交流学习平台，推进企业信息化建设经验交流共享，加强企业信息化人员能力建设；推动企业间数据共享应用，推进久事强生与嘉定汽车城企业间的数据共享应用；指导上海医药在疫情期间实施“互联网＋处方药新零售加医药商业科技平台”云健康建设，打造“益药电子处方”平台，对接医疗机构 HIS 系统，实现疫情期间“病人不出门，药品送上门”；协调金山 WPS 软件开展国企团购专场，降低企业采购成本；协助上汽集团将车联网安全标准课题纳入市委网信办专项课题，推进课题成果成为地方标准。

【政务应用管理协同】 一是做好“一网通办”和国企服务大厅建设，推进系统整合。做好“一网通办”线上线下服务大厅建设，优化线上审批流程，推动监管业务审批协同联动。推进产权综合管理信息系统项目建设以及产权登记电子证照印章申请等工作。制定完善市国资委政务信息系统整合方案，梳理现有政务信息系统，协同推进系统整合。

二是推进年度信息化服务项目。推进 16 项国资监管平台信息化服务项目购买，使用 2020 年度国资经营预算，预算执行率为 85.89%。梳理汇总 2021 年国资监管信息化实际需求，初步确定 20 余项国资监管平台信息化服务项目，编制 2021 年度国资经营预算。推进人事管理信息系统二期建设与协同办公应用模块功能进一步优化完善。

三是加强市国资委机关软件正版化实时监控。落实国产化信创工作要求，采购奇安信网神终端安全管理系统，对市国资委办公软件、使用正版化监控软件开展实时监测、专人定期巡视维护、及时更新软件资产台账等措施，确保软件正版化工作落实落地。配合市版权局指导监管企业开展正版化相关工作，做好软件正版化年度统计上报工作，及时落实相关工作要求。

【加密通信使用规范】 一是做好机关加密通信服务。完成加密通信套餐日常管理工作、机卡绑定工作。与供应商沟通协调，办理便捷通道和实名认证手续，开通在线办理渠道。制定退休人员加密终端操作手册，方便老干部使用手机。二是做好信息化相关工作。梳理工作秘密管理办法，开展工作秘密培训，梳理处室工作秘密内容。配合落实整治指尖上的形式主义相关工作，形成具体工作方案。会同信息中心对全委移动互联网应用以及微信工作群情况进行梳理统计。落实国产信息技术创新，做好原有模块的改造迁移有关工作。

【信息化项目落地】2020 年，市国资委严格遵守政府采购规定和国资委信息化管理办法，提高信息化项目管理规范性。严格按照预算管理制度，完成立项申报、开发运维、验收评估等工作。在年度项目建设上，完成 2019 年度 11 个服务项目执行工作，跟踪项目落实，推进验收。针对 2020 年度服务项目，完成项目启动前的相关工作，已完成 14 个服务项目的需求收集、预算汇总、专家预审等工作，确保项目按计划进行。在日常运维保障上，完成 OA 二期验收和运维移交工作，建立了运维工作周报、定期走访排故、24 小时问题反馈等制度，派遣运维团队桌面运维服务 422 人次，解决 OA 日常问题 194 个，提升了系统使用良好度和体验感。在系统网络安全上，加强重大节日、重要会议、重点活动期间的网络安全防护，12 天执行 7×24 小时两级值班制度，确保市国资委网站安全稳定运行。根据市保密局保密检查要求，使用专业工具对市国资委 248 台非涉密电脑进行排查整治。完成市经济信息化委 5 个系统安全测评及整改工作。根据市委有关要求，完成市国资委系统国产化改造的方案上报、审核、评审等环节，并完成合同签报流程，签订合同，推进工程实施；根据市大数据中心要求，完成市国资委门户网站迁移工作，并针对门户网站考核中技术指标内容做好整改完善；根据市经济信息化委要求，上报并通过了《上海市国资委政务信息系统整合方案》。

（赵　泉）

十七、上海市统计局

【概况】2020 年，上海市统计局（以下简称“市统计局”）认真贯彻落实全市统计工作会议精神和全国统计信息化工作要求，以信息化建设为依托，以数据处理与管理、网络安全管理、技术开发应用为抓手，以服务统计工作大局为目标，统筹推进中心各项工作，一如既往为上海统计事业改革发展提供坚实的技术支撑和信息化保障，统计信息化工作再上新台阶。主要从以下几方面推进信息化建设工作：一是做好第七次全国人口普查（以下简称“七人普”）数据处理工作，进一步提高普查信息化保障工作；二是继续深入推进上海市经济社会发展综合数据平台一期建设，着手谋划二期开发建设；三是顺利搭建市统计局视频会议系统，为疫情防控时期统计工作有序开展提供有力保障；四是全面推进上海市统计大数据监测平台开发建设。

【第七次全国人口普查数据处理信息化保障工作】“七人普”是在中国特色社会主义进入新时代开展的一次重大国情国力调查，是党和国家工作中的一件大事。近年来，我国人口发展出现了一些显著变化，既面临人口众多的压力，又面临人口结构转变带来的挑战。通过这次人口普查，得以查清我国人口数量、结构、分布等方面情况，把握人口变化趋势性特征，为完善人口发展战略和政策体系、制定经济社会发展规划、推动经济高质量发展提供准确统计信息支持。“七人普”技术手段有新突破，内容有新拓展，工作有新流程，市统计局按照国家人普办工作要求，采取多项措施做好“七人普”各项信息化保障工作。

一是组织研究国家“七人普”的方案、制度及实施细则，结合上海实际情况，反复推演归纳，制定全市人口普查数据处理实施方案。二是制定“七人普”PAD设备使用方案，清点现有可用PAD，并组织厂商对旧设备进行系统升级、检测、程序安装，按照政府采购流程完成“七人普”5 500台新PAD设备采购项目的招投标、合同签订、验收工作。三是按照国家人普办要求部署人口普查区划分系统，调配网络资源确保满足系统日均在线万人，顺利完成6 188个普查区、106 038个普查小区的划分和1 803 200个建设物的标绘。四是开展“七人普”国家级综合试点及上海市综合、专项试点工作，做好数据处理环境的各项准备，完成全市各级业务人员、普查人员的数据处理培训工作。五是按照“七人普”工作的时间节点要求，在人口普查数据处理平台上，做好全市13万普查指导员和普查员的信息管理、任务分配和数据处理工作。

【国家版权局软件正版化核查通过】根据《上海市2020年推进使用正版软件工作计划》的工作要求，市统计局成立局软件正版化工作领导小组，制定并实施《软件正版化管理办法》，全局人员签署《使用正版软件承诺书》。摸排全局在用计算机262台，确认安装正版软件核查工具，建立每台计算机的操作系统、Office办公软件、杀毒软件台账。整改不符合正版化要求的操作系统、办公软件，重新安装符合要求的操作系统、办公软件。11月，市统计局顺利通过国家版权局组织的2020年软件使用情况年度核查。

【政务信息系统整合工作完成】根据市经济信息化委政务信息系统、政务服务移动端、业务专网“三整合”工作要求，市统计局编制了政务信息系统整合方案，结合自身业务和信息化工作现状，将市统计局所有信息化项目纳入“一网通办”、统一办公、统计专业业务、国家统计业务四个大系统，已通过市经济信息化委组织的专家评审。该项工作为上海市委办局信息化项目相关工作的一次重大变革。

【局内视频会议系统搭建】2020 年初疫情防控工作形势严峻，市统计局党组和新冠肺炎疫情防控领导小组要求统计系统各级各类会议尽量以视频会议形式召开，有效减少人员聚集、阻断疫情传播。市统计局积极开展局内视频会议系统的建设工作，先后对多种互联网、局域网类型的视频会议系统进行测试和评估，选取优化方案，采购相关硬件。针对多种类型的会议场景和不同会议室硬件配置制定了相应的部署方案，在会议现场提供操作或支持。系统稳定高效支持多种类型会议场景和不同会议室参会直播模式，一年来，成功开展多次全局会议和专业培训会议的视频直播，为疫情防控时期统计工作有序开展提供有力保障。

【市经济社会发展综合数据平台相关工作】2020 年，市统计局一手抓平台一期建设深入推进，一手抓平台二期前期谋划，聚焦功能、机制、推广、对接、研究等重点领域，努力确保平台数据和分析展示质量，提升平台影响力，夯实平台应用分析水平提升的各项基础。2020 年以来，市统计局参与经济社会发展综合数据平台验收工作，协助开展需求调概、项目验收、信创改造等后续工作，调概方案已形成初稿。会同市大数据中心建设市经济社会发展主题数据库，整合 32 家委办局经济社会相关指标，对经济社会发展主题库中的数据进行清洗和规范，完成综合数据平台与市大数据中心主题库的渠道对接，有效拓展综合数据平台数据来源，有序推进市综合数据平台与各区数据平台的对接工作。下一步将继续加强平台建设基础研究，进一步提升数据分析应用水平，重点谋划好平台二期项目需求调研相关工作；加强平台内外部工作机制建设，进一步提升平台数据质量；加强平台内容推广和宣传，进一步扩大平台影响力；加强平台建管组织和队伍建设，为平台可持续发展提供保障。

【市统计大数据监测平台开发建设】为贯彻《关于全面推进上海城市数字化转型的意见》文件精神，践行“人民城市人民建，人民城市为人民”重要理念，落实市主要领导关于全面推进统计工作数字化转型的指示要求，市统计局于 2020 年 11 月 30 日印发《上海市统计局关于成立市统计大数据监测平台建设工作领导小组的通知》，成立相关机构，研究建设市统计大数据监测平台，以信息化手段“兴统强统”，推进统计工作数字化转型。

市统计大数据监测平台聚焦解决统计数据“漏不漏”“准不准”问题，以数据驱动统计业务流程再造，实现监测、预警、预测服务无缝衔接和高效协同，建立一个统计数据生产全流程监测管理平台，有效管理数据资产，提升统计治理精细化管理水平，使之成为统计工作全面数字化转型的突破口。

市统计大数据监测平台将统筹市局各相关处室（单位）现有的联网直报统计数据资源，梳理外部数据共享现状和需求，在原有部门共享机制的基础上，依托市大数据资源平台，按需加强与部门和社会机构间的数据共享，对分散实施的各项数据共享渠道进行规范整合，实现趋势智能预判、态势实时反映、问题及时处置，为各部门、各区提升数据质量和统计工作水平提供技术服务与保障。

（朱彦霖）

十八、上海市绿化和市容管理局

【概况】2020 年是“十三五”规划的收官之年，也是信息化发展的重要时期。2020 年，上海市绿化和市容管理局（以下简称“市绿容局”）依据顶层设计，落实重点任务，深入推进“一网通办”“一网统管”、数据治理、国产化替代等重点工作，信息化对行业精细化管理的支撑效果进一步显现，各项工作顺利推进，取得了一定成效。

【“一网通办”建设取得进展】归集市绿容局 41 项共 13 377 份电子证照，完成 69 项公共服务事项对接，再造“一件事”业务流程并正式上线，实现 37 个事项 66 项材料免于提交，在“双减半”工作上成为全市首家告知承诺事项全流程网签试点单位。完成国家委托的 2 个野保（野生动植物保护）事项全程网办，实现审批系统申请人“零跑动”全程网办。

【“一网统管”建设全面启动】2020 年，市绿容局根据上海市委、市政府印发的《上海市城市运行“一网统管”》建设三年行动计划（2020—2022 年）相关工作部署和要求，正式启动市绿容局环卫条线和森林防火“一网统管”项目建设，完成 136 个监管要素的数据汇集与展示，全量掌握全域性环卫生命体征；实现全天候垃圾清运流量与流向实时动态展示，提升了垃圾分类监管处置实效；通过 30 个智能防火视频和 65 个前端高清监控点实时监测林区火情，健全上海市森林防火协调响应机制。

【林业“三防”项目完工】2020 年 10 月，林业“三防”项目通过市经济信息化委验收，正式建立全市“早发现、早预警、早会商、早处置”的林业“三防”综合体系。为上海市林业灾害的防御、应急处置提供了有力支撑，推动城市林火智能防控工作迈上一个新台阶。

【行业视频综合管理平台完成建设】根据《政务信息系统整合共享实施方案》的安排，充分运用大数据、云计算、物联网、人工智能等新技术、新手段，以“一中心、一平台、多系统、多模型、泛感知、泛应用”为总体思路框架，构建以市绿容局为中心、以综合展示为主导的视频共享交换平台，实现与企事业单位视频监控数据的对接，达到数据共享的目的。

【行业“三重一大”系统全面推广】对行业“三重一大”系统进行全面服务和系统的升级优化工作，针对性划分系统预设角色权限，实现市绿容局 OA 上 562 名用户关联登录本系统，有效运用“制度加科技”防范集体决策风险。

【数据治理高效赋能】归集市经济信息化委名录下 33 个信息系统，形成 297 个数据资源编目；全面调研 22 个系统的 1 112 张业务表，梳理数据资产 327 项，出具 16 份数据质量分析报告；在此基础上完成 6 000 多页成果报告。配合市大数据中心完成领导驾驶舱、数据仓库等重大任务保障。

【绿化市容数据治理平台建设】开发建设上海市绿化市容数据治理平台，全面展示数据治理成果。同时配合第三届进博会的顺利召开，完成市容景观治理成果展示系统前台展示系统和后台编辑系统功能的开发、试运行、测试及上线工作。

【财务系统建设】围绕“预算管理、合同管理、用款申请 / 支付管理、统计分析”四大模块新建财务系统，解决使用过程中的痛点问题，满足市财政预算系统与本系统的数据对接需求；满足部门三级预算管理需求；优化报销系统中相关问题；优化系统人机交互界面，提升日常操作效率；系统设计预留了可扩展性，后续可以延伸至二级直属单位使用，也可根据直属单位实际业务需求升级。系统将于 2021 年正式启用。

【林业绿化遥感解译工作完成】森林资源解译成果共完成上海市中心城区、浦东新区、青浦区、金山区、宝山区、崇明区、奉贤区、嘉定区、闵行区、松江区 10 个任务区的林地变化数据成果，其中解译全市范围内疑似变化图斑共计 55 548 个、变化面积共计 9 363 公顷。从林地资源新增情况来看，疑似新增变化图斑 41 631 个、面积 6 891 公顷；从林地资源减少情况来看，疑似减少变化图斑 13 917 个、面积 2 472 公顷。全市绿化解译更新的绿化图斑共计 174 179 块，其中新增绿化图斑共计 93 754 块，新增绿化面积 6 332.60 公顷；补充增加绿化图斑共计 48 493 块，补充增加绿化面积 1 596.47 公顷。

【网安运维能力逐步增强】部署安全态势感知平台，建立网络安全集中管控中心和安全风险防控体系，完成网站系统漏洞扫描 12 次、渗透性测试 1 次以及应急演练 5 次。开展市绿容局机关智能视讯、监控及门禁系统巡检 72 次、维护 90 次，三地设备巡检 280 次、维护 140 次，政务外网主干网络连通率达 99.9% 以上，进博会等重要节点无安全事故发生。此外，配合市绿容局网信办飞行检查全局 21 家单位管理制度与技术防护，进一步强化行业网络安全管理。

【派驻试点成效显著】市绿容局于 2020 年 5—9 月开展全市信息化机制改革试点工作，信息中心就地成立试点派驻组，4 个月共向市大数据中心派发业务需求工单 18 张，全部得到完成，派驻模式得到有效验证；市公共数据质量分析报告考核成绩从 38 名（59.30 分）提升到 18 名（76.85 分），后端赋能效果明显。

（孙　卉）

十九、上海市药品监督管理局

【“一网通办”建设推进】持续推进市、区两级药品政务服务“一网通办”工作。在新冠肺炎疫情防控期间，上海市药品监督管理局（以下简称“市药监局”）充分利用“一网通办”平台“不见面审批”的优势，提升审批办件效率，有效减少企业申报人员跑动和接触次数，实现企业网上申报、在线受理审查、电子凭证推送的“全程网办”，为疫情防控发挥了关键作用。

新冠肺炎疫情期间，通过“一网通办”平台完成新型冠状病毒 2019-nCoV 核酸检测试剂盒、医用防护服、医用外科口罩、检查手套等一批防疫急需医疗器械的生产许可备案。特别是在新型冠状病毒 2019-nCoV 核酸检测试剂盒生产许可中，市药监局工作人员指导相关企业在“一网通办”平台上申报生产许可，在一个工作日内完成在线审核和许可证制发，为产品尽快上市争取了时间，为临床筛查和诊断发挥了重要作用。

2020 年，“一网通办”政务服务共受理 37 501 件申请，累计办结 36 924 件。完成电子证照归集，共生成 59 类电子证照 59 633 张，其中 2020 年新增 27 593 张。新增 9 项“一网通办”公共服务事项，包括上海市药品生产企业、药品零售企业、第一类医疗器械生产企业、化妆品生产企业信息查询等，方便企业和市民查询和监督。开发的“上海药店”接入“随申办”小程序，为公众提供药品查询功能，疫情期间帮助市民用户查药找药，积累用户30.8万名，提供药品查询109万次、药店查询66.9万次，并在进博会期间提供现场查询服务。

作为上海生物医药产业提供“放管服”的政府部门，市药监局向市大数据中心归集了药品、医疗器械、化妆品全部系统数据，发布资源目录75个；共归集入湖数据表54张，归集数据1 041万余条。向国家局数据平台、市大数据中心、市法人库、区市场局、市禁毒办等数据平台提供数据2 500万余条，落地外部数据2 250万余条；政务数据资源共享和开放达到部门可共享目录比例92.4%，以接口方式开放的数据资源比例88.9%，58个资源目录被其他单位申请共享使用，累计调用次数166万余次，对外调用市级资源3万余次。

【信息化建设】信息系统建设方面，主要围绕上海市政府“一网通办”和“一网通管”工作进行系统改造和数据对接工作。配合“一网通办”工作完成了上海市药品、医疗器械和化妆品市、区两级许可系统改造，包括模式“三转二”、好差评动态评价、数据共享、网页改版、自动办理系统改造等工作。配合“一网统管”工作完成与国办“互联网＋监管”平台数据对接，共提交行政检查、行政处罚、执法人员信息3类数据共258 276条，其中行政检查257 690条、行政处罚586条、执法人员11 699条。完成3个网站16个信息系统政务云迁移，整体上云率100%。“行政审批综合业务管理平台”成功入选国家药监局信息中心2020年度“智慧监管典型案例”。

2020年，上海药监局政务网站页面流量1.22亿次，页面总点击次数1.73亿次，全网共发布信息4 149条，新开设专栏12个，共343个栏目。“上海药监”公众微信号累计关注人数5.4万人，栏目信息更新6 778条；2020年净增关注3 062人，递增5.97%，发布原创文章45篇，合计阅读30.15万人次，文章转发数1.8万次。

【信息化规划编制与标准管理体系完善】市药监局根据国家药监局“十四五”药品监管信息化规划前期重大问题研究、《国家药品监督管理局关于加快推进药品智慧监管的行动计划》及《上海市“互联网＋监管”工作实施方案》要求，编制了“十四五”上海市药品监管信息化规划。市药监局综合处与上海市经济信息中心共同开展课题研究，并形成规划稿。对“十四五”期间信息化整体工作进行谋划，以信息系统整合为契机，建设“一网通办”“一网统管”“风险管控”“公众服务”“协同办公”五大系统，建设数据中台。以数据驱动探索药品智慧监管转型，将互联网的创新成果与药品、医疗器械和化妆品行业监管深度融合，推动监管效率提升，推动企业信息化水平提升，并积极探索互联网环境下的药品社会共治，强化数据支撑，努力构建“智感互联、开放共享、协同慧治、智能服务”的药品智慧监管新格局。

市药监局按照国家药品监管局和上海市政府相关数据标准和监管实际，充实完善药品监管信息化标准体系，加快信息化标准制修订工作。市药监局计划于2021年底前，完成信息系统整合工作，将17个业务系统整合为五大系统。系统建设标准先行，市药监局大力开展数据标准的梳理建设工作，已通过国家局信息中心收集了信息化标准体系、基础术语、数据源、国家药品监督管理局业务信息系统命名规范、药品信息化追溯体系建设导则等数据标准，并与市药监局信息系统数据进行整理和比对。2020年6月前形成一套既可与国家药监局数据标准兼容，又具备上海药品监管局特点的数据标准和信息系统建设标准。该套标准将成为市药监局开展信息系统建设、数据中台建设的基础，并为将来开展数据分析、应用和共享提供保障。

【数据管理与应用体系建设】市药监局在2020年信息系统整合方案中已筹备建设数据中台，做好数据采集与汇聚、数据应用等工作。2020年，市药监局落地了执业药师注册人员信息、进口药包材、进口非特殊用途化妆品备案信息、医疗器械经营企业、医疗器械生产企业、进口医疗器械、国产医疗器械、国产非特殊用途化妆品备案信息、药品经营企业、药品生产企业、药品GSP认证、药品GMP认证、国产药包材、进口药品、国产药品15类数据，为许可和监管工作提供了支撑。同时，市药监局综合处和信息中心学习《国家局数据资源共享管理办法（征求意见稿）》并反馈了2处修改意见，后期将管理办法应用于数据中台的建设中。

数据平台是“互联网+监管”的重要基础，数据的体量和质量决定着大数据分析的“智慧程度”。市药监局已建设数据中心，实现了局业务系统数据汇聚，且这个对内对外共享交换数据的基础平台汇聚市、区两级监管数据，包括3.15万家药械化企业及其产品监管数据共计约10亿条，其中数据量最大的药品实时监控系统采集了药品批发和经营企业的每日数据，累积原始数据几亿条，成为“上海药店”App的数据应用基础；该平台同时对接国家局药品、医疗器械、化妆品等26个数据库数据，并按11个区市场局申请进行了数据对接落地；该平台还承担着对国家局及上海市政府各数据平台的数据交换业务，年交换数据量245万条。另外，作为国家总局备份中心，市药监局共计有13个数据库级备份和2个应用级备份。

【政务服务体系建设】政务数据资源共享和开放工作方面，已完成公共数据的数据归集工作，并从市资源共享平台落地十多类数据，实现数据查询应用。应市药监局和国家药品监督管理局、上海市人民政府办公厅相关要求，围绕优化营商环境、激发市场活力和社会创造力，推进政务服务“一网通办”。以“优化上海市生物医药产业营商环境，提升群众和企业获得感”为目标，全面推进市、区两级药品政务服务共75项政务服务事项167个情形的“一网通办”工作。上海市药监局政务服务事项已100%接入“一网通办”平台，实现上海市药品、医疗器械、化妆品企业办事“只进一扇门”；已100%完成市、区两级事项全流程再造，实现企业“1次上门”或“0上门”，市级审批事项审批时限平均减少51%，市级审批事项提交材料平均减少57%，区级审批事项提交材料平均减少59%；已完成事项100%接入物流平台，收费事项接入支付平台，企业可在线办理，有效减少上门次数。

市药监局尚有6个行政审批事项使用国家药监局系统（具体事项名称为：药品进口备案、进口药材登记备案、执业药师注册、国产非特殊用途化妆品备案、药品再注册、研究用对照药品一次性进口申请），按照上海市政府电子证照归集的要求，以及对接省级政务服务平台的要求，需要国家药监局信息中心在提供部分结果数据的基础上，协助市药监局落地电子证照数据和环节办理数据。

【创新应用体系建设】市药监局于2020年编制了《上海市药品监督管理局政务信息系统整合方案》，并通过市经济信息化委组织的评审和批准。信息系统整合将根据药品、器械、化妆品三大板块的业务差异、需求共性以及业务性质，以“提升用户体验为中心”，打通数据接口、集成应用界面、拓展和完善业务功能，对市药监局现有17个业务应用系统（不包括政务网站和数据中心）进行整合改造，形成五个大系统：“一网通办”大系统、“一网统管”大系统、“协同办公”大系统、“风险管控”大系统和“公众服务”大系统。该方案建设药监局部门数据中台，新建应用支撑服务平台，为前台业务大系统提供应用元服务；以市药监局现有的数据中心为基础，通过升级改造现有基础数据库服务和数据共享交换服务，新建主题数据库服务，为前台业务大系统提供支撑和对外共享交互服务。大系统内按照业务差异和需求共性对现有系统进行划分，根据业务流程和业务需求，设计市药监局业务系统的整合方案。关联性强且业务属性类似的业务系统以融合的方式进行整合；部分功能关联性较强且高度类似的业务系统以部分融合、部分联通的方式进行整合，将强关联且高度类似的功能模块进行融合；关联性一般、仅有部分功能存在简单交互的业务系统，以联通的方式进行整合。

整个信息系统整合工作是落实市药监局信息化规划的过程，通过整合搭建市药监局信息化建设框架，联通信息系统、优化用户体验，从以事为中心向以人为中心转变，打造药品监管省级智慧平台。

【基础设施与网络安全防护体系建设】市药监局已接入电子政务内网、电子政务外网、国家药品监督管理局专网、互联网四套网络系统，其中电子政务内网为上海市公务网，市药监局本级无应用建设。通过接入国家药品监督管理局专网，实现与国家药品监督管理局间的数据交换与查询，并作为国家局的容灾备份中心，承载了全国药品监督管理的数据及应用容灾备份。电子政务外网和互联网是市药监局的核心应用网络，各类应用系统均部署在上海政务云平台的电子政务外网区域和互联网区域。

随着政务云平台的迁移工作不断深入，下一步要确保信息化安全体系与业务系统同步规划、同步建设、同步运行；加强对关键基础设施、关键信息资源和关键信息系统的安全防护；探索建立大数据和云计算技术、产品与服务的安全检测和审查制度等工作尤为重要。

【综合管理与保障体系建设】2020 年 4 月，市药监局发文《关于成立上海市药品监督管理局政务公开与信息系统整合工作领导小组及其办公室的通知》，成立信息系统整合工作领导小组及其办公室，进一步明确了市药监局网信工作的领导机制和工作机构。

【“一件事”业务流程落实落地】配合市大数据中心开发“开办药店”线上统一申报端口，打通药品经营许可、医疗器械经营许可、医疗器械经营备案、食品经营许可、消防安全检查等不同审批事项各自独立的审批信息系统，推进“开办药店”线上“一件事一次办”改革。申请人只需在一个申请端口提交一次材料，就可同时办理不同部门的 5 项许可或备案事项。申请人提交申请后，系统会将申请材料分发至不同部门的审批系统，各部门并联办理、联合现场检查、统一发证，显著减少“开办药店”所需的审批时限、申请材料和跑动次数。该“开办药店”线上统一申报端口已正式上线。2020 年 5 月 9 日，上海益丰大药房医药有限公司嘉定德富路店作为测试企业，成功通过该端口线上提交“开办药店”的申请材料，于 6 月 5 日取得了药品经营许可证、医疗器械经营许可证、医疗器械经营备案、食品经营许可证 4 张证，从企业申请到证照齐全可以营业，仅耗时 20 个工作日。东方卫视、看看新闻网等上海市权威媒体报道了“开办药店”一件事的改革成效。

（周凤舞）

二十、上海市知识产权局

【概况】2020 年 5 月 27 日，上海市知识产权局（以下简称“市知识产权局”）成立了信息系统整合与政务公开工作领导小组及工作组。领导小组由局领导担任组长，各部门有关负责人和工作人员分别作为领导小组和工作小组的成员，具体负责全面协调市知识产权局系统政务公开及信息系统整合工作，明确年度政务公开工作要点，督促各相关处室和单位履行政务公开职责；推动局系统政府信息标准化、规范化、信息化建设，支持信息系统整合项目的整体推进和有序实施。信息系统工作组主要负责协调制定局信息系统建设发展计划、信息系统整合工作方案、信息系统建设及运维项目方案；负责在局信息系统整合项目实施过程中推进部门协同联动，形成互联互通、业务协同、信息共享的系统平台等工作。

根据业务大系统整合的原则，将办公自动化、人事管理、内部综合管理、办公辅助等功能结合统一门户管理功能，整合为市知识产权局协同办公系统，将原“上海市知识产权局政务信息管理系统”升级改建为“上海市知识产权局协同办公系统”。原上海市知识产权局网站纳入上海市政府网站集约化平台。行政审批和政务服务类系统将整合为“一网通办”大系统。因此，将原“上海市专利工作试点示范单位认定与管理系统”和原“上海市知识产权局政务大厅建设”整合为市知识产权局“一网通办”系统，并补充纳入市知识产权局职能范围内的项目报批、奖项评审等事项。打造上海知识产权信息服务平台。将原“上海市知识产权信息工程”升级改建，对外提供知识产权信息公共服务。实现业务系统整合目标，将市知识产权局业务系统数量控制在 3 个。

根据市经济信息化委批复的信息系统整合工作方案，将原有全部政务信息系统整合为 3 个系统，具体包括：市知识产权局协同办公系统、市知识产权局“一网通办”系统、市知识产权信息服务平台。计划依托市知识产权局协同办公系统构建统一政务信息系统门户，通过统一访问门户，实现“一网一门户”整合目标；通过统一用户管理，规范登录认证标准，统一认证，实现单点登录；通过统一接入管理，统一接口标准，使得各类应用接入高效规范。依托上海市知识产权信息服务平台的综合数据管理系统，为各系统的业务应用提供数据库服务。

（王晓强）

二十一、上海市监狱管理局

【概况】2020 年，上海市监狱管理局（以下简称“市监狱局”）信息化工作将疫情防控作为重要任务，落实“两手抓”要求，积极推进年度工作，较好地完成各项工作任务和目标。

【疫情防控期间信息技术保障】加强新冠肺炎疫情防控时期对基层单位的业务指导，及时发布相关工作通知和要求，灵活运用多种方式全天候为基层单位提供服务保障。配合落实“关爱力度再强化”的民警暖心举措，研究制定民警亲情视频连线通信技术方案，为 15 个单位一线执勤民警提供 5 067 人次亲情视频通话。为满足疫情期间局领导与监狱监管区内主要领导视频连线需要，制定监狱监管区内主要领导视频连线技术方案，会同各监狱在业务网部署一套视频点名软件系统，共计保障视频连线 200 余次。做好视频会议系统维护工作，会同基层单位落实整改要求，有效提高视频会议画面质量，共计保障各类视频会议 460 余场次。及时发布《关于切实做好疫情防控封闭式管理期间信息化运维保障和网络信息安全工作的通知》，指导各基层单位做好疫情防控封闭式管理期间信息化运维保障和网络信息安全工作；督促有关技术公司做好返沪驻局机关运维人员 14 天居家隔离观察和重返工作岗位承诺书签订工作，在运维人员未到位期间，市监狱局科技处民警及时协调解决机关处室、基层单位信息化设备、系统和网络问题，切实做好疫情防控期间信息化运维保障和网络信息安全工作。落实市监狱局机关双休日、节假日运维值班制度，维修处理计算机及外设故障 173 次、网络故障 124 起，及时排除各类应用系统故障 142 次，处理警务通各类故障报修 173 起。帮助基层单位解决网络故障，做好网络与信息安全防护及突发情况应对，确保市监狱局信息化系统的正常运行。

【“智慧监狱”“智慧磐石”项目建设】全力推进“智慧监狱”和“智慧磐石”项目建设。结合疫情防控需求，继续优化完善“智慧监狱”设计，完成 13 个新增应用场景编制评审和界面设计第 12 次版本修订，新增疫情防控模块等页面设计，固化“智慧监狱”需求。紧抓“智慧监狱”项目申报工作，加强与上级部门和相关部门沟通协调，“智慧监狱”信息化建设方案已上报市经济信息化委审核。配套安防警戒设施升级改造方案完成编制和第三方专家评审。推进“智慧磐石”工程建设，成立项目建设小组，完成主体建设招标；制定项目建设实施方案、施工管理规定，有效落实防疫条件下项目施工要求等。

【年度信息化项目建设推进】完成市监狱局

生活卫生处系统（2019年升级改造）、指挥中心管理系统2020年度升级改造项目、罪犯危险性评估工作（全国版）建设项目、上海监狱（公众网）网站系统（2020年升级改造）等项目建设。完成上海监狱信息化“十四五”规划的编制工作。完成2021年信息化和安防项目预算申报，共审核信息化运维项目30个，共审核安防警戒设施项目42个。深化理论研究，研判分析疫情防控对信息化的特殊需求和场景，完成《在应对新冠肺炎疫情视野下深化智慧监狱建设的思考》论文1篇。完成应用系统接入市司法局平台和数据全量推送至市司法局前置机工作。完成狱政管理系统等数据资源目录的重新编目和更新工作，共完成64个编目、1 937个数据项的编目归集工作，并根据相关规定，落实每日更新同步。

【市监狱局信息化工作专题调研】2020年3月11日，市司法局副局长王东晟一行赴市监狱局，专题调研上海监狱信息化工作情况，听取上海监狱信息化工作汇报，详细了解“智慧监狱”建设推进、监狱大数据子平台建设对接、两局一体化办公系统对接工作、指挥中心搬迁及相关楼层搬迁等方面的情况，就监狱信息化建设遇到的问题和困难交流看法。王东晟对近年来监狱信息化工作在原有基础上坚持向上发展，为实现与上海国际大都市定位相匹配的上海监狱整体工作提供良好保障给予肯定。他强调：一是要进一步完善“智慧监狱”方案，方案要更加接地气、应用更加便捷。二是根据全市“系统、数据、平台三整合”和“一网通办、一网统管”要求，要在局指挥中心实现数据流、视频流、趋势分析、可视化决策等功能，实现“一屏观天下”。三是要加强顶层设计，信息技术部门加强沟通，业务部门之间明确业务需求，技术部门负责技术保障，建立联席会议制度，定期了解“三局”信息化建设中的困难，切实解决问题。市监狱局副局长戴卫东和市司法局信息技术处、市监狱局科技处相关负责人员参加调研。

【监狱大数据子平台对接工作研究会召开】2020年4月8日，市监狱局召开监狱大数据子平台对接工作研究会。会上，市监狱局科技处汇报3月31日市司法局“监狱、戒毒、矫正大数据子平台对接工作专题部署会”要求和市监狱局大数据子平台接入初步设想和方案，与会人员进行座谈讨论。市监狱局副局长戴卫东要求：一要高度重视大数据子平台对接工作，认真落实市司法局专题部署会要求，切实做到“数据应上尽上”“系统应联尽联”；二要按照时间节点要求，有序推进对接工作，加快完善对接方案；三要加强沟通汇报，对接方案制定后要及时向市局信息技术处汇报请示，同时加强与市监狱局相关业务处室沟通交流。市监狱局科技处全体人员参加会议。

【2020年第1次信息化建设领导小组会议召开】7月2日，市监狱局信息化建设领导小组召开2020年第1次会议。会议由局党委书记、局长、局信息化建设领导小组组长吴琦主持，会议听取科技处关于市监狱局申报2021年度市本级信息化项目支出预算的情况报告，局信息化建设领导小组对拟申报2021年度市本级信息化预算的项目进行评审。会议要求，要切实抓紧做好全国监狱信息化建设（一期）等信息化项目的验收工作，规范落实市大数据中心对信息化运维项目绩效前评价的相关要求，发挥好运维工作对监狱信息化工作的促进和保障作用。吴琦指出：信息化建设工作要科学运转、统筹推进，建设成果要“为我所用”，要注重凸显智能化、智慧化的作用。就下一步工作，吴琦要求：一是要抓实年内两项重点信息化工作任务落实；二是要加强信息化建设工作的管理；三是要充分发挥移动网络的优势。市监狱局信息化建设领导小组副组长戴卫东、局信息化领导小组成员参加会议。

【2020年第2次信息化建设领导小组会议召开】8月5日，市监狱局信息化建设领导小组召开2020年第2次会议。会议由局党委书记、局长、局信息化建设领导小组组长吴琦主持，会议审议了《关于上海市监狱管理局信息化系统升级改造项目建设方案编制情况的报告》。吴琦指出：一是要尽快行文将项目方案报市经济信息化委和市司法局，同时加强沟通联系，争取政策和资金支持，推进项目尽早批复实施。二是“智慧监狱”建设要全程留痕，重要节点、重要事件要形成大事记。三是要高度重视网络和信息安全工作，按司法部《智慧监狱技术规范》明确的“等级保护三级”的要求落实各项信息安全措施，对数据层、应用层、网络层的安全问题未雨绸缪、提前谋划。四是局各业务处室要积极参与，合理、充分地提出具体建设内容和要求。五是要结合2021年度财政预算申报工作，做好配套安防警戒设施升级改造项目预算申报和财政绩效前评价等工作。市监狱局信息化建设领导小组副组长戴卫东、局信息化建设领导小组成员参加会议。

【市监狱局生活卫生系统演示汇报会召开】2020年10月22日，市监狱局召开生活卫生系统演示汇报会。市监狱局党委书记、局长吴琦，副局长戴卫东参加会议。会上对系统业务功能开发设计、项目完成情况进行专题汇报，同时项目公司就系统内所有模块功能进行逐一演示讲解。吴琦就进一步做好系统建设强调：业务处室必须要立足“管理职责”“制度体系”设计相关业务功能，确保所有的业务流程能有效发挥指导服务基层实际工作开展功能。本次生活卫生系统升级改造必须要重点做到：第一，结合当前工作实际，进行流程再造，通过从“点”到“人”，进一步细化完善业务流程；第二，充分和局现有系统进行深度融合，积极借鉴其他业务流程，将各模块做好做细，确保数据实时准确，切实保障罪犯合法权益；第三，以操作便捷性为重要考量，进一步优化工作方式，以智能化手段推进工作，有效减轻基层业务民警日常工作量，提升工作能效。四是根据市监狱局“智慧监狱”总体规划要求，建设生活卫生系统相关业务流程，确保所有数据能广泛应用、实现共享。市监狱局生活卫生处、科技处、狱政处负责人和相关人员及项目公司相关工程师参加会议。

【“个别谈话”App试点动员与使用培训视频会议召开】2020年12月1日，市监狱局召开“个别谈话”App试点动员与使用培训视频会议。市监狱局副局长朱旭东出席会议并就具体工作提出要求：一要充分认识“个别谈话”App研发、推广的重要意义，以“智慧监狱”建设为抓手，深入推进教育改造工作智能化建设，创新“个别谈话”记录新途径，并以为民警减负为初衷，通过执法方式多元化，促进工作思维和管理方式的转型升级；二要充分理解“个别谈话”App试点工作的实质目的，及时发现问题、修改完善；三要充分明确“个别谈话”App试点工作的具体要求，在思想上予以重视、在过程中加强管理、在成效上打造亮点。会上，市监狱局科技处、教育改造处对“个别谈话”App的研发情况和推广使用方案进行介绍，并于会后组织开展操作使用视频培训，就相关问题进行释疑解答。市监狱局教育改造处、科技处相关负责人，女子监狱、宝山监狱、南汇监狱主要领导、分管领导及部分民警代表在分会场参加会议。

【青浦监狱信息化工作调研】2020年12月8日，市监狱局副局长戴卫东一行调研青浦监狱工作，实地参观监狱陈列馆，详细了解视频会见系统建设筹备情况，观看监狱视频会议系统演示，听取监狱相关工作情况汇报，并召开信息化建设座谈会。戴卫东指出：要一手抓监狱安全，一手抓工作推进，在做好常态化疫情防控工作的同时，根据市监狱局统一要求，结合工作实际，做好信息化建设基础和专业队伍建设，利用科技赋能提高监狱安全指数。下一步工作，一要深化“智慧监狱”建设方案。从适配性、广泛性、操作性上提出实际应用需求，利用信息技术解决执法、安全、管理、民警减负等问题，加快完成“智慧监狱”、武警互联互通、安防设施设备更新等项目。二要加强制度建设。明确责任部门和责任人，确保责任层层压实、岗位履职尽责。三要坚持需求导向。在争创示范监区建设过程中体现科技赋能作用，进一步减负增效，有针对性地提出信息化建设实际需求。局科技处相关负责人，青浦监狱党委班子成员、相关业务科室、监区负责人参加调研。

（龚爱英）

第四编　公共服务信息化

SHANGHAI INFORMATIZATION

5

综　述

2020年，上海公共服务信息化在智慧交通、智慧健康、智慧教育、智慧生活、智慧文化、智慧旅游领域均有发展。

智慧交通领域，上海市交通委员会推进“一网统管”智能化应用场景建设，启动道路交通管理信息系统建设。

智慧健康领域，上海市卫生健康委员会积极利用人工智能、大数据、“互联网+”等信息化手段开展新冠肺炎疫情防控工作。

智慧教育领域，上海市教育委员会贯彻落实教育信息化发展规划，推进上海市新型基础设施建设，打造新型数字化学校。

智慧生活领域，上海持续优化智慧社区、智慧邮政建设。智慧社区方面，依托“一网通办”“一网统管”，积极推进新版社会保障卡集中换发；智慧邮政方面，中国邮政集团公司上海分公司依托“互联网+”思维，对接新媒体，打造线上服务平台，提升邮政传统业务的技术含量和服务能力。

智慧文化领域，上海举办第十八届中国国际数码互动娱乐展览会和2020全球电竞大会。在数字新媒体和网络出版方面，上海两个数字出版项目入围国家数字出版精品遴选推荐计划评选。

智慧旅游领域，上海市文化和旅游局积极推动“上海旅游突发事件安全管理系统”建设，并全面推广旅游电子合同。

第一章　智慧交通

概　述

2020年，上海市交通委员会（以下简称“市交通委”）进一步加强交通运输支撑体系建设，推进“一网统管”智能化应用场景建设，启动道路交通管理信息系统建设。示范应用方面，推进公共数据开放应用试点项目，完成交通二维码在“随申办”的整合工作，试运行“申程出行”“上海停车”等App。

一、支撑体系

【信息系统整合】根据上海市委、市政府关于政务信息系统整合的工作部署，市交通委于2020年7月成立了信息系统整合工作领导小组，并下设会战指挥部，对相关系统的现状、业务需求进行了全覆盖调研，讨论明确了系统整合的总体工作目标和技术架构，研究梳理相关技术规范，形成各单位信息系统整合任务书和时间计划，制定信息系统总体技术架构和《数据共享规范》《应用共享规范》《场景决策设计规范》等标准规范，搭建系统基座，研究推进系统底座功能以及“六个统一”的软件开发和测试，完成核心系统应用和试点应用场景决策分析功能接入平台。

【"一网统管"工作推进】市交通委《"一网统管"三年行动计划》的编制围绕"编制一份计划，完善三个场景，建设一套系统"开展；聚焦大客流管控、轨道交通、停车监管三方面，开展市交通委"一网统管"智能化应用场景的建设；启动建设上海道路交通管理信息系统，明确建设及数据共享原则，实现全市道路交通全方位管理，深挖道路通行能力。

【政务服务应用整合】近年来，上海市政府正对标最高标准、最好水平，整合相关委办局移动应用端，深化"随申办"应用建设，加快形成全市移动政务服务统一入口，着力打造"比你更懂你"的"随申办"移动端超级应用。2020年，市交通委按照移动应用端整合计划，积极推进"上海公交""乐行上海""上海交通"3个App的整合工作，并于2020年底基本完成App相关功能的整合，完成"上海公交""乐行上海"等App的渠道关闭工作。

（俞婷莉）

二、示范应用

【公共数据开放应用试点项目推进】2020年，市交通委会同相关企业、高等院校等，探索研究"交通+自动驾驶"政企数据融合机制，建设汇聚政企数据资源的自动驾驶全链条测试数据资产管理平台，助力上海市公共数据开放应用试点项目，加快上海自动驾驶技术的发展应用，创新政企合作模式，深度服务上海自动驾驶产业，推动上海智慧交通体系建设。

【交通二维码在"随申办"框架下整合】2020年7月，市交通委会同上海申通集团有限公司、上海久事（集团）有限公司，配合上海市大数据中心初步完成交通二维码在"随申办"App的整合工作，市民可在"随申码"中分别找到"公交""地铁"按键使用，实现刷码乘坐地铁、公交、轮渡等公共交通出行。

【"申程出行"App上线试运行】2020年9月28日，上海市出租车统一平台"申程出行"App正式上线试运行。"申程出行"是汇聚全市出租车企业运能的出租车统一预约服务平台，该平台通过线上线下互联互通的叫车方式，配合上海实事项目——200个出租车候客点的"一键叫车"功能，引导市民有序约车，提高市民乘坐出租车的安全性与便捷性。

【"上海停车"App上线试运行】2020年10月15日，"上海停车"App正式上线试运行。该App兼具停车导航、停车换乘、枢纽停车、错峰共享、停车缴费、停车预约、停车充电、服务公告八项服务功能，覆盖全市 4 300 多个公共停车场（库）和收费道路停车场、89 万个公共泊位，通过创新停车服务，提高停车资源利用效率，为市民提供便捷的车位查询、预约、支付服务，提升停车便捷性和满意度。

【高速公路收费系统升级改造】2020 年上半年，上海道路运输管理部门利用疫情免费通行期间，对高速公路联网收费系统进行全面升级改造。系统升级后的最大特点是实现了 ETC（Electronic Toll Collection，电子不停车收费系统）车辆一次通行、一次扣费、一次告知和出口收费金额显示。

【智慧高速公路建设】2020 年，市交通委依托《新一代高速公路全息感知和自有流收费关键技术研究及示范应用》，将物联网、区块链、人工智能等新技术与道路建设管理相结合，根据上海市高速公路规划和建设总体情况，先行开展顶层设计，形成智慧高速“边试点、边总结、边示范、边辐射”总体规划方案。同时，通过前期试点方案征集，明确智慧高速公路试点任务清单、示范工程清单以及远期技术储备清单，智慧高速示范工程工作正式纳入上海市发展和改革委员会发布的《2020—2022 年上海新型基础设施建设第一批重大项目清单》，形成三年任务安排。2020 年底，基本完成 32 项试点验证工作，完成 G50 公路、G60 公路、S32 公路、G15 公路嘉浏段等示范工程建设方案，后续将推动智慧高速示范工程建设。

【自动驾驶汽车开放道路测试】市交通委积极支持符合条件的自动驾驶汽车开展道路测试工作，累计向 21 家车企发放 148 张测试牌照，有效测试里程超过 11 万公里。研究制定《自动驾驶开放测试道路环境分级标准（试行）》，创新形成全车种、全出行链、全风险类别、全测试环节和融合新基建基础设施的“四全一融合”自动驾驶测试场景布局。2020 年，新增自动驾驶开放测试道路 203 条，总计达 429.6 公里；全市累计开放 243 条测试道路、总里程 559.9 公里。

【洋山港自动驾驶集卡示范运营项目推进】2020 年，市交通委全力推进洋山港智能重卡示范运营项目，实现从道路测试到示范运营、从独立平台到系统融合、从单车智能到车路协同、从技术研发到商业探索的突破，智能重卡基本具备“洋山港码头—东海大桥—深水港物流园区”的全路段自动驾驶及载货运输能力。2020 年共完成 21 200TEU（Twenty-feet Equivalent Unit，以长度为 20 英尺的集装箱为标准的国际计量单位）运输量，超额完成年度工作目标。

【航运指数期货项目开发上线试运行】航运指数期货项目在2019年和2020年均被列为上海市委、市政府推进上海国际航运中心建设的重点督办工作。上海航运交易所自主研发“SCFI结算运价指数管理信息系统”，完成“数据报送”“指数编制”“数据校核”和“应急处理”四大功能子系统建设，实现数据采集、数据校核、编制计算、应急处理和对外发布等业务的全自动化，确保结算指数稳定、可靠地运行，为航运期货交易提供坚实技术保障和支撑。2020年11月2日，上海航交所研发的“上海出口集装箱结算运价指数”正式对外发布。

（俞婷莉）

【北斗超高精度监测关键技术研究项目通过绩效评价】由上海航鼎电子科技发展有限公司承担的项目“城轨交通结构不均匀沉降北斗超高精度监测关键技术研究”于2020年4月28日通过上海市科学技术委员会（以下简称“市科委”）综合绩效评价。该项目基于激光二维检测、GNSS（Global Navigation Satellite System，全球导航卫星系统）数据融合、MEMS（Micro-Electro-Mechanical System，微机电系统）高精度测量、光斑图像处理等多项技术，完成土体变形监测平台、微信小程序监测系统、激光垂直位移与水平位移监测终端产品的研制，并形成批量生产能力。项目成果在上海的历史保护建筑、管廊、轨交、基坑等工程项目实际监测中得到应用。项目申请国家发明专利2项、软件著作权3项，发表科技论文2篇。

【无人系统智能感知导航定位技术与测试试验场项目通过绩效评价】由上海北斗导航创新研究院等单位承担的项目“高精度导航位置服务综合应用试验区——无人系统智能感知导航定位技术与测试试验场”于2020年5月29日通过市科委综合绩效评价。项目突破了低成本快速场景建模与融合匹配定位、面向低速无人系统导航定位的场景理解与目标识别等关键技术，研发智能感知与导航定位共性算法库。针对不同行业与应用设计场景库，构建亚毫米级至分米级多维度精确标定的典型场景开源数据集。提出标准化以及基于任务的非标准分级测试评估方法，形成共性技术支撑能力，为智能无人系统企业提供研发产品的性能测试服务。该项目申请专利9项，申请软件著作权9项，制定标准4项，发表科技论文17篇，培养博士5名、硕士16名，成立3个联合实验室，完成2个测试试验场建设，相关产品实现2 826.9万元销售额。

【实时精密定位服务关键技术及应用项目通过绩效评价】“基于北斗/GNSS实时精密定位服务关键技术及应用”项目由上

海华测导航技术股份有限公司等单位承担，2020 年 6 月 18 日通过市科委综合绩效评价。项目研制基于北斗 /GNSS 的广域实时精密定位服务软件 SWAS V1.0，兼容 CORS（Continuously Operating Reference Stations，连续运行参考站）、PPP（Precise Point Positioning，精密单点定位）、CORS-PPP 解算模式的一体化终端 i90、北斗 /GNSS 联合精密定轨与钟差计算软件，以及 GNSS 卫星轨道和钟差超快速产品计算软件，实现精准农业、电力巡检、测绘勘探、国土资源等领域的落地应用，实现相关产品销售 5 586 台、产品销售收入 1.22 亿元。项目突破国内外基准站数据网络传输延迟控制技术、多系统联合精密定轨技术、多系统实时精密钟差预报技术、基于 CORS 的精密大气误差模型及不确定性参数构建与播发、终端解算模式自动切换策略与 CORS-PPP 模糊度快速固定技术、GNSS 联合定轨理论与方法等关键技术，形成行业内较强的技术竞争能力。项目实施期内申请国家发明专利 12 项，申请 PCT（Patent Cooperation Treaty，专利合作条约）专利 1 项，获得软件著作权 5 项，发表科技论文 9 篇，形成企业标准 2 套，培养博士 6 名、硕士 4 名。

【部标北斗车载终端关键技术研究项目通过绩效评价】“部标北斗车载终端关键技术研究及应用示范”项目由上海势航网络科技有限公司承担，2020 年 6 月 18 日通过市科委综合绩效评价。项目完成部标北斗车载终端高可靠性技术、信息高密度采集与储存技术、基于车载终端采集数据的驾驶行为分析、商业模式创新应用等关键技术研究，形成商用车前装产品技术较强竞争力。项目完成高可靠性部标北斗车载终端以及基于部标北斗车载终端驾驶行为分析解决方案、动态载重管理解决方案的开发，完成物流管理系统平台开发。项目申请国家发明专利 2 项，申请实用新型专利 1 项，申请软件著作权 2 项。

【无人船舶自主导航控制技术研究项目通过绩效评价】“基于北斗和 COLREGs 的复杂环境下智能无人船舶自主导航控制技术研究”项目由上海埃威航空电子有限公司承担，2020 年 7 月 2 日通过市科委综合绩效评价。项目突破了多天线北斗 /INS（Inertial Navigation System，惯性导航系统）超紧组合导航解算方法、多维信息感知及数据融合技术、无人船舶红外成像跟踪的稳定平台控制技术、复杂环境下基于 COLREGs（International Regulations for Preventing Collisions at Sea，国际海上避碰规则）的自主决策技术等多项关键技术；研制自主导航控制系统、船载环境感知系统、无人船舶试验环境、高精度测量型天线、高精度组合导航终端 5 个新产品。项目申请国家发明专利 6 项，申请实用新型专利 7 项，获得软件著作权 4 项。

【导航卫星群精密定轨与钟差估计系统研发项目通过绩效评价】“新一代导航卫星群精密定轨与钟差估计理论及系统研发”项目由同济大学等单位承担，2020 年 7 月 2 日通过市科委综合绩效评价。项目研制低轨卫星星座和对地观测数据的仿真平台、低轨卫星联合 GNSS 精密定轨和定位系统、低轨卫星信号接收终端，并进行初步验证。项目突破低轨卫星群联合 GNSS 精密定轨定位，基于国产单射频芯片的低轨信号处理等关键技术。项目申请国家发明专利 4 项，申请软件著作权 4 项，发表科技论文 8 篇，培养博士和硕士共 5 名。

【高分卫星遥感应用研究项目通过绩效评价】“高分卫星遥感在长江河口滩涂水沙和生态监测中的应用研究”项目由华东师范大学等单位承担，2020 年 7 月 2 日通过市科委综合绩效评价。项目基于星地同步测量和神经网络机器学习算法等技术，在长江口水域和滩涂实现星地同步数据检验，研制高分卫星高光谱影像对长江口水域水上水下地形、泥沙浓度、叶绿素 a 浓度等参数的系列定量反演模型和高精度植被分类识别模型，具备利用高分遥感卫星监测分析河口滩涂水沙和生态植被演变趋势的良好前景。项目申请国家实用新型专利申请 3 项，申请软件著作权 2 项，发表科技论文 7 篇，培养硕士 7 名。

【北斗安全模块研究项目通过绩效评价】“面向金融行业基于我国自主密码算法北斗安全模块研究”项目由上海华申智能卡应用系统有限公司等单位承担，2020 年 8 月 7 日通过市科委综合绩效评价。项目开展加密技术、定位技术、低功耗优化和抗干扰等关键技术研究，研制完成面向金融行业基于我国自主密码算法北斗安全模块。项目基于国密技术、北斗卫星定位技术以及 WiFi 室内定位技术的三位一体结合，实现银行卡受理终端交易数据（含地理位置）有效监管，有助于维护金融行业市场秩序。项目申请国家发明专利 3 项，申请软件著作权 1 项，发表科技论文 1 篇，参与完成《新型城域物联专网建设导则 2019 年版》修订。

【高精度物联定位技术研究项目通过绩效评价】“基于蜂窝网的高精度物联定位技术研究与应用验证”项目由上海交通大学承担，2020 年 8 月 7 日通过市科委综合绩效评价。项目开展基于 5G 基站阵列高精度测角 / 测距的定位技术，以及基于物联网 NB-IoT 信号的低功耗 / 低成本定位技术，包括 5G 网络与无线传感器网络系统定位技术等研究。项目申请、公开及授权国家发明专利共 9 项，申请软件著作权 2 项，发表科技论文 9 篇（SCI 论文 1 篇），形成 3GPP（the Third Generation Partnership

Project，第三代伙伴项目）标准提案 4 项，培养博士 4 名、硕士 15 名。

【北斗厘米级高精度技术研究项目通过绩效评价】“城市综合环境下北斗厘米级高精度技术研究、SoC 芯片实现及示范”项目由上海司南卫星导航技术股份有限公司承担，2020 年 9 月 25 日通过市科委综合绩效评价。项目突破基于高精度 RTK（Real-time Kinematic，实时动态）/CPS（Caliper Positioning System，钳定位系统）/INS 自适应融合算法、北斗星基增强服务的 PPP 定位算法和多径抑制与抗干扰技术等关键技术，形成全产业链技术能力。项目研制高精度全系统、全频点 SoC（System on Chip，片上系统）芯片以及基于 SoC 芯片的北斗高精度导航通用模块，项目成果的应用涵盖测绘与地理信息、智能交通、精准农业、智能驾驶、无人机等专业领域。在海外销售方面，基于新的北斗高精度导航通用板卡及接收机远销全世界 120 多个国家与地区，其中包含多个“一带一路”国家。项目申请发明专利 18 项、实用新型专利 4 项，其中获得授权发明专利 2 项、授权实用新型专利 4 项，申请并获得软件著作权 1 项。

【北斗终端与多传感器融合创新应用项目通过绩效评价】“北斗终端与多传感器融合在智慧渣土领域创新应用示范”项目由上海势航网络科技有限公司承担，2020 年 11 月 12 日通过市科委综合绩效评价。项目研制支持部标北斗终端融合创新应用的运营服务平台，设计开发支持多传感器融合的北斗终端，设计基于北斗终端与多传感器融合的智能渣土车创新应用解决方案。实现基于北斗与多传感器融合的北斗终端商业批量应用。项目周期内完成 3 000 多套北斗终端示范应用，实现部标北斗终端及服务销售 1 000 余万元。项目研究北斗终端与视频监控融合、北斗终端与多传感器信息融合等关键技术，形成产业链相关的技术能力。项目申请并获得 1 项实用新型专利、2 项软件著作权。

【慢行交通工具治理关键技术研究项目通过绩效评价】“基于北斗高精度的慢行交通工具治理关键技术研究及示范应用”项目由上海产业技术研究院承担，2020 年 11 月 12 日通过市科委综合绩效评价。项目研究了共享单车规范运行行业解决方案，开展北斗亚米级高精度定位技术、深度学习视频识别技术、蓝牙短程通信相结合的电子围栏技术示范应用。项目搭建浦东新区城市共享单车智慧监管平台，为政府、企业及公众提供基础数据共享分析、信息推送、单车停放等管理服务。项目完成浦东新区政府相关部门设定的 6 889 个非机动车停放点位地图测绘，建立行业数据基础。平台在浦东新区实现 13 个街镇和 1 个世博地区的落地应用，并在徐汇区、虹口区、长宁区等地进行成果转化应用推广。项目取得软件著作权 3 项，制定共享单车企业规范 1 项，培养技术骨干 6 名。

（王卓曜）

【“途虎养车”探索汽车养护新生态】2011 年创办于上海闵行区的“途虎养车”品牌主要定位于线上线下联动的汽车养护电商平台，线上注册用户超过 5 400 万，累计下单用户 2 000 余万，全国工场店超过 2 400 多家，合作门店超过 13 000 家，建有大型物流中心 60 多个，建立了辐射全国的实体服务网络。途虎养车近三年营业收入年均增长率超过 60%，2020 年度营业收入超过 100 亿元，是汽车服务行业的领跑者之一。

2020 年初，埃克森美孚公司、腾讯科技（深圳）有限公司和途虎养车成立合资公司——上海孚创实业发展有限公司，积极探索汽车后市场智慧养护解决方案，打造全新上下游一体化汽车养护生态。同年 5 月，途虎养车参与上海“五五购物节”，并配合直播经济热点，推出 24 小时不间断直播活动。为了配合夜间经济主题活动，途虎养车推出“夜间修车铺”，打造“人逛夜市、车做保养”的养车新场景。8 月，双钱集团股份有限公司和途虎养车签署“新国货、新飞跃”战略合作协议，双方在产品研发、销售模式、线下体验等方面合作，现场首发“飞跃乘用轮胎”，这是双钱旗下首个线上专用品牌，也是双钱营销模式上的新突破。途虎养车筹划投建长三角运营总部，研发大数据测算系统，建设智能化无人仓储中心，提高服务效能，为汽车后服务行业的长三角一体化发展探索新路。

（李一帆）

三、公共交通信息系统

【公交防疫登记二维码推出】为服务上海市防疫大局，为广大市民乘客提供安全放心的出行环境，上海久事（集团）有限公司（以下简称“久事集团”）旗下上海公共交通卡股份有限公司（以下简称“公交卡公司”）在第一时间做到全体动员，用短短 5 天时间完成方案制定、系统开发、单页制作等各环节工作，协助市交通委在公交、市域轮渡、金山铁路上全面推广新冠肺炎疫情防疫登记二维码。自 2020 年 3 月 2 日起，广大乘客通过微信、支付宝、云闪付等 App 扫描该二维码进行个人登记，一旦出现疫情防控需求便可以让卫健部门及时采取措施和联系，更好地保障广大市民健康、安全出行。

【交通联合版手机虚拟卡发布】根据全国公共交通“一卡通”互联互通工作的总体部

署，为进一步推进上海智慧城市、智慧交通建设，公交卡公司携手华为手机全面推进智慧交通与交通支付的深度融合，于2020年8月20日正式推出“Huawei Pay上海公共交通卡·交通联合版”手机虚拟交通卡，通过推动手机端虚拟卡发展，不断扩大移动端受惠面，更好地满足广大市民的出行需求。

【公交轮渡支持刷“码”乘坐】公交卡公司作为全国公共交通传统支付领域的标杆企业，立足“人民城市”理念，鼎力支持上海“随申办市民云”App于2020年8月底实现“上海公共交通乘车码”功能对接，在“随申办市民云”App、“随申办”微信小程序内实现扫码坐公交、乘轮渡、搭市域铁路；在为市民的出行提供更多便利的同时进一步提升公共交通服务能级，实现互联网新技术与传统市民服务行业的深度融合，为上海城市公共服务一体化、智慧化建设贡献力量。

【文旅年卡产品推出】自《长江三角洲区域一体化发展规划纲要》发布以来，公交卡公司及其所属旅游卡公司始终紧扣“共筑文化发展高地”“共建世界知名旅游目的地”的要求，不断加强与周边城市的沟通合作，积极推动双方资源的互惠互享，让文化旅游成为区域融合的“流量担当”。为配合长三角旅游推广联盟的成立，旅游卡公司于2020年9月12日正式推出“99玩一城、悠游长三角”旅游年卡产品。首批涵盖上海、安徽黄山、浙江温州等17个长三角城市，囊括上海浦江游览、杭州西溪湿地、南京朝天宫等200个长三角知名景点，完整呈现长三角秀美湖光山色和深厚人文底蕴。

【交联版卡码首进市域铁路】近年来，国家交通运输部对实现全国范围的交通“一卡通”互联互通工作高度重视，在互联互通战略的大背景下，公交卡公司积极落实交通联合版卡在各应用场景的配套升级服务工作，于2020年8月28日在金山铁路正式实现刷交通联合版交通卡、扫上海公共交通乘车码过闸。此举不仅成功拓宽乘车码在不同出行领域之间的互联互通，也进一步提升了互联互通效能，为用户提供了更多便利服务，进一步推动了长三角一体化交通互联互通建设的步伐。

【ETC智慧停车项目全面启动】随着ETC（Electronic Toll Collection，电子不停车收费系统）的全面推广，公交卡公司积极推进ETC应用场景拓展，丰富广大ETC车主的消费场景。自2020年初就一边加紧技术研发，一边与上海各家停车场加紧对接，推广ETC智慧停车方案。经过前期不断探索，初步建立ETC智慧停车平台，完成ETC扣费实车测试。公交卡公司计划下一步优化和改进ETC停车应用，持续推进ETC智慧停车应用，为广大市民提供更加便利的出行服务。

（朱国强）

第二章　智慧健康

概　述

2020年，上海市卫生健康委员会（以下简称“市卫健委”）积极推动卫生管理信息化建设，推进“一网通办”“互联网+医疗健康”等工作开展。同时，为切实做好新冠肺炎疫情发现、防控和应急处置工作，根据国务院应对新冠肺炎疫情联防联控机制的统一部署，市卫健委积极利用人工智能、大数据、“互联网+”等信息化手段开展疫情防控工作。

一、卫生管理信息化

【卫生健康条线“一网通办”工作推进】公共数据开放应用推进。市卫健委在公共数据资源平台上更新全市医疗机构主要业务情况，作为数据提供方支持2020世界人工智能大会，将卫生健康机构数据提供给需要的企业，为发挥卫生健康数据价值、优化营商环境、激发市场活力赋能。参加2020中国（上海）大数据产业创新峰会并获得年度奖项。

电子证照归集与应用深化。为进一步便民利民，为“减材料”“两个免于提交”提供切实可行的落地途径，市卫健委大力推进电子证照建设工作，自2018年起积极参加电子证照试点工作，将全量的出生医学证明、无偿献血证、医师执业证书、护士执业证书、医疗机构执业许可证等行业重点高频证照电子化，支撑“一网通办”的各项重要应用。

统一照片库工作推进。在上海市大数据中心（以下简称“市大数据中心”）的支持下，市卫健委于2020年9月底完成医师执业注册、护士执业注册、医师资格证书核发、乡村医生执业许可、放射工作人员证审批、母婴保健机构服务人员资格许可事项的过程中，通过调用“统一照片库”归集的个人证件照片，使得申请人办理事项时免于提交证件照片。

【“互联网＋医疗健康”工作开展】公立医疗机构医疗付费“一件事”实现全覆盖。市卫健委会同上海市医疗保障局、上海申康医院发展中心、市大数据中心等部门，针对医保患者无法实现一次性移动支付的现状，在评估相关信用风险的基础上，紧紧依托市大数据中心“随申办”App统一基础平台能力作为总入口，再造医疗机构业务流程，高效打造一个具有显示度、集中度、感受度，符合上海特大型城市形象的信用就医新型服务体系。截至2020年8月24日，全市公立医疗机构实现医疗付费“一件事”全覆盖。

互联网医院监管平台建立。根据国家卫健委《互联网医院管理办法（试行）》要求，市卫健委于2020年1月正式上线省级互联网医疗服务监管平台。2020年2月以来，先后有50家互联网医院接入互联网医院监管平台，实现实时监管，并获得互联网医院资质审批。互联网医院打破传统医疗服务的时空距离，为患者提供线上复诊开药服务。截至2020年12月，部分互联网医院已提供药品物流配送服务。

长三角一体化卫生信息互联互通工作进行。牵头长三角省市探索通过网络互联、数据互通，实现长三角内健康档案共享，进行长三角（上海）智慧互联网医院“互联网医院平台”“远程医疗协同平台”“数据互联互通平台”三平台建设。一是“互联网医院平台”对接上海市健康信息网与健康云平台，实现线上一体化在线问诊、在线处方、药品配送、电子票据等互联网诊疗便民服务，并与浙江省嘉善县实现线上异地医保结算。二是“远程医疗协同平台”无缝对接长三角互联网医院信息化系统，设立远程会诊中心、远程影像诊断中心、远程病理诊断中心、远程教学中心、远程检验中心五大业务中心。推动复旦大学附属中山医院与上海市青浦区朱家角人民医院、浙江省嘉善县第二人民医院、江苏省苏州市吴江区第五人民医院之间开展远程医疗相关业务；建议将朱家角人民医院作为服务方医院，向下辐射青浦区各家社区卫生服务中心、村卫生室等基层医疗机构及智慧健康驿站，充分利用信息化手段，将医疗资源带到居民家门口，解决医疗服务“最后一公里”难题。三是“长三角数据互联互通平台”建设。基于上海市健康信息网顶层框架，依托青浦区政务云建设长三角医疗健康数据分中心，在示范区范围内对接青浦、嘉善、吴江三地人口健康信息平台，实现居民临床就诊记录、实验室检验、影像检查报告等数据的互联互通，实现在三地联网医疗机构中的任何一台医生工作站上对患者在示范区内任何一次医疗服务记录进行调阅。同时，基于嘉善、吴江的患者在上海就医情况的大数据分析（如患者年龄、就诊机构、就诊科室、临床诊断等），精准提供远程门诊、互联网复诊等服务。

（唐怡雯）

二、疫情防控信息化

【疫情防控关口前移】新冠肺炎疫情期间，基于“上海健康云”App 平台，建设完成“来沪人员健康动态观察系统”。该系统以个人主动填报、社区排摸、企业排查的方式广泛动员来沪人员积极参与在线流行病调查，全面掌握来沪人员底数，系统解决“信息掌握难”问题，有效实现全市疫情防控形势的风险趋势智能预判。系统在一线道口、车站、机场等入沪关口使用，以便利化方式实现来沪人员的信息填报，加强重点人群体温筛查与记录，做好人群分类标示，切实解决“入沪人员跟踪难”问题。系统于 2020 年 1 月 31 日上线，截至 2020 年底，共计登记来沪人员 1 252 万人，实现“早发现、早隔离、早治疗”的防疫关口前移目标。

【重点地区来沪人员数据汇聚和综合应用】聚焦新冠肺炎疫情重点地区来沪人员，在多部门数据共享的基础上，汇聚涉疫来沪人员飞机、火车、手机、住宿、医保、快递物流等 20 类、2 亿条网上网下信息，搭建“疫情防控重点人员落脚点研判模型”，在来沪人员健康动态观察系统数据的基础上，实现对来沪人员的查遗补漏，研判相关人员在全市的具体落脚点，并将落脚点信息推送至各辖区街镇，开展上门核查，协助防疫部门精准定位疫区来沪人员。通过优化算法，使“找到率”从 2020 年 2 月初的不足 30% 提升至 2 月底的 90% 以上，找到时间从 72 小时缩短至 24 小时内。在 69 万条排查信息中，合计发现确诊病例 319 人，占全市总确诊病例数的 43.4%。

【确诊和密接者数据治理和活动轨迹还原】结合智慧公安、健康信息网、实有人口库中已有的大数据资源和各类主题库，开展疫情防控重点人员专题数据库建设。通过数据清洗、融合处理，进一步补全库内人员信息，形成包含50多万人的涉疫人员专题数据库，在此基础上搭建“密切接触者发现模型”，对确诊病人和密切接触者的活动轨迹、关系圈开展溯源排查，迅速掌握确诊和密切接触者的人员分布、身份信息、接触地点、接触时间等维度信息，协助防疫部门精准开展隔离管控工作。截至2020年底，累计支撑4.3万人调查，其中1.6万人实施医学隔离观察，合计发现确诊病例72人。

【“应管尽管”管理要求落实】建立“高风险人员健康智控管理平台”，对内汇总卫生部门新冠肺炎确诊、治愈、疑似、排除、医学观察、解除医学观察等数据信息；对外收集药店购药数据、发热门诊就诊人群数据、地铁等公共交通乘客信息，依托人脸识别等人工智能技术，对重点人群隔离情况、症状体征进行跟踪，确保隔离人员无违规外出，协助落实全市57万隔离人员的管控措施，全面落实“应检尽检、应收尽收、应治尽治”的管理要求。

【基于人群风险分类的“健康码”构建】基于数据信息和分析研判，形成人群分级分类的疫情风险体系，数据全面支撑“上海健康云”“随申办”App、微信及支付宝小程序推出的“随申码·健康”服务，全面助力新冠肺炎疫情防控期间企业复工复产和社会防控。服务街道社区防控，快速识别重点地区回沪人员，有效支撑社区第一时间落实重点地区回沪人员居家隔离等各项措施；支撑复产复工复市，园区、商户通过运用“随申码·健康”助力入驻企业复工以及往来客户的疫情防控，提高防控管理效率和精度，有效提升线下办事秩序与安全。

【远程视频网络构建】在新冠肺炎防控办的集中办公点组织部署基于市政府值班点名系统的视频会议网络，实现与各区、各市级医疗机构的视频会议全覆盖，形成基于视频网络的高效指挥调度体系。另外，实现与前方医疗队的多方会议和远程会诊，基于一套固定终端+移动终端相结合的远程指挥调度系统，在上海6支援鄂医疗队全面部署应用，打破集中办公点到医疗队隔离区内的通信瓶颈，实现多方会议、远程会诊等业务功能。

【公共卫生突发事件应急处置系统建设】根据上海市委、市政府“一网统管”工作要求，由市卫健委牵头，市公安局、市住建委、市大数据中心参与，自2020年4月开展“公共卫生突发事件应急处置系统”建设。系统包含医疗机构重点信息直报、公共卫生事件现场调查处置、人员健康服务管理、人员分析比对排摸、人员排查管控、医学管理措施、远程协同音视频通信、快速信息传递交互八个模块。截至2020年9月底，系统基本建设完成并投入使用，形成跨部门、跨层级、跨区域的信息共享和快速反应体系，相关成果在市城运中心指挥大屏实时展示。该系统助力上海市完善重大疫情防控体制机制，健全城市公共卫生应急管理体系，对全国推动以公共卫生安全为核心的国家治理体系与治理能力的现代化建设具有积极作用。

【新冠病毒检测信息管理系统建设】为落实国务院联防联控机制《关于进一步加快提供医疗机构新冠病毒核酸检测能力的通知》要求，及时掌握医疗机构新冠病毒检测情况，应对和防范秋冬季可能出现的新一轮新冠肺炎疫情风险，市卫健委开展上海市新冠病毒检测信息管理系统建设。2020年10月底，系统完成建设并投入使用，实现市民预约登记、核酸采集、核酸检测、报告查询等全流程管理功能，满足市民“愿检尽检”的需求，保障百万级核酸检测任务的高效开展。

（唐怡雯）

第三章　智慧教育

概　述

2020年，上海市教育委员会（以下简称“市教委”）围绕率先实现教育现代化目标，深入贯彻落实教育信息化发展规划，积极探索信息技术赋能教育，有力推进教育信息化建设。高校信息化方面，各高校深化基础设施建设，优化公共服务平台应用，着力提升师生体验，打造“智慧校园”。

一、教育信息化建设

【信息技术与教学融合创新推进】2020年，市教委启动第三批上海市教育信息化应用标杆学校创建工作，继续从全市各级各类学校中遴选一批学校探索教育变革和发展路径，引领全市同类学校建设与发展。此外，2020年，上海市人民政府印发《上海市推进新型基础设施建设行动方案（2020—2022年）》，将打造新型数字化学校列为任务之一，计划培育100所教育信息化应用标杆学校，推动建设数字校园、数字实验室、全息课堂等，试点建立个性化学生数字画像，创新学生多元化评价体系。市教委积极配合推进上海市新型基础设施建设，打造新型数字化学校。

【人工智能大会教育论坛举办】2020 年 7 月 10 日，2020 年世界人工智能大会教育行业主题论坛在云端举办。此次论坛主题为“共创智慧教育新家园”，探讨在人工智能赋能背景下，信息技术助推教育转型的实践经验和发展趋势。上海市副市长陈群出席论坛并致辞，市教委主任王平，中国工程院院士、北京大学教授高文，OECD（Organization for Economic Co-operation and Development，经济合作与发展组织）经合组织国际学生评估项目负责人安德烈斯 · 施莱歇尔，哈佛大学教授霍华德 · 加德纳等嘉宾汇聚云端，展开一场教育领域的高端对话。论坛现场发布《共创智慧教育新家园联合倡议》，上海市电化教育馆携手 10 余家相关企事业单位，积极构建产学研战略合作和协同发展的新模式。

【疫情期间在线教学】2020 年新冠肺炎疫情发生以后，市教委稳步实施覆盖全体师生的全学段、全日制在线教育，平稳有序地完成疫情期间教育工作。其中，高校和职校以各校为主体，充分利用已有课程资源，结合录制部分公共课程，并使用网上直播平台在线实时授课；针对中小学，推出“以电视为主进行内容分发，以网络为主进行师生互动”的“空中课堂”，采取“一源双师多渠道多终端”。教学采用双师型模式，市教委为每个年级、每个学科分别精选名师团队，统一授课，学生可通过多渠道实时收看名师统一授课；在对每位学生实时、统一授课的基础上，教师通过专用网络直播间和其他社交平台与学生保持互动，对学生开展班内个别辅导。教学课程不面向教师、学生收费，不增加教师和学生的其他投入。在前期充分调研和排摸学生家庭学习条件情况的前提下，对没有终端设备和未返沪的学生进行个别关照。市教委联系市通信管理局为“空中课堂”协调各运营商，统筹全市网络资源，给出新装优惠资费，并保证所有师生家庭上网带宽正常。通过上述举措，确保全市每个学生都能及时获取课程资源。

（李　曼）

二、教育资源开发

【作业库与目标库的建设】2020 年，上海市教育委员会教学研究室（以下简称“研究室”）完成涵盖数字教材配套练习案例、教材配套练习案例、作业试卷案例、质量检测数据共计约 5 万道题目的作业库，完成 14 个学科段分年级目标数据入库。

【“空中课堂”视频资源加工】开展“空中课堂”视频资源标引与加工，完成物理八年级一个单元空中课堂视频属性标引、切片和细颗粒度加工，并嵌入数字教材。

【数字教材应用推广】落实数字教材的应用推广工作，完善数字教材信息系统，形成开放、可推广、可持续的数字教材信息系统。2020 年 2 月，研究室完成与上海教育认证中心的对接改造。

【数字教材配套资源配送升级】研究室推动数字教材教学应用支持系统建设，升级数字教材配套资源配送机制，具备市、区、校三级独立配送能力，完成《辞海》(基础教育部分词条缩略版) 在线服务的接入与部署。

【数字教材应用推进】推进数字教材学校应用扩大至上海 12 个区共计 166 所学校，3 251 个班级、2 639 位教师、56 540 位学生直接参与数字教材应用研究，其中包括虹口区、普陀区、杨浦区、闵行区、金山区、松江区、嘉定区、宝山区 8 个整体试验区。组织数字教材交流展示活动，协同宝山区、嘉定区、松江区等各试验区开展线上线下应用推进活动，并举办 1 场跨学科交流展示活动，服务 1 000 多名一线教师。

【案例论文汇编征集与发放】组织案例与论文征集汇编，提炼教学应用要点，总计征集教学案例 234 份、应用论文 145 篇。最终评出优秀教学案例 25 份、优秀应用论文 17 篇，形成电子版优秀案例论文汇编，并发放至每一所试验学校。

【专著出版】出版专著《数字教材应用的上海实践》，围绕“基于环境，深化融合，助力教学”的基本理念，在将近 160 所试验学校的积极参与下，对阶段研究成果进行系统总结，集中反映数字教材应用推进的整体架构、路径方法、具体操作与建议。

（张　汶　张新宇　费宗翔）

三、高校信息化

复旦大学

【概况】2020 年，是《复旦大学智慧校园三年行动计划（2018—2020）》执行期中的最后一年，也是“十三五”的收官之年和“十四五”的谋划之年。复旦大学信息化办公室以学校发展为中心、以人才培养为重点，在多元化教学、个性化学习、精细化治理、智慧化服务等方面创建系列特色项目，努力构建教育信息化 2.0 时代的智慧校园解决方案。

【5G 网络覆盖及应用场景创新】联合运营商新增 5G 室外基站，实现 5G 信号在校园

室外公共区域的100%覆盖。完成5G虚拟校园网的基础设施建设工作，试验网建成并投入运行。完成光华楼东辅楼102、202会场的5G接入服务。

【校园网光缆系统全新规划完成】将邯郸校区和枫林校区核心节点互联光缆扩容48芯；在北区食堂设立新的区域汇聚机房，该机房与第一教学楼信息办机房、光华楼信息办机房各48芯光缆互联，形成冗余结构。

【有线网和无线网核心设备升级】完成校园有线网和无线网核心设备全面升级。目前邯郸校区与江湾校区、枫林校区核心设备互联升级为100G，邯郸校区与张江校区核心设备互联升级为40G。邯郸校区光华楼核心与第五教学楼汇聚之间升级为40G互联。完成邯郸校区本部、南区和北区学生宿舍网络改建工作；完成江湾校区一号交叉科研楼、二号交叉科研楼、发育所、体育馆和110 kV电站的校园网建设；完成枫林校区二号科研楼、动物楼、P2实验室、尚谊宿舍、放医所宿舍、星巴克、菜鸟驿站、办事服务大厅等楼宇的校园网建设；完成张江校区第二教学楼、电镜中心、南方脑科学研究中心和复旦人类表型组研究院所在楼宇的校园网建设。所有新建/改造楼宇均10G接入校园网。

【多校区机房建设及改造】江湾校区第一交叉学科楼核心机房建设工程、邯郸校区第一教学楼信息办机房扩建工程以及光华楼一楼核心机房改造工程启动。四校区二级楼宇网络机房消防改造工程（第一批）基本完成，并启动第二批机房安全改造工作。200间机房安装门禁设备及悬挂式干粉灭火器，84间重点机房安装视频监控设备，14间机房更换空调设备。

【校园网IPv6整体升级完成】有线和无线接入网全面支持IPv4/IPv6双栈服务，校区间互联带宽扩容至40G/100G。向所属运营管理机构申请到新的地址段，丰富了学校可用IP地址池资源。

【疫情防控信息化工作开展】新冠肺炎疫情期间，为学校32个主要出入口提供76台智能刷卡POS机及49台手持式移动POS机，为学校提供进出认证服务数据及日常刷卡数据统计。建设包括“平安复旦”和“大后勤”校外人员信息采集系统，实现学校全口径人员信息统计管理。建设移动报到注册小程序，避免人员聚集。构建线上、线下立体疫情防控网络，助力学校打好疫情防控阻击战。

【“一卡通”系统升级完成】推进邯郸校区、江湾校区、枫林校区“一卡通”终端设备升级改造。根据学校信息化工作统一部署，进一步明确并实施“复旦大学虚拟卡建设目标及推进计划”，于 2020 年 12 月 31 日上线复旦大学虚拟卡。完成智慧点餐系统软件升级工作。完成部分食堂（张江校区食堂、枫林校区食堂、护理学院食堂）线路改造工作。

【视频服务开展】建设云视频会议平台，为全校师生在新冠肺炎疫情期间的远程学习、科研及办公提供保障。拓展视频应用场景，拓宽视频服务内容。保障学校重大会议、开学典礼、名师讲堂、疫情防控演练、校园文化活动等场景。2020 年共为 200 余场校级重要会议、活动提供视频保障服务。完成枫林校区及国内外各类视频活动共 80 余场会议技术支持工作；完成上海医学院公务网和纪检校内专网建设；协同基础医学院完成 2020 年医师资格考试临床类别实践技能考试第一站计算机考监考和阅卷的技术保障工作。

【教务系统升级改造】本科教务系统完成“2+X”体系中培养方案、排课选课、成绩评定、发展路径、学程报名等重要模块的升级改造工作。完成 2018 级 8 个试点专业约 500 名学生的“X”路径分化工作。促进本研培养贯通。研究生选课系统首次推出“研究生选课导师指导”在线应用服务。2020 年，复旦大学“卓博计划”181 名本科生登录研究生网上选课系统完成选课、退课操作，除学位公共课及开课院系设置了专业保护的课程外，已排课的其他研究生课程均面向“卓博”学员开放。

【“1+N”在线教学创新方案制定与实施】eLearning 平台完成从虚拟机部署到容器云部署的迁移，优化了校内外存储架构，可保障近 3 万用户同时访问，性能提升约 30 倍。平台开课总数 6 879 个，平均日活跃用户数 8 000 余人，上传课件总数 90 万个，课件上传量 4.6T。平台新增在线会议功能，秋季学期搭建视频类课件服务，为教师提供课程视频上传、转码、发布的全流程自动化服务。

【疫情期间助力学术与科研】将应用服务出口带宽临时由 4G 扩容至 10G，满足校外师生开展教学科研活动需求；在应用服务和教学科研出口带宽上分别部署 VPN（Virtual Private Networks，虚拟专用网）集群，并增加 Web VPN 服务支持；紧急上线基于 CERNET（China Education and Research Network，中国教育和科研计算机网）的 CARSI（CERNET Authentication and Resource Sharing Infrastructure，中国教育科研网统一认证和资源共享基础设施）服务，支持师生在校外通过统一身份认证直接访问国内外资源。支持知网等 43 个可校外访问数据库，日均提供近 3 000 次认证服务。联合运营商推出针对教师的家庭宽带免费升速 3 个月活动，共 211 名教师参与；推出赠送师生手机流量服务，共6 853名师生参与。

【数据统一归集和共享利用】统一规范数据共享标准、范围、流程，持续推进数据统一归集和共享利用。基于数据质量管理、数据安全管理开展数据治理工作。以综合数据分析平台和领导驾驶舱平台为基础，提供重点领域的数据分析和展示服务。

启动数据“三清单一目录”平台建设，展示全校数据资产、数据共享交换、数据质量等情况。启动人脸识别平台建设，推进人脸识别服务的统筹建设。启动网络日志大数据平台建设，提升日志归集和管理能力。在疫情防控期间，每日更新进校名单。推出食堂就餐指数、“一卡通”状态查询等数据服务。持续推进“领导驾驶舱”建设，新增“平安复旦”、在校人员活动、学生返校、在线教学、本科生及研究生迎新大屏等展示。完成人员在校活动、就餐、“一卡通”、在线教学问卷等数据分析，上线各院系医保缴费进度查询及统计。

搭建论文认领平台，推进成果数据归集。完成数据使用对接40余项，包括大型仪器管理、全国人口普查、学生参加2021年度上海市城乡居民医保、统战系统、智慧书院、学生注册、学生体质健康测试、学生医疗报销、学生银行卡办理以及疫情相关业务等。

【“一网通办”建设】网上办事服务大厅（eHall）重点完成一批师生关切的实事项目，尤其是疫情防控期间，积极配合业务部门紧急开发上线学生返校确认、学生出校报备与申请、校外人员应急报备、临时“一卡通”申请、Zoom使用申请等事项，完善统一采购申请事项。完成任务中心待办消息提醒及数据报表导出等功能优化。面向师生开展eHall新版界面投票调研，基于调研结果，启动网页端界面优化和移动端小程序平台升级。2020年度新上线50项审批服务事项，eHall总计在线运行服务255项。

【网络安全保障工作持续推进】加强二级单位网络安全管理，加快推进等级保护工作，加速实现信息系统的等保覆盖率，开展面向部门院系的等级保护咨询工作，累计发现安全风险100余次。完善漏洞扫描云平台，2020年全年提供云漏扫服务96人次。建立和完善监测预警机制，全年共计发现并启动应急响应99次；完善信息资产登记平台设计，初步完成信息资产平台建设；保障信息基础设施稳定运行，提供“公有云＋私有云”混合、增加容器服务的基础设施服务。启动云网端平台前置机房改造工作。

（王明洁）

上海交通大学

【概况】2020年，上海交通大学信息化发展以“双一流”大学建设为目标，聚焦学校发展战略，坚持改革创新，将信息化技术与教学、科研、管理、服务深度融合，推进学校教育持续高质量发展。在新冠肺炎疫情防控期间，通过信息化技术手段有力保障教育教学活动有序开展，开启线上线下融合的教学新模式。

【疫情防控期间创新服务】新冠肺炎疫情防控期间迅速响应，助力在线教学有序开展。短期内攻克技术难关，依托高速校园网络、在线教学数字化积累、高性能混合云平台、互联网视频会议服务，支撑教学管理部门迅速推出“统一平台、自动排课、预设教室、直播授课”的大规模线上教学新模式。2020 年春季学期课程实现全交互直播、虚拟教室自动化管理，最大化保障线上线下教学效果。结合常态化疫情防控要求，推出“线上迎新”，全面整合教务、财务、宿管、医院、户籍等多个方面，创新使用手机“人脸识别”和“唇语读数”技术，减少新生报到人群聚集。自主研发食堂就餐指数，设计人流时空分布模型，引导师生错峰就餐。利用人工智能技术识别餐盘，推出“光盘打卡行动”，杜绝餐饮浪费。

【校园网络建设升级】普及光纤到楼，全面支持 IPv6 下一代互联网接入，提高网络传输速度、可靠性与稳定性。有线网实现校内 70% 终端千兆接入，校园网出口带宽提升至 40G，新增 AP（Access Point，无线访问接入点）数量 6 800 余个，无线网络 HT40 技术广泛使用。新生宿舍采用 WiFi 6 新技术覆盖，探索全移动接入。推出新版 VPN 服务，支持断线自动连接，为学校师生开辟校外访问专属高速网络通道。

【基础信息服务升级扩容】校园网络应用持续升级扩容，全面支撑智慧校园建设。校级数据存储平台聚合存储能力超 30PB，有力支撑科研大数据和信息化系统需求，云存储服务持续升级，云视频服务支撑随时随地进行线上会议和大规模线上教学直播，VPN 服务和接入 CARSI 认证简化师生校外访问，虚拟校园卡实现无卡消费和移动身份识别。

【管理信息化移动端发力】2020 年 1 月，上海交通大学在“2020 微信公开课 PRO”智慧教育论坛获“微信年度信息化建设示范学校奖”。学校自主研发一门式服务平台，打造移动端“交我办”App，并不断扩展平台服务应用。2020 年，“交我办”累计新增功能 5 项，新增流程 80 个，共计上线流程 23 个。“交我办”下设 42 个业务类别，共计 378 个办事事项，并荣获“上海市高校信息化建设与应用案例金奖”。学校信息化建设走入院系，支撑学院事务管理，助力学院实现线上评审考核；对接教育部学科评估填报系统，完成 23 个学院、46

个学科在线填报；实现全流程线上职称评审工作。“院系数据应用”荣获上海市高校信息化建设与应用案例银奖。

【网络安全能力辐射行业】组织安全攻防团队，积极参与教育部、上海市教育委员会（以下简称“市教委”）网络安全攻防演练，攻击队在全国教育行业攻防演练获得第一。上海交通大学承建和运营的“教育行业漏洞报告平台”为全国教育行业提供漏洞信息共享，被国家互联网应急中心评为教育系统唯一“2020年度CNVD协作特别贡献单位”。提高漏洞信息的送达率、漏洞的修复率和处理时效，实施校园网出口网站白名单安全管控，在校内异构部署Web应用防火墙，针对IPv6和HTTPS站点重点加强防火墙保护。自2020年9月起，针对影响较大的紧急漏洞下发《网络信息内容与安全事项通知书》，每月发布《校园网站内容建设与安全管理情况通报》。

【计算平台位居高校前列】云计算平台、高性能计算平台、人工智能计算平台及多个数据存储平台共同构成新一代校级计算平台，支撑多学科多领域科学研究及教学工程应用。校级计算平台共有964个计算节点；云计算平台jCloud 2.0配置12 320核CPU、118TB内存；高性能计算平台π 2.0集群拥有26 000核CPU；人工智能计算平台配备8台NVIDIA DGX-2服务器128块Tesla V100卡，深度学习张量计算能力为16 PFlops。校级存储平台融合多个大规模数据存储平台，存储裸容量达33.6 PB。

【信息化专家行业贡献】上海交通大学教师蒋磊宏获全国信息技术标准化技术委员会教育技术分技术委员会分会颁发的推动中国教育信息化技术标准发展“优秀贡献奖”；谢晶、叶春华荣获“上海高校信息化先进个人”。韦建文当选中国计算机学会高性能计算专业委员会委员；林新华当选上海计算机学会高性能计算专业委员会副主任兼秘书长。

【网信人才培养贡献力量】2020年8月，上海交通大学Oops安全战队与国内其他安全团队合作，获得全球网络安全竞赛总决赛DEF CON冠军，这也是中国团队有史以来首次登顶此项赛事。2020年9月，学生刘楚彤、武永兴、庄轶哲代表Ph0t1n1a战队获得第四届世界智能大会五大赛事之一“第五空间”智能安全大赛特等奖；Oops战队获第四届“强网杯”全国网络安全挑战赛季军；由教师廖秋承和程盛淦指导的“微小的优化”代表队获得第八届“英特尔杯”全国并行应用挑战赛决赛应用组铜奖。2020年12月，学生蔡淦朴、武永兴获得首届全国技能大赛网络安全项目铜牌，并获“上海市技术能手”称号。

（姜开达）

华东理工大学

【机房基础设施建设】 完成徐汇校区机房、配电房改造，新增机房面积 112 平方米。安装微模块精密空调，部署全封闭冷热通道系统，扩容环境控制系统，增设安防系统，进行网络综合布线改造，对 UPS（Uninterruptible Power System，不间断电源）进行扩容改造。机房基础设施项目增加学校核心机房面积，改善机房环境，提高节能环保效率。

【数据中心建设】 完成徐汇、奉贤数据中心的升级建设任务。更新数据中心核心交换机，部署上线服务器和存储。通过本次基于 SDN（Software Defined Network，软件定义网络）的数据中心网络建设，构建横跨徐汇、奉贤两校区一体化的数据中心整体架构，实现“两地三中心”的架构目标，提升业务系统部署的灵活性和安全性，强化数据中心的可靠性和可用性。

【无线网络建设】 完成徐汇校区教学、实验区域的无线网络更新改造任务。新增 2 586 个接入点，综合布线里程达 125 公里，涵盖 19 栋楼宇。无线网络改造完成后，增强无线信号强度，扩大无线覆盖范围，提高无线上网速度，改善用户上网体验。

【三网融合一站服务平台建设】 2020 年，学校全面推行“一网通学”“一网通办”“一网统管”三网融合建设，全面建成智慧、高效、安全的信息门户，为学校“双一流”建设和内涵式发展提供信息化基础。截至 2020 年底，全校统一身份认证对接系统数量达 137 个，其中共有 50 个系统上架一站服务平台，平台总计建设流程 55 个，3 个工作日内完成的流程比例达 99.55%。优化教育服务体系，提升学校综合治理能力。

【学习平台建设】 坚持“教师主导、学生主体”理念，基于学校教育教学实际和自身特色进行整体设计和建设，实现线上学习、交流讨论、课堂活动、考试测评等功能，支持在线教学、线上线下混合教学等教学模式，满足学校多层次多类型的教育教学需求。新冠肺炎疫情期间，本科生和研究生教学依托多层次信息化学习平台稳步开展，承受住了高负荷、多需求的考验，高质量完成各类教学过程，为推进“一网通学”和构建泛在学习环境提供支撑。截至 2020 年底，平台共建设网络课程 2 412 门，有效访问量超过 2 308 万人次，课程资源上传总量 3.5 万余件，试题建设总量 11.9 万余件。

【数据仓库建设】 数据仓库接入人事、学工、研究生、资产、科研、图书、教务、招生等核心业务系统的数据，同时建设了数据资产分发管理平台。截至2020年底，已与44个部门业务系统实现对接。启动基于数据仓库的数据展示平台的项目，包含科研、教学等主题交叉分析。数据仓库致力于打通各业务系统之间的数据壁垒，建立人员身份统一编码大表，为提升信息化智能服务水平打下基础。

【智慧迎新】打造智慧迎新，上线人脸识别系统。新生到达校园门口或者宿舍区域时，人脸识别认证机自动对学生与其身份证信息进行比对验证，并通过大屏与语音精准告知其所在宿舍围合，指示到达路径，真正实现“刷脸”报到。

【智能化柔性教学环境建设及应用】建成智慧教室41间，通过物联网、智能触屏、激光投影等打造智能化教育教学环境。新建3套自动录播系统，完成与学校多层次信息化学习平台的自动对接，实现课程自动同步。安装更新中控系统23套，完成徐汇校区多媒体教学系统的统一管控。调整教室交换机配置123台，提升控制网络的稳定性。保障教师教学能力竞赛等活动，指导教师学习使用智慧教学环境，提升教师信息技术能力。通过“华东理工大学”“华理E教务”“华理小蜜蜂”“学在华理”等官方微信公众号和教室班牌小视频推送，以及教师培训等多种形式，推广柔性智慧教室的普及和应用。

【装备资产与实验室管理信息化建设】通过装备资产管理平台、物资采购审核系统、实验室物资使用管理系统、大型仪器申购管理系统、物联网大型仪器智能监测系统、HSE管家系统等的上线、升级和做深、做实应用场景，优化服务流程，强化资产绩效管理。装备资产管理平台与财务系统对接，提供资产标签自主打印服务，实现装备资产入库全程网上办理。物资采购审核和实验室物资使用管理系统实现实验物资网上申购、受理、监管的全过程服务，提高物资使用精细化管理水平，并在此基础上构建“华理京东慧采平台”，作为学校竞价采购的有益补充。大型仪器申购管理系统和物联网大型仪器智能监测系统服务学校大型仪器使用绩效、开放共享、投资效益等科学决策。HSE管家系统实现学校危化品和实验项目风险评估“一网统管”，落实对危化品全生命周期闭环管理，降低实验室固有风险。

【VR“双创”教学实践】探索扩展现实（Extended Reality，简称XR）技术辅助工程教育，建设XR创客实验室，开发基于混合现实（Mixed Reality，简称MR）技术的水煤浆气化装置教学案例，登记计算机软件著作权3项，组织基于虚拟现实（Virtual Reality，简称VR）技术的教学实践活动，涉及化工、化学、资环、机械4个学院12门课程，参与学生492人次。

指导VR俱乐部社团开展各项“双创”活动，设计开发了“革命烈士纪念馆虚拟现实沉浸式体验系统”等VR红色教育资源，并组织学生团队深入上海市各街道社区开展“VR重走长征路”红色教育社会实践活动。“VR正当红——红色教育云平台”获第十二届“挑战杯”上海市大学生创业计划竞赛上海市银奖，“环境工程VR教育培训引领者”获第六届中国国际“互联网+”大学生创新创业大赛上海市铜奖。

【信息化“双创”人才培育】2020年4月，华东理工大学获美国大学生数学建模竞赛一等奖；6月，获2020上海市大学生计算机应用能力大赛一等奖4项；8月，获2020年中国大学生计算机设计大赛一等奖3项，第八届全国大学生自动化系统应用大赛特等奖2项、一等奖1项；获第十一届蓝桥杯全国软件和信息技术专业人才大赛一等奖2项；“飞喵换电”“Solljus智能照明系统”“NK脑控”等信息化类项目获第十二届“挑战杯”上海市大学生创业计划竞赛金奖1项、银奖6项；“压力管道智能化健康管理系统”与“AMMAS智能室内空气管控系统”等信息化类项目获第六届中国国际“互联网+”大学生创新创业大赛上海市银奖2项。

【网络信息安全保障】持续完善信息安全体系建设，2020年上半年完成多层次信息化学习平台、办公自动化系统、一站式服务平台、校友会与基金会综合服务管理平台4个系统的定级备案和测评工作；下半年完成新版研究生系统的等保备案测评工作，同时对站群平台、“一卡通”系统2个三级系统进行等保复测。在全覆盖扫描的基础上对重点系统进行渗透测试，分别于5月和11月完成两次全覆盖漏洞扫描工作，全方位自查存在的安全漏洞，对漏洞及时整改，完成9个综合平台的渗透测试。10月通过上海市公安局到校进行网络安全执法检查。

（栾小建）

东华大学

【概况】2020年，东华大学积极推进信息化建设，着力完善信息化工作制度、夯实校园信息化基础建设、启动公共数据平台建设，为学校的教学、科研和管理提供信息化技术支撑和保障。按时完成中央高校改善基本办学条件专项项目“东华大学信息化基础建设一期”建设、“一卡通”系统二期升级改造工程。认真总结学校“十三五”规划执行情况，扎实有序推进“十四五”信息化建设专项规划的制定。

【校园网基础建设】2020年，完善网络相关制度建设，《东华大学校园网管理办法》经校长办公会讨论通过。落实网络基础硬件设备的升级和更新工作，完成松江校区706个AP103的更新工作，升级3台无线控制器，延安路校区两校门新增无线网AP。完成IPv6出口路由器、IDC（Internet Data Center，互联网数据中心）防火墙、安恒堡垒机等设备的上线工作。配合学校开展人文学院从松江校区到延安路校区的搬迁工程，开展延安路校区中南、化工楼等4栋楼宇的网络改造方案设计和验收等工作。

【公共基础平台建设】数据治理。《东华大学数据管理办法》经校长办公会讨论通过，对全校数据资产分类，加强数据管理和质量控制，推动互联、互通、共享，发挥数据在学校深化改革和“双一流”建设中的重要作用；开展对学校人、财、物等主要部门的数据资产调研；建设全量数据中心、数据服务平台、数据开放平台、数据分析平台；完成核心数据的质量规则配置及数据质量报告。

云平台建设。新增云计算平台主机虚拟化软件license 18个，扩容NAS（Network Attached Storage，网络附属存储）存储等175 TB，云计算平台的内存扩容1 TB。

工作流建设。服务大厅有力推进用户服务信息化。上线“网站群建网站”申请、外来人员申请、协同云空间申请、公共邮箱申请、统一身份认证集成申请、门户服务大厅集成申请等14个业务流程，提高业务和管理部门的工作效率，规范各部门的业务流程，实现数据共享。

企业微信运营。东华大学企业微信上线一年来，97.3%的在校师生完成企业微信安装，平均每日活跃人数在1.5万人次左右。2020年，企业微信工作台新增34个轻应用；通过企业微信中的“乐享”完成直播教学以及毕业晚会的在线直播，协助老师完成在线考试及相关技术培训。

【业务应用系统建设】“一卡通”系统。保障“一卡通”硬件基础平台、“一卡通”软件系统及“一卡通”应用的安全、稳定运行。完成“一卡通”二期升级改造工程，建成具有移动应用的智慧点餐、扫码消费、先进水控、银行卡和微信充值等功能的智慧服务系统。

CARSI服务。联合图书馆和CARSI联盟开通东华大学CARSI认证服务，保障师生疫情期间不通过VPN能顺利访问部分图书资源；开通24个常用数据库资源的CARSI认证，共14 000多人次通过此种方式访问图书资源，其中中国知网访问量为35万余次。

Web VPN系统。为了方便师生在外网访问校园网资源，上线Web VPN系统。利用该系统，师生无需安装客户端和插件，使用电脑和手机可直接访问校内资源，为全校师生提供一种更加便捷的校园网内网访问方式。

视频会议系统。为助力学校“控疫情，

抓发展”双线推进，新建华为视频会议终端2套，2020年全年提供视频会议保障106次。

协同云。新冠肺炎疫情期间，协同云作为在线教学的辅助系统，为全校老师录播教学视频提供存储与分享服务，覆盖所有的本科生、研究生和教学老师。

防疫相关信息化。开发全校师生的每日防疫打卡上报，教职工、校外人员进校申请，食堂图书馆教学楼等人群聚集区域的WiFi热力图，学生进出校请、销假申请等多个防疫相关应用，为学校实施精准防疫提供信息化保障。

【网络安全保障】开展网络安全等级保护测评工作，完成10个子系统的定级、备案、测评和安全整改工作，筑牢学校网络安全防线。开展网络安全应急演练暨网络安全培训工作，组织57个二级单位的网络和信息安全员参与应急实地演练，进一步增强安全意识，提升处理网络安全事件的实战能力。开展校内信息资产的安全监测和检查（暗链、漏洞等）工作，进一步保障网络安全可靠运行。2020年度处理全校突发性网络安全事件共计18次。完成48个系统的渗透测试工作，总计完成75次渗透测试和复测。

（徐劭璇）

上海师范大学

【概述】2020年，上海师范大学以习近平新时代中国特色社会主义思想为指导，围绕学校高水平大学建设目标和教育改革发展的新任务、新要求，从提升信息技术服务、推进基础设施云化、筑牢网络安全防护、助推业务协同以及数据服务赋能等方面积极推进学校信息化建设。

【技术支持和服务保障】在新冠肺炎疫情期间，联系各运营商向师生提供免费家庭宽带提速和手机网络增流；与VPN厂商联系，将在线用户数从1 200人扩容至3 000人；联调CARSI为师生在校外通过认证直接访问学校购买的学术期刊等数据库提供技术保障。向师生推荐zoom.edu.cn等在线平台，为各类工作会议、学术会议、开学典礼、招聘面试、网上答辩等100多场次的视频会议提供网络及技术保障。开发一站式平台的入校申报及审核模块，配置访客机、手持设备、闸机等设施，建设及联调人脸识别入校管理系统，实现对入校人员的精准化管理；敏捷开发学生健康状况每日报、发热报，实现校院两级对学生的健康数据的实时掌握。做好疫情下的校门出入管理、每日健康申报、在校人员管理、晚归学生入校门禁等数据报表。

【基础设施云网融合】优化学校网络出口互联及有线、无线网络接入服务。在上海教育城域网上搭建基于MPLS（Multi-Protocol Label Switching，多协议标签）

的网络专线，建成两校区互联互通第三通道。推进无线网络服务的优化和扩展，完成徐汇校区东部无线设备更新，手工优化500多个无线AP有效覆盖范围及信道，精准化提高用户无线接入体验。完成财务专网改迁，生物科技楼光缆物理路由优化工作。做好两个校区10多个楼宇大修工程中弱电规划和合计约600个网络信息点的网络新接入支持。完善网络设备运行监控和管理体系，做到疫情期间巡检次数不少，确保运行稳定。完善等保机房网络基础环境，按需提升现有教学科研高性能运算、大容量存储的网络带宽，2020年共新增托管服务器、存储物理设备32台，完成各学院、部门申请云服务器部署50余台，提升信息化基础资源的集约化、规范化。

【基础设施云化工作推进】完成公有云专线的开通和调试，实施公有云统一规范管理，加强云端资源整体安全防护，形成学校公有云服务资源的运行维护、数据备份等管理机制，并完成近10个学校校务信息系统向公有云迁移。

【校园网络安全防护】做好2020年重要时期网络安全加固和24小时网络安全应急保障值守。按照网络安全等保2.0要求，推进等级保护备案、测评工作，完成财务、学工等系统平台的网络安全等保备案，积极推进等级保护测评工作。全面落实学校网络安全管理制度和技术防范措施，推进网络安全风险评估及监测，全年完成100余个IP的定期漏扫，梳理和关停“僵尸”系统，及时落实网络安全事件通报预警与应急处置等工作。召开网络安全会议，落实网络安全责任。进一步完善公共数据安全管理、隐私信息保护等机制，确保在互联网、大数据、云计算等新技术应用过程中，有效落实学校主体和个人信息的权益保护。

【应用建设助推业务协同】建成并启用以移动支付为主、支持实体卡与虚拟卡双结合的上海师范大学智慧校园卡系统。基本完成新的学生班车购票系统建设，落实云餐厅、新能源汽车充电收费等系统的需求对接。完成部署新办公自动化系统，结合一站式服务平台与信息门户的更新，扩充协同服务能力，扩大“让数据多跑路，让师生少跑路”的体验维度。在一站式服务平台中，完成入校审批、“三重一大”等5个新流程的建设部署，并按需完成7个部门的50多次相关流程应用更新。2020年，在运行的30多项业务流程共完成7.44万次业务办理。基于上海师大智慧校园企业微信平台、“问卷星”企业服务等进行开发和对接，实现二级单位的相关工作需求。2020年，上线电子校园卡、云餐厅平台、每日健康报、学院微办公等多个移动应用，新建、改版网站15个。

【数据服务】 推进公共数据库的数据规范性、完整性、准确性治理。及时更新学校公共机构编码标准，梳理和完善离退休人员数据，健全退休人员基本信息数据库。结合业务系统建设与运行的数据采集、共享、交换各环节，探索形成公共数据治理工作机制。利用 ETL（Extract-Transform-Load，数据抽取、转换、加载）工具做好业务数据归集、整合，涉及 128 个数据库，新增或变更 222 个同步任务。为确保在用 100 多个不同运维等级数据库的安全稳定，部署数据库云服务器环境，做好关键业务数据库的异地备份和运行监控，多维度保障数据安全稳定。推进校务数据的统计分析工作。创新数据服务模式，实现与一站式服务平台、新媒体的数据融合，实现人员精准定位、数据精准收集、分析报表按需分级展示的模式。提供食堂就餐情况、新生报到等数据展示分析，为职能部门的科学决策提供数据支撑。

（宋莉莉　瞿雪萍　李若宝）

【入校管理系统建成启用】 2020 年 3 月，为落实疫情防控要求，做好进出校园的全方位严格管控，确保疫情防控无漏洞、无死角、无盲区，学校入校管理系统建成并正式启用。入校管理系统以学校数据中心为基础打造高效数据同步机制，确保信息的准确性和一致性；采用以人脸认证识别为主、校园卡刷卡识别为辅的管理方式，最大程度利用学校校园“一卡通”系统，以校园卡照片、卡号、物理 ID 等作为基础信息确保整个系统高效稳定运行。学校先后在徐汇、奉贤两校区大门和奉贤校区 49 号寝室园区门、奉贤学生班车通道在内的 10 个出入点安装了人脸识别及校园卡识别设备，对所有进出车辆及人员进行识别和登记。步行进出校的全体师生实行人脸识别进出校，开车进出校的教职工采用手持机进行人脸识别进出校。入校管理系统的启用为新冠肺炎疫情防控工作的开展提供了有力支持和保障。

【智慧校园卡系统建成启用】 2020 年 7 月 1 日，上海师范大学智慧校园卡系统正式启用及发卡仪式在徐汇校区会议中心第 5 会议室举行。副校长蒋明军、总会计师曹光明、中国银行上海分行曹杰，校财务处、资产与实验室管理处、审计处、信息化办公室、后勤服务中心等相关部门主要负责人出席仪式。副校长蒋明军代表学校感谢并肯定“双投入”的银校合作模式。智慧校园卡是在学校与中国银行上海分行银校全面合作的大框架下，以银行聚合为核心、学校数据中心为基础，双方共同打造的智慧校园卡系统。智慧校园卡系统将全面替代原有的校园卡系统，实现以移动支付为主、支持实体卡与虚拟卡双结合的多元认证，充分实现校园无现金管理，同时系统支持实体校园卡升级为安全性更高的 CPU

智能卡。新校园卡系统启用后，由中国银行组织的运行团队为学校师生提供专业的运维服务。

【信息化工作“十四五”规划编制】2020年下半年，学校围绕教育现代化改革和教师教育特色高水平大学建设推进过程中的实际需求，积极开展调研，从信息化基础建设、网络安全治理、大数据服务、“一网通办”平台等方面凝练目标、规划任务，形成上海师范大学信息化工作“十四五”规划。

【网络安全工作会议召开】2020年10月27日，学校网络安全工作会议在徐汇校区会议中心2号报告厅召开。副校长蒋明军出席会议并讲话；信息办主任顾益明主持会议；各学院、各单位分管信息化工作负责人参加会议。蒋明军在讲话中介绍了新冠肺炎疫情期间学校开展的各项信息化建设工作，并对信息化工作在保障学校疫情防控、复工复学中取得的成绩给予肯定。他要求各学院各单位要加强对网络安全工作及信息化工作的重视，并从三个方面提出具体要求：一是围绕疫情防控常态化新任务做实做细网络安全工作；二是围绕一流智慧校园新目标不断完善校园信息模块建设；三是围绕网络信息安全新内涵持续落实网络安全责任制。希望各单位根据会议部署和要求，明确分工，履职尽责，加强对师生尤其是新教工、新同学的安全教育，确保学校网络信息安全各项工作落实到位。会议还邀请上海市教委信息中心主任王明政作高校网络安全专题报告。

【统一身份认证平台全面升级】2020年11月1日，上海师范大学统一身份认证平台完成全面升级，形成支持全类型身份接入管理、智能化身份识别、多种标准认证协议、全面安全审计的统一身份认证管理环境。升级完成后，统一身份认证系统平滑对接现有80多个应用系统的身份认证。升级的同时，全面梳理在校师生、离退休人员、访客等各类人员的认证和权限数据，厘清多身份人员认证机制，优化身份认证分级分权机制，提高认证密码和接口管理的安全性，全面提升用户的认证体验。

（李若宝）

华东政法大学

【概况】2020年，为应对新冠肺炎疫情对华东政法大学教学工作的影响、贯彻落实教育部“停课不停教，停课不停学”的工作要求，华东政法大学全力保障全体师生开展网上教学办公，为“十四五”规划开好局、起好步打下坚实基础。

【在线教学平台和远程视频会议系统上线】疫情期间，成立在线教学技术支持工作组，对网上教学平台进行选型测试，开设本科课程 1 917 门、研究生课程 407 门，全力保障师生在线教学顺利开展。2020 年 3 月 9 日，学校网上教学平台正式运行，开学第一课顺利开播，访问量超 4 万次，平台运行平稳。

紧急部署视频会议系统，打通教职工在线办公瓶颈，做好研究生网上面试平台选型和测试工作，保障硕士、博士研究生复试面试工作顺利进行。保障学校与上级部门会议 31 场、本硕博各类考试及答辩共计 292 场，完成在线会议、讲座、招聘 600 余场。

【网络基础和信息化环境建设】扩容出口带宽，学校网络出口带宽从 3.4G 提升到 4.2G，VPN 访问并发数从 1 200 人扩容到 6 200 人，视频会议并发许可从 1 个扩增到 12 个，以满足广大师生通过云平台开展网络教学的带宽需求，助力学校师生居家开展教学、科研与在线交流沟通。

开通 CARSI 服务，完成统一身份认证与教育网 CARSI 认证系统，会同图书馆完成中国知网和外文数据库的对接，并对统一身份认证系统进行扩容，开启校外使用数据资源便捷新方式。

实施松江校区 SDN（Software Defined Network，软件定义网络）网络建设项目，完成松江校区汇聚层、接入层交换机升级改造，松江办公区域升级为自动获取 IP 地址模式。部署城市热点认证设备，并将无线网络管理平台升级到 V7 平台，学校无线网络开通 802.1x 认证、portal 认证，并开通 eduroam（education roaming，全球教育无线漫游）服务。部署长虹 Alteon D-5208 Deliver 负载均衡设备，与原有负责均衡设备实现主从部署，提升校园网出口链路的高可用性及高可靠性。

完成深信服 VPN 接入设备、美创数据库审计设备、H3C 数据中心防火墙设备、思福迪日志审计设备部署，扩容智恒网页防篡改设备。部署 Web 网站安全防护系统对门户网站信息进行安全防护，有效阻止页面被篡改，维护业务系统的稳定性、延续性；通过日志审计系统，帮助用户及时发现安全隐患并方便日后安全溯源；利用数据库审计设备完成对数据库的安全防护，提供详细的访问记录，保证操作的可追溯性；配置数据中心内网防火墙，实现多维一体化安全防护，可从用户、应用、时间、五元组、内容安全等多个维度，对流量展开 IPS（Intrusion Prevention System，入侵防御系统）、DLP（Data Loss Prevention，数据防丢失）等一体化安全访问控制，有效保证网络安全。通过华东政法大学信息安全防护项目的实施，构建多层次安全防护体系，保证华东法大学校园网安全稳定运行。

【面向服务的智慧校园建设推进】进一步推进“一网通办”理念，开发学生成绩复查申请、新教师开课申请、教师开新课申请、临时人员申请、校外人员进校申请、学生返校申请和离校申请以及出入校园申请（备案）流程，为学校返校工作提供技术保障。截至2020年10月底，返校申请产生流水数量3.5万条，完成办理次数10万余次，服务人数1万余人；离校申请产生流水数量17万条，完成办理次数25万余次，服务人数1.5万人。

为丰富学生与学校的沟通渠道、加强校园与师生之间的紧密联系，在校园门户、微信企业号、“今日校园”等平台部署以华东政法大学吉祥物为形象的“校园百事通AI智能问答机器人”，在传递正确疫情防控知识的同时，提供特殊时期的复课信息收集、返校资讯获取、校园业务办理等一站式服务。配合业务期推出“百事通”返校服务、迎新专题、招生专题、就业专题等智能咨询服务，师生咨询量达1.5万条。

完成“今日校园”App上线运行，访问量达382万人次。依托“今日校园”中的“辅导猫”新冠肺炎疫情填报系统，实现对学生健康信息统计及地理位置覆盖，精准掌握每一名学生的实时动态。截至2020年10月底，累计收集信息250余天，在校本科生和研究生健康打卡累计超过340万人次。

继续推进数据集成，完成“一卡通”门禁系统、保卫处人脸识别系统、新资产管理系统、教务处实验室管理系统、“一网通办”新建服务等一系列数据的上行和下行接口，实现师生数据资源整合。

完成合同管理系统、邮件系统、统一通信平台、督查督办系统、领导班子考核系统、毕业生档案系统、因公出国（境）管理系统等业务系统建设和验收以及部门网站的新建和迁移，提升学校信息化服务水平。

【人脸识别系统及虚拟卡应用深化】配合学校返工返校工作，仅用五天时间完成松江、长宁两校区大门网络信息点部署调试和人脸识别门禁系统平台建设、终端调试、现场安装，解决复工复学身份识别难题。自2020年5月上线至11月“退役”，保障近9万人次人脸身份识别。

为适应智能会务的需求、有效解决校园卡忘带签到难的问题，根据学校智慧校园建设规划，在疫情期间开发部署人脸识别库和人脸识别会议签到系统，2020年10月底正式上线试运行。人脸识别会议签到系统采用人脸识别新技术，对会议签到系统进行升级改造，实现人脸识别、校园卡刷卡多方式认证，优化系统数据报表统计，助力学校精细化管理。

2020年12月，全面上线“一卡通”虚拟卡，范围覆盖松江、长宁所有食堂和经营商户，实现全校园无现金支付环境，为师生创造更便捷的校园生活。

【存储系统和虚拟服务器集群升级部署】

对学校存储系统进行优化部署，将存储NETApp FAS8200作为数据中心主存储、FAS8040作为备份存储，提升学校存储系统的性能和容量（可用空间15.7T SSD，130.7T SATA，91.2T SAS），同时提升数据安全性。整个实施工作包括陈旧设备的数据整理、备份、迁移、设备下架，以及存储卷重新划分、数据库迁移、虚拟机迁移和灾备恢复演练等工作。

2020年日常维护虚拟机413台，回收41台下线虚拟机及相关资源，保障学校门户、办公、教学、科研及其他各部门系统与网站的稳定运行。完成虚拟化资产的清点与梳理工作，消除记录不清、更新不及时、记录混乱冲突的情况，实现清晰准确的虚拟化服务的管理清单。完成虚拟服务器的升级更新，提升虚拟化集群的稳定性和安全性。

【学校视频会议室改造】完成松江尚法厅、缘法厅、长宁交谊楼报告厅、第四会议室、图书馆4楼会议室等会场的视频会议设施改造，满足两校区在线办公需求。完善标准化考场系统，保障各类重大考试的考场视频监控。

【网络安全自查自纠和等级保护工作开展】关注学校各级业务系统的运行状态，不断对各级业务系统的主机和Web安全进行检测和加固；持续推进全校信息资产梳理，共撰写安全检测报告600余份。完成“华东政法大学学报”“法学”2个系统的二级等保工作，启动“研究生管理信息系统”“学生就业创业服务系统”“统一身份认证与管理平台”二级等保项目。

【信息化建设奖项】中国智慧高校CIO上海论坛于2020年10月29—30日在上海浦东新区举行。论坛以“数字转型，以人为本”为主题，由来自全国200余位高职院校、高校信息化建设决策者以及教育行业信息化解决方案服务商参与，主要围绕智慧校园、智慧教学、智慧管理、智慧科研等热点话题展开，分享AI、5G、大数据、云计算、信息安全等在高校教育中的实践。华东政法大学获得“2020智慧高校卓越奖”，信息化办公室主任朱尚明在会上作“一网通办的建设实践与思考”专题报告。

（朱尚明）

上海第二工业大学

【概况】2020年，上海第二工业大学信息技术中心（信息化办公室）围绕学校职业导向的高等教育发展目标，同时满足疫情防控要求，提升信息化服务水平与支撑能力，继续完善数字校园建设。

【Internet接入与校园无线覆盖】全校出口带宽增长1 Gbps，达到4.25 Gbps，增长30%；无线覆盖达到了1 300个AP，全校室内完全覆盖。

【电子签到系统拓展及人脸识别】在金海路校区北大门、金羽公寓部署校园人员进出电子签到系统，增加移动签到设备，提升师生进出校门满意度，同时对接上海市大数据中心，完成“随申码”等信息数据交换，提升疫情防控高效性。配合保卫处完成人脸识别进出校系统，提高师生进出学校北大门识别精确度，有效支撑学校疫情管控需要。

【维修项目配套弱电改造】配合基建整体大修工程，进行艺术人文楼维修项目配套弱电改造，包含无线网络、门禁系统、视频监控系统、教室扩声系统、网络交换系统等。

【常态化录播系统配置】学校常态化录播与督导系统是适应新冠肺炎疫情防控特殊时期大规模线上教学的必备保障，根据教育教学工作需要，共改造 143 间教室的后端高清摄像头，配以常态化录播系统，所有教室的课程资源均可在此系统上进行查询、直播和点播，方便疫情期间师生教学活动；同时，系统解决远程在线督导的需求。

【网络安全等级保护】依据市教委《关于加强教育行业信息安全等级保护工作的通知》，2020 年完成招生系统、财务系统等级备案、差距分析与整改，完成学校门户网站信息系统二级等保复测；开发完成应急响应一键断网软件，并通过测试后部署；采购 VPN、流量控制设备等共计 9 项安全产品，建设完整信息安全防护体系。

【“每日一报”系统建设】建设学校健康“每日一报”系统。“每日一报”涉及全校师生、外聘人员、工程施工人员，合计约 1.5 万人。

【“云餐厅”上线】测试开发校内订餐平台，在紧急状况下避免校内人员在食堂区域过于聚集，尽可能减少食堂集聚人数。

（王　见）

上海建桥学院

【概况】2020 年是上海建桥学院“十三五”规划的收官之年，上海建桥学院积极推进“互联网 + 教育”，坚持信息技术与教育教学深度融合的核心理念，结合自身特色，经过智慧校园的三期建设，网络基础设施建设进一步夯实，信息安全保障体系取得长足进展，应用信息系统建设全面铺开，实现了“大融合”“大服务”“大支撑”的校园信息化建设。2020 年，学校努力打造“四心校园”（暖心、匠心、舒心、慧心校园），为全员、全过程、全方位“三全育人”工作提供支撑，进一步提高学校教育教学能力、校园治理水平，保障师生个性化发展需求。

【网络安全运维】根据市教委下发的《2020年上半年重要时期网络安全保障工作的通知》及《2020年下半年重要时期网络安全保护工作的通知》，上海建桥学院完成2020年度重要时期网络安全保障工作。不定期为相关服务器操作系统、应用系统以及数据库更新安全补丁，并且进行渗透测试与安全漏扫，同时完成相关业务服务器的安全加固工作。对校内在线运行的340余台虚拟机、实体机服务器以及各类应用系统进行不定期漏洞扫描，2020年全年累计漏扫次数达163次，累计发现各类安全威胁369个，处理各类紧急高危漏洞14个，确保各系统安全可靠运行。同时，对中心机房设备巡检、日常维护累计193次，更好地保障了学校网络基础设备可靠运作。

【统一身份认证升级】根据网络安全要求和管理规定，对安全性较低的原统一身份认证平台进行升级。因为涉及的第三方平台较多，对各类接口改造和配合度的要求相对较高，因此在需求调研、建设实施、测试、上线、各业务应用系统的对接管理工作中投入了较大精力。系统的平稳运行解决了学校网络信息安全方面难度较大的问题之一。

【“建桥i健康”平台建设】针对新冠肺炎疫情期间广大师生状态信息统计难、工作量大等情况，上海建桥学院于2020年2月自主开发建成“建桥i健康”平台。该平台根据学校管理实际，针对开学前、报到日、开学后的各类场景，助力校园疫情防控期间的管理服务。在平台上，师生可以在线上完成健康填报，每天填报率为100%。学校报送数据均通过系统产生，极大缩短了统计填报时间，提高了效率。通过“建桥i健康”，能够迅速及时地采集学生入校时间、体温情况等数据信息，为后续校园疫情管控提供进一步的数据基础。同时，在2020年度的离校季，通过该平台，辅助辅导员完成约4 000名毕业生疫情期间返校离校的健康核准和入校确认工作，有效提高了工作效率。

【数据驱动教书育人】上海建桥学院建有校级统一的公共数据库平台，制定了统一的数据标准，能集中收集、处理和存储各类共享数据，同时能结合数据需求明确数据来源、设计数据共享架构，实现数据的整合与共享。将全校36个不同业务系统数据进行互联互通，保证数据的即时性、完整性和时效性，实现跨系统数据共享和交互，保证全校数据的唯一性和权威性。

上海建桥学院学生成长档案（以下简称“学习档”）就是学校为落实“立德树人”根本任务，利用学校自身信息化优势建立的。学习档整合教务处、科研处、医疗管理、学风素质拓展、志愿者服务、职业与技能资格、奖惩助贷、校内经历和社区卫生检查等模块数据，进行实时同步与分析，对需要关怀的关键节点设置提醒，推送相关人员进行关心记录。完成校内学风数据分析平台建设，其中包含毕业预警、毕业生约束分析、课程及格率分析、绩点情况分析、素质拓展情况分析、学生考勤分析、学生就业情况分析和学生身体素质分析等各个不同维度和模型建设，为学生管理提供有力数据支撑。截至2020年底，学习档已完成上线工作并推广使用，使“教书”和“育人”得以同心同向、相互融通。在此基础上，上海建桥学院也设计并基本实现了教师档、教师决策档的建设工作，待建设、核对工作完成，将为校园管理决策提供良好支撑，完善校园治理模式。

【信息化服务体系建立】根据教育部《教育信息化2.0行动计划》的基本目标，上海建桥学院在原有融合门户的基础上，深化管理流程，运用数据融合，做到“让师生少走路、让数据多走路”的“一网通办”形式，提高办公效率、增强师生体验，让师生习惯于使用信息化办理事务，极大地培养了校内师生的信息化水平。同时，为了让师生更直观地了解学校提供的信息化服务，在官方微信推送《建桥信息化使用指南》的基础上，还拍摄了《指尖上的建桥》《建桥人的舒心校园》等一系列信息化特色校园宣传片，获得了师生的广泛认可。

【规章制度建设】进一步完善上海建桥学院《学校信息安全管理办法》和《信息化系统管理办法》，在原有A0版本基础上，修订完成A1版本，并根据学校实情，修改相应支撑文件《信息化项目建设管理流程》《信息系统建设管理办法》《校园网信息系统安全管理办法》《域名管理条例》。通过规章制度的完善，进一步规范学校信息化管理。

（周琦玢　陶　凤）

上海开放大学

【概况】2020年，上海开放大学加强在线学习平台功能建设，确保新冠肺炎疫情期间在线教学安全、平稳、高效运行；拓展智慧学习中心建设，促进线上线下教学融合；完善建设移动学习功能，支持一体化课程改革；拓展数据服务，建设总校分校信息共享平台；加强基层设施建设与运维，提升信息安全服务质量。

【智慧学习中心启用】上海开放大学智慧学习中心于2020年10月举行启用仪式，共打造36间智慧教室，实现统一管理、互联互通、维护预警、远程查看、有序监管，满足公共服务、智慧学习、智慧实训等多元需求。截至2020年底，为近110人次的教师进行智慧教学课程培训；开展面授、直录播等多种形式的教学活动共计928节；学习空间举办各类线上和线下会议114余次；接待53批次参观体验约840余人次，参观者们对智慧教室环境建设表示认可。初步形成智慧学习中心建设标准，为分校开展智慧学习分中心建设提供指导和支持，构建分中心建设支持服务框架体系。初步实现总校智慧教室和分中心智慧教室的互通互联、远程教学等功能，满足总校和分校智慧学习中心一体化教学的基础要求。面向广大市民，制作兼具普适性及专业性的体系化培训课程“人工智能时代的智慧学习”，参与在线课程学习者超过 500 人，主题公开课收看人数近 2 万人。

【国内外影响力提升】新冠肺炎疫情期间，上海开放大学与联合国教科文组织教育信息技术研究所（UNESCO IITE）、华东师范大学等合作编写《上海在线开放教育：COVID-19 疫情流行期间的应急措施与创新实践》报告，英文版在 UNESCO IITE 官网发布。与联合国教科文组织教育信息技术研究所就“在人工智能和数字技术时代促进 ICT 能力建设和开放教育研究项目”达成协议。成功申报市科委国际科技合作定向项目——“国际化的多语言在线学习平台及关键技术研究”。组织华东师范大学—上海开放大学博士后科研工作站工作，新设立 2 项课题，即“面向开放教育的新一代在线教学平台设计”和“面向开放教育的在线教学质量保障规范”。课题研究成果为新技术和标准在开放远程教育的有效应用提供了支撑。上海开放远程教育工程技术研究中心完成《后疫情上海在线学习者画像调查报告》并发布。启动研制全国信息技术标准化技术委员会教育技术分技术委员会（CELTSC）规范——《直播课堂教学质量规范行业规范》，为后疫情时代开展直播教学提供了规范支撑。出版《教育大数据》，由上海开放大学、华东师范大学、上海图书馆情报研究所、北京邮电大学、上海师范大学、上海电教馆、奥鹏远程教育公司、腾讯云公司等 10 多家产学研机构专家联合编写，该编著系国家“十三五”重点出版项目成果。

【对外合作与交流】积极开展国内外合作交流。组织国内外会议 4 次，包括主办“‘百校谈’：领航高质量‘十四五’规划，聚焦高校智慧化教学”专场论坛、人工智能时代的在线教育发展论坛、在线直播教学规范和汇聚共享模式研讨会、在线教育创新发展论坛等。学校受邀参与 5 次论坛并作主题报告，包括参加中国香港公开大学举办的开放和创新教育国际会议、在线与开放教育的创新实践与未来趋势研讨会、“儿童大学：杰出的实践”国际网络研讨会、联合国教科文组织开放教育实践国际研讨会等。

【信息化教学保障服务】为有效配合新冠肺炎疫情防控，全力保障 7 万名学生、3 千名教师使用的在线教学平台稳定运行，学校采取了以下举措：加强日常监测和突发事件的处置流程，正式上线基于微信的微门户和移动学习端功能，对总分校进行7×24小时技术支持，做好面向师生的答疑和支持服务。完成在线直播课程平台技术支持工作，制作并推送《主持教师网上直播使用指南》《分校面授教师网上直播使用指南》《学生网上直播使用指南》等多媒体文档；面向总校、分校开展网上教师培训，为直播教师提供一对一支持服务，确保直播过程流畅无中断。新增毕业答辩管理模块，组织300多人次的指导教师培训，完成全在线期末考试、阅卷、全在线毕业答辩技术支持工作。共完成476门考试科目、182 591人次期末在线考试，考试期间平台访问量达439.3万人次。

【线上线下教学融合及智慧教学能力提升】 提升在线学习平台在线及课堂教学和智能教学功能，探索智慧教室和远程课堂的整合场景应用，运用直播平台支持开展直播面授课，提供师生教学互动、课程回放、学习记录、教学报告输出等功能，促进线上线下教学融合。初步构建覆盖学习者学习线上线下全过程，包括直播数据、线下课堂AI分析数据等方面的学习者全画像，不断提升学习平台在线及课堂教学和智能教学功能。初步建设AI助教，完成上海开放大学专本科学历教育课程的专题知识库和管理系统建设，完成教辅机器人、智能评测机器人、咨询问答机器人功能建设，并与学习平台、微门户进行整合。截至2020年底，为教师提供BBS（Bulletin Board System，电子公告板）、微信和视频直播等多类型活动支持18 082次，设置BBS活动11 945次，设置微信活动368次、总分校直播活动5 684次，进行了1 492次线上线下混合直播面授课活动，总时长超过2 000小时，参加学生人数达到2万余名，其中51%通过在线直播方式参与各项活动。有83.25%的教师在教学活动中通过各类交互工具实现线上线下师生互动。对学习平台25万份课程资源和21万道试题进行信息抽取、知识融合以及知识加工、存储工作，完成400门课程的知识点和问答提取，知识点1万多项、课程问答3万多题，开展30门课程进行知识库建设的试点应用，完成5门精品AI课程共计85个AI讲课脚本、1 000个AI讲题脚本，汇总6 000余条课程问题库、260条教务招生问题库。通过对9 513名学生的即时满意度调查，发现总满意度为96%。

【移动学习建设】 建设并推广使用微门户、移动学习等功能，以支持课程一体化教学改革，推动课程学习向移动端倾斜，拓展师生参加教学的途径。优化微信教学活动功能，支持多身份多学号身份切换，优化消息接收发送统一通道。开展针对不同使用者的现场培训活动，多方位推广微门户使用。截至2020年底，移动端学生浏览量达到 9 688 530 人次，访客数 209 517 人。微门户绑定人数已超 7 万人，总访问量超过 1 939 266 人次，通过微门户发送各类消息、学习提醒超过 85 万条，微门户的建设简化了师生使用流程，师生反映良好。实现 FM 电台学习社区建设，满足学习者多途径的学习要求。

【开放课程建设及推广】提供学习护照和学习积分等功能，为开放学习提供激励。以国际开放教育资源趋势和热门开放课程为方向，链接多所高校优质课程资源，提供共享课程。聚焦当前终身学习用户感兴趣的主题，从非学历教育资源中汇聚整合 5 个专题的资源进行开放共享。推广和宣传开放课程平台及资源，共举办大型活动 5 次、专题研讨活动 3 次，吸引 4 万余个新用户完成注册，实现微视频、微活动、微认证一体化的移动开放学习。同时将“上海开放大学在线学习”公众号升级为“上海开放大学智慧学习”，发布各类推文 50 余篇，总阅读量 2 万多人次。满意度调研显示学员支持服务平均满意度 92%，在线学习方式满意度 91%，课程整体满意度 90%。启动中德学习平台建设，研制系统功能、整合课程资源，开展平台测试。

【数据服务拓展，信息共享平台建设】扩展数据应用服务，在整合学校不同主题数据基础上为不同用户、角色提供数据分析和查询服务，包括总校、分校信息共享平台、部门数据中心、个人数据的“一表通览”和“一表通填”服务。完成数据服务框架的搭建。实现总校、分校信息共享平台为总校和分校提供校务数据月报和分校数据共享服务，根据师资、招生、分校等主题实现 38 项数据分析和明细查询；实现部门数据中心为部门提供所属教职工的学历、年龄等 6 项数据分析；梳理以个人为维度的信息，汇集 40 项教师个人在校的基本数据，结合线下 15 张业务表单提取个人通用信息，实现重复信息线上自动通填。

【资源应用流通性提升】以资源应用能力提升为目标，在保持资源储备稳步增加的同时，重点加强资源应用流通，以为更多平台、机构及个人提供资源支持服务。2020 年，上海开放大学资源中心结合实际资源应用需要，通过资源的汇聚服务工作，稳步推进终身教育体系化建设，汇聚资源存储量达到 108 488 个；在应用服务方面，资源中心不断扩大资源应用领域及应用机构数量，逐步推进各类教育领域的资源应用，为大规模智慧学习平台、师资培训中心、上海学习网、社区学院、老年大学等 262 家机构提供资源输送的服务，全年新增 47 家应用机构，输送共享资源数量达 176 086 个，年度新增 59 765 个。疫情期间，积极响应“停课不停学”，进行公益资源助力，为基础教育、终身教育“空中课堂”提供资源服务支持；同时，开拓新的资源应用方式，选择上海学习网、上海市教师学习平台试点进行对接支持服务，提供资源同步对接支持服务，实现对接平台的资源同步更新支持，进一步提升教育资源供给能力，促进优质开放资源汇聚共享及教学应用等，也进一步促进资源的应用流通。

【全市层面资源共享】2020 年新冠肺炎疫情期间，积极整合上海老年教育慕课、上海社区教育微课、上海终身学习云视课堂等平台资源，打造上海市民终身学习云“空中课堂”，并推出汇聚全市 16 个区老年教育机构精品直播课程资源的“上海老年教育直播课堂大课表”，帮助实现足不出户居家学习的需求。2020 年，上海学习网在推广各类优秀资源的同时，还开展了第十届上海社区网上读书活动、2020 年“长宁杯”社区服饰学习成果展示等各类活动。截至 2020 年底，市民在上海学习网创建的网上学习团队达到 8 200 余个，发表互动话题 772 万余条；上海学习网发布的终身学习资讯 1 900 条。上海学习网官方微信发送各类文章和专题逾 890 条，微信粉丝超 10 万人。2020 年，上海学习网点击量突破 3 亿次，注册学习人数达到 534 万人。

【个人学习档案库建设和学分转换工作推进】持续推进个人学习档案库建设和学分转换。截至 2020 年底，建立学习者个人学习档案数超过 400 万个（其中开户的学习者人数 100.6 万人），累积学习成果条数达 8 249 万条；共有 9.7 万人通过各高校网点进行了学分转换，转换为学历教育学分数达 66 万分。继续推进上海资历框架研究，开展上海资历框架基础构架和通用能力标准体系建设的研究，并完成 IT 运维行业的行业能力标准建设。同时结合学分银行平台建设、服务体系以及运行体系，策划设计学分银行宣传片，用 3 个学习者的故事直观向市民展示学分银行的功能和作用。积极拓宽宣传渠道，在教育类新媒体平台进行资讯推送，提高宣传片覆盖面，以吸引更多市民了解学分银行、加入学分银行和使用学分银行。

【长三角学分银行建设】长三角学分银行管理委员会委员围绕“十四五”期间的发展目标，聚焦专家委员会建设、信息化平台建设、学历教育学习成果认定标准建设、区块链技术在长三角学分银行的应用等方面，明确长三角学分银行未来发展的几项重点任务。长三角学分银行为三省一市（江苏省、安徽省、浙江省、上海市）搭建了一个互相学习借鉴的平台，学分银行在“十四五”期间将扎实有效推进各项任务，充分实现自身的真正价值，为跨省市的学习者提供支撑，也为将来国家学分银行建设提供范例。

（杨　东　罗茜雅）

第四章　智慧生活

概　述

2020年，上海持续优化智慧民政、智慧社区、智慧邮政建设。智慧民政方面，持续推动现代信息技术与民政工作深度融合发展，有力支持上海民政事业发展，不断提升市民获得感和满意度。智慧社区方面，依托“一网通办”“一网统管”，积极推进新版社会保障卡集中换发；付费通在试点To B保险行业支付解决方案的基础上，不断扩大应用规模、完善支付产品。智慧邮政方面，中国邮政集团公司上海分公司依托“互联网+”思维，对接新媒体，打造线上服务平台，提升邮政传统业务的技术含量和服务能力。

一、智慧民政

【概况】上海民政信息化建设紧紧围绕民政事业改革发展需要，坚持整体规划、分步实施的原则，创新机制、整合资源、加大投入，建成上海民政网站、民政业务“数据海”、综合办公平台，以及社会救助、养老服务、社区事务服务、社会组织等22个主要业务应用系统55个子系统；实现上接民政部、横接市人社局等10多个市级委办局，下接各区民政部门及街镇的互联互通网络应用格局；每年服务各类民政对象近2 000万人次，在全国同行业中处于领先水平，使基础民生保障更加精准、基层社会治理更加精细、基本公共服务更加精良。

2020年，上海市民政局（以下简称“市民政局”）围绕民政“十三五”规划的总体要求和年度目标任务，以提高效率、业务协同、信息共享为着力点，坚持需求导向、问题导向，持续推动现代信息技术与民政工作深度融合发展，有力支持上海民政事业发展，不断提升市民获得感和满意度。积极推进“两张网”建设，落实“一件事”“两个免于提交”任务要求，组织政务信息系统、政务服务移动端和业务专网“三整合”，持续开展民政业务“数据海”建设和数据治理，归集整合2 057万个自然人和2.51万个法人组织对象数据，数据量达5.7亿条；强化信息化建设管理，精心组织重点信息化项目建设，2020年全年共计申报并批复建设类项目18个。

【“两张网”建设】深入开展政务服务“一网通办”改革。推进“困境儿童关爱保障一件事”，强化跨部门、跨层级、跨区域协同。落实“两个免于提交”，组织相关信息系统改造，实现62份市级事项材料、48份区级事项材料通过数据共享或电子证照调取方式免交。按照“应接必接”的要求，梳理新增42项公共服务事项，接入全市“一网通办”总门户。加强电子证照归集和应用，完成“上海市殡葬服务证”“公益护照”等8类市民政局新增电子证照全量归集。截至2020年12月底，市民政局电子证照数量达15类520万张，累计调取24类证照29.8万次，较好支撑各类政务服务。完成“好差评”三对应动态精准评价工作，实现市民政局行政受理室、全市各婚姻（收养）中心等政务服务窗口全面实行动态精准评价。

进一步推进城市运行“一网统管”建设。根据城市运行“一网统管”的总体规划和上海市委、市政府的指示精神，全力推进“社区云”平台建设，开发完成治理平台、居社互动平台等功能模块和政务微信App，并在全市各居村推广使用，为社区治理赋权增能、为居社管理工作人员减负减压，提升社区治理规范化精细化水平。

【“三整合”方案制定】研究制定市民政局政务信息系统、政务服务移动端和业务专网“三整合”工作方案。在全市率先完成557条民政专线撤网并入市政务外网，将“上海民政”“上海养老顾问”“上海社区公共服务”等微信公众号提供的服务事项梳理整合融入“随申办”，打造移动政务服务统一入口；按照“六个统一”要求，组织上海民政业务信息管理平台建设，分步骤开展市民政局政务系统接入和整合，2020 年底，“收入核对系统”“婚姻收养系统”“数据海”等 8 个系统通过“联通模式”，实现系统整合。

【民政业务“数据海”建设】发挥民政业务“数据海”建设效益。实现“数据海”数据与社会工作者和志愿者服务系统、社区云、区级平台等单位和系统的系统级数据对接共享，完成二期新增资源对外数据共享编目；扩容殡葬数据、社区养老服务机构相关数据、养老服务补贴等数据入“海”；增加数据推送服务，设计“65 周岁以上本市户籍享受其他补贴但未申请老年综合津贴对象”等数据推送主题；按照“数据月月讲”工作要求，研究确定民政数据展示大屏的内容，在市大数据中心、市城运中心完成大屏调试，并在机关 4 个楼层安装“数据海”展示屏，直观展现民政工作。

【数据治理】市民政局狠抓数据治理工作，对所有信息系统重新进行梳理、编目，开展公共数据治理、归集。截至 2020 年底，通过“数据海”集中清理修正 14 个民政内部业务系统和 3 个外部委办业务系统数据 13.7 万条，向市大数据中心发布资源目录 559 个，汇聚入“海”数据表 244 张，申请获得 72 个数据共享接口，累计调用 149 万次。

【信息化建设管理】调整市民政局网络安全和信息化领导小组，进一步明确网络安全领导机构和网络安全责任主体。发挥主管部门监督和指导作用，组织网络和信息系统安全检查工作，开展 2 次应急演练，进行网络安全宣传及教育培训，全年没有发生网络安全事件，确保市民政局信息网络安全平稳运行。组织 2021 年度信息化项目支出预算集中申报工作，共计申报信息化项目 63 个，其中批复建设类项目 13 个、运维类项目 37 个；完成 2020 年度 5 个信息化项目支出预算日常申报工作。组织 18 个信息化项目验收。

（费文东）

二、智慧社区

社会保障卡

【概况】2020 年，上海换发新版社保卡工作有序开展，线上线下实现新版社会保障卡全人群、全业务、全流程办理。

【新版社会保障卡换发工作目标完成】上海通过微信公众号、App、短信、易拉宝、宣传单片、宣传海报、微信朋友圈广告开展政策宣传；依托“一网通办”“一网统管”，积极推进新版社会保障卡集中换发，截至2020年12月底，上海累计1 830余万人申领了新版社会保障卡，其中，户籍人员1 359余万人，申领率为92.15%；来沪参保人员470余万人，申领率为96.72%。开通社保应用功能1 601余万人，开通率为88.05%，其中户籍人员1 242余万人，开通率为91.40%；来沪参保人员359万人，开通率为78.16%。

【便民服务提升】线上线下实现新版社会保障卡全人群、全业务、全流程办理，采用邮政专送直接投递至个人。即时申领、即时制卡、即时补换功能覆盖311家社区网点及526家银行网点。依托“一网通办”，实现社会保障卡业务办理中监护关系证明免于提交和16周岁以下人员身份证免于提交。积极推进包括一代卡持卡人姓名中含有冷僻字的人员、港澳台人员等特殊群体换发工作。

【创新应用探索】把新版社会保障卡申领办理融入“出生一件事”“退役军人一件事”等“高效办成一件事”的联办业务，拓展在廉租房补贴、公积金补贴发放等场景应用。积极配合上海市人力资源和社会保障局（以下简称“市人社局”）、市交通委、上海市文化和旅游局（以下简称“市文旅局”），推动新版社会保障卡在长三角一体化示范区内实现交通出行、旅游观光、文化体验等方面的“同城待遇”。

（王晓炜）

付费通

【概况】2020年，上海付费通信息服务有限公司（以下简称“付费通”）在为用户提供便捷安全的家庭电子账单管理支付服务外，持续深耕少儿基金、房产税等政务服务缴费项目，切实打通服务群众的“最后一公里”，让群众少跑路、少聚集，全力支持配合2020年针对新冠肺炎病毒的抗疫攻坚战。同时，付费通大力增加软件和硬件的资源投入，不断强化、完善支付基础能力建设，初步实现账单支付平台向支付服务平台的战略转型。随着多元业务场景的深入拓展，将为更多个人用户及行业用户提供便捷、安全、高效的智慧支付解决方案，助力上海智慧城市建设发展。

【保险行业支付解决方案推出】2020年，付费通在试点To B保险行业支付解决方案的基础上，不断扩大应用规模、完善支付产品，与业内排名前三十的保险公司中的24家建立合作关系，为其提供安全便利且多元化的全场景支付解决方案。支付方案涵盖线下POS（Point of Sale，销售终端）、线下微信 / 支付宝、微信公众号、微信小程序、线上微信 / 支付宝等各种渠道，满足保险客户线上线下收费需求。同时付费通也通过各类营销活动为保险公司提供智慧运营能力。

【支付能力完善】2020 年，付费通对旧支付核心系统和清结算系统进行改造与迁移，系统稳定性与交易并发能力获得整体提升，退款和清结算处理时效的提高为付费通各业务的稳定运营提供保障。此外，付费通继续深化与网联、银联、银行的合作，持续拓展快捷通道的接入和完善，并积极响应监管机构进行各项合规改造，为公司的合规、安全运营打下良好基础。

【少儿住院互助基金网上缴纳】2020 年 9 月，付费通与上海市少儿住院互助基金管理办公室合作，作为第三方支付缴费平台为全市各区的 0—3 岁沪籍婴幼儿提供少儿住院互助基金续保缴费服务。家长可通过付费通 App、“付费通账单查缴”微信服务号及付费通网站等多种线上支付渠道自助缴费。同时，结合 2019 年度的用户调研反馈，对缴费平台的查询、支付等功能进行升级优化，进一步提高用户使用体验。

【个人住房房产税线上查缴】2020 年 11 月，付费通作为上海市税务局指定房产税线上缴费渠道，为应税用户提供个人住房房产税查缴服务。纳税人可登录付费通 App、“付费通账单查缴”微信服务号、付费通网站等多种线上支付渠道，在房产税页面输入房地产权证号或不动产权证号，以及产权人相关信息，进行 2020 年度个人房产税税额查缴，同时支持 2019 年度及以前逾期的房产税补缴业务。支付方式多元化、缴费流程精简化给纳税人带来便捷的缴费体验。同时，线上支付方式能减少用户外出和聚集排队，有效支持了上海市 2020 年秋冬针对新冠肺炎病毒的防疫工作。

（张蓉蓉）

【上海市保安服务（集团）有限公司】2020 年，上海市保安服务（集团）有限公司（以下简称“市保集团”）以第三届进博会安保工作为主线，参与“平安城市”“智慧公安”建设，严格落实新冠肺炎疫情防控措施，守住队伍内部“零感染、零发生”双底线，稳步推进重点工作、重点项目建设。2020 年，市保集团有成员企业 27 家，总资产规模超 40 亿元，员工总人数达 2.6 万人。市保集团致力于成为国际领先的全域智慧安防服务提供商，依托现代智能安防科技，提供从科学人防、物联技防到智慧云防的“全域安防”系统解决方案，为个人、家庭、机构构筑更加安全的世界。2020 年，市保集团参与联防联控工作，协助社区街道落实疫情防控措施，配合做好主要入沪交通道口车流的无人机空中监测和喊话引导，建设完成全市线下零售药店、发热门诊智能感知设备。在第三届进博会安保工作中，通过启用大型活动现场指挥系统，实现安保勤务动态屏展示、实时监控，圆满完成人员和车辆安检、场馆内外围安保等任务。同时，通过动态布设无人机侦测反制设备，完成重点区域无人机侦测反制工作。进博会期间，还通过安装启用800余块二维码标识牌，为观展人员提供地理位置搜索和配套服务信息。此外，公司持续推进淘安开换锁业务，以严格的锁匠身份审核认证、服务流程监管回溯机制，为市民提供更安全的开换锁服务。同时，与上海公安局青浦分局崧润路派出所联合推出“崧润淘社区”，建立实体社区的线上平台，覆盖辖区居民4万余人，助力“平安社区”建设。此外，市保集团“智慧消防物联网FAS2.0”已纳入市发展改革委2020年度100个建设项目名录，着力提升城市智慧消防安全水平。

（保　安）

三、智慧邮政

【概况】2020年，中国邮政集团公司上海分公司（以下简称“上海邮政”）不断推进科技创新，加大顺应科技和产业变革趋势的能力建设投入，以信息技术为引领，因地制宜探索智能化国际大都市邮政发展之路，增强企业核心竞争力。依托“互联网+”思维，对接新媒体，打造线上服务平台，提升邮政传统业务的技术含量和服务能力，实现传统业务效能提升，开拓新的业务领域，满足用户需求。依靠信息技术和现代管理方法、经营方式和组织形式，创新服务领域、服务模式。通过信息化建设，减少冗余流程，提高运行效率和效益，进一步解放生产力。

【上海公安出入境智慧邮政服务中心启用】2020年8月4日，上海市公安局出入境管理局与上海邮政战略合作协议签约暨上海公安出入境智慧邮政服务中心启用仪式在上海市公安局出入境管理局张江智能制证中心举行。上海公安出入境智慧邮政服务中心的建设旨在为出入境材料配送提供专门的封装收寄场所及一站式进驻服务，通过全新的出入境智慧自动化封装设备，可对邮件进行自动封装，以减少人工差错，提高封装效率，实现当天制证邮件当天封发完毕，进一步提升市民办证时效。

【5G智慧网点打造】2020年10月20日，上海邮政打造的邮政金融旗舰店——曹杨新村邮政支局重装开业。支局以邮政绿为设计主基调，通过金融太空舱、智能家居、无线医疗、共享空间直播、客户成长互动、数字沙盘、汽车金融体验等场景为客户提供沉浸式金融服务。机器人“小邮”可以引导客户至指定区域办理业务，还能通过人机对话实现热门产品推介、大堂经理呼叫等功能。支局还主动与曹杨新村街道对

接，引入“一网通办自助机”，可提供自然人、法人办理 45 类功能 2 760 个事项。

【进境申报邮件智能仓库管理系统开发】为配合海关金关系统上线使用，上海本地版“关邮沪通”用户在线申报系统于 2019 年 9 月实现与海关金关系统全面对接。为进一步优化作业流程、加强管理能力，2020 年 9 月，上海邮政组织开发金关版进境申报邮件智能仓库管理系统，其主要功能包括入库管理、出库管理、窗口管理、通知单管理、催领管理、打印管理、查询管理等，同时能与上海本地版“关邮沪通”以及海关金关系统实现信息互联互通。该项目于 2020 年 11 月完成建设。

（陆怡琼）

第五章　智慧文化

概　述

2020年，上海在智慧文化领域取得稳步发展。数字新媒体方面，上海音频网站处于全国领先地位，垂直视听领域发展潜力巨大。网络出版方面，在第二届国家数字出版精品遴选推荐计划评选中，上海2个数字出版项目入围。上海图书馆、上海博物馆、上海科技馆等重要、重点文化机构持续加强信息化建设。

一、数字新媒体

【网络视听】 截至2020年底，上海持有《信息网络传播视听节目许可证》及纳入备案管理的网络视听企业共计59家，呈现出以下特点：一是上海音频网站处于全国领先地位，如上海喜马拉雅科技有限公司已成为移动互联网视听领域成长最快的企业之一，2020年内容消费总额同比增长90%以上；二是垂直视听领域发展潜力巨大，如中国网络视听二次元领域的头部企业上海哔哩哔哩科技有限公司，2020年总营收120亿元，同比增长77.03%，2020年第四季度哔哩哔哩月均活跃用户同比增长55%，达2.02亿；三是视听业务辅助作用进一步显现，如电商服务类企业拼多多，在直播带货等视听业务推动下，2020 年总营收超 400 亿元，市值稳居达 2 000 亿美元以上，已成为中国第二大电商平台。小红书科技有限公司 2020 年营收约 31.4 亿元，估值 90 亿美元，已成为目前中国最大的生活分享平台和消费决策平台。

（毛占刚）

二、网络出版

【概况】2020 年，上海网络出版产业平稳发展。在第二届国家数字出版精品遴选推荐计划评选中，上海 2 个数字出版项目入围。在中国音像与数字出版协会主办的 2020 年度中国“游戏十强”盛典活动中，4 家企业获大奖。全球电竞大会、游戏精英峰会等高规格活动也在上海举办。

【上海 2 个数字出版项目入围精品遴选计划】2020 年，中共中央宣传部（以下简称“中宣部”）出版局举办第二届国家数字出版精品遴选推荐计划评选，上海传统出版单位积极参评。经评审，共有 2 个数字出版项目入围，分别是华东师范大学出版社有限公司“华狮”小助手、上海外语教育出版社有限公司“WE 外语智慧教育平台”。这些项目成为上海传统出版融合出版的示范项目，为行业转型提供样本。

【网络文学编辑人员业务培训班举办】为增强网络文学编辑队伍政策法规素养，推动网络文学内容健康发展，2020 年 11 月 19—20 日，上海市新闻出版局举办网络文学编辑人员业务培训班，围绕如何在文化产品中践行核心价值观、网络出版相关政策法规及案例分析等开设课程。上海市 10 多家网络文学网站 100 余名网络文学编辑骨干参加培训。

【上海网络游戏管理培训班举办】2020 年 10 月 28—29 日，中国游戏产业研究院和上海市新闻出版局组织召开了 2020 年上海网络游戏管理培训班。培训课程包括《网络游戏管理工作要求》《游戏内容自审规范》等，既注重理论又兼顾实务。上海 70 多家游戏企业近 200 人参加了培训。

【数码互动娱乐展览会举办】2020 年 7 月 31 日—8 月 3 日，第十八届中国国际数码互动娱乐展览会（2020 ChinaJoy）在上海新国际博览中心举办。ChinaJoy 展会由国家新闻出版署和上海市人民政府共同指导，中国音像与数字出版协会和上海汉威信恒展览有限公司联合主办，上海市新闻出版局和上海市浦东新区人民政府协办，以“科技·引领数字娱乐新浪潮”为主题，共设10个展馆，总面积12万平方米，中外参展企业400多家。展会开设“ChinaJoy Plus”线上展览共触达6亿多用户。在新冠肺炎疫情防控常态化背景下，第十八届ChinaJoy筹办将防疫安全作为重中之重，确保了展会安全、顺利、成功举办，展会的举办释放了线上经济活力，体现了上海全力打造全球“电竞之都”和“游戏创新之城”的坚定信心，进一步巩固了上海在全国游戏电竞行业的领先地位。

【全球电竞大会举行】2020年8月1日，由中国音像与数字出版协会、上海市新闻出版局联合指导的2020全球电竞大会在浦东召开，大会以“致竞未来”为主题，“上海电竞周”也同步开启。在全球电竞大会上，拳头游戏与上海市政府共同宣布，2020英雄联盟全球总决赛（S10）于2020年9月25日至10月31日全程在沪举办，最终决赛落地浦东足球场。会上，中国游戏产业研究院正式揭牌落户上海浦东，《电竞赛事通用授权规范》《电子竞技直转播管理规范》正式发布。2020全球电竞大会的召开以及一系列的电竞周活动，全面助推上海打造“全球电竞之都”的战略，充分彰显上海致力于成为“全球电竞之都”所展现出的国际性、权威性与多元性。

【上海多家企业获“游戏十强”奖项】在中国音像与数字出版协会主办的2020年度中国“游戏十强”盛典活动中，上海企业硕果累累，盛趣信息技术（上海）有限公司（以下简称“盛趣游戏”）、上海莉莉丝科技股份有限公司（以下简称“莉莉丝”）、三七互娱（上海）科技有限公司（以下简称“三七互娱”）、波克科技股份有限公司4家企业荣获“2020年度中国游戏特别奖”大奖。首次入围2020年国际“游戏奥斯卡”TGA大奖的中国游戏作品米哈游《原神》包揽“十大新锐游戏”“十大客户端游戏”“十大移动游戏”“十大游戏研发团队”“十大优秀游戏美术奖”“十大优秀游戏音乐奖”六大奖项。

【上海游戏精英峰会举行】2020年7月28日，第七届上海游戏精英峰会暨游戏出版产业报告发布会在上海举行，会上发布了《2019—2020上海游戏出版产业调查报告》和《2020上海电子竞技产业发展评估报告》等多份产业报告。据统计，2019年上海网络游戏销售收入达到802亿元，增长率超过12%，较2018年增速明显提升；2019年上海自主研发网络游戏销售收入达到697.6亿元，增长率达到17.6%，增量超过100亿元。近年来，上海游戏企业研发实力提升显著，除盛趣游戏、上海巨人网络科技有限公司等老牌游戏企业外，三七互娱、游族网络股份有限公司等企业通过收购完成了研发实力的快速提升，莉莉丝、米哈游科技（上海）有限公司、上海鹰角网络科技有限公司等新兴的移动游戏企业也在持续打磨自身的研发实力，并产出了一批具有代表性的自研产品。

【中国原创艺术精品游戏大赛颁奖】由上海市委宣传部、上海市新闻出版局指导，上海市出版协会、TapTap主办的第二届中国原创艺术类精品游戏大赛颁奖典礼于2020年8月2日在上海举办，《江南百景图》《力力普的工坊》等11部国内优秀作品脱颖而出，获得奖项。中国原创艺术精品游戏大赛旨在选拔拥有优秀内容品质、注重游戏艺术性、注重创意水准和技术含量的游戏作品，以此来鼓励国内的游戏开发者进行高质量的艺术创作，推动中国精品游戏的发展。大赛于2020年2月启动作品征集，受到国内众多企业和高校游戏创作者们的广泛关注，103个团队积极参与，共征集参赛作品182款，其中社会组146款、高校组36款。经过多位专家精心评选，大赛最终评选出《江南百景图》《力力普的工坊》等11款获奖作品，其中《逆行者》反映新冠肺炎疫情特殊背景下医护人员们的无私奉献精神，获得特别提名奖。

【英雄联盟全球总决赛举办】2020年10月31日，2020英雄联盟全球总决赛S10冠亚军决赛在新落成的浦东足球场落幕，6 000多位观众现场见证了这场盛典。赛事全程用13种语言向世界直播，全球同时在线观看人数超2亿人次。上海努力克服新冠肺炎疫情影响，全力保障世界顶级赛事落地，推动先进技术跨界应用，带动在线经济发展，激活行业发展新动能，“全球电竞之都”建设迈向更高能级。

【“上海国际网络文学周”举办】2020年11月16日，由上海市新闻出版局指导，上海市出版协会、上海阅文信息技术有限公司主办的“2020首届上海国际网络文学周”（以下简称“文学周”）在浦东新区正式开幕。文学周以“开放文学力量，网聚时代精彩”为主题，深入探讨如何以网络文学为载体，促进世界文化交流和产业发展，开创全球原创网络文学新格局。活动邀请来自英国、意大利、波兰、新加坡、巴基斯坦、菲律宾等国的9位作者、译者，以及韩国、泰国网络文学企业代表共同参与，线下参与人数200多人，是一场聚焦网络文学国际化、精品化、产业化发展的行业盛会。

（王一行）

三、重点文化机构信息化

上海图书馆（上海科学技术情报研究所）

【概况】2020年是全面建成小康社会和“十三五”规划的收官之年。上海图书馆（上海科学技术情报研究所）(以下简称“馆所”）全面贯彻落实党的十九大各次全会精神，聚焦“抗疫情、抓落实、求突破、促发展”的工作主线，根据馆所“十三五”规划的要求和上海图书馆（以下简称“上图”）东馆建设的迫切需要，一方面积极应对新冠肺炎疫情的严峻挑战，另一方面切实保障馆所各类信息系统的稳定运行和相关业务工作的顺利开展，并以上海图书馆东馆（以下简称“东馆”）信息化建设为抓手，扎实推进基于Folio的新一代图书馆服务平台项目，稳步拓展数字人文项目建设，做好信息技术服务平台的建设工作，优化基础设施，加强数据服务和公共服务研究，培养人才队伍，强化科研力量，积极探索各类新技术在图书馆的实际应用，为读者提供智慧化的图书馆服务。

【数字阅读服务】打造全媒体阅读服务矩阵，全力推进“上图·微阅读”移动数字阅读平台建设。提供2万多种中文全文电子书、500种中文电子期刊、2万小时55万集的听书资料、3 500部1万集阅读视频，以及4 500多本英文原版电子书和有声配音书，跨平台适配移动终端和互联网终端，覆盖全市537万以上的注册读者群。每周推荐7本精品电子书，2020年全年共推荐360余本，页面浏览量达到324 467人次。配合相关活动，使单本电子书的利用率得到提升，图书总点击次数632 908次，平均每本书被点击30次以上。引入OverDrive平台以来，少儿数字阅读推广在2020年也取得了丰硕的成果，疫情防控期间成功推出了《哈利波特与魔法石》全语言电子书、有声书不限复本免费阅读活动，在两个月的限免期内共吸引了3 000次阅读。

推出“跃+AR图书馆”小站和AR（Augmented Reality，增强现实）阅读展陈空间。积极探索创新服务，利用AR识别技术为阅读推广赋能，扩大平面资料的可延展性，通过阅览室微改造为读者提供视觉、听觉和触觉多感官结合的阅读体验环境，为上图东馆阅读、展览、讲座等内容在同一空间共存的复合阅读服务夯实基础。通过打造“AR+荐书”“AR+展览”“AR+活动”三种增强现实阅读推广模式，辐射图书馆全阅读推广场景，形成可复制的新阅读推广范式。2020年上海书展期间，上图将AR技术与电子书资源结合，在展会现场设立了“AR图书馆”小站，读者只需要打开上图微信公众号“跃+AR图书馆”扫一扫图书封面，就可以直接阅读该电子书，还能看到由馆员出镜制作的该书的推荐和介绍，大大提升了读者的阅读体验，吸引了大量读者驻足扫一扫观看。书展之后，有关部门将这一展台搬到了新阅读体验阅览室，形成常态化展览体验项目，并将“阅21书单”“德国最美图书”等精品电子资源和视频上传到“跃+AR图书馆”，短短两个月已经累积有92本书和92个图书推荐短视频。继续探索未来阅读体验的新模式，对阅览室的展陈模式进行调整，加入实物展览的部分，并融入AR识别技术，改造后的空间将历届的“阅21”活动穿插起来形成了一条观览动线，让读者能了解“阅21”这个活动的来龙去脉。

电子书外借和移动数字阅读服务。2020年全年新阅读体验外借流通的设备终端为5个品牌10个品种共计750台设备终端，较2019年基本持平。受新冠肺炎疫情影响，现场设备外借服务在2020年累计外借数240次，外借率32%，并试用了电子阅读器自助借阅柜系统。

联手湖北省图书馆，线上开通“上图方舱数字图书馆”，为武汉方舱医院的患者和医护人员送去“上海书展·阅读的力量”2020特别网聚活动，以及包括名家寄语资源包、微阅读资源包、家谱资源包、“上图讲座”资源包以及《全国报刊索引》晚清民国期刊全文库在内的优质数字资源。

联合江苏、浙江、安徽、湖北等地338家图书馆举办“我的战疫”阅读马拉松线上快闪赛，来自不同地区的13 667位读者于同一时间在线上共同阅读了《张文宏教授支招防控新型冠状病毒》一书的电子版，为非常时期“闷”在家中的“爱书人”送上了丰盛的精神食粮。

“上图讲座”开启“云讲座”模式，推出“四史”教育、疫情防控、都市文化、教育就业、经典国学、图书推荐等系列讲座，让读者足不出户同样享受优质文化资源。“上图展览”发起以“抗击疫情，你我在一起”为主题的插画征集活动，携手上海市美术家协会漫画艺术委员会，联合推出了“众志成城战疫情”网络漫画展。

【新媒体服务】打造新媒体服务矩阵，实现“互联网+图书馆”的全方位发展。由上海图书馆微信、微博，上海图书馆抖音号、头条号、阿基米德音频社区等组成的新媒体矩阵对宣传馆所服务品牌、资源品牌、数字阅读、读者讲座、展览和培训、馆所重大新闻宣传和高品质的阅读推广起到了“第一窗口”的重要作用。

微信服务号方面，2020年“上海图书馆”微信服务号的读者关注数共531 227人，全年增长128 137人，同比增长31.79%；微信参考咨询量全年累计337 615条（其中人工回复23 677条、智能咨询313 938条），同比增长59.12%。全年共推送48次358条图文信息，阅读量

3 800 152 次，同比增长 29.9%。

微信订阅号方面，2020 年“上海图书馆信使”订阅号关注人数 41 811 人，同比增长 6 557 人。累计推送 260 次 691 条图文信息，同比增长 67.3%；阅读量 948 060 次，同比增长 61.1%。

“头条号”方面，全国图书馆界首个在今日头条开通的头条号“上海图书馆”至 2020 年底的关注用户数有 8 070 人，全年发文 152 篇，阅读量 858 560 次。

微博方面，2010 年 7 月，全国图书馆界首个认证微博“上海图书馆信使”诞生，作为上海图书馆对外宣传重要窗口，至 2020 年底的粉丝关注数达 178 105 人，同比增加 6.8%，与读者互动 31 335 次，同比增加 208.8%，博文累计阅读数 15 279 674 次，同比增长 163.4%。微博因新冠肺炎疫情期间不受发送次数限制和平台开放性较好的原因，阅读数量大幅增长，成为闭馆期间乃至疫情常态化防控期间图书馆服务读者的主要阵地之一。

阿基米德上海图书馆社区方面，2017 年 8 月，上海图书馆尝试在阿基米德音频平台开通上海图书馆社区。2020 年，阿基米德上海图书馆社区共有粉丝 761 名，总收听量达到 329 万余次。

上海图书馆抖音号方面，2019 年 4 月，上海图书馆开设抖音号，力求用丰富多彩、生动有趣的视频体验，进一步扩大上海图书馆的影响力。2020 年共推出了短视频 238 条，读者播放量达 10 968 899 次，同比净增 171 倍，互动点赞评论 60 757 次，在众多新媒体平台中异军突起，成为服务读者、展示上图形象的新窗口。

网络直播服务方面，与国家图书馆直播平台合作，将优质的读者培训活动依托国家图书馆公开课直播平台“走出去”和“引进来”，将优秀的读者培训资源通过国家图书馆的平台，放送给全国各个图书馆的读者，同时也将全国各个图书馆的优秀讲座资源通过国家图书馆的直播平台分享给上图的读者。在新冠肺炎疫情常态化防控期间，将线下活动成功转到线上直播，从 2020 年 3 月到 2020 年 10 月，累计发布线上培训视频 169 个，微博微信总阅读量 180 余万次，近 282 余万人次参加各类线上培训直播或观看视频回放。

【数字人文服务】探索面向数字人文的支持全流程管理的知识生产平台。“家谱联合编目系统”支持采购、捐赠、编目业务管理流程的一体化，同时支持多机构的联合编目及编目—审核流程的统一管理，包括采购查重、多机构用户角色权限管理、复本查重与著录、数据批量导入导出，以及家谱知识服务平台的无缝链接等功能。该系统已经上线，并有 12 家机构在其中进行联合编目，完成编目家谱 1 200 余种。

历史人文大数据平台开发取得重要进展。历史人文大数据平台完成近代图书、报纸、期刊本体及映射设计，知识组织体系设计、技术支撑架构设计、服务整合架构设计。实现技术、方法和范式的突破，再上新台阶，并开发完成跨6个数据集的检索与导航模块，检索结构导出、可视化、时空分析模块，IIIF全文服务模块，HGIS支撑模块，SNS支撑模块，文本分析模块。历史人文大数据平台原型系统在CDH2020数字人文年会上进行了专场演示，产生良好影响。

众包理念深入实施。除了历史文献众包平台和验证码服务外，众包理念在应用系统内容中得到深入实施。家谱知识服务平台的上传家谱功能，在邮寄纸质和数字化家谱的捐赠形式以外，增加了在线捐赠的形式，捐赠者只需上传数字化家谱至该平台即可完成捐赠，同时可对家谱文献进行初步著录，极大便利了捐赠手续和后续编目流程；另一方面，该平台通过在线识谱、在线修谱等功能，激励普通大众和研究专家贡献知识，共享认知盈余，直接将用户的知识数据化，并在平台上长期保存和实时服务。家谱联合编目系统首创家谱编目的“众包”模式，即所有人都在统一的著录平台上进行著录、修改、上传，改变了传统的著录方式，从而使著录工作更加便捷，提高了编目效率。该编目模式还对民间人士开放，从而便于获得散藏于民间的新谱信息，有效弥补了公藏机构藏谱的不足。

【数字资源长期保存与开放服务】数字资源长期保存。2020年，数字资源长期保存平台稳定运行，长期保存工作稳中有进。进入长期保存的自建资源共38项，新增尺牍、科技现代期刊篇名、社科现代期刊篇名3项，存储总量达574.47 T，增量91.36T。完成新加工古籍普本、家谱、民国图书等应用服务级数据转换加工，并投入历史文献统一平台服务。修复调整补档若干历史文献平台中的服务对象。应用服务级数据总量9.97 T，增量77 G。

举办2020上海图书馆开放数据竞赛。2020第五届上海图书馆开放数据竞赛以“全媒融合，用DH解构历史之美”为主题，全面升级为国际赛事，由国际科学技术信息理事会（International Council for Scientific and Technical Information）与上海图书馆（上海科学技术情报研究所）联合主办。2020年的竞赛中，上海图书馆与5家数据机构及上海市公共数据开放平台合作。开放数据的资源类型有民国书刊、家谱、古籍循证、人名规范库、老电影、盛宣怀档案、红色文献、红色旅游、上海地名志、上海历史文化事件、诗词、藏印和书信等，数据总量达数千万条。

竞赛克服了新冠肺炎疫情影响，于4月23日世界读书日当天准时启动，来自新加坡和国内19个省（自治区、直辖市）的188支团队共495人报名参赛。竞赛颁奖典礼于10月21日在中国数字人文年会上举办。此次竞赛共计评选出一等奖1名、二等奖2名、优秀创意奖1名、优秀设计奖1名、优胜奖5名。竞赛展览于10月13日至21日在馆所目录大厅举行。同时，竞赛的在线展览也同步上线。展览的内容主要包括2020大赛的整体情况介绍、当年获奖作品的10个作品和往届一等奖获奖作品的介绍。此外，上图开放数据竞赛还加入了由上海开放数据创新应用大赛牵头的开放数据赛事联盟，在数据共通、赛程共融、导师共享、宣传共鸣和服务共建五个方面开展具体合作，发挥赛事联盟的联动效应，增强开放数据的社会影响力，引导社会大众对开放数据的价值进行挖掘和创新应用。

【公共图情服务体系】2020年，上海市中心图书馆“一卡通”三级服务体系运行平稳，“一卡通”市、区县、街镇以及其他基层服务点总节点数达到386个，另有图书分拣中心节点1个，服务用微机总量达1 201台。读者办证数和书刊保有量持续增长，有效读者证数量达5 377 730张，同比增加4.86%；书目记录总数达4 676 737条，总馆藏量达35 001 355册。在图书借阅方面，总流通量为2 906.06万次；其中中心图书馆“一卡通”流通量为2 831.91万次，成人流通量1 838.1万次，少儿流通量993.81万次；上海图书馆本馆流通量270.44万次。

开展数据服务，发布“我的悦读2019”上海图书馆年度阅读账单，包括通用版、个人版、微信版，同时还发布《上海市公共图书馆2019阅读报告》。为分馆提供数据服务，为部署有数据实时展示模块的7家区级馆提供内容更新；为4家分馆自行开发的各类应用提供数据实时展示接口和开发支持；增加2馆数据接口服务；增加2馆数据主动推送服务。

【上图东馆信息化建设】持续推进东馆信息化调研，完成信息化建设方案申报。2019年10月，向有关部门提交上图东馆信息化项建书后，积极沟通，配合提供补充材料和说明，促进审批流程。2020年7月，根据上级批复意见的精神，积极进行后续可研方案调研，同时与协作单位商定可研报告的融合方案，编制完成上图东馆信息化建设的可研报告，并提交上级主管部门审批。

基于Folio的新一代图书馆服务平台项目成果初显。2020年新冠肺炎疫情期间，通过线上方式和Folio项目组成员联络，定期组织线上会议，逐渐恢复Folio项目相关开发工作。同时，安排人员负责对接Folio社区方面的中国产品经理，并通过产品经理联络Folio社区架构师和核心功能组、核心平台组，为上图Folio项目和Folio社区建立沟通渠道。协助产品经理在

Folio 社区建立上图 Folio 项目专门网页，宣传上图 Folio 项目。

规划并搭建代码及应用、自动构建、自动部署管理平台。汇同各方协同制订开发代码、环境管理规范，并于 2020 年 6 月中旬完成 Folio 集成联调测试环境的初步搭建。9 月 15 日至 30 日，以该集成环境为后台支撑，顺利完成“携手同行二十载　初心不改再出发 · 上海市中心图书馆 20 周年展览”的 Folio 流通系统会展演示，支撑前端人脸识别、自助办证、无感借阅、智能书架、智能预约等功能正常运行，为会展提供完整技术支持应急预案，全程保障后台系统稳定，近 80 家图书馆参观展会。

在 Folio 平台开发中，组织协调上图 Folio 项目的开发、测试和试运行，及时解决相关技术问题。完成了 Folio 馆藏管理（典藏）系统功能开发、系统测试和培训工作，于 2020 年 9 月 7 日正式上线。同时还完成了 Folio 流通系统的主要功能开发，并于 10 月开始进行培训。目前，Folio 平台测试运行中的本地化模块已有用户管理、消息通知、流通、管理、发现、典藏、SIP2 七大模块。

【新技术探索】专业服务门户应用效果显著。专业服务门户是上海图书馆一个面向科研用户的学科资源发现及服务提供系统，融合超过 160 个数据库以及海量文献数据，提供多途径远程访问服务功能，同时还集成知识发现、文献传递、剪报定制等多项专业服务链接入口，使持证读者可通过远程登录便捷地使用各类馆藏资源与服务，方便地获取文献全文。2020 年，该门户月度平均访问人次突破 23 万，同比增长迅速，广受读者欢迎。

持续推进人工智能在图书馆的应用。2020 年，“图小二”虚拟机器人助手在上海图书馆微信公众号上岗期间，为应对新冠肺炎疫情闭馆和恢复开馆服务的读者咨询发挥了很好的作用。全年微信咨询总量持续增长，数量达到 337 615 条，同比增长 59.12%；其中人工答问 23 677 条，同比增长 79.2%；“图小二”虚拟机器人智能咨询 313 938 条，同比增长 47.96%，虚拟机器人智能咨询占比 93%。疫情期间，参考咨询馆员们及时根据疫情防控闭馆和恢复开馆的要求加班加点更新知识库和引导式智能问答系统。读者对这种智慧便捷的线上智能咨询服务的满意率超过了 98%。

全国首创的“手机借书”服务不断更新升级。2019 年 4 月 18 日，上海图书馆正式对外启动手机扫码借书服务，成为全国首创手机借书的公共图书馆。至此，读者在上图书刊外借室的书架上任意取阅一本书，用已通过微信绑定上海图书馆二维码读者证的手机扫描图书馆藏条码，就能成功借书出馆，并可实现自助机流通和手机借书流通双轨制的无缝对接。2020 年，手机借书新增纸电融合推荐功能，当读者成功使用手机扫码借书后，系统将会根据读者的借阅情况个性化推荐三本微阅读电子书，读者如感兴趣，则可在手机上直接阅读全文。为了更好地激励读者的阅读兴趣，上图积极策划推出手机借书积分兑换活动，受到读者一致好评。2020 年参与手机借书的读者共计 8 113 人次，外借书刊 34 464 册，人均 4.2 册次。

积极推进第三方卡、证、码的接入和在上海图书馆的试点应用。2020 年，由于新冠肺炎疫情影响，“随申码”作为一种有效的疫情跟踪和人员识别手段迅速普及。根据上海市政府对于“随申码”推广到更多场景的指示精神，完成“随申码”接口对接、办证系统改造对接、二维码读者证接口改造等多项工作。2020 年，上图实现随申码诚信免押金办证、“随申码”借书等场景。同时，还积极推动社会保障卡的合作应用，制定相应实施方案并加以落实。

【信息基础设施优化与升级】网络基础设施建设稳步推进。对中心馆使用的 VPN 设备所属 VLAN（Virtual Local Area Network，虚拟局域网）进行调整，提升网络稳定性，降低服务器网段出现广播风暴的概率。完成移动和电信 5G 网络在馆所部分区域的接入开通工作，实现多个人员密集场所的 5G 信号覆盖。完成上海移动点到多点专线总头的接入工作，为分馆及分支机构与上图淮海路馆联网提供新的可选链路。完成电信 ATM（Asynchronous Transfer Mode，异步传输模式）总头线路转光纤的改造工作，并逐步对通过该线路接入的各区县馆和本馆分支机构的网络进行切换。

服务器及终端设备运维工作继续保持稳定，应用系统开始向电子政务云迁移。各类服务器的应用规模保持稳定，形成 150 台物理服务器、596 台各类虚拟机的系统环境，支持包括实体机迁移整合、新应用部署运用、系统测试等在内的多种应用场景，进一步提升物理计算资源的利用率及可靠性。

在服务器运维方面，馆内服务器集群总体运行稳定，关键应用系统运转正常，保证馆所相关业务的顺利开展。在终端设备运维方面，利用社会化方式采购运维服务，通过微机定期巡检服务外包和终端设备维护驻场服务等措施，进一步提高终端设备维护的效率与服务水平。

根据相关要求，2020 年，馆所开始全面推进应用系统向电子政务云迁移，馆所电子政务云服务器的规模达 154 台，现有存量互联网应用已逐步向政务云服务器迁移并开始上线服务。

提升信息安全保障工作，顺利完成关键节点的安全防范工作，完成对馆所相关应用系统的等保复测工作，并顺利通过。信息安全员对馆所网站应用进行定期安全扫描与防护策略调优等防范工作，并对扫描中发现的漏洞进行及时修补。通过向第三方安全厂商购买的系统安全服务对馆所的网站应用开展进一步的安全检测与加固，确保相关应用的安全稳定运行以及馆所整体信息系统的安全。为迎接进博会及国庆等国家重大节庆活动，对馆所主要信息系统测试部署应用动态防御服务，加强屏蔽防护能力，确保馆所主要信息系统在重要时间节点的安全稳定运行。

【公共数字文化工程建设】2020年，在国家文化和旅游部、全国公共文化发展中心、国家图书馆、市文旅局的指导下，上海各级图书馆密切协作，深入开展上海市公共数字文化工程建设，取得显著成效。

推进落实融合发展战略要求。为应对公共数字文化工程融合创新发展的新要求，加强省级文旅部门和省级图书馆的统筹作用，推动公共数字文化服务在基层融合，提升服务效能，在市文旅局指导下，上海图书馆在项目申报、评审、验收和成果应用等方面开展了一系列工作，采取的措施主要有：评审工作下沉地方、逐步加强流程管理、梳理规范资源上缴。

在申报公共数字文化项目方面，组织完成2020年核定项目立项申报。共有来自上海市上海图书馆等12个承建单位的37个项目参与此次立项申报。经专家评审，结合2020年度核定经费数量，共计9个承建单位21个项目的实施方案经市文化和旅游局审核通过，提交文化和旅游部全国公共文化发展中心。开展2021年公共数字文化项目申报，共有12个单位的23个项目参与此次项目预申报。

有序推进公共数字资源建设。推进8个项目完成建设并提交验收。参照文化和旅游部全国公共文化发展中心、国家图书馆的相关要求，组织开展项目的市内验收工作，截至2020年10月，5个单位8个项目已完成市内验收工作。

完成31讲共享工程讲座资源征集。根据《共享工程讲座资源征集工作流程规范》要求，本着公平、公开、公正的原则，上海图书馆于2020年5月征集到4家单位申报的31集讲座资源。6月，上海图书馆分别与4家单位签署了讲座征集协议，并按照相关流程规定，对已入选的讲座资源填报“专题讲座资源授权书”和“主讲人信息表”。

优化完善公共数字资源推广。组织开展“文旅e家助力美好生活”新春活动。活动以“文旅e家”应用程序为服务平台，精选近千种群众喜爱的文化精品资源，提供基层群众免费扫码获取。同时，通过线下海报配发方式，进一步丰富和活跃春节期间群众文化生活，方便群众就近便捷享受服务。

新冠肺炎疫情期间线上服务不停。疫情期间，各级公共图书馆充分利用网络平台、数字资源和各类资源，优化系统、创新服务模式，开展丰富多彩的线上阅读活动和文化互动，为市民提供知识传递、数字阅读服务和精神文化产品。

公共电子阅览室管理系统升级。针对区级成员馆新采购电脑无法正常安装老版Pubwin管理系统的问题，上海图书馆提出两种软件升级方案，各区级馆可以根据自身情况从中选择实施，从而确保公共电子阅览室功能正常运行，保障人民群众的基本文化权益。

切实加强数字人才队伍建设，举办专题业务培训。2020年5月15日，上海图书馆面向市、区馆公共数字文化工程负责人，举办上海市公共数字文化工程融合发展的专题培训。为顺应疫情带来的改变，培训首次采用线上直播的形式，各级成员馆累计450余人参与直播培训。2020年9月21日，“上海市中心图书馆地方文献建设座谈会暨2020年度上海市公共数字文化工程专项培训”在上海图书馆多功能厅举办，上海市中心图书馆各级成员馆及上海市公共数字文化工程成员单位约70人参加了座谈培训会。同时，组织开展在线培训。根据文化和旅游部全国公共文化发展中心和国家图书馆要求，上海图书馆组织各区图书馆开展数图推广工程培训3次、国家公共文化云培训2次，共有16个单位参加，共培训3 976人次。

（夏　海）

上海博物馆

【办公信息化及藏品管理信息化】2020年1月，上海博物馆综合业务管理平台上线，实现会议预定、合同审核、藏品图片提取、文物提看、通用报销、公务用车申请、设计工作单、图书荐购、视频拍摄制作、公出申请等多项流程无纸化；优化后的新版图片库上线，开展藏品信息管理系统、藏品高清图像库数据分析整理工作，提升藏品信息化资源管理水平。

【“网上博物馆”专题推出】2020年新冠肺炎疫情期间，上海博物馆积极响应国家文物局和市文旅局的号召，通过官网和微博同步推出“坚定信心、同舟共济，我们永远站在一起——上海博物馆‘网上博物馆’”专题，丰富疫情防控期间观众与市民的文化生活。“网上博物馆”主要包括专题性数字展览、三维虚拟展厅、藏品数字化以及网上远程课程，共推出18个三维展览、25项远程教育内容、3个网上展览以及5件珍品介绍。

【官网升级】2020年11月，上海博物馆推出官网移动端版本，“参观预约”“藏品浏览”“展览介绍”等线上版块可浏览千余件珍贵文物，以及查询最新的开放展览、活动、讲座信息，实现便捷预约。同时，官网进行页面升级，梳理各版块逻辑关系，突出“展览”“开放”“教育”等内容，便于观众第一时间了解公共信息；简化信息搜索层次，提高浏览效率，加强各主要栏目之间的关联性；观众可在线欣赏藏品 AR（Augmented Reality，增强现实）动画，观察“动”起来的文物，提升互动体验；此外，还对知识标签、展览信息获取、“云”观展等方面进行了优化和调整。

【人工智能试点应用场景建设】上海博物馆与上海科大讯飞信息科技有限公司、阿科瑟司（北京）科技有限公司、同济大学建筑设计研究院（集团）有限公司签订战略合作框架协议，共同推进人工智能试点应用场景建设；结合 AI 语音与混合现实技术的智能导览以及智能辅助文物修复内容基本完成，并配合市经济信息化委在 2020 世界人工智能大会上做“AI+ 文博”应用场景展示。

【数字化研究与应用】开展“宋代数字人文”和“文物藏品素材库”项目研究；申报科技部“馆藏文物预防性保护风险防控关键技术研发示范”项目并获批，联合天津大学申报科技部“文物知识聚合与传播关键技术研究与示范”项目并获批。

（龚玉武 张 毅）

上海科技馆

【概况】2020 年，上海科技馆持续推进三馆（上海科技馆、上海自然博物馆、上海天文馆）智慧化建设，依托线下教育课程积极开发线上教育资源，在新冠肺炎疫情大背景下，转变科普传播模式，借助互联网进一步扩大在线教育传播力。完善在线服务功能，提升游客来馆前后的用户体验。进一步提升三馆内部体系及内控建设。

【科普游戏及表情包推出】2020 年，上海科技馆共上线 7 款游戏，其中有 2 款 H5 游戏《探索鲸奇世界》《鲸豚消消乐》均适合在手机端操作。游戏过程中，通过各种设置、挑战与答题，玩家可以发现生物和生态的多样性，以及生物与其生境密不可分的关系等；另外 5 款 STEM 游戏《游轮首航记》《垃圾特工队》《江海鲟踪》《欢乐交响曲》《摩擦力精灵》中，物理类游戏 2 个、工程类游戏 1 个、休闲类游戏 1 个、养成类游戏 1 个。玩家可以在游戏过程中领会物理现象与原理的关系，了解建造中的细节问题对结果的影响，发现生物与环境的关联，学习并养成正确的生活习惯等。此外，上线 2 套表情包（生物主题 1 套、教育活动 IP 形象 2 款）。环保主题表情包除了表情包的基本功能外，还融合了科普知识，将生物习性、生理特征等与表情包语言相结合，以达到传播科普知识的目的。

【“感知互动”展项布展实施及虚拟导览】 上海科技馆全新展项“感知互动”于2020年12月10日正式对外开放。随着原有设备老化和技术更新，信息时代原热门展项“虚拟训狗”已不能满足展示需求，此次更新旨在进一步提升游客的参观体验和对新技术展示的需求。“感知互动”展项以治理海洋污染为背景，采用最新的图形图像识别技术，观众可以通过手中的模块（钳子、剪刀、清理机器人、消毒药丸）去拯救在海洋里被渔网缠绕的鱼类、被塑料碎片和吸管卡住的生物等。展项试运行以来，吸引众多观众参与，灵动的画面和拯救海洋的乐趣让小朋友们流连忘返。相比之前“虚拟训狗”展项的单人互动，“感知互动”采取了多人互动的方式，能让更多游客参与其中，并在趣味游戏中感知信息，提升保护海洋生态环境的意识。

【“听见万物”平台完善】 上海自然博物馆（上海科技馆分馆）公众活动品牌“我的自然百宝箱”肇始于2016年，继“听有虫”小程序后，经持续深化，于2020年联合华东师范大学、上海市林业总站、上海市绿化管理指导站等11家单位共同构建出聚合鸟类、蛙类、虫类、兽类、爬行类5类动物的“城市野生动物多样性数据库”，形成以“听见万物”为名，包括物种信息、鸣声识别、物种记录、科学家视频等多个功能板块的公民科学项目平台，搭建公众与科学研究之间的桥梁。“听见万物”使用GPS定位技术、自然语义识别技术等，帮助公众将“身边的自然”转化为对于科学家有用的“数据库”，并实现智能定位、识别。截至2020年底，关注用户近3万名，收集来自全国各地的3 000余份数据，获得103条详尽的公众自然故事。

【“绿螺讲堂”线上化】 2020年，自然博物馆讲座品牌“绿螺讲堂”全面线上化，围绕上海自然博物馆官方微信、哔哩哔哩官方账号开展线上直播互动，丰富线上科普资源，与联通沃视频、斗鱼、虎牙等平台合作提升科学传播力。2020年，讲座围绕基础自然科学主题举办了18期，共邀请35名专家学者授课，以拥有原始创新及探索经验的优秀青年科学家为主，主题涵盖动物学、生态学、古生物学、病毒神经免疫学等多个学科领域，带来开放性、互动性、科学性、融合性为特色的活动，线上线下受众达137万余人次。同时围绕“疫情与野生动物”“公民参与式科学”“奋斗者号载人深潜”等社会热点，推出3期“新问题沙龙”。此外，还与法国驻上海总领事馆、同济大学深海探索馆、复旦大学青年讲师团开展了品牌合作。

【线上竞答活动开展】2020年，在长三角科普场馆联盟和中国自然科学博物馆学会的统筹组织下，上海科技馆作为承办单位，在线上共开展两轮关于新冠肺炎相关科普知识的有奖竞答，向大众普及新冠病毒防疫、传染病科学史、野生动物生态保护、疫情心理健康等相关科学知识和政策法规，提升公民科学素养、传播科学正能量。题库共收录518道疫情相关题目，活动参与人群覆盖34省（含港澳台）超过7万人，累计答题次数55万余次，参与单位超过300家。

【“博物馆奇妙夜”首秀】2020年5月18日国际博物馆日，上海自然博物馆与哔哩哔哩合作，推出“博物馆奇妙夜”直播活动，这也是上海自然博物馆全新视频品牌“螺说频道”的直播首秀。在直播过程中，主播们围绕“如何让博物馆的标本‘活’起来”这一主题各显神通，通过配音、配乐、表演以及增强现实等多元化技术手段，在神秘有趣的氛围中为观众呈现科普盛宴。观众也热烈参与、积极互动，最终观看直播人数超过10万人次，后续上传的直播回放视频，观看量也在12小时内突破3.8万人次，得到观众高度评价。

【教育活动全面升级】2020年10—11月，上海科技馆教育活动“与科学家面对面”以“科学与健康同行”为主题，邀请包括科研院所、高校、公共卫生机构和企业在内的13家单位共计34位相关领域的专家学者，分别以线上微讲座和线下科学集市的形式为大家解读新冠肺炎疫情，传播公共卫生知识，展示那些为人们健康生活保驾护航的最新科研成果和科学技术，探讨“后疫情时代”大众生活方式的转变。

基于《3—6岁儿童学习与发展指南》和十大常设展览，完成针对3岁至6岁儿童及其亲子家庭的10条“主题参观路线”开发并推送，完成《野孩子教育手册》内容撰写。推出针对3岁至6岁儿童家长的教育项目，项目基于儿童心理特点，在教育理论的指导下结合馆内资源，围绕“让孩子爱上博物馆”这一主题开展一期家长讲座，推出8篇微信主题推文，全面介绍如何制定参观计划，如何利用博物馆资源培养科学探究能力、博物馆亲子互动方式等内容。

绿螺训练营是上海自然博物馆的寒暑假特色品牌教育活动。2020年寒假、暑期，绿螺训练营创新活动模式，采取线上方式进行。活动分为“虫虫奇遇记”（昆虫主题）、“飞鸟历险记”（鸟类主题）、“食物旅行记”（食物主题）三个主题，涉及包括“展区讲解”“一起聊聊吧”“探究课程”“螺哩螺说”“NAO游戏演示”在内的直播活动内容，也包括与主题相关的科普文章、绿螺讲堂视频等线上科普资源。

【线上“云展览”亮相】2020年，上海科技馆积极探索线上展览新模式，累计推出4个内容丰富、形式新颖的“云展览”，共吸引17.05万人次的访问量。为满足公众足不出户、随时随地“玩转”科技馆线上展览的需求，上海科技馆在多渠道、多平台提供线上链接入口。公众可在上海科技馆官方网站、官方微信公众号或宣传海报二维码直接跳转“云展览”页面。其中，由上海科技馆原创开发的“日月魅影——日食特展”首次开拓以线上展为主、线下展为辅的展览形式，以游戏化思维，通过3D建模，构建线上虚拟展厅，寓教于乐。公众可在PC端、移动端自由浏览，在线选择自己感兴趣的内容进行学习，定制个性化的线上追日体验，领略日食这一自然景观的别样魅力。

【上海科技馆馆间裸光纤建设】上海自然博物馆与上海天文馆均为上海科技馆分馆，为确保三馆合一体系的建设，在三馆之间建设了馆间裸光纤，分别链接上海科技馆与上海自然博物馆以及上海科技馆与上海天文馆，每路裸光纤均由主线及备线分由不同的路由接入两馆，以此确保线路的稳定性及可用性。馆间裸光纤采购波分复用设备，将光路分波成16个波道，每波道带宽1.25G，可根据业务划分不通的传输通道，保证业务独立性，精细化管理三馆间的数据传输，满足未来三馆业务发展对馆间带宽的需求，是三馆智慧场馆建设的网络基石。

【上海科技馆协同办公平台升级改造】上海科技馆协同办公平台为了适配国产办公电脑的普及以及Flash插件的停用，对现有平台启动升级改造，将现有办公系统从6.1升级到7.1。由于7.1向下兼容，因此不会影响所有业务的正常使用；对所有底表结构重构及迁移，且将CAP3历史流程数据搬迁至CPA4，使所有业务模块及流程延续使用、统计；使用7.1的新功能及优化点对现有核心业务进行重新配置，表单及流程基于H5配置，逻辑及校验使用新的BPM（Business Process Management，业务流程管理）引擎进行配置，借此摆脱对Flash插件的依赖；从采购计划及预算入手，根据全生命周期逐步建设、上线、替换，在优化表单的同时，尽可能保证新老表单的一致性，让员工平滑过渡，而无需重新适应一个全新的系统；核心业务重构的同时，将基于微软的监控逐步替换，使新系统具备同时支持微软及国产Office控件的能力，充分考虑过渡期及员工办公的需求。

【“一卡通”项目建设】根据2019年上海科技馆“为职工服务”实事项目要求，打通支付渠道、拓展生活福利，实现职工餐厅点餐制及馆内“一卡通”、优惠购买驻馆商家商品。完成2019年追加的餐饮及消费“一卡通”一次性项目。项目在上海科技馆和上海自然博物馆员工餐厅、科技馆游客餐厅、阳光吧、两馆洗衣房等部署结算终端。2020 年 4 月上线手机移动端订餐服务，在新冠肺炎疫情期间为员工多次提供线上点餐服务。

【票务系统项目建设】2020 年 10 月起，上海科技馆“三馆合一”的票务系统开始建设，本项目为上海科技馆、上海自然博物馆、上海天文馆三馆提供统一平台、统一管理、统一服务的全流程、全数据的集中与分布、线上线下一体化的票务管理和服务，提供线下售票、PC 网上售票、微信售票、自助机售取票、检票、实时流量统计、团体管理、会员管理、二次入馆、营销管理、财务管理、数据分析及报表等各类功能，并且具有未来系统功能、分布地点等的可扩展性，具有对接其他系统的功能和数据的开放性。2020 年第四季度，完成项目的招标、项目合同签订、项目补充协议及签订；协调三馆相关票务工作人员，统一制定三馆票务规则，召开深化设计方案的馆长汇报会和专家咨询会，完成并通过项目深化设计方案；完成天文馆核心硬件采购工作，并协调三馆票务人员参与讨论系统用户界面设计。

（章　铖）

“文化上海云”平台

【公共文化服务能力提升】“文化上海云”平台是集成上海公共文化服务资源的一站式数字平台，是“互联网 + 文化”的集中体现。截至 2020 年底，实现市、区、街镇三级文化馆全覆盖，图书馆、美术馆、博物馆的场馆信息也全部纳入云平台。通过各级各类公共文化场馆线上入驻数量、可预约活动室发布量、活动发布量等数据，推出活动发布量排名、最受欢迎活动排名、最受欢迎的活动类型、最受欢迎的文化场馆等，以此推动各场馆不断创新服务内容，提升服务品质。平台累计注册用户数 675 万人，月均浏览量达 630 万次，活跃用户量达到 200 万人，每月平均为市民推送 13 000 场活动信息，累计服务高达 5 180 万人次，累计用户评论数 24 万条，好评率高达 99%。

（毛占刚）

东方社区信息苑

【概况】作为上海公共文化服务体系的重要组成部分，东方社区信息苑是由上海市委宣传部、市文明办、市文旅局、市经济信息化委等部门于 2004 年联合发起推进的新型互联网公共文化设施和社区信息化综合服务平台，为市民消除数字鸿沟、进入互联网时代起到了积极的作用。经过十多年发展，实现内容整合化、绿色普及化、公共共享化、便民先进化的社区全覆盖服务，年均服务超过 2 000 万人次，已成为上海市知名度高、满意度高、覆盖面广、普及性高的标志性公共文化服务品牌。

2020年，针对受新冠肺炎疫情影响、线下文化配送锐减的情况，东方社区信息苑及时研发四大类3 000分钟数字文化产品，形成在线服务新模式，与已有在场服务相配合，继续加强“中央厨房”建设，满足街镇不同需求。围绕老年人智能应用技能提升和社区综合服务两大热点，盘活有效资源和服务优势，为老年人信息化服务提供服务。

【老年人智慧技术运用服务开展】在为社区中老年人提供数字服务方面，东方社区信息苑已坚持数十年，始终紧贴老年居民的需求，从电脑PC端到以手机为主的移动互联应用，与时俱进地不断更新辅导内容。2020年7月，在上海市人民政府办公厅、上海市大数据中心（以下简称“市大数据中心”）的指导下，东方社区信息苑就“一网通办”社区运用辅导开展了前期调研、策划和试讲。11月以来，由市大数据中心的专家为百名讲师进行3次系统培训和为2 000余位社区老年人进行智能技术运用辅导，并进行集中媒体报道，通过微信问卷调研征求广大老年人的意见建议。

为贯彻落实国务院办公厅印发的《关于切实解决老年人运用智能技术困难实施方案》的通知精神，东方社区信息苑将以“一网通办”政务服务和公共服务运用辅导活动为抓手，制定实施方案，加强与相关委办局和各区、街镇的合作，全力推进2021年上海市政府实事项目“百万长者智能技术运用提升行动”的落地实施工作。

【搭建三级街镇、四级居村配送体系】2020年初新冠疫情暴发，东方社区信息苑开辟线上数字文化服务，推出了“小苑云课堂”“子雅说战疫”“众志成城、守望互助数字文化创意作品征集”“沪语童谣唱战疫”“健康科普”“心灵花园”等云端服务，用文化凝聚力量，与居民一起坚定战疫的信心和决心。同时，研发四大类3 000分钟数字文化产品，形成在线服务新模式，与已有的在场服务相配合，继续加强“中央厨房”建设，满足街镇不同需求。继续拓展四级村居的配送服务通道，完善服务体系，建立服务队伍，提升和完善服务水平，成为贯通三、四级配送服务的权威品牌。

【社区新闻宣传阵地夯实】以习近平新时代中国特色社会主义思想为指导，依托东方网主流媒体权威资讯的影响力和各类宣传主题，加强社区舆论宣传，在2020年全国两会、纪念中国人民志愿军抗美援朝出国作战70周年大会等重大节点，通过线上线下相结合的方式，将党和国家的声音传递到社区。结合东方网抗疫主题，开展重点宣传，帮助居民正确了解新冠肺炎疫情，学习各条战线的抗疫精神，坚定抗击疫情的信心和决心，通过线上线下结合的方式在社区对东方网的《中国能力——抗疫背后的中国之治》等进行宣传推广。

【校外数字课堂打造】连续十四年结合时事策划组织开展“快乐天空”青少年数字文化系列活动。2020 年受新冠肺炎疫情影响，活动大部分转为线上，暑期开展“云上暑期，快乐一下”线上数字文化活动，涵盖“云健康”“云荟萃”“云阅读”“云科普”“云观影”五大系列活动，累计服务人次近 10 万。

【社区科普充电站建立】在上海市市场监督管理局的支持下，开展电能计量科普知识在线竞答活动，参与人次超过 30 万，起到了良好的科普效果。活动于 2020 年 9 月 29 日至 10 月 19 日举办，参与人次为 40.83 万。页面访问量为 2961.5 万次，共计发放电费红包 19 290 个。

【“一日一课”学习实践活动开展】在上海市委组织部、市党建服务中心的支持下，开展党员“一日一课”学习实践活动，整合上海红色文化资源 100 余处，设计 13 大类 120 余条活动线路。2020 年下半年活动恢复以来，结合上海市委“四史”学习教育活动的部署，推出 121 条“四史”学习教育线路和核心资源讲师 135 门课程产品，为 131 个支部共 1 119 名党员（学员）提供策划实施“一日一课”学习实践教育活动。

【“文化 + 直播”探索】探索通过“文化 + 直播”的形式，打造适合互联网传播的数字文化产品。由东方社区信息苑承办的“那些年我们追过的经典”系列直播、“戏迷云集网上秀”第二届上海市戏迷大赛云上展演、戏曲名家云上点评等活动，通过互联网为传统文化活动赋能，使传统文化呈现新的生命力。

【旅游咨询社区服务点建设】在市文旅局的支持下，“上海旅游咨询服务进社区暨上海旅游咨询社区服务点”在东方社区信息苑正式发布，至 2020 年底完成 100 家旅游咨询服务点位的挂牌。同时，积极对接街镇独有资源，以文旅融合为抓手，依托各信息苑的空间和人员、新闻和技术赋能，通过线上线下的有效互动，形成真正有特色、有亮点的社区文旅品牌，进一步做实信息苑在各街镇文旅融合方面的不可替代性。

【“慧生活”文旅集市模式形成】打造东方网“慧生活”社区文旅集市的民生服务品牌，整合更多资源，形成更丰富、更有针对性的服务菜单，满足不同人群需求，形成可持续发展的新模式，在与市文旅局和市合作交流办合作开展东方网“慧生活”文化集市的基础上，着重做好进社区、进园区、进景区、进商圈的“四进”服务。同时，开展社区微集市，集中展销文创产品、手工艺品、农特产品、扶贫产品和旅游产品，让“小集市”推动“大文化”。

【公共服务开展】东方社区信息苑积极配合各委办局深入街镇、村居委开展政策宣导、推广普及、社区服务、市民教育等需求，进一步扩大服务范围，拓展新的在线合作领域，坚持公益性、知识性相结合，探索具有属地化特色的群众文化活动。2020年，陆续开展上海市民文化节健康知识云竞答活动，与市民政局合作启动“公益护照”在公共文化服务领域的互通共享及公益基地系列保障工作、协助上海市民微电影大赛社区推广活动等。

（毛占刚）

第六章　智慧旅游

概　述

2020年，上海市文化和旅游局（以下简称“市文旅局”）坚持以信息技术为手段，全面提升旅游信息化工作，全面提升旅游公共服务的品质。旅游环境信息化方面，推动“上海旅游突发事件安全管理系统”建设，开展“旅游E点通触”信息咨询工作，完成地铁站点街区图更新建档工作等。旅游电子商务信息化方面，全国旅游监管平台实现与上海“一网通办”平台的对接。

一、旅游环境信息化

【“上海旅游突发事件安全管理系统”建设】“上海旅游突发事件安全管理系统”由文旅突发应急事件模块、涉文涉旅活动的安全方案备案库、安全生产制度管理、文化旅游行业安全管理媒体资料库等功能模块组成。初步实现涉文涉旅突发事件的分类处理，明确市、区、企业三级处置流程，系统可根据职责进行划分处置流程，统一汇总形成报告，提高处置效率，做到全程网上留痕；对市文旅局日常安全制度、检查等一系列安全管理工作实行信息化管理，实现应急信息发送、信息反馈汇总，形成完整的上传下达信息闭环；对重大文化旅游节庆活动安全及交通保障相关内容实行电子化管理，将各类涉文涉旅活动涉及的基础信息和安全管理策略进行入库，为各类活动举办提供策略支持。该系统的投入使用助力实现应急响应工作数字化、标准化、规范化、移动化。

【景区客流监测服务疫情防控】为了掌握全市各景区的总体状况、分析研判旅游业发展趋势，把景区名称、入园游客数、园区最大承载数、发布时间、预约预订等重要信息通过接口方式提供给市城运中心。结合实际新冠肺炎疫情的防疫工作情况，在城运中心指挥大厅部署上海市景区景点综合监测平台，为市领导提供直观的景区客流与视频信息。

【“旅游 E 点通触”信息咨询工作开展】2020 年，“旅游 E 点通”数据库触摸屏中文版数据库共维护信息 9 427 条；旅游热线知识库维护信息 7 667 条；“旅游 E 点通”触摸屏英文版审核发布常规数据 1 331 条，时效性数据 256 条。累计配送触摸屏 12 台，回收 19 台，巡检 1 196 次，维修 227 台，维修及时率 100%，故障修复率 100%。

【旅游厕所建设管理】在排摸上海旅游厕所建设情况的基础上，上报新建、改扩建旅游厕所计划 102 座（其中新建 34 座、改扩建 68 座）；新填报 77 家 A 级景区中共计 465 座厕所；推进旅游厕所百度电子地图标注工作，全市百度电子地图旅游厕所标注数为 1 130 座，标注率 100%，在全国各省、自治区、直辖市中排名第三。完成《上海市旅游厕所建设与管理现状调研及思考》课题编制，对 82 座旅游厕所进行验收。

【地铁站点街区图更新建档】合理调整街区图年度更新数量及更新方式，确定 125 座车站通过重新测绘制作的方式进行更新，22 座车站通过张贴贴纸的方式进行更新。全面完成街区图年度更新任务，明确街区图信息内容的更新重点。2020 年上半年，对 223 座单一车站、137 座换乘车站实地检查，通过拍摄实物照片的方式，对 170 座列入 2020 年度街区图新建、更新计划的轨交车站进行现场验收，并建立街区图电子档案。

二、旅游电子商务信息化

【上海旅行社全面使用旅游电子合同】截至 2020 年 12 月，上海已有 1 047 家旅行社使用全国旅游监管服务平台上报旅游电子合同，累计合同上报量超 275 万份，上报游客超 765 万人次。其中 2020 年实现合同备案超 14 万份，服务游客超 65 万人次，全国旅游监管平台实现与上海“一网通办”平台的对接，通过“中国上海”门户网站以及“市民云”App，游客都可进行合同查询。

（毛占刚）

第五编　经济领域信息化

SHANGHAI INFORMATIZATION

5

综 述

2020年，上海加快发展先进制造业，连续三年蝉联“中国先进制造业城市发展指数”全国第一。持续推动电子商务和制造业、农业、金融业等领域信息化建设，增强产业创新动力、推进产业转型发展。

电子商务方面，以数字商务创新发展为主线，深入推进跨境电商、智慧商圈等建设，促进消费领域转型升级。积极开展电子商务监管与服务，推动全市电子商务发展工作取得较好成效。

制造业信息化方面，加快工业互联网创新步伐，紧扣“新基建”品牌建设和产业创新标杆打造工作，创新工业互联网发展路径，促进制造业转型升级，提升上海产业整体竞争力，并带动长三角世界级先进制造业集群发展。

农业信息化方面，持续探索推进统一的数字农业综合管理网建设，包括统一的政务服务平台、农业农村大数据和农业地理信息系统、农业信息标准和采集体系、农业信息服务模式等方面。

金融业方面，行业各类主体继续加强集聚态势，证券、期货、基金、保险业交易量持续上升，信息化水平进一步提高，积极应对信息安全挑战，拥抱5G、移动互联网、大数据、人工智能等新一代信息技术。

电子口岸办公室根据上海市委、市政府口岸工作总体安排，继续深入推进上海国际贸易单一窗口等建设，推进亚太示范电子口岸建设，取得积极成果。

第一章　智慧商务

概　述

2020年，上海市商务委员会（以下简称“市商务委”）会同有关部门，继续牢牢把握第三届中国国际进口博览会（以下简称“进博会”）重大发展机遇，以数字商务创新发展为主线，深入推进消费新场景、数字“新基建”等建设，促进消费领域转型升级。

一、电子商务发展概况

【线上线下融合】围绕“五五购物节”“双十一”及“网络购物狂欢季”等重点节庆活动，市商务委组织全市各大电商平台踊跃参与，发挥电商大平台、大流量优势，“线上发券+线下消费”“平台+商场”等营销新模式成为竞合双赢的有效途径，从而打造了消费新场景，深度激活了上海消费市场，最大限度促进消费回补和潜力释放。在“五五购物节”期间，参与线上的商家超过52万家、线下商家超过10万家，上海地区快件数达5亿件，同比增长20.6%。“双十一”期间，全市实现网络销售额1 649.2亿元，同比增长20.1%，排名居全国第一。

【新终端建设推进】市商务委实施《上海市推进新型基础设施建设行动方案（2020—2022年）》，加快智能快件箱等智能末端配送设施的布局建设，筑牢数字基础设施，压实企业责任主体，协调邮政、卫健、教育、民政、规资等部门及区商务部门，推进智能快件箱在医院、学校、社区等场景的布设，完成建设6 000组。加大政策支持力度，将智能快件箱纳入公共服务设施相关规划，配合市房屋管理局制定智能快件箱建设实施意见和建设导则。引导叮咚买菜、每日优鲜等生鲜电商企业，合理设置前置仓空间布局和建设规模，推进冷链物流体系建设，已建设144个生鲜前置仓和1个城市分选中心。

【直播电商创新发展】2020年，市商务委落实《上海市促进在线新经济发展行动方案（2020—2022年）》，促进直播电商、社交电商、小程序电商等新兴业态发展。举办网络购物狂欢季暨“11直播月”活动，通过七大主题78项活动，让直播电商在整个11月成为上海的城市新热点。成立上海直播电商联盟，制定《关于促进本市直播电商创新发展的若干措施》，通过主体建设、行业融合、场景应用、保障措施等方面，促进直播电商创新和规范发展。

【产销融合推进】从2020年11月至年底，市商务委会同市经济信息化委、市国资委举办“上海制造品牌在线购”活动，围绕汽车、化妆品、纺织、服装、食品等十个领域，开展四大主题活动，组织超过100项直播活动，推进电商平台与品牌、商家开展对接合作，并给予流量支持和便利服务，推动制造企业整装亮相、品牌焕新。积极培育网络新品牌，打造面向垂直领域、细分客群的新消费品牌。支持拼多多推进“新品牌计划”，设立老字号和新锐品牌专区，帮助外贸品牌对接内需新市场。通过搭建品牌电台、共建品牌IP、跨界联名等方式，推动喜马拉雅与老字号、品牌企业开展合作。

【数字化应用深化】持续推进12家智慧商圈试点建设，在消费行为记录分析、虚拟现实导购、大数据采集、智慧监管等领域形成示范典型。推进陆家嘴商圈建设全国首个“全千兆”示范商圈。徐家汇商圈通过区块链技术，实现积分通兑、停车共享等功能。推动大华虎城商业实验室提升商户检索导引、AR（Augmented Reality，增强现实）场景识别等商业服务。

【进博会溢出效应放大】推动全市电商企业加入进博会上海交易团，组建进博会跨境电商采购联盟，依托“6天+365天”常年展示交易平台，建立高品质消费品、进口综合服务等平台，加强国内外交流合作。落实推进丝路电商发展，推进与越南、新西兰、智利等地区电商产销对接、市场合作、信息共享。组织首届长三角电子商务行业联席会议，推动、完善区域内电商发展生态系统。

【服务监管优化】与市场监管部门、行业协会等多次联动开展《电子商务法》的培训和宣讲，加强规范管理，开展电子商务地方性配套法规调研。配合网信部门开展直播电商安全评估工作，配合市场监管等部门推进跨部门联合监管和“互联网 + 监管”。开展“迎进博保平安”防范电动自行车火灾综合治理工作，严防各类安全生产事故发生。

【跨境电商生态链培育】推进跨境电商示范园区建设。印发《关于组织开展上海市跨境电商示范园区认定的通知》，组织开展新一批示范园区申报。引导传统外贸企业通过跨境电商开拓国际市场，与 eBay 等跨境出口电商平台联合开展“出海优品 e 路同行”系列活动。支持跨境电商物流、平台或贸易企业建设“海外仓”，带动中小企业跨境出海。健全线上公共服务平台功能，打造跨境电商出口“一站式”服务平台，建设面向跨境电商保税进口的“金关二期”对接系统，免费为跨境电商企业提供便利通关服务。制定跨境电商零售进口退货监管流程，实现货物退运出境、退还个人消费额度、退还进口时缴纳的跨境电商综合税全流程贯通。

（杨 珞）

二、电子商务监管和服务

【政务数据开放共享】推进公共数据开放。市商务委 2020 年共开放公共数据 96 项（其中无条件开放 80 项、依申请开放 10 项、非开放 6 项），处理数据开放类工单 7 条，更新产品类数据 4 项，调整失效类接口 3 项。配合市经济信息化委推进公共数据开放应用试点工作，在“信用评级建模及风险预警平台”“实体商业运营监测平台”及“信用生活地图”等试点项目中提供公共数据，获得全市公共数据开放应用贡献奖。

加强部门数据共享。市商务委在市大数据中心公共数据管理平台注册信息系统 12 个，提交库表 50 张，每月平均新增 DWD（Data Warehouse Detail，数据明细层）模型层数据约 2 300 万条，归集任务累计归集 ODS（Operational Data Store，操作数据存储）层数据 1.8 亿余条，较上一年增加 2.5 倍；每月平均归集时间为 0.685 天，远远低于全市的平均归集时间 3.42 天，全年共处理工单 30 件，更新指标项 204 次。

【政务门户整合建设项目（一期）】以市商务委政务门户整合建设工作推进、全面实现“一区一网站、一部门一网站”为总体目标，按照政务门户集约化和“六统一”的建设要求，建设市商务委“政务门户整合建设”。

【上海家政综合服务管理平台建设】“上海家政综合服务管理平台”总体目标是围绕家政服务员、家政企业“二条主线”；针对从业机构、从业人员、用户、协会、政府部门“五大主体”；定位于信用管理、公共服务、行业管理“三大功能”；实现与“一网通办”“公共信用信息平台”“商务部家政平台”等系统的“互联互通”。

（杨　珞）

第二章　制造业信息化

概　述

2020 年，上海聚焦落实国家战略、推进重大项目、营造一流生态、夯实发展基础等方面，政策上始终保持创新性和连续性，持续探索新一代智能制造，上海连续三年蝉联“中国先进制造业城市发展指数”全国第一。

一、工业互联网

【概况】2020 年，上海市经济和信息化委员会以落实《推动工业互联网创新升级实施“工赋上海”三年行动计划（2020—2022 年）》（以下简称“新三年行动计划”）为抓手，按照全市工业互联网工作推进大会的部署要求，重点抓任务落实、抓时间进度。

【顶层设计和前瞻研究加强】一是出台新一轮三年行动计划，正式印发《推动工业互联网创新升级实施“工赋上海”三年行动计划（2020—2022 年）》；召开全市工业互联网工作推进会议，面向全市进行工作动员部署；编制“新三年行动计划”任务分解表，细化、明确工作任务和关键指标，推动相关委办局、各区、重点企业、功能型机构进行工作任务分解。二是加强产业前瞻性布局。研究编制工业互联网“十四五”规划，按照“适度前瞻、有效对接”的原则，延续“工赋上海”新三年行动计划的主要思想，并提出了“12345”的总体构想，为下一轮工业互联网三年行动计划提供了中长期理论和规划支撑；按照中央全面深化改革委员会和中共中央办公厅以及市领导要求，结合上海市工业互联网及制造业数字化转型的工作方案，编制《关于本市加快贯彻落实深化新一代信息技术与制造业融合发展的实施意见》；结合阿里巴巴正式发布的“新制造”业务，编制《关于阿里“犀牛智造”的启示及对本市工业互联网创新发展建议的报告》；指导临港新片区、松江区、浦东新区、金山区、嘉定区、宝山区等重点区域工业互联网相关规划的编制和发布实施。

【重点工程和项目加大推进】一是联合上海市国有资产监督管理委员会，启动实施国资国企工业互联网促数字化转型专项工程，推动25家重点集团开展工业互联网促数字化转型专项规划编制和重点项目实施以及成效评估等工作；联合召开上海国资国企工业互联网创新发展暨企业数字化转型宣贯会，进一步凝聚共识、交流经验、明确责任、落实要求。二是支持致景科技、东土科技、摩贝化学、甲佳智能、海克斯康等一批工业互联网重点企业落“沪”并启动建设，协调正泰集团在沪正式设立正泰自动化和正泰研发中心（上海）。三是长三角一体化工业互联网示范区加速推进，长三角一体化公共服务平台、长三角G60工业互联网创新应用体验中心、工业互联网系统与产品检验检测中心等功能型平台启动建设，建筑、医药、科学服务、服装、食品等一批行业性工业互联网平台落地实施。

【产业创新示范标杆打造】一是聚焦产业、应用和服务协同创新，支持、引导一批上海市工业互联网重点项目。2020年度，引导项目总投资13.13亿元，支持1.46亿元；组织开展国家工业和信息化部制造业高质量发展项目申报，上飞制造、中芯国际、宝信软件等15个重点项目获批国家级专项；聚焦两化融合管理体系贯标、跨行业跨领域工业互联网平台、特色专业型工业互联网平台、中德智能制造合作等方向，上海市10个重点项目列入2020年度制造业与互联网融合发展试点。二是按照“成规模、有创新、能复制、可形成产业牵引”要求，采取“揭榜挂帅”模式，面向全市开展“新四化”（网络化协同、服务化延伸、个性化定制、智能化生产）、“两网贯穿”（消费互联网与工业互联网贯穿）等场景征集，首批196个应用场景纳入征集范围，形成以标志性工业场景带动、催生具有世界水平解决方案和服务商的产业创新发展新路径。

【“新基建”品牌建设实施】一是聚焦电子信息、生物医药等六大重点产业领域，持续推动一批“5G+AI+ 工业互联网平台”标杆建设，形成“设计 + 平台服务”“供应链 + 区块链 + 工业互联网平台”“5G+ 工业互联网”“工业大数据和算法中心”“两网贯穿”等推进模式和发展路径；二是推动、建设一批标识解析节点，华峰超纤、海尔数字、迈迪信息、中天互联等超 20 个二级节点接入标识解析国家顶级节点（上海），覆盖机械、仓储、快消品、家电等多个行业，上线运行累计标识注册量已超 16 亿个，累计标识解析量突破 4 亿次，接入二级节点的企业数量近 3 000 家。

【生态体系建设不断健全】一是聚焦工业互联网平台以及云网、标识解析、工业数据、两化融合贯标、集成和工业信息安全等专业服务，遴选、发布 2020 年度工业互联网推荐目录，着力培育一批工业互联网“隐形冠军”。二是推动上海市工业互联网协会正式成立，获批市级工业互联网高技能人才培养基地，联动工业互联网创新中心（上海）、工业互联网产业联盟上海分联盟等，深入开展资源对接、成果转化、人才培养等服务，全市工业互联网推进体系日益完善。三是支持松江区开展新型工业化产业示范基地验收工作，打造“1+4”工业互联网标杆园区发展格局，形成以“工业互联网平台”为特色的上海临港松江科技城、以“产城融合”为特色的嘉定新城工业互联网产业园、以“5G 产业链”为特色的金桥 5G 产业生态园、以“创新应用”为特色的宝山工业区发展路径。

【宣传服务和氛围强化营造】一是举办 2020 工业互联网创新发展大会暨工业人共振嘉年华活动，联动长三角开展示范区建设成果发布、重大项目签约和系列评奖；二是举办 2020 世界人工智能大会全球工业智能峰会，联合联合国工业发展组织、福布斯中国等，重磅发布工业互联网“湛卢奖”，打造全球工业智能领域的“奥斯卡”奖；三是连续五年举办中国国际工业博览会（以下简称“工博会”）、国际工业互联网大会和工业互联网展，工业互联网系列宣传、展示的品牌效应日益凸显。

【分类分级标准体系构建】一是《工业互联网标杆园区建设指南和评估指标体系》正式立项地方标准，《企业数字化转型评估指南》列入全市标准化试点；二是依托工业互联网协会，开展“面向典型制造场景的边缘应用指南”“面向典型应用场景的工业知识图谱技术规范”等团体标准研究并立项公示；三是基于特色行业场景的工业互联网标准推广和试验验证，以及团体标准或地方标准、企业类建设导则的编制正式纳入“新三年行动计划”目标考核，编制完成航天领域工业互联网企业建设导则；四是“两化融合”管理体系在全市重点行业和区级层面得到全面推广，7 602 家企业开展“两化融合”自评估，数量较上一年增加约 90%，624 家开展贯标，270 家通过评定，数量较上一年翻一番。

（杨立哲）

二、智能制造

【概况】“十三五”期间，上海大力推进智能制造，政策上始终保持创新性和连续性，从“十百千工程”做示范，到六大行动建生态，再到建设智能工厂表格，探索新一代智能制造。在政策的持续推动下，智能制造装备和工业软件技术不断突破，重点产业的智能制造应用示范效应显现，智能制造及机器人系统集成企业不断壮大，智能制造渗透率不断提升，重点行业机器人密度达 383 台 / 万人，处于全球较高水平，已形成“价值链”相对高端、“产业链”较为完整、“创新链”协同较强、“资源链”相对集聚的综合优势，助力上海连续三年蝉联“中国先进制造业城市发展指数”全国第一。

【智能工厂建设】发布 100+ 智能工厂规划。落实《上海市促进在线新经济发展行动方案（2020—2022 年）》，9 月正式发布《上海市建设 100+ 智能工厂专项行动方案（2020—2022 年）》，围绕新工厂（智能工厂建设）、新供给（系统集成商培育）、新基建（新型基础设施应用和新技术赋能）、新机制（金融、人才、平台载体支撑）、新举措（保障措施）五个方面提出 15 项重点工作举措。计划在 2020 年至 2022 年间，实施智能工厂“10030”专项行动，即三年共建设 100 家标杆性智能工厂，打造 10 家智能制造示范工厂，培育 10 家年营业收入超过 10 亿元、具备行业一流水平的智能制造系统集成商，搭建 10 个垂直行业工业互联网平台。

构建智能工厂储备库。组织智能制造专家，走进宝钢无人工厂、海立智能工厂、剑桥科技智能工厂等行业典范企业，推进上海智能工厂摸底调研。梳理各区制造业企业、集团下属分公司中处于拟建或在建状态的智能工厂有关项目，填写并反馈智能工厂储备项目表，积极构建上海智能工厂储备库。截至 2020 年 10 月，已收到在建项目约 240 个，有关优质项目在技术改造、首台套示范等方面都已经重点关注和推荐。

制定智能工厂评估标准。一是出台地方性智能工厂评估标准，设计设备智能化水平、生产过程智能化水平、产品及服务智能化水平、新技术应用水平四大类基础指标体系，实现智能工厂量化评估。二是开展智能工厂测评，广泛发动各区制造业企业登录系统开展线上测评，累计测评企业600余家，收集在建储备项目300余个，组织专家对重点企业进行实地诊断、评估、评审。

首批20家上海市智能工厂认定授牌。落实《上海市建设100+智能工厂专项行动方案（2020—2022年）》，2020年评选认定首批20家上海市智能工厂。首批授牌的20家智能工厂，涵盖日常生活“吃”“用”“行”“医”多个方面，有智慧化生产奶制品的智能工厂，有智能化生产汽车、轮船、飞机的智能工厂，有智慧化生产中药、医疗器械的智能工厂。

【重点规划编制和研究】编制《上海智能制造“十四五”规划》。精心策划组织《上海智能制造“十四五”规划研究》报告的编制工作，通过走访调研企业、多轮座谈交流及专家智库访谈等形式，不断打磨规划思路、架构、大纲、任务目标和主要内容等部分，着重加强智能制造基础性装备供给的先进、安全、可控，充分考虑上海产业优势，以创新为驱动、提质增效为主线，大力发展新技术、新产业、新业态、新模式，加快构建战略性新兴产业引领、先进制造业支撑、生产性服务业协同的智能制造集成创新与应用新高地。

编制《关于完善长三角机器人产业链协同发展的建议》。为“十四五”期间机器人产业高质量发展谋篇开局和进一步落实机器人产业强链、固链要求，形成区域产业集聚优势，长三角区域合作办公室联合三省一市经信部门，共同开展重点产业协同发展研究。经过多轮调研后，形成《关于完善长三角机器人产业链协同发展的建议》报告，为政府推进长三角相关产业链协同发展制定政策提供参考和依据。

开展《智能制造对本市产业人才影响情况研究》。为分析“十三五”期间上海市制造产业人才变化的情况及结构，了解当前全市制造产业人才的分布构成情况，开展机器人应用的专项统计调查，分析机器换人对上海市产业人才带来的影响。调研收集了112家代表性制造企业工业机器人应用及人才分布情况，结果一定程度上反映出了上海机器换人对产业人才带来的影响。总体来看，上海机器人密度处于全球较高水平，机器人应用在汽车制造业运用最广、机器人将持续替代一线工人、高级技师和机器人运维等中间层人才，部分制造业人才流向商业服务业。

开展《上海市重点行业智能制造水平评估指标体系研究》。通过调研上海及长三角地区的智能制造企业，深入分析上海智能制造面临的问题，在此基础上开展《上海市重点行业智能制造水平评估指标体系研究》工作，建立智能制造水平评估指标体系，一定程度上定量反映企业智能制造的实施与应用情况，为提高企业智能化应用水平指明方向，并为企业分析、判断本企业智能制造发展水平、制定规划及发展战略提供依据，同时，也为各级政府及行业主管部门提供了一套指导、考评本地区行业智能制造发展水平的工具。

研究制定《上海市“机器补人”行动方案》。联合统计部门，摸底上海制造企业机器人应用现状，组织企业、专家、智库、高校、行业协会，开展上海工业机器人交流研讨会，分析企业情况，探析上海工业机器人应用，加快推动上海制造业企业应用工业机器人发展，助推上海市机器人产业持续发展，保持工业机器人产值和产量全国第一的地位。

【智能制造生态优化】推动一批智能制造重大项目落地。一是推动ABB超级工厂、发那科机器人三期项目、FFT全球总部项目开工建设：ABB超级工厂建设有序推进，预计2022年二季度投产；发那科三期项目已拿地，2020年底开工；FFT全球总部项目一期于2020年8月3日在嘉定区安亭镇开工，二期、三期设计方案也在编制。二是推动快仓智能物流仓储设备和机器人工厂、诺玛液压临港工厂加快落地。三是推动爱仕达智能谷首期项目主体工程建设完成。

授牌智能制造特色园区。为进一步打响上海制造品牌、以高品质园区推动制造业高质量发展，上海市推出首批26家特色产业园区，其中，智能制造特色产业园区8家。举办智能制造特色产业园区推进大会，会上，上海市副市长吴清为8家园区授牌、7个重点平台载体揭牌和10个重大项目战略合作签约。自授牌以来，各园区着力加强筑巢引凤、扩大招商引资、聚焦各自特色、打造产业高地。

上海智能制造产业投资基金正式启动。上海智能制造产业投资基金规模100亿元，首期30亿元，主要面向智能工厂建设、“十百千”工程、“卡脖子”关键瓶颈、国资国企综合改革等领域，加大金融支持。11月17日，在2020第八届先进制造业大会上，举行了上海智能制造产业投资基金（I期）启动仪式，基金（I期）募集规模达30亿元，投资方向重点聚焦智能制造、智慧城市与高端装备等领域，将创新智能制造产融结合新模式、引导社会资本与高端装备产业结合、推动上海智能制造高质量发展。

上海长三角智能制造促进中心正式揭牌。在市经济信息化委及江苏、浙江、安徽三省工信厅、经信厅的指导下，上海电气自动化集团、上海市智能制造产业协会联合长三角智能制造龙头企业，发起成立实体化运作的上海长三角智能制造产业促进中心，立足上海、辐射长三角，以推动长三角智能制造协同创新发展为己任，以建设区域高水平先进制造业集群为目标，争做长三角一体化高质量发展的“排头兵”。

智能制造推进工作大会举办。12月22日，2020年上海市智能制造推进工作大会在嘉定区召开，大会以“智能制造引领高质量发展”为主题，市经济信息化委副主任张建明出席大会并讲话。大会举行了首批20家上海市智能工厂授牌仪式；通过视频展示了上海市8家智能制造特色产业园区阶段性建设成果；发布了上海及长三角智能制造专属金融创新产品。

【智能制造人才培养】为首批200名智能制造规划师/咨询师颁发证书。由市经济信息化委和上海交通大学共同主办的“智能制造规划师/咨询师培训班”第一期和第二期分别于2020年10月24日和11月17日开学，第一期学员90余名，第二期学员110余名。培训班的授课讲师是来自麦肯锡、发那科机器人、商飞集团、航天八院、交大智邦等单位的智能制造领域资深专家。上海围绕人才培养价值链构建、智能制造资源共享与交流，形成“人才需求输入—人才培养—人才输出—人才反哺”的良性循环机制。

首届上海市工业机器人技术应用技能大赛成功举办。机器人产业已成为上海推进科技创新、发展智能制造、巩固实体经济的重要支柱。为了更好地支持机器人产业发展，弘扬工匠精神、劳模精神，引导更多劳动者走技能成才、技能报国之路，市经济信息化委、市人力资源社会保障局、市教委、市总工会和团市委五部门，联合主办了首届上海市工业机器人技术应用技能大赛暨第四届全国工业机器人技能应用大赛选拔赛。大赛于2020年6月正式启动，全市来自各个职业院校、技工院校与相关企业的72名选手报名参赛，历时半年，经过赛前动员、笔试初赛与实操决赛环节，分别产生一、二、三等奖，获胜者也将代表上海参加2021全国工业机器人技能应用大赛。

完成智能制造实训基地筹备工作。上海临港智能制造实训基地以智能制造为主攻方向，推进智能制造技术培训和技能实训，提供并输送人才，从而提升企业研发、生产、管理和服务的智能化水平。基地已建成12 000平方米实训标准厂房、2 000多平方米教学和办公环境，拥有智能制造精品课程42门，涵盖智能焊接操作、制造装备智能维护工等8个工种培训。

第一期智能制造名家大讲堂正式开讲。2020年12月22日下午，第一期智能制造名家大讲堂正式开讲。中国科学院院士、上海交通大学党委常委、副校长毛军发作了题为《AI赋能智能制造》的主题报告，为参会嘉宾分享了人工智能赋能制造业未来发展所带来的无限可能与探索路径。

（陶传亮）

三、典型案例

中国石化上海石油化工股份有限公司

【概况】2020年，中国石化上海石油化工股份有限公司（以下简称“上海石化”）认真贯彻落实上海市和中国石化关于信息化建设的工作部署，牢固树立“向先进水平挑战、向最高标准看齐”的理念，紧扣“稳增长、保效益”目标任务，在开展新冠肺炎疫情防控的同时，统筹推进复工复产，坚持抓主要矛盾、抓系统优化、抓疫情防控、抓化危为机，全面推进信息化建设，致力推动智能工厂建设，构建集成共享的经营管理平台、互联智能的生产运营平台和敏捷安全的基础设施平台，编制上海石化信息化“十四五”规划初稿，重点开展智能工厂、工业无线网络、智能会议系统等一系列信息化项目建设，全年完成8项信息化项目的验收，全年信息化投入9 460.32万元。

（卢叶凌）

【战略合作协议签署】2020年12月13日，上海石化受邀参加“上海流程智造科技创新研究院”揭牌仪式，并与上海流程智造科技创新研究院签署战略合作协议。双方以优势互补、互利共赢、安全高效、协同发展为原则，以需求为导向，建立自上而下的工作推进机制和常态化交流机制。发挥各自优势，共同开展联合攻关、委托研发、成果转化、人才培养等多种形式的科技合作，借助“产、学、研、用”合作优势，助力上海石化流程制造智能化转型发展。上海石化副总经理黄飞出席揭牌和签约仪式。

（卢叶凌）

【信息系统深化应用创新创效获评A级企业】2020年2月、11月，中国石化信息和数字化管理部进行第一阶段、第二阶段信息系统深化应用创新创效全面评估，上海石化均被评为A级企业。4个深化应用创新创效成果获评2019年度深化应用创新创效成果案例，其中，推广成果案例3项、典型成果案例1项，2019年10月成立的“生产运行管理深化应用创新创效工作室”获评成绩突出的工作室。

（卢叶凌）

【上海石化“十四五”信息化规划编制】2020年6月，上海石化成立“十四五”信息化发展规划编写组，启动规划编写工作。从信息化管理、建设、运维和应用三方面总结“十三五”信息化工作取得的成效；通过对标先进企业、SWOT（Strengths、Weaknesses、Opportunities、Threats，优势、劣势、机会、威胁）分析等方法，系统分析企业发展环境和面临的挑战；结合中国石化信息化规划，提出“十四五”信息化聚焦“一云一湖一工厂”（石化智云、数据湖、智能工厂）、提升两化融合能力体系、推进公司高质量发展的目标和任务。12月完成规划初稿。

（梅　松）

【智能工厂推广项目通过验收评定】上海石化作为中国石化智能工厂推广项目6家推广企业之一，于2019年1月启动项目建设，3月完成详细设计，2020年6月整体上线，10月23日完成验收测试，11月25日通过中国石化专家组验收。项目主要包含一体化优化、调度指挥、三维数字化、标准化与集中集成、信息安全配套等建设内容。项目上线后，实现从原油选择到炼油、烯烃、芳烃产品的联动优化；集成日常实际生产数据；实时掌控生产动态；建立高质量的企业数据中心，实现企业35个系统、10类业务主题的数据整合等功能，提升上海石化全面感知、优化协同、预测预警和科学决策的能力。

（孙春玉）

【LIMS推广项目通过验收评定】中国石化2018年炼化企业LIMS（Laboratory Information Management System，实验室信息管理系统）提升及催化剂有限公司LIMS推广项目，上海石化作为其推广企业之一，于2020年11月17日完成验收测试，11月26日通过中国石化验收评定。该项目涵盖上海石化原材料、产成品、过程分析、环境监测等相关业务。通过搭建统一、标准化的实验室信息管理系统，实现基础数据管理、实验要素管理、分析模型管理、业务流程分析、移动应用、报告管理、系统管理等功能；构建检验分析、物料评价的标准化体系，实现检验业务全生命周期流程管控。

（孙春玉）

【智能会议系统投用】上海石化智能会议系统项目于2019年9月15日启动，2020年8月投用。该项目定制开发会议室使用预约系统，实现与邮箱集成；补充或升级47个会议室的显示设备，配备投影设备（微电脑组合电视机或投影仪或电子白板），实现会议智能预定、会议资料线上分享等功能。

（王　红）

【智能仓储项目投用】该项目于2019年11月13日启动，2020年7月10日上线运行，项目主要内容包括：建设机器人仓库，投入使用智能仓储机器人和配套管理系统，有效推进仓储作业标准化，由传统的“人找货”仓储管理模式变为“货找人”仓储模式，提高工作效率，实现仓储管理智能化。该仓库为中国石化首个使用AGV（Automated Guided Vehicle，自动导引运输车）技术的智能物资仓库。截至2020年底，智能仓库储存管理电气、仪表、密封件、紧固件、备件、轴承等16个大类共4 000个品种的物资，仓储利用率提升40%，作业效率提升60%，出入库准确率达100%。

（孙春玉）

【LTE工业无线网络试运行】2020年5月，上海石化依托中国铁塔股份有限公司，在上海石化厂区内8套基站铁塔配置8套BBU（Building Base band Unit，室内基带单元）设备、23套定向天线、8套GPS天线和相应管线等设施，各基站BBU通过单模光缆链接至公司核心机房内2套LTE-4G无线专网互为冗余网络核心设备，形成整体星型架构的LTE私有网络。5月试运行，其间8套基站信号稳定、生产数据传输和视频流传输顺畅。截至2020年底，在上海石化工业生产数据传输、装置设备巡检、环境监测、安防保卫和消防等方面得到应用。

（陆　伟）

【护网攻防演习开展】2020年9月，上海石化根据中国石化统一要求以及企业护网安全保障实施方案，部署安全防护监控环境，强化网络安全纵深防御、重点防御和主动防御的体系建设，完成上海石化在护网攻防演习期间的防守工作。护网期间，利用云平台发现并阻断网络攻击行为4.17万次，网络边界阻断攻击416.57万次；发现并关停可疑终端32台，临时关停存在安全隐患的应用系统5个；监控分析五级事件666个，上报中国石化五级事件1个，内部发放整改单13个。

（戴梅英）

中国宝武钢铁集团有限公司

【数智化顶层设计不断强化】践行中国宝武钢铁集团有限公司（以下简称“中国宝武”）战略，推动新一代信息技术和钢铁产业深度融合，围绕钢铁生态圈建设，以及公司治理体系与治理能力现代化，从数智化转型发展角度进行全面思考和设计，描绘钢铁数字生态蓝图，形成中国宝武智慧化与大数据专项规划，设计构建数字钢铁生态圈建设的“四新”（新生态、新基建、新技术、新保障）规划框架，制定三年工作目标、工作举措和重点任务，为全集团打破数据壁垒、应用孤岛、实现互联互通明晰行动方向和路径。

【生态圈统一基础设施能力构建】打造新型核心竞争力，培育发展新动能。进一步推动IaaS（Infrastructure as a Service，基础设施即服务）层信息基础设施——“宝之云”全国布局；组织设计全国承载网建设模式，打造云边协同立体网络体系；推动云边协同、流程管控及数据智能一体的中国宝武大数据中心算力基础设施建设；基于新一代信息技术，打造互联共享的PaaS（Platform as a Server，平台即服务）层平台基础设施——工业互联网平台体系（产业生态平台ePlat和工业互联平台iPlat），支撑“稳态、敏态”的双态管理模式，营造“双中台”能力建设环境。

【新一代信息技术深度融合应用】强化自主研发创新发展，全面对标找差，赋能高质量钢铁生态圈。在实现基础设施统一、互联、互通的基础上，向上构建具备足够开放性、兼容性的无边界技术生态体系。规划、构建中国宝武关键研发技术图谱，以技术创新驱动业务创新，构建生态运营能力；对外全面对标找差，积极调研走访华为、阿里、联想等优秀的互联网和制造业公司，汲取优秀企业在技术研发、技术创新实践、技术管理方面的经验，寻找创新合作点，共建、共创新商业模式；对内推动中国宝武区块链技术标准建设，以及AI、5G、大数据等新一代信息技术与子公司具体应用场景的实践创新。

【钢铁生态圈持续打造】围绕商业新模式、制造新模式、运营新模式的转型和创新，以智慧制造、智慧服务、智慧治理作为业务引擎，积极推动穿透式监督应用、“三重一大”、制度树建设、组织绩效考核、大数据审计、投资计划管理、纪检管理、不动产管理、能源环保等一系列中国宝武国资监管信息化工作建设与优化完善，协同各相关单位推进宝武智维云、宝钢工程数字设计与交付云平台、中国宝武集团炼铁互联智控平台、欧冶综合交易平台、中国宝武集团运营共享生态圈应用等，助力钢铁生态圈各功能体系“平台+”数智生态业务云标杆建设，全面推动中国宝武各子公司“上云上平台”，逐步实现传统信息化、自动化架构向新一代信息架构迁移、转型升级，构建公司治理体系和治理能力现代化数字孪生新生态。

【运营共享系统及穿透式覆盖推进】为支撑“亿吨宝武”目标、助力中国宝武整合融合、发挥协同叠加效益，按“横向到边、纵向到底”穿透式管理要求，推进中国宝武集团运营共享系统覆盖马钢集团、马钢股份、欧冶链金、马钢交材、宝武重工及其下属51家法人单位；推进中国宝武集团标准财务系统覆盖华宝信托、华宝证券及华宝基金等子公司11家法人单位。组织启动并编制《人力资源系统智慧化升级改造方案设想》，批准并将其列入中国宝武集团公司2020年重点工作，组织开展智慧工作平台升级改造方案研究。

【新型数智化建设治理环境规划设计】重构数智化建设制度体系，进一步强化数智化治理内控合规性。全面梳理、审视现有制度文件的设计有效性和执行有效性，结合中国宝武数智化转型新要求，梳理并重构智慧化与大数据建设制度文件体系，归并确定顶层策划类、项目管理类、大数据治理类、网络安全类、运维管理类共计五大类管理文件，形成一套治理规范宪章，营造创新驱动环境，助力提升中国宝武数智化运营水平，助推技术驱动下的商业模式变革。

【网络安全保障能力提升】积极落实国务院国有资产监督管理委员会（以下简称“国资委”）网络安全监管要求，根据国资国企网络信息安全监管平台全覆盖的工作要求，建立相关推进工作组，制定全覆盖三年行动计划，并完成中国宝武集团总部覆盖工作；全面推进落实国资委能源工业互联网平台全覆盖工作，完成中国宝武下属 5 个电厂态势感知系统建设，与能源工业互联网平台对接，纳入行业监管；按照国资委工业软件自主可控的通知精神，成立相关推进工作组，组织制定中国宝武自主可控的工作方案和推进计划。

【网络攻防实战演习开展】贯彻落实习近平总书记网络安全强国的重要思想，提升网络安全对抗能力。积极参加有关部门组织的网络攻防演习，选择两个重要系统作为防守靶标，成立 HW2020 指挥部，制定网络攻防指南，指导子公司做好安全防护；制定演习方案，建立联防联控机制，部署落实演习各项工作。本次演习共阻击来自九个方面的攻击，防守住了靶标。通过演习，发现并整改了大量网络安全问题，减少了风险隐患，增长了实战经验和对抗能力，取得良好效果。

【网络安全保障机制夯实】落实新冠肺炎疫情防控、重大活动网络安全保障工作。健全网络与信息安全信息通报机制，建立中国宝武集团直接管理子公司 + 钢铁单元的信息通报工作机制，加快落实各项网络安全应急保障工作，指导子公司加强网络安全防范。全面落实新冠肺炎疫情防控期间远程办公应急保障工作，落实 7×24 小时远程保障要求。组织中国宝武集团总部、子公司开展网络安全大检查，对子公司网络安全防护情况实施技术检查，对子公司互联网系统中的新冠肺炎疫情防控重要敏感信息数据进行检查、清理，避免信息泄露。积极做好重大活动网络安全保障工作，完成全国两会、国庆期间，以及第三届进博会等重大活动的网络安全保障工作，组织落实中国宝武 130 周年活动网络保障要求。2020 年，中国宝武没有发生重大网络安全事件。

【网络新技术安全防护体系建设】打造网络安全新基座，推进网络安全监管平台建设，完成可行性研究报告和初步设计方案，开展系统建设，实现穿透式网络安全监督；建设安全态势感知平台，完成中国宝武集团公司、宝信软件、欧冶云商三个互联网出口流量监测探针的部署，实施常态化网络安全监测，提升网络安全威胁检测和发现能力；推进主机安全防护系统建设，中国宝武集团总部、欧冶云商、华宝基金等单位，基本完成主机防护系统部署；推进终端安全防护系统升级，完成中国宝武集团总部、部分子公司规模测试，组织集中采购。

【数智化建设绩效指标体系设计】围绕中国宝武生态圈战略落地，强化规划引领导向。为持续驱动各子公司共建、共治、共享高质量钢铁生态圈，落实《中国宝武智慧化与大数据专项规划（2020—2020）》工作任务，围绕行动路径设计数智化建设绩效指标体系，引导各子公司积极应用集团公司统一新基建设施，打破数据、应用孤岛，实现互联互通，开展子公司数据治理体系设计、形成数据共享服务创新能力，设计“上云指数”“上 ePlat 平台指数”“数据入湖治理指数”“上网络安全平台指数”，在子公司编制“十四五”规划、滚动年度计划、商业计划书等工作过程中细化落实。

【国企数智化转型标杆打造】传播中国宝武数智化建设实践和转型理念。进一步发挥国有企业在新一轮科技革命和产业变革浪潮中的引领作用，强化数据驱动、集成创新、合作共赢等数字化转型理念，积极参加国资委、工业和信息化部（以下简称“工信部”）、国家发展和改革委员会（以下简称“国家发展改革委”）等国家部委组织的成果推广、树标立范、交流培训等多种形式的对外宣传活动，包括国资委组织的央企一把手谈数字化转型、中央企业数字化转型现场推进会优秀实践分享、第一期中央企业数字化转型培训班转型实践专题授课、国家发展改革委产业司制造业核心竞争力专项项目申报等工作，传播中国宝武坚持系统设计、全面布局、重点突破，在推动数字化、智能化转型方面的独特建设经验和理念。

（郑 宁）

中国（上海）自由贸易试验区临港新片区

【概 况】2019 年 8 月 20 日，中国（上海）自由贸易试验区临港新片区（以下简称“新片区”）正式揭牌。新片区建设的重要使命是推动产业高质量发展，加快构建创新型产业体系，打造特殊经济功能区。2020 年，新片区主要经济指标表现总体较好，同比增长率全部呈现两位数的高速增长，充分体现了新片区“起步就是冲刺、开局就是决战”的速度。

【规划制定】为强化产业链、供应链的自主可控能力，增强全球资源配置功能，完成

《临港新片区创新型产业规划》《新片区前沿产业发展“十四五”规划》《临港新片区智能网联汽车产业专项规划（2020—2025）》等综合规划，明确临港新片区创新型产业发展体系和空间布局。聚焦特色园区，启动编制集成电路、生物医药、民用航空等重点产业“十四五”专项规划，实现“东方芯港”“生命蓝湾”“大飞机园”等特色产业园区的开园。

【招商投资】在一盘棋统筹、一体化管理、一条龙保障、一揽子宣介“四个一”招商机制和“谈、跟、落”招商服务协同机制的保障下，新片区2020年全年完成签约落地项目105个，涉及投资额1 918亿元。项目重点集中在集成电路、生物医药、新能源汽车等领域。全年共计实现产业用地供应47幅、253.9公顷，推动29个项目开工，其中28个项目当年拿地、当年开工，项目推进方面展现了临港速度。全年产业投资完成336亿元，同比增长58.7%。

【产能释放】随着落地企业不断增加，新片区产业产能在加快释放，2020年全年累计实现工业总产值和生产性服务业营收2 143亿元，同比增长40%。其中，工业总产值完成1 703亿元，同比增长39%；生产性服务业营收完成440亿元，同比增长45%。工业企业增速贡献主要来自汽车制造、节能环保、战略新兴产业，此外，高端智能装备、集成电路、海洋装备等领域也在持续发力。为引导低效、存量项目提升能级或转移腾退，提高存量产业的项目产出效益，镇级园区转型升级工作已稳步落实。

【科创生态提升】作为上海科创中心的承载区，新片区着力提升科创生态，在智能制造、高端装备、人工智能、集成电路、航空航天等重点产业领域，进行了近20家科技创新平台的建设布局和培育工作。经过近几年的发展建设，共6家平台被认定为首批新片区科技创新型平台，这些平台致力于打通产学研通道，着眼于解决科技成果转化的“最后一公里”，成为临港新片区科技企业发展的助推器和加速器。

（临　港）

上海化学工业区管理委员会

【概况】2020年是上海化学工业区管理委员会（以下简称“上海化工区管委会”）智慧园区建设“十三五”规划和重点建设的收官之年。智慧园区建设工作按照上海市领导“三最”“四要”重要指示，树立创新、开放和包容的“互联网+”思维，以智能化的智慧生产、协同化的智慧政务、便捷化的智慧服务为重点，积极应对新冠肺炎疫情，加快推进新基建工作进度，为园区高质量发展提供强有力支撑。

【“新基建”项目联通】突出根基夯实，建成通信管道50.13沟公里、4G基站13处、5G基站4处、智慧电杆218座，实现光纤宽带与2G、3G、4G、5G和无线局域网（WLAN）的协同接入，为形成高速泛在、适度超前的园区网络设施打下基础；智慧铁塔项目在建设方式上因地制宜，采取新建综合通信杆、落地杆塔、利用管廊增加天线抱杆、利用企业建筑建设楼顶塔、利用园区综合杆等多种建设方式；智慧路灯在完成基本照明功能的同时，为实现上海化工区跨部门融合、协同管理、数据共享提供可能和通道，为提升园区品质和品牌影响力提供新的手段，探索智慧电杆的多功能性；园区已形成统一的信通管线建设方案，由上海电信牵头，主动跨前、提前配合实施，确保拓宽工程顺利开展；大数据云计算中心自2018年运营至今，有力支撑了上海化工区智慧园区建设，整体CPU资源利用率超过90%。

【园区智慧化治理能力提升】突出数据赋能，借科技力量助力园区新冠肺炎疫情防控，加快推进应急视频调度会议系统建设，及时下达疫情防控和复工复产工作要求，智慧公安完成卡口非接触式人体红外成像系统的启用，辅助管理人员应对疫情期间的各类人员管控；“两网”平台建设不断深化，以网格化管理平台为载体，建立无线数据采集App，上报平台近200项数据，结案70%左右，开展政务服务大厅综合窗口信息系统及好差评项目；智慧决策平台取得实质进展，以已建成的智慧项目为主要对象，汇聚、集成园区各管理单位（部门）信息系统数据，完成园区大数据“智脑”建设，大数据决策中心数据中台搭建完成，实现了数据实时传输。

【专项规划完善】突出顶层设计，编制上海化工区智慧园区建设“十四五”规划，优化、完善智慧园区建设顶层设计方案，坚持系统规划、多规衔接的原则，通过“五大行动”和“十大工程”建设，明确下一步重点工作、发展指标、支撑体系和保障措施，推进园区高端化、科学化、品牌化、智慧化、协同化发展；编制网络安全“十四五”规划，明确和落实包括物理安全、网络安全、应急安全在内的各方面安全管理要求，深化风险评估、等级保护制度，梳理应急机制和流程，坚持“谁主管谁负责、谁运行谁负责”原则，明确部门信息安全保障工作责任制；编制信息基础设施“十四五”规划，走访园区部门、基础通信运营商、智慧园区参与企业，了解情况、收集素材、听取意见，广泛结合国际通信、化工行业先进经验和国家层面政策引导，以及上海未来五年发展目标、上海化工区智慧园区发展要求，开展细致、缜密的规划编制工作。

【智慧园区重点项目亮点纷呈】突出整体推进，发掘上海化工区内主体化工生产型企业智慧化建设的内在动力，引导、鼓励企业开展技术和智能化改造，赛科公司建设园区首个5G基站，打造全面现场感知的5G物联网。科思创、巴斯夫、赢创、汉高等德资企业主动对标工业4.0，加快企业内部生产流程智能化改造。华谊新材料公司构建智能化联动系统，荣获首批“上海市智能工厂”。

机关各处室、各驻区单位基于自身管理职能和园区管理需求，铺开智慧政务项目建设，智慧协同OA系统率先实现机关移动办公、异地办公，打通上海化工区管委会与各管理单位的信息壁垒；智慧规建加快与“一网统管”平台整合条线，助力园区精细化管理；智慧安监实现园区危险化学品快速流转和终身追溯；智慧环保以环境监控系统为载体，实现对园区污染源的快速锁定；智慧公安、智慧海关、智慧海事、智慧医疗等一批政务信息系统建成投用。

区内外生产性和生活性服务企业积极响应智慧园区建设，管廊公司以GIS为核心，建立起数字化管廊管理体系，形成国家级化工园区管廊建设标准；热电联供公司致力于园区智慧热网建设，成为助推企业节能降耗、园区循环经济发展的开路先锋；中法水务公司开发智慧水务管理系统，为区内生产型企业提供增值服务；物业公司搭建园区职工餐饮服务平台，为职工群众提供购物便利；驿动公司运用智慧班车App帮助职工解决通勤出行难题。

（化工区）

【发动机缸盖智能制造关键技术研究项目通过验收】2020年6月19日，上海交大智邦科技有限公司等单位承担的上海市科学技术委员会（以下简称“市科委”）科研计划项目“基于数字化工艺与柔性生产的发动机缸盖智能制造关键技术研究”通过专家验收。项目针对我国汽车动力总成关键零件（发动机缸盖等）缺乏智能化成套制造工艺等核心关键技术的现实，建设了汽车动力总成智能制造工艺过程三维物理仿真平台，实现了加工过程的数字孪生，形成数字化加工工艺的快速仿真分析、研发能力；研发了发动机缸体缸盖智能制造数字化工艺过程的在线精密检测与误差补偿技术，提升了加工质量的稳定性；研发了智能柔性工艺排产新技术，建设了满足多品种型号产品加工的柔性验证线，具备共线生产LGE缸盖、B12缸盖、B15缸盖和GF9变速箱阀体的能力。实现了动力总成智能加工技术的落地应用，项目研究了基于多因素耦合的加工误差建模、汽车发动机缸盖智能制造工艺过程三维物理仿真、基于大数据的缸盖燃烧室容积实时精确计算方法、适应多型号缸盖类零件制造的柔性工装夹具设计、面向多品种小批量零件制造智能柔性工艺排产等共性关键技术，形成了多品种、多规格产品柔性化制造的技术能力。申请国家发明专利 5 项，登记软件著作权 3 项，发表科技论文 10 篇，形成企业标准 1 项，培养博士 5 名、硕士超过 30 名。

【自动扶梯桁架智能制造核心技术研究与应用项目通过验收】2020 年 6 月 5 日，上海三菱电梯有限公司等单位承担的市科委科研计划项目“自动扶梯桁架智能制造核心技术的研究与应用”通过专家验收。该项目实现了适合自动扶梯桁架智能制造生产线的机器人智能作业技术、激光实时感知技术、空间自动测量技术等关键技术突破，率先研制了自动扶梯桁架智能制造生产线，实现自动扶梯桁架的智能化生产，形成了 4 500 台 / 年的自动扶梯桁架生产能力，并全面提升自动扶梯桁架的制造质量。申请国家发明专利 5 项，发表科技论文 2 篇，培养博士 1 名、硕士 2 名。

【基于计算机视觉的智能机器人应用项目通过验收】2020 年 6 月 30 日，上海木爷机器人技术有限公司等单位承担的市科委科研计划项目“基于计算机视觉的智能机器人在安防领域的应用”通过专家验收。该项目研究人脸检测与识别、目标检测与跟踪、基于多源传感器融合的点云地图构建技术、基于高维地图和语义信息融合的概率地图生成技术、基于神经网络深度学习以及词袋模型的多源场景识别技术、基于图优化的多源紧耦合融合技术、异构传感器缺乏统一描述的问题、多源异构传感器同步算法等关键技术，形成了全产业链的技术能力。研制了基于移动机器人平台的人脸检测与识别系统、可疑物体识别系统、基于多源传感器融合的地图构建与场景识别系统、场景自适应的多源融合定位导航系统，在厦门海关实现落地应用。申请国家发明专利 28 项，申请软件著作权 5 项，发表科技论文 2 篇，培养博士 1 名、硕士 5 名。

【汽车零部件离散型生产线智能制造关键技术研究项目通过验收】2020 年 5 月 22 日，上海汽车粉末冶金有限公司等单位承担的市科委科研计划项目“汽车零部件离散型生产线智能制造关键技术研究及应用示范”通过专家验收。该项目研究了粉末冶金全自动化加工、AGV 智能调度、产品质量及系统管控、工艺数据可视化等关键技术，研制完成一套粉末冶金整形工艺离散型智能生产线，应用于汽车用粉末冶金零件加工及仓储的车间，实现了产品加工从出库到入库信息化、智能化生产，解决了零件在加工过程中的转运、仓储、管理问题。申请国家发明专利 5 项、国际发明专利 1 项，获得软件著作权 2 项，发表论文 9 篇，培养硕士 11 名。

【船舶通用结构件智能生产系统关键技术集成应用项目通过验收】2020 年 5 月 27 日，上海外高桥造船有限公司等单位承担的市科委科研计划项目“船舶通用结构件智能生产系统关键技术集成应用及工程示范”通过专家验收。该项目构建了面向智能焊接的焊接工艺数据库，实现了面向复杂通用结构件的机器人焊接动作库适应性拓展、复杂环境下视觉识别定位技术应用、智能焊接自适应编程技术应用，研制了船舶通用结构件信息平台、船舶通用结构件智能生产系统，在上海外高桥造船有限公司实现落地应用。申请国家发明专利 6 项，获得软件著作权 1 项，形成企业标准 2 项，发表科技论文 3 篇，培养硕士 3 名。

【智能电器元件数字化车间关键技术研究项目通过验收】2020 年 6 月 12 日，上海电器科学研究所（集团）有限公司承担的市科委科研计划项目“智能电器元件数字化车间关键技术研究与应用示范”通过专家验收。该项目研制了 MCCB（Moulded Case Circuit Breaker，塑料外壳式断路器）连接板背部螺钉自动拧紧装备以及平垫、弹垫、螺钉自动装配设备，突破了柔性零件的自动定位翻转及紧固一体化、大尺寸紧固件及配件的一体化自动装配等关键技术；攻克了智能电器元件数字化车间总体架构、数字化工艺、信息互联互通、产品质量追溯等信息化关键技术；研制了具有工艺管理、质量管理追溯、信息互联互通等功能的数字化车间管理系统，形成典型智能电器元件自动化装配生产线技术方案，完成了计划任务书要求的研究内容。在杭州之江开关股份有限公司实现了典型智能电器元件复杂工艺自动化装配生产线及数字化车间应用示范。发表研究成果相关论文 2 篇，申请发明专利 2 项，授权实用新型专利 2 项，打造了一支 15 人的企业智能制造服务团队。在项目实施期间，实现经济效益 472.7 万元。

【糖尿病视网膜病变辅助诊断平台通过验收】2020 年 7 月 1 日，上海市眼病防治中心等单位承担的市科委科研计划项目“基于深度学习的糖尿病视网膜病变辅助诊断平台及其应用示范”通过专家验收。该项目突破了糖尿病视网膜病变眼底图像的深度学习神经网络模型、基于糖尿病视网膜病变数据集的深度学习训练、使用梯度检查方法和基于动态数据约简的深度学习迭代方法、基于融合多尺度多方向 Gabor 及 WLS（Weighted Least Squares，加权最小二乘法）滤波器的视网膜眼底图像增强方法等关键技术，研制了糖尿病视网膜病变辅助诊断平台，在上海市普陀区白玉社区卫生服务中心、普陀区长风街道长风社区卫生服务中心、长宁区新泾镇社区卫生服务中心三个试点开展应用。申请国家发明专利 2 项、实用新型专利 1 项，发表科技论文 6 篇。

【焊接机器人云端融合及虚拟现实关键技术研究项目通过验收】2020 年 6 月 24 日，上海新时达机器人有限公司等单位承担的市科委科研计划项目“焊接机器人云端融合及虚拟现实关键技术研究及其应用”通过专家验收。该项目围绕焊接机器人自主学习编程进行深入研究，突破了焊接目标检测、焊接参数提取、焊接工艺库建立及在线更新、焊接程序自动生成、焊接机器人多姿态控制等关键技术，建立了焊接机器人自主学习编程的原型系统。经第三方检测，技术指标达到任务书指标要求。申请国家发明专利 6 项，授权国家发明专利 1 项，申请软件著作权 3 项，发表科技论文 7 篇，培养博士 1 名、硕士 7 名。

【军用特种车智能制孔机器人系统通过验收】2020 年 4 月 9 日，上海航天设备制造总厂有限公司等单位承担的市科委科研计划项目“基于 CPS（Cyber-Physical Systems，信息物理融合系统）的军用特种车智能制孔机器人系统及示范应用”通过专家验收。该项目完成了基于 CPS 的智能制孔机器人系统架构设计、军用特种车制孔机器人系统设计、制孔机器人 CPS 单元中的多元环境感知、基于机器人的制孔工艺优化、机器人制孔智能控制、刀具磨损检测与识别等关键技术的攻关，研制了机器人制孔系统，在上海航天设备制造总厂有限公司实现了特种车辆底盘制孔示范应用。申请国家发明专利 1 项，获得软件著作权 3 项，发表论文 6 篇，培养博士 1 名、硕士 4 名。

【语音语义识别技术在工业机器人中的应用项目通过验收】2020 年 1 月 9 日，上海大学等单位承担的市科委科研计划项目“基于深度学习的语音语义识别技术及其在工业机器人中的应用”通过专家验收。该项目突破了工况环境下的语音增强技术、基于深度学习网络的语音识别技术等关键技术，形成了实际生产中人机协作的关键技术能力，提出了适配工业机器人的语音语义识别软硬件一体解决方案，实现了多噪音工况生产环境中人与机器人之间的智能交互应用，在上海大学的上海市智能制造及机器人重点实验室和上海沃迪智能装备股份有限公司测试应用，并在嵊州市昊天自动化科技有限公司和上海世辕机电科技有限公司进行了示范应用，人机交互协作效果良好。申请国家发明专利 2 项、实用新型专利 2 项，申请软件著作权 1 项，发表科技论文 5 篇，培养博士后 1 名、博士 1 名、硕士 4 名。

【CVT 行星轮自动装配、检测生产线研制项目通过验收】2020 年 5 月 29 日，上海新松机器人自动化有限公司承担的市科委科研计划项目“CVT 行星轮自动装配、检测生产线研制”通过专家验收。该项目研制了 CVT（Continuously Variable Transmission，无级自动变速器）行星轮自动装配、检测生产线，在湖南江麓容大车辆传动股份有限公司实现成果落地应用，签订销售合同达到 625.85 万元。项目突破了滚针轴承的自动化插针、啮合齿轮的自动化装配、微小零件的自动化识别和判断等关键技术，研制了 CVT 行星轮自动装配、检测生产线，提升了 CVT 行星轮装配稳定性，提高了生产效率。

【康复机器人样机研制及示范应用项目通过验收】2020 年 5 月 18 日，上海机器人产业技术研究院等单位承担的市科委科研计划项目“多自由度肢体活动度、评估训练康复机器人样机研制及示范应用”通过专家验收。该项目突破了上肢康复机器人的镜像力场训练、康复的评价方法和人机交互等关键技术，形成了全产业链的技术能力，研制了新型智能肢体康复训练机器人样机 1 台，样机性能通过第三方检测机构检测。在上海华山医院完成 40 例患者试验研究及示范应用，获得临床验证报告 1 份；形成适合运动功能障碍患者的康复机器人评定和治疗方案 1 套。申请国家发明专利 2 项，发表科技论文 3 篇，培养博士 2 名、硕士 10 名。

【腓骨重建颌骨专用手术机器人及平台研发项目通过验收】2020 年 9 月 4 日，上海交通大学医学院附属第九人民医院等单位承担的市科委科研计划项目“腓骨重建颌骨专用手术机器人及数字化平台研发与应用”通过专家验收。该项目研究了面向颌骨重建的桌面级手术机器人小型化设计集成技术、机器人末端工具轨迹规划与逆运动学求解技术、机器人实时在线控制和截骨过程中对腓骨周围软组织保护等关键技术，研制了腓骨重建颌骨切割塑型专用手术机器人系统，进行了样机实验，实现了机器人按计划截开腓骨的模拟手术操作。申请专利 5 项，发表论文 5 篇，培养硕士 4 名。

【面向机器视觉的云服务平台开发项目通过验收】2020 年 12 月 4 日，同济大学承担的市科委科研计划项目“面向机器视觉的云服务平台开发和应用示范”通过专家验收。该项目研究了目标检测、目标识别、目标定位等关键技术，开发了冷热轧钢卷智能喷印定位、焊缝智能跟踪、表面质量检测等应用，研制了机器视觉的云服务平台，实现了一系列机器视觉算法集成，相关技术在宝钢股份冷轧厂、江苏哈工海渡教育科技集团有限公司、龙工（江西）机械有限公司等企业落地应用，取得了较好效果。申请国家发明专利 3 项，获得软件著作权 1 项，发表科技论文 5 篇。

【手术机器人力反馈技术研究项目通过验收】 2020年12月23日，微创（上海）医疗机器人有限公司承担的市科委科研计划项目“手术机器人力反馈技术研究与应用示范”通过专家验收。该项目研制形成了具备力反馈功能的微创手术机器人工程样机，经检测，力反馈系统的主要性能指标达到考核要求，产品通过了医疗器械型式检验。项目在上海胸科医院进行了动物实验，动物实验数达到考核要求。项目进行了微创手术机器人的精细力反馈等关键技术的研发，形成了产品的企业技术要求。申请国家发明专利8项，培养硕士2名。

（王卓曜）

【上汽大众MEB智能工厂投产】 上汽大众MEB（Modular Electric Toolkit，模块化电动工具）智能工厂位于上海市安亭镇，2020年10月正式投产，是大众汽车集团全球首个专为MEB平台车型生产而全新建造的工厂，也是目前国内生产规模与效率都较突出的纯电动汽车工厂。工厂集智能制造、节能环保于一体，采用超过1 400台工业机器人，并大规模应用领先的制造技术，实现制造全过程的智能化和数字化。智联装备方面，多项首创技术应用助力效率提升；数据协同方面，PSB（Plant Service Bus，生产服务总线）平台助力工业设备互联和过程监控；智能生产管理方面，可实时呈现工厂运行状态；智慧物流管理方面，形成基于全链条的智慧物流方案；新技术应用方面，5G技术让虚拟融入现实。

【上海剑桥科技智能工厂建设】 剑桥科技智能工厂位于上海市闵行区，主要生产家庭、企业及工业应用类ICT（Information Communication Technology，信息通信技术）终端设备、高速光组件和高速光模块、5G网络设备等产品。剑桥科技智能工厂以ICT网络设备为制造对象，进行精益化、智能化的工厂总体设计，搭建软件系统平台，构建CPS系统。从企业层、车间层、控制层、设备层等完成工厂建设，建成剑桥科技“以安全可控的核心智能制造装备、工业互联网、信息化”为基础的满足用户定制化及规模化需求的智能工厂。剑桥科技智能工厂的建设，以智能生产装备的自主研发为基础，支持产线、关键工序智能化，推动先进传感、控制、检测、装配、物流及智能化工艺装备与生产管理软件高度集成，可以标准化、柔性化、高质量化完成ICT网络设备的智能化生产。

（陶传亮）

第三章　农业信息化

概　述

2020年，上海市农业农村委员会围绕实现乡村振兴战略和促进都市现代绿色农业发展这条主线，按照农业生产智能化、经营网络化、管理数据化和服务在线化的要求，围绕“三个一”（一网、一图、一库）和“三个人”（生产者、管理者、消费者），绘制“1+N+X”数字农业云平台蓝图，巩固数字农业基础底座，大力推进生产作业信息直报、政务服务平台建设、综合场景应用等工作，全面提升农业精准化管理和综合服务能力。

一、平台体系建设

【数字农业蓝图绘制】以全市农业数字底图和主题数据库为基础，建立系统联通、融合应用标准，打造1套市、区两级农业管理者数字看板和N类综合应用场景、X个核心业务系统，最终形成集种植、畜牧、渔业、农机、农产品质量安全监管、农业执法等管理于一体的数字农业综合管理网。

【数字农业底座巩固】根据农业精准化管理需求和2020年最新影像地图，新增绘制蔬菜大棚基本地块21.6万个，更新农用地块10万个，总计地块信息超过100万个。对接浦东新区、奉贤区等区级信息系统，充分应用区级信息化建设成果，并打通多套业务子系统，汇聚农用地、种植业、蔬菜、水产养殖、农产品质量安全监管、物联网等数据，形成30张专题图层、100余个数据接口，为全市数字农业建设赋能。

【农业生产作业信息直报】探索培育满足高质量数据采集的信息化运维团队，构建信息指导员队伍体系，在全市建立了一支近1 200人的区、镇、村三级信息指导员队伍，辅助和指导各经营主体开展农业生产作业信息直报工作。围绕粮食、蔬菜、瓜果、水产等，全面开展9个涉农区农业生产作业信息直报，全市6 000多家生产经营主体入网，入网总面积达160多万亩。

【政务服务平台建设】完成“拖拉机和联合收割机行驶证”等30类证照接入市电子证照库，累计归集证照4万多张，实现已归集电子证照应用100%覆盖政务服务事项、电子证照类目100%关联办事材料清单、实体窗口100%接入电子证照库。依托“一库”建设和市数据共享交互平台，持续开展数据共享和开放，编制数据资源目录122个，信息系统关联率达100%，挂载数据资源71个；调用市级资源4个，累计调用41万次；调用国家资源3个，累计调用6.5万次；制定公共数据开放清单，向社会开放“上海地产农产品田头价”等26项数据资源。

二、发展应用

【综合应用场景构建】将“农业一张图”地块与农产品网格化实时监管情况相关联，构建农产品质量安全监管应用场景，从监管区域、对象、类型、行为等不同维度，为管理部门提供综合分析。以“地”为主线，打通种植业生产、农产品质量安全监管、涉农补贴资金、绿色认证等多环节数据，构建绿色认证应用场景，创新地将跨系统、跨层级数据整合到同一个应用场景中，为绿色认证监管、预警提供技术保障。

【农业信息服务推进】以益农信息社为载体，夯实信息服务基础，全市累计建成标准型益农信息社1 112家、专业型益农信息社56家。以益农信息平台为抓手，实现不同层次、不同内容、不同范围的信息服务，主要涵盖公益、培训、便民等服务，累计发布各类文章2.9万多篇。开展12316三农热线服务，热线服务67万人次，组织下乡进社区活动917场次，发放科普资料1.17万份，现场直接服务1.12万人次。

（顾　方）

第四章　金融信息化

概　述

2020年，上海市各类资本市场主体进一步发展，银行、证券、期货、基金、保险业交易量持续上升。进一步增强信息化技术创新，结合实际业务，应用5G、大数据、人工智能等新兴技术，更新、优化、完善各类信息系统，不断更新信息化保障和服务能力，促进业务运营智慧化。同时，推动业内开展金融科技动态的跟踪和研究，积极应对信息安全挑战，有效运用各项新技术，为金融行业的可持续发展作出贡献。

一、银行业信息化

【不动产抵押登记“不见面办理”项目建设】 上海农村商业银行、工商银行上海市分行、建设银行上海市分行、交通银行上海市分行、招商银行上海分行5家银行，落地不见面持证抵押业务，客户办理抵押贷款只需跑一次银行，从业务申请、后台审核到电子缮证，实现全部在线完成。业务流程的简化主要得益于5家银行与上海市规划和自然资源局、上海市大数据中心合作上线的不动产抵押登记“不见面办理”项目，按照上海市政府“一网通办”“进一网、一次办、随时办、随身办”的工作要求，本次参与试点的5家银行不动产登记银行合作服务点全部纳入“一网通办”。

以前客户从申请不动产抵押登记到最后向银行递交抵押凭证，往往需要2周左右，如果客户无法亲自到机构拿证、到银行递交凭证，还需耽误更多时间，甚至影响后续贷款办理进度。现在，通过“不见面办理抵押”服务，银行后台信息与大数据中心及登记中心的线上数据互通，个人客户和企业在银行网点办理抵押贷款的同时，可一并办理不动产抵押登记，减少业务办理过程中折返于银行和抵押登记机构的次数，实现“数据多跑路，群众少跑腿”，降低办理登记的时间和成本。

【上海银行“电子亮证”项目上线】上海银行上线“电子亮证”项目，为上海市民提供不带证照办理银行业务的服务，成为辖内首家支持“电子亮证”技术的金融机构。市民通过在“随申办”App中选择身份证、户口簿等证件并亮出二维码，便可代替实体证件，在该行网点柜面与ITM（Interactive teller machine，智能柜员机）双渠道办理账户类、现金类、转账类、理财类、信用卡类、社保卡类等29项业务。项目运用联网核查、人脸识别等技术，实现企业开户及线上信贷等业务流程精简优化；针对未成年人社保卡业务复杂性，接受法定监护人通过“电子亮证”出示未成年人身份证件、户口簿、出生医学证明来办理业务；针对护士、警察、教师等具有特种证照的民生保障职群，推出专属金融服务。项目已覆盖上海地区225家上海银行网点，上线居民柜面渠道业务25项、ITM渠道业务29项、信用卡渠道业务4项，受理业务覆盖率达95%。

【上海农商银行智慧厅堂管理系统建设】该系统实现客户身份识别、客户差异化服务、线上线下互动、客户评价和意见采集、厅堂客户统计分析、动线跟踪和区域热力图等功能。系统利用移动互联网、人工智能、影像识别等技术，推动实体网点向营销型、体验型智能网点转变，优化、改进网点布局和服务流程，缩减业务办理时间，提升网点营业效率，提高单网点产出能力；实现客户识别智能化，满足网点客户服务的刷脸取号、信息推送、精准营销等业务需要；通过线上线下渠道联动协同，渠道间数据互通、信息共享，线上获客导流线下，线上线下一体化改善客户体验。

【上海华瑞银行航旅贷业务应用项目开展】上海华瑞银行基于生态链接和金融科技的航旅贷业务应用项目，依托航旅出行相关平台，围绕航旅客户的衣、食、住、游、养、购、商等各类场景，为客户提供全流程贷款金融服务。项目通过大数据、机器学习、知识图谱、实时监控等技术，搭建包含产品过程管理和风险过程管理两大模块的线上零售贷款系统。其中，产品过程管理模块包含业务管理、参数管理、核算管理，具备全流程互联网贷款管理能力；风险过程管理模块分阶段分步骤实现智慧反欺诈、智慧风控决策、智慧授信审批、智慧风险监控、智慧催收、智慧贷后（核销）六大自动化。项目上线后，累计服务客户超200万人，贷款累计发放额超100亿元。

【工商银行上海分行信贷管理人工智能项目建设】工商银行上海市分行信贷管理人工智能项目运用金融科技提升信贷管理水平。一是实现贷后管理自动化，自动抓取需要核查、监督的内容，形成任务清单执行；二是实现风控决策智能化，将尽职调查报告、客户舆情、政策制度、公开金融数据等转化为结构化、图谱化数据，为后续开展信贷管理决策、风险控制提供依据；三是自动识别贷后管理中的时间性要求，根据条件性、周期性等特征定期下发任务；四是实现模型识别准确率监控功能，当识别率呈现下降趋势时，及时预警，触发模型再训练。此外，系统还提供人工反馈功能，“纠正”模型可能发生个别条目识别不准确的情况。项目运用大数据、文本挖掘、知识图谱等技术，有效提升信贷管理工作效率，实现贷后管理全覆盖，通过信息系统进一步统一标准、规范履职、强化监督，提高贷款管理风险识别的精准率，提升风险管控能力与质量。

【中国农业银行上海分行“企户通”电子证照开户】中国农业银行上海市分行“企户通”电子证照开户项目，通过打通上海市银行账户服务信息系统、上海市银行结算账户影像系统、电子证照应用技术以及中国农业银行自主研发的数字账户系统、对公开户远程视频核实功能、客户经理在线尽职调查等各系统和业务处理环节，实现线上受理企业开户申请，线上采集企业注册电子证照、电子印章及企业基础信息，核实开户意愿，实时反馈开户申请结果。该项目开辟了企业开户新通道，增加了在线开户审核渠道，缩短了临柜受理业务时间，提升了企业开户手续的便捷性。

【中国建设银行上海分行“5G+智能银行”应用】中国建设银行上海市分行在总行“5G+智能银行”应用框架下，开展技术创新与应用，强化5G+智慧功能展示。一是增设“直播间、云分享”特色服务、丰富智慧柜员机政务服务和“智慧扫码办”服务；二是配置智能综合柜台、智能互动体验屏、智能港湾等智能互动设施。项目运用5G、物联网、人工智能、生物识别等技术，融合金融、民生、娱乐及衣食住行等生活化场景元素，为金融服务智能化及金融服务模式转型作出有益尝试。

【浦发银行上海分行网点智能管理系统应用】网点智能管理系统应用AI视频分析技术，实现网点客流实时监测、疏导；通过语音识别技术实现营销全程质检，确保服务质量；基于视频调阅技术，实现分行内控的全面非现场化；打造网点大屏系统，对网点数字画像进行可视化展现。该系统能够实时感知分行辖区内190个营业机构的客流量，合理安排、有效疏导；精细化管理网点业务，实现服务质量及时检测；新冠肺炎疫情期间，通过视频调阅开展非现场检查200余项，有效防控风险。

（薛 寒）

【金融科技创新监管试点工作开展】2020年4月26日，按照《中国人民银行办公厅同意在上海等6市（区）开展金融科技创新监管试点的批复》，中国人民银行总行发布公告，支持上海开展金融科技创新监管试点，探索构建金融科技创新管理机制，打造包容审慎的新型监管工具。至此，我国在构建金融科技监管基本规则体系方面更近了一步。中国人民银行上海总部对此高度重视，在总行的统筹指导下，结合上海实际，克服新冠肺炎疫情影响，积极推动试点工作开展，稳步落实主体责任，试点工作取得阶段性成效。

中国人民银行上海总部落实有关工作，秉承“多元主体共治”的顶层设计理念，联合上海市地方金融监督管理局、中国银行保险监督管理委员会上海监管局、上海市经济和信息化委员会、上海市科学技术委员会、中国支付清算协会和上海市金融科技产业联盟等相关部门成立试点领导小组、工作小组和办公室，积极构建多方参与、共建共治的监管体系和管理团队，实现资源共享、优势互补。此外，本次试点的参与方也呈现出多元化特征，与以往银行业作为参与主体不同，持牌金融机构和科技公司均可作为申请主体申报项目。这种“多元主体共治”的上海模式，为试点工作高效、有序地开展提供了有效的组织保障，参与方的多元化也为优化上海市金融科技产业战略布局、把脉行业趋势、破解发展难题提供了进一步支撑。

2020年4月至6月，中国人民银行上海总部制定了《上海市金融科技创新监管试点实施方案》，以该方案为依托，稳步推动试点工作开展。7月，在中国人民银行上海总部官网、微信公众号平台进行上海首批8个试点项目的公示并发布新闻稿，征求社会意见。10月30日，上海市金融科技创新监管试点首批8个创新应用已完成登记，将向用户正式提供服务。其间，试点工作组持续稳步推进相关工作，12月31日，上海市第二批5个项目对外公示征求社会意见。

（董丽瑶）

二、证券业信息化

【申万宏源证券】2020年，申万宏源证券有限公司的证券期货业数据模型项目荣获第七届证券期货科学技术奖一等奖，该奖项是行业科技最高奖，也是全行业唯一由官方组织的省部级科技类奖项。证券期货业数据模型是行业数据治理的核心，是行业信息化工作四大战略之一，也是行业数字化转型的重要基础，其方法论、逻辑架构、工作组织机制、展示形式和应用方法五方面均达到领先水平。同时，上述模型在规范行业标准化落地、有效服务科技监管、支持行业数据治理和数据仓库建设、指导大数据智能挖掘、推进全行业数据资产管理等方面发挥了重要作用。

【国泰君安证券】国泰君安证券股份有限公司坚持自主研发总体策略，采用国产化的分布式、低延时技术，按照统一框架推进新一代大交易体系相关的两融低延时、集中清算、新三方存管、场外业务等重要系统自主建设，完成了两融低延时VIP交易节点投产、两融集中交易切换、集中交易平行清算、两融业务清算切换等重要节点建设，2020年新增主要交易系统的自主研发比率达到90%以上。科技创新成果在第七届证券期货科学技术奖评选中获得较好成绩，“支持动态高效交付的全场景个性化App平台”荣获二等奖。

【东方证券】东方证券股份有限公司推出东方睿阳极速交易系统，采用先进的分布式架构，高内聚、低耦合，实现了现货集中竞价交易、新股申购、逆回购、转股回售、融资融券等业务，业务吞吐量达每秒3万笔，核心交易引擎的穿透时延达微秒级别，日委托峰值超百万笔，成交金额超50亿元，系统获得第七届证券期货科学技术奖三等奖。提供可定制化服务、极低延迟的东方极速交易系统（OST）已完成上线，在功能上支持沪深A股、债券、基金的买卖、指定交易、验资验券、投资者适当性控制、交易权限控制等，满足客户的基本交易需求，持续增强集团机构客户服务的能力。

【光大证券】2020年，光大证券股份有限公司在双创工作的统筹指导下，积极探索金融科技应用，推进数字化转型，举办了一系列科技创新活动，发掘并培育了一批科技创新项目及科技创新人才，其中“基于国产化品牌的金融云建设”课题荣获《金融电子化》2020金融科技创新突出贡献奖——开发创新贡献奖；“5G移动互联网延迟优化分析”课题入选中国信通院2020年度5G+智慧金融的创新应用十大案例。同时，公司也积极推进高新技术成果转化认定申请，目前，金阳光App项目已通过上海市科委认定，将进一步提升公司金融科技品牌形象。

（陈　澄）

【海通证券】海通张江科技园完成基础设施建设。海通张江科技园是集生产、研发、办公、培训于一体的综合性智慧园区，是海通证券股份有限公司（以下简称“海通证券”）未来主要的科技基地。该园区将被打造成为行业规模与先进技术兼备的现代化科技园区。截至2020年底，园区基建、动环及IT基础设施建设完成，具备启用条件。科技园内的数据中心可靠性等级达到国标A级标准，关键系统参照美国TIA-942的T4标准，绿色环保等级满足LEEDV4机房专项认证或其他同类认证要求，可容纳3 000个标准机柜，为海通证券未来信息化建设提供充足保障。

新一代核心交易系统二期投产。在支持专业投资客户的一期工作基础上，2020年开展的HOTS（Haitong Omni-security Transaction System，海通全方位安全交易系统）项目二期主要实现对融资融券客户全业务功能的支持，包含信用交易、大宗交易、仓单展期、盯市管理、券源管理、投票等。新增为两融普通客户提供交易服务的专门节点；通过异地灾备建设提高系统容灾可靠性；进行总线优化，实现异常恢复、主备自动切换、运行监控等功能；统一业务功能开发平台与开发技术框架，规范数据服务模式。HOTS二期已全面支持专业投资客户和两融客户极速交易需求，日交易量峰值超过100万笔，日交易金额峰值超过80亿元，交易延迟小于100微秒。未来，海通证券还将继续开展HOTS三期建设，优化技术架构，提升系统性能，强化对普通交易客户经纪业务的服务支持。

首个研发测试标准化流程体系HOPE全面推广。2020年，海通证券基于30余年软件研发经验，参考业内最佳实践，结合CMMI（Capability Maturity Model Integration，开发能力成熟度模型集成）标准，以及敏捷、精益等多种方法，探索出符合公司现状并具有前瞻性的多模软件研发模式，形成企业级研发流程体系HOPE（Haitong Organizational Process of Engineering，海通工程组织过程），实现了需求、开发、测试的规范化和标准化。HOPE纵向分为项目管理、组织过程、项目集管理、软件工程过程、投资组合、支持过程六个过程领域；横向按照生命周期分为项目集规划、项目策划、项目开发与实施、系统集成测试、上线发布、项目集收尾六个阶段。HOPE体系吸收了众多软件工程新方法和新思路，兼顾IT研发中的“稳与敏”，有效提升IT自主研发能力，缩短业务需求平均交付周期。

区块链金融平台落地。2020年，海通证券开展企业级区块链金融平台“e海智链”建设。基于开源生态，底层平台和联盟网络建设均实现自主可控，性能和安全标准达到或超过金融行业要求。以客户为中心，从客户角度选取上链场景，切实保护客户利益；积极拥抱监管，对接司法链与联盟链，提升风险管控水平；适配 ARM（Advanced RISC Machine，高级精简指令集）架构，支持国产密码体系。充分发挥海通金融云优势，开展基于云服务的区块链服务体系建设。已完成区块链 BaaS（Blockchain as a Service，区块链即服务）平台及电子存证应用建设，服务 6 个部门，涵盖网上开户、资管直销、e 海通财隐私协议、产品购买推介、交易日志文件等 10 个业务场景，日上链量约 8 000 笔，总上链量约 100 万笔；完成与北互司法联盟链、上证链、中证链的对接，首批加入证券业协会联盟链——中证链及上证链治理委员会。

容器云平台推进建设。海通金融云作为行业首个自主可控、异构纳管、统一编排的混合金融云，其计算、存储、网络的性能和稳定性保持行业领先。在金融云平台 IaaS 工作已基本完成且容器技术日渐成熟的基础上，2020 年，海通证券通过建设容器云平台以加强 PaaS 的能力。海通容器云平台具备技术先进、开放易扩展、安全高可靠等特点，实现了多集群的统一管理和编排，具备标准化的基础设施环境、敏捷的工具链流程、快速的弹性扩展能力。通过本项目建设，提高开发部署的工作效率和资源使用率。作为能够提供统一、标准化的基础设施平台，该平台已上线区块链、文本智能语义分析、智能选股、账号信息流、云管理、堡垒机等多套应用，实现了业务场景和技术高效融合。

自主研发智能文本再生平台。以实现各类金融分析与办公文档的智能写作为目标，海通证券自主研发证券文本再生平台。融合多项前沿智能技术，该平台已能够实现高精度复杂文档的自动再生，且该项能力处于行业领先地位。不仅在 IT 项目管理文档的生成中投入使用，还在业务文档的撰写中发挥重要价值。每月为相关部门节省超过 900 小时，大幅降低了复杂文案的制作难度，同时显著提升了撰写文档的效率与精度。该平台中枢为成熟的再生语言系统，其构建基于海通多年积累的基础技术与智能算法（如作为编译核心的是海通打造的智能语言处理引擎），包括各类函数 193 个，可实现功能超过 600 项。相关工作已获得国家发明专利。

（海　通）

三、期货业信息化

【期货同业公会】上海市期货同业公会以参与全民国家安全教育日、国家网络安全周等活动为契机，组织以行业文化建设为核心的信息技术培训及信息技能竞赛，开展行业热点技术交流，全面提升行业信息应用和服务保障水平。其制作的短视频《远离非法期货网络陷阱》入围上海市委网信办优秀作品评选，全市网络得票数名列第十。组织60多家会员单位200余人次参与网络安全技能提升知识竞赛，并选拔优秀参赛人员组成上海期货行业联队夺得“观安杯ISG网络安全技能竞赛大赛”三等奖，取得历史性突破。

【申银万国期货】申银万国期货有限公司的智能客服系统于2020年正式上线，在期货行业率先实现App、官网、微信公众号“三位一体”智能化服务客户，真正满足全方位、全终端、全天候服务客户的要求。同时，加强创新业务系统建设，完善基金销售、适当性、反洗钱等系统，完成呼叫中心系统、风险管理系统、仓单管理系统、eHR系统、档案管理系统等的部署实施、上线，为各业务提供技术服务支持，助力提高服务水平。

【海通期货】海通期货有限公司积极落实《关于进一步加强期货经营机构客户交易终端信息采集有关事项的公告》文件精神，配合中国期货市场监控中心、各期货交易所的相关要求，按期完成海通期货所有系统的看穿式监管改造工作。在此基础上，其自主研发用于看穿式监管的监管平台，该平台已通过上海市高新技术成果转化项目申报。

【新湖期货】新湖期货股份有限公司进一步强化措施，加强信息安全管理及防护工作，强化密码安全管理策略，部署上线IPGUARD文件加密管控平台，完善机房安全策略、审计手段和系统监控，落实机房内部定期漏洞扫描，开展定期互联网渗透扫描测试。同时，制订信息系统网络等级保护2.0测评计划，并于2020年底启动相关测评工作，进一步落实信息安全管理责任。

（陈　澄）

四、基金业信息化

【基金同业公会】为进一步加强辖区内各会员单位的互动交流、提高行业信息技术建设水平，上海市基金同业公会召开两次信息技术专业委员会联席会议，就投研一体化、风控新生态、数据治理、超自动化RPA（Robotic Process Automation，流程自动化机器人）、运维自动化等方面的最新成果进行分享；并以网络安全为主题举办两场专题研讨会，特邀业内专家对与信息安全体系建设和网络安全相关的重点复盘等议题进行研讨，探析基金行业数据安全保障体系、零信任安全解决方案在基金行业的应用与实践等热点议题，进一步帮助会员单位准确把握基金行业信息技术安全监管相关规定。

【交银基金】交银施罗德基金管理有限公司自主创新，运用大数据、机器学习等新兴技术，为资管行业风控业务科技赋能，研发出新一代基于大数据技术的“交银基金大数据风险监控预警平台”，着力解决当前资管行业风控系统建设所面临的难题，诸如复杂风险因子的实时计算、非结构化数据的处理以及复合型风险预警等。整个平台秉承系统一体化建设理念，以实现“事前、事中、事后”全场景风险监控管理为目标，通过指标标准化、流程自动化、业务智能化以及服务定制化等具体实施方法推动建设，为新形势下的风险管理、内控合规奠定扎实基础。该平台于2020年度荣获上海市政府颁发的“2019年度上海金融创新奖”提名奖。

（陈　澄）

五、保险业信息化

【太保寿险灵犀二号智能机器人】太保寿险灵犀二号智能机器人通过集成语音交互能力、视觉能力、SLAM（Simultaneous Localization And MApping，同步定位与建图）导航技术，实现语音交互流程、客户信息核实与留存、机器人巡航导览等场景化需求，赋能各项保险业务功能，累计为136万名客户提供专业保险服务，日均作业量近40笔，主要保全业务的办理时长节省超过50%；同时，通过嵌入人脸识别、反洗钱校验及客户认证等标准化业务流程，有效提升客户信息真实性管理，在人力替代、风险管控和体验提升等方面表现优秀，可为客户提供更为简单、便利、一致的保险服务。

【众安保险科技可视化回溯系统】众安保险科技可视化回溯系统包含数据采集收集、数据编排、服务模拟、回放、回溯码追踪、业务节点及异步分析六个关键功能，通过运用落痕日志回溯、数据可视化还原、容器引擎等技术，实现用户行为可视化还原，有助于保险企业解决互联网保险纠纷。系统目前已覆盖众安在线财产保险股份有限公司300多款产品，并为国内数十家公司及金融机构提供技术服务。

【上海人寿电子化回访】上海人寿保险股份有限公司通过部署电子化回访系统，优化、增强保险消费者体验。相较于传统电话回访方式，电子化回访具有信息直观、便于理解、操作简便的特点，能有效解决人工回访中电话接通率不高、方言沟通不畅等问题，电子化回访首访成功率达99%以上，较传统回访方式高出30多个百分点。此外，电子化回访通过关键流程控制，在重要回访内容等信息方面，采取受访人身份验证、必须阅读时间控制、主动阅读操作等方式，将回访义务和责任、风险责任等做到“应访尽访”，解决人工语音回访可能面临的敷衍、走形式一问一答等问题，回访时效由传统方式的最长2天缩短至45分钟之内，最快仅需3分钟。该项目对于提升保险行业信息化水平、优化客户服务体验、节约保险公司运营成本、促进行业转型升级有着积极意义。

（薛　寒）

六、互联网金融

【中小企业融资综合信用服务平台（上海）暨上海信易贷综合服务平台建设】在国家总体框架下，由上海市发展改革委指导，人民银行上海总部、上海银保监局、市地方金融监管局等相关部门支持，上海市公共信用信息服务中心依托市公共信用信息服务平台，建设了中小企业融资综合信用服务平台（上海）暨上海信易贷综合服务平台（以下简称“市信易贷平台”）。2020年3月，市信易贷平台开通试运行，5月正式启动上线。上海市出台《关于进一步做好金融支持稳企业保就业工作的指导意见》《上海市促进中小企业发展条例》等政策法规，明确依托市信易贷平台为中小微企业提供融资服务。

市信易贷平台按照信用、公益、便捷、安全的基本定位，“信息共享＋信用赋能＋融资匹配＋线下推广＋政策配套”的发展模式，“信用赋能、最具公信力、一门式服务”的发展愿景，服务中小微企业融资，让信用信息成为中小微企业的“可变现资产”。

截至2020年底，已有22家在沪商业银行总行和市级分行入驻。优选超过168款信贷产品，涵盖企业经营类、个人经营类和消费类等多个类型，具有纯信用、纯线上、秒批秒贷等特色。累计注册用户数近126万，成功授信近12.1万笔，授信金额超136亿元。市信易贷平台取得的成效得到了央视、新华社、东方卫视等媒体的关注和报道，并作为案例上报中共中央办公厅、国务院办公厅。

（信易贷）

第五章　智慧航运

概　述

2020年，根据上海市委、市政府口岸工作总体安排，上海电子口岸建设工作重点围绕中国（上海）国际贸易单一窗口年度任务，对标国际最高标准，全面深化单一窗口功能建设，上海电子口岸平台运行平稳，亚太示范电子口岸网络建设稳步推进。

一、电子口岸平台

【上海电子口岸平台建设】2020年，上海电子口岸平台平稳运行。数据传输交换方面，处理报文总量779GB，同比增长32%。总报文数5.9亿个，同比增长28.26%。2020年全年跨境电商进出口业务总交易单量5 010.8万单，总交易额91.0亿元，分别同比增长38.9%、27.3%。

二、国际贸易单一窗口

【概况】2020年，国际贸易单一窗口在助力新冠肺炎疫情防控、深化金融特色服务功能、合作共建长三角国际贸易单一窗口等方面不断深化。通过持续优化、整合，上海单一窗口成为跨境贸易营商环境优化的基础设施，成为企业面对口岸管理相关部门的主要接入服务平台。

【疫情防控和复工复产工作推进】一是在新冠肺炎疫情期间，紧急开发海外物资捐赠系统，为境外捐赠物资开辟网上办理通道，累计办理捐赠物资 198.913 5 万件（个），金额达 1 336.3 万元。二是开设中小外贸企业服务专窗，落实市政府 28 条，推出 6 项免费服务举措，为进出口企业提供优惠金融解决方案，新签小微企业保单 2 620 张，12 家企业到期后完成续转，帮助广大中小企业共渡难关。

【冷链食品监控系统上线】建立冷链食品监控系统，每日为相关方提供冷链水产及肉禽统计信息、冷链食品存放地统计信息、冷链食品清单，基本实现冷链高风险货物全程动态监测、冷链车辆定位及轨迹跟踪、多维度统计分析，最大限度遏制进口冷链食品风险扩散。

【金融特色服务不断深化】一是扩展合作金融机构，对接 20 家银行，新增签约企业 1 176 家，购付汇订单 11 272 笔。二是丰富融资类产品，提供跨境人民币贷款、大中型企业进口支付借款、小微企业进口贷、出口发票融资、关税贷等产品，帮助企业走出融资难、融资贵困境。2020 年全年通过单一窗口累计发放融资贷款 313 笔，贷款金额达 1.3 亿元。三是对接“智能跨境贸易保险平台”，实现跨境贸易参与主体与保险行业之间的互联互通。四是出口退税方面，实现货物贸易领域出口退税业务办理全覆盖，2020 年办理出口退（免）税 1 033 亿元，并开展服务贸易技术进出口合同出口退税试点。

【区域化互联互通积极开展】长三角“单一窗口”合作共建列入 2020 年长三角地区主要领导座谈会签约项目，汇总形成长三角国际贸易单一窗口合作共建工作方案，并积极落实长三角国际贸易单一窗口合作共建工作。

【与“一网通办”深度融合对接】实现与“一网通办”用户贯通、界面统一和功能融合。从 2020 年 9 月底开始，配合做好“一网通办”总门户、“随申办”移动端升级改版相关工作。截至 2020 年 10 月底，累计对接数据量已超过 2.6 亿条。

三、亚太示范电子口岸网络

【亚太示范电子口岸网络建设】2020年9月29日，第六次亚太示范电子口岸网络联合运营委员会（AJOG）会议于上海举办。APMEN（Asia-Pacific Model E-Port Network，亚太示范电子口岸网络）第六届“APEC促进贸易便利化与供应链互联互通公私对话会”在上海同期举办。本届公私对话会聚焦新冠肺炎疫情下APEC（Asia-Pacific Economic Cooperation，亚太经合组织）区域内的互联互通最新实践进展，邀请各界代表共同就“后疫情时代，供应链互联互通与贸易便利化领域中的危与机”“应对新挑战，APMEN试点项目参与方的观点与展望”两个议题展开讨论，参会的各成员代表在会上做了充分交流并共同表示，将在当前阶段加强抗疫合作，共同维护全球产业链与供应链稳定，为推动亚太区域经济迅速复苏并保持稳定增长作出努力。

（苑　娜）

上海“社区云”平台

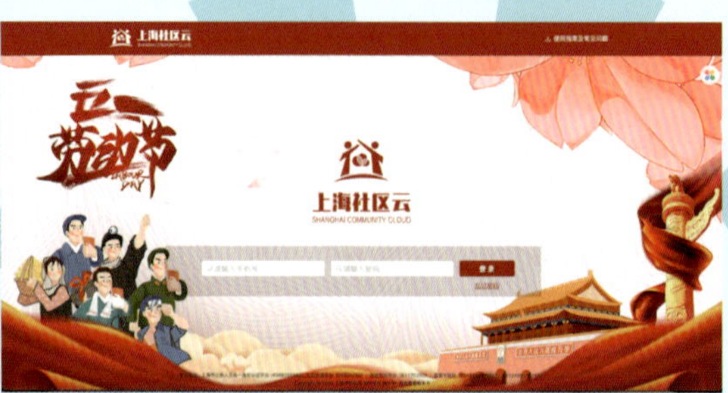

为全面贯彻习近平总书记“人民城市人民建，人民城市为人民”重要理念和上海市委、市政府决策部署，推动城市数字化转型在基层的实践，切实促进基层减负增能，市民政局牵头推进“社区云”建设，夯实“一网统管”架构下的第五级应用。

“社区云”作为全市“一网统管”的第五级应用和基层统一的信息工作平台，已经基本形成了“1+2+X”的架构。“1”是全市统一的社区主题数据库，围绕“人、房、户”三类基础信息，建立数据采集、比对、审核和共享机制，为基层管理和服务提供数据支撑；“2”是面向居村干部的社区治理平台（PC 端 + 移动端）和面向社区居村民的居社互动平台（移动端）；“X”是公共性的智能化应用集群，依托“统一接口”和开放性架构，纵向支持区级社区治理平台改造接入，横向支持市级各委办局应用接入。对社区工作者而言，“社区云”是减负增能的工具，给予大数据、知识库、移动办公等全方位支撑；对居民而言，“社区云”为社情民意表达和参与社区治理提供网上渠道和线上公共空间，居民可以直接参与社区公共议题的讨论与决策。

“社区云”应用已实现全市 6000 余个居村全覆盖，完成了“人、房、户”等基础数据初始化工作，初步实现了“三个统一”。一是统一系统入口和数据采集，推进全市市区两级部门延伸至居村委的业务系统整合归并到“社区云”，实现统一入口，居村干部通过一套账户、密码即可登录所有系统。建成了统一“社区主题数据库”，按照“最少采集、最快造表”原则，开发“通用数据采集器”功能，推动居村数据一口采集、自动生成表单，大幅减少各类填表系统。二是统一人房信息采集更新机制。市民政局会同市公安局人口办和市大数据中心，依托“社区云”，完善社区“人、房、户”信息采集更新机制，破除以往基层在人口库和本地库维护方面存在的“两张皮”现象，构建“人、房、户”信息从采集到使用的闭环体系，切实为基层在社区疫情防控、人口普查等工作中赋能。三是统一“标签”数据管理应用。整合市级各委办局掌握的各类“标签”，如城市农村低保标签、重残无业标签、享受长护险人员标签等，赋予基层灵活的“标签”定制与应用能力，各区、街道、居村可自行创建和标注标签，如大重病居民、垃圾分类志愿者等，实现“信息找人”、智能治理。

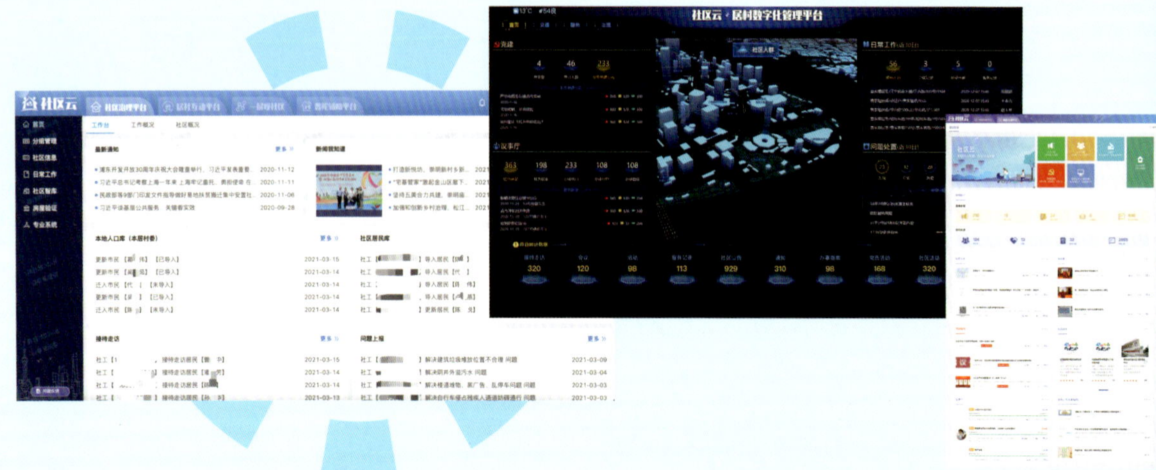

上海养老服务云监管平台

为贯彻党中央、国务院关于深刻转变政府职能、深化“放管服”改革的决策部署，进一步加强和规范养老服务事中事后监管，构建以信用为基础、质量为根本、放管服并重的养老服务综合监管体系，上海市民政局建设了养老服务“互联网＋监管”平台：养老服务云监管平台。创新实践主动发现、智能预警、自动派单、管理闭环的“互联网＋监管”模式，依托市民政局养老服务信息系统，以及市大数据中心、外部委办单位、区级养老服务平台等各个渠道数据的归集共享，积极运用大数据、物联网等技术手段，开展养老服务市场监管、质量监管、安全监管，提高养老服务监管智能化水平，实现养老服务“一网统管”。

该平台汇聚了各类养老服务机构、养老服务对象、养老服务人员的基础数据、业务数据、物联网设备数据，为实现“主动发现”提供了强大数据支撑。根据日常监管的要求，针对每个监管要素，设置了“预警阈值”，当汇聚过来的数据触发事先预设好的阈值时，系统会“智能预警”，同时会自动生成预警工单，并“自动派单”给区级养老服务平台，区级平台收到预警工单后，对工单进行追踪处置，每个环节的处理结果均需提交至市级养老服务云监管平台，从而实现“管理闭环”的全生命周期监管。

养老服务云监管平台试运行以来，已成功将全市700多家养老机构、300多万名养老服务对象、近7万名养老护理员纳入监管范围，累计生成机构相关预警数据800余条、人员相关预警数据5000余条。基于大数据比对，帮助监管部门实现了对养老服务机构备案运营情况、养老服务对象补贴资格情况、养老服务人员持证情况等的全面了解，提高了民政养老服务监管水平，从而为老年人创造了一个安全、放心的养老托付环境。

上海市民政局信息研究中心

上海市档案馆档案信息化建设

摄影：孙中钦

摄影：孙中钦

上海市档案馆成立于 1959 年 12 月。它是上海地区最重要的档案保管利用基地和档案史料研究中心，是上海市爱国主义教育基地。上海市档案馆现有馆藏档案 460 余万卷，涉及民国时期的上海地方政权档案、租界档案、同业公会档案、革命历史档案，以及中华人民共和国成立后上海党政机关和企事业单位档案、声像档案、外文资料等 18 大类，共 3000 多个全宗，生动完整地记录了上海城市记忆。

上海市档案馆由仙霞馆和外滩馆两部分组成，仙霞馆位于仙霞路 326 号，主要负责档案接收、征集、整理、保管和保护；外滩馆位于中山东二路 9 号，是展现上海城市发展轨迹、为社会公众提供档案利用的窗口。 更好地服务大局、服务民生、服务社会，位于浦东新区花木地区的上海市档案馆新馆已建成并投入运行。

上海市档案馆坚持"机制创新、内容为王、服务为先、安全第一"的信息化发展理念，以问题为导向，突出重点，积极推进档案信息化建设，基本构建起了管理科学高效、资源丰富多样、平台共享便捷、信息安全可靠的信息化建设框架体系，信息化整体水平保持全国领先。

在档案信息资源建设方面，按照"增量档案电子化""存量档案数字化"的要求，加大对电子档案、档案数字化副本及其他数字档案资源的接收力度，加快推进馆藏传统载体档案数字化，加强数字档案资源建设，丰富馆藏数字档案资源。

在档案信息系统建设方面，构建了以万兆光纤为主干、千兆光纤到桌面的业务网(局域网)、政务内网、政务外网和互联网四网平台，并基于四网平台建设了档案信息资源总库管理系统、电子档案移交接收和长期保存系统、库房管理系统、电子文件归档通用管理软件、民生档案服务平台、档案信息门户网站等应用系统，建立起横向覆盖市级单位，纵向连通各区档案馆的一体化档案接收、管理、保存、利用体系，初步实现了档案资源数字化、档案管理智能化、档案服务网络化。

为建立广覆盖、多途径、多样化的档案信息服务体系，基于互联网建设了数字档案公共查阅平台，向社会公众提供开放档案目录及全文 "老字号"等专题档案的查询；基于政务内网搭建了全市档案目录共享平台，为全市各级综合档案馆和机关档案室档案目录信息互联互通、实现全市联网查询奠定了基础；基于政务外网搭建了民生档案公共服务平台，在全国省域范围内率先实现了"就地查询、跨馆出证、馆社联动、全市通办"的民生档案利用服务机制。20 种民生档案查询服务接入上海市政务服务"一网通办"平台。

下一步，上海市档案馆将积极融入城市数字化转型，运用人工智能、移动互联等新技术，搭建开放、交流和互动平台，实现各种资源的整合、利用和智能管理，实现新馆的档案库房、查阅窗口和公共服务设备的全面融合和联通，实现"一网统管""一网通办""一码通馆"，提升档案管理和公共服务水平，并同步完成基础设施安可替代、应用系统适配改造和系统整合等任务，使信息系统管理更加规范、应用更加高效、服务更加智能、安全更加牢固。

摄影：孙中钦

摄影：孙中钦

首创消防政务微应用　织密基层安全防护网

长宁区消防救援支队

根据今年上海市“一屏观天下，一网管全城”的总体目标，借助物联网、大数据、人工智能等技术，聚焦“观”“管”“防”，结合消防物联网建设推进，主动将消防救援综合管理纳入城市运行管理体系，动态掌握城市消防安全态势，强化消防安全管理和应急处置，深化消防安全风险隐患智能感知和预警监测，实现习近平总书记对上海提出的“精细化管理”的要求。

通过建立区级消防大数据应用平台，对接区城运中台，嵌入“一网统管”平台研建基层纳网监管和联勤联动响应两个消防应用。

一是打通数据壁垒，整合内外部数据资源，实现业务无缝对接；二是探索靶向监管，通过建模评分，实现精准执法，实现无事不扰，有事多查；三是夯实基层网格，实现消防社会治理高效闭环处置，推动基层消防网格主体责任落实；四是推动秒级响应，实现消防应急救援场景中基层网络的“高效处置一件事”。

主要做法

1 一套消防物联网数据标准

根据消防物联网国标、地标梳理出符合上海目前消防物联网发展的数据标准体系，搭建消防物联网数据对接平台，同时平台通过中国质量认证中心上海分中心认证，汇聚区域内建筑消防设施物联网数据。

2 一个大数据风险评价模型

充分汇集消防部门内部的火灾历史数据、消防执法数据、隐患投诉举报数据、单位消防物联网设施数据、单位安全管理数据等，梳理相关法律法规、技术标准，建立单位建筑评分模型，对消防安全重点单位实施评分管控。评分应基于：社会单位自我对标，提升消防安全管理水平；辅助部门开展日常消防监督，实现分级监管；提示属地政府和相关行业部门对单位实施重点关注。

3 三个数据应用平台

(1)消防物联网数据对接平台。面向社会单位，汇聚建筑消防设施物联网数据，并与社会单位形成良性互动。

(2)区级消防大数据应用平台。汇聚包括物联网、内部监督执法、火灾统计等系统数据，形成数据的闭环应用。

(3)区城运大屏“公共消防管理”平台。在长宁区城运大屏上线运行“公共消防管理”模块，将消防警情、隐患排查、举报投诉、区域风险建筑研判结果推送给区里，供区政府掌握消防警情趋势、火灾风险态势和重点关注对象等。

4 两个政务微信应用

(1)区城运消防基层纳网监管模块。面向基层网格力量，实现消防隐患案件闭环处置。基于政务微信应用，在网格巡查部事件中增加8个事件(包括三合一场所/疏散通道、安全出口、疏散楼梯间/疏散指示标志、应急照明/电气线路/室内消火栓/灭火器/防火门/电动自行车违规停放)，发动基层街镇网格力量，开展街面上、单位内、小区内的消防安全隐患日常巡查，以“自发自处”“案件上报”两种方式，实现消防安全隐患的发现和处置闭环。

(2)区城运消防联勤联动响应模块。面向属地居委、消防站点，实现火警情况下的高效闭环处置。基于政务微信应用，构建反应灵敏、协同联动、科学决策的消防指挥响应机制，第一时间将警情推送给属地居委街道，并通过一键建群，畅通沟通机制，实现消防队到场前，网格人员提前到场，并负责疏散人员、引导消防车、协助清点人员等。

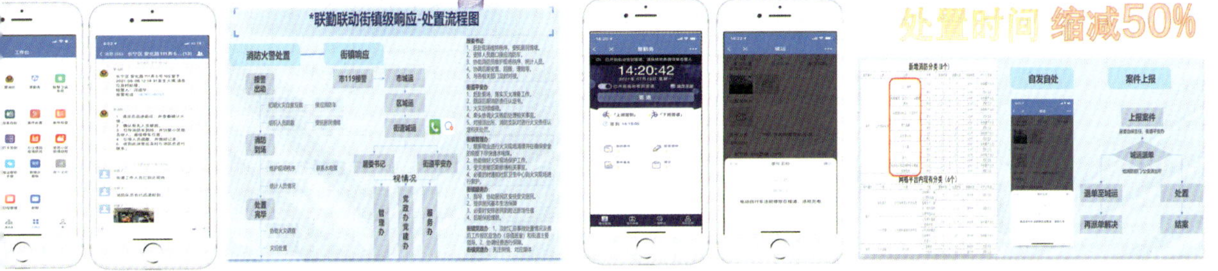

“慧消防”联勤联动轻应用　　　　“纳网监管“隐患处置轻应用

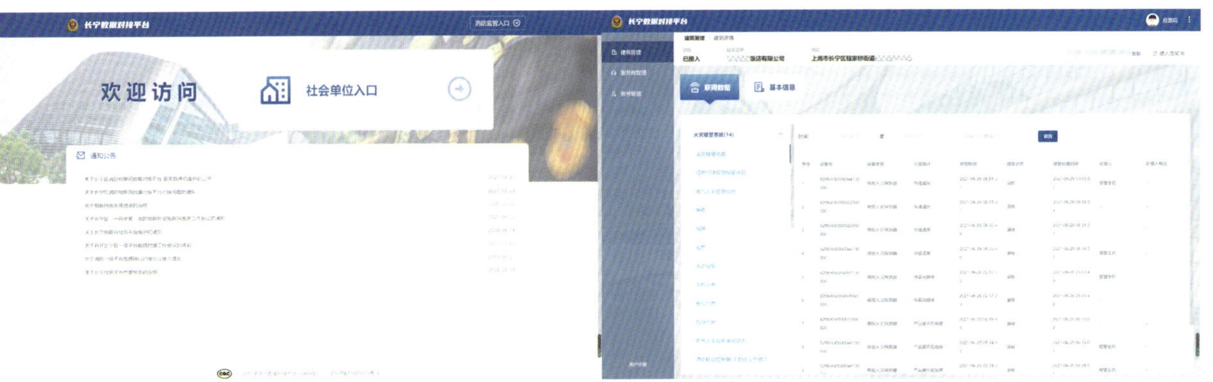

物联网数据对接平台

区城运“一网统管”智慧消防联勤平台

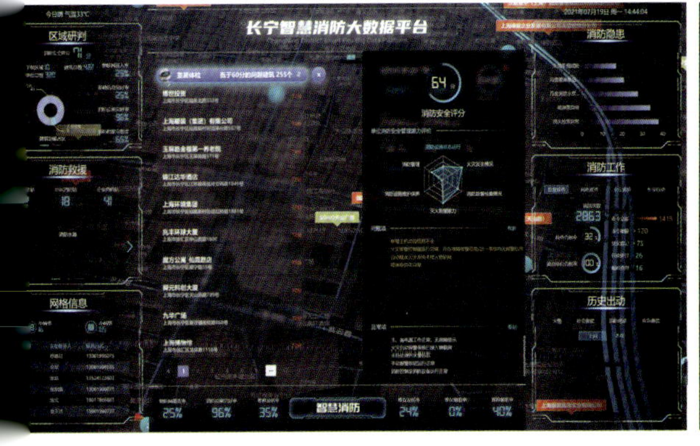

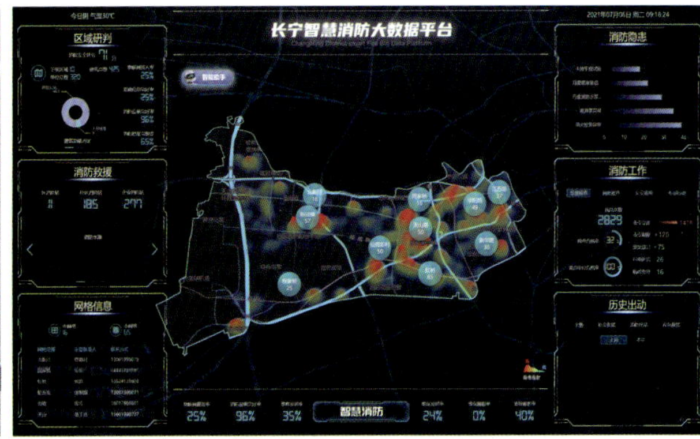

长宁消防大数据应用平台

上海交通大学医学院附属瑞金医院

Ruijin Hospital, Shanghai Jiaotong University School of Medicine

基于人工智能的全程便捷就医服务

瑞金医院一直把"数字化医院、智慧医院、未来医院"建设作为医院发展目标。在上海首家实现精准预约、智能预问诊、互联互通互认、电子病历卡、医疗付费一件事、互联网核酸检测申请与查询"便捷就医"7大应用场景和数字健康城区、AI医疗赋能2大创新医疗应用建设，运用人工智能、大数据、5G等数字化技术，打好迎"七一"百日攻坚战，开创了"便捷就医服务"数字化转型与数字医疗创新发展新局面。

上海交通大学医学院附属瑞金医院在上海首家实现"便捷就医"7大应用场景+2大创新医疗应用建设，运用人工智能、大数据、5G等数字化技术，开创了"便捷就医服务"数字化转型与数字医疗创新发展新局面。

7大应用场景

诊前精准预约：

基于大数据分析，精准预约时段≤30 分钟，候诊时间≤29 分钟。

智能预问诊：

基于语音识别 + 知识图谱，智能专科预问诊病情先预知、问诊更全面，病历书写时间 5 分钟→1.5 分钟。

电子病历卡：

基于电子印章、电子签名，实现电子病历可追溯、档案随身查。

互联互通互认：

基于大数据技术，构建全市就诊检查记录“一张网”，实现检查不重复、省钱又高效。

医疗付费一件事：

基于互联网、移动支付技术，一部手机完成诊疗全流程，排队付费 15 分钟→0 分钟。

在线核酸申请与查询：

基于互联网、大数据技术，实现核酸检测在线申请、在线付费，随申办一网查询，2020 年完成核酸检测 33 万人次，构建全市防疫网。

智能急救：

基于 5G 技术，对接“120”指挥调度系统，及时获取急救患者信息并可进行远程指导，提高救治成功率，实现“上车即入院”就医新场景。

2大创新医疗应用建设

医学影像 AI 辅助诊断：

冠脉 CTA AI 辅助诊断实现全自动、快速三维分割与处理重建、狭窄病灶标识和自动测量、AI 报告生成，阅片时间 25 分钟 / 例→3 分钟 / 例，日均检查量 20 例→80 例。数字病理切片 AI 辅助诊断覆盖多个消化道恶性肿瘤，检测准确率 >92%，细胞检测召回率 >95%。

数字健康城区：

5G 远程超声机器人基于机械臂远程实施超声扫描，低延时实时诊断；5G 康复机器人利用外骨骼机器人实时力反馈完成评估，应用延时抖动预测与回滚技术完成康复训练。

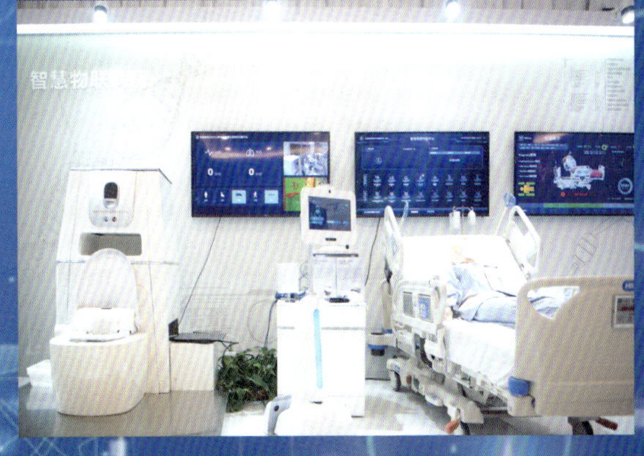

智能分诊

精准预约

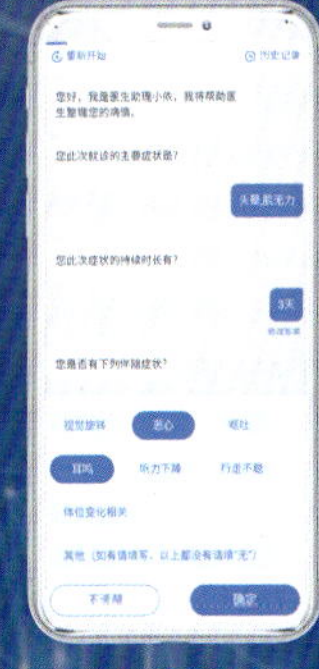

智能预问诊

上海交通大学医学院附属新华医院

争做行业探路者

上海新华医院与产业端共建数字疗法研究中心

近年来，数字疗法作为一种全新的数字健康解决方案，逐步走进大众视野。进入 2020 年，突如其来的新冠肺炎疫情加速了数字化社会的形成，在智慧医疗领域，数字疗法的浪潮席卷而来，院端、产业端、学术端等多方力量积极加入探索，共同推动数字疗法行业生态的建设。

作为基于循证医学和高质量软件程序驱动的干预方案，数字疗法可应用于疾病预防、治疗、院外管理等众多场景，从细分疾病领域、细分人群切入，为患者提供个性化干预方案，在提升患者依从性及治疗效果、医院临床效率、科研水平等方面有着重大价值。

与海外数字疗法的发展相比较，当下我国数字疗法的研究正处于探索起步期。在这一背景下，上海交通大学医学院附属新华医院（以下简称“上海新华医院”）积极肩负起行业探路者的责任，携手诊后疾病管理建设及服务运营领先企业健海科技，联合创立了全国首家数字疗法研究中心，围绕脂肪肝、乳腺癌术后康复、多囊卵巢综合征、脊柱侧弯等多个疾病方向，积极开展数字疗法的联合研发工作。

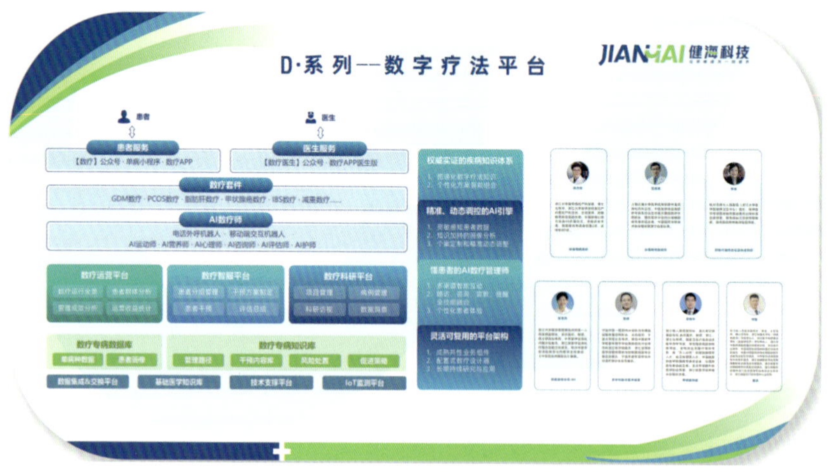

这一过程中，系统、有序和持续性的临床科研平台是数字疗法开发工作的重要支撑。健海科技数字疗法平台即是为临床医学提供数字疗法研制、应用的一体化支撑服务平台：在研制阶段，临床科室可借助平台所提供的组件，快速构建数字化的专病管理方案，并在平台上开展临床试验，集采、汇总和分析研究数据，加速数字疗法的科研过程；在应用阶段，可为医疗机构一键启用数字疗法，提供包括知识库、与医院系统的诊断开方衔接、接收数疗方案与自我管理的患者移动端、医护人员远程跟踪干预、AI 数疗管理师在内的配置数字化工具。

与此同时，健海科技数字疗法（以下简称“数疗”）平台打通了从运营、服务到科研的一体化流程。以多囊卵巢综合征患者为例，数疗运营平台能够实现数疗运行全景、患者群体分析以及管理成效分析等全方位运营。而数疗智服平台可紧接着对多囊卵巢综合征患者进行分组管理，并通过多学科联合生活方式干预对患者实施系统化体重管理，从而帮助患者树立健康的生活方式，进而改善身体质量。到科研环节，数疗科研平台则以服务和运营成效为基础进行项目和病例的管理，并进一步实现科研访视以及数据洞察等。

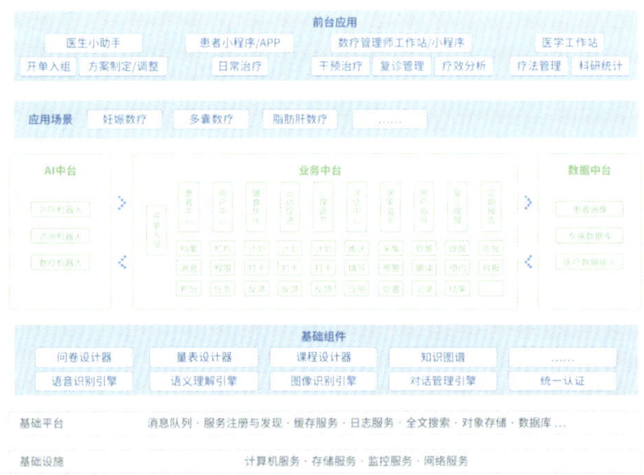

数疗平台技术架构

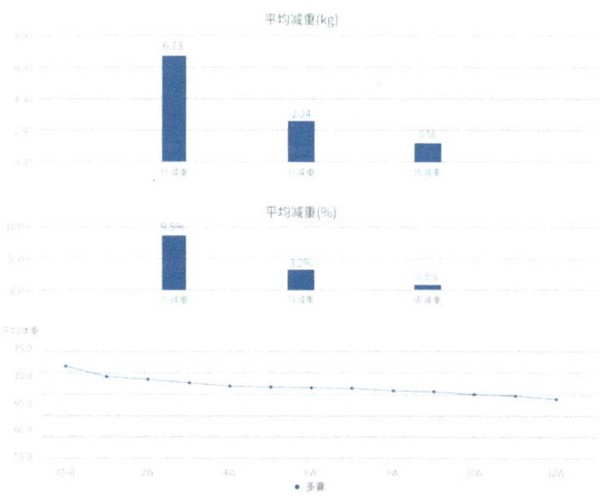

健海数疗平台针对多囊卵巢综合征的实践成效

作为一个崭新的领域，中国数字疗法的发展离不开多方力量的共同参与和努力。目前，上海新华医院数字疗法联合研发工作正在有序开展并已取得初步成效，未来还将以临床端和产业端的深度融合、紧密协作为基础，做好数字疗法行业探路工作，扛起更多责任，为行业发展打下坚实基础。

上海中醫藥大學附属龍華醫院

Longhua Hospital Shanghai University Of Traditional Chinese Medicine

信息化建设成效

上海中医药大学附属龙华医院（以下简称“医院”）创建于1960年7月，是全国最早建立的四大中医临床基地之一。六十年来，医院坚持中医为主、中西医结合的办院方向，是中医特色鲜明和中医优势突出的全国著名中医医院、全国示范中医院、三级甲等医院，在中医院等级评审中获得全国总分第一名。

在信息化建设方面，医院以国家“智慧医院”建设标准为指引，以医院的需求为发展方向，以“患者为中心”为发展理念，以发挥中医药传统优势为特色，以医联体建设、长三角一体化发展、国家中医医疗中心建设为抓手，着力建设“高标准、便捷型、特色化”的高水平数字化医院。

高标准：智慧医院

医院以国家“智慧医院”建设标准为指引，稳步推进电子病历及互联互通相关信息化建设。2016年，基本建成医院信息系统数据交换平台，通过国家卫计委医院信息系统互联互通成熟度测评四级甲等；2019年，通过国家卫健委医院信息系统互联互通成熟度测评五级乙等。

医院以评促建、以评促用，实现诊疗全域角色场景覆盖及资源整合，并构建传统中医与现代医学有机结合的闭环管理体系，依托条码识别、物联网技术、互联网技术等，设立了包括煎药全流程在内的27个闭环子系统，以信息化手段规范诊疗流程，保障患者安全。

信息安全是信息化建设的底座和基石，对此，医院也给予了高度重视。医院每年参加信息系统安全等级复评审工作，2015年、2016年、2017年、2019年被评为上海市卫生健康行业网络安全工作先进单位。2020年荣获上海市网络安全专项检查第一名，被评为上海市网络安全工作先进单位，为创新医疗服务模式的建设提供了重要保障。

便捷型：便民惠民

数字化转型

龙华医院作为试点单位，以贯彻《关于全面推进上海城市数字化转型的意见》为契机，开展医疗服务数字化转型探索，将“数字化转型”七大场景要求与医院实际情况相结合，利用大数据技术，测算分析接诊历史数据，将门诊预约时段精确控制到15分钟。同时通过智能预问诊系统提高诊疗效率，通过互联互通互认夯实分级诊疗举措；积极实施医疗付费“一件事”，省去排队付费时间。在疫情常态化的背景下，第一时间通过互联网医院实现线上申请、查询核酸检测，优化群众核酸检测流程，提升患者就医体验。

互联网医院

为使智慧化中医院的建设成果惠及百姓，医院聚焦患者就医全过程，借助互联网、5G等技术手段，于 2020 年成为上海市第一家中医互联网医院。医院“聚焦患者就医全过程多场景，开拓深化智慧化中医院建设”项目荣获第四届“上海医改十大创新举措”提名奖；社会满意度连续五年高于上海市三级综合医院平均水平。

医院依托信息系统的互联互通能力，依靠优质的中医药资源和完整的中医专科体系，融合视频、图文等交互手段，打通线上线下就医流程，集咨询、预约、挂号、就诊、收费、审方、配送环节为一体，为患者提供“诊前在线咨询 + 线下就诊 + 网上复诊 + 诊后在线随访”的全方位闭环中医药互联网医疗服务。结合中医药饮片配送体系，为在线复诊患者提供优质的草药饮片和自制制剂配送到家服务，延续江浙沪皖免费送药的便民服务举措。

医院微信公众号（订阅号）于 2013 年 9 月注册开通，目前订阅用户数近 50 万个，年发布信息 300 余次，原创率 95%，年总阅读量 300 多万次。微信公众号还充分发挥医院中医药特色，积极开展各类线上、线下活动，如中医药文化体验、健康咨询活动等，吸引百姓广泛参与。在上海市卫生健康委、市委网信办、市政府新闻办联合开展的“2020 年上海市十大健康新媒体”推选活动中，荣获“2020 年上海市十大健康微信公众号”，是唯一入选的中医医院健康微信公众号。

特色化：中医优势

中医医联体

医院积极支持国家“区域医疗中心”建设，2018 年新增国家区域医疗中心 3 个（中医肿瘤、中医外科、中医急诊），认真贯彻长三角区域一体化发展国家战略要求，以优势专科共建等模式进行合作。在跨院预约、远程会诊等信息化应用之外，医院还积极探索人工智能技术应用，如正在试点中医远程会诊，借助图像识别系统，让会诊医生如同坐在病人面前，不仅能“望、闻、问”，更可以通过人工智能系统来“切”对方的脉搏。以信息化助力区域内医疗资源共享，为中医分级诊疗服务模式探索打下了良好基础。

中医特色辅诊

医院稳步推进智能辅助决策系统，提供智能辨证、智能开方服务，集成教材、指南和文献中的辨证论治知识和名老中医经验，保障患者在院能够享受到同质化的优质中医诊疗。这一系统应用向下辐射社区，基层医生只要输入患者的症状，智能系统就会给出规范化的治疗路径和方案作为参考，实现龙华医院名医经验、专科专病诊疗方案的下沉。

未来，医院将按照各级卫健委、国家中医药管理局、上海申康医院发展中心要求，在巩固现有成果的基础上，应用新技术、注重方法学探索，稳步推进建设具有中医特色的未来医院。

海通证券股份有限公司

海通证券股份有限公司成立于1988年，始终坚持“务实、开拓、稳健、卓越”的经营理念，三十余年行稳致远。作为中国资本市场成立较早、综合实力最强的证券公司之一，公司基本建成涵盖证券期货经纪、投行、自营、资产管理、私募股权投资、另类投资、融资租赁、境外银行等多个业务领域的金融服务集团，拥有卓越的综合性业务平台和成熟的海外业务平台，经营网点遍及全球五大洲14个国家和地区，覆盖“纽、伦、东、沪、新、港”六大国际金融中心；在境内外拥有近1800万名客户，托管及管理客户资产总额超5.3万亿元。2020年，公司实现营业收入382.2亿元，排名行业第二，归属母公司净利润108.8亿元，排名行业第三。分类评价结果继续保持行业最高水平A类AA级。

HAITONG

“

建成集生产、研发、办公、培训于一体的综合性智慧园区，打造业内规模最大、设施最领先、管理最智慧的科技园区。

”

——— 海通证券张江科技园

海通证券张江科技园位于浦东新区张江卡园二期地块，占地面积 33.6 亩，地上建筑面积 3.2 万平方米，2021 年 1 月正式投入使用，项目总投入约 20 亿元。园区可容纳 1000 人办公，数据中心可容纳 3000 个机柜，电力系统采用三电源和双路不间断电源供电架构、暖通系统采用三冷源和双路蓄冷技术，PUE 小于 1.4 的节能水平。行业首家通过国际权威 LEEDV4.1 金级证书认证，同时获得国家 A 级机房认证证书，成为行业少数同时通过国际和国内数据中心权威认证的证券公司。

作为行业数字化转型的探索者和先行者，海通紧跟国家战略，坚持金融科技赋能，建设张江科技园，使之成为推动海通高质量发展的新引擎、支撑海通打造百年老店的重大基础设施，以助力海通未来更好地服务中国实体经济发展。

远东宏信有限公司（简称“远东宏信”）是一家横跨金融和产业的综合集团，以“汇聚全球资源，助力中国产业”为使命，于2011年在中国香港联交所主板上市，股票代码03360.HK。公司多年来引领行业发展，蝉联《财富》中国500强、《福布斯》全球2000强。

远东宏信专注于中国基础产业，在城市公用、医疗健康、文化旅游、工程建设、机械制造、化工医药、电子信息、民生消费、交通物流等领域，提供融资租赁、普惠金融、商业保理、资产业务、股权投资、建设项目投资、海外业务等综合金融服务；同时开展医院运营、健康养老、设备运营、K12教育等产业运营服务。

公司总部位于中国香港，在上海和天津设立运营中心，在全国20余个核心城市设立办事机构，形成辐射全国的业务网络，员工超2万人。公司资产规模近3000亿元，服务客户超2万家，累计向实体经济投放资金超万亿元。

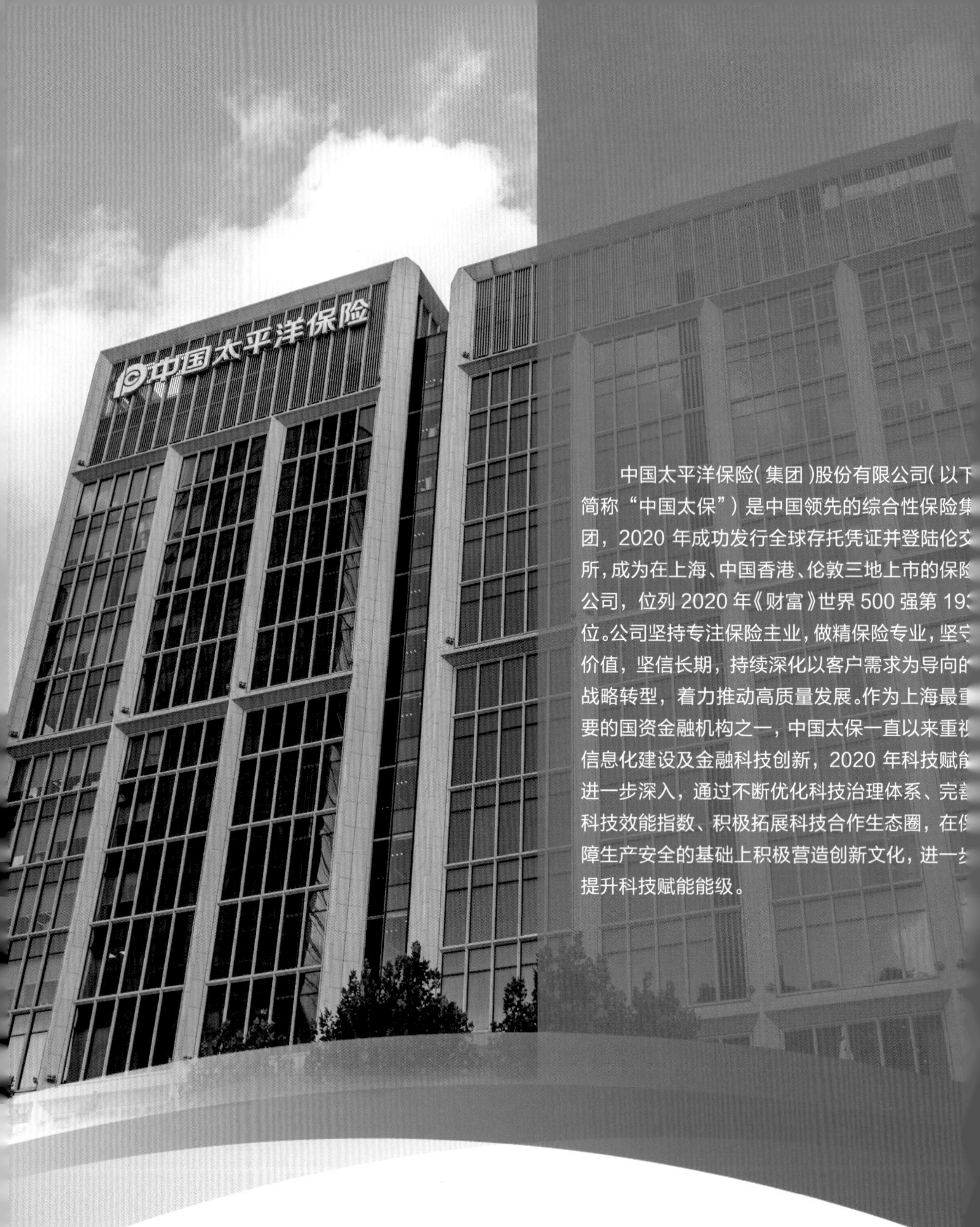

中国太平洋保险（集团）股份有限公司（以下简称“中国太保”）是中国领先的综合性保险集团，2020 年成功发行全球存托凭证并登陆伦交所，成为在上海、中国香港、伦敦三地上市的保险公司，位列 2020 年《财富》世界 500 强第 193 位。公司坚持专注保险主业，做精保险专业，坚守价值，坚信长期，持续深化以客户需求为导向的战略转型，着力推动高质量发展。作为上海最重要的国资金融机构之一，中国太保一直以来重视信息化建设及金融科技创新，2020 年科技赋能进一步深入，通过不断优化科技治理体系、完善科技效能指数、积极拓展科技合作生态圈，在保障生产安全的基础上积极营造创新文化，进一步提升科技赋能能级。

中国太平洋保险（集团）股份有限公司
China Pacific Insurance (Group) Co.,Ltd.

优化科技治理架构，推动生产关系改革

董事会下成立科技创新与消费者权益保护委员会，在公司科技领域重大事项决策、规划公司科技创新战略、推动建立有效的科技创新运作体系等方面发挥引领作用。

筹建太保金科，以解决科技人才建设与资源分配利用问题，优化生产关系，解放生产力，实现科技服务、创新孵化和生态打造。完成金科（筹）内部决策程序，形成了集团、金科（筹）和专业子公司之间“管、研、用”的治理框架。

进一步加强业务和 IT 的融合，通过应用运维前置推动子公司专属应用从开发到运维的闭环管理，进一步提升了科技响应和赋能一线的效率。

全面实施科技战略规划，培育科技长期能力

2020 年为太保集团新一代信息技术规划（ITDP 2.0）实施元年，规划的 2358 工程全面启动，8 项平台建设和体制机制建设相关的任务共同推进，5 大能力提升取得阶段性成效。核心系统自研比例从 16% 提升到 29%，和阿里巴巴合作建设集团数据中台，目前已接入近 200 个源系统的数据，并赋能 IFRS、寿险代理人等领域数据应用。

赋能业务发展，助力经营效率提升

探索和实践车辆 AI 定损，通过智能图像识别技术识别车辆受损情况，结合换修规则与配件数据库生成定损结果，能够覆盖市场上 97% 以上的乘用车品牌，部件识别准确率可达到 92%，有效降低理赔运营成本。

“嗨问”智慧服务平台为营销员提供随时随地随需的专属服务支持，累计咨询应答超过 984 万次，机器人直接回答率达到 93%，从而确保客户得到更专业的服务。

以“智能、交互、融合”的 3I 服务标准，建设集服务办理、品牌宣传、客户体验、客户经营于一体的线上线下互通的智慧门店；云柜面服务让客户足不出户体验服务，云柜面与实体门店相辅相成，满足每位太保客户的差异化服务需求。“洋洋”机器人实现差异化、场景化多轮交互服务，智能应答率达 85.23%。行业首创寿险智能语音报案，8 轮交互，简化流程，提升客户精准报案体验。

改造技术架构，推动基础设施升级

着力推进亿级客户 IT 平台项目、智能技术平台、基础技术平台、数据中台等平台建设；在罗泾建设的中国太保云有序推进，在成都数据中心部署实施灾备云，保证灾备与生产的一致性，大大提高了应急保障能力。完成两地三中心业务连续性一体化管理方案规划，实现了统一人员调度、统一资源调配、统一标准规范和统一生产管控。

守住安全底线，全力确保生产安全

通过制定和实施信息安全规划、建立符合 ISO27001 和 ISO29151 国际标准的信息安全管理体系，建立大数据安全态势感知平台，不断提升网络安全纵深和立体防御体系，实现以“数据为中心”的安全态势“可知、可视、可控、可管”的主动监测和智能响应能力。全年完成春节、全国两会、国庆、进博会等国家重要时点、以及公司重要业务活动的安全保障任务，为公司业务发展和 IT 建设提供可靠的安全保障。

积极营造创新文化

建立集团创新孵化管理办法，落地科技创新孵化机制，发布集团科技创新奖励办法并进行年度评选奖励，初步搭建了海豚开发者社区平台和数智空间创新交流平台；建立数智研究院的运作机制，形成了顶层规划、前沿研究、创新支撑、能级提升和人才培养等 5 个方面的考核指标体系，在大数据、云计算、互联网、人工智能、信息安全等领域引进多位科技领军人才，在重大项目技术评估、重大项目技术攻关以及线上化规划设计等方面开展工作并取得初步成效；并与华为、阿里巴巴、上海交通大学、上海保交所等头部科技企业和高校开展科技战略合作。

面向未来，中国太保将积极推进数字化转型，在客户、渠道、产品、服务、风控、生态等方面强化业务与科技的融合，通过科技赋能高质量发展和商业模式创新。

上海烟草机械有限责任公司

“5G+ 智慧工厂”

上海烟草机械有限责任公司

“5G+ 智慧工厂”

上海烟草机械有限责任公司位于浦东金桥，是一家专业从事各类先进包装机械设备研发制造的国有企业，属于典型的小批量、多品种、离散型机械加工制造企业。

近年来，公司在智能制造领域开展了系列探索实践，明确提出了“5G+ 智慧工厂”的总体建设目标，遵循“智能产线—智能车间—智能工厂”的升级迭代路径，充分运用 5G、工业互联网等先进技术，打造以“少人 / 无人值守”为特色的智能制造新模式，并在快速迭代升级过程中，逐步形成了一套符合离散型制造业特点的智能制造解决方案，力求为传统制造企业的转型升级和创新发展贡献自己的智慧和力量。

小微企业无还本续贷

到期无需还本　解你燃眉之急　线上平台申请　全天在线预约
绿色审批通道　高效获批额度　线下专人受理　现场咨询解惑

浦发银行科技金融

信赖相依　全程相伴

专业　专心　专享　专注

第六编　信息安全

SHANGHAI
INFORMATIZATION

综　述

2020 年，上海网络和信息安全产业稳步发展，年产值显著提升。同时，产业发展外部环境向好。新冠肺炎疫情使得远程办公、在线经济等异军突起，以 5G、大数据、人工智能等为代表的新型数字技术成为推动发展的新动能。

第一章　信息安全服务

概　述

2020 年，针对上海信息化发展的新趋势，在上海市信息安全主管部门、企事业单位积极努力和共同推动下，城市信息安全应急服务愈加完善，安全测评、等级保护、网络保障、数字证书电子认证等信息安全社会化服务水平持续提升，网络安全宣传活动丰富多彩，进一步为城市信息安全保驾护航。

一、数字证书推广

【概况】2020 年，上海市数字证书认证中心有限公司（以下简称“上海 CA 中心”）全面加速体制机制创新改革，进一步发挥电子认证在数字化转型中的信任支撑作用。一方面，相关政策文件密集发布，促进电子认证行业健康有序发展。《中华人民共和国密码法》于 2020 年初正式实施，基于商用密码的电子签名、电子印章等数字证书典型应用的重要性和必要性得到进一步体现；作为对国家《优化营商环境条例》的积极响应，《上海市优化营商环境条例》于 2020 年 4 月正式实施，指导促进全市营商环境建设工作，有力支撑全市“一网通办”升级工作和“一网统管”建设工作。《中华人民共和国民法典》的颁布、《数据安全法（草案）》《个人信息保护法（草案）》的公布有效规范了行业合规稳健发展，对CA公司信息保护和合规经营提出了更高要求，也为行业提供数据安全、隐私保护新的市场机会。随着网络安全上升为国家战略层面，国家对信创产业的重视程度日益上升，提出“2+8”安全可控体系，着力解决国家信息安全和“卡脖子”风险。另一方面，市场环境活跃度增强，应用场景不断丰富。在技术上，基于行为风控的零信任技术越来越受到行业关注，诸多行业企业设计开发市场化产品和解决方案；基于区块链技术的身份认证和政务服务有序推进，相关的技术标准、应用指南和实施方案浮出水面。在行业格局上，行业头部持续在全国扩张，市场结构进一步集聚，互联网电子签署平台依靠融资继续野蛮生长。在应用场景上，依托国家“互联网+政务服务”和上海“一网通办”建设，政务业务场景不断深化，新冠疫情促使在线政务快速发展。不断拓展行业化场景应用，行业应用深度挖掘医疗、金融场景，并持续丰富教育、物流、人力资源和招投标领域的扩展。值此关键之期，上海CA中心在政府各委办局的指导关怀下，在上级单位的坚强领导下，谋划战略布局，努力打造核心产品和品牌服务，深耕本地政务客户，聚焦全国商务市场，深化组织架构改革，完善中心内部管理，在市场拓展、技术开发、创新研究和中心治理等方面取得了初步成效。上海CA中心全面助力上海“一网通办”“一网统管”建设，积极推动技术应用创新。在原有“法人一证通”的基础上，创新拓展移动认证、电子营业执照认证等模式；全国率先实现电子印章和电子营业执照同步发放；上海CA中心承建的上海市电子印章公共平台助力实现上海住房租赁合同网签备案实现“不见面”办理，打造分布式电子认证基础设施和政务服务区块链共性基础设施，形成一批可复制、可推广的经验和做法。与此同时，公司着眼电子认证业务跨域跨境拓展和理念升级，创新设计基于“一带一路”的数字证书解决方案，使其既符合国内电子认证监管要求，又与国际主流操作系统及浏览器兼容。率先研究数字信任服务体系，重点设计实现可信数字身份和可信数据流通，着力聚焦城市新型网络安全风险和数字治理难题，通过制度标准、技术创新、产业生态等多维度探索推进，力争实现技术和治理双层面信任的数字时代信任治理新范式。

基础平台

【电子印章平台建设】上海市电子印章公共服务平台的建设目标是促进文书以安全可靠的电子文件方式流转，保障全市各类法人及个人主体电子印章申请、制作、备案、查询、变更、注销、签章、验章和使用管理等服务，进一步扩大电子印章应用范围，深化电子印章应用模式，推动无纸化办公，优化社会公共服务效率与营商环境。平台具备在互联网侧提供企业和个人在政府服务事项中管理和使用电子印章的能力，在政务外网侧提供政府机关、事业单位统一的电子印章全生命周期管理和签署能力。

在应用推进方面，对接上海市公共数据共享交换平台、"随申办市民云"、智慧公证平台、长三角"一网通办"专窗系统、应急管理移动执法平台、市场监督管理局企业登记档案查阅系统、引航电子签证系统、政府采购网、经信委专项资金申报等市级应用系统 215 个；面向所有法人主体颁发有效电子印章 374.45 万枚，面向个人用户颁发有效电子印章 86.97 万枚。

在平台对接方面，根据国办相关文件要求，完成全市电子印章公共服务平台与国家统一政务服务平台电子印章系统的数据对接，实现上海市政府机关、事业单位电子印章国家统一备案，互联互通。同时，根据上海市营商环境 3.0 的工作内容，继续进行企业开办电子印章申领工作的调优改造，对接市公安局特种行业（公章刻制业），在企业开办环节中为企业制作电子法定名称章、电子发票专用章、电子财务专用章和电子法人章。2021 年 4 月，平台在全国率先实现电子印章和电子营业执照同步发放，成为上海优化营商环境的又一举措。

在服务保障方面，设立 962600 热线和 12345 热线，负责电子印章热线解答工作，并在全市 25 个网点设立电子印章线下服务窗口。组建涵盖售前技术支持、售后服务保障、业务推广等的专业团队，全方位为电子印章专业服务提供一体化支撑，保障服务企业和个人用户以及各接入委办的质量。

【个人认证平台建设】个人多源认证平台总认证次数 1.4 亿人次，覆盖注册人数 5 525.4 万，比 2020 年初分别增长 180.8% 和 127.4%。平台总应用接入数 165 个，2020 年新增 52 个。平台升级方面，重构平台技术架构、数据库和认证功能，实现服务部署与应用接入电子政务云，所有部署节点支持水平扩展能力，能够支撑高并发集群服务，为后续应用迁移和负载铺平道路。服务推广方面，新增港澳台居民、华侨人士、外籍人士的实名认证以及特殊人群的关联认证服务。新冠肺炎疫情期间，平台对市民申请随申码、亲属码及回沪人员健康登记提供极大便利。应用规模方面，税务、工商、人社（人力资源和社会保障部）等应用保持高认证量，医疗卫生领域的认证需求明显增长。

【公务人员认证平台建设】根据国务院办公厅印发的《关于加快推进"互联网＋政务服务"工作的指导意见》的要求，结合

《信息安全等级保护管理办法》的落实，依托现有公务人员证书发放与认证体系，建成全市公务人员统一身份认证公共服务平台，满足全市公务人员在电子政务活动中的统一身份认证、单点登录、数据和文档加密签名办公无纸化等信息安全应用需求。持续推进区级统一认证平台的建设，进一步规范平台建设方案、应用接入、证书管理制度等标准，完善和优化公务人员证书服务流程。截至2020年底，基本实现市公务人员统一身份认证平台的主要功能建设以及开放能力建设，实现平台与编办、民政、政务微信等数据源的数据对接；成功对接政务微信App及后台系统；基本实现与民政社区云、民防办智慧民防、市场监督管理局移动OA、住建委网格化平台、上海市政府系统办公协同平台、市规土局、崇明区科委等各委办政务信息系统的对接。

【社会化电子证照平台建设】积极参与上海市电子证照库建设，实现身份证、驾驶证、行驶证、户口本等证照在政务业务中的落地应用。完善社会化电子证照平台的建设，为上海银行等9家银行以及中国电信、中国联通2家运营商提供亮证和线上取证服务。逐步推进电子证照在企业招投标、检验评测、第三方审计、社会化认证等领域的社会化应用。新冠肺炎疫情期间，社会化电子证照平台为企业复工复产提供在线证明开具服务，助力经济活动有序开展。

法人网上身份统一认证

2020年，法人身份统一认证共发放275万张有效证书，同比增长9.6%；覆盖法人单位218万家，同比增长7.9%。在原有“法人一证通”的基础上创新拓展移动认证、电子营业执照认证等模式。与此同时，继续扩大网上业务覆盖面，新增临港新片区财政扶持综合服务系统、上海公务员职业生涯全周期管理“一件事”改革服务平台等7个应用系统使用法人多源认证服务，完成上海30余家委办局与“一网通办”总门户的对接工作。

数字证书应用推广

【银行保险领域应用推进】完成太平洋保险、上海银行项目电子印章、电子签署、电子保单、移动签批建设等重要项目；引入“大家签”电子合同平台，为上海银行及其客户提供第三方电子合同签署服务。数字证书和电子签署支撑中国农业银行上海分行，实现企业办理预开户和小额贷业务。积极推进电子证照在银行领域的社会化应用，与中国工商银行、中国建设银行等9家银行机构开展合作，初步部署政务类证照在银行柜台业务办理中的应用。

【医疗卫生领域应用服务】服务各级医疗机构近500家，其中三级医院近百家；上海市卫健委、上海申康发展中心、闵行区、静安区等区级平台12家；平安好医生、百度健康、纳里健康等全国知名互联网医疗平台80余家。依托本地市场形成一批典型应用，在外省也新签约了一批医疗单位。

【电子招投标领域数字信任服务】优化客户服务，为客户提供招标书电子签章、招标文件签章加密、评标专家签章等电子招投标数字信任服务。逐步对接服务上海煤科、上海信产、东方监理投资等大型电子招标平台。

【网站认证领域应用推进】万维信证书成功上架微信有赞商城、淘宝网、阿里云、华为云上，入选天翼云臻选商城服务器证书供应商；搭建对接云市场的订单业务系统，完成系统初步调试，为实现在线智能化签发服务器证书打下基础；实现国密根证书内置入360浏览器和统信UOS（Unity Operating System，统一操作系统）操作系统的信创根证书库；实现与波兰公司的交叉根签署。

（赵　鸣）

二、信息安全宣传教育

【网络安全宣传】为贯彻落实习近平总书记对国家网络安全宣传周“四个坚持”重要指示精神，全面提升广大人民群众在网络空间的获得感、幸福感、安全感，“2020年国家网络安全宣传周”（上海地区活动）（以下简称“宣传周”）活动以“全市动员、各行参与、适当延伸”为总方针，结合上海新冠肺炎疫情防控实际，创新探索宣传方式，推动线上线下高度融合，紧紧围绕人民群众，推出更接地气的宣传活动，使网络安全从“文件相传”向“口口相传”转变，从“专家懂安全”向“人人懂安全”转变，真正让网络安全“飞入寻常百姓家”。在中共上海市委网络安全和信息化委员会办公室（以下简称“市委网信办”）的指导下，上海市信息安全行业协会联合上海市教育委员会（以下简称“市教委”）、上海市卫生健康委员会、上海市密码管理局、中国人民银行上海总部、国家计算机网络应急技术处理协调中心上海分中心、上海交通大学等有关部门，杨浦区、松江区、崇明区等各区开展开幕式、高峰论坛、网络安全进基层、主题日、网络安全嘉年华、“身边的网络安全”短视频评选、闭幕式等活动。广泛开展网络安全宣传教育，直接参与人数达132万人次。活动宣传方面，共向全市发送公益短信3 560万条，发放宣传海报、手册等材料95万份，发布原创稿件137篇，转载稿件271篇，总点击量超千万次。

一是首创推出上海活动专属IP。2020年，结合新冠肺炎疫情防控常态化要求，为积极营造线上宣传氛围、创新网络安全宣传方式，宣传周活动首次创作具有上海元素的活动专属 IP，分别是代表上海市民的“玉兰”和来自第五空间的“沪宝”。以此为主角，演绎《网络防疫进行时》动画宣传片，教人们巧妙“避雷”常见网络安全“陷阱”。

二是推出空中课堂。2020 年新冠肺炎疫情给人们生活和学习带来很大影响，空中课堂、在线学习成了青少年乃至市民朋友日常学习的新常态。市民朋友在享受网络在线学习便捷的同时，网络安全风险也随之而来。“小手牵大手”青少年空中课堂，“身边的网络安全短视频”评选活动受到市民一致好评。

三是打造升级版“网络安全进基层”。改变原来的专家进基层的授课方式，创新开展“网络安全 e 讲堂”巡讲活动，各区推选受老百姓喜欢的讲师人选，由网络安全专家统一培训。统一的教材、接地气的讲师风格，让网络安全更贴近市民生活。同时，各区录制的巡讲视频统一剪辑后在“网信上海”平台上进行集中展示。

四是青少年网络安全意识教育。联合市教委开展“网络安全小主播”评选活动，参与人数较 2019 年增长 500%。联合市教委、杨浦区委，开展“青少年网络空中课堂”，以青少年喜闻乐见的形式宣传网络安全知识，同时利用哔哩哔哩、晓黑板、阿基米德等线上传播平台，拓展活动影响力，提升青少年的网络安全意识。上线一周即吸引数百万人次点击播放。

五是首次举办闭幕式。2020 年，增加宣传周闭幕式，对活动进行完整回顾。基于“玉兰”“沪宝”IP 形象，首次设计制作冰箱贴、围裙、贴纸、帆布袋等系列网络文化宣传品。

（朱方园）

第二章　信息安全技术研发及产业化

概　述

2020年，保护主义及单边主义盛行带来经济低迷，全球化供应链、产业链持续遭受冲击，新冠肺炎疫情加速这一演变过程，远程办公、在线经济等异军突起，以5G、大数据、人工智能等为代表的新型数字技术成为推动发展的新动能，产业界更期盼网络化、数字化、智能化，网络上有价值的信息、数据量骤然飙升，网络安全环境面临考验。总体来看，全球网络安全产业发展面临严峻的“安全概念泛化”与“安全防护深化”双重挑战，网络安全产业一方面积极融入传统的总体安全，另一方面因技术发展快速涌现出如零信任、人工智能安全等新兴安全领域，网络安全产业发展生态迅速转变。2020年上海网络和信息安全产业稳步发展，年产值显著提升。同时，产业发展外部环境向好。

（朱方园）

一、信息安全技术产业化

【概况】2020年，上海网络和信息安全产业总体稳扎稳打，传统安全企业积极作为，锤炼产品及服务，奋力开拓市场，新兴安全企业也不断涌现，年产值超过122亿元，较2019年增长约62%。国内《数据安全法（草案）》《个人信息保护法（草案）》等法律法规陆续出台，上海大力推动城市数字化转型，带来新的网络和信息安全需求，相关产品及咨询服务市场快速增长。身份管理、数据安全、密码等产品市场增长明显，物联网安全、工业互联网安全、人工智能安全、数据安全等新兴安全产品开始进入市场。随着远程办公、会议等有效需求释放，上海的网络安全企业也纷纷抓住机遇，布局零信任、安全访问服务边缘、统一终端管理、集成管控平台等相关市场。

表6-1　上海信息安全产业近三年经营收入情况
（单位：亿元）

信息安全产业年经营收入	2018年	2019年	2020年
	59.19	75	122

【产业环境总体向好】2020年，上海网络和信息安全产业发展外部环境逐渐变好。全市在年初推出“优化营商环境3.0版方案”，进一步激发中小型网络安全企业的活力，有力推动初创企业发展。产业融资环境变好，优刻得成功登陆科创板，产业内投融资活跃，年内有多家企业获得千万级以上风险投资。产业发展基础进一步夯实，2020年11月，在市委网信办、市场监管局的指导下，上海市信息安全标准化技术委员会正式成立，承担上海地区信息安全专业领域标准起草和技术审查等工作，发挥标准在完善网络安全保障体系、促进城市安全有序发展中的技术支撑作用。网络安全人才培养投入加大，为应对网络安全人才缺口，各行业多措并举推动人才培养认证，在提高网络安全素养、提升网络安全技能、加强网络和信息安全管理等人才培养等方面积极作为，成功举办首席技师、首席安全官评选活动，同时促成网络安全职业教育纳入社保职业技能培训体系。

【复工复产支持工作】在新冠肺炎疫情期间，上海市信息安全行业协会（以下简称“信息安全协会”）牵头会员单位积极履行社会责任，组织多批次捐赠抗疫保障用品，并为全社会共同抗疫提供安全指导及技术支持，如安恒信息技术股份有限公司推出“复工安全防范指南”等系列漫画，蓝信移动（北京）科技有限公司的移动办公平台发起“安全移动办公、可信合同流转”公益活动、梆梆安全科技有限公司启动安全线上服务模式等，有效帮助企业防范网络安全攻击。疫情期间，信息安全协会所属18家会员单位针对不同应用场景紧急推出44项服务及产品作为防疫期间新型信息服务产品，有力支持各单位远程办公、复产复工。

（朱方园）

二、重要信息安全企事业单位

【上海市网络与信息安全应急管理事务中心】 1999年9月，经上海市机构编制委员会办公室批复成立上海市计算机病毒防范服务中心（上海市计算机2000年问题评估中心）。2011年12月，经市机构编制委员会批复，更名为上海市网络与信息安全应急管理事务中心（以下简称“市应急事务中心”），增挂上海互联网络交换中心牌子。2018年1月，经市机构编制委员会批复应急管理事务中心划转中共上海市委宣传部管理，属市级公益一类事业单位。

市应急事务中心作为全市信息安全的专业技术支撑机构，协助开展网络与信息安全应急管理工作。其承担建设的市府实事项目——9682000市民信息化服务热线，主要服务对象是全体广大市民，具有社会公益性，取得了良好的社会效益。同时，市应急事务中心建设的“上海市网络与信息安全应急防范支持系统”主要针对上海市城域网、区县政务外网及全市重要单位信息系统进行信息安全数据流量监测预警并提供数据恢复等技术支援。此外，市应急事务中心还开展有关电子证据的计算机司法鉴定服务，开展有关电子证据的培训，取得了良好效果。

【上海市信息安全测评认证中心】 上海市信息安全测评认证中心（简称“安全测评中心”）是隶属于市委宣传部、市委网信办的公益二类事业单位。安全测评中心于2000年1月正式挂牌运行，是经上海市机构编制委员会批准成立的专门从事信息技术产品、信息系统安全测评的第三方专业机构，是国内最早开展信息安全测评的机构之一。

安全测评中心在国内首创了“一个测评平台、资源共享、多方授权、服务各方”的集约化模式，是最早通过中国合格评定国家认可委员会的检测实验室认可及检察机构认可的机构之一，是国家首批信息安全风险评估服务资质（一级）机构。2020年，安全测评中心有员工100多人，拥有一支包括多名博士、硕士在内的专业技术队伍。经过多年探索和实践，安全测评中心在测评理论、测评标准、测评方法、测评技术等方面不断创新，形成以信息技术产品安全测评、信息系统安全测评、信息安全评估服务、信息安全管理体系咨询等为核心的技术能力，并在此基础上拓展了近三十种业务类型。

作为上海重要的信息安全基础设施，安全测评中心立足产品测评、系统测评、评估服务三大块核心业务，大力提升测评能力，打造测评高地，不断挖掘用户需求，努力开拓各类行业市场。

【上海市数字证书认证中心有限公司】上海市数字证书认证中心有限公司（简称“上海CA中心”）于1998年由中央密码工作领导小组批准试点，上海市政府批准成立，是首批获得国家工信部电子认证服务资质、国家密码管理局电子认证服务使用密码许可资质、国家密码管理局电子政务电子认证服务许可资质，首批通过国家卫生健康委员会认定的第三方CA机构。

上海CA中心通过国际Web Trust认证，并实现主流操作系统和浏览器根信任、Adobe根信任。先后通过能力成熟度模型集成CMMI3认证、质量管理体系ISO9001认证、ISO27001认证。上海CA中心坚持自主创新技术路线，形成基于国产密码算法的电子认证服务关键技术领先优势。截至2020年，共取得软件著作权75项、商用密码产品型号10项、公安许可销售8项；累计申请获得专利11项；拥有2项高新技术成果、6项科学技术成果、4项市科技进步奖；主持和参与编写行业国家标准18项、地方标准5项。

作为依法设立的第三方电子认证服务机构，上海CA中心遵照《中华人民共和国电子签名法》的要求和相关政策法规，为政府、企事业单位、个人等提供第三方电子认证服务、数字身份相关产品和集成实施服务，客户涉及政府公共服务、招投标、医疗卫生、金融、电信、电子商务、房地产、制造业、物流业、流通业等83个细分行业。2020年，上海CA中心有员工近400人，其中200人的技术团队专注技术创新与产品研发，150人的技术方案咨询顾问与项目实施顾问团队为客户提供专业服务。

【上海计算机软件技术开发中心】上海计算机软件技术开发中心（以下简称“上海软件中心”）于1984年成立，是上海科学院直属事业单位。上海软件中心长期致力于软件技术标准研究和软件应用技术研究，通过技术服务和成果应用推动产业发展，逐步形成“服务行业，发展产业”的核心理念，为我国软件行业作出众多开创性贡献。

上海软件中心是国家中小企业公共服务示范平台、国家级服务业标准化试点单位，是首批上海市软件技术创新服务平台、大数据成果转化平台，拥有国家级大数据治理与服务实验室、上海市计算机软件评测重点实验室和上海嵌入式系统应用工程技术研究中心，具备CNAS（China National Accreditation Service for Conformity Assessment，中国合格评定国家认可委员会）实验室认可证书、CNAS检验机构认可证书、检验检测机构资质认定证书、网络安全等级保护测评机构推荐证书等专业服务资质证书，在多个技术领域和应用行业中占据优势。完成100多项国家和上海市科研课题，有百余项技术专利和软件著作权，主持、参与编制了近百项软件技术标准；获得国家科技进步二等奖1项、上海市科技进步二等奖6项、科技进步三等奖11项。

近年来，上海软件中心围绕上海加快建设具有全球影响力的科技创新中心的战略目标，持续推进应用技术创新体系建设，以技术驱动服务升级和规模化，推进技术研发和成果产业化转化，打造研发、转化、产业科技生态链。

【上海市软件评测中心】上海市软件评测中心（以下简称“软件测评中心”）成立于2001年，是上海市经济和信息化委员会领导下的第三方服务机构，提供评测、评估、评审、咨询、培训等专业服务，业务涵盖金融、教育、卫生、电子政务、云计算、大数据、人工智能及工业互联网等多个领域。

软件评测中心是国内最早开展第三方评测的专业机构之一，是第一批通过中国合格评定国家认可委员会实验室认可（CNAS No.L0256），通过检验检测机构资质认定（CMA）、信息安全管理体系认证（ISO/IEC27001）、质量管理体系认证（ISO9001）、国家信息安全风险评估服务资质认证、工业互联网安全评估评测机构资质等认证。软件测评中心是信息产业的重要功能载体之一，列入上海市研发公共服务平台，入选上海市工业互联网平台和工业信息安全专业服务商推荐目录，连续多年被认定为上海市优秀中小企业服务机构。

【公安部第三研究所】公安部第三研究所（以下简称“公安三所”）始于1978年上海公安科学研究所，1979年经国务院批准更名为公安部上海八七六研究所，1984年经公安部批准更名为公安部第三研究所。40年来，公安三所始终以服务公安、服务实战为己任，坚持创新引领、实战导向、产研融合、跨越发展，与公共安全共进，与社会平安同行。

公安三所主要从事网络安全与智慧警务科研创新与技术支撑，在警务信息智能感知、警务数据安全共享、违法犯罪监测预警等优势研究领域有着长期的积累，在网络攻防、网络侦察、技术侦察、国产密码、电子取证、等级保护、大数据分析、智能安防、毒品检测等领域着力部署，提供核心关键技术支撑与系统解决方案，在公共安全领域具备强大的智能装备制造和系统集成的产业化能力。

公安三所业务涵盖公共安全产品研发、检测评估、系统集成多领域，核心业务部门包括：五个中心（信息网络安全技术研发中心、物联网技术研发中心、检测中心、华南技术研发中心、新疆技术服务中心）；三个研究室（治安信息技术研究室、经侦技术研究室、928实验室）；一个杂志社（中文核心期刊《信息网络安全》）；

六个全资（控股）公司（上海国际技贸联合有限公司、上海辰锐信息科技公司、上海网盾智能科技发展有限公司、上海海盾安全技术培训中心、上海公共安全器材厂、北京锐安科技有限公司）；三个事业部（特种技术事业部、刑侦事业部、网络身份技术事业部）；一个教育基地（公安部国家级专业技术人员继续教育基地）。拥有网络事件预警与防控技术国家工程实验室、信息安全等级保护关键技术国家工程实验室、大数据协同安全技术国家工程实验室、国家反计算机入侵和防病毒研究中心、国家网络与信息系统安全产品质量监督检验中心、信息网络安全公安部重点实验室、公安部信息安全产品检测中心、公安部信息安全等级保护评估中心等一批国家级、省部级创新平台。三所凝聚一大批优秀的科技创新人才。2020 年，科研、管理和支撑队伍扩充至 2 400 多人，其中专业技术人员达 75%，700 多人具有硕士博士学位。“十三五”以来，承担国家各类科研项目、公安部等省部级项目 140 多项，获国家科技进步奖励、省部级科技奖励 20 多项；发布国际国家标准 30 余项，行业标准 50 余项，发表 SCI（Science Citation Index，《科学引文索引》）、EI（Engineering Index，《工程索引》）论文 190 余篇，获发明专利授权 100 多项。

【万达信息股份有限公司】 万达信息股份有限公司（以下简称“万达信息”）成立于 1995 年 12 月，是国内领先的智慧城市整体解决方案提供商。作为国家规划布局内重点软件企业，万达信息拥有国际一流资质，是全国首家整体通过软件能力成熟度模型最高等级（CMMI5）认证的企业。万达信息的业务领域涵盖医疗卫生、智慧政务、市场监管、民生保障、城市安全、智慧教育、ICT（Information and Communications Technology，信息与通信技术）科技创新、健康管理和智慧城市公共平台的建设与运营。其中，卫生健康、民生保障、智慧城市公共平台等公司业务服务全国 8 亿人口。

凭借在丰富行业实践中形成的自主创新核心技术，万达信息承担了多项“核高基”“重点研发计划”国家科技攻关课题，拥有多个国家级创新平台，是国家级企业技术中心。至 2020 年，万达信息拥有 1 300 余项具备自主知识产权的软件产品和软件著作权、34 项国内外专利技术，主持和参与 50 余项信息技术服务、软件工程、电子政务、卫生信息、云计算、大数据和人工智能等国家、行业、团体及地方标准规范的研制。万达信息先后获得 2 项国家科技进步二等奖、1 项教育部科技进步一等奖、5 项上海市科技进步一等奖等荣誉。

万达信息总部设在上海，在北京、成都、青岛、武汉、长沙、南京、广州、银川、哈尔滨、鄂尔多斯以及美国等地开设了 40 余家分支机构。

【上海华虹集成电路有限责任公司】上海华虹集成电路有限责任公司（以下简称“华虹设计”）成立于 1998 年 12 月，是中国电子信息产业集团有限公司（CEC）下属子公司，是中国专业的智能卡和嵌入式安全芯片解决方案供应商。华虹设计的主营业务分布于智能卡、物联网等信息安全应用领域。作为国内综合实力较强的智能卡芯片供应商，华虹设计响应国家安全信息化建设号召，以保障国家信息安全为出发点，以惠民利民为立足点，专注于智能卡和信息安全芯片研发，产品广泛应用于金融支付、政府公共事业、身份识别、电信等领域，业务遍及海内外。随着物联网的迅猛发展，华虹设计提出“智能、控制、连接”三大理念，应用在智能电网、智能交通、智能家居、工控安全等领域，为网络安全提供技术保障。

华虹设计拥有雄厚的技术实力，二十年专注对嵌入式 SoC 设计技术、安全攻防技术、密码算法实现技术、质量控制技术不懈投入和追求，满足客户对高性能、低功耗、适度安全的芯片需求。

【上海三零卫士信息安全有限公司】上海三零卫士信息安全有限公司（以下简称“三零卫士”）成立于 2001 年 7 月，是中国电子科技网络信息安全有限公司旗下专业从事网络安全服务的高新技术企业。截至 2020 年，三零卫士有员工 700 余人，总部设在上海，在北京、成都、广州、杭州、武汉等地设有分支机构。三零卫士重点聚焦党政机关、医卫、教育、能源、金融、交通等行业，为之提供基于信息系统全生命周期的信息安全服务，形成网络安全服务、工业互联网安全、信用与大数据、互联网情报四大核心业务。

【上海斗象信息科技有限公司】上海斗象信息科技有限公司（以下简称“斗象科技”）创立于 2014 年，是国内领先的创新型网络安全提供商，旗下业务品牌包括网络安全行业门户“FreeBuf”，网络安全众测服务平台“漏洞盒子”，网络安全数据智能与攻防运营产品体系“斗象智能安全”。

截至 2020 年，斗象科技在上海、北京、深圳、广州、南京、济南、成都、武汉、杭州、天津、西安、福州等多地设立分支机构。团队中超过 70% 的成员是网络安全、大数据、人工智能等领域的资深专家。斗象科技拥有约 800 家核心客户，在金融、政府、互联网、智能制造等行业推出优质服务和创新产品解决方案，是国家互联网应急中心（CNCERT）“省级支撑单位”、国家信息安全漏洞共享平台（CNVD）“漏洞报送突出贡献单位”、上海市网络安全工作“先进支撑单位”，多次参与国家级重大网络安全保障工作并作出突出贡献。曾荣获2016年红鲱鱼全球科技创新100强，是亚洲地区唯一上榜的安全企业。2019年入选IDC人工智能安全解决方案创新者。入选“新基建”产业独角兽TOP100榜单。

【上海观安信息技术股份有限公司】上海观安信息技术股份有限公司（以下简称“观安信息”）是一家提供大数据+泛安全产品与服务的高新技术企业，是国家重大活动网络安全保卫技术支持单位，也是5G创新企业、上海市高新技术企业、“小巨人”企业、上海市人工智能创新中心的高科技企业。作为联合国训练研究所上海国际培训中心大数据应用与安全培训基地、联合国工业发展组织上海国际智能制造促进中心专家组成员，观安信息被认定为国家重大活动网络安全保卫技术支持单位。

截至2020年，观安信息有员工1 000余人，核心团队具有二十年左右高端客户信息安全咨询服务经验和安全专业技术经验，聚焦数据安全、网络空间安全、5G安全、工业互联网安全、人工智能安全及公共安全等核心方向。观安信息设立四大实验室：尽藏实验室、自现实验室、无相实验室、无限实验室；四大系列产品为：态势感知系列产品、网络威胁安全防御系列产品、数据安全系列产品、工业互联网安全系列产品。观安信息拥有资质证书50多个、专利证书80多个、软件著作权70多项、软件产品证书20多个。观安信息积极参与各类别白皮书撰写，助力网络安全产业研究成果体系建设。2016年至2020年，工信部表彰的网络安全试点示范项目/工业互联网试点示范项目中，有22项由观安信息参与支撑。

【上海上讯信息技术股份有限公司】上海上讯信息技术股份有限公司（以下简称“上讯信息”）成立于2010年12月，是IT智能安全运维与数据治理等领域国内领先厂商及服务提供商，可提供信息安全咨询及评估、IT智能安全运维平台、敏捷数据管理、移动安全管理平台整体解决方案与安全服务。

上讯信息长期专注信息安全技术的自主创新研发。截至2020年，其研发投入占比高达总收入30%以上，在西安、上海、北京设立研发中心，并在哈尔滨成立“保密技术与信息系统安全联合实验室”，产品在金融、能源、公共运输、互联网、公共事业、政府、制造业、教育、通信等众多行业得到广泛应用。上讯信息拥有遍布全国各地的20个本地化技术服务机构，服务覆盖31个省市以及港澳地区。完善的服务体系使得上讯信息具备高效快速解决各种问题的能力，保证客户的IT信息系统连续、稳定、高效、安全地运行。

【上海工业控制安全创新科技有限公司】上海工业控制系统安全创新功能型平台是上海市为打造全球科技创新中心，首批推动建设的研发与转化功能型平台之一，由上海市政府和普陀区政府两级联动共同建设。

上海工业控制安全创新科技有限公司作为平台的运营实体，于2018年1月9日注册成立，在市经济信息化委和市科委指导下，由上海普陀科技投资有限公司、上海临港经济发展集团科技投资有限公司、上海科技创业投资（集团）有限公司、上海工业自动化仪表研究院有限公司、上海华东师大资产经营有限公司共同出资注册成立。

该平台由中国科学院院士何积丰担任首席科学家，立足上海，发挥长三角区域产业优势，面向汽车电子、轨道交通等国家重点行业和关键信息基础设施，进行工业控制系统功能安全和信息安全核心技术研发和成果转化，并联合上下游企业，提供仿真验证、监测预警、检测评估、培训咨询等服务，帮助客户提升工业生产制造和终端产品全生命周期的安全可靠，以及加固工业互联网和物联网的信息安全，打造连接“产学研用政资”等相关主体的“安全+”产业生态服务平台。

【上海启明星辰信息技术有限公司】上海启明星辰信息技术有限公司成立于2000年，其总部是1996年成立的网络安全产品、安全管理平台、安全服务及解决方案提供商北京启明星辰集团。截至2020年，北京启明星辰集团在全国设置40多个分支机构，员工5 500余人，在北京、上海、广州、成都、西安、长沙地等设立研发中心，研发人员超过2 000人，拥有业界领先的安全攻防实验室ADLAB、核心技术研究院等科研机构。上海启明星辰信息技术有限公司作为北京启明星辰集团在华东区域的中心，肩负上海网络安全工作的责任，连续几年被评选为上海市网络与信息安全服务单位。

【格尔软件股份有限公司】格尔软件股份有限公司（以下简称“格尔软件”）注册资金8 540万元，成立于1998年3月，2017年4月于上海证券交易所上市，注册公司下设北京格尔国信科技有限公司、上海格尔安全科技有限公司等子公司，在北京等全国各大中心城市设有多个办事处。现有员工350人，其中本科以上学历占90%，技术开发人员210余人，约占65%。

格尔软件是专业从事信息安全核心技术和产品研发，为客户提供信息安全整体解决方案与配套服务的国内身份管理领域领先企业，可提供网络身份认证安全软件的完整产品线和权威解决方案。格尔软件是国内最早研制PKI（Public Key Infrastructure，公钥基础设施）平台的厂商，也是国内首批商用密码产品定点生产与销售单位、国家保密局批准认定的涉及国家秘密的计算机信息集成甲级资质单位、国家信息化工作领导小组计算机网络与信息安全管理工作办公室认定的14家计算机网络安全服务试点单位之一、国家863计划信息安全示范工程金融子项目的总服务商和863课题承担单位，以及国家科技部十一五重点科技支撑计划《商用密码基础设施》课题牵头单位。作为国内身份认证领域的龙头企业，格尔软件承担国家多项标准规范的制订工作，是全国信息安全标准化技术委员会的主要成员之一。经过全国信息安全标准化技术委员会审定，格尔软件被批准为WG1、WG4、WG5、WG7工作组成员，在WG4工作组中承担相关标准制定工作，起草和参与制定国家信息安全标准规范25项。

格尔软件在科研领域持续投入，是上海市高新技术企业、上海市软件企业，上海科委科技“小巨人”（培育）企业，并多次获得国家科技部及其他部委的创新荣誉，获国家科技进步二等奖、上海科技进步一等奖、国家密码科技进步一等奖、国家教育部科技进步二等奖等。格尔软件客户主要为国家部委、地方政府部门、军工、金融机构、CA公司、大中型企事业单位等。主要承建重点项目包括：国家863计划“数字证书应用综合管理”课题、国家发展改革委金宏工程（一期）安全子系统—网络信任体系；国家电子政务外网根CA系统项目、航空一集团“金航”主干网安全总集成项目、中国人民银行银联卡根CA认证系统项目、国家统计局行业性PKI体系建设、公安部内网基于CA认证的证书安全应用项目等。

【优刻得科技股份有限公司】优刻得科技股份有限公司（以下简称“优刻得”）是中立、安全的云计算服务平台，自主研发IaaS、PaaS、大数据流通平台、AI服务平台等一系列云计算产品，并深入了解互联网、传统企业在不同场景下的业务需求，提供公有云、混合云、私有云、专有云在内的综合性行业解决方案。

2020年1月，UCloud优刻得正式登陆科创板，成为中国第一家公有云科创板上市公司，同时成为中国A股市场首家“同股不同权”的上市企业。依托优刻得在莫斯科、圣保罗、拉各斯、雅加达等城市部署的31大高效节能绿色数据中心，以及国内北京、上海、广州、深圳、杭州等11地线下服务站，优刻得在全球已有3万余家云服务消费用户，间接服务终端用户数量达到数亿人。

优刻得深耕用户需求，秉持产品快速定制、贴身应需服务的理念，推出适合行业特性的产品与服务，业务包含互联网、金融、新零售、制造、教育、政府等诸多行业。优刻得核心团队来自腾讯、阿里、百度、盛大、华为、VMware、AWS等国内外知名互联网和IT企业，同时引进传统金融、医疗、零售、制造业等行业精英人才，截至2020年，员工总数超过1 000人。

【上海派拉软件股份有限公司】上海派拉软件股份有限公司（以下简称“派拉软件”）成立于2008年，面向企业级市场提供专业的身份管理与访问控制（Identity and Access Management，简称IAM）产品及服务，在上海、北京、广州、武汉、成都、长春、深圳设有研发中心和服务机构。

派拉软件率先将零信任、持续自适应、微隔离等信息安全前沿技术导入IAM产品的研发与实践中，为企业和机构提供全场景数字身份治理解决方案，覆盖内部员工身份治理、外部合作伙伴身份治理、C端客户身份治理、API身份治理、IoT身份治理、云身份治理、特权身份管理，为金融、地产、汽车、零售、教育、医药、制造、政府等各大行业的1 000余家企业和机构提供身份安全专业服务。

【上海直画科技有限公司】上海直画科技有限公司（以下简称“直画科技”）成立于2019年7月，拥有众多高级技能证书和专业工程师，先后获得ISO9000、ISO14001、ISO18001、ISO27001、ISO20000、信息安全集成、信息安全风险评估、信息安全应急处置服务资质以及20余项自主研发的软件著作权证书，多次参与国家重点项目的网络安全技术支持等工作。作为专注于网络安全建设、网络安全咨询服务、计算机科技、信息科技、通信科技领域内的技术开发、技术咨询、技术服务、技术转让，计算机软件开发、销售，网络科技，计算机系统集成等领域的网络安全供应商，直画科技致力于打造优秀的产品，提供优质解决方案以及专业网络安全服务，优化单位生产力，帮助客户用更低的成本实现更高效科学的安全管理，最终实现业务持续、安全、可靠运营。

【上海天存信息技术有限公司】上海天存信息技术有限公司（以下简称“天存信息”）注册于上海张江高科技园区，是一家专注于Web应用安全领域的软件产品提供商，自2003年成立至2020年，为4 000多家客户提供专业化产品及服务，成为国内Web应用安全领域主导厂商之一。

天存信息以技术为先导，在跨平台软件技术、底层通信技术、高性能高稳定服务器软件技术等方面具备卓越的技术实力。2001年，天存信息的核心研发团队承担国家863高科技研究发展计划信息安全应急项目“PSP高强度安全Web平台”项目，成功研发出PSP安全Web服务器1.0，该服务器是支持高强度密码算法、外接密码设备和网页防篡改功能的Web服务器软件。同年3月，863项目“PSP高强度安全Web平台”参加项目国家863计划十五周年成就展并通过专家验收。经过严格测试，同年7月发布的PSP安全Web服务器1.2版本通过300小时大访问量安全性能压力测试，填补了当时国内在Web应用安全领域的技术空白。

天存信息于2002年4月研发出网页防篡改产品——iGuard网页防篡改系统。截至2020年，iGuard网页防篡改系统陆续被中央人民政府门户网站、“首都之窗”北京市人民政府门户网站、中国互联网新闻中心、中国银联、中国银行、中国农业银行、上海证券交易所、华融资产、申银万国证券、华夏基金、太平洋保险、中国电信、中国移动、南方电网、宝钢等多家国内知名客户采用。

截至2020年，天存信息在全国设有10余家办事处并拥有数十家经销商，通过这些覆盖全国的销售和服务网络，为全国32个省市自治区的政府、企业、媒体、电信、电力、金融、交通、教育、制造等各个行业的客户提供产品和服务。

【上海汉邦京泰数码技术有限公司】上海汉邦京泰数码技术有限公司（以下简称“汉邦京泰”）成立于2002年，是一家国家级的网络信息安全服务商，致力于信息安全产品研发、生产及销售，在技术研发、解决方案、涉密系统集成、安全服务等方面积累了丰富技术优势。在大数据、云计算、人工智能、区块链、物联网及网络与云数据安全等发展方向培养并磨炼了一支具有丰富专业经验的技术团队，并形成“产品+解决方案+服务”的完整产业链，为信息安全服务奠定坚实基础。

汉邦京泰建立以北京、江苏徐州、上海为中心，辐射全国的营销与技术服务网络，同时与上百家公司建立紧密的产品服务合作模式。其产品和技术成果在电子党务、电子政务、军队、军工、金融、企事业单位等领域得到广泛应用，为各单位网络安全保障体系建设起到推动作用。

【上海厚泽信息技术有限公司】上海厚泽信息技术有限公司（以下简称“厚泽信息”）成立于2012年，专注服务于轨道交通和公共安全行业应用市场，为客户提供物联网安全、专业无线电通信、专业网络通信（工业级以太网）解决方案，应用业绩包括公安感知网安全解决方案、LTE-M（Long-Term Evolution for Machines，机械长期演进）车地无线宽带系统及其LTE-M接口监测系统、TETRA（Trans European Trunked Radio，泛欧集群无线电）数字集群指挥调度系统、地铁综合监控系统以及CBTC（Communication Based Train Control System，基于通信的列车自动控制系统）的工业级以太网等。

厚泽信息长期坚持研发投入，鼓励创新，先后承接两项上海市科委科研课题，在CBTC信号系统车地无线电通信和视频网边界安全隔离领域开展探索。厚泽信息的多项产品在业内处于领先，包括DSG（Data Security Governance，数据安全治理）物联网边界安全隔离设备、有轨电车计算机辅助调度系统、专用无线列车调度仿真实训系统、LTE-M接口监测系统等，分别成功应用在上海智慧公安、松江有轨电车试验线（T1、T2）、申通地铁集团培训中心、上海地铁和南宁地铁等。

【上海瀛联信息科技股份有限公司】上海瀛联信息科技股份有限公司（以下简称“瀛联信息”）于2012年成立于上海，致力于通信、网络、数据、安防等领域的安全体系建设及产品研发。公司拥有80余项专利及计算机软件产品著作权，是一家拥有完全自主知识产权的安全服务提供商。瀛联信息通过国标ISO9001、ISO27001体系认证，取得商用密码产品销售许可。作为一家高科技技术型企业，获得高新技术企业、软件企业、“小巨人”（培育）企业、“专精特新”企业等认证。

【瑞数信息技术（上海）有限公司】瑞数信息技术（上海）有限公司（以下简称“瑞数信息”）成立于2012年，专注于网络安全领域的前沿技术创新和产品研发，总部位于上海，在北京、广州和深圳分别设有分支机构，并在成都设立研发中心。作为中国动态安全技术的创新者和自动化攻击防护领域的专业厂商，瑞数信息提供涵盖Web、App和API的全渠道应用安全、业务安全、数据安全、云安全等在内的专业网络安全产品及服务。

瑞数信息创新的动态安全技术，颠覆传统安全依赖攻击特征与策略规则的被动式防御技术，可对已知和未知的自动化攻击、各种利用自动化工具发起的恶意行为做到及时、高效的拦截。基于动态安全与人工智能两大核心技术协同效力，让安全能力从主动防御提升到可持续安全对抗的新台阶，高效防护各类数字化时代的新威胁。

（朱方园）

第七编 信息化环境

SHANGHAI INFORMATIZATION

综　述

2020年，上海信息化政策法规相关工作持续深入开展，人才工作有序推进，各行业社团稳步发展，信息化发展环境得到进一步优化。

一是行政审批制度改革工作继续推进，开通“一网通办”办理事项的移动端领导审批功能，积极推进“两个免于提交”，推动实现“一网办理”“只跑一次”，战略预留区等规划产业区块外优质项目认定权下放各区。依法行政工作不断深化，持续开展上海市经济和信息化委员会（以下简称“市经济信息化委”）规范性文件管理工作，做好政策规章起草、法治宣传等工作。

二是加强信息化人才建设，如开展首席安全官等评选活动、网络安全技能竞赛，通过不断调研和优化环境，创造良好的用人氛围，为产业信息化人才提供组织保障。

信息化研究与咨询方面，上海市经济和信息化发展研究中心把牢“服务两委为本”，主体工作任务有新亮点，同时，不断做强特色智库功能、提升整体服务能级。

此外，信息化合作交流进一步展开。市经济信息化委积极开展援藏、援疆、对口帮扶等工作，积极推进上海新疆呼叫产业生产性服务业功能区建设，有序推进长江经济带和长三角区域一体化发展国家战略。

会展方面，第二十二届中国国际工业博览会、2020世界人工智能大会等召开，推动了信息化及相关产业进一步发展。

第一章　信息化政策法规

概　述

2020年，按照上海市委、市政府决策部署，围绕产业和信息化高质量发展目标，在新冠肺炎疫情防控常态化背景下，市经济信息化委严格依法履行法定职责，严格规范公正文明执法，转变政府职能，进一步推进法治政府和服务型政府建设。

一、行政审批制度改革

【政府服务事项优化】根据《国务院关于取消和下放一批行政许可事项的决定》《国务院办公厅关于加快发展流通促进商业消费的意见》以及上海市机构改革情况，调整市经济信息化委行政审批事项12项，调整政务服务事项类别6项，新增公共服务事项9项，并实现全程网办。

【政府服务效率提高】审批方式上，开通“一网通办”办理事项的移动端领导审批功能，与PC端审批功能并行，实现在线签章，提升审批效率、缩减办理时限。审批材料上，积极推进“两个免于提交”，对接上海市大数据中心，对市经济信息化委涉及的政府核发材料，已逐项明确电子证照调用、数据核验技术实现方式。申请人在“一网通办”办理事项时，如能直接调用电子证照或者数据核验，则纸质材料免于提交。审批流程上，新能源汽车专用牌照申领“一件事”在“一网通办”正式发布。推动实现“一网办理”“只跑一次”，办理时间从26—39个工作日压减到7—14个工作日，并在购车资格审核环节，实现无人干预、自动办理，本地用户可以通过“一网通办”平台上传基础信息，实时查询购车资格。

【重大项目建设改革落地】按照相关文件规定，战略预留区等规划产业区块外优质项目认定权下放各区。为推动实施操作，市经济信息化委与市发展改革委、市科委、市规划和自然资源局、市环保局联合印发《规划产业区块外优质项目认定工作指引》，明确由区政府承接优质项目认定事权，项目经由区产业部门牵头，会同区级相关部门初审后报区政府评审认定，原则上认定时间不超过10个工作日。

二、依法行政工作

【法规规章起草和宣贯】以科学立法为指导，围绕产业和信息化重点工作，一是地方性法规上，主要开展《上海市促进中小企业发展条例》修订，并在其通过后，开展知识竞赛加强宣传贯彻。二是政府规章上，开展人工智能领域立法调研。三是参与新冠肺炎疫情期间有关立法活动。配合上海市应急管理局，参与《上海市应对突发事件应急征用补偿实施办法》的相关起草工作。

【规范性文件制定和清理】加强规范性文件管理，印发《关于进一步加强行政规范性文件管理工作的通知》，加强规范性文件制定和发布中的法制审查、公平竞争审查以及文件制定后的备案。2020年，制定《上海市首版次软件产品专项支持办法》《上海市首批次新材料专项支持办法》等规范性文件14件，内容涉及行政执法裁量、专项资金、疫情复工复产等方面，均已完成向市政府备案。

【日常法律事务高效办理】审核《中华人民共和国数据安全法》《上海市反不正当竞争条例》等过路文件40余件，提出60多条修改意见。加强框架协议和合同法律审核，共审核由市经济信息化委起草的框架协议和政府购买服务合同400余份。根据《民法典》最新规定，修订市经济信息化委合同示范文本，印发做好合同管理工作的通知。积极发挥外聘法律顾问的保障支撑作用，尤其新冠肺炎疫情暴发以来，在协助处理有关应急征用事务、提供复工复产法律服务等方面发挥支撑作用。加强市民服务热线知识库更新和管理，对在库465条信息逐一完成格式更新、转换。

【行政执法、诉讼及复议】对节能、监控化学品、民用爆炸物品、煤炭四个领域的执法裁量基准进行修订和完善。积极开展“双随机一公开”抽查活动，对重点领域和关键环节加强日常监管、检查，制订和汇编《上海市经济和信息化委员会行政处罚程序规定（暂行）》《上海市经济和信息化委员会行政执法用语规范》《上海市经济和信息化领域行政执法实用手册（含案例汇编）》，进一步规范执法行为。落实重大行政执法决定的法制审核、执法信息公示、执法过程记录等制度。做好行政复议、诉讼工作，完成6件政府信息公开等领域行政复议案件的处理。

【法治宣传教育常抓不懈】制定2020年度经信系统普法工作要点，加强对全系统普法工作的指导，完成经信系统“七五”总结验收；做好市经济信息化委领导和系统单位领导学习《民法典》的组织保障；落实普法责任制；持续打响普法品牌，会同相关部门举办第四届上海市企业法务技能大赛；举办央企法总论坛；组织跨行业、跨系统的普法交流；开展新冠肺炎疫情防控法治宣传教育；获评2019年度上海市法治宣传教育工作优秀单位。

（法规处）

第二章　信息化人才工作

概　述

2020年，信息化人才工作持续深入推进。人才教育培训方面，上海市经济信息化委开展重点行业产业工人队伍建设以及专业技术人员培训，组织做好开展2020年度领军人才经济和信息化领域选拔、评审、推荐工作，为培养和展现产业和信息化各类人才提供有力保障。信息化优秀人才评选方面，开展首席安全官评选，开展2020网络安全技能竞赛，促进信息化人才队伍建设，提升上海市智慧城市建设创新和质量水平。

一、信息化人才教育培训

【产业人才政策完善】为集聚和培养上海市重点产业领域紧缺人才，市经济信息化委会同上海市相关部门发布《上海市重点领域（产业类）紧缺人才开发目录》，聚焦集成电路、人工智能、生物医药、民用航空、民用航天、船舶与海洋工程装备、新能源、智能制造、新能源汽车、软件和信息服务、新材料、节能环保、生产性服务、数字创意等重点领域，共提出了175类紧缺人才、76个紧缺工种、30个重点学科专业，特别涵盖了由于产业转型升级、科技水平提升与信息化技术应用等催生的新业态、新职业、新岗位，配套9项具体举措，进一步树立人才集聚标杆，明确人才培养方向，提高人才服务水平，更有效地实现紧缺人才开发与重点产业结构、岗位需求相匹配。

【人才培育引进加强】市经济信息化委利用重大专项和创新平台发现、发挥领军人才的作用，开展2020年度领军人才经济和信息化领域选拔评审推荐工作，推荐16人参评上海领军人才，其中15人入选。开展第十二批上海市领军人才中期考核工作，三个考核组完成了14名领军人才的实地考核工作，推荐7名同志为上海市领军人才中期考核优秀人选，其中6人入选考核优秀。结合全市产业和信息化发展人才需求和国家级、市级重大项目情况，推荐系统110家单位作为2020年引进非上海生源高校毕业生重点扶持用人单位，共1 876名应届生落户审批通过。组织开展高技能人才评审项目和推荐工作，35名产业信息化领域技能人才入选上海市首席技师资助项目，2个大师工作室入选上海市技能大师工作室，1个大师工作室入选国家级技能大师工作室，1人获评全国技术能手。

【产业技能人才和产业工人队伍建设】市经济信息化委贯彻落实《技能提升行动计划（2018—2021年）》和《关于推进新时期上海产业工人队伍建设改革的实施意见》，形成工作实施方案和2020年重点工作计划，会同市经济信息化委有关处室推进产业工人队伍建设，探索新技能培训项目试点，全年审核备案新技能培训项目7个，已有9个基地21个项目完成培训，全年共计培训3 056名技能人才。新建产业和信息化高技能基地3个，组织开展8个产业与信息化高技能人才培养基地评估验收工作，7个基地通过三年建设期评估或整改评估。牵头举办上海市首届工业机器人技能应用大赛，通过办赛提升全市智能制造产业人才技能水平。大赛共有72人报名参加，其中，教师职工组42人、学生组30人，50名选手参加决赛，共有9人获教师职工组奖项、6人获学生组奖项。

【专业技术人员培训工作开展】对接市场需求，市经济信息化委组织开展专业技术人才知识更新工程高级研修班、急需紧缺人才培训班项目申报工作，共有11个高级研修班、15个急需紧缺人才培养班、9个基层专业技术人员培训班项目获得批准。同时，加大工业和信息技术专业人员继续教育力度，组织开展计算机与信息技术应用专业技术人员继续教育专项培训。

（朱尹默）

二、信息化人才技能竞赛活动

【2020年ISG网络安全技能竞赛】由上海市信息安全行业协会（以下简称“市信息安全协会”）自2009年发起并主办的ISG（Information Security Game，网络信息安全技能竞赛），作为面向全国的网络安全专业综合性竞技比赛，秉持“发现人才、普及意识、体现价值、聚焦问题”的宗旨，通过完备的知识体系、丰富的平台题库、权威的成绩报告，受到相关主管单位和众多重点行业单位的关注和认可，成为网络和信息安全保障人员技能鉴定、人员培养、团队建设的重要平台，以及培养、发现网络安全人才的重要品牌赛事之一。

2020年ISG“观安杯”管理运维赛由市委网信办指导，ISG竞赛组委会主办，市信息安全协会和市应急管理事务中心联合承办，根据网络安全法及行业应用发展需求，开创了新的赛事形式和内容，主要聚焦网络安全事件的应急管理和响应，考察参赛团队遭遇突发网络安全事件时的应急处置能力。竞赛于8月10日正式启动报名，市经济信息化委、市教委、市卫健委等ISG组委会成员单位，统一发动各行业企事业单位报名参赛。最终，来自银行、证券、保险、教育、医疗卫生、工控、通信和互联网等行业的177支队伍，共计600余名选手报名。初赛阶段，中国太平洋保险（集团）股份有限公司等48支队伍分获小组内一、二、三等奖。经过激烈角逐，华东师范大学等6支优秀队伍分获本届ISG决赛金、银、铜奖。决赛获奖团队受邀参加了2020年国家网络安全宣传周上海地区活动闭幕式，并接受颁奖。

（朱方园）

三、信息化优秀人才评选

【长三角首席安全官（CSO）评选】CSO（Chief Security Officer，首席安全官）是机构中维护业务支撑及信息系统健康、稳定、安全运行的最高负责人。在“互联网+”的时代背景下，CSO不仅担负本机构的工作职责，同时对公众个人信息、公共服务乃至国家安全也负有重要责任。“优秀首席安全官评选”是由信息安全协会在网络和信息安全领域优秀管理者中开展的第一个综合性评选活动，自2015年举办首届评选以来，一直受到广大CSO群体和行业主管单位的欢迎，并形成了“首席安全官进校园”等系列公益活动。

2020年，第六届CSO首席安全官评选活动由市委网信办指导，于2020年8月至9月正式开展。经过层层推荐和选拔，并经评选活动办公室资格审查，最终有22位候选人进入正式评审环节。候选人为企事业单位的安全管理最高领导者、负责人，覆盖了金融、医疗、公用事业、工控、能源、交通运输、互联网等领域。综合网络投票、历届CSO投票和专家评审环节，华住酒店集团信息安全负责人王彬等10位CSO获评2020年优秀首席安全官。获评的优秀首席安全官受邀参加了2020年国家网络安全宣传周上海地区活动开幕式，并接受表彰。

（朱方园）

第三章　信息化研究与咨询

概　述

2020 年，上海市人工智能战略咨询专家委员会为上海市委、市政府提供决策咨询服务。上海市经济和信息化发展研究中心注重业务能力创新和市场服务能力提升，深化课题研究。上海市信息服务外包发展中心以“一带一路”为中心，从多方面推动企业参与“一带一路”建设。

一、上海市人工智能战略咨询专家委员会

【概况】上海市人工智能战略咨询专家委员会（以下简称“人工智能专家委”）于 2018 年 9 月 16 日成立，并于 2020 年形成第二届人工智能专家委员会，第十届全国政协副主席、中国工程院原院长徐匡迪院士担任专家委顾问，中国工程院院士、浙江大学教授潘云鹤院士担任主任委员，同济大学校长陈杰院士和商汤科技创始人汤晓鸥教授担任副主任委员。第二届人工智能专家委由 34 位委员组成，其中院士 15 人、外地专家 19 人、国外专家 3 人。

【提供高质量咨询建议】人工智能专家委作为连接产、学、研各界的交流平台，为上

海市人工智能发展提供了强大的智力支撑，为上海市人工智能产业发展建言献策。三年来，人工智能专家委召开了四场专家咨询会议，聚焦加快人工智能与实体经济融合、推动产业融合建设，瞄准前沿核心技术、强化人工智能基础研发，加快人工智能技术转化、打造智慧城市示范，强化顶层规划设计、营造人工智能健康发展生态等，共有43位专家提出高质量建议30多条，20位专家提交了书面咨询报告。

【人工智能“上海方案”获批实施】国家新一代人工智能创新发展试验区、创新应用先导区建设稳步推进，三届世界人工智能大会成功举办，品牌知名度进一步打响，为“十四五”期间建成人工智能“上海高地”、打造世界级产业集群奠定了良好基础。人工智能专家委发挥各委员的产业和学术资源优势，积极推动人工智能相关研究成果产业化。

【创新平台集群打造】上海人工智能实验室、期智研究院、白玉兰开源开放研究院、浙江大学高等研究院等揭牌运作，中科院计算所处理器技术创新中心落地。

【重大创新项目推进】商汤科技“上海新一代人工智能计算与赋能平台”项目于临港奠基，小冰公司等领军企业与上海签约。

【多层级人才队伍加快建设】图灵奖得主姚期智、微软亚洲研究院院长洪小文、商汤科技创始人汤晓鸥等国际顶级人工智能专家落户上海发展。为《上海市人工智能产业发展“十四五”规划》、全面推进上海城市数字化转型等提供咨询意见，积极支持世界人工智能大会SAIL奖项目评选和推荐，共有21人次推荐了71个项目。

（顾　晨）

二、上海市经济和信息化发展研究中心

【概况】2020年以来，上海市经济和信息化发展研究中心（以下简称“市经信研究中心”）按照“一体两翼”工作思路，紧扣产业和信息化特色智库发展定位，按照两委工作部署，有力、有序推进各项工作。坚定“一体为本”，围绕中心、服务大局，把服务市委、市政府、两委中心工作作为安身立命之本；坚持“两翼为要”，推进智库建设和市场化服务协同发展。全年撰写、上报各类研究报告100余篇，获得中央领导和多位市领导的肯定、批示。

【主体工作任务有新亮点】市经信研究中心深入参与市经济信息化委牵头的“十四五”

规划编制工作。承担《上海市先进制造业“十四五”规划》的研究编制，起草上海市人工智能、产业技术创新和产业基础能力提升、无线电管理、民用航空航天等领域的专项规划，完成上海市“十三五”智慧城市建设规划终期评估任务，为高质量编制好“十四五”规划提供了有力支持。

一是全力支撑重点调研课题研究。市经信研究中心做好上海市副市长吴清牵头的《强化高端产业引领功能》、市经济信息化委主任吴金城牵头的《打造四大高端产业集群》两项重大调研课题的服务支撑工作；完成市委《疫情防控与社区治理》工作调研课题《社区信息化平台整合》分报告起草，为市委、市政府战略决策提供智力支持。

二是协助起草若干重要政策文件。市经信研究中心参与起草在线新经济行动方案；撰写上海产业基础能力提升总报告和13个重点领域产业链安全分析报告；参与制定产业基础再造上海实施方案；参与研究临港新片区重点产业企业所得税政策，经两部委联合发文公布；深入参与数字化转型顶层设计和专班工作，实施意见经市委、市政府发文。

三是有序推进智慧城市建设工作。市经信研究中心连续第七年发布《上海市智慧城市发展水平评估报告》，入选上海智慧城市“十年十件事”。编制上海市智慧社区建设指南，完成136个智慧城市建设试点示范项目征集。受托承担市本级社会保障和科教文（不含教育）领域信息化项目审核，2020年内审核申报项目326个，涉及资金18亿元。

四是扎实开展企业创新服务工作。市经信研究中心完成486家（次）市中小企业服务机构第三方绩效评估；协同推进产业创新载体培育，新授牌燃气轮机、高端医疗装备2家市级制造业创新中心，配合开展2家国家级和4家市级制造业创新中心跟踪管理；完成2020年企业技术创新中心推荐申报和评估认定工作，4家企业升格为国家企业技术中心，24家企业被认定为市级企业技术中心，持续做好728家市级以上企业技术中心跟踪管理。

五是认真做好项目管理服务工作。2020年，市经信研究中心受理市战略性新兴产业专项和市经济信息化委牵头的十余个专项子领域项目的专项资金项目超过2 900个，完成项目验收数量超过340个，在库管理的专项资金项目总数超过1 700个，项目总投资超过1 000亿元，专项资金补助金额180亿元，受理评审各类人才申报材料320份。全力配合市经济信息化委相关处室，开展工业强基、人工智能、软件和集成电路等领域疫情防控项目征集、受理和评审，短时间内征集1 151项防疫创新技术和应用产品项目，为全市疫情防控作出应有贡献。

六是服务保障重大活动筹办。市经信

研究中心安排专班参与筹备2020上海市人工智能战略专家咨询委员会会议，服务第二届专家委员会产生。圆满完成2020世界人工智能大会SAIL（Superior、Applicative、Innovative、Leading，卓越奖、应用奖、创新奖、先锋奖）评选组织，近800个海内外优秀项目参评，海外项目比例超过10%，创历年新高。加大第二十二届中国国际工业博览会（以下简称“工博会”）评奖工作创新力度，首创双通道申报模式，受理参评展品434件，创历年之最。配合做好2020创新与新兴产业发展国际会议（IEID）筹办。聚焦数字化转型、“一网通办”、智慧医疗等热点议题，举办3期上海市智慧城市大讲坛，每期线上线下参与人次超过1万人。成立上海企业技术中心创新联盟并承担秘书处职能，累计为154家联盟会员单位提供各类交流12次，服务近10万人次。

【决策咨询服务有新品牌】一是开展决策咨询课题研究。市经信研究中心积极参与前瞻性、战略性重大课题研究，首次获得市决策咨询委员会委员、市哲学社会科学规划办公室、市软科学研究计划项目3个重点课题立项，市决策咨询委员会委员《进一步提升上海产业链水平，强化高端产业引领功能研究》顺利结项，市哲学社会科学规划办公室《打造四大高端产业集群，提升上海产业链现代化水平的对策思路》进入结题程序。市软科学研究计划项目《提高产业创新能力和基础能力，促进产业发展能级提升》按进度顺利推进。

二是全力打造智库系列产品。围绕形势热点，市经信研究中心精心组织编写《上海产业和信息化研究》，2020年向市经济信息化委领导和处室报送82期，12篇专报获得委领导批示，其中，市经济信息化委主任吴金城批示4篇。推出《经信智声》，半年内发布20期，多篇获得委领导肯定。联合上海人民出版社出版智库成果专著《逆市有为——产业和信息化亮点透视》。

三是扎实推进智库合作交流。在工信部政策法规司指导下，市经信研究中心牵头成立由沪苏浙皖工信智库联盟（工信智库联盟长三角分联盟），2020年担任首届轮值理事长单位，成功举办“长三角城市数字化转型创新论坛暨长三角产业和信息化发展研究联盟2020年工作会议”，就深入开展联合研究，实现优势互补、资源共享达成重要共识。接待来自国研中心、天津经信院、中创研究等智库机构的来访交流。与上海联通产业互联网公司、上海绿色促进会、沪苏大丰产业联动集聚区开发公司等签署战略合作协议。

【市场业务领域有新拓展】一是积极服务各区“十四五”规划编制。抢抓“十四五”规划编制年的重要机遇，以智慧城市建设和先进制造业发展为主攻方向，市经信研究中心先后承接嘉定区、金山区、长宁区、徐汇区等区级智慧城市建设规划，受托开展浦东新区制造业高质量发展、青浦区产业高质量发展、临港新片区海洋产业发展、松江区九亭镇等区域性和“十四五”专项规划，拓展浙江省嘉兴市海盐县“康复医学产业规划”等长三角县市专项规划。

二是稳步输出项目管理服务能力。市经信研究中心依托标准化、规范化的项目管理服务和评估评价经验，积极拓展各区、园区专项资金项目管理服务业务，承担临港新片区、松江区、金山区、长宁区、静安区、虹桥商务区和上海化工区相关专项资金项目管理服务，在库管理的项目总投资超过250亿元，补助金额近10亿元，同时，为静安区、虹口区、松江区等开展信息化项目的评估、咨询工作。

三是推动编辑出版业务提质增效。市经信研究中心优化《上海信息化》杂志排版设计，推出“上海信息化”微信公众号，与智库建设结合，拓展内容渠道，精编出版上海信息化手册，牵头编撰《上海市志·信息化分志》《2020上海信息化年鉴》以及《中国无线电管理志》(上海部分)。在《上海工业》内刊版面设计、选题、原创和前瞻性等方面开展一系列创新，持续提升刊物质量。

（李　成）

三、上海市信息服务外包发展中心

【概况】上海市信息服务外包发展中心（以下简称“市信息服务外包中心”）成立于2006年7月，是一家全市性、从事非营利性社会活动的非企业法人组织，致力于推动信息产业国际合作，开展信息产业国际合作标准研究与行业咨询、建设数字经济服务平台、提供信息技术与服务外包业务市场服务、建立信息产业联盟、提供信息产业国际合作人才培养和人力资源管理、国际合作交流及其他与信息产业相关的社会服务。

随着“一带一路”倡议逐步深化，自2015年起，市信息服务外包中心推动信息产业与“一带一路”深度融合，助力“数字丝绸之路”建设，转型成为我国“一带一路”信息产业领域的专业智库平台，为国内外相关政府部门及知名企业提供关键决策支撑，连续多年发布“一带一路”产业白皮书，主办“一带一路”相关国际合作高峰论坛，同时，为了进一步加强产业合作，作为秘书处单位，牵头联合30多家国内外知名行业机构，共同发起“一带一路”信息产业发展联盟，促进国际数字经济产业的合作落地，上海市委常委副市长吴清及原国家外交部长李肇星见证了联盟的成立，联盟成员已经突破 1 000 家企业。

市信息服务外包中心秉承为产业服务的宗旨，持续提供专业化、国际化、定制化的服务，满足产业发展与企业业务需求，助力相关企业加强产业合作，提高国际竞争力，共同把握“一带一路”全新机遇，共建商业准则，共享资源优势，共赢未来市场。

【“数字丝绸之路”国际活动开展】市信息服务外包中心主办的“一带一路”信息产业国际合作高峰论坛，以“共享产业新基建、共赢在线新经济”为主题，基于上海“一带一路”桥头堡功能与进博会溢出效应，集聚全球“一带一路”政商领袖，就“一带一路”新基建与在线新经济热点问题展开高端对话，向世界推介上海市在线新经济，服务长三角产业链、加快产业项目落地，签约总规模超过 200 亿元。中华人民共和国外交部原部长李肇星、中央外办原副主任吕凤鼎、上海市经济和信息化委员会副主任张英参会并演讲。此外，还举办了“中巴”“中美英”“中日韩”等一系列线上论坛与线下闭门会议，服务大量中小企业走出海外。

【“数字丝绸之路”高端智库构建】市信息服务外包中心发起成立“数字丝绸之路”高级顾问组，由“一带一路”沿线国家政要、国内外知名院士学者、长期从事“一带一路”数字化建设的企业家与国际机构负责人共同组成，旨在发挥上海服务国家“一带一路”建设桥头堡的作用，立足长三角，引领国内其他省市共同参与“一带一路”高质量建设，加快“一带一路”中关键技术合作以及推广数字化治理理念。

【“数字丝绸之路”服务平台全面落地】市信息外包服务中心联合“数字丝绸之路”高级顾问组，专业资源落地“一带一路”国际产业合作的系列专业服务平台，其中包括“数字丝绸之路”产业投资基金平台、“数字丝绸之路”产业链合作平台、“一带一路”区块链人才发展平台、“一带一路”软件和信息服务外包对接平台、“一带一路”物媒国际服务平台、“一带一路”跨境支付和数字化服务平台、“一带一路”电子签署跨境服务平台、“一带一路”数字出海法律服务平台等。

【“中巴数字走廊”合作框架初步形成】市信息服务外包中心与巴基斯坦驻沪总领事馆，巴基斯坦国家贸易部、信息技术与通信部等相关部门合作，举办“中巴信息产业线上论坛”，搭建中巴信息产业合作对话桥梁，挖掘巴基斯坦在人工智能、区块链、工业互联网、数字农业、跨境电商等领域的合作需求，创新中巴新基建商业建设模式，对接中巴在城市数字化转型领域的合作，加快推进“中巴数字走廊”的合作。

（李　凝）

第四章　行业（专业）协会发展

概　述

2020年，上海市信息化系统各协会围绕全市信息化年度重点工作，助力新冠肺炎疫情防控、研究政策建议、编写产业报告、开展国内与国际合作交流活动以及人才培养，提升产业发展水平，制定行业标准，同时协助政府做好政策落实、行业规范、市场服务等工作。

一、上海市信息家电行业协会

【新冠肺炎疫情防控措施协调落实】上海市信息家电行业协会（以下简称“信息家电协会”）在抗击新冠疫情中积极配合市经济信息化委等有关部门，开展防疫防控、复工复产调研工作，帮助会员企业协调解决复工、复产面临的问题，及时向主管部门反映企业情况并提出建议措施，市经济信息化委特向信息家电协会颁发了感谢信。

一是发起、做好新冠肺炎疫情防控工作倡议。信息家电协会积极配合市经济信息化委、市民政局（社团处）及时发布物资紧缺的求援信息，积极动员会员单位、号召行业力量共同抗击疫情。

二是协助市经济信息化委做好疫情防控

和复工复产两手抓工作，帮助企业落实复工紧缺口罩等防疫物资。将全市电子信息领域企业受疫情影响情况及遇到的问题、需求，及时汇总、整理、上报至市经济信息化委，为政府部门制定针对性政策提供参考。同时，针对口罩等防疫物资紧缺问题，紧急协调联系，向会员单位提供采购渠道。

三是稳企业、保就业，帮助中小微会员企业缓解融资压力。市经济信息化委、市统战部、市民政局、市工商联等多个政府部门出台了相关政策，行业协会、银行共同参与，搭建“政会银企”四方合作机制，推动解决民营中小企业融资问题。

四是动员会员单位申报关于防控新冠肺炎疫情新技术、新产品、新应用的项目征集。鼓励从事医疗智能服务机器人、应对新冠病毒疫情管理的大数据开发技术、远程医疗的智慧医疗系统和解决方案等的会员单位积极申报，并为意愿申报企业提供咨询和指导。

【自身建设】一是加强人员队伍建设。积极组织工作人员参与各类培训和学习交流活动，不断提升各方面的专业能力，从而为企业和政府提供更好服务。2020 年，信息家电协会秘书处人员参加了市级社会团体负责人能力建设培训班、市商务委公平贸易工作系列培训活动以及市委党校培训等活动，参加了涉及内部制度管理、党建工作管理、标准化工作、业务活动开展等多方面的专业培训，不断加强信息家电协会管理和业务开展能力。

二是荣获现代服务业联合会“突出贡献奖”。组织举办了推进上海市超高清视频产业发展的一系列工作，受到会员单位、政府主管部门及社会的好评，获得现代服务业联合会授予的 2019 年度“突出贡献奖”。

【产业发展】一是超高清视频产业。2020 年，围绕深入贯彻国家及上海市超高清视频产业发展行动计划，在促进产业合作、超高清频道开播、超高清终端部署、标准制定、技术提升及产业化等方面开展一系列工作。

超高清视频技术与 5G、VR、AI 等技术结合，在远程医疗、远程会议、现场直播、在线教育等场景发挥了重要价值，成为疫情防控常态化的重要技术支撑。

信息家电协会对相关超高清企业开展调研，将 2020 年的工作落实情况汇总、整理、报告市经济信息化委。同时，发挥上海市超高清产业在芯片研发、内容创作、行业应用等方面的优势，协助市经济信息化委推进《部（局）省市共同推动超高清视频产业发展工作方案》落地。

2020 年 7 月 15 日，上海广播电视台“欢笑剧场”首个上星 4K 超高清频道正式开播，为全国五个超高清频道之一，是上海市贯彻落实国家超高清视频产业发展战略取得的阶段性成果。

超高清智能融合终端团体标准《超高

清有线电视智能机顶盒技术要求》和《超高清有线电视智能融合终端技术要求》有效实施，推动上海市超高清机顶盒量产和超高清用户发展，为超高清的普及奠定了坚实基础。

信息家电协会充分发挥信息整合优势，向投资机构详细介绍超高清视频产业的发展现状及趋势，向其推荐超高清视频领域投资标的，帮助投资机构与会员单位之间顺利对接。

同时，信息家电协会组织召开超高清研讨会、论坛等活动，搭建合作交流平台：2020 年 7 月 16 日，举办“2020 第八届亚太内容分发大会——超高清论坛”。9 月 22 日，召开“2020 5G 全球家庭互联网大会——5G+4K/8K 超高清论坛”。此外，多次组织超高清产业专题沙龙及研讨会，为行业交流、对接合作提供了多样化平台。

二是智能家居产业。5G、人工智能、物联网等技术的快速发展，为赋能智能家居产业，驱动其不断演进发展提供了动力，尤其是上海率先建成“双千兆宽带城市”的大背景，为智能家居的网络环境提供了良好的发展基础。此外，在新冠肺炎疫情影响下，居民对无接触式的智能家居产品产生了比以往更大的需求，比如智能门禁、智能音箱、智能楼宇、智能机器人等，这为智能家居行业增长提供了契机。

信息家电协会围绕智能家居产业开展专题调研，走访相关单位，了解各有关会员单位智能家居产品研发和市场推广情况，以及智慧家庭生态建设情况。信息家电协会帮助移康智能对接相关合作方，为上海电信智慧家庭生态体系建设积极推荐智能家居相关企业。

“美丽家园”“雪亮工程”等政府工程项目的实施，为智能家居产业发展创造了良好的机遇和环境，信息家电协会持续推进智能家居产业链上下游合作，挖掘智能家居优质资源，积极推进智能家居产业生态建设。

【产业政策建言和落实】信息家电协会受托开展市经济信息化委软件和集成电路专项指南（超高清视频和智能硬件领域）征集工作，代表行业向市经济信息化委提出项目指南建议，同时为意向申报企业提供专业咨询和指导；信息家电协会秘书长朱静莲出席市经济信息化委组织召开的上海电子信息制造业行业协会秘书长工作会议，汇报产业发展工作情况，并就行业典型优秀企业案例进行介绍。

承担上海数字音视频行业经济运行的基本数据采集以及统计、分析工作，召开上海电子信息制造业统计工作会议，做好相关企业统计报表的填报工作，被市经济信息化委授予“统计工作先进单位”称号；积极组织需要股权项目融资或拟上市企业，特别是“卡脖子”、具有行业代表性的优秀企业，填写股权投资标的信息上报市经济信息化委，基金将筛选投资标的企业列入项目储备，并择优进行投资。

积极参与上海市电子信息产业发展“十四五”规划中关于信息家电和超高清视频领域相关内容的编制。协助市有关部门开展“新一代信息技术产业发展情况问卷调查”；承担市商务委公平贸易公共服务项目，召开信息家电行业企业应对经贸摩擦专题培训会，并形成《2020上海信息家电产业安全预警研究报告》，针对数字音视频和智能家居两大主体产业进行产业安全预警研究，项目通过市商务委验收。

【标准研制持续开展】2020年，信息家电协会团体标准研制和宣贯实施取得了良好的成效：超高清团体标准示范试点项目以总分99.4分的高分通过上海市市场监督管理局验收；为了有效提升家庭网络质量，为相关运营商、开发商、用户等提供合理科学的家庭光缆端接及布线指导，信息家电协会联合中国电信上海公司、上海邮电设计咨询研究院、东方有线、上海瑞讯、上海澜腾等单位，共同制定《住宅入户光缆端接及户内布线技术指南》团体标准（T/SIAA000006-2020）并于2020年12月10日正式发布，在全国团体标准信息平台和上海市市场监督管理局平台完成备案登记。

【高技能人才培养基地成立】2020年11月，根据《上海市人力资源和社会保障局关于公布第十批“上海市高技能人才培养基地”名单的通知》，上海市信息家电行业协会获批“上海市超高清视频产业高技能人才培养基地”，基地由上海市人社局和上海市经济信息化委共同授牌。

超高清人才目录纳入上海市重点领域（产业类）紧缺人才开发目录。为会员企业招聘人才提供渠道，主动服务用人单位复工、复产、复市及引才需求，多渠道增加高校毕业生就业岗位，推动全市经济社会高质量发展。为会员企业吸引人才争取政策支持。推荐移康智能、云从科技等多家符合上海市战略性新兴产业导向且发展态势良好的企业上报至市经济信息化委，通过遴选被纳入目录内的企业在招聘应届生时能够享受加分政策。

【综合服务能力提升】信息家电协会积极参与由市经济信息化委等政府主管部门主编的《上海工业年鉴》《上海信息化年鉴》《上海现代服务业白皮书》等公开出版物的相关内容提供。为会员单位专业技术人员申报职称提供咨询指导，助力会员单位更好地优化人才结构。做好相关荣誉的推优推荐工作。如推荐移康智能参加央视在上海举办的“非凡工匠”活动；推荐中航国画、上海港聚申报“上海市科学技术奖”等。

（解　放）

二、上海软件行业协会

【新冠肺炎疫情防控】2020 年，为抗击新冠肺炎疫情，上海市软件行业协会（以下简称“软件协会”）及秘书处全体工作人员通过上海市红十字会等捐款合计 10 万元，并自筹资金向湖北软件协会捐赠口罩、一次性手套等防疫物资。还协助政府向企业分发 16 万只口罩。此外，软件协会会员单位累计捐款捐物超 10 亿元。

2020 年，软件协会配合各政府部门开展“企业受疫情影响”系列调查，撰写《关于新冠肺炎疫情对软件企业的影响及应对措施建议》《关于应对疫情，推动信息消费发展的建议》《新一代信息技术支撑服务战“疫”复产》等报告呈送政府部门。

2020 年，软件协会广泛宣传会员单位抗疫复产的先进事迹。及时向市经济信息化委、市科委等报送会员单位抗疫先进事迹 200 条；编发《上海软件行业响应党中央号召、打赢疫情防控阻击战专报》4 期，宣传报道近百家会员单位超 150 条事迹；编辑出版《深度信念：上海软件行业抗疫志》，记录近 50 家会员单位抗疫事迹，并为“上海软件行业抗疫复工复产特别贡献企业”颁发感谢信。

【党建强化】软件协会高举党旗抗击疫情。2020 年，以软件协会党支部的名义第一时间向会员单位发出《响应党中央号召、打赢疫情防控阻击战倡议书》。共产党员带头奋战在抗疫复工第一线，软件协会支部书记杨根兴被党总支评为“战疫先锋”。软件协会认真加强“支部党员活动室”建设、机制化开展系列党课教育、组织学习“学习强国”App、发展新党员和培养支部年轻骨干。2020 年，软件协会通过理事会和会员代表大会，向会员单位宣讲认真学习习近平总书记系列讲话精神和中共十九届五中全会精神，分享主题教育学习体会，凸显、强化党的领导。

【服务优化】一是规范运作。2020 年，新增会员单位 252 家，使会员单位不断吐故纳新，会员单位保持在 1 500 余家。编制并报请理事会通过了“软件协会十四五规划建议”。

二是标准编制。2020 年，软件协会共发布团体标准 5 项，其中 1 项获上海市市场监督管理局批准为“团体标准试点项目”；举办“工业软件技术标准化沙龙”，受到政府部门、企业的重视与积极参与。

三是标准评价。2020 年，软件协会依据团体标准，遵循自愿、免费、公平、公正的原则，在会员企业中开展软件技能人才和软件企业核心竞争力评价活动，并自筹经费将评价结果发布在《文汇报》上。此外，还依据中国软件行业协会社团标准，完成软件企业和产品贯标评估服务超 7 000 余项（次）。

四是宣传推广。2020 年，软件协会微信号新增“会员动态”板块，全年累计发布 202 条信息，关注人数超 4 400 人，同比增长 20%。全年编发《上海市软件行业协会最新动态》专报共计 12 期。

五是信用建设。2020 年，软件协会推荐 64 家会员企业完成中国软件行业协会信用评价的新评、年审、换证等工作。

六是知识产权。2020 年，软件协会继续做好知识产权法院的“诉前调解”服务。全年代理服务软件著作权超 1 600 项。

【产业研究与政策宣贯】一是产业研究。2020 年，软件协会完成《23 号文实施成效评估及后续政策建议》《2019 上海软件产业发展报告》《2019 张江科学城软件和信息技术服务产业发展报告》等多项课题研究。

二是政策宣贯。2020 年，软件协会开展了双软评估解析、会员服务解读、著作权申报指南等线上直播。还组织召开职称申报、云办公挑战与展望、工业软件技术标准化、新时代软件产业政策等线下宣讲活动，累计服务软件企业近百家。此外，软件协会还继续为上大科技园区提供创业辅导服务，包括政策宣传、上下游对接合作、项目申报、投融资对接等无偿服务。

三是政策支撑。2020 年，软件协会以政府采购合同为支撑，完成年度软件设计人员奖励和软件企业税收优惠核查等工作，累计服务企业近 600 家（次），服务人员近 6 000 人；受市发展改革委委托，完成 2020 年全国“大众创业万众创新活动周”线上展览——上海分会场产业新高地版块牵头组织工作，服务企业 60 家；受市商务委委托，完成软件产业安全预警数据填报工作，连续五年获得“产业安全预警监测优秀服务奖”。

【基地建设与人才培养】一是培养高技能人才。2020 年，软件协会获批国家级高技能人才实训基地。新扩 175 平方米培训场地，将培训工位扩大到 101 个，全面升级软硬件设施；开发完成专项职业能力、技能等级鉴定、新型学徒制、新技能等方面的 10 个培训课程项目；完成 5 个单元共计 32 个网上培训课件开发，开展线上授课。

二是开展技能大赛。2020 年，软件协会承办“上海市经济和信息化系统职业技能竞赛——软件开发质量控制竞赛”，78 位选手获得“软件开发质量控制”专项职业能力证书。

三是实训中高职教师。2020 年，软件协会共完成 28 位中、高职教师软件企业实践培训，再次荣获“优秀企业实践基地”称号。

四是支撑世界技能大赛。2020 年，软件协会继续做好选手培养与上海集训队的选拔工作。在第一届中华人民共和国职业技能大赛上，上海选手获得“网站设计与开发”项目金牌和“云计算”项目铜牌。

【服务创新与产业活跃】一是创新论坛。2020年，软件协会举办以“创新、服务、高质量发展”为主题的第十二届上海软件创新论坛，邀请十九大代表、中国信通院华东分院院长张雪丽以“新基建助力数字化转型，推动经济社会高质量发展”为题做主旨演讲；邀请聚水潭创始人骆海东就“SaaS化应用与发展”发表主题演讲。二是举行“信创使命”圆桌论坛，论坛上，市经济信息化委发布“2020上海软件和信息技术服务业百强”“2020上海软件和信息技术服务业高成长百家”的公示名单；软件协会发布《深度信念：上海软件行业2020抗疫志》和《2020上海软件企业核心竞争力评价报告》。此外，沪苏浙皖软件行业协会也举行了《长三角软件品牌一体化发展战略合作协议》云签约仪式，继续指导并支持由上湖、新炬等会员单位举办的数据应用大赛、全球敏捷运维峰会以及客户大会等行业促进活动，活跃产业氛围。

（姚宝敬）

三、上海市无线电协会

【无线电专项工作】2020年，上海市无线电协会（以下简称“无线电协会”）继续协助市经济信息化委执法稽查处，做好全市各类考试的无线电保障工作，做到考前人员、车辆和设备准备充分，考试期间实时监控、严查信号。全年共开展相关考试保障工作12次，圆满完成保障任务。

一是做好“无线电台站验收数据采集委托服务项目”。协助市经济信息化委台站管理处，梳理相关频率许可证明、无线电台站设置申请表等资料；核对资料内容的准确性和一致性；准确将资料内容录入无线电台站数据库；打印和制作无线电台执照，并分类、分批整理归档。2020年共录入台站数据2 823条。

二是继续做好运营商基站外部干扰排查服务。积极发挥无线电协会自身技术能力及协调能力，不断完善干扰排查技术和干扰源清除技巧，成为一支维护公用移动通信电磁环境的有效力量。2020年，开展“上海联通L900干扰排查项目”以及“上海移动疑难干扰小区处理技术服务”项目。截至年底，共为上海联通排除干扰源60余个，为上海移动清除干扰源500余个。

三是无线电发射设备销售备案。配合市经济信息化委执法稽查处，全面展开销售备案和监管工作，包括备案申请的受理、审查，备案号的发放。无线电协会联合市经济信息化委执法稽查处、上海市无线电监测站，共同开展了2次市场走访。主要针对全市比较大型的几个无线电发射设备销售场所进行政策宣传及设备抽检，取得了良好的效果。市场整体的规范性有很大提高，但同时，仍发现了一部分违法违规现象，现场予以责令整改。

【无线电行业创新】无线电协会完成“5G终端属地化测试及网络干扰处理方案研究”项目的立项工作。上海作为5G网络重点部署城市，对5G终端的测试是必不可少的环节。尚无统一的终端测试标准和流程，因此，需要研究出一套切实可行的测试标准及流程，并进行推广应用。为此，无线电协会受电信公司委托立项并开展相关研究。研究内容包括: 5G终端现网测试研究、5G基站对同频或相邻的卫星地球站干扰、5G终端属地化测试、5G基站电磁辐射、电信5G基站建设频率干扰处理方案等。项目于2020年1月开始实施，4月中旬完成全部测试工作，5月中旬完成所有资料的整理和提交，顺利通过上海电信的项目评审和验收。在此期间，主要完成以下工作。

一是行业标准制定。一方面，参与编制《数字无线专用对讲通信系统工程技术规程》。为了贯彻国家《智能建筑设计标准》、促进无线对讲系统发展，无线电协会联合华东建筑设计研究总院、上海建筑设计研究院有限公司，共同编制《数字无线专用对讲通信系统信号覆盖工程设计与验收规程》。2020年6月开展本标准制定的第四次研讨会议，行业内各相关企业均积极参加、激烈讨论，基本形成了本标准的初稿并于12月底完成送审稿。另一方面，参与编制《共建共享通信建筑设计标准》，由上海市住房和城乡建设管理委员会于2020年7月1日发布，并于2020年12月1日实施。

二是宣传工作。无线电协会联合IT时报、上海电信一起举办了“你来选，我来测”5G辐射测试活动。5G作为我国的国家战略，正在大力发展建设中，5G基站与手机产生的辐射对人体的影响是很多市民关心的问题。本次活动通过现场测试、数据讲解等方式，结合国家标准直观地让市民们了解电磁辐射对人体到底有没有危害，同时也向市民们宣传应合理购买、规范使用无线电设备。

三是电磁环境测试工作。完成“杭州湾新区通用机场电磁环境测试”工作，协助相关企业通过无线电设台审批。

四是“5G基站电磁辐射量化分析及技术改善方案研究”的立项工作。完成现场测试调研以及项目人员分组等前期准备工作，并在前期进行了现场模拟测试试验。根据相关测试结果完成了测试方案制定。

（陈　晟）

四、上海信息化发展研究协会

【顶层设计与规划编制强化】一是编制上海化学工业区（以下简称“化工区”）网络安全发展规划。为进一步落实国家网络信息安全要求，提高化工区和危险化学品企业网络安全管理水平，有效防范危险化学品重特大安全事故，上海信息化发展研究协会（以下简称“信息化发展研究协会”）在上海化学工业区管理委员会的领导下，围绕化工区日常运行管理及企业安全生产管理等领域，编制《上海化学工业区网络安全发展规划》，将网络安全建设纳入化工区整体发展战略。

二是编制苏州工业园区信息化（数字政府）“十四五”发展规划及专项行动计划。围绕“一体化、整体型”数字政府建设目标与“一区四高地”功能定位，统筹技术、数据、能力和应用等建设需求，以数据驱动提升政务协同能力、打造一体化整体政府为重点，以实现园区治理体系和治理能力现代化为方向，编制《苏州工业园区信息化（数字政府）“十四五”发展规划》。

三是编制上海市残疾人事业无障碍信息服务规划。为深化“智慧助残”服务模式，将科技融入助残事业发展与残疾人日常生活，助力残障人士实现信息无障碍获取和沟通，推进残疾人服务模式、方式、渠道变革与创新，信息化发展研究协会在上海市残疾人联合会（以下简称“市残联”）指导下，编制《上海市残疾人事业无障碍信息服务规划》。

【项目可行性研究开展】一是开展虹口区教育局信息化项目可行性研究。结合虹口区教育的管理特色，以全面提高虹口区中小学行政管理能力和社会公共服务水平为目标，紧密围绕教育管理与服务的重点工作和发展方向，开展虹口区教育人事管理系统建设、教育正版软件服务以及华东师范大学第一附属中学的学校监控室改造、学校网络中心机房改造、学校英语听说模拟考场建设、学校一卡通系统升级、学校录播教室建设、学校核心交换机更新等项目的可行性研究。

二是开展徐汇区教育治理现代化建设可行性研究。从徐汇区教育发展的总体目标和举措出发，对接上海市教育信息化 2.0 行动计划，在徐汇区教育局领导下，信息化发展研究协会启动新一轮教育信息化顶层设计可行性研究工作。本次研究旨在为徐汇区教育治理现代化的未来建设提供战略方向，最终形成未来三年徐汇区教育治理现代化建设的规划报告。

【项目综合管理优化】一是完成上海市养志康复医院信息化建设项目（二期）核价服务。信息化发展研究协会受市残联信息化工作小组委托，对上海市养志康复医院上报的、由上海信息投资咨询有限公司编制的《上海市养志康复医院（上海市阳光康复中心）信息化（二期）建设方案》进行核价评估，涉及项目金额2 000余万元，为加强上海市养志康复医院信息化建设项目（二期）管理，统筹推进项目落地奠定基础。

二是开展2020年度杨浦区电子政务项目预评估服务。2018—2020年，信息化发展研究协会连续三年参与杨浦区电子政务项目预评估工作，累计评估了95个项目，其中新建项目37项，运维项目34项，升级改造项目16项，购买服务项目8项，非电子政务项目1项，总金额累计近1.5亿元，为电子政务项目评审提供有力支撑。

三是开展2020年嘉定区智慧城市发展水平评估服务。通过调研、整合、梳理嘉定区各条线部门在信息化与智慧城市领域的推进情况，基于上海市智慧城市发展水平评估指标，编制《2020年嘉定区智慧城市发展水平自评估报告》，为客观评价全市各区智慧城市建设现状、水平提供重要参考。报告涵盖总体情况、智慧城市发展环境、创新应用特色工作、智慧城市试点示范、应用案例五大部分。

四是开展2020年度“智慧虹桥”专项资金扶持项目专家评审服务。为促进新一代信息技术在虹桥商务区、虹桥临空经济示范区的应用和发展，推动上海虹桥商务区“智慧新城”试点建设，受上海虹桥商务区管理委员会委托，承担“智慧虹桥”专项资金扶持项目的专家评审服务。2016年以来，已连续五年承担“智慧虹桥”专项资金扶持项目专家评审服务，通过充分发挥虹桥商务区“智慧虹桥”建设专项发展资金的引导作用，促进虹桥商务区范围内5G示范区、“智慧新城”示范、提升虹桥商务区功能品质等项目的建设。

【专业咨询服务优化】一是支撑市残联“三整合”工作。根据市经济信息化委“三整合”工作要求，信息化发展研究协会联合市残联以及上海市残疾人康复职业培训中心、上海市残疾人就业服务中心、上海市残疾人辅助器具资源中心等下属事业单位，开展市残联业务事项及信息系统基本情况调研。在调研基础上，完成市残联本部及三家事业单位政务信息系统“三整合”工作方案编制，提出“1+1+1+3”的系统整合思路（即：1个行政服务平台对接市“一网通办”平台、1个协同办公平台满足市残联与事业单位内部协同办公需求、1个数据中台支撑前端业务开展与功能迭代、3个事业单位根据各单位业务职能面向残疾人服务分别建立1个助残服务平台），有效推进残联信息系统整合与数据资源互联互通，为深化全市政务服务“一网通办”建设及优化残疾人公共服务提供支持。

二是提供信息化建设驻场咨询服务。

信息化发展研究协会在杨浦区政府办公室安排相关人员提供杨浦区大数据中心政务云运营及数据运营服务，努力当好区府办参谋助手，为深化杨浦区电子政务建设献计献策。

三是开展闵行区城市运行管理中心建设咨询服务。以现有的智慧闵行建设成果为基础，整合总值班室、应急管理、网格管理、安全生产监督、自然灾害防治等城市管理功能，以“一中心、一平台、三模式”为总体架构，建立区和街镇两级“专常兼备、平战结合”的城市综合运行指挥平台。

【业务范围拓展】 一是开展残疾人信息化培训，努力消除残疾人“数字鸿沟”。信息化发展研究协会受市残联委托，从2020年起，围绕16个区残疾人服务需求及“智慧助残”目标任务，针对政务、交通、消费、金融四个领域的信息化应用，面向全市残疾人基层工作者、肢体残疾人、部分残疾人家属等群体，开展“无障有爱共享未来”——上海市残疾人信息化应用培训。通过培训，能够让残疾人熟练使用日常生活中的各类App应用，2020年培训人数已完成3 000人次，反响良好。

二是开展品牌宣传推广，助推上海“四大品牌”建设。整合政府、社会组织、企业等品牌资源，建立品牌宣传与推广小程序平台，通过互通的微信生态圈，以趣味性、地域化、多行业覆盖的新媒体传播方式对老品牌、新兴品牌进行推广，有效提升品牌认知度，进一步激发品牌建设所涉及的文化创新创造能力，推进全市文化创意产业做优、做强，有力支撑上海在线经济发展壮大，打响上海“四大品牌”，为上海品牌生态环境营造提供有力支撑。

【社会责任积极履行】 自新冠肺炎疫情发生以来，信息化发展研究协会通过不同渠道向疫情防控一线进行捐款，支持疫情防控。同时，还多次捐款支持购买口罩等防疫物资与学生课外书籍，帮助致公党上海市委对口帮扶的贵州省毕节市七星关区朱昌镇中小学顺利复学、重庆市酉阳县乡村学校改善办学条件，为抗击疫情和乡村振兴贡献力量。

（裴　洁）

五、上海市交通电子行业协会

【倡议发布与抗疫复产】 2020年，新冠肺炎疫情暴发，上海市交通电子行业协会（以下简称“交通电子协会”）根据上海市民政局社团管理处和市经济信息化委综合规划处关于“发挥社团组织优势参与防疫抗疫工作”的要求，积极参与，联合会员企业认真践行各项防疫抗疫和复工复产工作。

行业倡议，共克时艰。1月30日，交

通电子协会紧急召开电话会议，面向全行业及会员企业发布“行业防控疫情倡议书”，呼吁会员企业认真、科学落实防控措施。

宣传政策，促进保障。2月8日和2月15日，依托微信公众号、微信群和电子邮件等渠道，向会员企业转发《抗疫复工指南》《上海“28”条》《关于应对疫情影响进一步加强企业服务促进中小企业平稳健康发展的若干措施》等文件。

会员事迹，及时报送。疫情发生以来，交通电子协会向有需要的地区捐赠了10 000只医用口罩；与上海市室内环境净化行业协会合作，组织上汽大通、上海120急救中心等单位开展负压救护车的团体标准编写，引导行业标准统一；收集多家会员单位抗疫防疫的先进事迹，并编辑多期专报上报市经济信息化委。

跟踪信息，助力复产。2月以来，交通电子协会配合市经济信息化委工作，联系近百家重点企业，建立复工跟踪群，每周督促企业填报、反馈复工到岗信息，编制《关于上海市交通电子行业协会抗疫防疫期间企业复工情况的专报》。

【运作规范】交通电子协会复工后，以5A标准对自身组织构架和平台工作进行了调整，进一步提升影响力。

一是运作规范化。经交通电子协会秘书处审核，至2020年10月底，新加入会员单位5家，受理会员退会2家，会员单位共202家。除了日常工作之外，交通电子协会也非常注重党建工作开展。积极组织参观“毛泽东故居”“淞沪抗战纪念馆”等，利用党员活动经费，购买《深入学习习近平总书记重要讲话》和“四史”等书籍，开展读书会，时刻保持学习动力。

二是平台多元化。智库平台。组织交通电子协会行业内专家共同完成上海浦东新区科技和经济委员会委托的《浦东新区汽车产业2019年度发展报告》课题，并顺利验收；完成浦东新区国民经济和信息推进中心委托的《上海浦东汽车电子创新与智能产业联盟活动服务》，并顺利验收。根据企业需求，通过专家委组织业内专家为企业提供产品认证5次、技术鉴定1次，推荐优秀项目20余次，推荐优秀工作者参加社会评选1次。

交流平台方面，2020年7月18日，交通电子协会协办“CEIA中国电子智能制造高峰论坛”。围绕汽车电子可靠性制造工艺等主题，针对性地组织保隆科技、华域三电、上海汇众、延锋伟世通等10多家会员企业参会。2020年9月24日，协办“2020（第四届）国际汽车检测与测试技术论坛”和“2020（第八届）汽车健康座舱论坛”。邀请部分会员企业人员近50人参加，了解国内外汽车制造业检测技术、健康座舱的发展现状和趋势。2020年10月15日，组织来自会员企业的近40位专业技术人员参加第三届全球IC企业家大会—智能网联汽车芯片论坛，了解围绕汽车 +5G 的芯片发展态势等。

信息平台方面，通过交通电子协会门户网站、微信公众号、简报刊物等信息发布和沟通渠道，将业务和行业信息工作紧密结合起来，充分发挥好信息传递作用，增强行业信息共享，为行业协会和会员单位提供具有实效性、前瞻性、可读性的参考信息。截至 2020 年 10 月，微信公众号关注人数已超 1 500，同比增长 15%，累计发布 300 余条交通电子协会、企业、行业的动态信息。

【服务创新】2020 年，虽然新冠肺炎疫情影响了工作计划，但交通电子协会围绕“服务行业、规范行业、发展产业”的服务宗旨，确认了新的工作定位，做单个企业想做而难做成的，做行业想做而没有搭台的，做政府想做而没精力做的，确保疫情期间工作的持续性。

一是服务企业。截至 2020 年 10 月中旬，交通电子协会先后走访 30 余家会员单位，实地了解企业复工复产以及前三季度的发展情况。为响应浦东新区提出的产业倍增目标，6 月、7 月分别组织华域三电、本安仪表两家企业与浦东复珊精密制造公司开展对接，尝试将两家企业外地代工的业务转向上海本地，同时加以区财政项目补贴，让企业实实在在获惠获利。组织本安仪表与华域三电就“紫外线杀菌灭活器”产品进行对接。借助本安仪表在商用车市场配套的基础，推进紫外线杀菌灭活器产品在宇通等商用车上应用。

2020 年 8 月 14 日，交通电子协会联合会员单位上海迅筑汽车工程技术有限公司，针对企业工程设计、工程支持和控制系统研发人员，开展“设计校核自动化”“人工智能知识工程”和“实时智能优化控制系统”方向的专题知识讲座与培训。2020 年 8 月 20 日、26 日，邀请会员企业通过线下、线上形式，参加由会员企业上海工控举办的“轨道交通信息安全企业创新协同研讨会”和“轨交信号系统功能安全与信息安全”培训会。2020 年 8 月 25 日，组织召开“临港新片区汽车零部件产业新机遇”研讨会，为会员企业提供贸易、跨境电商等进出口业务的政策解读和相关业务培训。2020 年，交通电子协会充分发挥熟悉政策和专业的优势，深入挖掘优秀企业和科研及产业化项目，动员其申报市、区各类专项扶持项目与资质及荣誉，并为有需要的会员企业提供推荐与辅导服务，帮助会员企业累计获得各项资助超千万元和各类资质、荣誉数十项。

二是服务行业。2020 年 4 月至 10 月，交通电子协会与上海市室内环境净化行业协会先后六次联合组织召开负压救护车团体标准研讨会、标准起草会议和标准稿件审定会议。会议围绕负压救护车功能需求与性能参数进行讨论，特别对负压及过滤装置特性、消毒设备的消杀效率、车内材料耐腐蚀性、对隔离舱的选配及气密性的内容进行标准内容编写。

为响应长三角一体化发展战略，2020年6月15日，组织部分会员企业参加湖州“美丽中国”宣介活动；6月29日，接待河南工业和信息化厅合作交流处来访，商讨推进两地企业之间的交流与互动。6月起，交通电子协会与上海汽车检测认证中心有限公司联手形成课题组，对上海汽车智能计算系统产业进行研究。调研多家行业标杆企业，为后续规划内容的编写提供有力支撑。7月起，协助上海情报所开展“上海十四五电子信息产业发展规划”的编制工作，提供上海汽车电子领域发展的相关内容。

三是服务政府。2020年3月31日，交通电子协会秘书处陪同浦东新区科技和经济委员会装备产业处处长高群、副处长张锐等赴上海船舶运输科学研究所进行调研，并围绕浦东如何大力发展邮轮经济进行座谈交流。

4月21日，交通电子协会出席由市经济信息化委电子信息产业处组织召开的上海市电子信息产业发展“十四五”规划交流座谈会。围绕上海市汽车电子行业汇报了“十三五”期间的相关情况，并对“十四五”发展思路提出相关建议。同时，每月向市经济信息化委电子信息产业处提供汽车电子行业经济运行数据和相关分析。8月18日，参加由市经济信息化委组织召开的“电子信息行业秘书长会议”。8月20日起，对所有会员企业围绕汽车电子、航空电子、船舶电子和轨交电子等领域征集关于集成电路和电子信息产业指南和项目，并汇总上报市经济信息化委。

为进一步配合市商委公平贸易处的产业安全预警基础工作，提高产业发展趋势判断准确性，交通电子协会牵头组织汽车电子零部件企业参与“产业安全预警数据”每季度填报工作。本次工作将持续一整年。

10月28日，交通电子协会根据浦东新区信息推进中心要求，主办“上海浦东汽车电子产业创新与发展专题座谈会”，邀请罗兰贝格专家分享了智能网联汽车技术和行业发展的主题报告。同时，与会企业联合电子、泛亚汽车、海拉电子等14家汽车电子零部件公司及芯片设计企业汇报交流了企业发展情况。

（殳天盛）

六、上海市信息安全行业协会

【概况】上海市信息安全行业协会（以下简称“信息安全协会”）成立于2003年3月，现有会员单位200余家，包括信息安全企业及用户单位。下设商用密码专业委员会、职业能力教育专业委员会、金融科技安全专业委员会、上海市网络和信息安全服务能力评估办公室、ISG 网络安全技能竞赛组委会办公室秘书处、上海市信息安全标准化技术委员会秘书处、上海市信息安全高技能人才培养基地、上海信息安全职业技能鉴定所。

在“加强和创新社会组织管理，推动上海经济社会转型升级”的新形势下，信息安全协会积极树立转型新观念，提高自身素质，增强服务能力，在为企业提供政策咨询信息、促进企业科技创新和技术进步、推进产业联盟组建、开展课题研究、举办技能竞赛和专业培训、举办大型专业论坛及主题峰会、搭建专业化服务平台、推进跨区域交流合作等方面做了大量且卓有成效的工作。此外，信息安全协会积极履行社会责任，大力开展网络和信息安全宣传活动，致力于提高全社会网络和信息安全意识。

【社会责任积极承担】新冠肺炎疫情初期，信息安全协会向瑞金医院赴武汉医疗队捐赠价值 18 000 元的暖宝宝；向湖北省内三家合作伙伴捐赠 1 950 个一次性医用口罩及 34 盒价值 3 500 元的消毒物品；向上海红十字会公益捐款 1 万元。为有效防控新冠肺炎疫情，突出落实企业疫情防控主体责任，引导会员企业有序开展复产复工，在抗疫物资全面短缺、企业复工物资难以到位的情况下，竭尽全力寻找渠道，认真进行对价比货，帮助会员单位对接抗疫物资采购渠道，确保会员单位顺利到岗复工。

信息安全协会联合会员单位杭州安恒创作“新冠肺炎疫情期间远程办公及复工安全防范指南”漫画并进行发布，指导企业高效、安全地以远程模式完成工作任务；为解决中小企业远程办公签合同难题，联合奇安信集团蓝信移动办公平台发起“安全移动办公，可信合同流转”公益活动，为会员企业赠送蓝信远程办公和远程签约服务；为了抵御黑客的恶意欺诈攻击，护航抗击疫情工作，降低聚集性威胁，响应《国家卫生健康委办公厅关于加强信息化支撑新型冠状病毒感染的肺炎疫情防控工作的通知》中加强网络信息安全工作，防范网络安全突发事件，联合梆梆安全启动线上服务模式，为会员单位免费提供移动应用安全测评与安全监测方案，帮助企业防范网络安全攻击。

信息安全协会向会员单位征集防疫期间新型信息服务产品，将收到的 18 家会员单位 44 项服务产品上报给相关部门。为了全面地了解疫情对行业的影响，对行业企业受新冠肺炎疫情影响的情况及诉求进行了问卷调查，包括收入下降幅度、可维持的时间、成本支付压力、自身对策及对政府诉求等，进行统计并上报，为政府相关部门提供决策参考。

【网络安全宣传活动开展】“2020 年国家网络安全宣传周（上海地区活动）”（以下简

称“网安周”）于9月14日至20日举办。为贯彻落实习近平总书记对国家网络安全宣传周“四个坚持”重要指示精神，全面提升广大人民群众在网络空间的获得感、幸福感、安全感，本届活动以“全市动员、各行参与、适当延伸”为总方针，结合全市新冠肺炎疫情防控实际，创新探索宣传方式，推动线上线下高度融合，紧紧围绕人民群众，推出更接地气的宣传活动。

在市委网信办的指导下，信息安全协会联合市教委、市卫健委、市密码管理局、人民银行上海总部、国家计算机网络应急技术处理协调中心上海分中心、上海交通大学等有关部门，杨浦区、松江区、崇明区等各区开展了开幕式、高峰论坛、网络安全进基层、主题日、网络安全嘉年华、“身边的网络安全”短视频评选、闭幕式等活动。广泛开展网络安全宣传教育，直接参与人数达132万人次。活动宣传方面，全市发送公益短信3 560万条，发放宣传海报、手册等材料95万份，发布原创稿件137篇，转载稿件271篇，总点击量超千万次。通过本届网安周活动，切实增强了全社会的网络安全意识，广泛普及了网络安全防护技能。

【网络安全人才培养扎实推进】2020年，信息安全协会继续以上海市信息安全高技能人才培养基地为依托，主动对接行业上下游企业的需求，整合资源，多面向、多元化、多层级地开展高技能职业培训和专业素养培训，年度各类培训人数超过4 000人次。主要工作包括：

有序推进人社体系职业技能培训相关工作。实训室建设方面，积极推进《工业控制信息系统安全防护（专项职业能力）》实训室建设和项目验收工作，同时，启动配套培训机构选择和入网事宜项目开发；项目开发方面，组织完成《代码安全检测和验证（新技能培训）》项目教材开发、评审及备案工作，完成《电子数据鉴定（专项职业能力）教材开发》项目立项及开发工作；培训及鉴定方面，做好专项职业能力培训实训室交接工作，对《电子数据鉴定》《移动应用软件安全检测》两个开班项目的培训、鉴定工作进行全面梳理，在程序、环节上查漏补缺，在人员、制度方面进行完善。在此基础上，启动培训宣传及招生，按计划开展培训及鉴定工作，严控课程培训质量，做好教务教学管理，建立培训后续的跟踪反馈机制，确保基地评估工作顺利通过。同时做好考评员培训工作，组建项目鉴定考评员队伍，为基地培训以后的鉴定工作做好准备。2020年，基地积极迎接市人社局三年一期的基地和鉴定所检查评估工作，上海信息安全职业技能鉴定所、上海市信息安全高技能人才培养基地均以高分通过。

做好全市专业技术人才知识更新工程重点项目。根据《关于本市深入推进专业技术人才知识更新工程的实施细则》及《关于地方教育附加专项资金用于本市职业培训基础能力建设经费资助的管理办法》，进一步向行业内高层次、急需紧缺和骨干专业技术人员聚焦，成功申报《基于互联网的业务安全和风险控制》急需紧缺人才培养项目。

做好网络和信息安全国家级认证培训工作。作为中国网络安全审查技术与认证中心上海地区唯一授权培训机构，信息安全协会于 2020 年组织开展了“信息安全保障人员认证（CISAW）”专业级培训工作，涉及安全运维、安全集成、安全开发、风险管理、安全应急五个方向，新冠肺炎疫情期间为 160 余人提供了线下培训。

落实职业教育专业委员会工作。以职业教育专业委员会为依托，在全市中高职院校范围内，协同学校和企业做好师资培养、专业建立、学生培训、学生实习及就业等工作，为行业培养后备人员，推动行业人才建设长效发展。2020 年，和第二工业大学、上海工商外国语职业学院等签署战略合作协议，并开展学生培训、企业实践等项目。

此外，还积极为相关业务指导部门和行业上下游相关单位提供定制化网络和信息安全专项培训服务，在业内获得较好口碑。

【产业趋势和应用需求研究加强】2020 年，信息安全协会在国家网络信息安全相关重大政策、法律、标准的框架和原则下，以促进上海相关产业发展和安全治理的良性互动为研究导向，对本行业所属企业的发展现状、产品研发、技术创新、人才培养、产业示范应用等情况进行调查研究，参与《上海信息化年鉴》《上海现代服务业发展报告》《上海工业年鉴》的内容提供，为政府职能部门决策提供参考，为企业发展提供政策支持；为继续推动网络与信息安全服务外包单位能力提升，促进行业自律和制度规范建设，信息安全协会于 2020 年下半年开展上海市网络与信息安全服务能力评估和推荐工作，共有 48 家单位参评，推荐单位名单于 2021 年 5 月底前公示；为充分发挥标准在完善网络安全保障体系、促进城市安全有序发展中的技术支撑作用，上海市信息安全标准化技术委员会（以下简称“市信安标委”）于 2020 年 11 月成立，秘书处设在信息安全协会。作为全市信息安全专业领域的标准化技术组织，市信安标委将承担上海地区信息安全专业领域标准起草和技术审查等工作，并代表上海市对接全国信息安全标准化技术委员会，负责上海地区的信息安全标准化技术归口工作。12 月，市信安标委第一期标准化技术人员培训班举办。

【自身建设加强】2020 年信息安全协会党支部在市工经联党委的直接领导下，通过组织开展专题讨论、参观学习、基层组织生活会、民主评议等多种形式的党员活动，凝聚力量，进一步发挥党支部战斗堡垒和党员在工作中的先锋模范作用，推动各项工作开展。

（朱方园）

第五章　信息化合作交流及重要展会

概　述

2020年，市经济信息化委高度重视东西部扶贫协作和对口支援工作，持续开展“双一百”村企结对精准扶贫行动，有序推进长江经济带和长三角区域一体化发展国家战略。展会方面，通过第二十二届工博会、第三届中国国际进口博览会（以下简称“进博会”）、2020世界人工智能大会等的召开，推动信息化及相关产业良好发展。

一、国内外合作交流

认真开展东西部扶贫协作和对口支援工作

【概况】全委领导高度重视东西部扶贫协作和对口支援工作，结合“四史”专题教育，深入学习习近平总书记在“决战决胜脱贫攻坚座谈会重要讲话和中央第七次西藏工作”座谈会、第三次中央新疆工作座谈会精神，全面领会把握中央东西部扶贫协作和对口支援新部署、新要求，围绕“双战双赢”目标任务，立足产业和信息化主管部门的实际，扎实推进、积极落实东西部扶贫协作和对口支援工作任务。

2020年5月22日，上海市经济和信

息化工作党委（以下简称“市经信工作党委”）专门听取了《关于东西部扶贫协作和对口支援2019年工作情况和2020年工作安排的汇报》。市经信工作党委书记陆晓春于9月1—3日和9月20—24日分别带队赴河北张家口和陕西汉中开展扶贫调研工作，考察扶贫项目落地情况。市经济信息化委主任吴金城根据市政府统一安排，于10月10—12日陪同上海市市长龚正赴新疆喀什，考察援疆项目推进情况。市经信工作党委副书记马列坚于9月15—18日带队赴四川木里县开展扶贫专题调研，实地考察产业综合帮扶试点项目。

【上海—新疆呼叫产业生产性服务业功能区建设】2020年5月，泽普县呼叫功能区二期投入使用，面积5 000平方米，座席1 000席，并建设有消费扶贫电商直播基地、数据机房及跨境电商一键代发仓等项目。喀什、泽普两地园区呼叫中心建设面积超过1万平方米，座席总数超过2 000席，呼叫功能区总计就业人数1 050人（喀什园区450人、泽普园区600人），是新疆本地规模最大的呼叫中心产业园。功能区作为“喀什好味道·双线九进”线上服务平台的载体，通过自有渠道、企业及电商平台合作，累计帮助当地销售滞销农产品超600万元，其中“1 000吨泽普冰糖心苹果采购”项目为上海援疆企业单笔最大苹果订单。

积极推动上海企业将呼叫业务和电商扶贫业务落户功能区。2020年呼叫业务新发展意向企业共6家，包括：中通、申通、岐力、大骐、腾道和韵达，共拟试点座席数60席，预计可带动就业65人。电商扶贫业务发展方面，通过与叮咚买菜、盒马鲜生和爱库存三家电商平台合作农产品扶贫项目，预计可带动喀什当地电商运营、供应链、直播、客服等岗位就业100人。10月11日，上海市党政代表团考察了功能区，上海市市长龚正充分肯定了功能区呼叫产业聚集发展程度，以及为解决当地就业所作出的贡献，鼓励功能区加大力度挖掘当地资源禀赋，发挥上海的市场、技术和渠道优势，实现一、二、三产业联动发展。

除此之外，喀什“一带一路医疗器械产业园”于8月启动，先期5万平方米招商任务顺利完成。该园区由新跃物流和天星医流两家双推企业联合发起，是继呼叫功能区后又一落户喀什的沪疆共建生产性服务园区。

【“双一百”村企结对精准帮扶工作持续开展】积极组织在沪央企开展“双一百”村企结对精准帮扶工作。参与帮扶活动的各在沪央企积极履行企业的社会责任，通过消费扶贫、产业帮扶等方式落实帮扶协议内容，提高扶贫工作的参与度和精准度。

其中，中远海运集运落实扶贫资金80

万元，并组织系统内的工会组织、食堂踊跃参与遵义市赤水地区的消费扶贫，共计购买当地特色农产品30万元，将前几年“扶贫日”所捐的46万元全部用于帮助新店村改善基础设施，完成产业道路扩建和路灯安装工程，惠及182户576人。解放军第四七二四工厂继2019年资助遵义赤水市石梅村白茶栽种项目后，又援助38.48万元用于石梅村竹加工厂建设项目，解决石梅村就业人员36人，预计村集体经济每年增加收入10万元以上。此外，工厂积极进行消费扶贫，采购相关产品70万元。中国航空无线电电子研究所全年累计投入资金51.28万元，解决结对村343户1 196名村民的安全饮水问题，积极开展消费扶贫，累计金额12万元。

【社会参与力量广泛发动】指导上海市中小企业技术人才引进服务中心，扎实开展东西部扶贫协作地区和对口支援地区的产业合作、劳务协作等工作，促进贫困劳动力转移输出及就地就近就业、增收脱贫。

一是支持、协助上海相关企业复工复产，为急需招聘用工的企业提供劳务对接、协作服务。为携福电器、吉田拉链等38家上海企业提供劳务对接，联络、收集急需招聘用工5 000余人需求信息，帮助企业拓展劳务用工渠道。同时，帮助对口支援地区近50名务工人员返沪及长三角地区返岗复工复产。

二是务实开展产业合作。2020年10月，组织华润大东、菲尼萨光电、老盛昌等10余家企业前往青海果洛甘德县和玛沁县进行产业合作考察，交流了如何帮助当地发展特色产业、促进就地就近就业等事项。12月，组织荷美尔、汉钟精机等8家企业赴云南文山州开展产业合作（扶贫车间）考察交流，洽谈相关事项。

三是开展劳务协作就业扶贫工作，促进贫困劳动力转移输出及就地就近就业、增收脱贫。组织新锦江、奉井、寰众等30余家企业，在云南文山、红河、临沧、青海果洛地区，开展劳务供需对接活动15场，提供就业岗位数15 000个，帮扶当地贫困劳动力500余人来沪就业。

四是开展稳岗就业工作，提供就业后续服务。组织走访用工企业26家、慰问务工人员410人次，为在上海企业工作的建档立卡户及其他务工人员提供就业后续服务，持续助力就业脱贫。

五是开展关爱小学建设，减少就业人员后顾之忧。以建档立卡户中外出务工者在小学就读的子女作为最基本的帮扶人员，积极开展关爱小学建设的系列活动。8月，为文山州19所关爱小学建立“健康小屋”并配备了一系列卫生设备；邀请上海市口腔医学会口腔医院管理专委会主委袁学锋给孩子们进行健康检查；协助上海吉田拉链与临沧市刺竹林小学开展结对献爱心关爱活动，向刺竹林小学捐赠了一台电子白板一体机和100套学习用具。

【对口支援地区人力资源开发项目协助实施】2020年9月17—24日，市经济信息化委协助遵义市工业和能源局在同济大学经管学院举办了沪遵产业合作专题培训班。培训班讲授了“一带一路”下的政治经济形势、绿色食品发展、互联网时代制造业的转型与创新等最新知识和实践经验，组织学员到中国国际工业博览会（上海）、上海自贸区临港新片区、上海青浦现代农业园区以及浦东软件园进行现场教学。根据所发放的问卷调查统计，本次培训总体课程平均分达到4.97分（满分为5分）。学员们反响很好，普遍认为培训课程设置合理实用，内容具有很强的理论性和操作性。

【与对口地区产业合作加强】按照“遵义所需、上海所能”与“上海所需、遵义所能”的原则，以及“政府引导、企业主体、平台运作、社会参与”的总要求，市经济信息化委协助遵义市政府在沪举办各类投资推介活动，积极开展沪遵产业合作。与遵义市工业和能源局召开沪遵产业合作座谈会，总结沪遵产业合作2020年开展情况，并对2021年工作做出安排部署，配合遵义市政府召开“红色圣地·最美遵义”特色产品鉴暨遵义产业招商（上海对接会）。全年沪遵产业合作项目53个，到位资金79.2亿元，带动贫困人口数12 604人。

有序推进长江经济带绿色发展

【化工污染治理大力推进】一是服务长江经济带和长三角区域一体化发展国家战略，做实各类专项调整任务。按照《上海市打好污染防治攻坚战——优“化”行动实施方案》部署，在科学评估现有企业环保、安全等生产条件的基础上，推进浦东新区、松江区、奉贤区、青浦区等8个区约100家化工企业启动调整提升。

二是加快推进合规园区外危化品生产企业调整提升及搬迁改造。在科学评估的基础上，对规划工业园区以外的化工企业，根据风险可控原则，分步分类鼓励、推动具备条件的优质化工企业，搬迁进入合规工业园区。列入年度计划的5家企业均已完成危化品生产线关停。

【创新驱动能力提高】一是全面推进科创中心建设。积极参与科创中心“四梁八柱”搭建工作。聚焦产业创新体系建设、新兴产业布局和发展、产业创新载体、创新成果转化等方面，参与编制《关于进一步深化上海科技创新中心建设的若干意见》《建设具有全球影响力的科技创新中心十四五规划》《上海市科技创新中心建设报告》《新一轮全面创新改革试验方案》等文件。对照上海科创中心能级提升需求，瞄准国家明确的重点领域，对上海具有产业和技术特色、优势的领域抓紧培育，成功创建上海燃气轮机制造业创新中心和上海高端医疗装备制造业创新中心两家市级制造业创新中心。

二是推进长三角工业互联网公共服务平台建设。组建由工业互联网创新中心、电信一所、阿里云、朗新科技、安徽合力、交叉信息研究院、同济大学等单位组成的项目团队，项目在创新中心的牵头指引下，已完成项目总体规划、长三角区域数据服务、应用服务、平台应用推广、人才服务和政策服务等能力规划设计。

【产业转型绿色发展】一是传统制造业加快改造升级。汽车、钢铁、化工、船舶等产业加快数字化、网络化、智能化转型。高端装备、汽车、电子信息、航空航天等行业推进100家无人工厂建设。2020年，发布“工赋上海”三年行动计划，致景科技、东土科技、摩贝化学等一批工业互联网企业落地建设，一批工业互联网＋中小企业综合解决方案加快应用推广，长三角工业互联网一体化发展示范区推进建设。新能源汽车累计推广超过37万辆，成为全球推广量最大的城市。

二是新业态、新模式加快发展。130多个绿色制造项目开展试点示范，33个节能环保产业龙头企业加快培育，“上海产业绿色发展综合服务平台”开通运行。一批生产性服务业功能区推进建设，一批服务型制造项目开展试点示范。软件信息服务业、新生代互联网蓬勃发展，软件信息服务业营收超1万亿元。实施《上海市促进在线新经济发展行动方案（2020—2022年）》，在线医疗、远程办公、生鲜电商零售等快速兴起，在线新经济生态加快培育。制定振兴消费计划，促进汽车、信息等领域消费。

三是重大项目加快投资和建设。建立完善重大项目推进机制，复制推广“特斯拉”经验，华为研发中心项目、网易上海西岸研发中心、重型燃机、达阀机器人、英威达己二腈、腾讯长三角超算中心、商汤人工智能计算和赋能平台、上药生物医药产业园等一批项目开工建设，中芯国际、积塔半导体、华力二期、特斯拉超级工厂、大众MEB（Modular Electric Toolkit，模块化电动工具）项目、大型邮轮和LNG（Liquefied Natural Gas，液化天然气）船等一批项目建设顺利。

四是落实压减、淘汰落后产能任务。继续坚持“四个锁定”（锁定区块、锁定项目、锁定时间、锁定责任主体），瞄准“三高三低”企业（高能耗、高污染、高风险，低技能劳动密集型、低端加工型、低效用地型），发挥产业结构调整指导目录的引导作用，推动环保、安全、能耗、技术、工艺等不达标的落后产能退出，全年启动实施项目800项，启动及验收重点区域8项。

五是创建绿色制造体系。围绕全市绿

色制造体系创建总体目标，开展第五批绿色制造体系申报评审，评审出40个绿色工厂、3个绿色园区、5条绿色供应链、87项绿色产品。开展绿色集成项目验收，完成6家绿色集成项目及9家绿色制造解决方案供应商项目验收，拨付补贴金额8 840万元。巩固绿色制造成效，加强对绿色制造示范企业的跟踪管理，完成第一批、第二批绿色制造示范复核工作，确保示范引领作用，并开展绿色制造专题培训。

六是开展清洁生产。2020年前三季度，完成清洁生产审核评估27家、验收48家。通过审核的企业共实施清洁生产方案582项，其中无/低费方案526项，中/高费方案56项，取得经济效益4 200多万元，可实现年节电860多万千瓦时，减排二氧化碳8 000多吨，节水8.1万吨，减排挥发性有机物VOCs（Volatile Organic Compounds，挥发性有机物）39.11吨，减排二氧化硫18.86吨，减排氮氧化物15.61吨，减少烟（粉）尘排放37.71吨，减少一般固废产生178.97吨，减少危险废物产生109.16吨。

七是企业服务保障优化、提升。《上海市促进中小企业发展条例》发布实施，出台中小企业平稳健康发展的22条、应对疫情影响的18条。建立重点企业市级层面申诉协调机制，“百家重点企业服务专窗”上线试运行，企业服务云启动二期建设，专业化服务能力加快提升。

积极推动长三角一体化发展国家战略，推进沪苏大丰产业联动聚集区建设

【项目招商重大突破】2020年全年新签土地项目1个、厂房租赁项目4个，实现“当年签约、当年进驻”，总投资约37亿元，预计达产后年产值超90亿元。沪苏大丰产业联动聚集区（以下简称“沪苏集聚区”）累计入驻项目8个，实质开工7个、投产3个。

一是新能源产业实现重大突破，正泰光伏新能源项目浙商投资、临港做媒、落户大丰，拟建5GW高效电池和5GW高效组件生产线，从签约、拿地到开工仅用3个月，为2021年初投产打下基础。

二是高新农业顺势崛起，借力当地资源，吸引中国农科院上海兽医所在沪苏集聚区设立国家级动物疫病疫苗研究中心（P3实验室），由国家相关部委发起项目立项，同时争取沪苏两地政府支持。

三是产业链集聚初具规模，发挥龙头带动和高新科技引领作用，汽车产业链集聚了上汽配套热处理设备、镁合金轮毂、汽车纳米真空镀膜等项目；手机产业链石墨烯薄膜、超高清液晶屏等项目携手入驻；建筑产业链上海材料研究所建筑减震装备、装配式建筑等项目也相继入驻。

【重点工程建设】一是路网成型环境提升，7条道路总长近12千米，2020年上半年陆

续竣工投用，沪苏集聚区启动区“三纵六横”路网成型；2 座封闭闸、3 座防洪站 7 月初通过竣工验收，集聚区整体环境和形象更新进入设计阶段。二是市政配套同步到位，能源中心（扬帆变电站、天然气站）实现常态化正常运行，环境中心（污水处理厂）7 月开建，于年底竣工。三是产业配套有序推进，智造园一期标准厂房交付使用，智造园一期邻里中心（职工生活中心）配合招商项目需求正式开建；管理服务中心结构封顶。

【创新服务平台打造】进一步优化沪苏集聚区发展环境和营商环境，打造有温度的产业园区和产业新城。

一是打造绿色经济发展平台，联合行业龙头企业，推广分布式屋顶光伏发电，试点“隔墙售电”，探索打造冷热电三联供能源体系，构建智慧能源生态圈；主动对接“国家绿色发展”基金，促进绿色产业发展；积极申报建设“国家绿色产业示范基地”，建设“北上海 · 临港生态智造城”。

二是打造高端智库支持平台，联合国家级高端智库开展“长三角一体化背景下飞地经济发展”课题研究，筹备召开“飞地经济论坛”并永久落户沪苏集聚区，为发展提供顶尖智力和政策支持。

三是打造融资担保服务平台，解决中小企业融资担保难问题，积极推出“沪苏智造贷”专项业务，有效促成部分企业落户，后续还将探索设立“风险担保基金”。

四是打造专属人才服务平台，谋划建设一批“双限双定”人才公寓，增强招商、育商、稳商手段，解决引才、留才问题。按照临近在建高铁站、选址学区或景区的思路初步形成两套方案，待论证确定后加紧上马。

五是打造产业人才培养平台，联合专业人才服务机构，对接江苏公办本科院校盐城工学院和全国办学规模最大的技工院校盐城技师学院，共建定向产业人才培养机制。

【首期土地交割】2020 年 4 月底，大丰公司取得宗地面积 4 515.65 亩国有农用地不动产权证，与上海农场首期国有农用地使用权划转工作办结完成，为后续发展提供用地保障。沪苏集聚区一期控规修编获得区政府认可，增加了土地利用面积、调整了局部用地性质，有效保障智造园二期等项目的开发需求。

【对口合作大连工作积极推进】认真贯彻落实党中央、国务院以及市委、市政府要求，按照《2020 年沪连对口合作重点工作计划》安排，积极推进对口合作大连工作。

一是围绕展会，进一步提升对口合作品牌效能。上海组织科大讯飞、芯讯通、深兰科技等 25 家知名企业参加第二十二届大连国际工业博览会，充分展示上海参展企业的先进技术和创新能力；大连组织蒂业技凯、伊通科技、大连理工等7家单位参加了第二十二届中国国际工业博览会。

二是加强智库交流，协助邀请专家出席沪连对口合作高端论坛并做主旨演讲。

三是聚焦前沿，推进重点领域合作。在船舶与海洋工程领域，上海市船舶与海洋工程学会和大连市造船工程学会于2020年10月，共同在大连举办“首届连沪船舶与海洋工程行业科技成果发布会”。沪连两市学会负责人和企业代表在会上发布超低温阀门及阀门遥控系统、智能深海网箱、管系聚乙烯涂塑技术、船舶总装工序精度数据可视化等领域的科技成果，有力推动两市船舶领域科技成果加快对接市场，取得更好经济效益。在燃料电池新能源汽车领域，市经济信息化委会同市发展改革委、市财政局、市科委等相关部门，以及嘉定区等相关区，就上海与大连合作申报燃料电池汽车示范城市相关事宜多次会商讨论，最终推动嘉定区与大连市签署了合作协议，并向大连市提供示范应用承诺函，支持大连城市群开展燃料电池汽车关键核心技术产业化攻关和示范应用，并在加氢站建设、燃料电池汽车运行监测、燃料电池汽车检验检测等方面提供技术支持和平台共享等。

（殷文琪）

二、重要展会

【上海市智能制造特色产业园区推进大会召开】2020年6月16日，以“智行生态 智绘未来”为主题的上海市智能制造特色产业园区推进大会在“上海之鱼”——奉贤博物馆召开。上海市委常委、副市长吴清，市政府副秘书长陈鸣波，市经济信息化委主任吴金城，奉贤区委书记庄木弟，奉贤区区长郭芳，临港集团总裁袁国华，上海电气集团总裁黄瓯等出席。大会由市经济信息化委副主任张建明主持。吴清指出，发展智能制造是提升城市能级与核心竞争力的必由之路。吴金城指出，上海市将对标国际最高标准、最好水平，发布落实建设100+标杆性无人工厂专项行动方案（2020—2022年），围绕五个方面推进15项重点举措。

会上，以“行”为特色的临港南桥智行生态谷、以“新”为特色的嘉定汽车新能港、以“5G”为特色的金桥5G产业生态园、以“氢”为特色的嘉定氢能港、以“智”为特色的闵行开发区智能制造产业基地、以“全”为特色的机器人产业园、以“创”为特色的中以（上海）创新园、以“高”为特色的外高桥智能制造服务产业园8家智能制造特色产业园区正式获得授牌。会上同期举行中以（上海）创新园临港集团 AI PARK 智慧园区展示中心、东方美谷·未来空间国际投资促进中心（德国）、上海机器人产业园应用示范区、闵行开发区智能制造展示服务中心、汽车新能港增材制造创新园、嘉定氢能港创新中心、上海 5G+ 智慧工厂 7 家创新载体和机构平台揭牌仪式。同时，上海市智能制造产业投资基金战略合作框架意向协议、上海智能制造创新应用先导（培育）区战略合作框架协议等 10 个重大项目签约。本次大会还设置无人驾驶体验、机器人展览等环节。

【2020 年上海市节能宣传周活动举办】6 月 28 日，2020 年上海市节能宣传周开幕日活动举行，结合“绿水青山”的主题，活动在有“佘山之秀”的松江区和有“苏州河之美”的普陀区设分会场同步连线举办。上海市委常委、副市长吴清，市人大常委副主任肖贵玉、市政协副主席李逸平，市政府副秘书长陈鸣波，市经济信息化委主任吴金城等出席。2020 年是全国第 30 个节能宣传周，主题是“绿水青山，节能增效”。活动上，国家开发银行上海分行、交通银行上海市分行、上海银行、招商银行上海分行分别与华宇电子、数据港股份、商汤科技、华虹计通、万国数据、有孚网络等为代表的绿色新基建企业签署 7 项产业绿贷融资合作意向协议及合作备忘录。

开幕日正式公布了 1991 年至 2020 年上海市节能重点领域十件大事评选的获选名单，主办单位领导为十一家获选单位颁发纪念奖。开幕日还启动了节能宣传周暨“云”上节能周和微信小程序“节能宣传践行者”2.0 活动。6 月 29 日—7 月 5 日，全市组织开展 308 项形式多样的主题宣传活动，如举行“上汽杯”节能绿色知识竞赛、携手苏宁易购榴莲直播平台举办“节能增效大秀场”云直播、进行产业发展报告系列发布活动、上线发布绿色护照电子版等，宣传节能低碳理念，倡导勤俭节约社会风尚，共同建设美丽家园。

【2020 世界人工智能大会云端峰会举办】由于新冠肺炎疫情的影响，部分大型会议会展、学术交流活动取消或延期。在此背景下，上海市政府决定在 2020 年 7 月 9 日至 11 日，采用线上活动为主的形式，继续举办世界人工智能大会云端峰会，并将大会主题确定为“智联世界，共同家园”。

大会云端平台突破“面对面”的地域限制，实现“屏对屏”的互动交流。在内容形式上，呈现“3×24 小时全天候”内容输出，运用 5G、VR/AR 等最新技术，打造 360 度全景空间和“云 + 端 + 网 + 屏”的沉浸式新模式，努力形成“百台同播、千网同发、亿人同观”的效果。“AI 家园”云展览通过 3D 动态展示，让全球网友切实感受 AI 场景、在云上开展洽谈，让智能科技真正实现高效、便捷、普惠、公平。

人工智能在防控疫情方面发挥了积极

作用，大会围绕“AI 向善”的议题进行重点讨论，展示 AI 技术让家园充满爱、充满力量，为世界呈现未来生活、温暖家园的愿景。大会发布一批重大产业签约项目，开放一批综合型应用场景，创新升级国际日（7 月 10 日）、开发者日（7 月 11 日）等特色活动。大会延续了“1+2+10+X”总体架构，即 1 场开幕式、2 场全体会议、10 场主题论坛和若干场行业论坛。特别策划了“洲际连线”和“AI 夜话”，邀请全球各地的顶级专家实时连线、对话，把最前沿、权威的思想和观点带到上海；云集人工智能与互联网新生代企业家代表，畅想新经济的未来十年。

同时，顺应在线新经济、数字会展的新潮流，牵手 B 站、喜马拉雅、爱奇艺、腾讯、知乎等新媒体，策划短视频比赛、话题征集等一系列互动活动，提高观众参与大会的趣味性。同时，在云展览部分，大会聚焦芯片算力、智能机器人等硬核产品，以及海外“黑科技”项目，精心筛选了 8 件“镇馆之宝”。50 多项重量级成果和创新产品首发，30 多个重大产业项目签约，一批开源开放平台、行业运行服务平台、先导区综合服务平台等依次亮相，展现上海人工智能发展的重大布局。赛事活动方面，SAIL（Superior、Applicative、Innovative、Leading，卓越奖、应用奖、创新奖、先锋奖）奖、世界人工智能创新大赛（AIWIN）、青年优秀论文评选、青年科学家“云帆奖”、工业互联网“湛卢奖”等，分别侧重专家、创业者、青年科学家、开发者等群体。

【第二十二届中国国际工业博览会举办】由国家有关部门和上海市人民政府共同主办的第二十二届工博会（CIIF），于 2020 年 9 月 15 日至 19 日在国家会展中心（上海）举行。本届工博会以“智能、互联——赋能产业新发展”为主题。展览面积 24.5 万平方米，参展企业 2 000 多家，共设置九大专业展区，采取“线下为主、线上为辅”的会展新模式，通过 5G 直播、虚拟展厅等互联网新技术，全新打造工博会在线平台，首开“线上工博”，实现线上线下有机融合办展。

本届工博会论坛采取“1+8”模式：1 个主论坛，首次迁至国家会展中心与工博会同地举办，邀请全球知名学者、企业家等进行开放式交流。8 个专题会议，聚焦集成电路、人工智能、生物医药、智能制造、新材料、绿色低碳、现代交通工程、创新设计和数字创意领域，开展专业性高端对话与思想交流。同时，制定二十二届工博会疫情防控工作方案。本届工博会专门设置意大利国家馆、首次设置院士专家创新成果展、集中设置防疫精品展、聚焦首展首发新成果、聚焦“互联网 + 工业”新进展。9 月 15 日举办“全球制造业产业链高质量合作高峰论坛”，以“重塑信心、开放包容、合作共赢”为主题，以国际化视野阐释当前全球制造业产业链高质量合作面临的机遇和挑战。

【2020国际工业互联网大会举办】9月16日，2020国际工业互联网大会在国家会展中心举行，上海市经济和信息化委员会副主任张英、东浩兰生（集团）有限公司副总裁宁风出席大会并致辞。上海市工业互联网协会常务副会长张锡平、中国信息通信研究院副总工程师王爱华等出席。

会上揭晓了CIIF信息技术奖、全球工业互联网算法大赛获奖团队并进行颁奖，海尔卡奥斯与德国赛诺瑞克公司、内芬兹公司进行了“中德共创·平台赋能”云签约。作为第二十二届工博会重要论坛，本次大会以“工赋新动能，共建生态与可持续发展”为主题，设立主论坛“2020国际工业互联网大会”，以及多场热点话题的分论坛和平行论坛，包括“2020工业品电商与数字化供应链峰会”“科技新基建带动工业物联网峰会”“5G产业论坛”“5G时代·中国汽车V2X（Vehicle To Everything，车用无线通信）创新研讨会”和投融资对接会等。会展期间，包括中国电信、中国联通、中国移动、阿里巴巴、京东工业品、SAP、海尔卡奥斯、震坤行等超过200家国内外企业，集中展示了工业互联网的新模式、新业态、新产品。

【第三届全球IC企业家大会暨第十八届中国国际半导体博览会举办】由中国半导体行业协会、中国电子信息产业发展研究院联合主办的第三届全球IC企业家大会暨第十八届中国国际半导体博览会（IC China 2020）于2020年10月14日至16日在上海举办。

IC China 2020作为中国半导体行业的高端年度盛会，以“开放发展　合作共赢——5G时代‘芯’动能”为主题，共同推进5G时代全球半导体产业的交流与合作，探讨新冠肺炎疫情下全球半导体产业的协作、创新与发展，展示全球半导体领域最新创新技术和成果，推动全球半导体产业可持续、高质量发展。

本次大会举办了全球IC企业家大会开幕式、主论坛、多场分论坛、报告发布、项目签约、专题研讨、参观考察等系列活动，以及2万平方米主题展览及多场新品发布、项目对接、校友会等活动。除主论坛之外，本次大会还举办“5G芯片”“半导体产业链创新”“智能网联汽车芯片”“半导体知识产权发展”“长三角集成电路集群平台创新发展”“RISC-V（Reduced Instruction Set Computer-Five，第五代开放精简指令集架构）创新应用”等多场分论坛，从不同层面探讨IC产业新市场、新趋势、新政策、新动能。

【2020“双千兆宽带城市”发展高峰论坛举办】11月11日，2020“双千兆宽带城市”发展高峰论坛在上海举办。本次论坛

由中国信息通信研究院、上海市经济和信息化委员会、上海市通信管理局指导，上海电信、上海移动、上海联通、上海铁塔和东方有线联合主办，旨在加快推进5G与F5G（第五代固定通信网）等新一代网络基础设施建设，赋能城市社会、经济高质量发展。上海市委常委、副市长吴清，市政府副秘书长陈鸣波，中国工程院院士张平，上海市经济和信息化委员会主任吴金城，中国信息通信研究院院长、宽带联盟秘书长刘多，市经济信息化委副主任张建明，上海市通信管理局副局长谢雨琦等出席论坛。

根据中国信息通信研究院发布的消息，上海千兆固定宽带已覆盖960万户家庭、实现99%家庭覆盖，固定宽带平均可用下载速率达到50.32M，是全国第一个超过50M的城市；三大电信运营商都将上海作为5G网络首发城市，上海已累计建设5G室外基站3.14万个、5G室内小站4.98万个。上海已实现中心城区和郊区重点区域5G连续覆盖，平均下载速率超300M，重点区域下载速率超800M。从网络基础设施能力、网络覆盖以及用户感知度看，上海已率先建成“双千兆宽带城市”。会上启动了上海“双千兆宽带城市”加速度计划，正式成立了上海新兴信息通信技术应用研究院。此外，上海电信、上海移动、上海联通、上海铁塔、东方有线、华为公司、中国信通院华东分院、工业互联网创新中心等上海信息通信产业上下游龙头企业、科研院所，也在会上共同发起成立“双千兆”创新发展联盟。

【“一带一路”信息产业国际合作高峰论坛举办】2020年11月20日，“一带一路”信息产业国际合作高峰论坛在上海举行。外交部原部长李肇星、中央外办原副主任吕凤鼎、哥斯达黎加原部长Alexander Mora、巴基斯坦信息技术和电信部总干事Ajmal Awan、中国科学院院士何积丰等出席活动。市经济信息化委副主任张英出席并致辞。张英指出，全球新一轮科技革命和产业变革加速演进，不仅为生产生活带来革命性重塑，也为世界产业、贸易和投资格局带来深刻变化，已凝聚全球开放合作的广泛共识。

本次论坛以“共享产业新基建　共赢在线新经济”为主题，围绕全球新冠肺炎疫情下的信息产业国际合作，聚焦“一带一路”新型基础设施建设、民营经济参与“数字丝绸之路”、国际投资合作、贸易、法律、区块链技术、在线新经济等议题。论坛上，“数字丝绸之路”顾问专家委员会成立；中集产城集团、京东云、华润置地等一批项目进行集中签约；“中巴数字走廊”“物媒国际服务平台”等一系列“一带一路”公共服务平台发布、“老年大学智慧教育”等一系列“一带一路”在线新经济特色应用场景发布；金桥经济技术开发区等城市推介活动反响热烈。

（杨勤伟）

第八编　区信息化建设

SHANGHAI INFORMATIZATION

综　述

2020年是“十三五”规划的收官之年，各区政府在积极防控新冠肺炎疫情的同时，重视和支持信息化工作，稳步推进上海智慧城市建设。

各区以信息技术支撑社会公共领域建设，加强“政府服务一网通办、城市运行一网统管”，使信息化应用惠及民生，为建设和谐社会发挥积极作用；加强信息技术在重点行业、关键领域的推广应用，充分发挥信息化对经济增长方式转变、提升企业自主创新能力的促进作用；坚持以信息化手段加强城市建设管理，攻克城市管理难点；发展智能制造、大数据、云计算、电子商务等产业，以龙头企业为核心打造产业集群，构建和完善区域特色产业体系；突出信息基础设施建设在促进产业发展中的关键作用，重点聚焦5G建设；加强各类信息化宣传工作，巩固信息安全保障。

第一章　浦东新区信息化建设

概　述

2020 年，浦东新区围绕进一步夯实信息支撑基础，紧扣“政府服务一网通办、城市运行一网统管”城市治理“牛鼻子”工作，聚焦人本普惠智能和数字经济高质量发展，支撑新冠肺炎疫情科技防控，全力推进智慧城市建设，并在 2020 年全市智慧城市发展水平评估中，以 133.41 分名列全市第一。这是浦东新区继 2019 年由 2018 年度第 8 名上升到第 4 名后，又一次大幅度的排名提升，直观反映了浦东新区在智慧城市发展环境、智慧应用和新型基础设施建设方面的进步与成绩，展现了浦东新区在智慧城市建设和数字化转型中争当排头兵的精神风貌。

一、政务领域信息化

【区政务资源数字底座夯实】浦东新区致力于做好、做细“冰山下”的数字底座基础工作，在强化技术统筹、标准引领、数据服务和基础支撑等方面持续努力，整合应用场景和功能模块，不断推进经济治理、社会治理、城市治理的统筹推进和有机衔接，初步建成以“云、数、网、安、链、智”六大基础平台为体系的数字底座，支撑全区三大平台基础上丰富多彩的智慧应用。2020年在全市开展的智慧城市创建、数据开放和网络信息安全管理等多项评比中，浦东新区大数据中心都勇夺全市第一。

【区政府网站提质创优】 浦东新区积极推进政府网站提质创优工作，整合全区各部门和各街道、镇网站平台，实现统一入口、统一风格、统一防护。按照国务院办公厅政府网站普查和上海市政府网站综合测评要求，积极开展规范化、标准化建设，提升政府网站政务服务的能力和用户的体验感，群众留言处理率和满意率皆为100%。同时，按照关键信息基础设施网络安全工作要求，积极实施三级等保和国密评测试点，确保平台安全稳定运行，全年安全事故零发生。

【区数据资源归集共享】 一是打牢数字地基，推进数据“应归尽归”。截至2020年底，共接入全区81家单位（含38家委办局、7家管委会、36家街镇），实现7 304个事项、85 564个数据项和38亿多条数据的归集，实现了全区数据通道全覆盖。

二是以“一网通办”为抓手，积极推动市、区两级联动。截至2020年底，通过属地返回机制落地了自然人综合库、法人综合库、“一网通办”主题库等157个资源，数据量1亿多条。同时，持续向市大数据平台归集数据，归集总量约21亿条。

三是按照“以共享为原则、不共享为例外”的要求，支撑浦东新区“一网统管”及重点应用建设。全年为浦东新区经济运行平台每日归集1 338多万条数据；为浦东新区城市管理平台提供了14个单位、90个事项，总计1.1亿多条数据；为浦东新区社会治理平台提供了6个单位、17个事项，总计8 476多万条数据；为浦东新区公共信用信息服务平台提供了23个单位、177个事项，总计5 130多万条数据。

四是初步探索政企数据融合，丰富云上数据供给。全面梳理区各个部门的第三方数据采购与需求情况，调研第三方数据服务模式和合作方法，提出了打造“政企数据合作生态圈”的初步建设规划，发挥企业与市场作用。

【区政务数据治理工作深化】 一是依托浦东新区大数据支撑服务平台的建设，结合浦东新区特色与实际情况，制订《浦东新区公共数据共享管理办法》《浦东新区公共数据共享管理实施细则》《浦东新区公共数据质量管理规范》等，初步构建数据全生命周期的制度体系，以此为抓手建立考核机制，不断推进数据质量管理工作，强化数据治理效能，针对归集整合后的数据项进行空表、空值、更新频率等检测，开展数据清洗和质量分析工作，查处问题并对问题数据进行修正。

二是结合浦东新区的具体情况，以及制定的浦东新区人口元数据规范、法人元数据规范等，基于数据资产探查结果，开展自然人、法人、房屋、地名地址四大基础库的建设工作，统筹建设城市治理所需各类专业数据，以标准化地址数据串联，细化到街道、小区、楼栋等颗粒度，规范人口、房屋、法人等基础数据，打造数据使用闭环，确保数据“能用、有用、好用”。建设数据分级分类、数据脱敏加密等功能，提供多源数据的跟踪和追溯能力，强化数据安全监管能力，做到数据归集、治理、交换安全可控。

【区数据资源有序开放】以数据资源安全合规为前提，深化浦东新区公共数据资源目录体系建设，完成数据开放清单的目录梳理和编制，推进政务数据资源向社会开放。截至 2020 年底，在上海市数据服务网登记发布浦东新区政务信息资源开放目录 248 项，挂接数据项 1 304 项，推送了 2 100 多万条数据，实现了政府公开数据资源的浏览、查询、下载等基本服务，涉及信用服务、民生服务、文化休闲等多个重点领域。并且，有多家公司通过浦东新区开放的数据，开发应用程序，如汇纳科技公司利用浦东新区开放数据集开发了“上海市浦东新区商圈客流监测服务”，上海昂创信息技术有限公司开发了“数据开放应用——PD 学区查”等。

【区空间地理“一张图”打造】依托区空间地理底图和各类图层信息，深入集成位置大数据技术，按需落图各类基础库和主题库数据，完善地图更新和转换联动集中制，打造“三大治理”一张底图。

一是社会治理数据落图，赋能“房态图”和“街态图”，建立“区—街镇—村居—小区—楼栋—楼层”六级数据结构，实现人口到户管理，为社会治理增能减负提供唯一、及时、准确的数据支撑和保障。

二是经济运行数据落图，建立园区、规上企业等四至边界，叠加法人库、产业库、宏观经济库等多维数据，通过制定标准规范、拓展数据来源、实时更新分析和强化数据赋能，实现对经济发展态势研判、动态监管、智慧监管和精准监管。

三是城市管理数据落图。叠加物联感知和视频能力，实现对“人、物、动、态”的室内外空间定位和态势感知，充分发挥区大数据中心的数据支撑作用，促进浦东新区“城市大脑”不断迭代更新。

【人工智能辅助审批】浦东新区率先开展“智能大脑”辅助审批研发和试点，通过 AI 信息识别、核心算法、知识图谱等技术构建“审批大脑”，搭建智能辅助系统支撑平台，建设人工智能辅助审批系统，获得了国家知识产权局授予的发明专利（专利号：CN109919585A），为政务服务“一网通办”能级提升提供新动能。以“智能大脑”为支撑，“一网通办”智能服务新模式实现跨部门数据共享和多场景渠道融合。人工智能辅助审批系统已全面覆盖涉企审批事项，并在线上线下智能预检、企业专属网页等“一网通办”场景中广泛应用。

【移动端企业专属网页建设】按照上海市委书记李强关于“以整体性转变、全方位赋能、革命性重塑”推进数字化转型的要求，浦东新区根据全市“一网通办”的整体部署，2020年2月28日，上线了首个集政策、办事为一体的复合型移动端企业专属网页，实现“千企千面、精准服务”。依托人工智能分析、知识图谱建设、个性政策标签等技术手段，为企业提供专属档案、专属办事、专属政策、专属服务、专属动态、智能客服等定制化政务服务，打通线上线下办事数据，整合多渠道服务功能，实现企业足不出户就可咨询办理，办事流程主动提醒，关键信息第一时间触达，使企业办事由“能办”真正向“好办”和“愿办”转变。

【在线政务服务电子文件归档全流程贯通】浦东新区档案局按照区人大《关于进一步优化营商环境提升在线政务服务水平的决定》要求，联手区行政审批服务中心于2020年4月成立工作推进小组，对首批试点事项逐一制定归档范围和归档期限，明确在行政事项审批系统末端增加“归档模块”，集成电子文件自动收集、分类、归档、四性检测等功能，实现“办结即归档”，开展“一网通办”在线政务服务电子文件在线归档工作。到2020年底，已实现了电子文件从业务办理到归档入库的全流程贯通，初步实现了电子文件的闭环管理，浦东新区档案馆成为全市首家实现“一网通办”电子文件在线归档的区级档案馆，为全面实现所有审批事项的在线归档奠定了良好基础，在线政务服务电子文件归档工作取得阶段性成果。

【长三角“一网通办”线下专窗街镇100%全覆盖】长三角沪苏浙皖三省一市政务服务“一网通办”正式开通上线，陆家嘴街道、张江镇受理中心作为先行试点单位，开启长三角地区政务服务“一网通办”，此后，浦东新区继续为余下的34个街镇受理中心开设长三角“一网通办”受理系统账号、申请电子印章，率先实现了长三角“一网通办”线下专窗街镇100%全覆盖。长三角的居民能够打破户籍限制，在居住地享受包括医保、社保、档案、税务等在内的21个个人事项的长三角地区通办，大大减少了因户籍限制产生的跨地区办事成本。

【“随申办”浦东新区旗舰店建设】2020年，浦东新区加强“随申办”浦东新区旗舰店建设，加快“一网通办”和“随申办”

浦东新区版块功能服务对接。在上海“随申办”超级应用平台上，建设“随申办”浦东新区旗舰店，充分使用市民云统一认证、统一服务入口、动态服务推送、统一消息提醒，服务开放平台、运营管理平台的接入、管理及运营服务。“随申办”浦东新区旗舰店已接入政府服务、公共服务、社区服务和商业服务共计181项服务。其中，个人政务服务事项103项（婚姻预约、档案查询、出入境办理等）、企业服务78项（食品经营许可、房地产开发许可、中医诊所备案、职业培训机构资质审批等），涵盖市民日常吃饭、住房、出行、就医、教育等版块。同时，大力推广“随申码”场景应用，在疫情防控、政务服务、医疗、交通等方面广泛采用“随申码”扫码用于出入通行、预约取号、免交材料，移动端使用量居于全市前列。

【区电子印章全领域推动应用】依据上海市电子印章推广应用总体部署要求，浦东新区率先在区企业服务中心及其7个分中心和36个街镇的社区事务受理服务中心，推行使用电子印章，对接市级线上系统和区级单窗系统，不断完善电子印章适配和使用流程，助力网上身份鉴定、在线签字盖章、证照审批签字盖章，打通行政审批电子化服务的“最后一公里”，初步实现为浦东新区政务服务赋能的作用，提高了老百姓的满意度和感受度。同时，拓展电子印章在政府内部办公流程、行政执法等方面的应用，以信息化方式为政府工作人员减负，提升企业市民的办事效率。

【区统一身份认证体系建立】浦东新区围绕对打造全区统一身份认证体系，主动对接市级认证服务平台，进行统一规划设计、统一建设管理，满足全区法人、自然人和公务人员在线办事和在线办公的需求，全面支撑区“一网通办”“一网统管”和相关业务工作有序开展。

一是持续优化自然人身份多源认证。通过市级认证服务平台，结合疫情防控期间“随申码”的场景应用，为全区自然人用户提供一站式实名、实人、实证的身份核验服务。通过授权或代理认证方式，实现组织担保个人认证、亲属代理认证等特殊业务场景下的认证服务，同时，完善儿童、残障人士、中国港澳台及外籍人士等特殊人群的身份认证服务，实现区自然人身份认证全覆盖。

二是持续优化区法人身份多源认证。通过“法人一证通”认证服务，整合电子营业执照、企业对公账户认证等多种法人认证方式，形成区法人身份多源认证服务，进一步方便企业在线办理政务服务事项。

三是深入推广公务人员身份认证。依托全区组织编制和公务人员数据，完成统一身份认证服务平台中的公务人员身份认证功能建设，为公务人员提供单点登录身份认证服务，打造移动端“智慧浦东”内部办公平台。持续推进公务人员统一身份认证在“一网通办”“一网统管”以及协同办公等业务领域的应用。

二、社会领域信息化

【区域医疗信息平台通过测评】2020 年 9 月，在中国卫生信息技术 / 健康医疗大数据应用交流大会上，上海市浦东新区卫生健康委员会以全国第三的成绩，被国家卫健委授予“国家医疗健康信息互联互通标准化成熟度四级甲等”标牌。从 2009 年开始，浦东新区开始探索建设区域卫生信息平台，经过十余年三期项目建设，完成南北融合，组建“一张网”，将区属公立医院 18 所（其中，三级综合医院 5 所、三级中西医结合医院 1 所、二级综合医院 1 所、二级专科医院 11 所），社区卫生服务中心 47 所，分中心 22 所，服务站 111 个互相联通，基本实现了区域卫生健康信息共享及智慧区域医疗卫生协同服务、惠民服务和管理应用。

建成卫生数据中心及信息平台、支撑家庭医生签约及医联体的分级诊疗应用平台，建成区域影像、临检、心电三大医疗诊断中心平台，探索“浦东卫健康”互联网便民服务平台，整合区域血液管理、科研管理平台，依托政务云加固网络安全体系，形成具有浦东新区特色的“一张网”“一个库”“一个平台”“一套标准”“一张卡”的“医疗与健康同行，以服务居民、医护人员和管理人员为核心，具有浦东特色的智慧医疗体系”。

【“家门口”服务智能化平台建设】为进一步推动基层减负、赋能社区治理，落实区委“着力推动台账趋零化、切实为居村减负”工作要求，浦东新区全力以赴推进“家门口”服务智能化平台建设。通过理清两张清单（管理要素清单、数据需求清单），推动业务流程再造。通过操作平台智能化，推动减负，通过管理平台智能化，体现赋能。形成以“1+2+1”为架构的智能化系统，即一个专题数据库、两个智能化应用平台（简洁好用的村居操作平台以及智能互通的村居、街镇、委办的管理平台）、一个区级可视化分析研判管理平台。同时，按照全市“社会治理一张网”建设要求，浦东新区“家门口”服务智能化平台作为特色应用版块嵌入全市“社区云”平台。

【区文化旅游地图上线运行】2020 年对地图进行更新，按照文化服务数字化战略新理念，探索创新地图有声化概念，邀请有丰富经验的主播将文字进行有声化呈现，首批推出4个专辑，分别是《浦东文化古迹背后的故事》《浦东36街镇的历史变迁》《浦东A级景区游玩指南》和《发现浦东美好文化空间》。推出线上活动发布平台，方便市民、游客及时便捷地发现身边最新、最热的文化活动。专门为市民和游客设置了打卡点评专区，畅通需求反馈渠道，不断提升公共文化服务的精准度和满意度。

【三林懿德数字化社区文化中心打造】聚焦实施数字化战略，推动公共文化服务转型升级，完善体制机制建设，将三林懿德社区文化中心作为浦东图书馆科学与艺术主题分馆建设。立体推进数字化战略转型，借力第三方专业力量，建立用户大数据分析平台，建设创梦空间AR互动室、X俱乐部电竞、浦东图书馆科艺分馆直播间、电能生活科普馆、“复活”海洋生物等多种数字化服务载体空间，打造全新的社区公共文化服务范本。

【“我在浦东过大年”云上迎春活动举办】立足新冠肺炎疫情防控新态势，利用文化云平台和微信、抖音等社交媒体平台，推出“我在浦东过大年”系列活动，如云拜年，在年三十当天，聚合浦东精品文艺资源和新春拜年视频，进行24小时不间断播出；云演出，每天上下午定时发布两场精彩活动演出视频，让市民在家即可享受精彩演出；云展览，面向全区征集遴选书法、绘画、摄影等作品，进行线上展览；云直播，邀请非物质文化遗产（以下简称“非遗”）传承人、青年剧团、社区优秀团队创作演职人员互动直播等。

【公共文化服务智能化建设持续深化】以“文化浦东云”平台基础，深化建设公共文化产品配送数字平台、文化志愿者管理平台等，建立全天候24小时的文化淘宝模式。平台注册用户数达到221 025人、累计运营活动32 166场，可预约活动7 803场，在发布的活动中，用户有效订单量为62 928个。全面启动浦东新区“云上服务”行动计划，依托抖音、B站、喜马拉雅等新媒体平台，推出17类1 500多个线上服务产品；与喜马拉雅合作建设10个区级场馆、28个居村有声公共文化服务场景；结合“四史教育”，推出主题原创作品征集及点赞活动，一期推出了65个产品的优选菜单；打造市民艺术大学云课堂，完成100多个培训短视频的收集、剪辑，并统一对外发布。

【线上全民阅读平台打造】通过浦东图书馆微信公众号共发布线上活动212篇，阅读量14.5万次。视障服务中心为盲人朋友开通线上心理咨询服务184次，为新冠肺炎疫情中的城市带来了温暖和力量；启动线上读书节，推出了“书香温润浦东，阅读通达未来”第十届浦东图书馆读书节，并启动“寻找最美书香人”主题活动；通过B站、超星、“浦东观察”App、浦东工会通等平台同步直播。

【线上非遗保护传承机制打造】开展浦东新区“文化和自然遗产日”主题活动暨“浦东记忆”云上畅游周系列活动，深入开展“非遗在社区”传承传播工作，开展浦东新区非遗名录抢救性保护工程，加强数字化信息管理，完善浦东新区非遗资源数据库系统。专门打造“浦东记忆”小程序，其中包含浦东新区79项非遗项目的体验、展示、集市、达人秀。通过线上、线下联动的非遗宣传活动，让非遗融入现代生活。

【社区体育设施信息化管理】积极探索“体育+互联网”的运营管理新模式，借助上海市体育公共信息服务平台，提升社区体育设施信息化管理水平，让市民享有便捷、高效、优质的体育公共服务。2020年，新建200个健身苑点、20条健身步道，新建和更新18个市民球场，更新832个社区健身苑点。依托上海市社区体育设施信息化管理服务平台，通过在社区体育设施健身场所公示牌上张贴“二维码”，使健身场所拥有自己的“身份识别码”，使用手机微信扫码就能一览健身场所内的基本信息。器材若出现问题，通过手机微信扫一扫，即可登陆系统进行故障报修。

【“智慧教育”打造】一是持续推动浦东新区教育大数据中心建设，构建功能强大的大数据底层能力平台，截至2020年底，已汇聚15个教育相关的业务系统，初步构建学校、教师、学生三大主体数据库，完成大数据区域教育发展画像/学校发展画像/教师发展洞察/学生成长与发展等大数据应用场景设计。

二是建设浦东新区教育局工作监管平台，对教育培训机构、托育机构、幼儿园、中小学进行有效监管，实现教育行业监管领域无差别覆盖、四类监管有规则执行、过程监督无间断跟踪、监管成效有展示评价。

三是创新浦东新区教育云网一体运营模式，围绕“一平台两服务”（统一运维平台、专网服务和云服务），同时强化信息安全管理，打造浦东新区教育的信息化“高速公路”。

四是加快浦东新区智慧校园建设，建平中学（集团）等浦东新区七所学校已完成智能化、可感知、可联网的校园环境建设，待整体建设完成后将形成“可感知、可诊断、可分析、可预警”的新型校园生态。

【“智慧农业”发展】一是服务农业生产者，建立以“农民一点通”触摸屏为载体的为农信息服务平台，实现浦东新区362个行政村全覆盖，每年更新信息10多万条。建成标准型益农社197家（涉农村），遴选发展较好的农业新型经营主体为节点，建成专业型益农社13家，结合益农社实际，开展便民、公益、培训体验、电子商务等益农服务。依托“惠农通”短信等平台，开展惠农咨询服务。2020年，平台拥有注册农户1.8万余人，发布信息总量近60万条。建立10个农业物联网示范基地，探索物联网在农业生产过程中的应用。

二是服务农产品消费者，构建形成了覆盖基础数据、应用支撑、数据交换、网络安全、业务应用等类别的农产品追溯标准体系，建立了50亩以上粮食生产、果园、复合种植的生产主体（农业企业、合作社、家庭农场）及水产养殖场等主体信息库，入网生产主体共845家。搭建“浦农优鲜”电子商务平台，已有170家浦东新区及对口援助地区农业经营主体入驻，销售产品达到800余个，累计销售额450余万元，活跃客户7万余个。

三是服务农业管理者，完善“三农”领域“一网统管”“一网通办”的基础能力。基于GIS（Geographic Information System，地理信息系统）技术覆盖全区农业生产区域38.2万亩农业生产用地的基础，叠加农业生产主体、农产品、农业机械等数据，探索将分散的农业监管体系、监管要素和监管平台进行多维度梳理、分析和归集，建设了“1+1+8”综合监管体系。

【“智慧养老”建设】养老服务是民生工作的重要内容，浦东新区共有129家养老机构，22家长者照护之家，体量约占全市五分之一，其中一半是公建保基本机构，全部实现了智能化监管。监管的主要内容是养老机构的运营管理、消防安全、食品卫生、护理服务、设施设备等，都有相应的考量模型和机制。总体上做到了监管要素精准化、过程智能化、监管闭环化，实现规范运营管理，促进行业健康发展。一方面推进养老设施均衡布局，通过新建、改建增加资源供给，另一方面按照“放管服”改革要求，加强服务和事中事后监管。突出智能化监管，设置动态监管、风险监管、信用监管、分类监管。2020年4月试运行以来，全年累计预警262次，派单262起，处置完结235起。

【精准救助平台建设】精准救助平台致力于解决救助数据分散、信息不通等问题，探索政策找人、精准救助的实战功能；整合浦东新区困难群众全要素，宏观到区、微观到人；汇集困难群众需求，整合各类帮扶供给，促进供需有效对接，打造“弱有众扶”的综合救助格局。以上海市民政数据为基础，汇集公安、人社等部门数据，涵盖全区最低生活保障、医疗救助等9类专项救助信息，汇总救助数据160万条，并且已进行脱敏处理，确保数据安全。另外，梳理了街镇困难人群和自有政策惠及对象，包括优抚对象、支内回沪、困难就业对象等人群，逐步与各部门业务系统对接，完成16个领域48项标签设定。

【智慧手段应用强化疫情防控】新冠肺炎疫情期间，各街镇创新利用智能化手段实现疫情管控。

一是高效经济解决居家隔离有效监管，如北蔡镇引入“智能门磁”设备和安装移动摄像头，南码头路街道采用线上监管模式，随时在线，实现平台信息沟通、政策传达、人员摸排、咨询解答。

二是及时通信，畅通疫情沟通渠道，如大团镇应用“城运通单兵系统”，及时跟进农村道路出入口和小区出入口管理，动态更新工作部署，保证各村居与各单位“联得通、呼得上、叫得应”。三是数据赋能提高工作效率，如张江镇依托“智慧张江里”城运平台，汇聚各方数据，通过数据分析对疫情突出小区、重点地区抵沪人员较多的楼组配以更多物资和人员，及时处置防控案件，减轻人力负担。

【劳动维权“网上办”“智能办”改革率先推进】为贯彻落实市委、市政府相关文件要求，推进审批服务改革从“企业侧”向“群众侧”提升，浦东新区人社局立足企业群众视角，将基层调解、行政执法、劳动仲裁纳入综合受理范畴，推进劳动维权“一件事”集成服务改革。上线“浦东新区劳动维权网上通办平台”，提供线上智能维权服务，实现劳动维权“不见面”“不出门”申请。服务对象在申请维权时，仅需录入基本信息和选择案情诉求，由系统自动生成请求、计算金额、形成维权申请表，同时智能匹配、引导基层调解，自动推送至区劳动监察、区劳动仲裁受理。该功能于2020年6月15日试运行，2020年10月20日实现全面线上办理。

自上线以来，服务对象申请时间由2至3小时缩短至30分钟，等待办理时间缩短达60%以上，基层调解周期从15日缩短为5至7日，引导基层调解案件受理数较上一年同比上升41.69%，调解成功案件数较上一年同比上升40.8%，服务对象诉求解决的周期明显缩短，效果明显加强。同时，构建浦东新区劳动维权管理平台，推进农民工、建档立卡贫困劳动力欠薪案件的自动识别、智能标记，探索对维权申请、窗口受理、智能分案、群体争议等情况的实时监测，对多发争议、多发行业、多发企业的实时分析，进一步提升区劳动维权综合受理窗口工作效能。

【“工伤一件事”网上服务全市首创】为进一步深化“放管服”改革，推进工伤保险工作数字化转型，区人社局围绕服务效能“倍增行动”，加快“互联网+工伤保险”建设，在全市首创“工伤一件事”网上服务，自2021年1月起，上线浦东新区人社局网上服务大厅“浦东工伤”系统，实现工伤申请“零跑腿”。把以往线下窗口办理的原件核对、签字盖章、文书送达等环节，采取线上承诺材料真实性、上传附件、电子认证、快递送达等方式进行办理，并主动通过“浦东人社服务号”向服务对象微信推送办事进度、办理结果、文书送达情况等。在完成工伤认定程序后，继续向企业推送劳动能力鉴定网上申请，推广劳动能力鉴定网约“一次办结”服务，引导其在网上预约线下办事时间，使工伤职工一次出行完成受理、医检、面检全部环节，有效压减办理时限，提升服务效能。

【公交智能化综合监管平台建设】公交场景平台实战运用：研发综合监管平台手机端App，对现场检查数据做到实时录入、实时更新；进一步完善线网优化辅助决策部分；在后台应用管理系统中，增加对历史数据的查看模块；在智能发现模块增设了智能、实时发现运营驾驶员未佩戴口罩等功能。提高公交实时到站信息发布准确率。公交枢纽（首末站）全覆盖RFID（Radio Frequency Identification，射频识别技术）设备，弥补GPS（Global Positioning System，全球定位系统）启动需要“热身时间”的先天不足；结合车辆更新提高车载设备性能。推广公交驾驶员安全行为分析设备。对344辆更新车辆安装、对151辆在用车辆加装“驾驶员状态监测”设备，已有约占总量28%的车辆（1 208辆）载有“驾驶员状态监测”设备。

【“智慧海事”建设】一是按照“统筹规划、分步实施、积极推进、注重应用”的原则，努力搭建“互联网＋海事安全监管＋海事公共服务”的水上交通安全监管平台。截至2020年底，完成川杨河视频监控系统、大芦线一期视频监控系统、赵家沟一期视频监控系统、浦东运河视频监控系统、惠新港视频监控系统等基础建设。二是大力推进场景化平台建设，截至2020年底，实现对辖区50余家港口企业全天候、全覆盖监控。浦东新区大治河航南公路桥、大治河沈港桥分别设置激光扫测点，能够识别船舶超载、偷排泥浆等违法行为，并实现船舶进出港流量实时统计。

【机动车维修监管】浦东新区机动车维修行业综合监管平台作为搭建浦东新区汽修行业管理相关职能部门（交通管理、市场监管、生态环境、城管执法）信息共享的桥梁，实现行业审批、监管、执法查处和投诉等信息归集，建立汽修监管大数据库，运用大数据分析、云计算技术、AI智能识别技术等智能化手段，构建能够实现精准识别风险、科学评估风险、自动处置派单、及时排险施策的风险防控闭环等场景化综合监管平台。

【共享单车智慧管理】以政府、共享单车运营企业共同提供数据信息为前提，搭建共享单车智慧监管平台，进一步转变政府职能，为浦东新区提升政府治理能力提供技术支撑。平台结合内部事件及规则引擎、大数据挖掘与应用、数据智能化分析和管理、复杂数据解算，对非机动车停车区域设置“负面清单”禁停区，为政府及运营企业提供调度指挥、数据共享、信息推送等多种管理方式，实现共享单车封闭式管理走向开放式管理、从静态化管理走向流动性治理、从网格化管理走向网络化治理、从单向管理走向协同治理，最终实现共享单车智能化、精细化、科学化管理新模式。

【“智慧货运”管理】浦东新区道路货物运输系统主要通过智能化手段与创新管理模式结合，实现辖区范围内道路货物运输行业的行业管理、业态分析、业态展示与行业智能化管理创新。平台主要管理对象是辖区范围内的道路运输货物企业，根据行业分类，可细化为道路危险货物运输企业和道路普通货物运输企业。行政管理部门通过日常检查、专项检查、智能发现、信访投诉处置，加强对企业的动态监管，对发现的问题督促企业及时整改，情节严重的移送相关执法部门查处，并纳入信用和风险考评内容。

【“智慧停车”管理】为适应新的管理体制和发展战略要求，有效整合浦东新区公共停车场行业资源要素，提高监管效能，围绕“信息共享、协同联动、闭环高效”的业务目标，按照顶层设计要求，搭建覆盖浦东新区公共停车场（库）的综合监管平台。平台通过整合公共停车场行业经营数据、政府监管数据、公众反馈数据，对公共停车场行业进行动态监管、风险监管、信息监管、分类监管，加强行业管理、行业智能发现和行业工单派发及处置，便于监管者及时掌握动态信息，形成公共停车场行业监管可集、可视、可用的监管目标。

【游泳场所智慧监管】推进游泳场所综合监管平台建设，深化“六个双”综合监管，加强事中事后监管，切实保障市民在游泳健身活动中的人身安全，减少游泳项目的事故发生率，把高危险性体育运动安全底线守住。应用大数据对游泳场所实施动态监管、风险监管、信用监管和分类监管。通过接入检查数据，对游泳场馆进行日常监管、夏季高峰期检查、专项检查，实现实时动态监控。应用行业风险评估标准，精准识别场所存在的风险点，触发风险点（水质不达标、经营许可证超期、救生员未上岗等）平台将自动预警并进行推送。依托信用监管模型，评定游泳场所信用等级，并结合风险监管情况，将游泳场所分成优秀、良好、较差三类进行管理，有针对性地对游泳场所的安全运营状况进行整改提高，有力提升监管效率、监管效能。

【照明设施管理应用场景上线】2020 年 7 月，启动建设照明设施管理应用场景后，按计划有序推进。建设内容主要包括：大屏—监管平台、浦东新区建设和交通委员会（以下简称“区建交委”）子系统、区公用中心子系统、养护单位子系统及微信小程序 5 个子系统。已完成“大屏—监管平台”静态展示的建设（包括运行体征、监管分类等几大展示模块）以及小程序开发及后台管理功能模块。其中，基于微信小程序的工单处置、养护巡查等功能已进入实战应用。截至 2020 年 12 月，共有路灯 18.9 万盏，其中，直管路灯 13.3 万盏，路灯控制箱 2 867 台。

【燃气监管平台迭代升级】延伸监管内容。一是视频监控从 7 座储配站覆盖到所有 34 座供应站；二是管理行业从液化气延伸到天然气，增加用户及管道压力实时数据；三是管理对象从燃气企业延伸到燃气用户及街镇，餐饮用户检查录入平台。

拓展监管功能。一是实现企业及站点检查 App 现场录入；二是实现各类检查及监管数据与企业信用、站点风险评价自动关联；三是对储配站及供应站安装人脸识别系统，储配站安装气体浓度检测；四是开通企业权限进行数据录入与异常回复，扩大平台应用范围。

实战平台应用。2020 年通过平台智能识别充装气瓶异常、钢瓶流转异常、配送车辆异常和管道压力异常等情况，所有异常均及时得到处置。截至 2020 年 12 月，浦东新区共有燃气经营企业 17 家，下属站点 52 座；共有燃气用户 232.69 万户，其中天然气用户 187.43 万户，液化气用户 45.26 万户。

【天然气 IC 卡用户充值移动终端开发】2020 年，为贯彻落实上海市修订的《优化燃气接入营商环境实施办法》，实现用户燃气接入“310”服务，浦东新区建交委利用移动终端数据读取技术，实现南片天然气 IC 卡用户充值“线上办、掌上办”，以“互联网 + 燃气服务”创新模式进一步提高用气便捷性。

三、城市建设管理领域信息化

【浦东城市治理智能化建设全面深化】2020 年以来，浦东新区加快人工智能、区块链、5G、边缘计算、时空定位、数字仿真等新智能信息技术与场景监管要素的应用匹配，不断丰富智慧算法和治理模型，通过 100+ 智能算法全面赋能，创新应用治理模型，将前沿技术与城市管理深度融合，形成科技赋能管理、管理促进创新的良性循环。扎实推进城市运行“一网统管”建设，搭建浦东新区“城市大脑”3.0 智能化应用体系。

在平台体系上，纵向构建浦东新区“城市大脑”日常管理总平台 + 街镇智能综合管理分平台 + 居村社会治理联勤联动微平台。横向打造 7 个专业智能综合管理平台 + 迭代拓展专项应用场景的总体格局。在场景体系上，按照日常、专项、应急三种状态，形成了 80 余个应用场景。同时，着眼跨部门、跨层级协同联动，与所属行业的专项应用场景进行相互关联，在场景应用的基础上，加强各部门间的工作协同，以线下管理需求引领线上智能化系统建设，以线上信息流、数据流倒逼线下业务流程全面优化和管理创新。共梳理形成在线协同需求事项 100 多项，联手破解城市治理难题，促进城市运行综合管理的联勤联动和智能化升级，着力推动城市治理从智能化向智慧化升级。

【“雪亮工程”建设推进】依托雪亮工程建设，新建、改建全区公共区域视频监控 10 834 个；完成区视频图像联网共享平台开发建设，接入各类视频图像监控 33 700 路，并具备 1 400 路高清视频并发能力；新增部署图像算力 20 000 路，实现对 25 000 路前端感知点位的智能化分析。

【社会面智能安防建设完善】陆域方面，共完成 3 067 个社区、671 栋商务楼宇、1 803 个场所的智能安防建设工作，部署智能安防感知设备 21 455 个。地下域方面，完成包括浦东机场区域在内共 276 个轨交出口人脸识别监控建设。空域方面，在小陆家嘴区域制高点建成 1 套侦测、反制设备。水域方面，在长江口重点水域三甲港建成 1 套 AIS（Automatic Identification System，船舶自动识别系统）感知单元，在浦东新区沿江、沿海重点区域新建 15 路视频监控，并将浦东新区内河水域、闸口 2 308 路视频监控资源复接链入公安感知网。

【工程建设应用场景建设更新迭代】本着创新监管方式、提升监管效能、立足智能精准、形成全程闭环的工作思路，区建交委结合“六个双”“四个监管”在工作中的应用，持续推进“工程建设综合监管平台”实战化应用和升级迭代。利用综合监管平台，创新智能发现的监管模式，以大数据、人工智能为依托，通过工地远程视频监控，自动实施工地“安全、文明、整洁”等方面的监管，采用“平台智能发现、系统自动推送、项目确认接收、落实整改反馈”的管理路径，实现“监管要素标准化、监管方式智能化、监管流程闭环化”。

一是契合监督工作，专注关键节点，推进场景实战应用。通过设备平台的升级和推进，促进实战运行效能提升；通过平台数据实时对接，开发和应用平台 App 软件，解决了平台实战应用瓶颈。

二是深化应用功能，拓展应用领域，推进场景升级迭代。在主要监管 11 个方面智能发现内容的基础上，更新迭代“车辆未加盖”“车辆未冲洗”这两个扬尘、渣土管理类的智能发现事项，实现与相关职能部门的协同监管；扩展深基坑监测模块的智能发现事项实施范围；升级“关键岗缺勤”模块为“人员管理”模块；新增了“违规装修”模块。

三是根据区审改办统一要求，建立“浦东城市大脑——工地管理”平台，平台包括指挥体系、运行体征、全过程治理、突发事件、智能发现、协同处置等内容。

【建设工程智慧系统应用场景延伸】2020 年，建设工程智慧系统与应用场景建设有机结合，先后将在建工程、重大工程项目等 16 项运行体征纳入场景建设，工地现场人脸识别、裸土未覆盖、渣土车违规等 14 项工地现场行为采用智慧 AI 识别。结合物联网技术，工地的管理从被动监督逐渐实现主动发现，并且在信息化与实战化的不断摸索中，提升建设工程的数字化管理效能。实现了协调农民工工资、工地安全管理隐患、深基坑监测等 71 项全要素清单监管，为三网整合、应用场景以及其他信息化建设提供强有力的技术保障与支撑。

【建设工程招投标智能大数据管理和服务平台建设】为进一步加强建设工程招投标监管，提升管理和服务效能，区建交委开发了浦东新区建设工程招投标智能大数据管理和服务平台。该平台搭建独立的数据中台，建立相应的算法监督模型，充分运用大数据分析技术，深化互联网与行业管理融合，集成、整合工程项目交易信息，实时监控工程项目交易活动，以可视化形式全方位展示大数据分析平台在工程招投标过程中的数据监督、数据分析功能，有效加强各方主体行为监管，实现建设工程招投标规范化、精细化、智能化的长效管理。系统可按主要功能分为以下三种：围标串标分析系统，对进场项目的招投标实时、历史信息进行分析，加强围标串标违法行为监管；管理服务系统，对进场项目和招投标信息以及各方主体行为信息等进行分析，按条件进行查询、汇总、统计等，为行政管理和服务精准施策提供支持；动态可视系统，依托管理服务系统相关基础性信息进行分析统计，构建指标中心、图表中心、GIS 地理中心等的全景动态显示，实现招投标各项交易数据及总体状况全面实时可视。

【道路管养平台建设】2020 年结合浦东新区“城市大脑”建设，以迎接国家交通运输部“十三五”全国干线公路养护管理评价工作为契机，持续增强智慧赋能，加快推进大数据、人工智能等信息技术在公路日常养护中的深度应用，建设了公路和城市道路一体化的“道路管养平台”专业场景。36 辆智能巡查车自主识别道路裂缝、坑槽、井盖高差等病害，共发现道路病害 10 415 起，及时处置率 100%。通过 68 个下立交实时积水监测，当水位超过预警阈值，自动启泵排水，实现部门三联动。重点桥下空间已安装 324 套摄像机，用视频画面比对算法监测现场情况，自动发现桥下空间违章搭建、堆物、人员车辆入侵等问题。重点桥梁和高架桥梁安装 30 套物联感知设备，出现路面结冰时自动报警，应急响应速度明显提高。在重点公路安装称重设备自动监测车辆速度、重量、车牌、照片及载重数据，超限数据自动推送至“城市大脑”总平台，推送实现浦东新区治超行业联运监管大闭环。

【房屋征收信息化建设】浦东新区自房屋征收体制机制改革以来，区房屋征收部门高度关注、持续推进征收领域的信息化建设与发展。2020 年以来，区房屋征收领域在原有覆盖项目和区两个层面的征收签约系统 + 征收信息化管理信息化系统基础上，进一步深化业务功能开发、打造可视化征收监管平台。经过一年多的持续推进建设，区房屋征收监管平台初步建成，全区征收基地基本情况、实时进度、现场信息、征收人员等实现“一屏管理”；平台可依托现场硬件与后台算法，对征收基地现场实施动态预警监管，对征收基地管控质效提升给予技术支撑；征收相关数据逐步实现统一归集，迈出了行业管理向深度智能化转型的第一步。

【产业用地全生命周期管理效能提高】规划资源方面，为进一步提高土地节约集约水平，促进产业高质量发展，加强产业用地全生命周期管理。与浦东新区科技和经济委员会、区发展改革委等部门落实一个监管平台（产业用地全生命周期共同监管平台）建设及两个专项办法（土地利用全生命周期共同监管、产业用地高质量利用等实施办法）。以出让合同签订至合同期满或终止为周期，以时间轴的管理方式，关联各环节各个委办单位的监管信息，建立跨行业、全流程的区级统筹管理机制，通过土地利用全生命周期管理的全过程、全要素、全覆盖的动态监管及利用效益评价体系，实现土地利用方式转变、促进经济社会转型发展。

【“大数据 + 市场监管”新模式探索】浦东新区市场监管局继续以“智慧监管”为引擎，创新监管方式，利用大数据智能技术手段，建立具有浦东新区特色的“大数据 + 市场监管”新模式，实现“全对象覆盖、全业务过程、全生命周期”智慧化监管，为营造稳定、公平、透明的营商环境提供支撑。立足市场监管职能，重点围绕大数据、智慧化，在“六个双”平台建设基础上，大力推进“互联网 + 监管”系统升级，归集数据资源，促进政府监管规范化、精准化、智能化。同时，推进重点行业、重点领域智能应用场景建设，依托“明厨亮灶”工程、“智慧电梯”项目，实现餐饮、特种设备可视化监管，全面整合市场监管数据资源，优化大数据算法，提升市场监管工作的智能化风险防控能力。

【应急管理和安全生产工作加强】一是按照市“一网统管”和区领导“一局一界面”工作要求，基本完成“浦东新区智慧应急管理综合平台”建设，通过不断优化提升日常管理、监测预警和应急指挥等专项模块功能，加强与公安、消防、卫生健康等主要联动单位的信息共享，提高综合指挥、资源调用、力量协同等重大突发事件的应急联动处置能力。二是推进“智慧安监系统”建设，运用物联感知、视频自动抓取、大数据分析等智能手段，对全区 3 700 多家危化品企业，特别是对 83 家重点危化品企业加强风险智能化监管，确保企业安全生产措施有效落实。三是初步建成“安全生产微平台”，建立数据分析模型，实时掌握企业高危作业类别和次数，确定动态风险等级，有效管控风险；绘制企业风险一张图，实时掌握隐患清单和整改进度；及时为企业提供在线咨询服务等。

【立体化街区治理体系构建】浦东新区城市管理行政执法局（以下简称“区城管局”）通过微平台建设、智能车巡探索、街面场景开发，以点、线、面三个维度，构建浦东新区街区精细化、立体化、全方位治理体系。

一是通过大数据碰撞分析，梳理出 647 个街面秩序类违法违规乱点，加装智能探头，开展重点监管，已销项 353 个乱点，陆家嘴、花木等 18 个街镇已创建成为浦东新区首批城市管理乱点趋零街镇。

二是依据沿街商户数量、路网分布情况和区位差异，将区划分为 20 个网格，每个网格安排一辆巡查车，开展全覆盖车巡。采用视频甄别和图像对比分析技术，实现对各类违法行为的实时侦查发现，已立案查处违法行为 54 起、责令改正违法行为 1 925 起。

三是通过沿街商户数据排摸专项行动和日常动态维护相结合的方式，建设共计 49 020 家沿街商户的数据库。依据商户的不同业态、历史违法记录和被投诉记录，确定高、中、低三种不同风险等级，依次标注为红、黄、绿三种不同颜色，并根据商户近期守法情况动态调整，累计开展日常检查 130 174 次、专项检查 1 036 次，发现问题 9 572 起、责令改正 9 270 起、立案查处 302 起。

【渣土管理信息化建设】区城管局汇集行业

管理数据，健全渣土监管对象数据库，完善智能感知告警机制，构建从出土点至卸点、运输路线、运输车辆的渣土治理全生命周期闭环管理体系。一是汇集管理部门大数据资源，建立渣土管理行业全要素数据库，并提炼渣土管理 8 个主要运行体征，宏观反映渣土行业管理现状。对工地、企业和车辆设计风险模型和标准，划分高、中、低三类风险；利用历史案件大数据，对运输企业按违规次数和情节实施三色分类；对运输车辆参考其车龄、车型等车况信息，实现风险分级。

二是对已申报出土的建筑工地实行二维码管理，与施工工地线上签订《浦东新区建筑施工工地渣土管理告知书》，强化出土工地的主体责任意识；通过设置工地“电子围栏”，架设工地出入口视频探头等智能感知设备，对进出工地的渣土运输车辆实施可视化监管。

三是利用图像识别和深度学习算法，对车牌和车尾是否干净建模，即时预警出工地未冲洗的车辆；运输侧利用道路、卡口的 3 000 余路视频，对运输车辆未密闭开展智能发现，并利用车辆查缉系统，帮助执法人员查缉车辆；消纳侧在渣土车卸土的必经路口利用自建卡口摄像头，抓拍照片识别车容和道路撒落，实现闭环管理。

【交通管理信息化建设】一是完成公安子平台建设，填补川沙、惠南等地区信息化设施建设空白，实现杨高路沿线信息化设施提档升级。二是完成 2 681 个利旧设备排摸，1 101 套外场感知设备补点，130 套单点信号机外场建设，并同步联网至上位国产机平台，为实现全市交通出行对象全域、全量、全时、全要素信息感知奠定基础。三是推进智能交通安全管理系统建设，完成 88 套行人、非机动车交通违法电子警察以及 17 个路口行人过街警示系统建设。

【生态环境智慧化建设】浦东新区生态环境局立足高效处置城市环境管理中的突出问题和防范、化解风险，在 2020 年着力建设了垃圾分类、河湖、绿化、林业、企业污染排放、道路保洁和雨泵七个行业应用场景平台，助推城市治理现代化能力提升。

一是提升行业智能化水平。围绕“用、融、通、智、效”这五个字，梳理 87 项智能监管事项，充分应用视频捕捉、智能感知、大数据比对等现代信息技术，及时、智能发现问题。

二是强化监管全流程。围绕“高效处置一件事”，推动监管流程再造，对于智能监管事项，系统自动发现、派单，针对各管理事项的问题处置部门、处置时限、处置要求、处置路径，强化实战应用。

三是提高部门协同效率。与区城管局、农委、街镇等部门实现 49 项跨部门智能事项线上协同。通过与区城运平台数据交互，推送跨部门协同车辆超速、小包垃圾等智能发现工单。截至2020年底，平台自动发现并推送工单15 906件，加强了行业管理、部门联动、管执联动，实现管理闭环。

【河湖监管平台建设】基于浦东新区“城市大脑”3.0工作要求，推进河湖监管平台建设。平台对43个河湖要素进行全面监管，反映24个河湖体征。运用视频AI识别、数据比对、物联感知等现代信息技术手段，针对河湖水质、水面积监管特点，建设河湖监管视频AI识别、水面积管控、应用支撑服务、水资源智能调度、突发性水污染事故应对、河湖监管应用及移动应用等模块，实现河湖监管问题的智能、主动发现，以及快速、高效处置，提升河湖管理联动联勤能力和精细化管理水平。

通过部署视频监控设备、AI计算中心、AI视频应用模块，实现对河湖违法、违章事件的智能感知与识别。通过河湖监管平台智能发现、自动派单、跨部门协同处置的闭环监管，2020年共完成64件工单，充分运用大数据的分析功能，化末端的被动监管为源头的主动预警、快速整改，使发现和处置问题更具针对性、协同性、高效性。

四、信息产业发展

【软件信息服务业稳中有进】浦东新区软件信息服务业作为“硬核产业”之一，以其高产出、高增长、高附加值的特性，已稳固成为浦东新区核心支柱产业。在经济全球化遭遇逆流、新冠肺炎疫情带来冲击的大背景下，围绕产业倍增计划，培育壮大新动能，截至2020年12月，浦东新区规模以上软件信息技术服务业营收2 655亿元，同比增长7.1%，完成了2020年营收倍增计划（2 500亿元）。2020年，浦东新区科创板上市的19家企业中，共有4家企业属于软件信息服务业，其中，乐鑫科技、晶晨股份是芯片设计研发领域，普元信息是基础软件领域，新致软件是行业应用软件领域。浦东新区39家企业入选2020年“上海软件企业规模百强”，占比接近40%。

【电子商务实现较高速发展】2020年1月—12月，浦东新区实现电子商务交易额4 030.6亿元，同比下降1.3%，占全市比重13.7%；其中，B2B交易额3 335.2亿元，同比下降12.5%，占全市比重18.8%；网络购物（B2C/C2C）交易额695.4亿元，同比上升157.4%，占全市比重5.9%。

【国内顶级机器人产业发展高地打造】2020年，浦东新区机器人产业产值达150亿元，企业数量达100多家。11月，机器人产业地图、“一园一谷”（金桥机器人产业园和张江机器人谷）规划在浦东新区机器人产业高质量发展发布会上正式亮相，浦东新区将打造具有全球影响力、国内顶级的机器人产业发展高地。近年来，浦东新区机器人产品研发和应用取得显著成绩，不仅有ABB、新松等国际国内顶尖企业，还涌现出费斯托、欧姆龙、傅利叶、高仙、微创机器人、中瑞福宁、钛米、科大智能等一批细分领域的优秀领军企业和优质产品。

【金桥智能网联汽车城市开放测试道路规划发布】2020年7月11日，金桥智能网联汽车城市开放测试道路规划发布，一期规划里程为30.6公里，涉及申江路、东靖路和金海路等10条道路，与已投入运行的开放测试道路实现四位一体、错位互补的发展格局，是上海首个中心城区自动驾驶开放测试道路。作为上海市汽车产业发展重要的产业集聚区之一，金桥具备完备的汽车产业链、雄厚的汽车技术研发实力、浓厚的汽车制造和研发氛围，汇聚了大批高科技人才和国内外一流企业，已形成整车制造、关键零部件研发制造、芯片等产业集群。推动智能网联汽车测试道路开放应用，不仅是金桥一大批未来车企业研发、测试最迫切的需求，更是推动浦东新区未来车产业持续壮大、助力经济倍增的关键环节。

【张江高新区自贸保税园设立】2020年7月21日，上海市人民政府同意新设张江高新区自贸保税园，重点发展软件和信息服务业、高技术制造业和现代服务业，这也标志着保税区域迈入新发展阶段。保税区域将紧抓新设自贸保税园的契机，充分利用货物贸易便利化、服务贸易便利化、投资贸易便利化，为创新便利化服务，推动政策、区位、贸易等与头脑高效结合，在“浦东新区—自贸区—保税区—大张江”四重叠加政策优势下，进一步提升区域创新生态和国际化产业链功能发展，从而形成全球整合资源空间和市场化资源配置的良好机制，推动其成为全球创新网络的重要枢纽之一。

【外高桥数据中心园区获评国家级示范基地】2020年3月4日，在工业和信息化部公布的第九批国家新型工业化产业示范基地名单中，“数据中心—上海外高桥自贸区”位列其中。这是对外高桥数据中心园区产业集群走在全国前列的认可，更是对其作为全国数据交互的重要枢纽，以及对数字化产业发展起到良好示范作用的肯定。从2010年起，外高桥与国内领先的数据中心服务商、运营商万国数据合作，在数据中心园区内建设引入10余座高等级数据中心，总机房面积超过6.1万平方米，辐射全国600多家客户，可满足政府与金融、医药、云计算、高端制造、国际贸易等行业对IT基础设施服务的需求。

经过近十年耕耘，外高桥数据中心园区逐渐形成以大数据、云计算为依托的数字产业集群，并在模块化设计、绿色节能、安全可靠、降本增效方面进行了诸多有益探索，致力于为客户提供更多元化的增值及配套服务，为上海数字产业发展和“新基建”建设聚力赋能。外高桥数据中心园区已为近百家大型互联网公司、金融机构、电信机构等国内外公司提供服务。

【淘宝全球购首个跨境仓开仓】2020 年 9 月 16 日，淘宝全球购上海外高桥跨境保税仓宣告正式开仓。该“上海仓”由外高桥国际贸易营运中心有限公司与淘宝全球购合作推出，为全球中小品牌跨境电商提供“硬支撑”，成为盘活国内、国际两大市场的新引擎。作为淘宝全球购国内首批跨境仓之一，“上海仓”位于外高桥保税区日樱北路 255 号，是保税区唯一一个拥有 ISO27001 信息安全体系认证的跨境保税仓，该仓距洋山深水港 60 分钟车程、浦东机场 30 分钟车程、外高桥港 15 分钟车程。日订单处理能力在 5 000 单以上。外高桥将进一步促进跨境电商多元化发展，着力提升跨境业务中心仓功能，构建“全球购，外高桥供货”模式。

【国家中小企业发展基金设立】经国务院批准，由工业和信息化部、财政部发起的国家中小企业发展基金有限公司于 2020 年 6 月设立于浦东新区陆家嘴，注册资本 357.5 亿元，为国内首家在北京以外设立的国家级母基金。国家中小企业发展基金有限公司在设立后，积极发挥母基金和子基金以及与地方中小基金的协同联动效应，带动社会资本扩大对中小企业股权投资规模，支持中小企业科技创新、高质量发展。

【陆家嘴金融城学院揭牌成立】2020 年 7 月，陆家嘴金融城学院正式揭牌，以中国金融信息中心场地和信息资源为核心，搭建一个面积超过 8 500 平方米，集会议、现场教学、主题展览为一体的线下培训基地，职能包含培训需求调研、计划制定、师资选聘、质量评估和对外交流合作等；金融城学院设计和开发了三大教育模块，分别为党性教育、职业技能以及人文素养，重点聚焦并打造理论教育、大国新政、国学讲堂、金融科技、艺术修养、和谐家庭等九大类精品课程，同时，创新教学方式，采用线上 + 线下相结合的方式，尝试现场教学、访谈式教学、情景模拟等。

【陆家嘴金融城董秘之家线上平台发布】2020 年，陆家嘴金融城董秘之家线上平台正式启动，助力浦东新区建设资本市场最佳服务区。该平台是专注于董秘群体和上市公司综合服务的创新平台，旨在推动银行、保险、券商及私募股权基金与上市公司联动衔接，通过发布近千家上市公司活动信息，为金融机构与上市公司的双向对接提供渠道，打造全方位、一体化的上市公司金融服务生态，做好机构投资者关系管理，引导价值投资，提升资本市场服务效率。一是在陆家嘴新兴金融产业园建立实体空间，为所有上市公司董秘们提供贴心服务，做好金牌“店小二”；二是打通多领域上市公司的交流渠道，加强跨行业沟通对话，为国内资本市场健康发展营造良好的行业氛围；三是搭建符合上市公司需求的同行及跨界资源共享平台，提升资本市场服务效率。

【张江多家集成电路和软件产业企业上市】2020 年，集成电路制造企业中芯国际、IP 及芯片设计服务企业芯原微电子、工业自动化企业步科自动化正式在上交所科创板上市。

【张江信息产业企业创新成果显著】2020 年，上海微电子的发明专利“一种步进光刻设备及光刻曝光方法”荣获由国家知识产权局和世界知识产权组织共同评选的第二十一届中国专利优秀奖。创景信息、华力微电子、国茂数字、宝信软件等企业获 2019 年度上海市科技进步特等奖、一等奖、二等奖。盛美半导体、中微半导体被授牌建设上海市级企业重点实验室，上海华岭被授牌建设上海市技术创新中心。

【知识产权“非接触式”政策申报受理】为做好新冠肺炎疫情防控，方便企业办事，2020 年，浦东新区知识产权运营服务体系建设专项政策采用全线上申报受理流程，企业无需见面即可在线上进行全流程操作。申报期内，共有 64 家企业进行在线填报、上传申请材料。经过受理、审核，最终 55 个项目获得政策资助。此次“非接触式”政策申报受理实践大大提升了政府服务效率。

五、信息基础设施建设

【5G 网络建设初具规模】一是落实规划先行，工作协同机制有效运作。制定出台《浦东新区 5G 室外基站建设三年行动方案》和《浦东新区 5G 宏基站建设三年滚动计划（2020—2022 年）》，明确 5G 网络建设总体目标、主要任务、基本原则和具体实施路径。二是聚焦基础网络，5G 室外基站建设有序推进。截至 2020 年 12 月底，全区累计建成、开通 5G 室外基站 7 930 座，建成数量全市第一。经第三方专业机构评估，全区范围内已基本实现 5G 网络的连续覆盖。三是加强 5G 应用推广，特色产业园建设有条不紊。积极推进建设“一园一圈一带”，即金桥 5G 产业生态园、张江 5G 产业圈和陆家嘴—世博 5G 应用带，首批重点建设金桥 5G 产业生态园、上海集成电路设

计产业园、金融数据港等15个5G协同创新特色产业园，推进5G与智能制造、工业互联网、大数据、人工智能、超高清视频、工控安全等领域的深度融合。

【城市级精品网络打造】浦东新区建交委与中国铁塔浦东公司战略合作，实现通信设施与城市综合杆搭载融合、共建共享，探索试点大型城市精细化管理要求下的城市基础建设协同模式。全市率先完成可复制、可推广的工作路径。具体包括：签署《上海市浦东新区建设和交通委员会中国铁塔股份有限公司上海浦东新区分公司合作备忘录》、制定5G基站设施搭载综合杆设施的建设管理规程和运维管理规程；批量开放综合杆和现有路灯资源，助力产业重点场景深度覆盖；指导浦东新区铁塔公司编制完成综合杆搭载的杆件、管道、箱体的设计方案；协助5G基站设计单位完成综合杆搭载5G通信设施的安全复核工作。

【金桥5G产业生态园开园】2020年3月12日，金桥5G产业生态园开园及开发区重点项目集中开工仪式举行，入驻和签约的有42家企业、重点项目，总投资额达到130亿元。其中，华为上海5G创新中心（全球5G核心技术策源地）、上汽联创智能网联创新中心（基于国内最大汽车厂商建立的开放式实验室）、中国移动上海产业研究院5G应用创新中心（整合全球最大的5G运营商——中国移动集团及其信息技术）、中国信通院5G标准开放实验室（承担国内最权威的5G泛终端检测认证体系），“四大对外开放平台”为全球企业发展持续提供生态沃土。

在3月31日的2020年重大产业项目集中签约暨特色产业园区推介活动上，金桥5G产业生态园被列入上海26个特色产业园区之一，是上海5G全覆盖、提供完整5G产研条件的创新园，主要面向全球招引“国内顶尖、国际一流”的5G产业链相关平台、龙头企业和重要项目，助力金桥成为国内乃至全球5G技术的策源地、5G应用产业创新发展的经济高地、5G全球高端人才和资源集聚地，成为传统产业提质增效、新兴产业培育壮大的示范区。

【基础创新项目快速落地】围绕基础领域的“卡脖子”短板，积极做好重点产业战略招商工作，推进重点企业相关项目落地。百度飞桨落地张江，飞桨是国内首个基于自主知识产权的开源深度学习平台，有利于国产、自主可控的深度学习技术发展，促进浦东新区企业应用落地与产业智能化。浪潮“云溪数据库”项目落户浦东新区，有利于加快突破基础软件领域“卡脖子”关键技术，在云原生数据库相关领域形成国有、自主可控的行业生态，提升浦东新区核心基础能力和产业发展能级。

六、信息化环境建设

【网络安全建设】出台网信工作“1+6”制度体系，打造管网治网“浦东模式”。打造全国首家区级网络与信息安全信息通报中心，对辖区已备案纳管的12 000余家网站、近600家重点保护单位、770余家户外LED大屏等网络资产，开展实时监测和分析研判。建设启用上海市网络安全态势感知平台区级子平台，与区通报中心负责的互联网安全态势感知系统、区大数据中心负责的党政机关及关键信息基础设施网络安全态势感知和预警平台，共同组成网络安全态势感知平台矩阵。落实全市网络安全专项检查工作要求，对全区102家单位上报的998个重要网站、平台、生产系统和自建系统进行梳理和分析评估，确定浦东新区2020年关键信息基础设施单位35家，重要网站、平台、生产系统65个。牵头制定《浦东新区网络与信息安全事件应急预案》，进一步建立健全区网络与信息安全事件应急工作机制。

【关键信息基础设施网络安全监管】2020年，浦东新区深入贯彻落实中央、上海市关于加强关键信息基础设施网络安全防护的指示要求，按照区委、区政府“全覆盖安保”目标，履行关键信息基础设施监管职责，建设浦东新区关键信息基础设施网络安全监测监管平台，加强关键信息基础设施网络安全监测监管、通报预警、在线防护、应急处置等闭环能力，推动网络安全监管工作向更深层次发展，助力上海新型智慧城市建设。

【张江科学城建设】张江科学城是上海建设具有全球影响力科技创新中心的核心承载区，担负着建设张江综合性国家科学中心等诸多战略使命。截至2020年底，首轮73个“五个一批”项目，除硬线项目外（计划2025年完工），所有项目实现完工。第二轮82个项目，实现全面开工，其中，同济自主无人系统、高端集成电路测试平台技术改造、中国移动健康大数据中心、中央国债上海生产研发基地等38个项目于2020年内开工建设。

【张江人工智能岛入选“上海市首批人工智能试点应用场景”】2020年12月，在2020上海智慧城市体验周开幕式上，“张江人工智能岛AI+园区”入选“上海市首批人工智能试点应用场景”。张江人工智能岛聚焦构建“园区智脑”，通过AI、5G、边缘云等最新技术，与园区运行服务深度融合，显著提高了园区智能化水平。

【浦东软件园获“国家数字服务出口基地”授牌】2020年9月，上海浦东软件园正式获得“国家数字服务出口基地”授牌。国家数字服务出口基地是商务部与中央网信办、工业和信息化部共同推动建设的发展数字贸易平台，目标是通过建设一批以数字服务出口为导向、具有较强带动作用的基地，培育数字服务新业态、新模式，打造数字贸易发展的先行区。

【长三角资本市场服务基地信息管理系统建设】系统首创上市发现、培育功能，依托大数据和人工智能技术，研发层层递进的智能化发现筛选模型，构建科学化、标准化、智能化上市发现培育体系，建立了覆盖5 000余家科创企业的上市储备库、培育库、推荐库。同时，首创上市审核支持功能，对照科创板上市标准和上市审核问询要点，构建预审评价指标体系。系统通过智能算法模型，结合上交所及行业专家意见，对标4 000家上市公司形成的行业均值，对企业进行精准画像和综合打分，建立直通科创板的“预备班”。

【自贸区金融产业投资促进平台建设】自贸区金融产业投资促进平台依托前端展示、后端管理、小程序配套的立体招商平台，通过信息共享、资源整合体现集成性；通过挂图作战、全过程管理聚焦实战性；通过条块联动、部门协同凸显统筹性，努力做“活”招商机制，扩大招商引资新动能。

【浦东金融风险全网监测预警系统建设】利用大数据、人工智能等技术建设浦东新区金融风险全网监测预警系统，为金融风险防范工作进行科技赋能，打造以金融风险智能预警为核心、兼顾全面监测和协同响应的闭环管理链条，形成对全区30余万家注册企业的动态监测覆盖，实现智能化自动预警，并通过协同处置、稳妥化解，为浦东新区积极履行金融风险防范属地责任发挥实战作用。

【浦东地方金融监管系统建设】推动建设并不断完善浦东新区的地方金融组织管理信息系统，力争构筑覆盖融资租赁、商业保理、典当、小额贷款公司、融资担保公司五类地方金融组织的全生命周期动态管理机制。一是依托系统实现对地方金融组织的数据收集、日常管理、风险预警等功能，及时发现并通知各类地方金融组织对潜在风险及违规事项进行整改，守好风险底线。二是通过系统提供各类事项的办理指南，简化地方金融组织事项审核流程，减少其跑动次数，在系统上报批各类事项，提高审核与管理效率。三是借助系统进行业务分析，及时掌握各类地方金融组织的整体情况和关键发展指标对比分析情况，为制订细分行业发展决策提供准确的分析依据。

【专利预审企业备案服务效率提升】为配合新冠肺炎疫情防控，提升企业获得感，中国

（浦东）知识产权保护中心开通预审网上备案。企业无需上门，在网上即可完成咨询、线上提交资料、国家局审核等备案全流程。2020 年共完成 317 家企业线上备案，简化了工作流程，提高了企业服务效率。

【2020 世界人工智能大会举办】以“智联世界共同家园”为主题的 2020 世界人工智能大会于 7 月 9—11 日在世博中心举办。大会将人工智能的发展作为推动经济社会发展的新动能，推动人工智能赋能城市高效率运行、经济高质量发展、人民高品质生活，在全社会引起广泛关注。在大会上，浦东新区面向物联网、云计算、汽车、可穿戴等应用领域的人工智能产品以及创新项目争相发布。燧原科技等十家企业在人工智能芯片创新峰会上正式发布了人工智能芯片新品。

在卓越人工智能引领者颁奖仪式上，浦东新区的企业和机构承担的 9 个人工智能创新项目获得 TOP30 项目奖励。张江科学城作为上海市三个重大应用场景之一正式发布。上海集成电路研发中心有限公司、浦东机场、世博源等 7 个浦东新区人工智能应用场景需求发布。浦东新区充分利用世界人工智能大会品牌优势和人工智能创新应用先导区先发优势，产业招商需求梳理和企业资源对接不断加强，全球优质人工智能创新企业和项目持续在浦东新区集聚。百度飞桨人工智能产业赋能中心、默克上海创新基地等一批高质量产业化项目落地。位于人工智能岛的红杉数字产业孵化器正式启用，一批优质企业入驻。

【区人工智能高质量发展发布会召开】2020 年 7 月 11 日，浦东新区人工智能高质量发展发布会在张江人工智能馆 · A 馆召开。上海市委常委、浦东新区区委书记翁祖亮，上海市政府副秘书长、浦东新区区委副书记、区长杭迎伟，上海推进科技创新中心建设办公室执行副主任彭崧、浦东新区副区长管小军等领导出席发布会。发布会上，张江人工智能集聚区发展规划、金桥智能网联汽车测试道路正式亮相，上海（浦东新区）人工智能创新应用先导区应用场景公共服务平台揭牌。此外，新石器上海研发中心、Realwear 上海总部、富算可信数据开放赋能平台、上海能链众合科技有限公司新设项目等 18 个重点项目签约落地浦东新区。

【2020 国际智能城市峰会举办】2020 年 7 月 10 日，2020 国际智能城市峰会举办。此次峰会是上海推进构建全球化智慧城市生态合作体系的重要举措，旨在建立一个以上海为重要节点、辐射全球智慧城市发展的交流合作平台，深层次地推动全球城市间的互相借鉴、协同创新、共同发展。

【第八届上海院士专家峰会分会场】2020

年10月23日，第八届上海院士专家峰会分会场“人民城市之新‘智’理”在上海浦东新区举办。峰会践行“人民城市人民建，人民城市为人民”的重要理念，以“未来人民城市：创新·协同·共享”为主题，邀请多位院士和专家，立足上海和浦东新区的产业实际，贯穿城市规划、建设、管理和生产、生活、生态各环节各方面，为创新城市建设与治理能力群策群力。

【“区块链：链接价值智领未来”主题沙龙举办】2020年10月30日，“区块链：链接价值智领未来”主题沙龙举办。聚焦区块链赋能智慧城市的方方面面，邀请上海市政府相关代表、行业专家和企业代表等，一起探讨在数字化发展进程中，区块链技术在智慧城市建设中的广泛应用等话题。

（朱　鹏）

第二章　黄浦区信息化建设

概　述

2020年，黄浦区坚持全区“一盘棋、一体化”建设，加强总体谋划，统筹协调，聚焦政务服务“一网通办”、城市运行“一网统管”、全面赋能数字经济三大建设重点，夯实“城区大脑”、信息设施、网络安全三大基础保障，实现更高质量助力数字经济创新发展，更高水平满足人民对美好生活的向往，更高效率提高城区精细化管理水平。

一是信息基础设施建设走在前列。5G、光纤“双千兆”宽带网络能级全面提升，网络覆盖达到全市领先水平。5G室外基站累计建成899个，基本实现全区室外空间连续覆盖，外滩、南京路等重点区域下载速率达到千兆级；全区光纤接入总量超过46万户，实现住宅小区千兆光纤、重点楼宇万兆光纤接入能力全覆盖；城域物联专网建设不断加速，部署各类物联感知终端近5万个，城市“神经元”系统持续完善。

二是积极推进数字经济创新发展。加强创新型龙头企业引进和培育，蚂蚁区块链、光启智城、中电科二十一所国家级特种机器人科创中心等行业领军企业快速发展，金融科技盛会——首届外滩大会成功举办；持续开展人工智能场景需求征集和试点项目认定，“南京路步行街智能商圈新地标”项目入选上海市第三批人工智能试点应用场景，全息数字孪生路网等8个场景被认定为区级试点应用场景；“智能+”商圈建设加快推进，“云逛街”“云走秀”“云体验”等在线经济新模式、新业态不断涌现，城区发展动能进一步增强。

三是社会服务数字化水平明显提升。政务服务“一网通办”不断深化，营商环境持续优化，39个事项完成“一件事”流程再造，14个领域187个行业加入“店小二”主题式服务，14个事项实现无人干预办理，4 000份材料可通过电子证照、数据核验、告知承诺、行政协助等方式实现“两个免于提交”，72台5G“店小二”智能终端已进驻楼宇、园区、社区。智慧健康、智慧教育、智慧养老等领域智能化水平不断提升，率先推进“付费一件事”，区属医疗机构医保电子凭证脱卡支付全覆盖；信息化标杆校建设加快推进，卢湾一中心小学、格致中学等“AI+教育教学”示范应用取得实效；深化智慧养老，提供各类为老服务达25万人次，市民感知度和获得感显著增强。

四是城区精细治理能力显著提升。城区运行“一网统管”加快推进，建成城区综合运营指挥平台，全息展现城区整体态势和运营体征，形成风险地图、店招店牌管理、智慧外滩等23类100余个应用场景，接入物联感知设备12类22 700余个，采集物联感知信息2.4亿余条，基本实现“一屏观黄浦，一网管全区”；公共安全管理显著改善，全面建成智能安防系统，覆盖644个小区、174栋楼宇、289个场所，在全市率先实现“覆盖率、上云率、达标率”三个100%。

一、政务领域信息化

【智能无感政务服务上线】2020年1月，黄浦区行政服务中心智能无感服务平台上线试运行。该平台以企业需求为导向，推出“人号合一”“人事合一”“人企合一”及“一企一档”智能化业务办理。依托人工智能覆盖引擎平台，通过无感认证、精准定向推送、服务过程回溯等智能应用，实现政务服务智能全覆盖、过程全追踪、服务全天候、动态全掌握，全面提升窗口业务办理、线下综合帮办服务能级，营造“有温度”的服务体验，进一步优化营商环境。

【“随申码”一站式政务服务开展】2020年7月1日，黄浦区利用“随申码”在上海新冠肺炎疫情防控工作中积累起来的知晓度和影响力，在全市首创将“随申码”和电子证照库融合绑定，使其成为社区政务服务的入口凭证和身份识别码，打造全区统一的为民办事“一码通”服务体验。市民只需拿出手机，出示“随申码”扫一扫，就能轻松享受办事大厅出入管理、预约取号、叫号验证、事项办理、证照调用等一站式政务服务新体验。项目在全区实施以来，市民前来办事被“打回票”的概率大大减少，政务服务“一网通办”的精细化和智能化水平进一步提升，真正实现了“一码在手，办事无忧”。

【公共数据开放工作培训举办】2020 年 8 月 27 日，黄浦区公共数据开放工作培训会召开。会上，市经济信息化委相关同志介绍了上海市公共数据开放的基本要求、开放现状、绩效评估、工作计划、应用生态，指出黄浦区公共数据开放工作中存在的问题并提出解决建议。黄浦区科学技术委员会（以下简称“区科委”）详细解读了《2020 年黄浦区公共数据开放工作计划》，对 2020 年度数据开放重点领域、主要任务、部门职责、时间节点做出部署。区大数据中心通过书面讲解、操作示范等方式，介绍了公共数据编目平台登录、新增系统、目录编制、数据对接、资源挂载等操作流程。

二、社会领域信息化

【信息技术助力疫情防控】2020 年 2 月，为应对新冠肺炎疫情，各部门、街道运用信息化手段，提升防疫工作效率，降低人员近距离接触感染风险。黄浦警方开展无人机智能远程巡逻，劝阻在公共场所聚集逗留的人员，提醒市民出门佩戴口罩。瑞金街道基于微信公众号“疫情防控”板块，上线“疫情上报”“居家观察”“居住瑞金返沪登记”“工作瑞金返沪申报”和“口罩预约”五大功能，建成发现、预防、处理的全流程服务体系。外滩街道通过线上平台登记、智能语音电话等智能化手段，全力做好来沪（返沪）人员信息登记工作，筑牢疫情防控的基层防线。南京东路街道在居家隔离观察人员中推广使用智能手环，实现观察对象实时体温与定位数据云报送。老西门街道依托前期排摸积累的人口、房屋、部件、事件等大量基础数据，通过户籍地、身份证号等关键字段快速导出人员名单，节省了大量初步筛选的时间。

【华为全球最大旗舰店开业】2020 年 6 月 24 日，全球最大、规格最高的华为旗舰店在南京路步行街的南京大楼正式开业。位于二楼的全场景智慧生活体验区分为智能家居、移动办公、运动健康、智慧出行、影音娱乐五大区域。消费者可以通过旗舰店模拟的家居环境，体验华为智慧屏、扫地机器人、智能厨具等产品。华为还展出了智慧屏的沉浸式体验场景，除了看电影、健身，华为智慧屏还支持手势暂停、拉进度、调音量等功能。消费者在此可以零距离探索未来无处不在、无所不联的全场景智慧生活。

【“线上线下一体化”早餐工程新模式开启】2020 年 7 月 17 日，上海市“早餐工程”迎来升级版。上海“早餐工程”新业态标杆“盒小马”首店在黄浦区歌斐中心开业，“线上线下一体化早餐服务”来到市民身边。使用该服务的市民，只需在上班途中提前在盒马 App 上点单，到店可直接在智能保温柜中扫码取餐，即拿即走，不排队、零等待，实现“下单 2 分钟，多睡 10 分钟”。

【“黄浦智慧中药云”平台建设】2020 年 10 月 10 日，第三届“上海医改十大创新举措”结果正式发布。黄浦区申报的“黄浦智慧中药云”平台荣膺殊荣。“智慧中药云”区域中药饮片服务管理平台，集成了中药饮片智能审方、配送查询、监管服务等多个系统，配套“共享药典”“实时查询”“药品溯源”“处方助手”等功能模块，在全市创先形成了饮片统一目录、统一审方、统一代煎（配）、统一递送的全新管理模式，以“互联网 +”形式实现了区域饮片同质监管，辖区居民可即时查询中药煎配服务全流程，所有饮片均能免费配送到家，推动了辖区中医药服务的高质量一体化发展。

【国家级“信息化教学实验区”建设】2020 年 12 月 16 日，卢湾高级中学召开推进国家级“基于教学改革、融合信息技术的新型教与学模式实验区”建设工作会议。2019 年，黄浦区向教育部申报了“基于教学改革、融合信息技术的新型教与学模式”实验区方案。2020 年 8 月，获批为国家级“信息化教学”实验区。本次会议以“信息技术智慧赋能，育人方式创新变革”为主题，旨在进一步用“教育信息化”这把钥匙来破解制约教育发展的难题，促进教育创新与变革。会上还举行了区教育局与华东师范大学教育技术学系合作协议签约仪式。

三、城市建设管理领域信息化

【黄浦区“一网通办”“一网统管”工作推进大会召开】2020 年 4 月 29 日，2020 年黄浦区“一网通办”“一网统管”工作推进大会召开，研究部署推进“两张网”建设，加快提升城区治理现代化水平。区委书记杲云在讲话中强调，“两张网”建设是城市治理的“牛鼻子”，也是 2020 年区委紧抓不放的一项重点工作。全区上下要树立“一盘棋”思想，加快形成一批具有集中度和显示度的成果，不断提升城区治理现代化水平，为上海探索走出符合超大城市特点和规律的治理新路，贡献黄浦智慧、黄浦方案。会上，区委常委、副区长陈卓夫部署了“一网通办”工作。

【城市网格化综合管理中心大数据平台一期子平台通过验收】2020 年 5 月 22 日，黄浦区城市网格化综合管理中心大数据平台（一期）数据共享交换子平台项目通过专家验收。该项目围绕打造黄浦区共享交换体系和数据资源目录体系，完成数据资源目录管理系统、数据共享交换平台、黄浦区公共数据共享门户、数据综合监控平台等建设，为承接市大数据平台数据落地，统筹推进跨部门数据资源共享协同，加强黄浦区数据归集、共享、交换一体化管理提供基础平台支撑。

【非封闭型小区智能安防消防联动系统通过验收】2020 年 6 月 25 日，小东门街道非封闭型小区智能安防消防联动新建运营建设项目通过验收。项目完成了物联网设备部署、安防消防联动平台系统开发、智慧巡更体系建设、链路和网络补充完善等建设内容，实现火灾和各类安全事件的应急演练、预案管理、平台上报、应急联动，打造集巡更、维护、自检等功能于一体的智慧消防安防联动平台，为非封闭型小区提供安防消防保障。

【上海市“一网统管”工作交流座谈会召开】2020 年 9 月，市政府办公厅、市城运中心组织各区“一网统管”分管区领导、城运中心主任在黄浦区召开工作交流座谈会。各区围绕联勤联动，区、街、居委三级城运管理体制机制，数据中台建设，应用场景搭建等方面进行了深入交流。黄浦区围绕城运大厅建设、城运中心组建、智慧黄浦综合运营指挥平台建设、传统网格与热线工作实现升级改造、城运管理标准化建设等方面进行了汇报。黄浦区委常委、副区长洪继梁表示，黄浦区围绕“一网统管”将重点推进三项工作。一要花更大功夫研究解决区、街、居委三级层面的体制机制，探索第三方社会力量参与社会治理；二要思考清楚城市的生命体征问题，抓住主要问题、关键事项，推动轻应用、小程序建设；三要在做实综合网格的基础上，加强监督与考核，用数据说话、效率说话。

【大客流风险洞察系统通过验收】2020 年 10 月 22 日，上海市公安局黄浦分局大客流风险洞察系统建设项目通过专家验收。项目完成了预测评估、实时图展、历史分析功能模块开发，实现重点区域客流精确“洞察”、风险提前预测感知、安保策略智能匹配等功能，有效辅助决策警力部署，在“五一”、“十一”、上海进博会、上海国际电影节开幕式、上海国际马拉松赛等安保工作和大客流管控工作中发挥了重要作用。

【综合交通管理和服务信息平台二期通过验收】2020 年 10 月，黄浦区综合交通管理和服务信息平台二期项目完成竣工验收。该项目完成道路停车系统升级改造，安装 1 631 条地磁检测设备和 20 条道路的视频监控设备，可有效对接 POS 机收费数据、欠费征信数据；完成综合交通管理中心设备安装、调试等各项建设任务，实现动态和静态交通信息融合，为市民出行提供丰富、便捷的交通信息服务，全面提升黄浦区交通服务管理水平。

四、信息产业发展

【2020 年度人工智能试点应用场景认定】2020 年 12 月 23 日，黄浦区发布 2020 年度人工智能试点应用场景认定结果，上海南京路步行街投资发展有限公司的“南京路步行街 AR 增强现实导游导购”等 8 个场景被认定为试点应用场景。2 月，黄浦区启动 2020 年度人工智能试点应用场景征集认定工作。针对商旅文联动等五大领域 18 个场景需求，经过需求征集、材料初审、供需对接、专家评审等环节的综合评估，8 个场景脱颖而出成为试点项目。区科委协调项目单位进一步细化建设内容，加快推进试点项目落地。

【外滩国际电竞文化中心启用】2020 年 12 月 6 日，外滩国际电竞文化中心正式启用，并成为知名电子竞技俱乐部 RNG 的全新主场。外滩国际电竞文化中心是国内单体面积最大、设施最完备、地理位置最好的专业电竞场馆之一。在 2020 年 9 月试运营期间，场馆已成功承接了如外滩大会、中国电子集团青年电竞大赛、爱奇艺随刻精彩大会等多样化的电竞与文旅活动，展现了场馆高规格的硬件设施与专业化的服务能力。文化中心启用后将成为电竞产业聚集的空间载体，以全球顶级电竞主场、世界级滨水岸线文化地标和新生代泛文化头号社区的形象名片正式面向社会，推动电竞产业与其他产业跨界融合，全方位助力打造具有黄浦特色的电竞产业生态圈。

五、信息基础设施建设

【综合杆基站建设规划编制】2020 年 9 月 1 日，《黄浦区综合杆基站建设专项规划》获市经济信息化委批复。自 4 月黄浦区被列为上海市综合杆基站建设试点区以来，区科委积极组织华信设计院、上海铁塔南区分公司等相关单位，做好专项规划编制和报审工作，同时，综合杆5G基站建设前期准备工作也有序推进。

【5G网络建设】 截至2020年12月，黄浦区累计建成5G室外基站899个，实现全区室外5G网络连续覆盖，外滩、南京路等重点区域网络下载速率达千兆级。室内5G网络建设也取得显著成效，累计建成室内小站3 500个，一大会址、BFC外滩金融中心等96处重点楼宇和公共场所已完成5G网络建设。

六、信息化环境建设

【2020年智慧城区建设领导小组会议召开】 2020年6月8日，黄浦区召开2020年智慧城区建设领导小组全体会议，总结前一阶段智慧城区建设工作情况，贯彻落实上海智慧城市建设战略部署，进一步凝聚共识，以更大力度、更实举措，加快推进新型智慧城区建设。区委书记杲云强调，全区上下要以高质量推进智慧城市建设“三大任务”为抓手，更高水平满足群众对美好生活的向往，更高质量助力经济转型创新发展，更高效率提高城市管理和社会治理水平。一是加大改革创新力度，深化政务服务“一网通办”；二是完善运行管理机制，加强城区运行“一网统管”；三是全面赋能数字经济，培育经济发展新动能。会上还举行了2019年度黄浦区人工智能示范案例单位和黄浦“智慧工匠”颁奖仪式。

【推进“三整合”工作预备会议暨2021年度信息化项目申报培训会举办】 2020年5月12日，区科委会同区府办、区大数据中心、区财政局组织召开黄浦区推进“三整合”工作预备会议暨2021年度信息化项目申报培训会。全区64个党政部门和街道分管领导和联络员参加会议。会上，区科委详细介绍了“三整合”工作安排，提出“三整合”工作目标和任务，提出三点工作意见。一是充分认识“三整合”工作的重要性和紧迫性，站在推进治理体系和治理能力现代化的高度，务实高效地开展整合工作，为深入推进“一网通办”“一网统管”这两项“牛鼻子”工作夯实基础。二是坚持应用导向，加强市、区联动，紧扣时间节点，围绕方便群众办事、提升行政效率，高标准、严要求推进“三整合”各项工作落地见效。三是加强统筹协调、加强服务支持和评估督促，确保“三整合”各项任务保质保量按时完成。会议还对2021年度信息化项目申报相关事宜进行了培训。

【中国领军智慧城区建设】 2020年11月12日，在国家信息中心、IDG Asia共同主办的2020亚太智慧城市评选中，黄浦区继2017、2018年之后，再次荣获“中国领军智慧城区”奖项。近年来，黄浦区强化智慧城区顶层设计，加快推进面向未来的新型智慧城区建设，在深化智慧应用服务、促进智慧产业发展、提升信息基础设施、推动数据开放共享、保障网络信息安全等方面取得了明显成效。

【黄浦区智慧城市发展水平指数再次居前】在2020年12月8日举行的2020上海智慧城市体验周开幕式上，上海市经济和信息化发展研究中心发布了《2020年上海市智慧城市发展水平评估报告》。继2019年后，黄浦区智慧城市发展水平指数再次位居全市第三。其中，黄浦区在“城市运行”二级指标、“固定宽带用户感知速率”、“智慧学校发展水平”、“环境质量监测水平”等10个三级指标中名列全市第一。

【黄浦区智慧城区“十四五”规划编制】为高标准做好“十四五”规划编制工作，为智慧黄浦建设绘好蓝图，2020年5月，区科委启动《黄浦区加快新型智慧城区建设“十四五”规划》编制工作。按照“开门编规划”的原则，区科委组织40个区内相关部门、街道、企业召开了产业发展、城区管理、民生服务等5场专题调研座谈会，梳理黄浦智慧城区建设现状，分析存在问题和发展瓶颈，研究国内外智慧城市建设和技术发展趋势，初步明确重点建设任务，形成“十四五”规划征求意见稿，并完成44个区相关部门、街道意见征询。区科委结合上海市关于数字化转型发展的新思路及黄浦区“十四五”规划的总体要求，进一步修改完善规划。

【智汇融合主题论坛举办】2020年7月9日，黄浦区“人工智能应用体验大会——智汇融合主题论坛”举办。与会政府领导、企业专家、行业大咖围绕当前人工智能发展趋势，深入探讨了人工智能、大数据、物联网等新技术在工业智能、城市管理、政务服务、商业发展、医疗建设、公共安全等领域深度应用的发展前景。黄浦区委书记杲云在讲话中指出，黄浦区作为最能体现上海“四大品牌”形象的标志性区域，是智能应用落地的天然试验场、最佳展示厅和最强辐射地。未来将以更加开放的姿态和蓬勃的活力，以产业跨界融合和智能化发展为主攻方向，积极借鉴有益经验，在政策制定、技术研究、产品开发、市场推进、产融结合、人才培养等方面开展广泛合作，扎实推进智能化技术与实体经济的良性互动、深度融合，努力构建产业合作新生态，不断开创应用深化新格局，全力推动人工智能及机器人产业高质量发展。

【首届“外滩大会”举行】2020年9月24日至26日，以“科技让未来更普惠”为主题的全球高级别金融科技大会——“外滩大会”在黄浦区举行。在“外滩话金融：科技驱动金融发展新格局”分论坛中，黄浦区发布了外滩金融集聚带关于加快推进金融科技发展的10条意见，从基础设施支持、领军企业集聚、关键技术研发、示范应用推广、产业政策支持、复合人才吸引、专业品牌打造等维度，着力构建“产业链+创新链+服务链”的金融科技生态圈。论坛期间，区金融办、区科委、蚂蚁区块链科技（上海）有限公司共同签署了“蚂蚁区块链应用场景”项目合作协议。区金融办与太保金融科技有限公司（筹）、人保创新投资管理（上海）有限公司、上海金融科技股权投资基金、CB Insights China 共同签署了项目合作协议。

【信用大数据创新应用大赛举办】2020年9月28日，由区科委、市社会信用促进中心、中国人保金融服务有限公司和中国中小企业协会联合主办的信用大数据创新应用大赛启动仪式举行。市经济信息化委副主任张英和黄浦区副区长杨东升分别致辞。会上还举行了复旦大学电子商务研究中心和上海市信用领域（社会信用服务）大数据联合创新实验室共同设立的新经济产业发展研究中心揭牌仪式。本次大赛设置保险领域和社会服务领域两个专题分赛，采取线上和线下模式，通过行业专家和大数据领域专家评审后形成比赛优胜团队。

【“添翼AI、智创未来”主题交流活动举办】2020年11月13日，黄浦区“添翼AI、智创未来”主题交流活动在外滩BFC举行，区委副书记沈山州出席活动并致辞，来自多个专业服务领域和人工智能行业的40余位嘉宾应邀参加。此次“添翼AI、智创未来”主题交流活动，为专业服务机构和AI企业零距离互动、面对面交流搭建信息互通、资源共享的平台，将进一步促进黄浦区专业服务资源和人工智能产业的双向赋能、同向发展。活动设置了主题发言、圆桌交流、自由讨论等环节，邀请多位业内人士分别就人工智能领域研究发展，以及人工智能立法、个人信息及数据安全、新冠肺炎疫情期间人工智能应用等进行了交流探讨，现场还宣传解读了黄浦区科技创新发展实施意见及配套政策。

【2020演艺大世界在线演艺发展峰会举办】2020年11月16日，2020演艺大世界在线演艺发展峰会在上海大剧院拉开序幕。峰会邀请了上海大剧院、开心麻花等20余家国内著名机构，以及来自美国百老汇、伦敦西区的知名演艺公司和机构同聚一堂，全程采取“现场+录播+直播”结合的形式，带动场内线下和场外线上观众参与议题探讨，共话在线演艺的发展之道。本次峰会以“后疫情时代，在线演艺的未来在哪里?”为主题，聚焦在线演艺的内

容创作、跨界协同、剧场革新、商业模式、平台融合、技术应用六大主题，开启经验交流和思想碰撞，推动演艺行业主动前行。峰会为演艺大世界打造完整的演艺产业链条，营造良好的演艺产业生态集聚了更多的企业和资源，助推上海全力迈向亚洲演艺之都。

【新型数字技术赋能传统行业研讨会举办】 2020 年 12 月 4 日，黄浦区举办“数字经济 2.0——新型数字技术赋能传统行业”闭门研讨会。市经济信息化委、区科委等相关部门负责同志，以及来自新闻媒体、行业协会、商圈企业的数字化领域专家、代表出席研讨会。研讨会现场举行了 2020 年黄浦区人工智能试点应用场景签约仪式，华为等公司围绕数字化转型作了主题演讲。多位资深专家、企业代表围绕“数字技术赋能传统产业”畅所欲言、热烈讨论，为黄浦数字经济发展建言献策、贡献智慧。

（郭晓磊）

第三章　徐汇区信息化建设

概　述

2020年，围绕“高质量发展、高品质生活、高标准管理”主线，徐汇区统筹推进疫情防控和经济社会发展，全面加强信息化建设，“创新徐汇、幸福徐汇、文化徐汇、美丽徐汇”的“四个徐汇”战略建设取得重大成果。

信息化应用全面渗透政务服务、社会民生、城区治理等领域，全区数据资源统一管控与共治持续发力，“一网通办”迭代创新，入选国家“互联网+政务服务”示范区；“一网统管”引领示范，徐汇区获评2020年中国领军智慧城区；精准救助场景应用受到国务院大督查通报表扬。同时，信息化与产业融合持续加深，人工智能产业集群发展成效受到国务院表彰；信息基础设施一体化建设不断完善，“云、网、边、端、安”支撑能力稳步提升。

一、政务领域信息化

【政务云集约服务发展】2020年，徐汇区集约化部署云计算中心，总面积达510平方米，拥有漕溪北路336号、南宁路969号两个异地互备的实体机房，涵盖机柜

105 个、服务器 346 台，算力 15 348 核，稳固承载全区多项业务运行。区统一政务上云的权责集中于区行政服务中心，有效推进跨部门数据共享、应用联通，形成较完整的公共数据闭环链。徐汇区政府的政务云平台承载 174 个政务外网应用，46 个互联网应用；区行政服务中心的政务云平台承载 5 个政务外网应用，7 个互联网应用。

【政务外网建设】2020 年，徐汇区建成具有自主产权、双链路高可用的光纤网络，上联市级政务外网、下联各街镇及社区事务受理中心，网络里程达 300 公里。区政务外网与公安、教育、卫生等区级部门的业务专网也已实现互联互通，市工商、房管、税务等 12 个业务专网已接入区行政服务中心。

【区大数据资源体系建设】2020 年，徐汇区率先推进数据开放共享政策，全面对接市大数据中心数据按需共享授权机制，建设统一数据共享交换平台、数据共享交换的接口和规范标准，向上对接市大数据资源平台，向下联通区各类数据资源管理系统，确保全区各部门系统间互联互通、数据共享。市级法人库、人口库数据已在区大数据中心落地，达 3.8 亿条，数据量近 3PB，全区数据资源进一步实现横向贯通。同时，徐汇区加强共享数据使用全过程管理，确保数据安全和共享应用成效。

【信息系统“三整合”工作推进】2020 年，徐汇区整合区级自建政务信息系统 29 个、区级自建移动端 196 个。通过“摸家底”梳理出全区在用政务信息系统 440 个，区级部门自建系统 278 个（占比 63.18%）；全区在用政务移动端 293 个，区级部门自建移动端 268 个（占比 91.47%）；全区业务专网 13 条，区级自建业务专网 3 条。同时，构建“三整合”常态工作机制，完成全区 41 家部门“一对一”培训工作，推进信息系统整合试点评估工作，完成区政务信息资产备案。

【电子印章与电子证照应用】2020 年，徐汇区积极推进“双减半”“两个免于提交”工作，强化电子印章应用与电子证照应用，方便企业通过扫取“随申码”调用各类电子证照。徐汇区已提交区职能部门核发的 51 类证照证明模板，向市电子证照库归集 15 类 292 张证照证明，完成综合窗口政务服务事项电子证照 100% 关联办事材料清单，新增徐汇区政务服务地址库（录入 5 栋重点楼宇地址信息），实现行政审批事项承诺时限比法定时限平均减少 70%，提交材料等事项平均用时减少 56%。

【“一网通办”政务服务建设】2020 年，按照“进一网、能通办，来一窗、能办成”

的政务服务目标，徐汇区通过实现网上服务统一入口、线上线下一体审批、创设18个综合窗口、首创24小时自助服务大厅、重塑五大政务服务新空间等举措，构建起“指尖上、家门口、一体化”全区政府服务体系，推进“1+13+X”政务服务体系建设，完成13个街镇28个自助服务点布设，打造“不打烊”的“无人政务服务超市”。围绕“高效办成一件事”，98%涉企审批事项实现全程网办，群众满意度达99.97%。

二、社会领域信息化

【“智慧教育”建设】2020年，徐汇区积极推进“互联网＋教育”，深化教育应用，完善区、校两级教育技术支持服务体系构建。紧抓上海市教育信息化应用标杆校、培育校建设的契机，徐汇区重点推进5所市级信息化应用标杆培育校建设工作，创新技术与教育教学、行政管理、公共服务融合，将人工智能教育创新联合实验室的研究成果逐步应用于一线教育教学场景。2020年，徐汇区入选教育部“基于教学改革、融合信息技术的新型教与学模式实验区”，获得“国字号”荣誉。

【“智慧健康”建设】2020年，徐汇区进一步强化医疗机构间互联互通，完成区级医疗机构获取37家市级医院的35项医学检验结果互认项目和9项医学影像资料互认项目的功能调试。同时，先行先试、创新打造首家智慧医疗服务平台“徐汇云医院”，形成以医院为主体、面向区域及全国患者的线上诊疗、咨询等多功能创新性应用平台。2020年，“徐汇云医院”获得上海首家互联网医院、首家医保线上结算及商保结算资质“三牌照”。此外，徐汇区积极推动社区互联网医院建设，搭建“互联网＋”社区服务平台，初步整合了全区社区卫生服务线上线下、院内院外的医疗服务资源。田林、徐家汇、凌云三家社区卫生服务中心试点运行，依托微信小程序，市民可享受分时预约、家医签约申请、在线咨询、智能导诊等九大“云就医”服务。

【“智慧交通”建设】2020年，徐汇区强化交通信息化基础设施建设，深化智慧停车应用，重点完善徐家汇地区的停车诱导系统，建成停车资源管理信息系统，探索“互联网＋错时停车”管理模式，鼓励停车管理单位将车位资源错时共享、对外开放，确保道路停车资源的高效利用。全区推出交通大学、中星城、中山医院等40余个共享停车场（库），1 300余个共享泊位。同时，积极加强“出门即服务”建设，搭建交通综合信息平台，以科学的数据分析和信息技术为基础，及时发布实时路况、轨道交通客流、共享车位分布、共享单车分布、区域客流等信息，区内实现公交电子站牌 100% 覆盖。

【“智慧养老”建设】2020 年，徐汇区通过建设“久久关爱”为老服务信息平台、居家养老“智慧管理”，联合移动端“徐汇邻里汇”小程序，为居家老人提供“一站式”综合为老服务。同时，建立养老服务智慧管理系统和服务运行平台，推广智能养老辅助器具应用，建立智能型“社区养老顾问”，进一步完善线上线下一体化服务，有效提供更多更优质的社区“嵌入式为老服务”。田林街道、斜土路街道、徐家汇街道、康健街道等相继开展了系列特色养老应用。

【“智慧就业”建设】2020 年，徐汇区积极构建“互联网 +”就业平台，开辟线上招聘专区，启动战“疫”招募令活动，开展创业担保贷款的“不见面”受理工作，推送各项稳就业政策，灵活保障就业供需匹配。为各类企业发布招聘岗位 26 003 个，开展线上校园招聘会 29 场，提供四大高校系列线上职业指导服务。同时，创新采用直播形式，开展“海纳百创 · 垂直路演”人工智能专场活动，举办高校毕业生“六 · 六就业节”等直播带岗活动 8 场，参与人数近 5 万。

【“智慧文旅”建设】2020 年，徐汇区全力推进景区智能化建设，开发“建筑可阅读宜居示范区智慧导览”项目，实现“建筑可阅读”498 处二维码导览全覆盖，极大增强了市民游客阅读建筑的体验感和趣味性。上海植物园“基于 5G 技术的智慧旅游平台项目”被列入上海市首批 22 个 5G 应用试点，“植物科普数据库模板构建及关键机制研究”被列入上海市科技创新行动计划及上海市科技成果转化和产业化项目计划。同时，加强数字文化服务建设，搭建“文化徐汇云—数字文化馆”平台及“徐汇文旅云”一站式服务平台，在全市首创“纵向到底”的四级数字化文化平台“文化云盒”，探索“图书馆 + 书店”数字化文艺互动场景，使全区公共文化服务供给质量显著提升。

【“智慧商圈”建设】2020 年，徐汇区创新拓展智慧商业“积分”应用场景，依托“积分平台 + 区块链”丰富商圈消费应用与智慧支付功能，优化提升消费者的体验感和便利度。同时，徐家汇商圈利用大数据分析，能够为商圈管理者提供更直观、精确的运营画像，为用户提供更精准、有效的营销推送和服务，并有效帮助各大商场进行针对性促销推广，助力商圈综合体可持续运营。已完成港汇恒隆广场、汇联商厦等 6 家商场积分以及停车场系统对接，商圈通兑积分——“汇积金”已开发上线。

三、城市建设管理领域信息化

【社区云平台试点】2020年，作为全市四个试点区之一，徐汇区按照“1+2+X”的全市统一架构，率先推动“社区云”平台试点工作。在全市统一的“社区治理主题数据库”基础上，积极推进面向居村干部的“社区治理”、面向居民的“居社互动”两个应用平台，推进“社区云”数据共享，并鼓励区各业务条线部门、各街镇自主开发一批特色应用。截至2020年9月，徐汇区306个居委会均已完成“社区云”平台数据初始化工作，有力促进条块联动，为基层居村减负增能。同时，先后组织20余场专业培训，印制宣传材料6万余份，2 000余名社区工作者开通“社区云”居社互动平台功能，进一步发挥“社区云”作为居民参与社区自治共治的开放平台作用，更好实现线上的社情民意表达，激发居民参与社区治理的积极性。

【城运中台建设】2020年，徐汇区着力打造区城运中台，依据“云、网、数、边、端、安”的统一技术架构，建设涵盖数据、AI、业务“三个中台”，全面提升徐汇区“观、管、防”一体联动能力。依托数据中台，已归集全区30多个部门、13个街道镇共11.37PB数据，数据交换总数920.64亿条，累计交换库表数1 221张，累计交换部门数41个。全区数据资产“应归尽归”加快实现，区级数据池达ZB级。同时，依托AI中台打造“算法超市”应用集群，涵盖“人、物、动、态”四大类310种算法，构建起面向小区、学校、医院等各类场景的模型245 999个，包括防汛防台积水点、孤寡独居老人监管、船舶违停等。依托业务中台梳理形成19个大类业务流程、949项事件标准、9 000多个小类业务流程，助力实现短租房（民宿）管理、限额以下工程管理、擅自改变房屋性质等10类热点问题的业务流程再造，切实赋能基层。

【城市运行“一网统管”建设】2020年，徐汇区全力做强区级城运中心，做实街镇城运中心建设工作，创新打造“一屏观天下、一网管全城、一云汇数据、一人通全岗”城市精细治理样板。围绕“高效处置一件事”，徐汇区突出全域感知、全息智研、全程协同、全时响应，构建“一梁四柱”架构，形成“大建管”“大平安”“大市场”“大民生”四大智能化治理应用体系，开发了平安指数、风貌保护、营商服务、民意分析、“汇商码”智慧商铺、防台防汛、特殊人群管控、群租监管等20个数字治理场景。同时，重点加快统一应用移动端，不断优化“汇治理”功能，对内统一采用政务微信进行城市运行公共管理与应急指挥，对外统一将公共服务入口向“汇治理”集成，实现对区、街镇移动端应用的有机整合，网格实战管用效能不断提升。

【综合应急管理系统建设】2020 年，徐汇区建设综合应急管理系统，基本形成安全生产风险隐患闭环管理模式。围绕实战，结合防台防汛等专项应急指挥工作，制定网格标准类案件的处置预案，实现区城运平台的融合指挥、应急联动能力建设；已实现全区重点企业单位危险源监管全覆盖，并完成对各委办局重点监管企业、工程的数据接入；完成 46 个处置预案修订、137 类装备物资库建立；整理与归纳 8 支综合性消防救援队伍、104 支专业救援队伍、31 支街道救援队伍、16 支社会救援队伍、206 名专家、30 余处仓库的综合信息。

【“智慧安防”建设】2020 年，徐汇区加快开展社区楼宇“智能安防”建设，全面铺开建档立卡工作，在市、区两级数据互联互通基础上，以街道为单位“落点上图”至 GIS 可视化平台，实现小区画像，有力赋能基层综治共治，实现住宅小区生命周期“全覆盖”。全区智能感知设备实现 13 个街道（镇）全覆盖，包括人脸识别、车辆识别、摄像机、门禁、消防栓水压、井盖、地磁、烟雾探测、水箱水质及垃圾溢满，数量达 4 600 余个。同时，完成面向全区 982 个住宅小区的数据采集和处理工作，形成了小区档案、老旧住房、设施设备等系列基础数据库，逐步叠加住宅修缮、电梯情况等数据。进一步打通上海物业 App 和网格管理系统，接入热线投诉、智能预警等各类业务事件结果数据。

【电子警察监控布设】2020 年，徐汇区积极推进电子警察建设，进一步推进交通大整治，加强对行人和非机动车的执法管理，减少各类交通违法行为，全力预防道路交通事故。全区电子警察数量达 1 841 个，其中固定电子警察 869 个，流动电子警察 972 个；违法停车电子警察 966 个，智能信号灯 535 个，行人违法电子警察 23 个，机动车违法电子警察 42 个。联合全区 12 000 个视频监控探头部署，形成了强有力的交通道路综合监控网络。

【市政公共设施智能化监测】2020 年，徐汇区完成首批电梯智能化改造，试点覆盖全区 400 多台电梯。通过利用电梯内置的图像识别系统，能够实现电梯紧急事件快速发现与联动处置，极大提高了电梯突发事件的处置效率。同时，快速推进市政设施智能化管理建设，率先以消火栓、井盖为试点，实现对市政公共设施运行状态的实时监测与预报预警，高效、精准保障了市政设施的正常运行。

【环境自动监测网络体系建设】2020 年，

徐汇区全面完善环境自动监测网络建设。在空气监测方面，布设大气自动监测国控站 1 个，大气自动监测市控站 2 个，开展企业大气污染物在线监测设备安装、联网工作；在水体监测方面，依托“水质自动站预警”和“无人机巡查”相结合的技术，在全市率先完成 28 个水质自动监测站建设，基本覆盖全区主要河道，实现河道水质自动感知、自主分析、及时干预，形成河网智慧监管“一张网”；在扬尘监测方面，完善道路扬尘区级监测点位网络布局，优化扬尘管理智能识别系统，新增混凝土搅拌车、吸扫车、洒水车的智能识别功能。

【环保移动化管理】2020 年，徐汇区强化环保数据综合分析和运用，建设“徐汇环保移动云平台”，协同推行“环信码”，提高环境保护移动化管理水平，有力推动重点企业的精准监管与执法。同时以“徐汇生态环境”公众号为依托，宣传推出“汇宝带你生态游”项目，打造全市首张电子“生态资源地图”。“汇宝带你生态游”项目被《环境保护》杂志评为“2019 环境保护宣传教育品质之星”优秀奖。

四、信息产业发展

【人工智能产业发展】2020 年，徐汇区积极参办 2020 年世界人工智能大会云端峰会，重点打造“双 T”载体，集聚 300 余家人工智能相关企业以及上海鲲鹏生态创新中心、微软亚研院、云赛空间等一批世界顶级研究机构和创新平台，初步形成覆盖基础层、技术层和应用层的徐汇人工智能产业生态和企业集群。全年人工智能相关产业总产值超过 350 亿元，55 家企业获得资本市场青睐，融资近 700 亿元。徐汇区人工智能产业入选全国首批 66 个战略性新兴产业集群名单，并获国务院表彰。

【工业互联网发展】2020 年，徐汇区大力推动区域内企业开展两化融合评估工作，积极支持上海核工程研究设计院、上海工业自动化仪表研究院、仪电集团建设行业级工业互联网平台，深入实施“数字化转型伙伴行动”，为企业提供普惠性“上云用数赋智慧”服务。同时，全力推进一项标识解析二级节点在优势行业的试点应用，245 家企业完成两化融合管理体系自评估，13 家企业通过两化融合管理体系贯标。

【在线新经济发展】2020 年，徐汇区发挥政策资源优势，率先出台“支持在线新经济行动计划 20 条”，在商贸、文娱、民生等领域，集聚 1 000 余家具备在线特质的在线新经济企业，其中包括以“纯在线、数字化转型、在线服务提供”为特质的

288家核心企业，如在线医疗领域的平安好医生，在线教育领域的松鼠AI、51talk，在线体育领域的每步体育，在线金融领域的平安壹账通，在线化妆品零售领域的丽人丽妆，在线文娱领域的米哈游，在线出行领域的凹凸出行，在线人力资源管理领域的喔趣科技等，使徐汇区在线新经济“生态群落”初显爆发态势。

【大数据产业发展】2020年，徐汇区建立大数据治理创新实验室，制定区大数据产业专项统计工作方案，梳理形成204家区域大数据统计企业名录，企业填报完成率达100%。聚焦数字创新、数字人文、数字生态三大政府治理场景，徐汇区坚持“政企合作”，引导大数据第三方分析和服务机构快速集聚发展，加速大数据产业要素整合，加快构建规范、开放的大数据服务生态体系。

【重大创新平台建设】2020年，徐汇区加快布局研究与应用重大创新平台，集聚优质资源，培育创新生态。上海科技创新资源数据中心获得国家双创示范基地“双创”支撑平台项目立项，并正式成为欧洲开放科学云首家非欧洲成员机构、且是亚洲第一家成员机构。微软—仪电人工智能创新院开展的上海人工智能研发与转化功能型平台方案，通过市委常委、副市长吴清专题审议，取得实质性进展。“枫林HUB”获得上海科创办重大项目立项，为区域生命健康产业发展提供重要支撑。

五、信息基础设施建设

【5G网络建设】2020年，徐汇区积极融入全市“双千兆宽带城市”布局建设，加速覆盖5G网络。全区已建5G基站1 034个，基本实现5G网络连续覆盖，内环内尤其是西岸、徐家汇商圈和淮海路沿线等重点产业、生产生活密集地区实现深度覆盖。5G应用项目加快建设，包括上海首个5G智慧化商业场景“THE BOXX”（“城开yoyo”购物中心）、基于5G的新一代智能制造创新应用实验室（上海工业自动化仪表研究院有限公司）、世界首台5G超声聚焦FUS手术（上海国际医学中心）、首次“5G+真4K+VR”中超赛事直播（体奥动力）、“5G+MR科创教育实验室”（徐汇中学）、基于5G应用的出生缺陷及罕见病精准防控平台（上海国际和平妇幼保健院）等一批5G示范场景落地。

【宽带网络建设】2020年，徐汇区已基本实现商务楼宇（园区）光网全覆盖，具备提供万兆接入能力。固定宽带接入平均速率可达200M，家庭用户光纤到户覆盖数近45万户，家庭宽带平均接入速率达到300M。

【物联感知网络体系建设】2020年，徐汇区以市、区两级政务外网为基础，前端感知网络不断织密，近50 000个感知节点相关数据已全部接入区大数据中心，其中包括小区出入口“微卡口”5 059套，公共区域智能视频监控13 105个、楼洞智能门禁系统6 207个，窄带物联感知设备22 000余件，其他感知设备868个。同时，建立起完善的感知数据前端分流和分类处置机制，以小区为最小单元，将宽带物联网与窄带物联网传输的数据汇聚到数据治理中心，统一进行数据的接入、清洗、存储、计算，并按需分发、共享、推送至街道管理模块、公安管理模块、网格中心业务系统、社区管理App、公安政务微信App及其他政务网相关业务系统。

六、信息化环境建设

【智慧城市发展】2020年，徐汇区完成《徐汇区新型智慧城市建设“十四五”规划》，将秉承“人民城市人民建，人民城市为人民”核心设计思想，统筹规划，构建“新基建、新引擎、新高地、新体系、新保障”五大新内容体系，打造“质量徐汇、创新徐汇、高效徐汇、品质徐汇”，支撑现代化国际大都市一流中心城区建设。同时，制定徐汇区智慧城市建设工作会议制度，建立由区分管领导牵头推进的智慧城区建设联席会议制度，先后召开学习讨论会、专题座谈会、沙龙等近200次与智慧城区领域相关的座谈会与推进会。

【“两网建设”统筹推进】2020年，徐汇区电子政务领导小组累计召开30多次专题调研和工作推进会，深化“放管服”改革、优化营商环境、打响“一网通办”政务服务品牌，进一步优化徐汇区“互联网+政务服务”示范区建设。城市运行“一网统管”推进工作领导小组累计召开8次工作会议，探讨数据共享、系统集成、实战应用等工作。

【专项资金保障】2020年，徐汇区积极通过专项资金支撑方式，支持智慧城市建设。全区专项资金已覆盖软件和集成电路产业、防疫创新、科技载体建设、现代服务业及企业科技创新等方面，支持项目数量达到百余个，金额达到亿元级。

【世界人工智能大会云端峰会召开】2020年，徐汇区充分利用2020年世界人工智能大会云端峰会“溢出效应”，使上海西岸国际人工智能中心为旗舰的西岸智慧谷成为走向全球展示上海徐汇打造人工智能高地的一张亮丽名片。完成与上海鲲鹏 + 昇腾生态创新中心、上海金山办公软件公司金融智能办公创新中心、上海思谋科技有限公司人工智能视觉应用的集体签约活动，为西岸智慧谷、徐汇人工智能生态的打造注入源源不断的活力。同时，聚焦 2020 世界人工智能大会云端峰会，通过全媒体传播提升徐汇 AI 产业宣传影响力，相关报道及转载共计 282 条。

（鲍心洋）

第四章　长宁区信息化建设

概　述

2020 年，面对突如其来的新冠肺炎疫情和复杂变化的外部环境，长宁区坚持围绕中心、服务大局，主动跨前、开拓创新、稳扎稳进，全面推进各方面工作开展，取得丰硕成果。全面完成长宁区“十三五”信息化应用顶层设计的 26 项建设任务，“云、网、数”等信息化通用能力建设不断提升，数据治理能力和城市感知能力不断加强，重点领域的智慧应用场景建设不断完善，新一代网络基础设施建设效果显著，累计建成 5G 基站 973 个；积极发挥区智慧城市建设领导小组办公室的作用，指导各部门开展智慧应用和场景建设项目，加强协作配合。强化智慧城市重点建设领域信息化项目推进机制，以相关重点项目落地与应用为目标，加强对建设成果及应用成效的动态评估；国家级产业功能平台落地初见成效，央行数字货币贸易研究所跨界金融科技创新平台项目落地长宁，完成战略合作协议签署、办公载体落实、上海金融科技公司成立等工作；高新技术企业培育保质增量，完成市级认定公示企业 116 家，待复核企业 32 家，并成功引进盟广信息技术有限公司，实现外省市高新技术企业整体迁入长宁区第一例；深化“一网通办”工作，全力推进技术合同认定等工作的首次全程网上办公。

一、政务领域信息化

【全区政务信息系统整合】2020 年，长宁区对标市级文件要求，积极指导各部门按统一标准、统一要求开展整合工作。深入开展走访调研，详细了解“十三五”以来各部门信息系统建设和使用现状，并组织开展政务信息系统整合评估，完善长效工作机制。2020 年按照 50% 的改造任务，稳妥有序推进系统整合，预计 2021 年将全面完成政务信息系统整合。

【信息化项目审批及管理】一是完成 2021 年度信息化预算审批。于此轮集中申报期内受理信息化预算申报项目 190 个，经初审立项项目 157 个，审减率约 35%。二是做好信息化项目日常追加调整。共受理 13 家预算单位 21 个项目的追加申请。三是启动信息化项目验收复核。按照《长宁区信息化项目管理办法》，对 14 家单位的 17 个符合抽查要求的项目开展区级验收复核。

【公共数据治理工作开展】一是数据开放工作。组织各单位围绕城市管理、信用服务、民生服务等年度公共数据开放重点领域梳理可开放数据，上报至上海市公共数据管理门户。累计在市级平台开放数据清单 67 项（2020 年新增 32 项）、汇聚数据集 98 个、响应数据开放需求申请 5 个。二是数据共享工作。牵头做好数据汇聚共享及目录更新维护工作，配合各单位做好与市级平台的需求数据对接。累计在市级平台新增 10 条数据共享需求，涉及 21 项资源目录，已获取 8 项资源；区平台累计处理数据共享需求申请 33 项。三是政策修订工作。根据《2020 年上海市关于进一步加快智慧城市建设的若干意见》《2020 年上海市深化“一网通办”改革工作要点》等文件精神，牵头修订《长宁区公共数据管理办法》，并征询各单位及市级主管部门修改意见。

二、社会领域信息化

【人工智能应用场景试点范围扩大】根据长宁区科学技术委员会（以下简称“区科委”）与北新泾街道共同编制的《北新泾街道智慧社区总体建设框架》，2019 年智慧社区项目围绕“一个平台、两个小区、三条道路”，建设了九大类 30 个项目，在智慧康养、智慧生活、智慧文化、智慧运动、智慧商业、智慧政务、智慧安防等领域形成了一批较为成熟、规模化的居民生活服务 AI 应用集聚和解决方案。2020 年，北新泾街道选址新泾五村，进一步扩大人工智能应用场景辐射范围。区科委与街道就应用场景、建设需求和技术方案等开展了深入调研，确定了智能问诊、智慧书房、智能体感互动、智能法律服务等6个项目。四是加快做好疫情期间视频会议系统审批立项，确保满足区机关单位、区疾控中心等一线单位的疫情防控沟通需求。

【信息化支撑复工复产】2020年，围绕上海市复工复产总体要求，区科委牵头负责抗疫背景下的复工复产信息登记工作。一是做好复工复产相关数据处置工作，做好与市库数据系统对接，完成每日复工复产情况统计、反馈，实时与其他职能部门沟通对接。二是做好防疫期间信息化技术支撑。完成长宁区居民线上口罩预约登记及区级复工备案系统，以及区企业服务管理平台的开发。三是积极探索“一网统管”试点应用。开展疫情期间“一网统管”应急处置的试点应用，将“可视化监管记录仪+政务微信”纳入街道网格化日常巡查。

【公共数据开放与应用推进】为进一步深化推进区公共数据资源向社会开放工作，长宁区积极对接市经济信息化委、市大数据中心，确保数据开放工作正确、有效落实。在开放清单梳理方面，以“需求导向、安全可控、分级分类、统一标准、便捷高效”为基本原则，多行业、多领域覆盖，兼顾重点领域和高质量数据，深入拓展卫生健康、交通出行、文化教育、市场监管、信用服务等社会需求集中的数据领域。截至9月，完成56项公共数据开放清单编制和数据集汇聚，并在上海市公共数据管理平台上发布。

三、信息产业发展

【人工智能产业发展】一是打造“虹桥智谷”载体布局，推动东、中、西部重点基地建设。东部地区推动建设以人工智能为主题的特色载体和空间集聚区，中部地区积极打造标杆企业集聚区和创新孵化平台，西部地区推动人工智能产业园建设。二是全力引进人工智能优质企业。长宁区人工智能产业链关联企业超过两百家，分布在语音识别、图像识别、科技金融、智能零售、智能家居、个性化教育、机器人等多个领域。三是探索和开放丰富多元的应用场景。推动智慧政务、智慧教育、智慧医疗、智慧零售等创新应用，积极推动北新泾街道建设“AI+社区”样板工程，融合区内多家人工智能创新企业的技术和产品，在2019年世界人工智能大会上展出获得了广泛好评。四是加紧推动区级专项政策落实，为人工智能企业发展营造良好的政策环境。积极对接各项扶持政策，制定并推动实施《长宁区关于加快推进新一代人工智能产业集聚发展的若干政策意见》。2020 年拨付区级人工智能产业政策扶持资金超过 4 000 万元；牵头开展区人工智能相关专项政策兑付，分批次开展区人工智能专项项目验收，累计扶持企业 18 家，拨付 10 家企业的房租补贴扶持资金；组织开展 2019 年区人工智能专项项目验收和 2020 年项目申报工作。

【央行数字货币研究所落地】2020 年 9 月 28 日，中国人民银行数字货币研究所与长宁区人民政府签署战略合作协议，双方将集聚技术、人才、场景和服务优势，成立上海金融科技公司，逐步实现贸易金融区块链平台和技术研发中心落地，共同打造高品质金融科技功能平台和区块链技术应用示范区，为上海金融科技中心建设持续贡献力量。会前，上海市委常委、副市长吴清会见了签约双方代表。长宁区政府、人民银行数研所、上海市政府有关部门和在沪金融机构有关负责人参加了签约仪式。

【以应用场景建设带动产业发展】2020 年，区科委结合人工智能产业发展特点，积极推动扩大人工智能应用场景试点范围。选址新泾五村，进一步扩大“AI+ 社区”应用场景辐射范围；结合虹桥商务区专项发展资金申报，建设临空经济园区“5G+AI”项目，进一步推进智慧园区建设。利用 5G 网络“低时延、高带宽”的优势，在高岛屋、来福士开展“5G+ 直播”、在同仁医院开展“5G+ 智慧医疗”、在愚园路小学开展“5G+ 智慧教育”、在凝聚力博物馆开展“5G+ 红色旅游”等典型应用场景建设。

【产业招商联动】一是群策群力，全力做好招商工作。长宁区主要领导亲自带队走出去开展全国招商工作，在推进信息化工作中挖掘机会，引导项目关联企业落地长宁，成功引进上海宝兰德数字技术有限公司。二是紧密合作，打好服务“组合拳”。加强部门联动，在企业引进、载体信息、跟踪服务等方面加强沟通合作，成功引进上海荷福人工智能科技（集团）有限公司落地缤谷大厦，上海乐言信息科技有限公司落地联通大厦；充分利用长宁城区发展成熟、应用场景复杂的稀缺资源，吸引和集聚有实力的优质企业，帮助奥比中光科技有限公司在智能教育体育领域开展场景运用，并成功引进上海迦辰智能科技有限公司。三是围绕招商“软环境”，通过高效优质服务，打好区域竞争“时间差”，缩短企业选比“犹豫期”，成功引进上海仙塔智能科技有限公司、上海全应科技有限公司、上海泰砥科技有限公司等人工智能、区块链重点企业。四是发挥存量优势，积极转化新增部分。坚持以良好的服务陪伴企业成长，以优质服务培养出的“感情牌”作为获取招商信息、招商留商的重要抓手。如利用科大讯飞上海总部落地长宁的契机，加快推动在沪科大系企业和资源的集聚，成功引进科大系上海讯飞枫享网络科技有限公司、上海穹天科技有限公司落地长宁。

四、信息基础设施建设

【信息基础设施优化】一是完善工作机制，推进新型基础设施建设。发挥政府协调引导作用，协调全区5G基站站址规划、运营商共建，初步实现区内基本覆盖，重点商圈深度覆盖；主动对接架空线入地、合杆整治等工程，利用城市综合杆开通39个5G微基站，实现道路两旁深度覆盖。5G网络道路覆盖率已达96%以上，平均下载速率达到740 Mbps。二是积极协调基础电信企业加快基础设施改造步伐。三大基础电信企业的超大型、大型IDC和中小型IDC已全部完成IPV6改造，骨干互联网设备、IP城域网设备IPV6支持率100%。三是做好新型基础设施建设顶层设计。编写《长宁区5G基站规划（2020—2025）》《长宁区5G综合杆站址规划（2020—2025）》两个先导性规划文件，制定《长宁区5G基站建设舆情应急处置预案》。

五、信息化环境建设

【智慧城市建设工作统筹】一是主动对接市级主管部门，分解新一轮智慧城市发展水平评估指标任务，并对照2019年各项指标的排名及完成情况，分析原因、查找差距。二是召开长宁区推进信息化建设工作会议，通报长宁区2019年智慧城市建设工作推进情况，统筹部署智慧城区建设重点项目和工作任务。三是积极参与区内重大信息化项目建设，与牵头部门协同推进。围绕一网通办、一网统管、雪亮工程等重大项目落实，积极与项目部门对接，共同研究项目方案，协调解决重点难点问题。

【科技人才配套服务】自长宁区行使外国人来华工作许可审批权以来，截至2020年11月，共审批通过27 532件，提前完成国际精品城区（2016—2021年）2万件指标，其中2020年共审批通过6 166件，居中心城区首位；全市首个“外国人工作居留单一窗口”社区服务专窗落户虹桥社区，提高了社区居民办事的便利性和时效性；做好外籍人员往来工作邀请服务，帮助企业复工复产，共为13家单位32人办理“来华邀请函”；全力打造科技创新人才高地，推荐1位个人申报青年科技杰出贡献奖，推荐5人入选长宁区杰出人才，24人入选长宁区第五届领军人才第十轮专业技术拔尖人才，推荐3人入选上海市学术技术带头人、启明星等市级人才项目，推荐 14 家企业 226 人申报“2019 年度上海市软件和集成电路企业设计人员专项奖励”，认定 2020 年度长宁区“科技之星”团队及“新兴产业领域”人才培养计划项目 26 个，首批认定 12 家长宁区硕博士创新实践基地。

【“2020 上海智慧城市体验周”活动开展】为贯彻落实“人民城市人民建，人民城市为人民”重要理念，长宁区围绕“数字化转型下的未来城市”主题，组织开展 2020 上海市智慧城市体验周系列活动。活动于 2020 年 12 月 3—14 日陆续展开，聚焦数字化转型、智慧养老、5G 应用、网络安全等领域，通过现场直播、展区体验、专题讲座等方式展示长宁区智慧城市建设取得的成效，提升群众感受度和认可度。一是 AI 社区直播秀，网红主播在线打卡“上海市智慧社区示范点”，带网友们“云”体验北新泾“AI+社区”人工智能应用场景，生动展现数字时代慧居生活。二是智慧养老生活展，以社区真实场景作为展区，全方位展示仙霞街道智慧健康养老建设成果，观展群众通过各类应用场景体验“变老后的生活”。三是 5G 赋能体验区，开展“5G+ 一网通办”应用场景体验活动，在自助服务专区即可实现 700 余项政务服务在线办理，让市民亲身感受“15 分钟政务服务圈”。四是网络安全进校园，在虹桥机场小学举办现场讲座、线上知识竞答等活动，以互动交流的形式向师生科普智慧城市下的网络安全知识，普及智慧城市相关知识与理念。

【华为云 TechWave 技术峰会召开】2020 年 7 月 20 日，华为云 TechWave 技术峰会在虹桥智谷华为联通创新示范中心召开。此次长宁会场以“创新 · 普惠”为主题，围绕人工智能、云基础设施、应用平台、混合云、ioT 等话题，与中小企业 CIO、技术骨干、开发者一同分享技术热点，探讨研究成果。

【区域创新创业环境营造】一是创新政策服务机制，加速政策兑付落实。对接市、区科技创新扶持政策，通过电话、微信平台、云直播等多种方式，持续做好相关政策宣传和咨询服务工作，全力落实各类政策。组织企业参加政策云直播等政策宣讲 10 次，推动落实兑付科技创新扶持资金 5.67 亿元，受益企业超过 600 家（次）；推荐 26 家企业申报科技小巨人企业、11 家企业申报上海市科技进步奖，申报量同比翻倍增长；科技型中小企业入库 275 家，同比增长 106.7%。二是深化“一网通办”，提升政策申请效率。推进技术合同认定等工作的首次全程网办工作，年内累计受理技术合同认定申请 335 份，合同金额 13.26 亿元；累计完成高新成果转化项目认定 9 项，实现区科委行政确认事项全程网办，双减半压减率 76.7%，网办率 100%。

（谢首都）

第五章　静安区信息化建设

概　述

2020年是全面完成“十三五”规划目标任务，开启“十四五”新征程的关键一年。静安区立足区域实际，把“人民城市人民建，人民城市为人民”的重要理念贯彻落实到各项工作中，全面推进新型智慧城市建设与城市发展战略深度融合，更高水平满足人民对美好生活的向往，更高质量助力经济转型创新发展，更高效率提高城市管理和社会治理水平。

根据统筹做好新冠肺炎疫情防控和经济社会发展工作的新要求，静安区全面推进“智慧静安”建设。着力推进新型基础设施部署，加快感知应用场景落地试点；以创新、开放和包容的“互联网+”思维，聚焦智慧政务、智慧社务和智慧商务建设；抓好政务服务“一网通办”，实现线上“一个总门户、一次登录、全网通办”，线下“只进一扇门、最多跑一次”；抓实城市运行“一网统管”，实现城市治理“一屏观天下、一网管全城”；以大数据、人工智能、云计算等战略新兴产业发展为引领，加快发展在线新经济；深化信息化应用，精准服务居民防疫抗疫、加快企业复工复产复市。

一、政务领域信息化

【"一网通办"应用进一步拓展】2020年，静安区紧紧围绕"放管服"改革，进一步拓展"一网通办"政务服务事项范围；深化"双减半"改革，压缩审批承诺时间；实施"零跑动"改革，通过电子证照、统一物流和统一支付等方式，全区"一网通办"行政审批事项100%实现"最多跑一次"；推进政务服务事项集中受理，将与企业日常经营活动有关的审批服务事项最大限度向区行政服务中心集中，完善智能导引服务系统。在"一网通办"静安频道中建设上线静安"一件事"主题服务专题。将"一网通办"自助办理服务进一步向楼宇、园区延伸。

【"随申办"相关建设】根据市府办公厅《关于打造"随申办"超级应用完善市区两级移动政务服务共建共营长效机制的工作方案》要求，2020年，静安区完成"随申办"App中区级及14个街镇旗舰店建设，并根据市级统一部署于10月10日上线试运行。旗舰店按照"随申办"移动端设计标准规范，结合区域特色，搭建了具有区域特色并且简单易操作的展示界面。同时，在"市民云"现有功能应用基础上，对接"一网通办"静安频道、区门户网站等区内资源，为用户提供了健康静安、彭福卡等各类生活服务以及政务事项办理功能，并及时发布区内相关资讯。

【上海静安门户网站建设】2020年，静安区门户网站共完成9个专题建设、10期在线访谈建设；完成"千人千网"建设；稳步开展区门户网站后台升级；翻译并发布外文版信息657条（翻译文字35万字）；向市级报送信息2 700条；完成区门户网站每季度渗透性测试，每月漏洞扫描等各项安全保障工作，检测发现攻击320余万次，备份数据3.9T。4月24日，上海市人民政府办公厅发布关于2019年度本市政府网站测评结果情况的通报，静安区门户网站荣获"2019年度上海市优秀政府网站"称号。

【"政务云"管理】2020年，静安区推进信息系统上云"应迁尽迁"，提升区政务云管理能力和服务水平。下发《关于推动静安区信息系统部署迁移上云的实施方案》，建立了各单位信息系统上云流程机制，及"政务云"日常运维管理机制。在安全方面，政务云机房实行重大节日7×24小时值守，工作日5×8小时监控，周末进行巡检，有紧急突发事件保证10分钟内到现场解决。并且，每月对云上各信息系统进行漏洞及弱密码扫描，配合区网安支队做好"政务云"安全相关自查等工作，确保无重大安全事件发生。目前已完成与市级“政务云”对接工作，可在市“政务云”平台上查询静安区上云系统、云资源及资源使用情况。

二、社会领域信息化

【“社区云”落地应用】2020年5月，静安区开始试点推进“社区云”工作，大宁路街道、静安寺街道、共和新路街道、彭浦新村街道、临汾路街道、彭浦镇6个街镇作为第一批试点街镇率先启动工作。7月底，全区14个街镇267个居委会均开始稳步推进“社区云”工作。一是全面使用社区治理平台，二是启用居社互动平台。

【在线医疗建设】2020年，静安区整合形成统一的居民电子健康档案及诊疗数据采集、交换、存储平台，以电子病历为核心，实现医院与医院之间、医院与基层医疗卫生机构之间的信息共享。积极推进智慧医疗服务。以“互联网+医疗”思维为导向，开展静安健康门户网站、微信平台、支付宝服务窗、健康静安App四大系统的“健康静安”系列惠民应用建设，为全区居民提供便捷的在线预约、扫码支付、报告查询、就诊记录查询、健康管理等服务，实现利民惠民。同时，启动医疗健康大数据中心建设，初步形成区域大数据中心平台框架，形成一套可行的数据多维度挖掘、多角度展示分析体系，为管理决策提供了有力的数据支撑。彭浦新村街道社区卫生服务中心建成沪上首家社区互联网医院。

【智慧教育建设】2020年，静安区初步建成了符合应用需求的“万兆核心、千兆到校”的静安教育专网，实现了宽带网络“校校通”；教育云计算中心完成一期基本建设并投入使用，有力支撑了一大批教育核心业务系统的运行；建成覆盖全区所有教育考试场所的一系列信息系统；所有教室均改建为互动式多媒体教室，教师移动终端配备师机比为1.17∶1。学校无线网络全覆盖占比为100%；以信息化手段整合管理业务，建成一批管理系统；静安教育数据中心建设完成，实现区教育业务数据的有效集成、应用；深化信息技术与教学深度融合，在教与学的实践中更有效地应用新技术，着力打造适应需求的教育共享应用和云服务体系。

【智慧社区服务开展】2020年，静安区依托“市民云”建设，采用服务汇聚、多端展现的方式，打造面向新静安社区居民智能化、一体化的信息服务平台，实现市、区、街镇三级公共信息的统一发布，电脑屏、手机屏、电视屏的多屏合一，形成覆盖全区 14 个街道的社区服务指南；推行“路长制”，以网格平台为依托，在全市率先建立“一路一长、包段到人、责任到人、事项到底”的道路管理责任机制，打造“精细化管理示范区”，提升社区治理智能化能级。

三、城市建设管理领域信息化

【“一网统管”获评全球大奖】2020 年，静安区紧扣“一屏观天下、一网管全城”目标，加强对区、街镇两级平台的深度运用，通过基础数据赋能、应用系统集成、智能场景开发，进一步丰富和完善城市运行管理机制和生命体征监测。10 月，静安区城市运行“一网统管”获评全球城市论坛首届上海城市治理最佳实践案例奖。

【智能电梯改造】2020 年，静安区通过“151”项目对电梯进行智能化改造。在电梯里安装传感器，获取电梯实时运行数据和电梯故障数据，检测电梯运行状态，及时发现电梯运行中存在的问题，并可对故障进行快速诊断，为电梯安全管理工作提供事故预警与动态监管。

【食品安全智能监管系统建设】2020 年，静安区建设覆盖区公共饮食环境的食品安全监督管理和厨房视频监控系统，通过采集和管理食品生产和服务环节的视频信息资源，实现全产业链的动态、远程监管，促进食品生产和服务安全管理规范化。

【重点场所智能安防建设】2020 年，静安区结合“雪亮工程”“社会治安防控体系建设”等前期建设任务，按照社会治安防控体系“三圈五域”规划布局，完成内圈陆域、内圈水域以及内圈空域的视频前端点位补盲建设，以及相应的后端系统扩容，最终达到提升治安防控的科技含量及精确打击犯罪行为的目的。

四、信息产业发展

【大数据企业集聚发展】2020 年，静安区重点聚焦大数据、云计算、区块链、人工智能及其产业链发展，依托上海数据交易中心、上海大数据应用创新中心、大数据流通与交易技术国家工程实验室等功能型平台，推进大数据产业示范基地建设，推动数据智能产业协同创新、融合发展，打造产业集群，提升区大数据产业发展能级。

全年引进大数据企业94家，其中上海晶赞融宣科技有限公司、上海浪潮云计算服务有限公司连续入选中国大数据企业50强；卡斯柯无人驾驶工程技术研究中心和华院数据认知智能研究中心项目入选2020年上海世界人工智能大会线下签约项目。同时，静安区按照国家工信部要求开展国家大数据产业示范基地质量评价工作。

【华为上海区块链生态创新中心建设】2020年，静安区推进华为上海区块链生态创新中心建设，依托产业联盟，创建区块链产业生态圈，推动产业与创新技术充分结合。该中心于2020年6月挂牌成立，旨在推进华为生态伙伴、创新企业、创新团队入孵入驻。为进一步深度合作，华为将华海智慧（上海）信息系统技术有限公司落地静安，作为中心的辅助运营方。

【上海数字经济创新实践基地建设】2020年，静安区推进上海数字经济创新实践基地建设，启动数字经济技术验证平台和数字经济技术验证平台建设，推进基于数信络谱区块链平台的数字生态合作，实现安心社区云项目、IP交易平台设计研发等若干应用落地。

【静安区政府产业引导基金设立】2020年，静安区设立了产业引导基金，引导社会资本投向信息服务等重点产业以及数字经济、大健康、平台经济等新兴领域，促进互联网、云计算、大数据、区块链、人工智能、物联网等新技术、新业态、新模式发展，引导传统产业数字化转型和品质化提升，助力打造区域经济新增长点。

五、信息基础设施建设

【5G建设】2020年，静安区协调各电信运营商，加快5G基站建设和重点区域的5G网络覆盖，对4G弱覆盖区域进行优化。2020年建设完成5G基站471个，累计完成1 121个，加快5G独立组网建设。在实现全区覆盖的基础上，持续推进重点区域深度覆盖和功能性覆盖，形成有规模效应的应用，完成12处4G弱覆盖区域的信号覆盖。推进5G应用创新，与运营商在医疗、高清视频、电竞、扶贫等方面合作开展应用推进，5G应用场景逐步落地、有序展开。

【网络基础设施建设】2020年，静安区按照新型基础设施建设2020年重点工作计划表及第一批重大项目和工程投资计划，推进业务专网整合和接入工作，按照市级条线业务专网整合的要求和时间节点，完成所有区级接入单位的政务网光纤和网络接入工作。根据《上海市电子政务外网建设和运行管理指南》要求，开展政务网升级改造工作，初步制定区政务网升级技术方案。

六、信息化环境建设

【智慧城区“十四五”规划编制】2020 年，静安区编制形成《静安区智慧城区十四五规划》，围绕上海“全球新型智慧城市的排头兵”的总体要求，坚持推进 5G、物联网等新型信息化基础设施建设，积极运用新一代数字智能技术，以“系统整合和数据共享”为主线，打造“云网一体、高效便捷”的基础设施支撑体系、“一数一源、一源多用”的数据共享开放体系、“1 大脑 +N 平台”的跨领域融合应用体系、“自主可靠、制度完善”的信息安全保障体系，支持城市科学治理，确保顶层设计落地落实，使数字信息技术进一步嵌入城市的生产、生活和生态场景，市民获得感和满意度稳步提升，信息化整体水平继续保持全市领先。

【在线新经济和新基建行动计划出台】2020 年，静安区落实《上海市促进在线新经济发展行动方案（2020—2022 年）》和《上海市推进新型基础设施建设行动方案（2020—2022 年）》文件精神，起草出台《静安区推进新型基础设施建设全力打造在线新经济卓越城区发展行动计划（2020—2022 年）》，加快静安区新经济形态发展，推进新型基础设施建设。

【网络安全保障建设】2020 年，静安区实施《静安区各级党委（党组）网络安全工作责任制实施细则》，探索建立网络安全工作责任制的检查考核制度。制定下发《静安区各级党委（党组）网络意识形态工作责任制实施细则》，健全党委（党组）领导班子集体领导、分工明确、执行有力的网络意识形态工作责任体系。制定并实施《静安区网络安全事件应急预案》，把责任落实到具体部门、具体岗位和个人，并建立健全应急工作机制。完善静安区网络安全态势感知平台建设，进一步优化网络安全事件预警、监测、通报、处置、整改、反馈的工作流程，提升网络安全事件响应速度和工作效能。

【战略合作】2020 年，静安区与上海科学院在区块链技术创新方面开展战略合作，推动“上海科学院区块链技术研究所”落地静安区，支持并争取市北高新区块链生态谷项目获批上海科创办重大项目立项；在市科委指导下，推进联合国开发计划署上海金融科技创新中心项目（UNDP）落地静安；推动国际数据管理协会（DAMA）落地静安，以国际先进理论和最佳实践，助力数字化转型浪潮下的人才发展与知识提升；继续举办“长三角国际创新挑战赛数据智能区块链专场赛”，帮助企业实现技术对接，推进科技成果转移转化。

【上海静安国际大数据论坛举办】2020 年 10 月 22 日，第五届上海静安国际大数据论坛举办。本届论坛以“集聚数据新要素，赋能数字新基建”为主题，以数据新要素为核心，持续关注新基建、隐私计算、区块链与医疗大数据等诸多具有产业落地价值的议题和话题，着力打造静安大数据品牌活动。论坛采用线上线下相结合的方式，共吸引 600 余人现场参会，在线观看人数超 235 万人次。

（朱爱华）

第六章　普陀区信息化建设

概　述

2020年是“十三五”收官之年，普陀区信息化工作以5G示范区建设为重点，聚焦“智联普陀”“一网通办”“大数据资源平台”等项目建设，加快推动区政务信息系统整合、公共数据共享与开放、信息化项目管理等工作，推动新型智慧城区发展，提升智慧城市发展水平。普陀区开展智慧城市建设“十四五”发展规划课题研究，初步拟定“十四五”智慧城市建设发展思路，提出新型基础设施、重点领域智慧应用、提升信息化产业对接融合和公共数据开放治理水平四大类重点发展方向。

在政务领域信息化方面，编制形成普陀区提高政务服务能力“十四五”专项发展规划，确定未来五年普陀区政务服务发展目标、重点任务及工作计划。推动普陀区“一网通办”、“一网统管”、区政务云、大数据资源平台等相关区级信息化资源统筹和推进。

在社会领域信息化方面，普陀区围绕智慧养老、智慧教育、智慧健康、智慧文化、智慧体育、智慧就业和智慧档案等多个领域，全面推广社会领域示范应用。

在城市建设管理领域信息化方面，“智联普陀”重点聚焦公共安全、公共管理和公共服务，借助信息化、智慧化手段在垃圾管理、城市综合管理、地下空间管理、雪亮工程等多个城市治理领域开展了各类智慧应用，加强“一网统管”大屏展示、智能应用场景和普陀城市运行管理平台等项目建设，提升了普陀城区科学化、精细化、智能化管理水平。

在信息产业发展方面，普陀区积极把握数字经济发展机遇，落实“数字新基建”“在线新经济”等新兴领域发展要求，抢抓新冠肺炎疫情后的新机遇，充分发挥数字要素对区域经济高质量发展的驱动作用；聚焦人工智能与机器人、医疗健康与生命科学、互联网与信息技术三大产业，积极打造全球科创中心特色园区。

在信息基础设施建设方面，普陀区编制了《2020年普陀区5G建设实施计划》和《普陀区5G移动通信基站布局专项规划》；聚焦“一园一轴一中心”重点发展区域，落实“5+5+5”基础设施布局，新建500个5G室外基站覆盖，完成50幢重点楼宇的5G室内覆盖，实现5个区级重点产业园区5G定制化覆盖，完成环球港“5G+双千兆全球第一港”建设应用。

在信息化环境建设方面，普陀区按照市经济信息化委统一要求，陆续开展了多频次、多角度、多层面的宣传活动，积极协办对接，举办“5G创新应用示范区建设”推进会、以色列科技文化沙龙、普陀区智慧城市暨第一届未来岛工业博览会、第二届ICode人工智能和科教创新论坛、2020中国上海能源科技创新科普嘉年华、2020年普陀区科技节、网络安全宣传活动、长三角大数据投融资对接大会等多项活动，着力营造良好的信息化发展环境。

一、政务领域信息化

【“一网通办”和“高效办成一件事”工作推进】一是推动政务事项进“一门”、政务事项进“一网”、现场办理跑“一次”，把12个部门18个系统40项服务整合进“随申办—普陀市民云”。二是抓好“高效办成一件事”“两个免于提交”和线上线下一体化办理，推出20件办件频率高、企业关注多的“一件事”，实现“一次办”。三是打造“普小二”品牌，完成十家社区事务受理服务中心内综合类自助终端全覆盖，率先设立企业开办服务专区。四是进一步落实“两集中，两到位”，全区政务服务事项数增加到1 324项，部门政务服务中心由15个减少到11个。

【区政务云、政务外网改造】一是按照上海市统一规划和标准规范，开展基于“智联普陀”光纤专网的区电子政务外网升级改造工作，已完成了区级条线专网整合联通工作，实现业务访问和数据共享。二是区电子政务云按照“应上尽上”的原则，完成88个信息系统的云资源发放工作，其中

62 个信息系统已完成上云部署，26 个信息系统在部署中。三是以建设“数据中台”为目标，建设区大数据资源平台，已部署实施 8 个子系统，初步构建起区大数据资源分平台的基础框架。

【公共数据开放与共享机制建设】2020 年，普陀区全量完成区级公共数据资源编目，共编制 5 528 条公共数据资源目录，初步建立全区公共数据资产清单，已累计归集 1 234 个公共数据资源以及 35 个电子文件数据，区级数据湖已初步建立。同时，普陀区多措并举，全面推进公共数据开放工作，制定了《普陀区公共数据管理办法》《部门分类分级细则》，并结合区域实际情况，编制形成《2020 年普陀区公共数据资源开放工作计划》，从十个方面明确普陀区公共数据开放的工作目标、具体任务和责任分工，在上海市公共数据开放平台完成 112 项公共数据集的上传。

【社会信用体系建设】2020 年，普陀区以推动社会信用体系建设作为深化“放管服”改革和优化营商环境的重要抓手，在优化信用服务、拓展信用应用、强化信用监管三方面不断突破创新，全面提升“信用普陀”建设水平。加快信用平台升级改造，充分利用平台功能，累计归集政府各类信用数据 9 698 条，推动各部门运用平台在行政审批、资金扶持、表彰评优等 8 个领域的 102 个应用事项开展信用信息核查。

二、社会领域信息化

【新冠肺炎疫情信息系统建设】2020 年，普陀区在新冠肺炎疫情防控工作中，结合实际情况，共建设完成 17 个疫情信息系统，归集人口数据、企业数据、沿街商铺数据等约 377.3 万条信息，助力企业复工复产。一是开发区口罩预约系统，全区 10 个街镇 278 个居村（含筹建）在系统中累计预约登记 1 145 692 户，每轮预约户数平均占全区总户数的 42.23%，其中线上预约 748 610 户，占比 65.34%。为居村委节省了大量人力，在一定程度上阻断了新冠肺炎疫情传染扩散；二是开发上线普陀区智能语音医学隔离回访系统，该系统覆盖全区全部 12 家社区卫生服务中心。通过 AI 机器人语音呼叫实现了医学隔离人员自助报告，共拨打接通医学隔离人员电话 339 071 次，有效避免上门回访的接触风险。三是开发上线普陀区返沪人员疫情防控监测平台，共登记来沪人员 68 600 位。

【“智慧健康”建设】一是加快推进互联网医院建设，普陀区中心医院互联网医院获得牌照正式线上开诊，普陀区人民医院互联网医院获准开业。二是推进医疗付费“一件事”工作。普陀区作为“一件事”六家试点区之一，已完成上海第一家区级医院“医保五级”接口升级上线，实现“信用付”全区 18 家医疗机构全覆盖。三是平稳运行“统一预约、统一支付”智慧医疗平台。

【“智慧教育”建设】2020 年，普陀区提炼区域特色，推进智慧教学新模式。建立在线教育学习新体系和优质数字资源共建共享机制，探索线上教学新模式。丰富“J 课堂”资源库，依托大数据采集和智能分析，加速 AI 在课中和课后的应用。将数字教材应用试验推进至全区义务教育阶段学校，提炼具有普陀特色、可供推广的教与学新模式，并积累第一批实践案例，实现基于数据采撷与分析的精准化教学、学生个性化学习和自适应学习。

【“智慧养老”建设】2020 年，普陀区整合区域内各类养老服务资源，依托区级民政数据池，整合部门间资源，实现养老机构、社区居家养老、长期护理保险等数据信息共享。市民可以在线申请养老机构入住、长护险自负费用补贴报销等养老基本公共服务，缩短了服务流程，提高了工作效率，让数据多跑路、群众少跑腿。同时，改善老年人的应用服务体验，提升养老便民服务能力，实现智慧养老在居家、社区、机构养老服务中的全面运用。

【“智慧文化”建设】2020 年，普陀区致力于盘活区域公共文旅资源，打通公共数字文化服务的“最后一公里”。文化普陀云平台经过三期建设，已构建了电脑端、移动端、微官网和后台管理平台，以及线下取票机系统，并在普陀区各级公共文化场馆内布设了取订票一体机和验票设备。对平台已有功能模块、用户体验、视觉设计进行优化升级，将其打造成文化和旅游一站式管理与服务平台。已完成升级并上线的功能模块包括资讯、活动、预约、场馆、云课、直播、地图等。2020 年文化普陀云注册用户数为 224 923 人，较 2019 年增加 23 526 人。

三、城市建设管理领域信息化

【“智慧交通”建设】2020 年，普陀区实现区级公交线路电子站牌全覆盖；推进区内 175 家停车场（库）接入上海市级公共停车信息平台，完成总目标的 102%。区内 55 条道路停车场已 100% 完成接入市级平台。下一步将推进公共停车信息系统运行，以及“上海停车”移动应用程序，通过移动终端设备向社会公众提供公共停车泊位查询、预约、支付等服务。

【智联普陀城市大脑建设】2020年，普陀区开展自主研发决策辅助支撑系统，覆盖区、街镇委办、片区三级平台，解决勤务管理、物资装备管理、多媒体指挥调度、图像接入等问题。多媒体指挥调度模块共覆盖8个委办、10个街镇、26个管理片区、76个实时网格移动执法记录仪，涉及120个终端，为指挥调度提供了强有力的技术保障；图像接入模块共接入近15 000路摄像头，包括“雪亮工程”4 800路、智能安防8 699路、智联普陀1 045路，在资源汇聚的基础上，形成了区内视频资源共享机制，有效节约投资，提升资源利用率。同时，在全区10个街镇共安装110 325个感知设施，其中在全区共性建设方面部署24种类型的感知设施，安装107 630个感知设施，服务于64个不同场景；在个性建设方面部署9种类型的感知设施，安装2 695个感知设施满足城市管理的多维度需求。

【“智能安防”建设】2020年，在社区智能安防工作方面，普陀区705个居民小区的基础版建设完成率达100%，在小区外圈还叠加建设了1 784个人像和车辆监控，人像、车牌数据已全部汇聚上云。在商务楼宇智能安防方面，已完成304幢商务楼宇智能安防建设。“智能安防”项目在普陀区10个街镇共建设人脸识别监控1 985个，车辆识别监控1 171个，内部高清监控5 544个（合计8 700个），道闸194个，智能门禁3 993个。

【“智慧监管”建设】2020年，普陀区推动实施食品安全智慧监管工作，建设“普陀智联食安”App。在能耗采集方面，普陀区内市重点用能单位经营地共14家，其中10家单位已在国能中心网站实现在线采集，截至2020年9月，接入用能单位总数21家，列入重点用能单位名单的数量为13家，本年度能耗监测总量302 041吨标煤，本年度煤炭消耗在线监测总量0吨标煤，平台已注册关口在线计量器具19 383件，已接入关口在线计量器具5 608件。

四、信息产业发展

【战略性新兴产业发展】2020年，普陀区编制了《普陀区支持新基建和在线新经济发展的实施意见》。同时有序推进“十四五”规划研究，在《上海市普陀区国民经济和社会发展第十四个五年规划纲要》中，初步提出要做大做强以智能软件、研发服务、科技金融、生命健康“四轮驱动”的重点产业，加快构建数字驱动为引领的产业新集群。2020年，普陀区制订出台“3+5+X”产业政策体系，包括3项普惠政策、5项专项政策和配套文件。根据新兴产业发展需要，普陀区又统筹形成《普陀区支持新基建和在线新经济发展的实施意见》，通过对智能软件产业领域内企业技术创新、产业集群发展、园区能级提升、生态环境打造以及创新成果产业化等方面给予财政资金支持，加大引进和培育重大项目支持力度，加快产业链上下游企业集聚发展。

【信息产业科技发展专项资金管理】2020年，普陀区重点围绕智能制造、机器人和网络游戏产业开展定向支持，不断深化科创驱动转型实践，以科技创新带动传统产业转型升级。同时，发挥市级服务业发展引导资金对大数据产业的引导带动作用，重点支持人工智能领域、智慧城市、大数据平台等项目的培育和建设。2019年至2020年上半年，普陀区共指导推荐34个项目申报市服务业引导资金，其中27个项目获得支持，获批市级资金5 500万元，待项目验收通过后，区级资金1∶1予以匹配。同时，引导资金推动普陀区一批数字经济核心领域企业加快突破，带动了传统产业主体实现数字赋能。

【桃浦智创城工业互联网标杆园区建设】一是顶层设计持续深化完善。在完成智慧城市顶层设计及智慧城市建设导则编制的基础上，进一步完善实施细则，稳步推进智慧城市指标体系课题研究、数据中心总体架构方案编制等工作。二是启动5G应用项目研究。研究实施5G应用建设方案编制、“5G+智能化道路”管理、“5G+智能化河道”管理、“5G+智能化工地”管理等方案。三是继续推动信息基础设施建设。结合605地块、综合管廊、英雄天地、中央绿地等重点项目子系统建设，同步建设信息基础设施，BIM（Building Information Modeling，建筑信息模型）应用不断落实，感知网络有序组建，核心区综合管理云平台、数据中心加快推进建设。

【中以（上海）创新园建设】2020年，普陀区推行以下举措：一是举办了以色列科技文化沙龙、第二届ICode人工智能和科教创新论坛、2020中国上海能源科技创新科普嘉年华、2020年普陀区科技节启动仪式等中以创新合作系列活动。二是推进国家技术转移东部中心建设“中以线上技术转移服务平台暨中以创新资源库”，并在第五届中国创新挑战赛中以（上海）创新园专场上发布。三是积极推进中以成果孵化平台建设，申报2020年张江专项“中以互联网+智能硬件创新应用合作平台建设”，举办网络安全创新国际峰会——暨中以（上海）创新园一周年成果展等活动，营造国际创新合作氛围。

五、信息基础设施建设

【5G基础设施建设】2020年，召开普陀区5G创新应用示范区建设推进会，区政府与四家运营商签署了《共同推进普陀区5G示范区建设战略合作框架协议》；发布《2020年普陀区5G建设实施计划》，明确全年工作目标；启动开展《普陀区5G移动通信基站布局规划》编制工作；外基站建设方面，全年新开通逻辑基站619个（其中中国移动248个，中国电信359个，中国联通12个）。室分系统建设方面，全年完成5G室内覆盖楼宇53栋（其中中国移动36栋，中国联通17栋）。园区方面，全年完成中以创新园、天地软件园和谈家28等5个园区的5G覆盖。4G弱覆盖整改方面，全年完成16处场点移动信号弱覆盖整改；完成环球港“5G+双千兆全球第一港”建设应用；配合桃浦智创城完成中以创新园5G网络覆盖。

【“双千兆”网络建设】2020年，普陀区加快光纤专网与政务网的升级融合、加密物联专网的覆盖率；持续扩大5G基站规模，推进重点区域深度覆盖；推动闻泰科技建立5G前沿技术研发中心，开展面向5G关键共性技术及测试验证技术研究；建立5G测试验证中心，打造高效协同的专业示范性测试基地；围绕5G示范区建设，加快5G与人工智能、沉浸式技术、区块链、物联网、云计算等融合应用，丰富“5G+”垂直行业应用场景；率先实现家庭千兆接入能力和商务楼宇万兆接入能力全覆盖，抓住桃浦智创城转型机遇，建设千兆固网智慧集成应用示范园区。

【专项规划编制】2020年，普陀区编制完成《2020年普陀区5G建设实施计划》和《普陀区5G移动通信基站布局专项规划》。对重点区域先后编制完成《上海真如城市副中心信息基础设施专业规划》《长风生态商务区信息基础设施规划》《桃浦科技智慧城信息基础设施专业规划》等信息基础设施专项规划。针对普陀区拆迁多、需求多、站址少的“两多一少”特点，编制下发了《普陀区推进市政拆迁类临时基站建设实施方案》，明确了临时基站管理流程。

六、信息化环境建设

【5G创新应用示范区建设推进会召开】2020年1月6日，“普陀区5G创新应用示范区建设推进会”在上海环球港举行。会上发布了《2020年普陀区5G建设实施计

划》暨“全市首个5G精品区建设”启动仪式，推进会启动环球港“5G+双千兆全球第一港”建设应用，为5G在商业领域的落地普及、推动区域消费升级和产业转型发展提供了可复制、可推广的典型示范应用。

【普陀区智慧城市暨第一届未来岛工业博览会举办】2020年，普陀区继续结合“上海市智慧城市体验周”活动，于11月举办“普陀区智慧城市暨第一届未来岛工业博览会”，聚焦普陀“智造”，凝聚各方智慧，推动普陀区新型工业、工业互联网、高新制造企业的深度沟通和合作，彰显普陀区“有事必应、无事不扰”的营商环境，展现普陀区“服务是第一资源”的理念。同时，邀请领域内专家深入讲解人工智能与科技创新的融合建设，普陀区企业代表也介绍了智能制造的广泛应用，提高市民对普陀“智造”的熟悉度和认同感，展现普陀“智造”的创新能量。

【“创业在上海”国际创新创业大赛举办】2020年，普陀区举办国际创新创业大赛，参赛企业365家，较2019年增长80.7%，增长率列中心城区第一，其中64家企业获上海市创新资金项目立项；举办第五届中国创新挑战赛中以（上海）创新园专场赛，线下走访企业37家，征集企业技术难题39项，开展1场现场赛及4场“专家—企业”面对面对接活动。通过“政府搭台、揭榜比拼”的方式，聚焦普陀“智能软件、研发服务、科技金融、生命健康”等重点培育产业领域和“5G+工控安全创新应用示范区”建设，广纳全球优秀科技人才。

【科技节活动举办】2020年，普陀区以“智汇普陀、转型蝶变”为主题开展普陀区科技节活动，通过“1+6+1”版块（1个启动仪式+“惠民、科创、青少年、节能、街镇、联动”6大版块+1个线上科技节）在全区开展多样化的科技节活动。其间，线下、线上参与人次突破250万人，极大地提升了普陀科技创新工作的品牌影响力。同时，以“科创未来·绿色共享”为主题，与上海市节能工程技术协会联合主办“2020中国上海能源科技创新科普嘉年华”，帮助公众树立更加多元、科学的节能意识，并促进节能技术共享。

【上海数字安全创新大会召开】2020年12月，普陀区结合“上海市智慧城市体验周”活动，在中以（上海）创新园开园一周年之际，联手360集团、以色列驻沪总领事馆举办“2020上海数字安全创新大会”，聚焦人工智能与机器人、医疗健康与生命科学、互联网与信息技术三大产业，积极打造全球科创中心的特色园区。

【网络安全宣传周举办】2020年9月14日至20日，普陀区举办网络安全宣传周，区内各单位、各部门、各街道镇，围绕“网络安全为人民，网络安全靠人民”主题，从“进机关”“进企业”“进社区”“进校园”四个层面，组织开展大量线上线下宣传活动，普及网络安全知识，提高全社会网络安全意识。宣传周期间，普陀区组织万余人参与网络安全知识竞赛，举办各类活动108场次，直接参与市民2万余人，发放张贴宣传材料3 500余份，通过各类电子屏进行宣传推广650余次、覆盖10万余人。同时在学习强国、今日头条、一点资讯，以及“普工英”、各街道和镇政务微信公众号累计发布宣传周相关报道50余篇（条），阅读量3万余次。

【中国数据智能应用峰会召开】2020年12月，普陀区结合“上海市智慧城市体验周”活动，以“面对难题，高举数据智能解法”为主题举办中国数据智能应用峰会，同时举行2020第十届数据智能应用典范金铃奖颁奖仪式，展现普陀区大数据产业的集中度和显示度，创新和拓展数据在城市管理中的应用模式、应用领域，助力提升普陀区城市管理科学化、精细化、智能化水平，助力普陀区形成上下联通、纵横协同、应用创新的大数据城市精细化管理新机制。

（刘晓阳）

第七章　虹口区信息化建设

概　述

2020年，虹口区智慧城市建设围绕区重点工作和“十三五”规划任务目标，以北外滩新一轮开发建设为契机，深入开展以5G为代表的新一代信息化基础设施建设，加快推进城市管理“一网统管”，政务服务“一网通办”，扎实推进城市精细化管理、行政服务中心升级改造等重点项目建设，全区各领域智慧应用水平得到进一步提升，不断优化创新氛围，加快产业培育和集聚，推动区域经济社会发展和科技创新发展。

一、政务领域信息化

【“一网通办”建设】一是进一步扩大网上办事覆盖面。上网事项100%实现在线申报统一入口，100%实现“只跑一次，一次办成”，其中可全程网办事项占比72.36%，“0跑动”事项占76%，即办件事项占比38%。按照“两个免于提交”，全力推进减免材料工作。区23个部门277个事项的1 500余项材料已通过调用电子证照的方式实现免于提交，做到区级层面应免尽免。

二是开展“一件事”流程再造。梳理编制包括27件事在内的区“一件事”清单。制定总体工作方案，明确任务节点和每件事的牵头责任部门。所有“一件事”已正式上线，总计办理各类业务400余件，递交材料总计减少116 028份，跑动次数总计减少61 776次，办理环节总计减少97 812次，办理时间大幅减少。

三是探索开展“无人干预自动办理”。区府办会同区委宣传部、区市场监管局、区文化旅游局等多个部门，选取包括许可证变更、支付费用申报等7个事项上线，已办理业务60余件。推动区行政服务中心及8个社区事务受理中心开辟“一网通办”自助服务专区，四川北路街道开设“一网通办、政务公开”24小时的“双自助”服务区，借助自助服务终端实现1 000余项政务服务事项的网上办理，有效减少办事人员排队等候和窗口办理时间。

四是进一步拓展公共服务事项。做好市级部门推送的公共服务事项认领工作，对办事指南程序性内容进行规范完善。开展区级特色公共服务事项梳理工作，全年共接入公共服务事项905项，其中区级特色公共服务249项，765项办理类公共服务全部实现网上申报。同时，加快提升办事指南智能化水平，发布智能化办事短视频，不必见面就可告知办事人事项的办理条件、办事材料等，为企业、群众提供24小时全时段“专属服务”。全年共发布短视频233个。

【社会信用体系建设】一是推动信用信息归集共享。完成数据清单编制，以“三清单”编制工作为契机，推动全区44个相关部门和街道对照自身实际工作需求，形成2020年区公共信用信息清单，包括数据清单332个事项、行为清单366个事项、应用清单82个事项；加强“双公示”数据归集，全量归集各部门“双公示”信用数据，每月向市信用平台更新双公示数据；推进跨平台数据共享，在区大数据中心统一管理和数据支撑下，持续推进区信用子平台与“互联网+监管”系统等对接，实现信用数据跨平台交换共享。

二是加大信用信息创新应用。依托区“互联网+监管”平台的双随机监管系统，初步实现对区内小额贷款、融资担保行业“双随机”抽查的全面信息化。探索在一批新领域实行新的告知承诺，重点推动酒类经营、药品监管、绿化市容、卫生健康、工程建设、个税申报、服务业引导资金申请等领域创新应用。2020年，全区共推出信用承诺事项26项，特别是在酒类经营许可中，通过告知承诺等方式，实现无人干预自动审批，相关案例入选上海市优化营商环境典型案例。

二、社会领域信息化

【“智慧社区”建设】一是“智慧欧阳”建设，开展5G+社区精细化管理应用试点工作，以祥德路（曲阳路—欧阳路段）、欧阳路（大连西路—祥德路段）为试点路段，探索招店牌智能精细化应用。在梳理试点路段87家商铺信息、制作商铺二维码、完善相关数据库并与区城运中心初步对接等工作完成后即可投入使用。二是“智慧川北”建设，在盛邦大厦党群服务站内建设川北辖区内第一个“一网通办”自助服务专区，为居民提供医保、人社、公安等5大类40余项服务，打造“不打烊”的政务服务站点。同时，受理中心正在建造24小时无人自助服务区，为辖区居民提供全天候的服务。

【“智慧健康”建设】2020年，虹口区通过信息化建设推广适合虹口区的“互联网+护理服务”的管理制度、服务模式、服务规范以及运行机制等。重点推进中西医结合医院基于5G的远程医疗协同平台、虹口区数字健康城市建设、“互联网+护理”平台等项目建设；重点推进区域内3家公立医院和8家社区卫生服务中心35项医学检验结果和9项医学影像检查结果的数据共享和互通互认；加快推进互联网医疗便捷支付平台建设，2020年完成全区委属13家公立医疗卫生机构接入，实现互联网支付158.24万笔，支付金额1.33亿元。

【“智慧教育”建设】2020年，虹口区探索5G+智慧应用，为智慧教育提质增效。利用区域优势，虹口区南湖职业技术学校搭建5G环境，依托现有沉浸式音频、视频、汽修、汽检的教学环境，打造5G+4K超高清电竞实训环境，搭建虚拟仿真现实实训环境，实现多场景、多岗位、多人同时互动的交互式实训环境，形成具备“数字化、网络化、智能化、跨地域实时化”特色的集产教融合，职前、职后培训和职业技能鉴定，产学研于一体等功能的开放实训中心。区教育信息中心整合区内相关信息系统，促进数据开放与共享，实现全区应用的统一融合、统一管理、统一身份认证，并通过技术体系、数据体系、服务体系和运营体系等实践路径创新，为虹口区教育的数字化转型以及教育教学变革提供强有力的基础支撑。2020年7月，虹口区入选教育部“基于教学改革、融合信息技术的新型教与学模式”实验区。

【“智慧民生”建设】一是推广养老服务“时间银行”项目试点。完善“时间银行”微信小程序，扩展服务覆盖面，已全面覆盖全区8个街道；积极扩大养老服务社会参与，创新养老服务方式，链接服务资源和未满足的老年服务需求，鼓励低龄老年人或年轻志愿者为高龄老年人提供养老服务。服务对象（受益老人）1 500余人，发布需求900余次，累计完成服务1 000余次，累计产生时间币4 000余个。同时引入社会组织，在24种兑换资源基础上，利用第三方兑换资源为“时间银行”输入活力。

二是持续加强智慧养老建设。将区内养老机构的各类监控终端数据集中传输到区大数据中心，充分利用数据中心平台的整合优势，形成实时监管、数据共享的监测环境，以精细化、高标准的管理为全区老人提供高质量的养老服务，为虹口区老人提供紧急援助、生活服务、主动关爱、信息服务、质量回访等服务达20万余次。同时，增设助餐监管和陪医服务，并向有需求的老人开放平台自费预约功能。

三是推广居委会“日日清”约请机制。以居委会“全岗通3.0”工作机制为基础，推出居委会“日日清”约请机制，协调各方力量及时回应居委会，提升基层治理能力，提高办事效率，努力实现社区问题“当天事，当天办，当天报，当天清”，更好地为社区群众排忧解难。四是推广5G“社区事务办理空间站”。2020年对全区各街道社区事务受理服务中心、市民驿站、居委会的工作人员进行多批次操作培训，居民可前往市民驿站或居委会远程呼叫街道社区事务受理服务中心座席，通过服务中心人工回答居民疑问、指导业务开展，让居民能轻松远程办理公共事务，做到就近问、就近办、就近结，让“一网通办”服务人群延伸至老龄人群、出行不便人群。五是深化市民驿站信息平台线上服务功能。疫情期间，市民驿站因疫情防控总体要求闭站，区民政局指导鼓励各街道因地制宜、因需制宜，深化拓展综合平台线上服务功能，为社区居民提供在线疫情防控知识宣传及亲子早教、书法、烘焙、舞蹈等“指尖驿站”课程服务，做到停站不停课。市民驿站通过线下与线上相结合，为社区居民提供“家门口”温馨服务的做法得到了市相关部门的肯定。2020年，虹口区“家门口”的市民驿站项目在市民政局举办的“首届上海社会建设和基层社会治理创新项目征集与推广活动”中获评市“十佳创新展示项目”。

【“智慧文旅”建设】2020年，虹口区拓展5G+旅游项目应用。以“双千兆第一区”建设为契机，将“5G智慧+”应用于“建筑可阅读”，展示虹口的历史文脉。积极推进“阅读建筑”5G+VR全景导览项目，对首批20栋老建筑从风貌特色、文化价值、历史背景等方面量身定制独特视角来解读虹口、解读文脉，做到“一楼一档”；打造“没有围墙的博物馆、一楼一故事”等主题，力争全方位、沉浸式体现“建筑可阅读”；在虹口旅游公共服务中心内设置

“5G+VR 全景导览”阅读建筑体验区域，市民游客可在现场体验历史建筑物背后的文化故事和经典时刻，让旅游变得更有意义。

【信用惠民便企应用】2020 年，虹口区优化营商环境，推进信用惠民便企应用，提升市民诚实守信获得感。一是在融资贷款、志愿服务、休闲购物、住房租赁等领域开展“信易 +”服务；二是创新开展“信易贷”工作，建立政府部门、金融机构、征信机构三方合作的公共信用信息共享平台，对企业注册信息、纳税、社保信息等信用数据进行比对，为符合条件的民营、中小微企业提供信用融资服务，切实解决企业融资难、融资贵等难题；三是探索联合奖惩“网上行”工作模式，逐步营造“守信受益、失信惩戒”的良好信用氛围，2020 年虹口区实施信用核查 3 258 次，实现信用修复 1 180 次，协助法院进行股权冻结公示 189 次。

【5G 应用场景标杆打造】2020 年，虹口区着力打造应用场景标杆。深入推动 5G+ 应用场景建设，探索多元化的 5G+ 应用场景建设模式，将政府投资项目引导、联合实验室应用探索、区内企业社会化建设等多种形式相结合。在“5G+ 无人机 + 监测”方面，实现了对北外滩地区兰侨大厦外墙的安全质量智能检测；通过“5G+ 医疗健康（养老）”，在天宝养老院内搭建起一套老年人姿态与行为分析数字孪生系统；依托“AR 打卡 /AR 实景贴图”，在 5G 创新港三楼进行了 VR 全景互动视频场景布设，使沉浸式互动体验感受更加真实；积极推动“5G+ 无人购物”示范应用场景建设，在新业坊园区内搭建“智慧零售”2.0 版；8 月，全国首个“5G 智慧医院新基建”在虹口区第一人民医院启动，这是首个获批的国内医疗新基建重大项目；启动“5G+ 店招”的精细化管理试点应用，在欧阳街道欧阳路祥德路处开展店招店牌智能检测；推进“5G+ 观光无人船”应用，船体已完成下水试航，技术的可行性已初步验证，正在研究如何将内部空间打造为“5G+XR”的展示、体验“移动空间站”。

三、城市建设管理领域信息化

【“一网统管”建设】2020 年，完成虹口区“一网统管”工作顶层设计。3 月起，区城运中心结合工作实际，开展街道、部门全覆盖的“一网统管”调研。广泛收集各单位意见建议，排摸全区城运家底；邀请同济大学建筑与城市规划学院教授全程参与调研座谈及设计制定。《虹口城市运行“一网统管”目标、思路与框架研究》的拟制完成，为虹口区“一网统管”摸索推进提供了指导。

【《虹口区城市运行“一网统管”建设三年行动计划（2020—2022年）》编制】2020年5月，在全市工作方案的基础上，区城运中心结合虹口区实际，在征求各部门意见建议的基础上，研究制定了《虹口区城市运行“一网统管”建设三年行动计划（2020—2022年）》。计划以提供世界一流城市治理模式“虹口方案”为目标，强化问题导向，坚持“应用为要、管用为王”，明确区工作目标及总体布局，将具体工作分解到4大板块，逐步实现区相关工作的部署推进。同时，结合《行动计划》的工作目标及主要任务，区城运中心会同区相关部门制定了2020—2022年区“一网统管”工作任务清单，明确重点工作及主要时间节点。

【疫情防控工作开展】2020年，虹口区城运中心在加快自身及城运体系建设的同时，开创性的运用信息化、智能化技术手段，将疫情防控工作纳入“一网统管”体系中，取得了较好的效果。一是口罩预约登记系统建设，采用“线上＋线下”登记模式，确保虹口区口罩购买预约登记工作平稳进行；二是居家隔离智能化监测工作，采用了“智慧居家隔离管控系统”，确保全区805户重点人员居家隔离信息的实时掌控；三是全区视频会议系统建设，实现会议室、电脑、手机等不同使用端全天候技术支持，已为疾控中心、8个街道和居委等222个疫情防控工作相关单位开通视频会议系统；四是楼宇园区疫情防控系统建设，以“随申办”市民云虹口区主页为入口，建设具备实名认证功能的楼宇园区出入登记系统，助力园区楼宇“人防＋技防”措施落地。

【城市运行管理】2020年，按照《关于加强数据治理促进城市运行“一网统管”的指导意见》要求，区城运中心积极推进虹口区城市运行“一网统管”工作。一是推进“治理要素一张图”；二是推进“互联互通一张网”；三是推进“数据汇聚一个湖”；四是推进“城区大脑一朵云”；五是推进“城运系统一平台”；六是推进“移动应用一门户”。截至2020年底，区级上报网格化管理标准案件135 543件，立案37 887件，结案34 840件，结案率91.96%，及时率46.27%。街道自主发现案件129 736件，立案37 883件，日均517件。2020年度考核期（2019年11月至2020年10月），市12345热线办转派至虹口区城运中心平台投诉及建议43 605件，同比上升22.66%；满意率61.42%，同比上升2.49%。

【“智慧公安”建设】一是加强社会面智能安防建设（社区、楼宇、街面、人员密集场所等）。完成全区815个小区出入口“微卡口”建设；105栋商务楼宇的智能安防建设并上云；全区公安街面探头的高清智能化改造以及人员密集场所的智能安防建设。二是推进“一标六实”警用地理信息系统。通过“一标六实”警用地理信息系统建设，100%完成全区居住房屋分层分户和数据上图，并与市局“一张图”对接；按照“建成一个、标绘一个”的原则，完成智能安防社区边界标绘工作；100%完成已建成的智能安防社区、楼宇、场所等感知设备上图并提供数据调用接口。同时，基于分局最后不断叠加图层后完成的“一标N实”的地图，结合虹口区实际，开发具有实效的二、三维地图应用，服务公安业务实战。三是完善区级节点建设，以构建“阿里云”的方式调整完善区级节点架构，以区城运中心主导、公安主建的模式，全面推动虹口区节点建设。分局的感知网和区政府政务网之间已实现网络联通，并能实现系统互访（区城运可接收“微卡口”视频，感知网可以直接访问12345热线），并已与区城运中心就数据共享、机房需求和两网融合等细节进行了对接。区级节点建成后，将为区各职能部门提供数据和应用能力支撑。

【“智慧消防”建设】2020年，虹口区将消防物联感知数据接入“智慧公安”——社会面智能安防系统，并实时汇聚到市局；建立虹口消防独特的实战应用模型，完成对消防信息化数据的分析研判，实现了基于楼宇消防的可视化展示，异常情况预警，异常预警核查、处置、反馈等功能，并与警务微信互通形成联动应用。在白玉兰广场试点建设智能消防感知系统，形成了“感知泛在、处置迅速、管理高效”的新型消防管理模式，成为全市高层公共建筑消防安全管理样板。并且，在原有基础上探索并升级了“逃生地图”2.0版本，在白玉兰广场公众微信号内加载了“楼宇逃生地图”模块。当发生火情，市民只要打开手机蓝牙，该模块可依据遍布楼层的蓝牙感知端确定用户实际点位，智能规划最优逃生线路推送至用户手机端，引导市民快速逃离火灾现场。

【“智慧城管”建设】2020年，虹口区按照区“一网统管”总体要求，积极推进局指挥中心与区运管中心、街道网格化、网络化综合管理平台融会贯通，通过数据共享，实现与相关部门及时响应、管执联动，完成网上勤务、网上办案、网上诉处、指挥监管、疫情防控等信息接入区“一网统管”平台；以提高城市治理现代化水平为主线，狠抓执法业务和探索创新，将“八类区域”治理与“5G+智慧城管”等信息技术深度融合，有力维护辖区环境秩序，进一步改善城区市容面貌。在2020年上半年度上海市城管执法工作社会满意度测评中排名市区第一，这也是虹口城管连续第5个半年在此项测评中排名市区第一。

【智慧食品安全建设】2020 年，虹口区实现明厨亮灶的中型以上餐饮单位 517 家，明厨亮灶覆盖率 100%，其中 430 家餐饮单位通过自行安装或委托第三方公司安装视频厨房的方式实现明厨亮灶；完成“智慧食安”云监控新平台的部署调试，新装摄像头、改造存量摄像头为高清摄像头，并接入“智慧食安”新平台；在原有视频厨房远程监控巡查功能的基础上，监管人员还可通过电脑、小程序等方式使用“智慧食安”平台，实现二维地图呈现、视频实时查看、条件式回看、商户基础信息查询、信用等级管理等功能。

【智慧应急管理】一是率先开展智慧电梯建设工作。为保障市民乘梯安全，采用行业主管、综合监管和属地管理相结合的方式，通过后台系统将电梯入网并 24 小时远程实时监控，一旦发生故障，就能报送故障预警，并通知相关人员前去救援；在原有功能基础上升级了“电动自行车入梯拦截系统”，电梯智慧监管系统已在区内住宅电梯全面安装使用。二是推进重点场所有毒有害气体智能化检测。通过安装有毒有害气体智能监测系统，对该场所进行长期的气体采集、传输和监控预警等。三是推进安全生产综合监管信息系统二期建设。将行政执法流程再造、专项整治部署、安全风险分级管控、移动执法（基于手机 App)、GIS 地理统计查询等内容纳入建设，重塑行政执法流程、进一步提升日常监管效率，及时发现消除安全生产隐患，并实现与各部门间的安全监管数据的共享、共建、共用，相关数据一并接入区城运中心。

【智慧绿化市容建设】一是推进“环卫智慧平台”工作，初步涵盖基础信息、生产管理、质量管理及应急处置等领域，逐步推进环卫管理信息化、智能化。同时，敦促和指导各街道逐步推进信息化管理平台（橙小宝 App）的使用，依托“一网统管”，发挥网格化制度优势，对沿街商铺上门收集进行全面监控，推动收运与管理质量的提升。二是科技助力垃圾分类、全盘掌握提实效，将虹口区生活垃圾分类实效监管平台接入区城运中心，并搭建了虹口区生活垃圾分类实效监管平台大屏，可实时监管虹口区生活垃圾分类实效。同时，初步开发街道版生活垃圾分类实效监管平台供街道使用，可查看相关任务指标完成情况。

【数据开放与共享】一是在视频数据共享方面，已全量接入公安视频 7 397 路，接入街道视频 1 859 路，工地视频 37 路，完成视频资源统一汇聚，经梳理可用视频资源 6 115 路（其中公安资源 4 508 路、街道资源 1 570 路、工地资源 37 路），逐步推进“智慧工地”摄像头接入工作。二是推进全区数据资源目录平台优化升级，已汇聚 33 个委办局 7 336 张数据资源表，实现 14 个委办局 458 项数据目录编目。推进全区数据治理工作（基于地理信息推进全区地址库梳理及标准化建设），进一步加强基础数据的维护、梳理、清洗以及整合，加强人口、法人、地理空间等基础数据对城市运行综合管理平台的支撑。三是与智慧公安对接工作。通过连接区政务网与区公安的区级专网，推进数据共享对接，以及推进探索视频算法分析应用场景应用。四是与大数据中心对接。进一步加强基础数据的维护、梳理、清洗以及整合，扩宽人口、法人、地理空间等基础数据对城市运行综合管理平台的有效支撑。开通全区政务微信；推进虹口区数据共享平台升级改造；结合市大数据资源平台的升级改造，推进虹口区与市平台的级联对接测试。推进“数字虹口”门户（包含数据共享交换平台及公共算法平台）与协同 OA 对接，打通全区统一身份认证用户体系，推进平台上线试运行。五是与城区管理网格化平台的对接工作。按照市工作专班要求，继续推进网格化 2.0 平台的日常运营，保障区网格管理系统正常使用，开通政务微信。

四、信息产业发展

【5G 政策引导和落地】2020 年，虹口区科学技术委员会（以下简称“区科委”）制定《虹口区支持 5G 企业发展的若干措施》、商定和形成《华为—上海 5G+XR 创新中心年度运营规划》，完成《华为—上海 5G+XR 创新中心建设实施方案》《华为虹口云 5G 创新券实施意见（试行）》等相关文件的制定工作，完善园区平台政策、发布固网提速券和华为虹口云 5G 创新券政策。华为云上云企业 50 余家，企业获得华为虹口云 5G 创新补贴高达 2 000 万元，推动和帮助企业实现数字化转型和智能化升级，促进在线新经济发展，为企业提供更加可靠优质的云服务。

【5G+ 创新产业园区】2020 年，以虹口“2+4+X”产业导向为依托，积极打造各类特色产业生态园。如借助虹口 5G+ 产业生态优势，打造 5G+ 特色产业生态园，国科基地重点聚焦前沿科技、科技金融、绿色环保等行业，促进科技成果转移转化；音乐谷半岛湾已集聚 5G+ 在线新媒体企业；浦江金融广场依托工业互联网协会，积极推动更多企业总部、国际组织和功能性机构落户园区；依托城创金融科技国际产业园，发挥上海金融科技产业联盟优势，引入更多新兴金融科技企业进驻，逐步形成虹口金融科技产业高地。

【资源连接与合作】2020 年 3 月 6 日，虹口区发挥资金和基金作用，在 5G 全球创新港举办“疫情下的 5G+ 云 VR 线上项目路演”活动，国内近 30 家投资机构通过线上线下渠道参与；优化区科委、华为公司云平台、北外滩集团联合工作小组的责任机制，充分发挥各自优势，推动 5G+XR 创新中心建设，发放华为虹口云创新券，助力企业核心竞争力和创新技术提升；联合上海蔚星数据科技有限公司和上海移动，深化“5G+ 卫星通信融合创新实验室”研发功能，有效探索卫星互联网 6G 产业发展模式；深化拓展外部资源合作机制，加强与市经济信息化委、市科创办、市科委三大部门的政策对接，与上海财经大学、同济大学等科研院校的专业合作，以及与华为、SMG、国际集团及区属国有企业的资源整合。

【信息产业结构优化】因新冠肺炎疫情影响等因素，2020 年虹口区信息服务业共实现三级税收 101 808 万元，同比下降 14.7%；全年共实现销售收入 208 亿元，同比下降 5.2%。信息服务业实现区级税收 28 851 万元，同比下降 16.5%。至 2020 年底，市、区两级科技小巨人（含培育）企业共 120 家，高新技术企业 423 家，其中年内通过高新技术企业认定 174 家；全区高新技术成果转化项目 31 项，其中年内认定 4 项；上海市创新基金项目立项 47 项；全年共签订各类技术交易合同 392 份，合同金额 12.53 亿元。

【创新创业载体效能提升】2020 年，虹口区众创空间（孵化器）总数达到 27 家，总面积 12.04 万平方米，在孵企业 1 300 余家，在孵企业累计获得投融资总额 5.65 亿元；开展各类投融资对接、创新创业辅导活动累计达 1 241 场次，为创新创业团队和企业发展提供专业化服务。同时，进一步发挥区众创空间联盟的平台作用，加快推进华为—上海 5G+XR 创新中心建设，激发众创空间 5G 产业孵化的集聚功能，提升创新创业的服务能级，着力打造以 5G 和 XR 技术为重心的创新创业生态。同时，引导园区赋能 5G 产业和金融科技发展。“新建一批”方面，重点支持“上海城创金融科技国际产业园”建设，推动金融科技产业集聚。调整 61 号老站、马登仓库产业定位，以适应北外滩“一心两片”发展理念。继续挖掘 48 处工业仓储载体潜力，由功能区国企结合区域“十四五”规划，引入市场资本及专业团队来探索载体改造建设的可能性。“优化一批”方面，针对性地引导园区经营方转变经营理念，向 5G+ 产业、金融科技等区内主导方向发展，加强国科创新基地内涵和绩效提升。“淘汰一批”方面，开展对长期低效园区和租赁到期园区约谈，推动园区载体资源的统筹利用。

【产业孵化体系健全】2020年，虹口区级众创空间发展继续以提质增能为基础，推进载体转型升级。虹口区拥有科技企业孵化器7家，均设有“职业苗圃”，创新驿站总数达8家。科技园区入驻企业数年均增长率达13%，科技含量较高的潜力企业占比超7成。2020年，为区众创空间企业开展各类投融资对接、创新创业辅导活动309场。同时，通过整合各方资源，虹口区探索建立了以“园长制”“楼长制”为特色的园区和楼宇管理服务体系，打通企业和政府间的“最后一公里，将疫情期间“四方联动”专项机制转化提升为长效机制，加强园区办与园长的工作协同，压实园区（企业）主体责任和园长工作责任，规范园长服务职责。2020年，为中小企业落实房租减免共计5 860万，及时帮助解决园区和企业发展中遇到的困难和问题，努力营造园区优良营商环境。

【人工智能产业园区建设】2020年，虹口区推动国科（上海）国际创新产业基地申报建设。国科（上海）国际创新产业基地是由国科控股与上海市虹口区合作建立的产业园区。基地物理空间为8层、面积约1万平方米，致力于以国科品牌为引领、产业基金为抓手，聚焦“高精尖”硬科技，以行业领域研究院平台为载体，招引产业龙头及国际化科技人才，形成创投基金、产业资本及科技创新项目集聚地，形成科创板梯队企业的启航站，打造适合于城市中心科创建设的“科创综合体”（“科创生态体”）。基地依托中国科学院及其海内外合作机构的成果积累、人才储备和产业基础，重点聚焦人工智能、微电子信息、5G与物联网等高新技术领域，借助上海及虹口区良好的创新政策环境，有效对接中科院在全国各地一百多个研究所、数百家科技企业，努力实现产业链、创新链、资本链“三链”联动。

【区块链产业发展】为巩固虹口区区块链产业的先发优势，发挥上海万向区块链股份公司行业龙头效应和辐射带动作用，2020年10月，区科委联合区金融局共同发布《关于印发〈关于支持“北外滩国际区块链创新生态港”建设的实施意见〉的通知》，支持“北外滩国际区块链创新生态港”建设，进一步发挥科技创新策源地和高端产业引领作用，推动区金融科技产业蓬勃发展，支撑北外滩核心功能重要承载地建设。虹口区已形成“南北呼应”基本格局，南部科技金融大厦吸引了以上海万向区块链股份公司为龙头的众多企业入驻，下设的新链空间孵化器孵化了10多个项目；北部城创金融科技国际产业园以“上海金融科技产业联盟”为依托，旨在建设金融科技监管创新试验区，助力上海国际金融中心建设和科技创新中心建设联动发展。2020

年 10 月，区块链全球峰会连续第六年在虹口区举办。

【北外滩 CIM 系统数字化开发管理新模式建设】2020 年，北外滩开发办组织开展“北外滩 CIM 系统数字化开发管理新模式建设”项目，基于 CIM 系统的北外滩开发数字化管理模式利用数字孪生等信息化技术对土地出让、项目立项、设计方案、施工竣工、运营管理过程中的管理工作进行支撑，赋能北外滩改造过程中单体项目开发管理和片区开发整体管理。

五、信息基础设施建设

【5G 网络建设优化】2020 年，虹口区有序推进基站建设，保持 5G 基站密度领先。全年共完成 1 030 个 5G 基站建设，其中上海移动 510 个，上海联通 317 个，上海电信 191 个，上海广电 12 个。上海联通、上海电信实现虹口城区 5G 网络基本覆盖，上海移动实现城市级精品网络的目标。同时，围绕 5G+ 在线新媒体产业发展及新一代信息基础设施建设、5G 无线政务专网布局等重点领域和项目，打造 5G+ 城区精细化治理示范标杆。区科委还与 SMG 签署新一轮合作协议，在“NGB-W（下一代广播电视无线网）网络”的基础上，进一步提升合作的深度和广度。

【基础通信设施完善】一是有序推进 4G 弱覆盖优化工作。共收到市经济信息化委下发、第三方测评、市民提交的弱覆盖区域 50 余处，各运营商通过天线角度调整、新建基站等方式完成相关整改 20 余处，剩余区域正进行勘察或方案制定中。二是编制完成《关于加强虹口区公共设施内新一代信息基础设施的实施意见》，会同区发改委、区财政局联合下发了《关于开展虹口区 2020 年支持宽带网络建设补贴申请工作的通知》，重点围绕“4+4+X”5G+ 园区，完成 80 余家企业的发放通信运营商固定宽带网络提速券。后续将与运营商共同推进完成 200 家企业固网提速工作。

【合杆建设】2020 年，虹口区科委大力推进北外滩智慧杆建设试点工程，北外滩滨江区华为智慧融合杆建设已完成第一期 4 根杆示范点建设。配合北外滩合杆工程，上海移动已完成全部 32 处建设，正有序协同其他运营商推动相关建设。

【物联感知布设】2020 年，虹口区按照“二八”原则、分层分类、“条块结合、以块为主”的三个原则，合理有序地安装物联感知设备，已建设各类物联感知设备 24 类 11.08 万个，包含跨门营业、污水满溢、沿街店铺“三合一”管控等具有虹口特色的应用场景；开展区域智能传感节点部署与感知综合管理服务平台建设，正与城运平台对接中。

六、信息化环境建设

【虹口区智慧城市建设领导小组成立】2020年3月，虹口区发布《虹口区人民政府关于成立虹口区智慧城市建设领导小组的通知》，成立虹口区智慧城市领导小组，全面统筹虹口区智慧城市建设工作。组长由区长胡广杰担任，各部门、街道单位主要领导任领导小组成员。虹口区智慧城市建设领导小组下设办公室，按需定期召开工作会议，讨论智慧城市建设重大事项。

【规划编制】2020年，虹口区编制了《虹口区综合杆基站建设专项规划》。该规划适用于上海市虹口区基于道路综合杆基站建设工作，作为虹口区移动通信网络基础设施规划的子规划；编制《“十四五”智慧城市建设规划》，按照专项规划编制的节点要求，完成部门意见征集、修改完善，已完成送审稿的编制工作。

【专项资金设立】2020年，虹口区设立智慧城市建设专项资金，引导支持智慧区域智慧城市建设，每年政府投资近1.5亿元，开展重点信息化项目建设，深入推进智慧政务、城市精细化管理、社会民生、医疗健康、应急安全、教育教学等领域的智慧应用。随着智慧城市的建设推进，区政府确保信息化专项投入，在区科技发展专项资金中列支，纳入区财政预算专项安排，用于支持宽带网络建设、手机信号室内覆盖分布系统建设、宏基站建设、无线局域网建设、通信基础设施共建共享、高速宽带提速等科技产业，每年设立1亿元科技发展资金，孵化、扶持、培育科技创新产业。从而形成专项资金引导、多渠道资金参与的智慧城市建设多元投资局面，形成政府投资、智慧城市资助政策引导、应用场景资源开放等多种形式、多渠道资金参与的建设模式。

【创新生态建设】2020年，虹口区积极承办国际创新创业大赛。2月24日，2020年“创业在上海”国际创新创业大赛虹口赛区正式开赛。受新冠肺炎疫情影响，此届大赛取消了现场路演，实行网上评审。区内235个项目获得科技型中小企业技术创新资金项目立项。2月27日至3月8日，举办区块链线上公益黑客马拉松大赛，所有参赛项目代码赛后都开源提供给社会各界作参考。8月11日，以“5G·先享未来”为主题的万达—华为5G+商圈创新应用大赛30进20晋级赛在上海5G全球创新港正式举行。9月15日，5G创造新价值产业高峰论坛暨华为—上海5G+XR创新中心展厅启用仪式举办。10月23日至28日，上海区块链国际周开幕，通过黑客马拉松、开放日和第六届区块链全球峰会三大特色活动，吸引众多优秀开发者、专家学者和知名企业家参会，探讨区块链最新趋势。另外，还举办了3场华为虹口云进园区活动，共计130余人次参加。

【专业人才培养】一是制定和发布相关人才政策。虹口区对外发布了《中共虹口区委、虹口区人民政府关于推进科技创新中心建设的若干意见》《虹口区推进科技创新中心建设的实施方案》《虹口区促进创新创业人才集聚推动大众创业万众创新的政策措施（试行）》三个成果文件，形成了指导区人才工作比较完善的政策制度体系。在这个政策框架下，进一步研究制定《虹口区产业投资引导基金管理办法的通知》等"3+8"文件，细化区域重点产业类别，完善区域产业扶持政策体系，加快政策切实有效落地，推动企业、人才、资本等进一步融合。

二是积极营造创新创业良好氛围。举办各类创业峰会、创业新秀评选活动，全力打造"创业在虹口"品牌；推动创业服务载体建设，打造虹口创客服务中心，探索建立"创业＋公寓"一体化服务模式，优化创业环境，加大扶持力度。推进公共人才服务向社区和重点功能区延伸。同时，以"上海市大柏树科技人才服务中心"建设为重点，打造"一门式"公共人才服务平台，引进上海人力资源服务领域龙头企业——上海市对外服务有限公司，为虹口区人力资源集聚和人才发展带来新活力。

三是探索实施国企智慧城市研究员招募工作。为深入贯彻落实市委、市政府对北外滩开发建设的决策部署，聚焦北外滩开发建设的新坐标、新起点，虹口区拟以聘任制公务员的方式，招聘一名智慧城市研究员负责北外滩地区的智慧城市研究工作。

【科技、金融融合发展】2020年4月，虹口区科委与区金融局共同制定发放《高新企业上市上板融资需求信息征集》调查问卷。6月，区科委与区金融局、区商务委、区文旅局等多部门联合举办了2020年虹口区投融资对接路演首场活动——"智投"科技类项目专场，共有8家科技企业做了现场路演。7月，"智投"第二期中小微企业项目路演专场在建投书局举办。活动吸引9家中小微企业和6家投资机构参与。8月27日，区科委举办"虹口区集成电路企业"沙龙活动，为集成电路企业开展科技保险专项辅导服务，已有12家企业纳入市科委科创板培育库。

【全球智慧城市大会（SCEWC）召开】2020年11月17—18日，2020全球智慧城市大会上海分会场在白玉兰广场举办。上海智慧城市发展研究院作为全球智慧城市大会重要合作伙伴，代表全球智慧城市大会与上海市虹口区科委进行了Tomorrow City落地合作签署。此次签约为构建智慧城市全球生态网络，建设包容性城市提供了良好的平台。

【517信息消费节商圈活动举办】2020年，区科委按照市经济信息化委工作要求，联合各大运营商、区内重点企业，在虹口区各大商圈开展信息消费节活动。副区长郑宏在龙之梦商圈5G直播室直播带货、虎扑在白玉兰广场组织“潮文化”结合“信息消费”、上海电信举办“5G直播，点赞上海”活动、凯德龙之梦举办“耀启三千兆”活动等，促进在线新经济发展。

【5G建设宣传】2020年，虹口区以5G创新港为宣传载体，开展形式多样的宣传活动。自5G全球创新港建成以来，已接待806批次，共计1.5万人次，编制和发放《虹口5G科普宣传册》，编制5G在虹口等宣传推介资料，在创新港展示十大领域5G示范应用场景。

【无线电宣传活动开展】2020年，在广中街道新虹社区居委会、江湾镇社区文化中心，区科委开展了无线电进社区科普宣传活动。活动现场发放了《无线电让生活更美好》《虹口5G科普宣传册》等宣传资料，并进行了现场答疑。居民通过展板参观、互动交流、现场体验等多种方式了解了无线电辐射等相关知识，感受到了5G手机的超高网速，活动得到居民好评。

【“上海科技节”“全国科普日”虹口区活动举办】2020年，虹口区继续打造科普品牌“科启未来说”。8月23—29日，区科协组织开展2020年虹口科技节活动。结合新冠肺炎疫情防控工作，围绕营造创新文化氛围，线上线下同步推进特色科普活动。组织开展虹口科技节主场线上启动仪式，推出“科启未来说·第三季”；举办欧阳路街道“科技助力共发展　健康社区齐参与”主题科普活动、区卫健委“科技战疫，健康虹口”科技节开放日活动、中科院上海技物所“青少年科学创新实践工作站云开学”、区图书馆“虹口科普讲坛科技节专场”等100余场科普活动。9月19—25日，举办虹口区“全国科普日”活动，围绕“决胜全面小康，践行科技为民”主题，结合疫情防控、科技志愿服务等内容，累计开展183项主题科普活动，形成“1+5+X”的活动格局，激发全社会对科学的热情和创新活力，营造讲科学、爱科学、学科学、用科学的良好氛围。

【虹口区公民科学素质网上提升计划开展】 2020年，虹口区围绕公民科学素质提升，开展“虹口区公民科学素质知识竞赛”。在“虹口区科协”微信公众号上线小程序，至活动期满，竞赛累计参赛人数11 536人，累计答题次数45.67万次。公民科学素质相关题库同步通过“虹口区科协”微信公众号、“智慧科普”盒子等渠道公布，为第十一次全国公民科学素质调查夯实基础。

【“智慧科普”网络体系搭建】 2020年，虹口区科协在试点基础上，进一步扩大信息化智慧科普体系基层覆盖范围，部署100个“智慧科普”盒子。在虹口科普新动力智慧网络再升级——2020年虹口科协部署100个“智慧科普”盒子工作推进会上，上海科技报社正式发布“智慧科普”盒子管理系统，并对100个点位管理人员开展后台操作培训，实现各点位的个性化需求，实现“一屏一特色”，全部安装完成并运行。

【各类科普赛事和主题活动开展】 2020年，虹口区组织青少年参加第35届上海市青少年科技创新大赛，评选“创意虹口”专项奖10个。组织虹口区4家社区创新屋开展2020年虹口区“科普动起来”家庭创意制作大赛，并评选出5组参赛家庭参加第二届长三角一体化“科普动起来”家庭创意制作大赛。同时，开展“添智助力”主题活动：形成《虹口区科学技术协会“为虹口发展添智助力”主题活动项目资助管理办法》，6月中上旬启动申报，围绕北外滩新时代都市发展新标杆的主题，动员组织科技社团和科技工作者为虹口科创中心建设建言献策，共有10个项目获得立项。

【市工业互联网协会入驻虹口区】 2020年，上海市工业互联网协会入驻虹口区，4月23日举行《战略合作框架协议》签署仪式。10月10日，上海市工业互联网协会入驻仪式在虹口区北外滩举行。虹口区协同协会编制完成虹口区工业互联网推进计划，营造都市发展“工业互联网+”新氛围，建设工业互联网城市中心先导示范区；激发“工业互联网+5G”“工业互联网+金融”叠加效应，大力拓展“工业互联网+”应用场景；依托市工业互联网协会，建立区领导定期研究工业互联网工作机制，探索在5G创新港等区域开展工业互联网人才实训及基地建设工作。

（张利涛）

第八章　杨浦区信息化建设

概　述

2020年，杨浦区信息化建设以打造高端产业集群、落地数字化应用场景、推进智慧城市建设为主线，持续完善政策基础与区域顶层规划设计，推动智慧社区、园区示范应用，加强智慧交通、医疗、教育、文旅建设，加快人工智能和大数据创新基地建设，引导数字内容产业蓬勃发展，利用工业互联网助推传统产业升级，着力将新一代信息技术产业打造为区域主导产业，形成特色产业发展集群。

一、社会领域信息化

【“智慧医疗”建设】2020年，杨浦区中心医院获评互联互通成熟度四级甲等；21家区属公立医疗机构完成“互联互通互认”体系建设，实现居民健康档案联网调阅。

【“智慧教育”建设】2020年，发布杨浦区基础教育数据标准白皮书，构建杨浦区基础教育数据平台，实现区内各业务系统和市级3个管理系统的数据抽取与分析。打造9所区级信息化应用标杆学校创建校，其中4所成为上海市信息化应用标杆学校培育校。

【“智慧文旅”建设】2020年，文化杨浦云覆盖全区12个街道社区，包括267家各类公共文化场馆及景点。

【“智慧交通”建设】2020年，杨浦区782个公交站台实现电子站牌全覆盖，157家备案公共停车场库信息接入市级公共停车信息平台。

二、信息产业

【电子信息技术类国家高新技术企业】按照国家对高新技术企业的分类进行统计，杨浦区电子信息技术类国家高新技术企业达334家，营业收入约279.08亿元，从业人数达到3.6万人。其中，经营收入过亿元的企业达50家，超10亿元企业8家。

【区块链产业发展】2020年，杨浦区制定区块链政策2.0版《杨浦区推进区块链产业升级发展政策》，完成第三批区块链企业的认定工作，补贴金额130万元；主办2020长三角（上海）区块链应用创新大赛活动、2020中国（上海）区块链技术创新峰会暨第三届全球（上海）区块链创新峰会活动，形成产业发展集群。

【数字内容产业建设】2020年，杨浦区依托哔哩哔哩、完美世界、流利说等内容科技企业，建设上海国际文化大都市的创新文化承载区。支持完美世界举办DOTA2亚洲邀请赛，支持小沃科技有限公司开启电竞高校联盟赛；率先发起长三角电竞产业发展论坛，揭牌创建长三角电子竞技产教协同创新中心，支持阿里体育、小沃科技有限公司与上海出版印刷高等专科学校签约共建电竞教育。推进长阳创谷“AI+园区”建设，落地多种AI场景实地应用；支持上海摩尼人工智能科技有限公司打造AI SPACE人工智能空间站；支持上海商米科技集团股份有限公司打造“数字化门店”；支持千寻位置网和华人运通合作，打造基于北斗位置服务的L3级自动驾驶汽车；推动上海联通“5G+AI”工业互联网园区建设，构建产业服务平台。

【工业互联网建设】2020年，依托智能云科信息科技有限公司、优刻得科技股份有限公司两个行业级工业互联网平台，累计推动1 020家企业实现云上平台，推动109家企业开展两化融合管理体系自评估，24家企业开展两化融合管理体系贯标工作。联合运营商与区内重点企业，在五角场商圈、园区开展5G应用试点与宣传活动，促进5G应用场景深化。

【信息技术产业发展】2020年，上海商米科技集团股份有限公司和上海复洁环保科技股份有限公司获得上海市工业互联网创新发展专项，6 家企业获上海市信息化发展专项资金（智慧城市和大数据发展）立项；智能云科信息科技有限公司、优刻得科技股份有限公司、上海联泉智能科技有限公司入选上海市工业互联网平台和专业服务商推荐目录；建设杨浦在线新经济生态园，以哔哩哔哩、达达集团为代表的杨浦区在线新经济产业蓬勃发展，规模以上服务业营收累计达 1 114.17 亿元。

【人工智能和大数据创新基地建设】2020 年，杨浦区加快推进人工智能和大数据创新基地的建设，制定《杨浦区积极发力数字新基建培育在线新经济　打造发展新高地的行动计划》。京东智联云（上海）人工智能产业研究示范基地和上海电气城市治理人工智能实验室落地杨浦。长阳创谷、创智天地科技中心、财大科技园金融谷 5 号、复旦科技园三期创新基地、互联宝地产业园、云基地 @INNO 创智、城市概念园、国正中心、同和国际大厦 9 处载体被认定为人工智能及大数据创新基地，人工智能产业链企业高度集聚，载体内人工智能产业链上下游企业数量、占地空间占入驻企业数的 50% 以上，总面积超 37 万平方米。

三、信息基础设施建设

【规划编制】2020 年，普陀区编制《杨浦区智慧城市建设十四五规划》。规划提出，杨浦区将提高新型信息基础设施建设能级，建成 5G 宏基站逾 1 400 个，实现 5G 基站建设区域全覆盖，实现光纤接入能力基本全覆盖，带宽迈向千兆级。开展新型城域物联专网建设，打造“物联、智联、数联”融合的物联专网，建成全国首个 NGB-W 新型城域物联专网。完成高压配电站智能运维、消防电气控制装置、电梯智能监测系统等 10 类智能运维项目。推动新能源充电补电示范应用进社区、园区和公共服务机构。

四、信息化环境建设

【上海市产业青年创新大赛举办】2020 年上海市产业青年创新大赛决赛在五角场创新创业学院举行，自 7 月正式启动以来，共计 264 个项目、1 600 余名青年报名参赛，最终有 58 个项目晋级决赛。参赛选手从自身角度出发，寻找各领域的市场突破口，展现了一个个独具创意的创新成果。来自政府、高校、研究机构、投资机构、行业协会等多行业的21名专家组成决赛评委会，最终，上海电信团委等获得“2020年上海市产业青年创新大赛优秀组织奖”，上海电力建设团委等获得“2020年上海市经信系统职业技能竞赛优秀组织奖”。

【2020中国（上海）区块链技术创新峰会暨第三届全球（上海）区块链创新峰会召开】2020年9月25日，“数字经济，链上未来”——2020中国（上海）区块链技术创新峰会暨第三届全球（上海）区块链创新峰会在上海杨浦中国（上海）创业者公共实训基地举办。本次峰会设发布仪式、主旨演讲、圆桌论坛、主题演讲、闭门会议、项目路演六大版块，采用线下会议与线上会议相结合的方式进行。基于区块链技术涉及的重点领域，结合成果展示与技术交流、应用项目案例分享，从更高视角全景式展示区块链技术产业化的阶段性成果和应用前景。大会还发布了《2020上海区块链技术与应用白皮书》，发布区块链行业标准，并邀请8家全国区块链优秀技术落地应用项目所属企业分享成功经验。峰会吸引线下观众近1 000人，线上累计浏览量2.5万人次。

【2020长三角（上海）区块链应用创新大赛举办】2020年6月21日，由上海市科技创业中心、杨浦区科学技术委员会（以下简称“区科委”）、上海区块链技术协会主办的2020长三角（上海）区块链应用创新大赛在上海科学会堂举行。大赛正式发布《杨浦区推进区块链产业升级发展政策》，明确了支持“应用场景拓展”，推动区块链技术在政府各部门信息化建设项目中“能用尽用”，助推动区域新基建、新经济发展。大赛汇集了长三角及全国范围的113个区块链应用项目报名参赛，有效推动长三角地区区块链产业技术创新合作，宣传推广杨浦区区块链产业政策和上海区块链产业技术创新和产业化基地。现场观众超300人，线上累计浏览9 000余人次。

（白冬辉）

第九章　闵行区信息化建设

概　述

2020年，闵行区信息化工作按照“创新驱动、转型发展”的总体要求，推进智能感知体系、5G通信网络、“城市大脑”等新型基础设施建设，并以“人工智能+”“5G+”“大数据+”等新技术赋能实体经济发展，稳步推动“智慧闵行”建设进程。

一、政务领域信息化

【“一网通办”建设】2020年，按照上海市“一网通办”工作要求，闵行区以“高效办成一件事”为目标，大力推进业务流程革命性再造，全面完成既定目标13个“一件事”，并新增“开办饭店”和“办犬证”2个“一件事”；加速推进公共服务事项接入，启动对全区38家政务服务单位11类事项办事指南的专项核查工作，实现“同一业务同一受理平台，线上线下同事同标”，进一步提高办事指南精准度；推出“对生活垃圾经营性清扫（补办、变更）行政许可”“网约车从业人员背景审核”等无人干预自动办理功能事项，实现智能自动办理“秒批、秒办”；完成“随申办”改版升级工作，开设“闵行区旗舰店”专栏，通过“随申办”实现个体营业执照线上申办等特色服务，优化营商环境。

【区域管理支撑体系建设】2020 年，闵行依托区政务数据资源平台，加强数据共享、功能复用和集成集约，实现包括统一数据管理门户、基础库建设、数据安全子平台、数据共享交换子平台、数据智能管理子平台、物联感知管理子平台、地理信息服务子平台以及大屏可视化功能模块等功能的建设。该平台已向区内 10 家试点单位开通试用。

【政务数据资源梳理】2020 年，闵行区 55 家单位共梳理 12 003 条区公共数据资源目录，其中聚焦市场监管、城市管理、公务车辆管理、环境整治等方面，累计归集 10 个部门 26 个系统 1 729 张表格近 8.2 亿条公共数据；对其中围绕城市动态、城市交通、应急数据等应用场景进行数据清洗融合，累计梳理 474 个数据项近 6.49 亿条数据。

【区级电子印章系统建设】2020 年，依托上海市统一建立的电子印章公共服务平台，闵行区通过云服务方式，形成闵行区电子印章认证体系，为区内单位和个人提供电子印章签章和验证服务，满足各类信息系统对于身份可信标识和鉴别、数据传输和存储安全、数据完整性保护、事后责任认定等需求，共有 67 家政府部门的 247 个电子印章已提交上海 CA 进行备案。

【政务外网建设】2020 年，闵行区先后修订了《闵行区政务外网管理办法》《闵行区二级域名管理办法（草案）》和《闵行区公务网管理办法》；完成电子政务网络整合方案的研究、论证；完成政务网络整合项目立项和前期摸底调研工作。同时，按照国家统一部署，全面推进各部门业务专网向区政务内网或政务外网迁移整合。

二、社会领域信息化

【智慧教育示范区建设】2020 年，闵行区政府制定并实施《闵行区创建“全国智慧教育示范区”实施方案》，推进“1258 工程”，全面启动“智慧教育示范区”创建工作。一年来，闵行区教育局围绕“数据驱动的大规模因材施教”的目标，坚持“五育”并举，建立适应区域整体推进的教育云服务平台，探索信息技术和教育教学的深度融合，构建支持个性化教与学的智慧学习环境，探索个性化学习、差异化教学、精细化管理、智能化服务，摸索产学研用协同创新的区域教育信息化公共服务体系，促进师生全面且有个性地发展，促进闵行教育更加公平、高质量地稳步发展。

【“闵行捷医”改造】按照市政府关于医疗

付费“一件事”的工作要求，闵行区20家医疗机构完成医保五期切换、诊间信用支付及医保线上支付，对“闵行捷医”平台进行配套改造，开发升级支付宝小程序端，同时以H5轻应用方式入驻随申办市民云App的医疗板块，实现医保线上支付功能。按照新冠肺炎疫情防控需要，“闵行捷医”上线核酸检测功能，提供采样登记、预约、支付、报告查询。2020年，“闵行捷医”平台整合区域医疗资源，让信息多跑路，让群众少跑路，获评第三届“上海医改十大创新举措”。截至2020年12月31日，捷医平台累计注册数40.48万人，绑卡71.71万张，预约就诊45.98万人次，支付684.38万人次，便捷支付金额达6.56亿元。

【“智慧文化”建设】2020年，“闵行文化云”注册用户95万人，云上活动参与总量逾980万人次；区图书馆读者借书42.9万册次，接待到馆读者39.42万人次；426家社会主体、1 598项文化产品入选文化配送产品资源库，完成各类文化配送演出、展览、讲座及特色活动798场；放映公益电影426场次，惠及1万余人次；开展384场“非遗在社区”活动；新增公共文化设施共计3 582平方米，新增邻里中心文化空间5个、城市书房3个；完成区内6个农村综合文化活动室功能提升并通过创建验收；举办各类公共文化活动4 000余场，线上、线下参与总量超1 000万人次；首次将“文化和自然遗产日”活动搬上云端，开设“非遗腔势足”“非遗老闹猛”“非遗好白相”“非遗看阿拉”四大版块线上活动。

【“互联网+服务”建设】2020年，闵行区聚焦在线文娱、在线展览、在线教育、在线医疗、商业零售等在线经济重点领域，支持发展“互联网+服务”模式，积极推进在线文娱产业功能载体建设。建成中国（上海）网络视听产业基地；推动在线展览展示平台建设，6月启动“上海国际技术交易市场”；运用智能化、数据化方式，对线上服务、线下体验以及现代物流进行深度融合；举办“2020闵行购物节”，开设“闵行购物”抖音官方号，区内百余家企业推荐报送了500余种产品，推动全区在线经济的蓬勃发展。

三、城市建设管理领域信息化

【“一网统管”支撑体系建设】2020年，全面建成具有闵行特色的“观管防处”闭环治理的城市运行“一网统管”平台，并与市“一网统管”平台对接，实现“两级平台、四级应用”智慧化全域覆盖；推进全区城运中心一体化指挥融合通信平台建设，实现统一协调全区执法和救援保障资源，实现各类“实有信息”和“人、物、房、点、路、网”管理六要素在“一标六实”地图上的精准定位；率先完成城运中心20余万块“二维码”标牌建设，为城市运行“一网统管”奠定基础。

【智能终端设施建设】2020年，闵行区加强智能终端设施广泛覆盖，积极推进智能传感节点部署应用，初步建成“闵行区感知综合管理服务平台”，加大拓展智能末端服务设施建设覆盖力度。全区已建成街面高清探头11 348路，WiFi嗅探6 449套；完成出入区境59条道路781套监控探头的建设等；接入7类128台物联设备，试点5台服务型机器人、1台居家型机器人和9台创新型机器人，实现智能终端管理智能化。

【社会面智能安防感知端建设】2020年，闵行区公安分局以智能监控、移动端采集、社会资源获取等方式，织密“神经元”感知端。截至2020年底，全区共建成高清监控11 000余路，全部实现数据上云；配备全景摄像机、制高点监控、无人机、系留气球、移动车载监控等高科技设备；在159个过境高架匝道部署监控300多套；在交通枢纽设置市域卡口；在轨交站点、货运码头开展人脸识别系统建设；在全区1 064个封闭式住宅小区、110个开放式社区、157处商务楼宇（园区）开展“微卡口”建设，在购物中心、文体场馆、景点公园、医院、学校、宾旅馆及重点娱乐场所等245个人员密集场所开展智能安防建设。

【“智慧公安”建设】2020年，闵行区以全面深化智慧公安建设为抓手，助力城市运行“一网统管”建设。全面完成“一标六实”警用地理信息系统建设，完成全区372平方公里的航拍和三维建模，150余万间房屋的分层分户建模；实现273万人口、单位、安防设施全量上图；全面完成“二维码”标牌建设，通过“二维码”实现各类“实有信息”和“人、物、房、点、路、网”管理六要素在“一标六实”地图上的精确定位；初步建成“智能交通”，完成公安道路交通管理系统项目建设。

【“智慧环保”建设】2020年，闵行区紧扣市、区“一张网”“一张图”的总体建设方向，统一建设、统一管理，推进生态环境管理协同联动，聚焦数据治理及系统整合工作。贯彻“智慧环保+”思路，形成“闵行智慧环保数字中心”整体架构，建设全要素污染防治点源感知平台、污染源与环境质量自动监测监控系统，运行情况良好。

【水务智能联动建设】2020年，闵行区水务局推进建成闵行区劣V类河道断面水质在线监测工程项目、闵行区排水泵站及管道信息化项目、闵行区河道及排水口等设施监管平台等，85 处水质在线监测站、780 处小区（企业）与市政雨水管联结点液位设备、15 座雨水泵站截流泵监测设备、5 座马桥圩区水闸运行监测设备正式投入使用。2 座水闸站视频监控、2 座水闸自动化完成了提标改造工作。

四、信息产业发展

【工业互联网建设】一是开展“新型基建”融合行动，加快实施 5G 与制造业融合发展，推进工业互联网深度赋能，大力发展“AI+ 制造”新模式新业态。二是开展“赋能主体”培育行动，打造高水平智能制造系统集成商，形成系统集成商目录，推荐目录企业加入上海市系统集成商培育计划；引进和培育工业互联网平台服务商；支持工业互联网解决方案提供商、工业互联网平台企业加快发展壮大。三是开展“智能工厂”打造行动，支持企业进行智能工厂能力达标自评估，培育建设一批储备性智能工厂；选择智能效应突出、具有广泛行业影响力的大型龙头企业，打造智能制造标杆性工厂。四是开展“应用主体”升能行动。分类分策实施企业数字转型升级专项工程，培育国资国企数字化转型领军企业；聚焦重点产业，打造一批工业互联网全过程、深度应用标杆企业和工业互联网关键环节创新应用标杆企业；推进中小企业上云上平台；持续推动企业开展两化融合贯标行动。五是开展“平台载体”提升行动。推动建立公共服务平台，支持上海交通大学与多方开展产学研合作，搭建工业大数据联合实验室，加快推进智能制造特色园区建设，打造工业互联网标杆园区，形成工业互联网产业集群。截至 2020 年 10 月，全区共组织 224 家企业参与两化融合自评估诊断；组织超过 50 家企业开展两化融合贯标，有近 20 家企业通过两化融合管理体系评定。

【大数据产业发展】2020 年，闵行区加快推进形成“数据观念意识强、数据采集汇聚能力大、共享开放程度高、分析挖掘应用广”的大数据发展格局。一是大数据产业形态初现，全区已集聚大数据重点企业 30 余家，在全市占比超 6%，主要涉及实体工商业数据价值、零售行业数据分析、云服务、视频内容大数据、工业大数据平台建设等。二是推动大数据产业基地建设。协调推进浦江镇智能云服务大数据产业园项目、NTT 通信系统（中国）有限公司项目和颛桥云基地 2 号机房节能改造等项目的建设；三是配合全市大数据产业年度统计工作，持续动员近30家企业登陆平台完成注册和数据填报。

【人工智能产业发展】2020年，闵行区积极打造“一区、一带、多载体”的人工智能产业布局，区内已有近400家人工智能企业（核心人工智能企业80多家），完成新增投资规模20亿元以上；聚焦重点发展“四智”产业，通过高标准项目准入和存量资源转型，赋能实体经济发展和制造业转型升级，孕育多家独角兽企业。一是创建人工智能特色园区（载体）。开展马桥人工智能创新试验区建设，启动多个概念方案的编制；推动上海人工智能、上海交大医疗机器人研究院等功能型平台发展及创新中心、学术智库中心等几大业务领域的产业化工作。二是引进人工智能重点项目，共计15个创新应用获得市、区人工智能专项扶持。三是打造区域特色人工智能应用场景，结合闵行制造业基础，发展“AI+工厂”，赋能制造业转型升级，储备一批试点性标杆智能工厂项目并加快培育建设。

【“智慧园区”建设】2020年10月19日，为深入了解和掌握闵行智慧园区发展水平，提升园区管理智能化、沟通高效化、环境生态化，闵行智慧园区建设工作座谈会召开。并通过问卷调查的方式，全面收集闵行开发区、莘庄工业区和马桥人工智能创新试验区建设发展有限公司的信息化应用情况和诉求，掌握园区发展基础资料和数据；12月，组织开展闵行区智慧园区调研工作，以现场调研和座谈交流的形式，深入了解各个园区的建设情况及工作亮点，初步形成《2021年闵行智慧园区调研报告》。同时，支持和推进上海交大科技园运营有限公司开展的剑川路600号和930号园区5G及智慧园区项目建设，并完成验收。

五、信息基础设施建设

【信息基础设施建设】2020年，闵行区加快推进重点区域5G网络建设，共建设5G通信基站3 355座，实现闵行区域5G信号全覆盖；家庭千兆光纤入户率达100%，实现千兆入小区，万兆到商务楼宇，互联网平均接入带宽320 Mbps；持续加快无线网络覆盖接入，无线局域网覆盖场所达1 608处，其中公众免费使用场所107处；推进和引导在工业制造、交通物流、智慧教育、健康医疗、航运枢纽等领域的“5G+”创新应用项目35个。在上海交大科技园、闵行区党建服务中心、闵行区中心医院等区域推进5G应用创新示范试点。

【新型基础设施建设】为贯彻落实《上海市推进新型基础设施建设行动方案（2020—2022年）》，闵行区编制了《闵行区推进新型基础设施建设行动方案（2020—2022年）》，明确布设适度超前的网络设施、建成高效协同的支撑平台、部署全域感知的智能终端、营造开放融合的创新生态四大行动目标。同时，形成闵行区新型基础设施建设推进工作机制，统筹协调推进闵行区数字新基建建设工作；梳理出《2020—2022年闵行区新型基础设施建设第一批重大项目清单》，重大项目涉及网络建设、平台建设、终端建设、设施建设及区域建设五大领域共38项建设内容，总投资金额达289.47亿元。

六、信息化环境建设

【闵行区智慧城市发展水平评估工作开展】为客观评价智慧城市建设的现状水平，闵行区开展2020年智慧城市发展水平评估工作，根据上海市2020年智慧城市发展水平评估指标，通过深入调研和沟通，掌握各部门2020年信息化项目建成情况、实施中的疑难点及工作亮点，梳理形成2020年“智慧闵行”建设情况和典型案例，完成2020年闵行区智慧城市发展水平评估报告。

【网络与信息安全工作管理】为进一步贯彻落实《关于开展2020年全市网络安全专项检查的通知》要求，闵行区各单位成立由主要领导挂帅的网络安全领导小组，全面开展落实网络安全各项工作；修订完成《闵行区网络安全事件应急预案》，定期开展应急演练，检验应急预案的有效性；开展2020年度政务网网络安全应急演练，检验了应急预案的全面性、可操作性；切实做好2020年全国两会、国庆、护网行动、第三届进口博览会等重要时间节点的网络安全保障工作，加强互联网信息安全防护工作。

【上海市“护网行动”攻防演练开展】2020年6月28日—7月3日，闵行区电子政务云及区门户网站开展实时攻防演练。区大数据中心牵头组织各运维公司、开发公司成立了护网防守团，制定了《闵行区“2020护网”防守专项计划》，在整个护网期间共计发现外部攻击35 200次，阻断高风险攻击8 786次，5天实战保障期间未出现重大信息安全事件。

【智慧城市体验周活动举办】为进一步加大智慧城市建设的宣传力度，积极落实“中国制造2025”和“互联网+”行动计划，根据市经济信息化委关于开展2020上海智慧城市体验周活动的要求，闵行区持续推进智慧城市建设，于2020年12月1日至7日举办以“数字化转型下的未来城市”为主题的各项宣传体验活动，聚焦在线新经济、智慧抗疫、智能制造、工业互联网、物联网、大数据、5G应用和环保新能源等重点领域。全区共有7个街镇参与，以讲座宣传、广场宣传、现场展示、互动交流等形式开展了9项体验周活动，进一步提高了市民对智慧城市建设的感受度。

（浦红军）

第十章　宝山区信息化建设

概　述

2020年是“十三五”规划的收官之年，宝山区深入贯彻落实习近平总书记考察上海重要讲话精神，紧扣新型智慧城市以及“两张网”建设的总体要求和目标方向，全力推进城市运行“一网统管”“一网通办”信息化建设，建成区城运“一网统管”框架平台，整合接入23个特色应用场景、汇聚2万路视频监控数据、1.5万个感知终端数据，实现市大数据资源平台“一网通办”办件库以及市人口库、法人库在宝山的落地，先后累计落地办件库数据约592万条、法人库数据3 500万条、人口库数据5 832万条。成立区大数据中心，促进各单位公共数据汇聚与共享。汇聚共享13个部门的公共数据，对接42个数据库表、14个数据接口的139个数据指标。累计编制形成区级公共数据资源目录3 274条，数据项5.38万条；累计汇聚各类公共数据资源（数据库表、数据接口、文档）327个，公共数据资源6.51亿条记录；累计治理人口数据661.2万条、法人数据175万条、空间地理数据图层68个，空间要素数据207.67万条。

宝山区积极夯实智慧城市数字底座，加强信息化项目建设管理，建成2 107个5G基站，推进5G应用26个；完成电子政务外网承载能力从原来10G向100G带宽的扩容改造，完成区“城运云”建设，支撑“一网统管”场景的云计算能力大幅提升；完成《2020年宝山区信息化建设项目实施计划》；完成年度实施计划以外区、镇两级信息化项目技术审核168项、信息化项目验收35项。区智慧城市发展水平总指数继续位列郊区第一。

一、政务领域信息化

【“一网统管”框架平台建设】2020年6月30日，宝山区城市运行“一网统管”平台正式启动运行，实现与市城运“一网统管”平台的无缝对接，为宝山城市治理现代化按下“快进键”。宝山夯实“三级平台、五级应用”架构，实现街镇（园区）级分平台接入市城运“一网统管”区级平台，并对平台进行了界面优化。建立市、区、街镇三级视频会议平台和移动“云视讯”系统，初步实现统一指挥调度、事件处置等功能。升级城运平台电子地图，与全市城运平台保持一致，增加消防栓、燃气管线等9个图层，具有全景、遥感、城市白模等功能展现。完成14个街镇（园区）城运系统的网络扩容、数据存储和安全、大屏以及终端硬件建设。推进智慧应用场景建设，围绕“一网统管”社会治理、社会治安、公共服务等领域，坚持问题导向，建设和接入区级防汛防台、智慧水务、气象先知、社区通、政务数据监管、农产品追溯、建设交通管理平台等14个特色应用。同时，推进政务数据下沉，指导各街镇将21个街镇级应用场景系统有序建设和接入城运平台。完成区级主要部门的数据整合汇总，对接42个数据库表、14个数据接口约100余个指标，累计更新调用共享数据约50万次。完成“宝山区政务外网骨干网升级改造工程”，实现区政务外网从10G到100G的核心带宽升级，建成区“一网双平面”（视频面、数据面）政务网络高速链路。完成区级视频监控和物联感知数据平台的建设部署，汇聚接入区政法、公安等部门约2万路视频监控和1.1万个新型物联网感知终端，形成“一屏观天下、一网管全城”的宝山主页面，构建“六个一”框架体系，推进一批智慧场景应用，逐步将宝山已建的系统、数据、应用集成统筹在一个大平台上，体现了“一屏观天下”的特点。

【“一网统管”移动端部署】2020年，宝山区推进政务微信移动端在区级、街镇级全面部署和应用。宝山区根据工作需要实现政务微信账号“应开尽快、应用尽用”，共建立政务微信账号5 213个。其中，区网格化账号3 468个，“社区云”账号1 414个，政法综治105个，区内其余各部门账号总计226个。各条线部门的工作人员根据要求每日登录上线，日常用户的活跃度为68.7%。同时，坚持“应用为要、管用为王”，部署一批特色移动轻应用和小程序。其中，区应急物资查询轻应用可通过政务微信随时查询事发现场附近可调动使用的应急物资资源，有效提升应急救援工作效率；无人机5G视频回传轻应用将无人机和政务微信进行联动，将一线视频数据回传到城运指挥中心，便于工作人员快速掌握现场情况，主要用于河道监控、无人厂区管理等；无线单兵视频音对讲轻应用可通过政务微信将一线工作人员的地理位置实时标注显示在电子地图上。同时，还开发和部署了一批安全生产管理、城管执法、垃圾分类等方面的“轻应用”上线运行。

【“一网通办”建设】2020年，宝山区全面推进“一网通办”，推进“互联网+政务服务”，借助信息化、智慧化手段做到“让政务服务像网购一样方便”。实现全国首创税务局新办企业登记“非接触办税”、全市首创人社局劳务派遣企业“非接触年检”和文化旅游局文旅企业复工复产“非接触备案”。宝山区政务服务大厅已开设“一网通办”线上办理专区，为企业提供线上办理的专用计算机和网络，并有专人引导企业和群众进行网上办理、掌上办理各类政务服务业务。宝山区政府门户网站已成为全区各街镇、委办局发布政务信息、提供政务服务的重要渠道。同时，为进一步服务公众，推进政务服务，宝山区将网站与App进行联动管理，加强融媒体集聚效应，助力区级“一网通办”。全面推进政务服务事项线上、线下办理一套业务标准、一个办理平台以及办事流程一致性，减少和避免标准、平台、流程不一而给企业和群众带来的不便，持续强化服务意识，不断提升营商环境。定制、优化网上申报流程，利用电子证照应用、数据共享、智能填表等方式，实现“网络预约出租汽车驾驶人员背景审查”“困难行业企业稳就业补贴”“企业集体合同备案”等多项高频政务服务事项的全程网上办理。拓展“随申办”App应用，借助市、区平台功能支撑，探索“随申码”的多场景应用，率先推出了“亮码”现场取号和多证照调用功能，进一步降低申请人办事成本；实现“企业管家小宝”入驻“随申办”宝山频道；配合“随申办”移动端改版调整，将“快递办税”“快递帮办”“咨询服务”等8个高频栏目纳入“随申办”应用，其中“快递办税”成功登陆“随申办”移动端“发现”频道首页“金刚区”。同时，针对“随申办”用户身份标签，做好用户行为分析，实现用户消息的精准化、个性化、智能化推送。

【政务信息系统整合工作开展】2020年3月，宝山区信息委（以下简称“区信息委”）组织开展全区政务信息系统排摸，及时清理关停不再使用的僵尸系统 24 个，现有在用信息系统共 100 个。6 月 5 日，组织全区 44 个区级部门召开区级部门政务信息系统整合及安全改造工作培训会议，明确政务信息系统整合工作与信息系统信创改造同步规划、同步实施，指导各部门在综合考虑系统数量、业务复杂度等情况的基础上，确定现有信息系统整合模式及目标，由易到难、稳妥有序、分步推进信息系统整合。同时，严格控制新增信息系统，推进跨部门区级大系统、大平台整合。明确要求新建信息化项目一律纳入区“一网通办”“一网统管”或部门相应的大系统大平台，实现对相关子系统的迭代优化或增加新的子系统 / 功能模块，不另外新建系统。7 月 1 日，组织召开街镇（园区）政务信息系统整合工作会议，对街镇（园区）政务信息系统整合提出明确要求，提升全区数据共享和业务协同水平。此外，还通过对区、镇两级财政资金信息化项目的统筹归口管理，从源头上避免镇级信息化项目的各自为政、重复建设，便于区、镇、村居三级架构的大系统大平台在全区统一部署。

【区电子政务云—城运云平台建设】宝山区于 2017 年建成区电子政务云平台，并于 2020 年对区电子政务云进行了扩建升级，完成区电子政务云——城运云平台的部署建设。新建成的区城运云由 131 台专业服务器并配备高可用性操作系统组成，形成集数据运算、结构化运算、高速存储以及安全管控为一体的高性能算力集群，支持不低于 1 000 路视频结构化解析 GPU 算力需求，且提供 36.72 T 净可用存储容量、403.92 T 的非结构化数据存储能力等。全区应上云系统为 64 个，已上云系统 64 个，上云率达到 100%。此外，宝山区制定发布《宝山区政务外网管理办法》和《宝山区电子政务云管理办法》，在管理办法中对网络和云平台的安全使用进行了规范。2020 年宝山区电子政务云平台上发生的安全事件为零。与市级政务云的联通方面，区级电子政务云已通过市、区政务外网链路与市政务云实现了对接，并通过区政务云平台同市大数据中心进行数据联通和传输，6 月，宝山区根据市大数据中心要求，制定并上报《宝山区级电子政务云统筹建设方案》，获得了市大数据中心的认可。同时，区卫生健康平台的部分核心业务数据已根据全市统一要求部署在市政务云平台。

【支持产业发展 1+9 专项资金信息管理平台通过验收】2020 年 4 月 22 日，宝山区支持产业发展 1+9 专项资金信息管理平台通过专家验收。系统实现了区支持产业发展 9 个专项资金的统一申报和审批管理，同时对接上海“一网通办”，企业登录“上海宝山”门户网站企业“管家小宝”，便可查看宝山区所有的产业扶持政策和申报指南，并能方便地筛选查找，快速定位符合申报条件的产业政策申报项目。企业实名认证后，即可线上提交申请材料，资金申报审核进度可在线实时查看。多部门实现审批业务协同，打破了原来线下分头申报审批的“信息孤岛”，提升项目评审的精准性和有效性，大大提升了审批效率，保障企业专项资金申请的公平、公开和公正。系统自 2019 年 12 月运行以来，通过平台审批各类扶持资金近 24 亿元，申报企业 3 000 余家，申报项目 7 000 余个。系统生成各类分析图表，直观展现各专项资金的扶持金额和扶持方向，为领导决策提供依据。

【工作备忘、移动办公及搜索平台通过验收】 2019 年 3 月 7 日，宝山区电子政务应用系统——工作备忘、移动办公及搜索平台通过验收。系统主要功能为两块，一是工作安排备忘系统，通过工作安排备忘模块录入、管理、跟踪区政府各项重点活动安排，提前准备，高效服务；通过请销假管理高效管理请销假信息，提高协调效率；通过科室工作安排子模块精细化管理区政府办公室各科室工作，提高办公效率；通过值班管理子模块高效、公平的值班安排，智能分配全年值班安排。另一块是搜索平台，可进行局域网内共享文件的全文搜索，支持同义词搜索、自定义用户词典、模糊搜索、相关搜索等，并可由系统管理人员人工分组，提供最为适当的搜索结果，实现高效知识管理。该平台运行后，能够满足区政府工作人员办公需求，提升工作效率，有助于推进无纸化办公、降低行政成本。

【宝山人才服务信息化平台项目建设】 2020 年 9 月 28 日，宝山人才服务信息化平台项目通过专家验收。宝山人才服务信息化平台包括樱花卡小程序和一站式人才政策申报审批平台两部分建设内容。樱花卡小程序实现本区樱花卡服务网点的一体化管理，为宝山区持有樱花卡的人才提供线上线下一体化服务，服务范围涉及健康医疗、子女入学、文体休闲、学习培训、创新创业等各方面，帮助人才进行服务资源的智能匹配。一站式人才政策申报审批平台为区内人才提供贴身帮扶，提升项目申报审批效率。系统自 2020 年 1 月运行以来，樱花卡微信小程序已接入宝山区各个委办局共计 5 大分类、20 余种服务，在街镇卡试点的杨行镇与高境镇推出共计 15 余种服务。系统的建设以宝山的特色服务吸引和留住人才，从而推动宝山区人才综合服务体系建设。

【宝山城管执法精细化管理平台通过验收】 2020 年 9 月 23 日，宝山城管执法精细化管理平台项目通过专家验收。宝山城管执法精细化管理平台包括精细化办案、执法全过程记录管理、随机抽查管理、指挥监督平台等功能。精细化办案规范了城管执法办案流程、规范城管执法案件文书制作，通过对案件数据的有效管理，加强对街镇中队的案件管理和监督，提高整体执法效能及过程监管；执法全过程记录实现城管执法全过程数据、语音和图像的实时传输和记录管理，实现执法全过程留痕和可回溯管理；随机抽查管理对“双随机”抽查做到全程留痕，实现责任可追溯。系统自2020年5月运行以来，已录入执法全过程记录546条，双随机检查记录12 146条。系统的建设实现了城管执法精细化管理，进一步提高了宝山区城市管理整体水平，提升执法实效。

【宝山区警务智能语音识别系统通过验收】2020年10月29日，宝山公安分局警务智能语音识别系统项目通过专家验收。宝山公安分局警务智能语音识别系统通过租赁国内智能语音公有云服务，提供语音合成、语音识别、语音唤醒、多语种翻译等多项服务。系统通过与市局相关应用系统的对接及相关配套终端升级，实现分局移动警务系列应用、讯（询）问辅助转写系统、智能会议系统等的应用。在审讯场景下，实现审讯过程语音全记录，同时具有实时转写、实时编辑、记录回放、笔录朗读、笔录管理等功能；在会议场景下，实现实时音频或录音采集，并通过语音识别技术实时转化为文字，解决了传统会议人工反复听录音、反复编辑整理纪要的弊端，大大提高会议效率。系统自2020年8月试运行以来，在宝山公安分局、友谊路派出所、通河新村派出所等25个派出所上线使用，智能辅助民警开展工作，有效提升民警工作效率。

【宝山区信息化项目管理系统通过验收】2020年11月19日，宝山区信息化项目管理系统项目通过专家验收。系统项目建设内容包括申报子系统和审批子系统，面向全区党政机关、街镇（园区）及下属事业单位，针对区本级财政和镇级财政的信息化项目，通过系统实现项目申报、项目评审、计划编制、项目审批、项目建设、竣工验收、运行维护审核等的全过程管理，并实现相关统计分析。系统的建设应用进一步加强了信息化项目建设的归口管理和全过程的规范化管理。自2020年4月上线试运行以来，通过系统已申报审核全区信息化项目300余项。

【宝山区融媒体中心信息化建设项目通过验收】2020年12月1日，宝山区融媒体中心信息化建设项目通过专家验收。该项目按照媒体融合发展要求，构建完整全融媒体运作体系，充分整合三家区级新闻单位的人力资源和平台资源，实现“1+1+1 > 3”的效果。新闻指挥调度中心是宝山融媒体风采展示的核心区域；电视非编系统数据服务平台完成了与市级融媒平台对接，方便了系统管理员的业务工作；区级融媒客户端App构建具有宝山特色的“宝山汇”，集帮、办、看、听为一体，为宝山市民提供新闻资讯和综合服务。系统自2020年1月运行以来，“宝山汇”App共注册用户107 970个，发布23 141条稿件，总下载量557 487万。宝山区融媒体中心项目的建设整合了区门户网站、宝山报、电视台三家单位的人力资源和平台资源，形成“统一办公、统一管理、协调联动、高效运转”的运行机制。

【宝山区社区综合管理信息系统通过验收】 2020年12月3日，宝山区社区综合管理信息系统通过专家验收。项目结合宝山区多年沉淀的村居委电子台账数据信息和工作机制，对实有人口、企事业单位、社会组织、社区资源等条块信息的整合，加大对基础数据的应用，为辅助决策提供有力的数据支撑。系统整合村委、居委台账目录并对台账进行定制开发，进一步规范全区电子台账工作制度；增强整体易用性和人性化操作，增加“智能检索”功能，实现一次搜索获取社区各维度信息；增加通知功能，增强基层村居与街镇及区级委办局的互联互通；增加常用报表功能，为街镇及区级委办局减负增能；增加“村居民数据表”“村居日程表”“村居物资底册”等功能，加强“人事物”三个维度的数据管理，为社区大数据分析打好基础。系统自2019年4月运行以来，全区共计录入台账241 763项，将全区原本需要录入的736本台账缩减至87本台账，并区分必填和选填项，台账精简量超过88%，较以往减少60%填报工作量。项目的建设规范了条线业务在基层的准入机制，推动实现了“基层业务精简、条线信息共享、辅助决策支撑、统一协同治理、社区服务高效”。

【宝山区行政服务中心统一受办理系统建设（三期）项目建设】 在一期、二期的基础上，宝山区行政服务中心统一受办理系统建设（三期）项目进一步优化升级、完善系统。系统新增网上主题式套餐服务以及配套辅助服务功能，进一步强化办事过程引导功能，提高了政务服务的办事效率和服务水平；帮办代办服务管理系统针对比较复杂的业务，在审批事项集中办理的基础上，积极探索实行了并联审批、重点项目审批帮办代办服务等工作机制，为投资项目审批提供全程帮办代办服务；在二期的基础上针对电子证照应用进行深化拓展，提供证明证照自助打印、查询、引用、应用；整合统一受办理系统、区自建系统，在此基础上集成中心现有系统，建成宝山区综合集成管理平台；建设智能数据辅助决策系统，基于中心沉淀的数据进行多维度数据统计分析；与区信用平台对接获取企业红黑名单，在企业办理业务时自动关联红黑名单，对于黑名单企业由业务部门根据部门情况给予惩罚措施，对于红名单企业给予相应的激励措施。系统自2020年4月运行以来，提供了包括18个领域、138个行业的网上主题式套餐引导服务；对接政务服务事项库，落地1 300余项行政审批事项，实现线上线下的事项同源，为电子证照应用提供数据支撑。2021年1月28日，项目通过专家验收。

二、社会领域信息化

【信息化防疫工作开展】2020年，宝山区充分发挥大数据赋能作用，牵头开发区疫情防控大数据分析平台、企业返沪来沪人员健康信息申报系统、智能语音呼叫系统、街镇园区企业防疫及复工情况统计系统，助力疫情防控各个环节，推动企业复工复产。企业返沪/来沪人员健康信息申报系统累计上报注册企业数18 904家、287 605人。7个街镇263个居村委通过智能语音呼叫系统累计拨打59万余个口罩领用通知电话，并同步发送了短信通知，累计拨打了27万余个来沪人员排查和体温监测智能语音电话，为全区基层抗疫节省大量人力。

【"社区云"建设】2020年，宝山区以试点推进"社区云"为契机，推动"社区通"系统改版升级，提升基层运用成效，为全市"社区云"平台建设提供经验和模式。一是聚焦社区防疫，火速上线"疫情防控"新版块。充分发挥"不见面""很精准""组织化""很方便""易管理""实时化"的优势，推出个人行程上报、疫情线索、寻求帮助、口罩预约、居家隔离上报五大防疫功能，开通了科学便捷的线上防控快车道。其中，仅口罩预约功能公告就有超82万人次阅读，累计在线预约53万次，在全市新闻发布会上被点名表扬。此外，通过"社区通"专题策划推出"守护宝山家园"特别宣传活动，引导近百名社区达人投身防控，涌现出一大批新的社区志愿者，营造了"病毒无情人有情"的良好氛围。

二是聚焦"高效处置一件事"，提升社区问题解决成效。进一步完善"社区通"问题发现及回应处置工作机制，健全问题闭环处置流程，完善社区通巡查工作制度，上线"居村巡查""街镇巡查""区级巡查"三级巡查功能，确保居村问题全覆盖无遗漏。新上线"人民信箱"版块，主动收集群众意见，回应群众诉求，能在24小时内响应处置并先行回应居村民。借助"社区通"与城运平台（网格化系统）的智能对接，切实赋予居村书记"派单权"，居村层面难以解决的问题可以一键上传至网格化系统处置，已累计回应解决群众关心关注问题13万余个，其中90%的问题在居村层面得到有效解决。

三是聚焦“一网管全城”，全力做好与城运中心对接。“社区通”治慧中心已作为区城运中心的特色应用显示在区城运中心大屏首页的专题区域，点击“社区通”应用，城运大屏即可切换到“社区通”治慧中心。除实现系统对接外，也持续推进与街镇城运中心的对接，开展网格化系统流程改造和街镇城运中心大屏数据对接，确保居村可以将“社区通”“问题跟踪”系统中的问题“一键推送”至区城运中心，并实现街镇城运中心大屏展示社区通街镇运行部分基础数据。

四是聚焦功能优化，持续开展社区通改版工作。对“乡村振兴”“农家集市”“居务公开（办事指南）”“物业之窗”“业委连线”等版块进行优化，开通“爱宝山”全区公告的评论功能，在首页增加居民关注话题区域，从社区公告、身边事、党建园地、议事厅、居务公开（办事指南）5 个版块选取热门话题进行展示，让用户“一屏”即可观社区，提升居村民使用体验感。

五是聚焦信息共享，推进“社区通”“园区通”“商圈通”三通融合。借助资源的叠加运用和优化配置，为企业提供更广泛、更全面、更精确的综合服务，提升园区和商圈服务能级，持续优化营商环境。

【“智慧健康”建设】一是大力推进区域“互联网 +”医疗健康建设应用。在全市率先试点推进移动家庭病床，通过医护终端一体机，家床患者在家里就可以体验远程访视、远程会诊、远程监护、自助查询、智能提醒、健康宣教、24 小时响应等便捷优质的医疗服务。家庭医生出诊服务时，利用手机 App 实现在线家床电子病历录入等全程电子化闭环操作，提升了家庭医生工作效率。上海市第一人民医院宝山分院互联网医院则实现了“医养结合”应用、“全专联合”应用和援滇远程会诊医疗扶贫应用。二是积极推进健康云智慧健康小屋信息化支撑建设，完成健康云区级平台升级，健康小屋累计自助测量 33.16 万人次、异常提醒次数 15.23 万人次，有效提升了区域内居民自我健康管理的能力。三是积极推进“互联互通互认”工作，完成了上海市第一人民医院宝山分院接入上海市影像云。四是扎实落实区域网络安全工作，完成区级平台核心应用和各综合性医院网络安全三级等保各项测评工作，试点推进社区核心应用系统上云工作。

【吴淞口国际邮轮港建设】在第三届上海世界人工智能大会云端峰会上，上海市第三批人工智能应用场景需求正式发布，吴淞口国际邮轮港成功入选。吴淞口国际邮轮港对标世界一流邮轮母港，围绕宝山区“双城战略”目标，以实际业务需求为导向，针对当前邮轮港通关流程繁琐、瞬时客流量大、管理决策难度高等世界性难题，开发了无感通关、有感服务、动感体验、智能管控、智能决策五大平台，推进口岸通关模式创新，减少通关环节，全面推行“无摩擦进港”建设；优化港城交通联动，解决大客流交通疏散问题；实现全景感知、实景引导、提升旅客体验度；开展智能预警、应急指挥、处置联动，并对视频数据、业务数据等进行多维度智能分析，为港区生产运营决策提供数据支撑。同时，项目的成功建设对国内外邮轮港智能化建设起到示范引领效应，正力争成为上海人工智能应用的世界级场景应用标杆。

【“智慧教育”建设】宝山区教育的发展一直围绕“为了每一个学生的终身发展”核心理念和“陶行知教育创新发展区”建设目标。自 2017 年起，宝山区共投入 3 500 多万元进行无线校园网络及终端建设，实现了 120 多所中小学无线网络全域覆盖、全时可用和全网可控，学校网络环境明显优化；在义务教育阶段，9 300 余名教师的移动办公设备全部到位，实现全面无线办公；完成“班班通”覆盖工程，装备数字化教室和移动教学实验室设备，达到每班均配备互动教学演示设备，智慧教学实验设备至少每校一套的标准；创新实验室、智慧图书馆建设工作逐步推进；建成了集人防、技防、云防于一体的多层网络安全防护体系，不断提升网络安全保障能力和水平，为宝山智慧教育发展保驾护航。

同时，以宝山教育云和教育大数据中心建设为抓手，进一步提升教育信息化的统筹建设能力，已建成具有超过 100 个 CPU 的计算资源和 300 TB 的存储资源的宝山区教育数据中心，实现了教育数据的集中管理。通过认证中心二期建设，实现与市级认证系统对接，实现用户全市漫游；通过基础性教学资源导入，实现教学资源全年级全学科覆盖，方便教师的备课和学生的自主学习；强化教育资源中心建设和应用推广，推进中小学充分利用专题教育资源和网上研究型课程自适应学习系统开展学习，围绕学生综合素质的培养，系统着力构建新型课堂教学形态和环境，利用平台资源，实现资源优化重组，并通过全过程动态学习数据分析和全过程评价，帮助老师精准掌握学生学情，优化教学预设和实施策略，为学校日常教学提供覆盖课前、课中、课后的教与学服务，既促进教师的教学方式的改变，也为学生的个性化学习和自主学习搭建平台。

【“智慧文旅”建设】2020 年，“文化宝山云”实现了活动预约、场馆预定、数据管理、文化信息共享等功能，并与上海市文化云平台对接，实现市、区联动。文化设施涵盖 18 家单位及场馆，包括 12 家街镇社区文化活动中心，6 家区级文化场馆。“文化宝山云”完成了应用系统建设，包括文化活动、文化场馆、文化团体、我的空间、文化地图、文化品牌、精彩回眸、数字非遗及积分体系等功能，各街镇文化活动中心及区级场馆配置了线下取票终端机及验票机。“文化宝山云”二期工作已进入招投标准备阶段，计划在一期基础上进行全面升级，整合四级配送公共文化服务平台，积极统筹各方优质资源，新增相应的应用系统，打造区域标准化和村居个性化共同发展的统一服务、统一管理新格局。

同时，进一步加强数字资源积累，拓展市、区、街道、村（居委会）四级数字文化服务全覆盖，通过门户网站、H5 微网站、线下设备等使文化云宝山子平台趋于完善，真正成为覆盖区域公共文化资源、为文化单位提供运营管理平台、为群众提供公共文化服务的一站式平台。同时打造宝山特有的文化 IP 产业和文化旅游产业，使其成为宝山区对外的有力名片，大力推广“文化宝山云”的影响力。

【宝山区社区通治慧中心项目通过验收】2020 年 9 月 2 日，宝山区社区通治慧中心项目通过专家验收。项目以“宝山社区通 1.0”版的功能为基础，完成了社区通治慧中心基础应用优化升级及大数据分析系统建设。基础应用优化升级包括打造宝山特色的“爱宝山”区级公告与活动系统、社区事务问题跟踪处置系统、社区通大调研系统、社区通宝山警民直通车、议事厅系统优化等，基层组织力得到持续强化，社区服务更加精准，基层治理体系进一步得到完善。大数据分析系统包括全区信息传递监测与影响力分析、社区事务问题分析、议事项数据分析等模块，通过对社区通已有数据的深度挖掘、综合分析，破解大量基层治理堵点难点，辅助支撑区、街镇相关部门精准了解居民需求，精确对接服务群众，提升社会治理精细化水平。系统自 2020 年 1 月运行以来，爱宝山全区公告活动管理系统已累计发布类区级公告 450 余篇；使用社区事务问题跟踪处置系统，共及时回应解决群众问题 11.6 万余个；社区通大调研系统共收集意见建议 5 700 余条；警民直通车版块共累计发布公安新闻、警方互动和警民互动共计 8.8 万余篇，警民互动评论交流 5 万余次；议事厅系统中，共计 17 万余名居村民参与协商，产生议题 3 万余个。

【宝山区地产农产品质量安全追溯系统（二期）通过验收】2020 年 11 月 11 日，宝山区地产农产品质量安全追溯系统（二期）项目通过专家验收。宝山区地产农产品质量安全追溯系统（二期）在一期项目建设的基础上，优化追溯系统在宝山农业生产环节的功能，提高追溯码附加值，进一步推广企业品牌，扩大追溯规模、扩展追溯品类，实现宝山地产农产品的全覆盖；安全追溯子系统实现使用扫码的方式识别，进行农资产品出入库和施肥用药的一键式录入，提高了信息录入的准确性；移动执法子系统完善了执法检查功能，使检查过程有据可依，提高执法效率；智能分析子系统将各级农资监管部门的监管执法数据进行汇总，进行实时统计分析和可视化展示，为决策提供辅助决策。系统自2020年1月运行以来，已在全区55家合作社使用，覆盖了蔬菜、经济作物、粮食和水产品4个行业。系统共计产生安全追溯记录368 207条，农资产品出入库记录22 571条，记录农业执法记录12次。

【宝山区智慧旅游导游导览系统通过验收】2020年11月26日，宝山区智慧旅游导游导览系统通过专家验收。项目对区内景区景点、宾馆酒店、活动庆典等旅游服务信息、语音视频资料、地理位置信息进行统一采集、整合、汇聚，实现与市级部门、区内各涉旅企业、区旅游局门户网站、微信平台的数据交互共享，实现数据统一汇聚、统一服务。同时，搭建宝山智慧导游导览服务系统，为旅客提供旅游信息、自助导览、互动分享等全过程服务，提升服务的智慧化水平。“宝山旅游”微信订阅号升级，实现对宝山区食、住、游、购、重要节庆活动、景区景点实时客流等信息发布，为游客提供便利信息渠道。“宝山旅游”微信小程序方便游客随时随地进行信息查询、自助游览和互动分享，实现游客线上线下相结合的智慧旅游服务和互动，提升游客高品质服务体验。系统自2019年11月运行以来，共发布旅游信息300余条，为游客带来全方位的旅游资讯，提升在宝山区旅游的体验，促进宝山区旅游经济转型。

三、城市建设管理领域信息化

【宝山区智慧公安视频监控二期项目第一批监控点位通过验收】2020年3月18日，宝山区智慧公安视频监控二期项目第一批监控点位（1 400个）通过专家验收。二期项目于2019年8月启动建设，包括6 167个前端监控点位、传输网络、4个存储分中心、智能综合应用大平台等建设内容。项目共建设完成、开通2 600多个前端点位，本次共验收并交付1 400个前端监控点位。系统的建设在治安防控、交通管理、应急指挥等方面发挥了重要作用，对于提升城市可视化管理水平和政府应急处置能力具有重要意义。

【智慧交通建设和建筑节能管理】2020年5月起，宝山区设立在监在建工地数、搅拌站、重大工程、全区道路条数等50多项具体指标，并在区“一网统管”大屏上添加建设交通版块，实现行业管理数据可视化和动态更新显示。推动智慧城市神经元感知节点网络建设，将既有建筑玻璃幕墙管理系统、建设工程深基坑管理系统、燃气安全管理系统等接入区“一网统管”平台，依托区大数据资源平台统一汇聚至区公共数据资源池，推进城市日常管理智能化。建设并运行区级国家机关办公建筑和大型公共建筑能耗监测平台，实现建筑能耗监测和分析，不断加强宝山区国家机关办公建筑和大型公共建筑节能管理。平台共计接入70幢建筑数据，监测能耗总量约4 000万kWh/年。将分项计量数据质量提升的任务放在首位，陆续开展了3场针对楼宇用户的分项计量培训会，提高楼宇用户对平台的熟悉及操作水平；通过前期委托第三方专业单位对平台内楼宇进行现场调研、数据分析，找出数据质量问题根源；区发改委负责统筹分项计量数据质量提升工作，区机关事务管理局、区商务委一起负责落实项目协调、预算申请等工作，共同推进公共机构及商务楼宇数据体量提升；完成60多栋楼宇分项计量数据质量提升工作，保证了平台的数据质量全面提升。积极对接市级相关部门，不断提升公共停车信息联网数据质量水平、公共设施监测水平及能耗计量相关指标，48 620个公共停车位信息联网数据质量水平排名提升明显，其余相关指标皆情况良好。145条公交车线路实现100%电子站牌覆盖。

【宝山区淞宝地区停车诱导系统一期工程通过验收】2020年4月29日，宝山区淞宝地区停车诱导系统一期工程通过专家验收。项目为均衡淞宝地区的停车需求，缓解该区域停车压力，改善交通运行情况，在淞宝地区建设一级诱导屏4块、二级诱导屏11块、三级诱导屏21块，并配套停车诱导前端诱导屏发布系统与停车诱导发布智能管控系统，实时发布淞宝地区对外开放的公共停车场的位置指引信息和停车空位信息，缓解交通拥堵。系统自2018年12月运行以来，提升了停车诱导的精细化服务水平，也在一定程度上改善了淞宝地区的交通拥堵状况。

【宝山区公交电子站牌建设项目通过验收】2020年4月29日，宝山区公交电子站牌建设项目通过专家验收。项目完成了宝山区外环以外区域825个站点的公交电子站牌建设（外环内466个公交电子站牌已由市级财政出资建设），在全市率先实现了区域公交电子站牌全覆盖。公交电子站牌采用第二代墨水屏电子站牌，依托久事公交集团的智能集群调度系统和综合管理平台，实时显示线路、预计到达本站时间等信息。系统自2019年6月运行以来，给广大宝山区市民的公交出行带来便利。

四、信息产业发展

【中国机器人产业集聚发展标杆区建设】机器人及智能硬件是宝山区全力打响“四大品牌”、建设科创中心重要功能区重点规划和布局的主导产业。宝山区集聚机器人相关企业已达180家，其中规模以上企业117家，提标打造上海机器人产业园3.0版。上海发那科机器人有限公司三期项目达产后总销售收入可达200亿元。上海东方泵业（集团）有限公司、上海一冷开利空调设备有限公司等一批项目发展势头良好，亚系集团亚太总部、快仓人工智能产业园等一批项目即将落地。同时，积极打造华域汽车创新产业园，已集聚华域麦格纳电驱、爱德夏等优质项目，投产后年产值可超60亿元。

【新一代信息技术产业发展】宝山区软件和信息服务业近年来持续快速增长，产业规模不断扩大，聚齐了一批优质企业，培育了智力产业园、复旦软件园、长江软件园、宝山科技园、智慧湾、新业坊·源创等一批国家级、市级信息技术产业园区，为各类新兴产业的发展提供了广阔的土壤。随着吴淞工业区的转型和南大地区的建设，宝山区释放大量的空间和载体，为新一代信息技术产业后续发展提供有力支撑。同时，抓牢上海打造“人工智能高地”契机，研究起草《宝山区推动新一代人工智能产业发展的实施方案》，计划到2030年建成人工智能创新研发和产业化高地的发展目标。并且，依托宝山区应用场景丰富的优势，聚焦人工智能产业领域，着力引进一批优质实体项目落地，在2020世界人工智能大会上，快仓（宝山）全球智能机器人产业园、创新奇智长三角区域总部两个人工智能重点项目成功签约。

【张江高新区宝山园建设】2020年，宝山区瞄准世界一流科技园区目标，把张江高新区宝山园作为科技创新的主战场，打造宝山实施双城战略的重要承载区和长三角高新区高质量发展的先行区。优化“三园、三线、两区”布局，聚焦商务载体能级提升，完善创新创业孵化链条，引进培育研发外包、检验检测、标准化组织、技术转移、创意设计等企业及机构，形成独具特色的高新数字技术服务业带；聚焦北上海生物医药产业园、机器人产业园、超能新材料科创园等市级特色产业园区建设，充分发挥数字经济辅助能力，加快帮助产业结构调整，打造国内领先的先进制造业基地；立足数字经济产城融合理念，以5G、人工智能、数字经济、新能源等战略性新兴产业为引领，瞄准价值链高端环节，发挥头部企业带动作用，打造创新驱动转型发展的示范区。持续优化管理方式，加强对张江高新区宝山园内各个地块统计监测和考核评估，及时分析各地块创新浓度、经济密度以及对区域经济工作贡献度，形成空间动态调整的长效机制。落实张江专项资金政策，发挥张江品牌的引领和辐射作用，加快重点实验室、研发总部、技术中心、新型研发机构等高端创新资源导入。聚焦“五大千亿级”“五大百亿级”主导产业，对接张江综合性国家科学中心，发挥张江政策优势，推广“创新中心＋产业基地”合作模式，加快突破共性技术，形成一批具有广泛带动性的创新成果，支撑产业创新发展和转型升级。

【上海市工业互联网创新实践基地建设】作为传统的老工业基地，宝山区深入贯彻落实《工业互联网发展行动计划（2018—2020年）》《上海市工业互联网产业创新工程实施方案》等发展战略，依托区域制造业较为发达的先发优势和互联网产业蓬勃发展的后发优势，将工业互联网作为推动制造业转型升级和创新发展的主攻方向，并全力创建“上海市工业互联网创新实践基地”。已打造1个行业级工业互联网平台，培育4个企业级工业互联网平台，推动建设1个工业互联网为特色的标杆园区，推动1 000家企业上云上平台，两化融合管理体系自评估数量达713家，位列全市第一，两化融合管理体系贯标企业数量42家，通过评定5家。宝山工业园区以“创新应用”为特色获评“上海市工业互联网标杆园区试点园区”。宝山工业园区以生物医药、新能源汽车核心零部件、豪华邮轮配套、智能硬件等主导产业为核心的宝山工业互联网发展生态体系，是宝山区“战略性新兴产业、先进制造业”的主要承载区，也是工业互联网产业集聚和产业升级的“助推器”。

【数据产业培育发展】2020年，宝山区大力培育数据产业，致力于数据存储、计算一体化发展，努力促进功能集聚、设施融合，力争立足上海、辐射长三角，助力打造“上海计算”。在入驻企业中，在数据存储和服务方面有宝之云、科技网、世纪互联等大规模的IDC数据中心，及中国领先的IT托管服务商上海安畅网络科技股份有限公司等；在数据层方面有上海钢联电子商务股份有限公司等拥有大量交易数据的企业；在数据应用方面有欧冶云商股份有限公司、数据挖掘分析服务提供商华院数据技术（上海）有限公司等。且正在大力发展的移动互联网、文化创意、电子商务、邮轮产业等新兴产业，以及智能制造、新能源、新材料等先进制造业等都可与数据产业进行对接，形成联动发展，区内大批传统企业的改造升级，也为数据产业发展提供有力支撑，打造“一个基地＋多个园区”的发展布局，形成“政府引导、企业主体、市场配置、社会参与”的数据产业发展格局，推动大数据产业加快培育发展。

【重点产业园区信息化建设】2020 年，宝山区不断深化重点产业园区信息化建设，宝山工业园区、复景国际科技中心获评“上海市智慧园区”。先后在宝山工业园区等工业载体推进“CRM 智慧安监安全生产监管信息平台”“基于 GIS 的智慧园区可视化综合管理平台”“园区三维展示系统”“积成电子微能源运行平台”等平台建设，并与区网格化中心互联互通，实时掌握园区生产型企业的基本情况，及时发现、解决安全隐患，跟进隐患整改情况，利用工业互联网助力园区生产和管理模式创新转变，提升园区的市场竞争力。临港新业坊、同济创园等一批产业园区在建设中探索和实践智慧城市建设与运营，瞄准世界级、示范性的绿色建筑特色产业集群。城市工业园区内开设智慧交通便民短驳线，采用智能远程预约系统实现线上预订、支付、查看时刻表、车辆位置、站点实景等功能，提升园区内交通便利度。

五、信息基础设施建设

【5G 建设与 4G 优化】2020 年，区信息委定期召开基础设施建设工作推进会，牵头部署和推进 2020 年 5G 等信息基础设施建设工作。2020 年宝山区累计完成 2 107 个 5G 基站建设，并实施 12.72 沟公里信息管线集约化建设；通过上海市行政协助管理系统将新建地块的信息基础建设落入规划审批流程，并对上海发那科智能工厂三期、宝山工业园区 BSPO-1801 单元 93-02 地块等新建项目规划提出 5G 基站等信息基础设施建设意见。积极牵头推进南大智慧城、吴淞创新城、新顾城大居、宝山工业园区、智慧邮轮港的信息基础设施专项规划修编工作。向市主管部门报送了 25 个 5G 商业应用创新项目，主要涉及无人驾驶、能源生产、教育培训、视频直播、智慧养老、楼宇运营等方面。完成重点区域的弱覆盖优化工作，并请第三方专业测评机构在全区开展用户感知度测评和整改工作，切实保障 4G 弱覆盖优化工作有效完成。

【宽带网建设】2020 年，在家庭宽带接入及商物楼宇万兆到楼覆盖方面，宝山区各通信运营企业完成区域内 99% 住宅小区和行政村的家庭千兆光纤接入（其中上海移动完成覆盖 560 个小区和 101 个行政村、上海联通完成覆盖 367 个小区和 101 个行政村、上海电信完成覆盖 751 个小区和 101 个行政村）；区内商务楼宇千兆到楼覆盖率 100%；区内产业园区、商圈市场也实现了 100% 千兆光纤到户覆盖。同时，上海电信已建成万兆接入 IP 网和传输网，具备充足的万兆接入能力，实现全区万兆到楼覆盖率约达到90%；同时，区域内万兆级互联网出口应用主要有宝山区教育局等多家单位；万兆级专网涵盖华山医院等15家用户。

六、信息化环境建设

【智能制造生态主题论坛暨相关启动仪式举行】2020年5月27日，人工智能时代下的智能制造生态主题论坛暨创新奇智长三角总部、创新工场人工智能工程院上海分院启动仪式在宝山区举行。会上，创新奇智正式对外发布ManuVision工业视觉平台1.0，为工业质检场景提供高效精准的人工智能解决方案，推动制造业转型升级。在“人工智能时代下的智能制造生态主题论坛”环节中，中国工程院院士、浙江大学“求是学者”特聘教授谭建荣发表演讲，从学术和产业的角度分享人工智能与智能制造的关键技术与发展。

【上海北郊未来产业园开园仪式暨首届长三角新材料科技产业创新论坛举行】2020年9月20日，由宝山区和浦东新区联合打造的上海北郊未来产业园开园仪式——暨首届长三角新材料科技产业创新论坛举行。专家、学者、企业家齐聚一堂，围绕长三角一体化发展战略，聚焦新材料科技和产业发展中的关键环节和重点领域，探寻新材料作为战略性新兴产业的发展契机和未来前景。论坛还建立起新材料科技产业发展交流平台，助力推动落实上海3+X新材料产业布局。

【“数智联通　引航未来”5G+互联网智慧园区活动举办】2020年6月16日，“2020年宝山‘数智联通　引航未来’5G+互联网智慧园区”活动在上海移动互联网创新园举办。作为区内第一家5G智慧园区，上海移动互联网创新园是宝山区率先开展在线新经济建设的重要载体。5G+互联网是顺应全球新一轮工业革命发展趋势、推动经济高质量发展的优先战略选择。此次活动体现了宝山区在线新经济发展中，已集聚了大批优秀园区及企业，具备了良好的产业发展基础。

（周隽婷）

第十一章　嘉定区信息化建设

概　述

2020年是“十三五”规划收官之年，在区委、区政府的坚强领导下，嘉定区以打造创新活力充沛、融合发展充分、人文魅力充足的现代化新型城市为目标，以完善新一代信息基础设施、推进新型城域物联专网建设、统筹互联网数据中心建设、深化公共数据资源开放为抓手，进一步营造智慧生活、发展智慧经济、深化智慧治理、建设智慧政务、推进智慧城市示范，在各领域都取得了较好的成绩。

一、政务领域信息化

【“一网通办”“一网统管”工作推进会召开】2020年4月，嘉定区召开“一网通办”“一网统管”工作推进会议，加快推进嘉定区“两张网”建设，进一步提升城市治理现代化水平。区委书记陆方舟指出，加快推进“两张网”建设，是推动高质量发展和创造高品质生活的重要依托，实质是政府职能和体制机制的变革。区城运中心重在发挥枢纽、支撑功能，街镇城运中心体现快速反应、处置高效，同时强化网格作为社会治理基本管理单元的实战应用支撑。

【“一网通办”建设】2020年，嘉定区落实市优化营商环境3.0版改革方案，全区2 188项政务服务事项接入“一网通办”，新增实施69项“证照分离”改革举措，“两个免于提交”全面实现59项服务事项实施告知承诺。“双随机、一公开”监管机制持续完善，“互联网+监管”“信用+监管”深入实施，在全市率先试点公共信用电子证照制度，发布全区首批16万户企业法人主体公共信用电子证照。围绕“六个再造”要求，立足企业群众视角，进行流程再造，升级改造线上系统和线下窗口，实现“一件事”主题服务流程的一体化办理。嘉定区13件“一件事”均已上线运行，“一件事”办件量达到1 000余件，取得一定成效。市教委对嘉定区“校车使用许可一件事”进行现场调研，肯定了嘉定区的探索为全市复制推广提供了经验与实践。“好差评”工作已实现全区36家部门、36个政务服务窗口单位的全覆盖，并全部完成“好差评”系统“三对应”动态二维码改造。2020年以来，好评率99.96%。建立健全整改和反馈机制，在全市统一的“1、5、15”时限要求基础上，进一步自我加压，差评件在5个工作日内100%完成整改反馈。区行政服务中心进一步提出“48小时”内闪速回复，保证48小时内整改反馈，极大缩短解决问题周期。

【“一网统管”建设】2020年，嘉定区围绕“一屏观全域、一网管全城”，探索区、镇两级入驻联合指挥工作机制，“一网统管”区级平台初步构建，“1+12+355”城运体系基本建成。智慧公安、新型城域物联专网和新型电子政务外网加快建设，全区7.7万路公共安全视频监控、1.3万个智能感知端实现共享应用；聚焦疫情防控、防汛防台、交通、大客流、水电燃气、特种设备等城市运行重点领域，集成58个智能应用系统及场景；推动应急体系和城运体系对接融合，全面实施安全生产专项整治三年行动计划，深入开展电动自行车火灾综合治理；“平安嘉定”建设加快推进，“雪亮工程”全面完成，全区报警类“110”电话同比下降20%，交通事故死亡人数同比下降36.6%。“12345”市民服务热线工单办理质量进一步提升，市民平均满意率达到70%；全力做好重要节点信访维稳和矛盾纠纷化解工作。

【“一码通办”建设】2020年，嘉定区从企业群众操作便捷角度出发，推进电子证照库与“随申码”统一对接，实现数据互认，拓展“随申码”超级应用线下场景，做到进出登记全方位、业务流程全应用、免交实体证照全覆盖。在预约取号、窗口事项办理等所有环节，通过扫描“随申码”即可获得预约信息、电子证照等材料，一键同步完成系统上传，直达后台审批。政务大厅各个专区已100%实现“一码通办”，日均服务4 000余人次，助力政务服务好评率显著提升。

【公共数据汇聚共享应用】2020年，嘉定区通过与市大数据资源平台的级联对接，已实现市级平台的人口库、法人库等基础库和若干个主题库的数据落地。人口库落地数据382万条，法人库落地数据1 743万条，其他主题库落地数据808万条。通过市大数据平台形成区内数据需求177次，为区级场景应用调用数据34 500条。同时，6月根据市级条线部门要求，启动区库表目录、数据资源目录编制，截至12月，已录入5 500余张库表目录、371个资源目录。同时，推进嘉定区公共数据归集，已归集数据表252个，归集数据3 000余万条。在信息系统梳理、资源目录编制、数据汇聚、数据共享以及数据治理应用等方面有整体提升，质量评分位于全市前列。

【智慧政务建设】2020年，嘉定区电子政务建设持续深化。全区电子政务外网已实现区、镇、村三级光纤网络全覆盖，接入单元达2 386个，接入用户达25 027个，其中包括行政村173家、居委会84家、社区221家、镇企业149家、各委办局、职能部门及事业单位（包括学校、医院、公安等）各条线1 759家，接入网络用户25 027个，区智慧政务办公平台用户总数达17 113人，日均在线办公人数约6 050人；智慧政务云计算中心不断完善，建设区智慧政务云计算中心和区智慧政务数据网络中心。“两中心”承载全区各类网络设备2 386台，服务器234台，运行虚拟机240台、政务云主机266台，承载全区各类业务系统124个。区行政服务中心（大数据中心）共有计算机资源虚拟处理器4 068个、内存10T、存储空间348T，基础资源平均使用率达83%。

【“综合窗口”建设】作为全市一窗受理和集成服务改革的试点区，嘉定区创新建立“前台综合受理、后台分类审批、统一窗口出件”的政务服务新模式，让办事对象从“一事跑多窗”变成“一窗办多事”。政务大厅各专区共设置122个“综合窗口”，在综合服务区开设16个“无差别综合窗口”，集成27家职能部门353项政务服务事项，其他专区开设“分领域综合窗口”，实现综合窗口全覆盖。积极试点推进综合窗口授权，通过实施授权备案、签订保密协议、开展带教培训等举措，授权事项的收件准确率从84.1%提高至98.3%，“即办即走”的等候时间从20分钟压缩至11分钟，事项办理效率明显提升。

二、社会领域信息化

【“互联网＋医疗”建设】为做好“互联网＋医疗”便民惠民服务，“健康嘉定”微信公众号全面改版升级，进一步完善服务功能，建成集新闻推送、健康咨询、报告查询、预约挂号、预约接种、核酸检测预约等多种功能于一体的信息化服务平台。截至2020年10月，累计关注人数47 932人，推送新闻779篇，阅读640 608人次，转发33 989人次，预约挂号4 922人次，转诊4 817人次，预约接种7 262人次，累计核验260 931人次的健康信息，动态识别高风险人群2 189人次、重点关注地区来沪371人次、低风险人群258 371人次，核酸检测预约17 000余人次。

【“e嘉乐”智慧养老服务推广】2020年7月，嘉定区“e嘉乐”智慧养老服务项目在全区推广。服务以信息化、智能化手段，依托嘉定区综合为老服务平台，为老人提供便捷可靠、高质量的便民服务，包括主动关爱、紧急呼叫、信息查询、生活便民、养老管家服务等。为符合条件的居家老人提供“一键呼叫”紧急救援服务。服务覆盖全区高龄独居老人，并延伸覆盖纯老家庭的老年人。依托项目，老年人可以便捷地享受菜单化的服务，如三甲医院门诊预约挂号、代购代买、家政维修等，为老年人构建起一座“虚拟养老院”。截至10月，全区受理量超过2.89万人。

【“全嘉线上运动会”举办】新冠肺炎疫情影响下，线下体育赛事停摆，但体育工作不能停止，嘉定区“转危为机”主动出击，在赛事活动组织形式上求新求变。为方便市民参加线上活动，嘉定区体育局专门开发了“全嘉云动”小程序，以“互联网＋居家健身”方式带动全民提高身体素质，齐心协力抗击疫情。3月，在互联网上启动嘉定区第二届市民运动会“全嘉线上运动会”项目，市民在家利用手机就可参与各项线上赛事活动。截至2020年10月31日，“全嘉云动”小程序优化次数18次，“健康商城”上新商品种类66种。

【5G医学影像领域商用试点】2020年6月，嘉定区域影像中心部署搭建全国首个独立组网（SA）的5G医学影像领域商用试点，探索大数据应用、5G、AI等融合技术在医疗场景下的新应用和新实践，以及区域智能影像中心的升级方案及发展方向。该试点通过搭建独立组网（SA）5G专网，充分发挥5G大带宽、高可靠、低时延的网络能力，针对大容量影像及报告传输、算力下沉、云端调阅等功能开展试点工作，为区域智能影像中心建设模式以及医联体、

医共体建设提供新的发展路径。已完成嘉定区中心医院5G专网和5G边缘计算平台部署，通过影像诊断服务器，实现嘉定区中心医院与嘉定区看守所医疗服务点的影像数据互通。

【智慧农业建设】2020年，马陆葡萄公园建造智能化“超早型”温室中心，采用物联网技术通过智能感知、识别与普适计算、泛在网络的融合，采用太阳能摄像机或有源摄像机对智能温室内生长情况进行全方位监控，使用有线或无线以太网络传输实时图像至视频服务器，使用户可以在任何地方通过互联网获得葡萄园内图像，实时观察葡萄长势。种植环境的智能化检测推动了粗放式、低效的种植业向知识型、技术型、现代化的高效葡萄种植业转变，大幅提升种植效率，节约能源，在实现自动化、智能及安全管理的同时创造最大经济和社会效益。

三、城市建设管理领域信息化

【安亭镇向阳村入围“全国乡村治理示范村”】2020年1月，“全国乡村治理示范村镇”名单公布，嘉定区安亭镇向阳村入围“全国乡村治理示范村”。安亭镇积极探索乡村智慧化治理新模式，向阳村与上海电信合作，建设全市首个千兆宽带入户的智慧村庄。结合“5G+光网”双千兆技术先行，加强村庄在停车场、垃圾分类、物业管理、环境监测、商家管理、社会综合治理等方面的精细化管理。运用物联网、大数据等技术，已实现全村路灯控制、安防监控、WiFi覆盖、空气监测、人群感知等智能应用，数据展示也实现了全终端、立体化。管理后台对数据进行归集及统计，整合了向阳村基础的人口、房屋等民生数据，各个物联网设备数据和公众号数据，这些数据和信息最终通过监控大屏、电子沙盘、触摸屏、公众号、电子屏等实现实时推送。同时，数据与公安部门“雪亮工程”联网，建立人脸识别、车辆识别监控系统，提升村庄治理信息化水平。

【电梯智能化监管试点工作开展】2020年，嘉定区在市智慧电梯平台的基础上，整合监察检验系统平台、物联网系统平台、微信公众监督平台、信息化维保平台等信息，开发建设区智慧电梯分平台。平台包含“十大模块”，即电梯大数据应用模块、公众监督管理模块、电梯维保管理模块、应急调度处置模块、监督检验管理模块、企业服务质量和信用评价模块、电梯使用管理模块、老旧电梯管理模块、电梯保险管理模块和按需维保管理模块。平台系统已采集约200亿条数据，采集到不文明行为

5 403 766 条，包含电瓶车入内、挡门、蹦跳等行为，累计捕捉到困人事故 937 起、冲顶事故 4 210 起、蹲底事故 3 107 起和急停事故 639 起等，并较以往半小时的救援时间大大提速。

【“智慧公安”建设】一是全面深化感知泛在。全区联网视频监控达 6.1 万路，其中具备智能功能的监控 3.0 万路。覆盖居住社区、商务楼宇、人员密集场所、高速路网、轨交站点等维度的智能安防体系逐步成型。

二是全面夯实应用基础。“城市大脑”嘉定三级架构的区、镇两级服务器规模达 2 000 台，较 2019 年同比存储能力提升 25.9%，计算能力提升 20.0%，整体算力提升 20%。在健全预警处置机制，落实传统人工巡检制度的基础上，搭建运维平台，对接区级节点云系统和感知网动力环境等硬件设施，全天候监测感知设备状况，全量上传预警信息。

三是全面深化应用。依托全区海量智能视频监控和区级节点强大算力开发的“基于视频大数据的融合搜索应用模块”，获评“智慧公安我先行”全国公安基层技术革新优秀奖。累计研发推出并升级迭代数据模型总计 130 个。持续打磨优化“工作日志”“掌知”“法律助手”3 款分局自建轻应用；“法律助手”被市局法制总队吸收上升为市局轻应用，并向全局民警开通使用。建成覆盖全区 92 条重要道路、708 个重点路口的城运系统道路交通管理子系统（IDPS），同步探索特种车辆绿波通行、重点路口路权动态调整等应用场景。构建基于 22 项能力全部接入、覆盖 7 家业务警种和 20 家派出所的警务中台体系，通过跨区域互联互通、集团化数据服务，与警务运作逐步实现深度融合。2020 年以来，市局评估接入警务中台配套支撑体系能力值占比已达 100%，110 警情介入率达 100%，响应数据服务 2.3 万余次，研判核查各类人员 2.93 万余人，直接协助抓获违法犯罪嫌疑人 207 人。

【三级城运体系建设】2020 年，嘉定区着力建设区、街镇城运中心，大力推动全勤网格建设工作，构建“横向到边、纵向到底”的区、街镇、网格（村居）三级城运体系。区级层面成立区城市运行管理中心，加挂区城市网格化综合管理中心、区社会治安综合治理工作中心、区委区政府总值班室三块牌子，在网格化平台的基础上，叠加指挥、共享功能，打造智能权威的区级指挥平台、共享赋能的区级枢纽平台。街镇层面挂牌街镇城运中心，重点推进街镇城运中心规范化建设和验收，全面启动应用“1+3+N”城运系统和政务微信，完成区、街镇、村居三级视频会议系统建设，配发 2 000 台视讯终端至一线联勤队员，做实响应高效、管理精细的街镇实战平台。基层网格层面，深入推进“全勤网格”建设工作，将全区划分为355个网格，搭建总网格长、副总网格长、专职网格长、网格管理员的“三长多员”组织架构，每个全勤网格配对相应网格城运工作站，并推动城运工作站示范点建设，形成可复制、可推广的工作模式，加快落实“网格吹哨、部门报到”工作机制。

【智能垃圾处理设备使用】2020年，嘉定区马陆镇在开展垃圾分类工作中，因地制宜，使用智能垃圾桶和智能垃圾分类回收机。智能垃圾桶由先进的微电脑控制芯片、红外传感探测装置、机械传动部分组成，是集光电于一体的高科技新型产品，当人的手或物体接近投料口（感应窗）约25厘米至35厘米时，垃圾桶盖会自动开启，待垃圾投入3至4秒后桶盖自动关闭，人、物之间不需要接触，彻底解决了传统垃圾桶存在的卫生隐患，能有效杜绝各种传染性疾病通过垃圾进行传播，同时防止桶内气味溢出。智能垃圾分类回收机采用的是“智能回收终端+大数据运营平台”模式，引导大家积极分类投放垃圾，居民只要在分类回收机上输入手机号码或在App扫描二维码，就可以打开回收箱门，回收机会对投入的垃圾进行智能识别和称重。

【未来出行一站式体验中心建设】2020年，安亭镇以EV-AI智行港为抓手，升级功能，打造未来出行一站式体验中心，为市民提供交通科普知识、会务展览、新能源车一站式购车交付等多种服务。截至2020年9月，累计接待来自23个国家126个城市194 250人次，累计服务30 847人试乘试驾，引进国内外37个品牌86种车型共计173辆新能源汽车参与示范，累计完成9 526份嘉定区新能源汽车补贴的发放工作，完成155张牌照办理，实现新能源汽车销售前、中、后全链条服务。

四、信息产业发展

【汽车产业发展平台及基地建设】2020年，安亭与国际汽车城集团积极抢抓汽车产业深度变革的发展机遇，全力推进智能网联、无人驾驶等新兴技术发展，建立国内唯一的电动汽车国际示范区和首个智能网联汽车试点示范区平台，注重与前沿科技领军企业开展战略合作。与滴滴出行集团签署合作备忘录，与嘉定区共同推动新能源汽车运营、自动驾驶创新技术，开展普惠出行运营试点建设。以新能源及智能网联汽车产业为抓手，积极谋求汽车产业转型升级发展，加快推进汽车产业发展平台及基地建设，国际汽车产业创新中心建设卓有成效。上海市新能源汽车公共数据采集与监测研究中心保持全球领先，新能源汽车运营实现规模化发展。国家智能网联汽车（上海）试点示范区实现引领发展，加快建设国内首个智能网联汽车云控平台及全球首个5G智慧交通示范区，加快推进实现智能网联汽车规模化示范运营。

【上海智能网联汽车规模化载人示范应用建设】2020年6月27日，上海首批智能网联汽车率先在滴滴App上开放服务。用户在App上报名并通过审核后，可在嘉定区安亭镇全长53.6公里的测试道路上“尝鲜”体验。滴滴自动驾驶在嘉定率先落地标志着上海智能网联汽车载人示范应用进入规模化阶段。嘉定可用于智能网联汽车测试的开放道路已达到53.6公里，覆盖面积65平方公里，涉及不同类型与等级道路，测试场景达到1 580个，并将智能网联汽车的活动范围延伸至工业区、商业区、交通枢纽、住宅区等生活中的各个场景。此外，测试区内还建立了国内首个智能驾驶全息场景库，已积累2 000例交通事故深度调查数据，完成20余类场景提取。基于嘉定良好的测试环境和服务，车企实现了可持续创新和技术升级优化。自动驾驶出租车能够率先跑上嘉定街头，也离不开嘉定在“新基建”领域的抢先布局。在53.6公里的开放测试道路上，5G信号已实现全覆盖，高精度地图采集完毕，同时建设了V2X车路协同应用系统、全息道路感知系统、安全监管监控平台、路侧智能终端等一系列服务于智能交通的基础设施，支撑智能网联汽车向示范应用、商业化运营迈进。

【长三角“感存算一体化”联盟成立】2020年11月18日，长三角“感存算一体化”合作签约，发起成立长三角“感存算一体化”联盟。“感存算一体化”（传感、存储、计算一体化）是物联网技术和产业发展的重要趋势。为落实长三角面向物联网领域“感存算一体化”超级中试中心的战略合作，经过多地多方联动，达成“感存算一体化”产业发展落地方案。“感存算一体化”超级中试中心以“中试设备互补共享、技术产品互补集成、产业布局错位衔接、市场应用统一完整”为原则，推进平台实现设备升级、技术延伸，更好满足创新者使用需求；支持长三角地区骨干企业获得更多资源，得到更好发展；促进长三角地区产业集聚，实现产业布局错位衔接，打造各具特色的物联网产业集群；实现长三角各创新区域在提供优质产品的同时，提供高水平技术供给，促进开放共享的生态建设，支持国家“感存算一体化”高质量发展。

【“嘉园服务站”和智慧园区平台建设】2020年，嘉定区启动“嘉园服务站”建设，解决企业“急、难、愁”问题，结合微信公众号、线上 App 等为企业提供办证办照、信息咨询、产业扶持、政策推动、产业集聚、管理运营、产融对接等全方位一站式服务。智慧园区平台同步启动，平台以大数据应用与产业融合创新发展为引擎，采用科学的管理理念、先进的系统集成以及移动互联网、物联网等技术，设有视频监控系统、一卡通系统、智慧停车系统，可实现立体化的智慧运营，提升园区运营能级，满足各企业运营需求。

五、信息基础设施建设

【推进新型基础设施暨智慧城市建设会议召开】2020 年 7 月 3 日，嘉定区召开推进新型基础设施暨智慧城市建设会议。会议发布《嘉定区推进新型基础设施建设行动方案（2020—2022 年）》，明确实施第一批 53 个重大项目，总投资约 719.5 亿元，着力布局产业创新链、应用生态链，力争到 2022 年全区新型基础设施建设和创新能级达到全市领先水平。会议印发《2020 年度嘉定区智慧城市建设工作要点》《嘉定区公共数据资源开放 2020 年度工作要点》。嘉定区委书记、区长陆方舟指出，要突出目标引领，硬件上实现新型基础设施布局全覆盖，软件上形成与超大规模城市郊区新城、城市副中心相匹配的现代化城市治理能力。要突出项目建设，围绕四大类 53 个项目，力争早开工、早建设、早竣工、早见效。要突出特色亮点，聚焦汽车特色，推动新基建与汽车“新四化”的联动推进；聚焦科创特色，全力支持建设国家、市级科学设施和功能型平台，因地制宜出亮点。要突出开放共享，以“两张网”为牵引，通过新基建的整合提升、共享应用，提升科学化、智能化、精细化管理水平。要突出模式创新，坚持企业自主投资为主的模式，政府加强引导、统筹和共享，鼓励资本积极参与，实现资源高效利用。要突出分工协作，强化工作对接和政策指导，确保项目有序推进。

六、信息化环境建设

【第三届长三角科技成果交易博览会举办】2020 年 11 月 18 日，第三届长三角科技成果交易博览会在上海嘉定开幕，受邀参与的长三角城市达 32 个，线上线下参展企业超过 300 家，涉及物联网、先进制造、生物医疗、新能源汽车等产业。开幕式上，长三角感存算一体化联盟成立，长三角“科技 + 产业”合作项目签约，并发布了长三角科交会相关合作项目、长三角城市群科技创新融合发展共同体倡议等。本届科交会为期3天，聚焦打造“长三角感存算一体化展区”“汽车新四化展区”“先进制造展区”“生物医疗展区”“前沿科技成果展区”五大展区，同期举办多场专业论坛、路演、大赛、培训等活动。

【智慧城市体验周活动举办】2020年12月18日，2020嘉定区智慧城市体验周活动圆满收官。在为期4天的智慧城市体验周活动中，围绕5G+智慧城市建设，开展专题展示、案例征集、培训、技术研讨等活动。体验周期间共开展了6项活动专场活动，分别为：5G创新应用展示、“筑建智慧新城、畅谈智慧交通”研讨会、政策培训会、嘉定联通大客户沙龙、嘉定国际汽车城5G+智能网联创新应用咨询项目专家研讨会、5G+嘉定新城十大应用领域案例征集活动，累计参与人数近400人。

【无线电宣传月活动举办】2020年11月9—24日，嘉定区无线电主题宣传月活动举办。为将无线电知识传播到更广阔的范围，让不同年龄段群众更易理解，整个活动共设计了四大版块，包括无线电进社区、无线电进校园、社会实践—应急通讯演练、亲子活动—无线电测向。相关版块活动分别于嘉定影剧院、罗宾森广场、疁城新天地、统嘉智慧教育港、迎园中学、练川实验学校、迎园小学、新城路小学、马陆小学、南苑小学等公共场所及学校开展，近200名师生、40余组家庭、40余位专业人士以及众多现场群众参与，累计发放宣传资料近300份。

【5G·AI智联世界高峰论坛举行】2020年12月26日，由复旦大学与智联世界高峰论坛组委会联合主办的“5G·AI智联世界高峰论坛”在嘉定召开。会上，上海5G创新发展联盟、金浦投资控股集团有限公司、上海国际汽车城（集团）有限公司签署上海5G产业战略合作协议，就助力上海5G产业发展达成合作意向。上海5G产业战略合作协议的签订，将有助于上海构建智能软硬件基础和培育引领性创新型企业，进一步加强5G产业链协同发展，打造更加开放融合的5G产业新生态。由中国发起的国际智联网络系统学会在大会上揭牌成立，该学会旨在支撑“智联网络系统”的新兴交叉学科发展，为相关领域科技工作者提供学术交流平台。

（蒋毅炜）

第十二章　金山区信息化建设

概　述

2020年，金山区信息化工作紧紧围绕“两区一堡”战略定位，努力践行“人民城市人民建，人民城市为人民”理念，加快建设上海科创中心重要承载区，主动融入长三角高质量一体化发展。结合金山区产业和城市发展特点，重点加快“一网通办”“一网统管”两张网建设，以信息技术提升城市治理水平。积极培育发展工业互联网、人工智能等数字新基建，促进产业数字化、数字产业化，全力助推金山经济社会高质量发展。积极营造良好氛围，加大与国家、市级层面对接力度，在创新应用、特色应用、试点应用方面承接更多的国家级、市级示范、试点项目。支持互联网、大数据、人工智能等新技术、新产品、新模式赋能智慧城市，优化政策措施，发挥好融合、助推、引领作用，进一步提升市民对智慧城市建设的感受度、满意度。

根据市经济信息化委《2020上海市智慧城市评估报告》，金山区智慧城市发展水平指数104.3，位列郊区第4名，排名较2019年提升2名。其中，新型信息基础设施建设不断推进。全年完成667个5G基站建设；科学部署城市神经元节点2.3万多个；推动新建数据中心项目3个。“城市大脑”架构不断完善，持续推进在建信息化项目的数据归集，将系统数量压缩到91

个；全年开放公共数据81项。政务服务不断提升，推动“一件事”业务流程优化再造，制定金山区推进落实总体方案；推广电子证照、电子印章和电子档案应用；推进中心城区公交电子站牌、智慧养老平台、智慧课堂建设等一批智慧便民服务。城市管理能力不断增强，构建城市运行“一网统管”仪表盘；打通“市—区—街镇”三级平台应用；建设“1+3+N”网格化系统。数字经济稳步推进，完成1个行业级、5个企业级工业互联网平台建设；积极推进两化融合贯标，各项指标位列全市前列；加快人工智能重大招商引资，1个项目在2020世界人工智能大会期间签约成功。

一、政务领域信息化

【政务领域信息化项目建设】2020年，区级财政预算信息化项目共立项22个，项目申报金额2 860.74万元，安排预算1 551.3万元，涵盖城市管理、社会治理、政务服务“一网通办”等方面。全年共完成23个项目验收，并对30个历年建设的信息化项目开展评估，通过走访调研、查询文档资料，客观评价项目建设与应用情况，分析存在的不足，形成项目单项后评估报告及总评估报告。

【公共数据治理】一是推进区级信息系统集约化建设。编制《金山区全面推进区级政务信息系统、政务服务移动端、业务专网“三整合”工作方案》，指导、服务10个部门将15个现有系统整合成6个。二是推进区本级公共数据归集。完成区公共数据共享交换平台（一期、二期）建设，打通市与区、区级各部门间的数据共享通道，为“两张网”各应用建设提供数据支撑。三是着力提升数据治理能力。开展对市、区两级新级联接口的适配改造，以法人、自然人、物三个维度，对区级信息系统归集数据开展编目清洗和挂载。四是加强数据安全管理。编制《金山区公共数据共享交换平台管理使用规定（暂行）》，推动区内公共数据查阅、申请、审核、共享，管理规范化、程序化，提升区公共数据共享交换平台的使用安全。

【疫情防控服务平台建设】2020年，为应对新冠肺炎疫情，区政务服务办充分使用信息化手段，开发了区疫情防控服务平台，开设“疫情线索提供”“社会捐赠”“口罩预约”等功能模块。后期随着新冠肺炎疫情发展进入不同阶段，又陆续推出“来沪人员个人健康信息登记”“企业开工报备”“复产复工服务”“惠企政策”等模块，切实提升新冠肺炎疫情防控监管能力。

【业务专网整合】2020年，金山区行政服务中心根据《2020上海市深化“一网通办”改革工作要点》，推动市级部门14条专网撤销并入政务外网或与政务外网联通。5月，推进6条“联通”业务专网互联互通，实现市、区两级政务外网统一管理。6月，完成8条专网并入金山区电子政务外网，确保其涉及的45个网络接入点开通网络延伸。同时，根据业务应用需求，及时做好与市政务外网的网络联通及调试工作，满足业务应用开展需要。

【电子政务协同大平台建设】2020年，金山区行政服务中心加快推进电子政务协同大平台建设，10月，完成统一门户和单点登录、公文管理、公文交换、内部邮件、会议管理、简报管理、日程管理、信息管理、即时通信和移动办公等功能模块开发。11月，电子政务协同大平台进入试运行阶段。12月，在全区范围内推广和使用，满足全区1万多名用户的网上办公需要，实现新、老两套系统的平滑过渡，同时满足信创环境和X86环境下的正常使用。

【区电子印章公共服务平台建设】2020年，金山区行政服务中心加快建设区电子印章公共服务平台，依照国家电子印章技术规范，实现区级电子印章与市级印章互认互信、互联互通，并完成国办备案。10月，完成平台建设。2020年，107个单位和部门在平台上开通电子印章资源，申请电子印章370枚；同时也为推进“一网通办”的公共服务事项签署环节提供电子印章服务和技术支撑。

【“社区云”平台建设】2020年，金山区民政局积极推动“社区云”平台建设和推广应用工作，不断发挥信息化手段在社区治理中的积极作用，提升社区治理能力。市级层面负责平台建设、统一管理，提供社区大数据支撑；区级和街镇层面接入城市运行管理平台，为区和街镇汇集社区数据和民情民意提供决策支持；居村层面，统一将“社区云”作为居村信息工作平台，推进居村委会减负增能。8月，召开金山区“社区云”工作推进部署会，明确相关委办局、街镇（金山工业区）、居村职责分工，落实专人管理，确保“社区云”平台规范化建设、常态化运行。8月至9月，分3批次对224个村居委会进行系统操作培训；制定并印发平台操作指南，供街镇、村（居）参考学习。同月，建立区、镇两级工作体系；组建联络员队伍，制定反馈机制，创建工作推进群和技术指导群，畅通问题反映和反馈渠道。

【金山区国资委资产管理平台建设】根据《关于进一步推动构建国资监管大格局有关工作的通知》精神，金山区国资委结合国有资产数量较多的现状，探索建立金山区国资委资产管理平台，推动实现资产账证统一、证实统一、账实统一，确保国有资产的准确性、真实性和完整性。管理平台将完善企业台账的关联性，优化管理流程和动态监管，并实现租赁合同在线管控及各类统计分析报表数据动态管控。同时，压实企业安全生产主体责任，对资产存在的安全隐患排查和整改情况进行实时上传。

【确权登记信息化】2020 年，金山区规划资源局加快推进确权登记中心信息化水平，为市民和企业提供便利。新冠肺炎疫情期间，开展抵押不见面审批，在抵押登记中让数据代替申请人“跑动”，让市民和企业在银行网点办理抵押贷款的同时，一并办理不动产抵押登记，实现只进“一扇门”、办理抵押登记“不见面”，通过推“不见面服务”为企业和群众提供高效的不动产登记服务，促进企业复工复产。共接受电话预约咨询 1 000 余次、EMS 快递 63 件、不动产抵押登记 734 件。6 月起，在原有提供纸质地形图的基础上，对外提供电子地形图申请服务，全年共计提供纸质地形图 1∶2 000 比例尺 1 157 张、1∶1 000 比例尺 2 522 张同，电子地形图 1∶2 000 比例尺 109 幅、1∶1 000 比例尺 261 幅。9 月，推出“掌上办”移动应用服务。依托“随申办”App，向市民提供不动产登记动态发布、办事指南、预约申请、信息查询等一系列移动应用服务，做到便民信息随时查、办事预约随心定、电子证照随身带。全年共受理各类不动产登记 31 042 件，发放不动产证书 16 555 本、不动产登记证明 11 681 份。

【林业行政审批制度改革】2020 年，区林业站持续推进行政审批制度改革，更快提升办理速率。1 月，为全面推广综合窗口，区林业站梳理进驻区行政服务中心审批事项明细表，整理并报送颗粒化情形表。7 月，为深入贯彻落实“证照分离”改革工作要求，优化审批程序，对林木种子生产经营许可证的核发行政审批事项试行告知承诺，在收到符合要求的材料后，当场作出行政审批决定。10 月，进一步细化量化业务口径标准，区林业站许可事项入驻不分领域无差别受理综合窗口，由综合窗口工作人员进行统一收件、发证工作，申请材料通过行政审批系统录入上传流转，线上受理、经办、审核、登记、盖章、办结，线下同步进行操作。

【金山区经济社会综合数据平台建设】2020 年，金山区统计局根据上海市经济社会发展综合数据平台建设工作部署，积极搭建区级经济社会发展综合数据平台，通过完善平台板块分类及模块设置，规范统计内部基础数据存储及综合数据标准化管理，建立景气预警、跟踪监测、经济预测等管理模块，并积极与市级平台对接，平台已初步建成。12 月，“金山统计”手机 App 正式运行，进一步提高数据资源利用效率，实现在线筛选查询数据功能，提高了数据管理能力、共享服务能力。

二、社会领域信息化

【基层医疗机构信息化基础设施建设】2020 年 4 月，金山区卫健委完成基层医疗机构信息化基础设施升级改造项目。该项目考虑到全区 11 家社区卫生服务中心、区精神卫生中心、救护站、妇幼保健所、疾控中心、牙防所、区卫健委机关等计算资源需求较小的实际情况，通过建立专用机房，集中服务器、存储等资源，搭建云计算平台，为上述机构统一提供计算资源和安全环境，改善各机构已老化的硬件基础设施。7 月，各单位系统均迁移到统一云平台。至 2020 年底，平台上各单位信息系统均通过《信息安全技术网络安全等级保护基本要求》(等保 2.0）测评，成为全市第一个全区一级医疗机构全部通过三级等保的区。

【区内检验检查结果实现“互联互通互认”】按照上海市卫健委统一部署，区卫健委在 2020 年启动检验检查“互联互通互认”工作。该项工作主要分为三步：一是建立区影像云，集中存储区内医疗机构化验、放射等检验检查报告数据及影像数据；二是实现区内金山医院、市六金山分院、中西医结合医院、亭林医院等医院与区影像云的对接，上传上述数据；三是区影像云与市影像云对接，实现全市“互联互通互认”。至 2020 年底，金山区内医疗机构间的检验检查报告（含影像），都已能互相调阅并互认。区内医院调阅区外医疗机构报告和影像工作进入调试阶段，待市卫健委统一部署后开通。

【医疗付费“一件事”试点】2020 年 7 月，作为上海市医疗付费“一件事”的首批试点区，金山区全部医疗机构实现医保脱卡支付。市民就诊时，无需携带医保卡，在手机端出示国家“医保电子凭证”或上海市“随申码”，即可就诊；就诊结束后，可在诊室与医生当面核对费用信息，通过手机移动支付结算费用，然后市民可直接至检查科室检查或到药房领药。患者付费环节由至少 3 个减少到“0”，实现医疗付费零排队；通过线上线下付费环节的融合，患者排队等候时间平均减少 45 分钟。

【“互联网 + 医疗健康”服务开展】一是试点“互联网 + 护理”服务，2020 年 5 月在金山卫镇试运行。金山卫镇居民通过“金山健康”微信号提交申请，社区卫生服务中心通过平台接收后，安排护士上门提供伤口换药、导尿管护理等7个项目的服务，至2020年底累计服务86人次。二是加快“互联网社区卫生服务中心”建设。新冠肺炎疫情期间，为进一步减少人员聚集、降低传染风险、提供更便捷的医疗服务，金山区医疗机构大力推动互联网医院、互联网社区卫生中心建设，亭林镇社区卫生服务中心等机构探索开展复诊患者线上开具处方、线下药品配送等服务。三是开展5G和物联网应用试点。金山医院通过5G网络实现对金山卫镇社区卫生服务中心的远程查房。亭林医院实现5G直播手术示教。漕泾镇社区卫生服务中心、山阳镇社区卫生服务中心上线移动查房、智能护理等系统，利用蓝牙设备精准监控输液状况。

【“在线教学”活动开展】2020年2月，金山区教育局制定《金山区中小学“停课不停学”工作方案》，推动大规模在线教学活动。根据方案，区教育信息中心联合区教育学院开发建设网课平台，加快网课资源的制作，并于4月上线发布基于教学视频、学科讲义和作业训练的资料包558套，有力支撑在线教学。7月，教育系统实施网上教学和在线会议基础设施升级项目，在66家学校和单位，配置各类视频会议软硬件系统，顺利开展在线教学、教研、巡课等教学与管理活动，实现了新冠肺炎疫情期间“停课不停学”，也为疫情后进行常态化家校合作等打下坚实的信息化基础。

【文旅公共服务平台建设】2020年，金山区文旅局将“金山旅游直通车智慧平台”更名为“金山区文化和旅游公共服务平台”，对平台功能版块进行全面改版升级，进一步推进金山文旅融合发展。8月，对平台进行资源整合，推出全新的酒店民宿、餐饮美食、订票服务、场馆活动、云上浏览、交通出行、金山好礼、领福利八大版块，将文化资源纳入平台，丰富平台内容，还增加了文化场馆信息和活动线路推荐。全年共上线13场文旅活动供市民游客预约报名，共计报名人数1 664人次。同时，提供“门票优惠购”等惠民活动，为市民游客提供更多实用的文旅资讯。金山区文化和旅游公共服务平台共上线220家商户，其中有26家旅游景区（点）、38家酒店、27家民宿、70家餐饮饭店、12家特产购物商铺、32家农家乐及采摘点。

【全民健身预约管理系统建设】2020年，金山区体育局推进区内各体育健身场馆管理平台建设，提供对外信息发布窗口，促进金山区群众健身参与度。6月，完成前期体育场馆调研与平台功能规划设计。10月，场馆管理平台及市民预约平台上线试运行，每周三为市民提供免费场次活动。初期接入金山区范围的各类体育健身场馆30家，每月开放13类运动健身项目、300多个免费场次。市民可通过移动端查看各场馆信息、预约免费场次，并在现场扫码签到。

2021 年 1 月，“相约星期三，健身在金山”活动开启，平台正式公开运行。

【智慧养老服务平台建设】2020 年，金山区民政局深入推进智慧养老工作，建设金山区智慧养老服务平台。3 月，区民政局就区智慧养老服务平台建设工作开展前期研究，听取了区相关部门的意见建议。6 月，区政务服务办组织专家评审会，对智慧养老服务平台建设方案进行评审。7 月，区政务服务办评审通过并批复。9 月，智慧养老服务平台建设项目经公开招标，由上海友康科技信息有限公司进行开发集成。12 月，区智慧养老服务平台完成建设。区智慧养老服务平台通过对接市、区级相关平台获取养老数据，结合区和街镇级数据进行更新维护，整合区内各类养老服务资源，利用信息化技术分析、统计本区各类养老数据，解决金山区因地域宽广而造成的农村养老服务资源配比不均衡的问题。

【“金山食安课堂”在线学习平台建设】2020 年，金山区搭建“金山食安课堂”在线学习平台，使辖区食品生产经营者可以充分利用碎片化时间，在电脑端、手机移动端进行在线学习，形成了企业培训、政府抽查的培训考核新模式。

【“智慧电梯”建设】2020 年，金山区全面推动电梯维保改革试点工作，以“上海智慧电梯码”作为电梯安全公众监督系统入口，为市民提供更直接、便捷的电梯被困报警、故障报修、信息查询等相关服务。全区共 7 620 台电梯，已完成备案绑定 7 589 台，完成率 99.59%。

三、城市建设管理领域信息化

【“一网统管”建设】2020 年，金山区城市运行中心不断推进城市运行“一网统管”建设，助力金山区城市精细化管理。3 月，部署上线区城运平台和 11 个街镇城运平台电脑端和政务微信，实现市、区、街镇三级平台连通。5 月，在枫泾古镇景区、山阳镇万达商圈启动“城运联勤工作站”试点工作。6 月，召开全区“一网通办”“一网统管”工作推进大会，下发《2020 年金山区“一网统管”任务清单》。7 月，区委副书记、区长刘健调研“一网统管”工作并启动奋战 100 天，打好“一网统管”攻坚战倒计时，提出建设防汛防台、生态环境监管、危化品防控预警、消防救援、道路交通管理（IDPS）五大应用场景的要求。当月完成防汛防台、美丽街区、乱设摊自动预警等智能化应用场景建设。融合 110 非警务类业务处置，初步建成“1+3+N”

网格化系统。8月，区委书记胡卫国调研“一网统管”建设和防汛防台应用场景，对金山区“一网统管”工作提出具体要求。11月，完成城运平台建设，全量汇聚城市运行的体征数据，按城市人口、生态环境、公共交通、经济发展、公共卫生等主题实时显示城市运行数据，融合各类平台和系统30余个。政务微信上线“鑫情”轻应用，包括综合汛情、12345热线、河长制3个轻应用。12月，建设完成生态环境监管、危化品防控预警、消防救援应用场景，并融合生态环境场景自动派单业务处置。

【入沪陆路通道市域卡口感知设备建设】 2020年，为进一步加强入沪陆路通道信息化建设，公安金山分局针对可通行人、车的无名小道以及检查站前端通道开展市域卡口感知设备建设工作。2月，分局结合地区实际，通过前期排摸和现场实地踏勘，确定了36处未安装前端市域卡口智能设备的通道，补充建设前端设备。10月，分局完成36处入沪陆路通道市域卡口感知端设备建设，并接入现有市域卡口感知系统，实现过往车辆核查功能。

【生活垃圾混装监控及运营管理系统建设】 为确保生活垃圾作业单位严格执行收运规范，2020年，金山区对部分生活垃圾收运车辆（33辆）安装视频监控，运用“视频+GPS轨迹”双重监管垃圾收运车辆工作全过程，主要对垃圾分类收运过程中是否存在混装混运行为进行在线监控，让垃圾收运在“阳光”下进行。通过混装监控抽检数据分析，督促清运人员规范操作，对垃圾分类不达标小区、居委、街镇形成数据记录与分析，促使街道及物业管理方进一步规范居民垃圾分类行为，提升垃圾分类实效；对垃圾收运车辆在合理路线行驶进行监控，逐步提升车辆使用规范，促进金山区生活垃圾全程分类体系建设。

【生态环境应用场景建设】 2020年，金山区生态环境局试点建设“生态环境应用场景”，以大气智慧管理为核心，全面打通生态环境领域监测、监管、监察数据，辅助日常管理需求、应急突发事件处置和重大事项决策等基础支撑。6月，该场景纳入2020年“一网统管”五大试点之一，开始场景设计及建设。10月，基于生态环境云数据库进行数据关联和数据赋能，不断更新优化平台展示内容，初步完成“七图七区一库”的场景构架。11月，与区城运平台进行并网运行测试，实现对空气质量问题发现、工作派单、责任落实、结果反馈的全过程管理。12月，“生态环境应用场景”累计上线在线数据主要包括7个环境空气质量监测点、17个特征污染（VOCs）监测点、118个大气污染小微站、160余个扬尘污染自动监测站、9个地表水水质自动监测站、120余家重点污染源、长三角环境空气质量预测预报数据等。

【危险化学品全链条管控应用场景建设】 2020 年，金山区应急管理局根据“一网统管”应用场景建设总体要求，开发建设区危险化学品全链条管控应用场景，赋能“平时”危化品监管与“战时”应急救援。7 月，正式启动应用场景一级大屏和 3 个二级平台的大屏展示、功能模块的方案设计。8 月，排摸相关单位系统数据，启动应用场景功能开发和系统数据汇集对接。10 月，应用场景初步开发基本完成，具备日常展示功能。12 月，进一步优化场景展示，开发完善应急指挥和告警信息闭环管理功能。

【防汛应用场景建设】 2020 年 5 月，金山区防汛指挥部办公室启动“一网统管”防汛应用场景建设。在区城运中心指导、区相关部门支持配合下，7 月 1 日，“一网统管”防汛应用场景正式上线运行，已完成防汛应用场景 1.0 版本建设，开发了 11 个功能模块，通过实施流程再造，推动全区汛前、汛中、汛后全流程监管智能化、精细化。在防御台风暴雨等极端气象环境下，建立了“第一时间发现问题、应急力量科学调拨、相关案件及时处置”的联动机制，有效提升防汛应急处置能力。

【地下管线综合信息系统建设】 2020 年，金山区建管委持续推进金山区地下管线综合信息系统建设，加快实现地下管线信息跨部门、跨行业互通共享，进一步提升本区地下管线数据综合应用和共享水平。5 月，系统全面建成，主要功能包括：管线浏览与查询、数据综合分析、地下管线制图、管线信息维护、管线三维模拟、管线数据应用等。6 月，金山区地下管线综合信息系统上线发布暨使用培训会召开，系统正式投入运行。累计完成管线数据在线共享 30 次。初步接入区“一网统管”平台，完成信息导入、功能嵌套、大屏适配等工作。

【玻璃幕墙数字化监管】 2020 年，金山区 184 幢既有建筑玻璃幕墙全部纳入云幕墙平台数字化管理。6 月至 9 月，通过区建管委牵头、专业公司巡查和街镇配合的方式，开展全覆盖专项检查，发现潜在安全隐患楼宇 25 栋。9 月，开展巡查通报暨安全培训会，会上对 2020 年度检查发现的重点问题进行了通报，并进行了培训。相关委办局、各街镇（工业区）和楼宇单位共计 120 余人参加了会议，现场为 20 余家单位解疑答惑，并发放应急指导手册、云幕墙平台使用手册等资料 300 余册。全区既有建筑玻璃幕墙楼宇责任单位积极开展自查工作，上传自查报告 184 份，落实楼宇责任单位日常巡查工作。

【“智慧城管”建设】 2020 年，金山区城管执法局大力推进“智慧城管”建设，加强顶层设计，设计完善基础功能和场景应用，城市管理的信息化手段不断加强。年中，区级指挥中心实体化运作，“雪亮工程”监控视频有序接入区指挥中心大屏，配合“金山城管”App，“一屏轮巡”初步成形。5月和12月，区级指挥中心完成224路和1248路监控视频的接入使用，监控视频覆盖全区的主要路段、学校、医院及省界区界交界口，区城管执法局基本实现对街面道路市容环境、渣土运输等场景的非现场监管。12月，新建25路AI智能探头，试点对占道设摊、跨门经营、垃圾分类、文明施工等场景的智能识别监管，实践非现场执法。

【食品安全智慧监管建设】2020年，金山区建立“金山智慧监管云平台”，推进大中小学校、集贸市场、中大型饭店、企事业食堂等3 200余家单位入驻平台并每日开展食品安全自查自检工作。推行食品生产企业生产过程智能化追溯体系建设，食品企业通过手持PDA扫码技术，将追溯信息记录融入生产过程，形成全过程信息化数据链。

【农业经营主体管理平台建设】2020年，根据对土地流转及农业经营主体综合管理的需要，金山区农业科技教育信息中心建设推进农业经营主体管理平台，充分整合利用现有金山区农用地的图层资源信息，叠加土地流转合同信息，应用GIS空间技术，实现补贴资金的精细化管理及对农业经营主体的后续监管与服务，进一步规范土地的确权和使用。9月完成朱泾镇长浜村试点工作；10月开展朱泾镇试点工作；11月开展全区动员部署，安排为期5周的一对一上机填报指导。共纳入管理流转合同2 554份、经营主体14 733个，填报地块33 027个，绘制面积共计32 000多亩。

【农业综合执法管理平台建设】2020年，金山区农业科技教育信息中心推进“金山区农业综合执法管理平台”App建设，以移动平板为终端，搭建对农业监管对象的移动监管平台，促进形成农业执法监督管理长效机制。1月完成项目的开发及调试，3月完成使用人员的集中培训，4月完成用户修改意见的收集和功能修改，7月完成项目验收。通过应用，实现了对农业、动物卫生、兽药饲料、渔政的日常监督检查和案件数据的自动化管理、电子执法文书的在线制作及打印。

【上海市农业生产信息直报工作推进】2020年，金山区农业农村委积极推进上海市农业生产信息直报工作，在摸清地块数据的基础上，积极推进“神农口袋”平台，组织镇、村两级指导员对规模化的合作社、家庭农场及部分农户进行农事填报工作指导，涉及主体经营范围包括蔬菜、粮食、经作、果园、畜牧、水产等。9月开展镇、村指导员培训，并组织填报工作，共计1 137家经营主体入网，填报农事信息71 476条。

【绿色家庭能耗运算系统建设】2020年，国网上海金山供电公司为响应国家号召，大力发展绿色能源，积极推进电能替代，聚焦综合能效、多能供应、清洁能源、新兴用能，持续推进绿色家庭能耗运算系统建设。一是通过搭建家庭能源管理模拟场景，为用户提供一个辅助决策、体验交互的家庭能耗模拟平台，实现电网与电力用户之间的现场互动。二是通过精准掌握用户家用电器工作功率、月度使用频度等，模拟推算电器月度整体能耗情况和电费电价情况，使用户了解家庭能耗构成以及自身行为习惯对家庭能耗的影响。三是统计分析用户家庭能效数据，展示同等条件下传统能源与新能源在用能成本上的差异，智能推荐电能替代方案，为用户提供科学用能建议，引导用户绿色用能、低碳生活。2020年，先后完成复旦医院能源托管项目，积极实施上海长光企业发展有限公司综合节能项目，完成节约电量2 472万千瓦时，节约电力0.59万千瓦，电能替代电量3.94亿千瓦时。

四、信息产业发展

【工业互联网平台建设】2020年，金山区加快工业互联网赋能企业发展，推进汉钟精机——流体机电产业智能运维云服务平台等6个工业互联网平台建设，其中上海华峰创享互联网有限公司的“化工新材料产业链协同应用解决方案”入选国家工信部支撑疫情防控和复工复产工业互联网平台解决方案；“超纤新材料行业供应链管理标识解析集成应用”项目通过验收，成为全国93个工业互联网创新发展工程项目中第一个完成验收的项目。评选智能化改造示范试点企业30家、示范项目20个，推动“机器换人”500余台/套。加强与区内外工业互联网平台和专业服务商对接，推进53家企业开展工业互联网诊断服务。

【两化融合管理体系贯标】2020年，金山区结合各镇、工业区企业特点，进一步完善优化指标，强化跟踪考核，每月通报两化融合贯标情况。联合市工业互联网联盟，举办4期线上两化融合贯标培训课程。深入全区9个镇、2个工业区组织开展11场线下贯标培训会。全区累计完成自评估诊断企业2 932家，启动贯标642家，通过工信部贯标评定23家，评定进行中企业23家，各项数据均位列上海市前列。

【人工智能产业发展】2020年，金山区聚焦优势重点领域，发展智能机器人、无人机，推动人工智能与产业深度融合，打造金山特色智能产业。在智能机器人方面，重点推动以点甜农业为代表的智能农业机器人和以沃迪智能装备为代表的工业搬运机器人的研发与应用，探索推动周栅智慧农村人工智能试点应用场景建设。在无人机方面，紧紧抓住无人机产业特色，积极推动人工智能产业与无人机产业结合，华东无人机基地被列为上海市26个特色产业园之一。在2020年世界人工智能大会上，无人机应用场景作为三大人工智能重点应用场景发布，亿航穿越研发中心项目成功签约，点甜农业机器人、峰飞“大白鲨”无人机登上人工智能大会展台。

【软件和信息服务业奖励申报工作开展】2020年，金山区首次开展区软件和信息服务业奖励申报，487家企业申报软件著作权奖励，35家企业申报软件企业和软件产品评估奖励，5家企业申报软件企业成熟度模型认证奖励，逾150家企业获得共278万元奖励。支持信息产业企业申报各类项目资金，通过专项资金撬动，鼓励企业自主创新，培育一批有较强竞争力的优势企业，壮大产业发展的中坚力量，提升整个信息产业的能级，推动全区经济结构转型。3家软件企业获得区级项目支持，1家企业获得市级项目支持。

【软件和信息服务业年报统计】2020年，金山区通过软件和信息服务业项目奖励申报，全面掌握金山区软件和信息服务业发展情况，并根据企业营收规模建立重点企业库。在开展年报统计时，抓大放小，重点催报重点库内的企业，88家库内企业均填报2020年年报。根据申报统计，2020年金山区软件企业营收总计超50亿元，超额完成45.4亿元的计划指标。其中13家企业营收超亿元，占全区软件和信息服务企业总营收的三分之二以上。

【数字经济发展】2020年，金山区投资促进办瞄准数字经济产业风口，开展精准招商。10月，成功与阿里巴巴（中国）有限公司签约，引入阿里飞天云智能华东算力中心项目，该项目总投资约400亿元，总用地面积约596亩；推进数字新基建建设，打造全国领先的绿色数据中心，并以此为契机，持续推动区域内制造业与数字技术相结合，进一步推动金山区产业数字经济快速高质量发展，并为智能制造、生物医药、电子商务、智慧城市建设提供有力支撑。同月，红星云·上海湾区科创总部入驻上海湾区科创中心，围绕智慧园区的战略定位，探索大数据、人工智能、物联网、云计算在园区内的广泛应用，赋能产业数智化变革，并计划以金山总部作为IPO上市主体，预计在2022年完成科创板上市。

五、信息基础设施建设

【基础通信网络建设】2020 年，金山区完成 5G 建设计划编制，累计完成 1 230 个 5G 基站建设，推进 5G 应用创新项目 12 个。针对 4G 网络弱覆盖区域进行集中优化，加速推动金山城区全面完成“千兆光网”建设，实现“万兆到小区、千兆到楼”的光网覆盖。宽带网家庭宽带覆盖达 45 万户，商务楼宇万兆到楼覆盖达 3 万户。

【物联感知设备建设】截至 2020 年底，金山区共建成感知前端 23 662 个。在建筑物、道路、供水、电力、燃气、环境监测等涉及城市治理设施上部署的感知前端包括：安防管理 8 014 个，农业及园区管理 693 个，公共活动区域 11 046 个，交通管理 283 个，道路执法 3 191 个，环境监测 248 个，水电气监测 169 个，气象监测 18 个。其中已有常见感知前端 14 651 个，包括：高清摄像头 9 014 个，人脸识别摄像头 902 个，车辆识别摄像头 394 个，人车一体识别摄像头 341 个，烟感设备 686 个，门禁 939 个，井盖 1 605 个，消防栓 770 个。汇聚至城运平台的传感器包括：井盖传感器 1 591 个，生态环境传感器 544 个，防汛专业传感器 99 个，以及烟感、地磁、智能消防栓等各类传感器。

【数据中心建设】2020 年 6 月，枫泾中经云数据中心开始建设，一期项目总投资为 6.3 亿元。项目预计建设数据中心机架数 3 000 个，年产值 30 000 万元，年纳税总额 1 950 万元。10 月，阿里巴巴“国际信息枢纽”落户金山，项目计划 2021 年开工建设，首期投资约 400 亿元，规划服务器规模 40 万台，建筑面积 42 万平方米。

六、信息化环境建设

【智慧金山建设“十四五”规划编制】2020 年，智慧金山建设规划首次成为区级“十四五”规划中的一个专项规划。根据《上海市金山区“十四五”区级规划工作方案》文件精神，2 月正式启动《智慧金山建设“十四五”规划》的研究编制工作。7 月，组织召开由 17 家重点单位参加的智慧金山建设“十四五”规划编制座谈会，对规划草案进行讨论交流。9 月，组织召开智慧金山建设“十四五”规划专家座谈会，汲取专家智慧。11 月，向社会公众公开征集意见，问计于民，并召开街镇专场、部门专场等 3 场规划编制座谈会。规划计划于 2021 年上半年发布。

【智慧城市实施方案及配套政策编制】2020年，金山区编制《金山区关于加快新型信息基础设施建设　推进智慧城市发展的实施方案》，聚焦新型信息基础设施建设、“城市大脑”“一网通办”“一网统管”、数字经济、网络安全六大重点建设领域，实施30项重点任务，三年计划投资约20亿元。为推进目标实现，同步编制《金山区关于进一步加快信息化建设和应用发展的若干政策》，围绕发展软件和信息服务业、两化融合、工业互联网、智慧城市建设四大领域，出台16项政策。

【区长直播带货活动举行】2020年5月17日，市经济信息化委在安莎国际会议中心主办2020上海信息消费云峰汇区长直播带货活动，金山区组织峰飞航空无人机、点甜农业机器人两大代表性新产品参与区长直播带货活动，展现金山区信息化亮点应用成果，加速生产消费、信息消费的跨界深度融合，助力打造在线新经济。

【智慧城市建设发布签约仪式举办】2020年5月29日，金山区人民政府举办了主题为“加快新型信息基础设施建设　推进智慧城市发展”的智慧城市建设发布签约仪式。会上发布了《金山区关于加快新型信息基础设施建设　推进智慧城市发展的实施方案》和《金山区关于进一步加快信息化建设和应用发展的若干政策》。成立了由中科院院士钱锋、褚君浩领衔，24位专家组成的金山区智慧城市专家咨询委员会。金山区政府与五大通信运营商签订战略合作框架协议，共同推动金山在5G、千兆光纤、物联网等方面的建设。

【中美青年创客大赛上海赛区比赛举行】2020年，金山区为进一步培育发展金山人工智能产业发展，加强宣传及人才培养引入，承办2020年中美青年创客大赛上海赛区比赛。本次上海赛区总决赛采用“线上路演、线上评审”的方式进行，经过近两个月的激烈角逐，6个团队从参赛的140余支团队中脱颖而出。此次大赛聚焦人工智能技术应用，对接金山人工智能产业发展需求，鼓励学生创作相关产品和方案，助力金山区产业创新发展。

【智能制造研讨会召开】2020年7月2日，主题为“5G助力金山智造”的金山区智能制造研讨会召开。会上，上海交通大学学生创新中心金山实践基地正式在金山工业区揭牌成立，以实践基地为依托，以项目促升级，实现“人才培育集聚、创业孵化加速、成果转化落地、产业能级提升”的目标。会上还成立了金山区工业互联网联盟，联盟由通信运营商、平台服务商、智能设备提供商、金融服务商等21家会员单位组成，将从基础网络建设、规划设计、技术研发、智能设备供应、资金供给等多角度、全方位为区内企业提供服务。

【智慧城市体验周金山专场活动举办】2020年，上海智慧城市体验周金山专场活动分为两个版块，分别是12月10日举办的直播秀和12月13日举办的智慧城市建设成果展。在直播秀活动上，点甜农庄上演了一场农业机器人田间协同大作战，展现了农业人工智能行业的发展，让农业种植全过程自动化成为可期待的现实。在智慧城市建设成果展上，金山区内五大通信运营商和部分优秀企业带来了科技成果，5G机器人、VR、健康医疗、智慧教育等领域一批智能产品集中亮相，并通过视频回顾了近年来上海市以及金山区智慧城市建设成果。

【线上两化融合贯标培训活动举办】2020年，金山区联合市工业互联网联盟，举办4期线上两化融合贯标培训，邀请12家区工业互联网联盟成员单位，深入全区9个镇、2个工业区，围绕区信息化政策、两化融合管理体系贯标实施要点及两化融合企业自评估操作、工业互联网解决方案及成功案例、普惠金融政策等进行讲解，共吸引了金山区201家企业、近400人参会。

【“工赋金山”三年行动计划编制】2020年，金山区编制了《金山区工业互联网创新升级实施方案（2020—2022年）》，提出“工赋引擎”增能行动、“工赋载体”提质行动、“工赋服务”创优行动、“工赋生态”营造行动四大行动、16项具体任务，基本涵盖了技术、人才、服务、网络、平台、园区、安全、合作等全方位的要素建设，并根据市级要求及区内实际情况制定了15个主要任务指标的实施计划。

【“人工智能”三年行动计划编制】2020年，金山区编制了《金山区人工智能创新发展行动计划（2020—2022年）》，方案提出三年行动目标：推动全区人工智能产业和应用粗具规模，创新承载与服务产业能级显著提升，人工智能领域研发企业数量超过30家，初步建成2个基于金山重点产业的特色人工智能创新基地，逐步形成人工智能领域“1+1+X”的结构布局，推动人工智能与实体经济深度融合，成为全市人工智能融合创新载体布局中的特色区域之一。

【工控安全检查】2020年，金山区梳理并建立了重点工控安全企业名单，对名单内的工控企业的工控安全管理制度及落实情况进行上门检查，同时用专业的工控检查工具对工控系统进行漏洞扫描。发现1家企业的管道检测系统存在工控协议漏洞，并提出了整改要求。开展了2次护网演习，对2家企业的信息系统进行了渗透演练，在演练中，2家企业的互联网安全防护完善，信息系统未被攻破。

（夏雪球）

第十三章　松江区信息化建设

概　述

2020年，松江区以信息技术应用支撑政务服务“一网通办”、城市运行“一网统管”，加快利用信息化手段惠及民生；加强技术信息在重点行业、关键领域的推广应用，促进经济增长方式转变、提升企业自主创新能力；坚持以信息化手段创新城市建设管理，改善城市管理难点，加快智慧城市建设；以龙头企业为核心打造产业集群，加快区域特色产业体系构建和完善；稳步完善网络技术设施，推进5G建设；加强信息安全宣传等举措，切实加强信息安全管理，提高应用服务保障水平。

一、政务领域信息化

【政务大数据开发利用】2020年，松江区进一步完善政务云相关制度规范及资源审核机制，规范上云流程，明确各方职责。完成新建及迁移应用系统上云21个。共开设虚机数量159个。松江区政务云拥有云资源总数为：VCPU2 320核、内存14 558 GB、数据存储空间388 TB、数据备份空间192 TB。两个政务云机房已分配资源包括 VCPU832 核、内存 2 373 GB、数据存储空间 107 TB、数据备份空间 20 TB，分别占各自类别总量的 35.9%、16.3%、27.6% 和 10.4%。

【政务云项目验收】2020 年 6 月，完成区行政服务中心、区城运中心、区委组织部、区科创办、区委网信办、区禁毒办、区重大项目办、区交通委、区房管局等 39 个单位的 51 个新建及迁移应用系统的上云工作，两个政务云机房共开设虚机数量 144 个，有力保障了松江区政务服务“一网通办”、城市运行“一网统管”，以及大数据资源归集等相关重点工作的顺利开展。

【数据资源归集共享】2020 年，完成原松江区政务数据共享交换平台的升级改造，包括平台基础框架搭建，市、区数据级联平台建设，区内数据共享交换方式和主页展示功能优化。在上海市大数据中心的指导支持下，已落地人口信息 561.78 万条（松江区数据，每 5 分钟更新）、法人信息 1 475.96 万条（全市数据，每 10 分钟更新）、办件信息 1 039.18 万条（松江区数据，每 5 分钟更新）。

【专项数据对接交换工作开展】2020 年，松江区对接市大数据中心企业复工数据 133.67 万条、道口登记数据 85.27 万条、“12345” 数据 751 352 条；上传基层单位疫情防控登记信息 124 334 条；配合区城管上传“互联网 + 监管”数据两批次 9 218 条。

二、信息产业发展

【工业互联网重点项目扶持】2020 年，松江区接连引进并扶持如海尔 COSMOPlat、用友精智、赛摩协同制造、紫光 UNIPower、徐工汉云、优也 Thingswise 等 10 多个具有全国影响力的工业互联网平台，包括国家级双跨平台 3 个。上海甲佳智能科技有限公司、上海惠程信息科技有限公司等一批细分领域的工业互联网生态企业相继落户松江。临港松江科技城、上海西派埃仪表成套有限公司等 5 家企业获得“2020 年第一批上海市工业互联网创新发展专项资金”支持。9 月 11 日，在 2020 工业互联网创新大会上，上海临松工业互联网创业投资基金与 G60“一廊九城”工信部门共同签署了《长三角工业互联网产业基金战略合作协议》，加快资本要素与科创产业链深度融合，推进工业互联网重大示范项目建设。

三、信息基础设施建设

【5G技术创新融合应用】2020年，松江区新建基站1 195个；基站总数2 636个，两项指标均位列全市第三。实现5G网络全区广覆盖，城区、G60科创走廊产业园区等实现5G网络信号连续覆盖。5G创新融合应用加速涌现，全区在智能制造、疫情防控、远程医疗、急救转送、无人售货、工业互联网等领域培育5G应用项目和场景24项，5G应用创新示范项目排名全市前列。

【腾讯长三角超算中心项目开工】2020年6月8日，总投资超450亿元的腾讯长三角超算中心项目在松江经济开发区开工，将为长三角G60科创走廊工业互联网的各类应用提供数据存储、计算能力、人工智能保障，实现工业互联网建设的高效管理与精准决策。

四、信息化环境建设

【工业互联网新三年行动计划编制】2020年，松江区按照上海市工业互联网三年行动计划（2020—2022）编制要求，编制松江区国家级工业化产业示范基地新三年行动计划，以工业互联网推动企业数字化转型、促进企业价值重构、赋能经济高质量发展为主线。发挥工业互联网创新资金引导作用，制定《松江区工业互联网产业创新工程专项资金项目管理实施细则》，全年区级工业互联网产业创新工程立项9家，扶持资金2 100万元。

【国家工业互联网示范基地建设推进大会召开】2020年4月17日，上海市松江区委召开松江区国家工业互联网示范基地建设推进大会暨长三角G60科创走廊工业互联网生态链建设推进大会，明确松江区发展工业互联网将采取四项措施：一是加强顶层设计，引导示范创新发展；二是聚集国内领先的工业互联网平台，并发挥示范引领作用；三是带动松江区制造类企业积极开展创新应用；四是夯实产业基础，融合新技术，壮大产业规模，构建长三角G60科创走廊工业互联网新生态。

（何月丽）

第十四章　青浦区信息化建设

概　述

2020年是“十三五”规划的收官之年。青浦区聚焦社会领域、经济领域、城市建设管理领域，推动信息产业、信息基础设施发展，建立健全信息安全保障体系，加强信息网络配套建设与推广应用，助力新冠肺炎疫情防控攻坚战。全区信息化建设以提高社会管理能力和公共服务水平为重点，以整合资源、深化应用、创新服务、绩效管理为主线，全面加强信息化建设与管理，努力构建与现代化行政管理要求相适应、与城市创新驱动和转型发展大局相一致、与信息网络技术发展水平相同步的信息化发展新格局，充分发挥信息化在国民经济和社会发展中的带动和促进作用。

一、政务领域信息化

【电子政务安全体系建设】2020年，青浦区进一步增强电子政务云计算平台的安全防范能力，从技术和管理层面入手，有序落实整改措施，完善多层次、立体式、一体化的电子政务云安全防护体系；有序实施三级等保专项整治项目，持续提升运维水平，保障政务内外网、政务平台、三大机房等稳定运行。

【**电子政务应急预案优化**】2020年，青浦区充分考虑各种可能的突发事件，补充并优化相应处理措施，持续改进《青浦区政务外网系统应急预案》及《青浦区政府网站系统应急预案》，进一步明确全区各部门突发事件应对职责，规范应对流程，建立健全应急机制，积极构建多重防护结构，逐步完善区电子政务网络与信息安全防御体系，保障基础信息网络和重要信息系统的运行安全。

【**信息化应用服务建设**】2020年，青浦区按照云平台容量提升、服务能力提升、业务承载范围扩大的目标，推动政务云扩容项目建设并试运行。深化视频共享平台建设，推进资源汇聚及数据整合，实现青浦区总平台、网格中心分平台、视频联网公安分平台等互联互通。坚持问题导向，强化数据归集与采集应用，着力打通跨区域、跨部门、跨层级数据壁垒，推进城市运行管理平台系统建设。

二、社会领域信息化

【**抗疫信息化支撑**】2020年，青浦区开展返沪人员登记平台开发应用，并加强政务平台等网络信息安全工作，为疫情防控提供可靠支撑。组织协调上海信息消费节云峰汇青浦专场“科技焕新传统”相关活动。通过青浦区“抗疫情”创新学习平台发布“两化融合”等网上培训课件，供区内企业免费学习。

【**“智慧民政”建设**】2020年，青浦区推进“智慧社区”“智慧村庄”建设。完善银行卡、交通卡实名制社区一卡通建设，集聚社区公共服务资源、商业资源，向社区居民提供便利的智慧服务；继续开展智慧村庄试点建设，从村庄自治管理、公共服务、公共安全、旅游服务等各方面实行智慧试点应用；全面推进新版社保卡换发工作，完成沪籍人员新版社保卡换发率98%以上、非沪籍参保人员换发率80%以上；完善“青浦区社会保障卡服务中心”微信公众号服务功能，通过微信公众号发布信息100余条。

【**农村信息化工作深化**】2020年，青浦区完善村民信息化活动室监管平台，加强对活动室硬件设施、使用情况的监管。推进农村信息化信息服务平台建设，为村民提供信息知识、信息安全、农业信息等服务。优化村民信息化服务点建设方案，开展村民信息化服务点申报、立项评审工作。开展移动互联网应用宣传培训，向全区居民开展移动互联网应用培训和宣传普及。

三、信息产业发展

【软件和信息服务业集聚提升】2020 年，青浦区全面推进市西软件信息园等项目开发建设，围绕产业集群与基地创建、开办与项目认定资助、研发投入补贴等工作，加大对各专业领域的扶持力度，鼓励企业在引导和扶持资金的支持下不断加大研发投入，争取更大的技术创新和产品产业化突破，促进软件信息服务业持续快速发展。2020 年，全区软件和信息服务业累计销售额达 829.9 亿元，较 2019 年增长 94.7%；实现税收 36.9 亿元，较 2019 年增长 27.4%。

【“两化”融合推进】2020 年，青浦区 1 356 家企业完成“两化融合”管理体系自评估，11 家企业“两化融合”管理体系完成贯标。开展 2019 年度上海市大数据产业专项统计工作，30 家企业被列入市大数据企业基本名录。完成 2019 年区“两化融合”扶持项目扶持资金拨付工作，共对 41 个项目拨付扶持资金 290 万元。

四、信息基础设施建设

【5G 网络建设】2020 年，青浦区加快建设 5G 网络，大力推进 5G 基站在西虹桥、市西软件信息园等重点区域优先覆盖，国家会展中心及周边区域实现 5G 信号全覆盖。2020 年，新建 5G 基站 1 514 个，全区累计建设 5G 基站 1 648 个。

五、信息化环境建设

【信息安全宣传】2020 年，青浦区开展以“网络安全为人民，网络安全靠人民”为主题的 2020 年青浦区信息安全活动周活动。承办“青嘉吴”网络攻防大赛，经过网选预赛，青浦、吴江、嘉善三地共 15 支队伍参加网络安全技术人员 CTF 夺旗赛；开展网络安全宣传“四进”活动，组织人员制作展板进机关、进社区、进企业、进学校，进行网络安全宣传。

【无线电管理及科普】2020 年，青浦区探索无线电管理工作模式，利用门户网站、电视台、电梯广告及发放宣传册等形式，开展无线电知识进社区、进学校宣传活动，宣传有关无线电管理的法律法规知识，增强社区居民对无线电频谱资源和无线电管理工作的认知度、认可度。联系市无线电监测站对全区的高考考场进行电磁环境监测，在高考前夕对各考场听力考试的收听频率进行考前测试和收听指导。

【进口博览会服务保障】2020 年，青浦区加强统筹谋划，做好第三届进口博览会服务保障工作。推进进口博览会信息化配套项目建设，组织协调通信运营商完善通信保障；召开市西软件信息园展览区协调会，对接区内软件企业与科创园区，研究制定市西软件园的整体宣传方案，利用进口博览会加大市西软件信息园等重大项目宣传力度，加强软件信息服务业等特色产业辐射带动效应。

（张　峰）

第十五章　奉贤区信息化建设

概　述

2020 年，在奉贤区委、区政府的领导下，在市经济信息化委的指导下，奉贤区信息化工作以《上海市推进智慧城市建设“十三五”规划》为指导，积极实施《上海市奉贤区推进智慧城市建设三年行动计划（2020—2022）》，通过建立奉贤区智慧城市建设领导小组，全面推进面向未来的智慧城市建设，泛在化、融合化、智敏化的智慧城市初步形成。

一、政务领域信息化

【“一网通办”建设】2020 年，奉贤区推动“一网通办”建设向纵深发展，持续优化营商环境。一是持续提升政务服务事项覆盖度，“一网通办”平台已上线 4 126 项政务服务事项，实现行政审批类 463 项事项 100% 在线申报办理，100% 实现最多跑一次，区行政服务中心 354 项入驻事项实现预约全覆盖；1 420 项公共服务事项已接入“一网通办”总门户，其中 1 415 项实现在线办理。二是推进政务自助终端建设。拓展终端自助办理服务功能，已上线 1 200 项事项，其中 155 项实现全自助办理，120

项实现奉贤、江阴、惠城三地跨省可办，年内办件量33.6万件次，累计办件量达69.6万件次。同时，为持续优化“区—街镇—村居（生活驿站）”三级政务自助体系，综合考虑使用情况及调研数据情况，完成15台终端机的迁移工作。全区以66个自助终端服务点为核心点向外辐射，逐步形成“15分钟政务服务便民圈”。

【政务数据资源整合和公共数据归集共享】2020年，奉贤区全面推进公共数据归集共享。完成区信息资源云服务平台升级改造。一是对平台功能进行优化，特别是完善了区内各部门业务系统与平台之间的数据交换，促进数据交换更加便利；二是建成奉贤区公共数据开放平台，为公众和企业提供公共数据服务；三是为各部门系统建设提供大数据应用挖掘服务和地理转码服务。截至2020年底，完成82个应用系统编目，新增编目3 925条，累计编目9 734条；累计归集各类数据3.38亿条，为区内40多个应用提供数据支撑，累计数据调用日志约3 274.7万条。同时，做好数据落地上报工作。按照市大数据中心数据落地要求，全年落地新冠肺炎疫情相关数据158.3万条、法人库数据2 094.4万条、人口库数据225.2万条、办件库数据1 018.2万条、“12345”热线数据3.3万条。推进国家、市级数据共享交换。对接市级共享交换平台，为区内各部门申请市公共数据资源提供通道，梳理国家、市、区三级可供申请资源数据，制发《关于进一步推进本区公共数据交换共享的通知》，组织区内各部门开展公共数据申请。截至2020年底，540项公共数据资源申请报市共享交换平台，审核通过114项，市级共享日志累计调用803.8万条。

（魏善禹）

【政务信息系统整合】2020年，奉贤区有序推进政务信息系统整合。一是制定《奉贤区政务信息系统整合实施方案》，明确整合总体要求、基本原则和发展目标、主要任务和保障措施。二是根据建设的必要性、数据的共享性开展政府投资信息化项目再梳理，调整项目申报计划，避免资源浪费，提高建设效率。三是完成政务信息系统整合前评估工作，通过专题培训、走访调研和对部门整合工作方案的评估，汇总形成奉贤区政务信息系统整合前评估工作总结报告和工作方案。

【数字证书和电子印章发放管理】2020年，奉贤区按照市经济信息化委要求，部署全市统一的电子印章公共服务平台，完成对各部门相关负责人的培训，配合区政务服务办推动电子印章的使用。按照市数字证书管理相关办法，完成全区数字证书的发放更新等管理工作。截至2020年底，电子印章平台全年签署2 922份文件，系统备案单位累计 140 家，有效印章累计 160 个；对接上海 CA，办理街镇、委办局申请的政务网 VPN 证书及手机端移动证书，截至 2020 年底，累计办理 826 个政务网 VPN 证书、1 017 个手机端移动证书。

（徐文捷）

【电子政务网络建设】2020 年，奉贤区加强政务外网网络保障，确保网络稳定运行，为政务服务“一网通办”和城市运行“一网统管”提供基础网络和信息安全保障。推动区政务外网升级改造项目落地，完成技术方案编制，通过技术评审和项目立项，开展招投标工作；起草《奉贤区政务外网建设和运行管理指南》征求意见稿并完成意见征集，结合区政务外网升级改造项目建设进度同步发布，指导区内各条线专网、各街镇社区（头桥公司）网络标准化建设。截至 2020 年底，政务外网一级接入单位 83 家、二级接入单位 455 家；区电子政务办公平台用户 12 793 个，通过政务办公平台发送办公邮件 291.86 万封，累计 5 687.03 万封；各单位发送简报 417 份，累计 27 484 份；公文收发数 24 805 份，累计 40.44 万份；信息报送上报稿件 3 592 件，累计 27 351 件；发布区政府重点工作 15 件，累计 688 件；领导批示件 186 件，累计 2 196 件。

（魏善禹）

二、社会领域信息化

【“智慧电梯”建设】2020 年，奉贤区通过整合现有电梯监察、检验、行政审批、移动监管等信息系统数据，借助信息备案系统，全面清理电梯基础数据。已完成全区 11 849 台电梯的维保信息备案工作（全区在用电梯数为 11 911 台），完成率达 99.48%；全面推进电梯“智慧码”绑定。已完成全区 11 715 台电梯的“智慧码”绑定工作，完成率达 98.35%；同时，推行无纸化维保模式。全区已有 11 663 台电梯实行无纸化维保，占全区电梯的 97.92%。

【“智慧交通”建设】2020 年，奉贤区持续推进“智慧交通”建设。一是公交智能化二期示范项目于 9 月完成建设验收，包括两类终端系统（154 台电子站牌设备、更新改造车载视频设备）、两个中心平台（数据资源中心、集中展示平台）、三类应用系统（公交综合管理平台、公交信息发布服务、候车设施采集与管理系统）、场站智能化（停车场监控设备部署、进出口道闸管理、公交枢纽站站点通部署）以及与之相配套的支撑系统和配套工程建设内容，提供系统化、标准化的营运全局状况监控。二是完善智慧停车建设。奉贤城区共有 35 条道路 2 302 个停车位完成建设并实施智慧停车管理，其中商业区10条道路，共705个泊位；居民区25条道路，共1 597个泊位，实现主城区智慧停车管理全覆盖。2020年6月，道路停车引入视磁联动技术，简化人工操作流程，为实现无人值守管理模式做好技术储备，已有古华园路（14个车位）、新建中路（14个车位）启用该技术。

【“智慧就业”建设】2020年，奉贤区搭建以“上海市奉贤区人才服务管理信息系统”为主体的综合就业服务载体。利用“就业在贤”微信公众号推送各类招聘信息，设立“就业战疫”“大学生”“券里民生”等专区。搭建职业指导预约平台，组织17名上海市就业服务专家和两位首席职业指导师在线为求职者提供就业形势分析、职业生涯规划和面试辅导等服务。“贤城众创”微信公众号上线“贤城众创互联网服务平台”在线客服系统，满足群众创业服务咨询需求。举办网络招聘会，开展“春风行动”“百日千万网络招聘”专项活动、民营企业招聘月活动、高校毕业生专项服务活动和第八届大中城市联合招聘高校毕业生专场招聘会等活动。

【“智慧文旅”建设】2020年，奉贤区完成奉贤文化云一期建设，以H5技术嵌入“奉贤文化旅游”微信公众号，实现微信端互通。实现区内公共文化设施100%上线，同时与文化上海云互联互通，提供统一、可随时随地享受的奉贤区文化服务入口。2月上线“疫情无情艺有情”线上专题活动，上传抗疫作品集19篇；市民文化服务日、非遗日活动期间，共计上传33个富有奉贤特色的视频资源；全区300个在线场馆（公共文化设施）可供市民查看及预约；平台共计发布活动1 309场，其中文化演出活动390场；在线展示非物质遗产20个；推送文化直播6场。

【智慧健康及智慧医疗服务建设】2020年，奉贤区完善智慧健康及智慧医疗服务建设。21家社区卫生服务中心已全部完成居民电子健康档案4级评审，奉贤区中心医院、奉贤区中医医院完成电子病历4级评审，奉城医院完成电子病历3级评审；已实现医技数据的市、区医疗机构间信息“互联互通互认”，全区影像数据实现“互联互通互认”。新冠肺炎疫情期间，紧急建设并上线奉贤区疫情监管防控系统，含新冠肺炎疫情上报、新冠肺炎疫情线索提供、来沪人员登记、口罩预约等功能，利用微信预约、网上预约等方式，减少人员外出，降低交叉感染风险。“奉贤卫生”微信公众号采用市、区两级架构模式，汇集区内5家二、三级医院、21家社区卫生服务中心和市级平台200多家医疗机构的预约挂号及全市健康档案、免疫接种等信息，建成“挂、缴、查、问”组合服务信息平台，已有超过9.5万名奉贤区居民注册认证，可预约专家273名，可预约普通门诊科室306个，在线预约超过7万人次。强化多功能自助设备配备，区中心医院、南桥社区卫生服务中心等医院配置自助发药机，发药机与病人处方信息对接，缩短发药窗口取药发药的排队等候时间；奉贤区中心医院、奉贤区中医医院、奉城医院、奉贤区皮肤病防治所以及南桥、奉浦、新寺、泰日社区卫生服务中心共配备81台诊区挂壁式支付机，实现诊区（楼层）快捷支付；且在全区开通医保脱卡支付，可在窗口、诊区、自助机等场景，通过电子医保码、随申码实现医保和银联无感支付。实施“1+1+1”组合签约服务，完成“移动家医”App建设，家庭医生可在手机端随时随地为签约居民提供动态、综合、实时的公共卫生健康管理服务，试运行两年来全区已有285名家庭医生安装应用，移动家庭医生签约居民共71 460人。并且，与市级“1+1+1”签约服务平台完成对接，在社区卫生服务中心推进“数字化健康小屋和精准测压”项目，将居民测量的血压、血糖等健康指标数据上传至“上海健康云”及医生工作站，实现居民健康云端管理，此项目已在全区8家社区卫生中心试点。

【“智慧教育”建设】2020年，奉贤区完善《奉贤区教育信息化五年发展规划（2020—2024年）》和《奉贤区教育信息化创新实践三年行动计划（2020—2022年）》，制定《智慧教育云平台应用推进管理办法》，推进区域智慧云平台建设与应用，“学校、教师、学生”空间全部建成，完成“云课堂”“教师专业发展平台”建设。聚贤幼儿园信息化案例获评全国基础教育信息化应用示范案例，明德外国语小学“延伸绘画时空，让美融入生活”和教育学院附属实验小学“远程互动，让分享无边界”获2019年上海市基础教育信息化应用典型优秀案例，青溪中学“从智慧课堂1.0到智慧课堂3.0”获2019年上海市基础教育信息化应用典型入围案例。

【“智慧养老”建设】2020年，奉贤区加强智慧养老建设。作为全国第三批居家和社区养老服务改革试点地区、全国智慧健康养老示范基地、首批“长三角区域养老一体化试点单位”，奉贤区明确提出智慧居家养老服务专项工作，构建围绕服务供给、社会保障、政策支撑、需求评估、行业监管五位一体的社会养老服务体系。通过建设智慧居家养老服务系统项目，将养老服务从安全保障基本服务拓展到生活照料、康复理疗、健康保健、文化娱乐等多个方面。积极探索建立全区统一的养老公共服务信息平台，提供一站式养老咨询、申请、评估、分类转接等服务。针对“高龄纯老家庭、高龄独居老人和失智老人”等老年人群，建设集健康状况监测、一键呼叫报警、专业定位等功能于一体的救助服务应用，使特殊困难老人群体通过信息化手段得到全天候的看护和帮助。

【新版社保卡申领及补换】2020 年，奉贤区开展新版社保卡集中换发工作。上海市新版社保卡集中换发两年来，奉贤区各社保卡业务网点主动服务、热心为民，开展集中换发申领工作，截至 2020 年底，全区已完成新版社保卡换发 70 余万张，其中上海市户籍老版卡持有人换发率 94.7%，基本完成新版社保卡的集中换发工作。

三、城市建设管理领域信息化

【“一网统管”建设】2020 年，奉贤区制定和印发了《上海市奉贤区城市运行“一网统管”(2020—2022 年）建设三年行动计划》《上海市奉贤区 2020 年推进城市运行“一网统管”建设工作行动方案》，形成了两个《奉贤区推进城市运行“一网统管”工作“第一个百日”会战行动方案》的阶段性工作方案并强化 60 项责任落实到人。区级数据湖已汇聚数据条目 3 亿条，城运平台汇聚对接数据 630 万条。不断夯实“观、管、防”中“观”的工作基础，视频监控接入 16 149 路，神经元感知接入 10 658 路，区城运平台“眼睛”初步点亮。重点围绕防汛防台、智慧工地、应急指挥等场景，不断优化实战应用功能，城市运行综合指挥能力进一步提升，在“黑格比”台风期间及年末寒潮期间，区城运平台综合指挥功能得到实战印证。

【“智慧社区”建设】2020 年，奉贤区加强智慧社区建设。全区“区—街镇—村居”社区云三级管理员账户全部开通，实现社区云平台启动率 100%，258 个村居完成房屋数据初始化，房屋建模 31.6 万余套，完善居民信息 12.4 万多人。聚焦养老服务，初步形成“镇有院、片有所、村居有点”的农村养老服务新格局。截至 2020 年底，奉贤区共有养老机构 37 家（含长者照护之家），养老床位 6 979 张，养老机构护理院 2 家，护理床位 154 张，居家养老服务中心 12 家，长护险定点机构 12 家，为老年人提供居家上门服务。社区综合为老服务中心 20 家，老年人日间服务中心 46 家，老年宜居社区 12 家，标准化老年活动室 305 家，社区老年人助餐点 50 家，农村宅基睦邻“四堂间”500 家。

【扬尘监测管控】2020 年，奉贤区积极落实推进建设与扬尘管控协调发展。全区在监在建房屋、装饰装修建筑工地共 198 个，安装在线扬尘监控设备点位 150 个，码头扬尘监测点位 13 个。全区所有符合条件的建筑工地均已完成在线扬尘监控设备的安装，实现扬尘在线监测全覆盖。根据《上海市扬尘在线监测信息平台》统计，奉贤区在建工地扬尘监测数平均值低于市平均值，位于全市前列，扬尘管控总体情况良好。

四、信息产业发展

【软件和信息服务业发展】2020 年，奉贤区软件和信息服务业发展情况总体平稳。据不完全统计，奉贤区主要软件和信息服务业企业 2020 年营业收入为 42.75 亿元，较 2019 年同期下降 10.48%。从数据来看，55 家上报企业中 80% 的企业营收较 2019 年下降，研发经费、从业人员略下滑，软件著作权持续增长。2020 年，奉贤区新注册软件和信息服务业企业 91 家，其中注册资金 1 亿元以上企业 2 家，5 000 万元以上企业 3 家，1 000 万元以上企业 21 家。组织区内企业申报区 2020 年软件和信息服务业专项奖励，60 家企业的 72 个项目通过审核。上海建朗信息科技有限公司获 2020 年度上海市软件和集成电路产业发展专项（软件和信息服务业领域）项目资助。

【区块链专门委员会成立】2020 年 1 月 18 日，奉贤区南上海文化创意产业服务联盟成立区块链专门委员会，为区内相关企业提供专业的技术指导、咨询及融资服务，积极探索区块链技术在“互联网＋政务服务”等各方面的应用，用最新、最前沿的技术，深化改革开放，推动奉贤经济高质量发展。

【人工智能实践基地建立】2020 年 9 月 25 日，奉贤区在市工业综合开发区建立上海市人工智能技术协会国际智能医用产业实践基地，同时成立智能医用专委会。将推动人工智能和数据技术在医疗、健康技术创新中的融合与应用，为新兴业态的融合发展提供思路，加速医用产业智能化实践，助推“东方美谷”产业升级，促进奉贤智能医用产业集聚和发展。

五、信息基础设施建设

【信息基础设施建设】2020 年，奉贤区推进 5G、双千兆宽带、城域物联专网等新型信息基础设施建设。区智慧城市建设工作推进小组会同相关部门和区内主要基础电信运营企业，编制并发布《奉贤区信息基础设施建设管理工作规范》，明确新建入地、共建共享、融合协调、优先利用、共享开放等基本原则，规范信息管线、通信基站建设等工作流程。至2020年底，累计建设2G基站1 205个，3G/LTE基站814个，4G基站4 088个，5G基站2 089个，室分微站新型小区站等838个，千兆覆盖小区348个、商务楼宇165幢。依托上海铁塔公司奉贤分公司的成立，推进宏基站共建共享工作，1 581座移动通信宏基站向区内3家运营商开放，其中842座宏基站由2家以上运营商共享；新建光缆26.13万芯公里，累计长度378.14万芯公里。

【三网融合建设】2020年，奉贤区实现光纤到户覆盖100%，累计110.34万户；推进高清交互式网络电视发展，高清IPTV用户共计23.38余万户；移动通信用户共计150.3万户，信息基础设施服务能级不断提升，服务能力显著增强。

（倪　拯）

【物联感知建设】2020年，奉贤区积极推进物联感知建设。一是加强区域智能传感节点部署。开展基于NB-IoT、LoRA等物联网设备应用的社区治理数据采集、社区公共基础设施的智能化改造，推进应用楼宇门禁系统、智能门锁、智慧停车管理系统等智能感知节点部署。完成奉贤区神经元感知节点统计工作。二是打造各类智慧感知平台，形成以城运平台为感知综合管理服务平台的多元管理体系。按照“数据资源应接尽接原则”，不断推进区域分类感知平台与城运平台对接，直接对接依托NB-IoT网络地磁设备建设的智慧停车管理系统、生活垃圾全程分类智慧监管平台等多类感知平台。

六、信息化环境建设

【数据安全保障】2020年，奉贤区编制出台《奉贤区公共数据开放分级分类标准细则》和《奉贤区数据开放利用协议》，规范公共数据开放日常运营，完善分级分类开放机制，加大公共数据开放力度，组织相关单位开展业务培训。出台《奉贤区公共数据开放管理制度》，完善公共数据安全管理制度，明确管理人员和管理流程；出台《奉贤区公共数据开放应急管理机制》，定期开展应急演练，加强数据安全和隐私保护。

（魏善禹）

【无线电宣传月活动举办】2020年，奉贤区加强无线电管理，促进无线电事业发展，开展以“走进5G，迎接未来”为主题的科普暨无线电宣传月系列活动。无线电系列宣传活动累计举办13场，以讲座、沙龙、直播、互动体验等多种形式，让居民近距离体验5G时代的变迁，展示5G、物联网、人工智能等领域的最新信息技术，全面推广5G和无线电科普知识。

（倪　拯）

【“智慧园区”建设】2020年，奉贤区加强5G+智慧园区/创新应用建设，促进园区/企业加速向数字化、网络化、智能化发展。开展建设“5G+智慧园区/创新应用”示范试验点，授予上海漕河泾奉贤科技绿洲建设发展有限公司[临港南桥科技城（智行生态谷）]为奉贤区“5G+智慧园区”示范试验点，上海云拓电子商务有限公司（爱企谷）为奉贤区“5G+创新应用”示范试验点，上海汇珏网络通信设备股份有限公司为“汇珏智能智慧楼宇”。9月17日，由阿里巴巴集团主办、一年一度的云栖大会首度来到奉贤，举办2020云栖大会百城汇上海站爱企谷专场。上海43家生产性服务业功能区，奉贤区政府相关部门，街镇、开发区代表及相关技术、产业专家等近150人参加活动。活动现场，上海市工业综合开发区凤创谷、金桥集团上海智城、上海金石湾功能区等6家产业园区与上海爱企网络科技有限公司达成意向性签约，计划在园区试点应用部署云智付系统。

（季　俊）

第十六章　崇明区信息化建设

概　述

2020年，崇明区按照上海市委、市政府的决策部署，在市经济信息化委的指导下，努力克服新冠肺炎疫情带来的影响，紧抓世界级生态岛建设、筹办第十届中国花卉博览会等契机，不断开拓创新，积极探索产业、生活、治理领域的应用场景建设，有序推进崇明信息化建设。

在城市治理领域信息化方面，崇明区按照上海市“一网通办”“一网统管”有关工作部署要求，努力整合数据资源，提升办事效率；加强与江苏南通合作，推动城市管理和综合执法长三角一体化，提升城乡社区治理水平。在信息产业方面，崇明区参加网上直报的软件和信息服务类企业共有28家，营业收入相对减少，但企业资产规模有所增长。在信息基础设施建设方面，崇明区努力解决因地理区域、经济发展等因素造成的网络发展不平衡，加快推进农村地区固网升级，做好现有覆盖区寻盲补弱，不断提高网络质量。在信息化环境建设方面，通过举办智慧城市体验周等活动，引导广大居民正确认识电磁辐射知识，了解5G网络和应用建设对经济社会发展的重大影响；通过普及老年人智能手机应用，尽力减少数字化转型带来的“数字鸿沟”，让各年龄层的居民都能享受到数字化带来的便利。

一、政务领域信息化

【政务信息系统统一身份数字认证建设】 2020 年 2 月 20 日，崇明区科学技术委员会（以下简称“区科委”）与市数字认证中心研究对接区级政务信息系统统一身份数字认证事宜。崇明区根据市级数字认证技术规范和政务信息系统整合需求，实施用户统一登录系统权限、接口等功能开发，为全区政务信息系统接入统一认证搭建基础支撑环境。

【政务信息系统自查和清理】 2020 年 4 月 3 日，为摸清崇明区政务信息系统情况，加快推进政务信息系统整合共享，区“两张网”工作专班信息基础设施部开展全区政务信息系统自查和清理工作，对全区各单位政务信息系统的基本情况、审批情况、开发情况、运维情况、开发环境、网络环境、硬件环境、安全管理、信息资源等进行全面检查，并对系统使用与实际业务流程长期脱节、功能可被其他系统替代、所占资源长期空闲，以及使用范围小、频度低的“僵尸”信息系统实施清理，为区政务信息系统整合共享摸清家底、理清问题，为编制系统整合技术方案奠定基础。

【“三整合”及数据治理工作推进会召开】 2020 年 7 月 9 日，崇明区政府召开“三整合”及数据治理工作推进会，区委、区政府各部门，各直属单位，各乡镇人民政府等单位分管领导和有关负责同志参加会议。区委常委、副区长郑益川强调，2020 年是“两张网”建设攻坚之年，“三整合”和数据治理工作对于新时期、新常态、新形势下的崇明发展具有重要意义，全区各单位要转变观念，确保工作扎实推进。区科委主任施志琴介绍了前阶段信息基础设施部的工作情况，并就下阶段工作进行提示。

【“三整合”工作座谈会召开】 2020 年 8 月 10 日，崇明区科委组织召开崇明区“三整合”工作座谈会。市经济信息化委、上海智联网研究院、区科委、崇明电信局等单位相关负责人和信息化领域专家参加会议。与会人员就下一步如何推进政务信息系统清理归类，编制区级整合方案，开展技术论证等问题开展深入研讨。会议研究认为“三整合”工作为“两张网”建设的基础性、支撑性和系统性工作，应当以服务“两张网”建设为目标，从技术线和机制线开展创新实践，强化场景先行，在信息系统迭代更新、融合模式推进等方面，建立系统定期报废与预算相挂钩机制、跨部门场景建设与年度考核相挂钩机制，有效推动崇明信息基础设施建设突飞猛进。

【“两张网”推进工作调研会召开】 2020 年

9月2日，为深入贯彻落实习近平总书记考察上海重要讲话精神，按照市、区“一网通办”“一网统管”有关工作部署要求，区委副书记、区长缪京调研本区“一网通办”“一网统管”推进工作情况。会上，缪京强调，要完善“一网通办”政务服务平台区级系统建设和应用，进一步拓展政务服务事项，畅通受理渠道，优化流程再造，着眼从“能办”向“好办”转变、从被动服务向主动服务转变，持续推进线上线下融合，提高全程网办能力比率，力争走在全市前列。城市运行“一网统管”要理顺管理流程，强化制度创新，以问题为导向，聚焦“高效处置一件事”，推动管理服务整体协同、高效联动，努力做到实战管用、基层爱用；要深入研究崇明城乡运行和社会治理的短板瓶颈，夯实“三级平台、五级应用”建设和运用，有效整合数据资源，保障数据应用安全，促进城乡治理水平不断提升。

【“二维码墙”特色便民服务推出】2020年，崇明区行政服务中心推出“二维码墙”特色便民服务，该“二维码墙”设有个人和法人办事两大版块，共涉及全区28个重点部门的223个高频事项。市民只要拿起手机扫描墙上的二维码，即可快速、准确地获取办理事项的相关信息，包括受理条件、办理流程、材料清单、办理时限、所需表格等。通过设置“二维码墙”特色编码服务，实现了“微信扫一扫、办事全知道”功能，提高了群众、企业办事的便捷度。

【“一网通办”重点工作线下落实情况检查】2020年11月13日，崇明区政务服务办、区行政服务中心陪同市政府办公厅审改处检查崇明区“一网通办”重点工作线下落实情况。市政府办公厅审改处通过窗口体验办事、核验办事系统、了解自助终端情况、查看后台办件数据等方式，全面检查了崇明区“一件事一次办”“两个免于提交”“无人干预自动办理”等“一网通办”重点工作线下落实情况。

【“两张网”全体工作会议召开】2020年12月29日，崇明区政府召开全体会议，区长缪京部署2021年“两张网”工作。缪京对2020年本区“两张网”工作取得的成效表示肯定，并对2021年工作提出三点要求。一是继续深化“三整合”，夯实“两张网”工作基础。二是打破部门壁垒，畅通数据共享渠道。三是准确把握工作推进节奏，避免重复建设。

二、社会领域信息化

【智慧医疗项目建设】2020年11月，新华医院崇明分院的“基于5G/AIoT的新华—

崇明医联体远程智慧医疗和智慧教育项目”获得2020中国医院物联网“5G智慧医疗”应用十大优秀案例。该项目以5G网络为依托，AIoT（人工智能物联网）为支撑，实现了远程超声的即时诊断，为区域内的急诊需求、突发公共卫生事件、重大体育赛事等提供了快捷有效的生命健康保障路径；开辟了一条在医联体框架内的可持续提升社区超声医师医疗能力的在线教育路径，让偏远区域的超声医师能够在线进行专业的持续再教育，基础疾病的诊断能力和医疗服务能力得到持续提升，促进分级诊疗下沉。

【崇明“5G+体育”产业发展】2020年首届东滩骑行节采用“互联网+骑行”的模式，与实景场地赛不同，此次线上比赛通过赛车后轮的智慧骑行台，借助一款室内虚拟场景与“骑行+线上竞赛”的智能系统，通过直播形式，为选手和观众带来全新体验；第三届休闲体育大会所有赛事均通过网络直播形式进行，在“民宿斗地主”赛事中融入互联网科技元素，实现线上线下同步比赛，比赛场景中也展示了崇明元素和田园风貌，促进了崇明“商体旅”融合发展。此外，区体育产业园也不断吸引各类优质体育企业入驻，打造体育企业、人才、智慧的集聚区，共同推动体育产业与5G融合发展。

【崇明5G智慧农业云建设】2020年8月，崇明5G智慧农业云正式上线运营。该平台集综合性、公益性、智能性于一体，是高速率、大容量、低时延的农业云端互动平台，主要包括智能诊断、云端农业培训与指导、农业供应及需求信息交易等模块。该平台通过数据积累，逐步形成“百千农场”入户服务指导、农业病虫害发生数据分析、农业培训需求导向等方面的优化建设，更好地实现“种养技术智能化、农业管理精细化、农技指导多样化”。

【崇明智慧生态花卉园育苗中心建设】位于崇明区港沿镇合兴村的崇明智慧生态花卉园内的育苗中心是崇明成功申办第十届中国花博会后引入的首个重点花卉产业项目。该苗圃中心通过对数据的持续采集和参数的不断优化，实现对生产过程精准感知和决策控制，极大地推动了崇明区花卉养殖业智慧化发展。园区与市农科院合作，积极借鉴国内外先进生产经验，以科技和信息化为引领，打造智慧农业，向世界一流“智慧、绿色工厂”升级转型。

三、城市建设管理领域信息化

【崇明、南通城市管理和联合整治行动开展】崇明区城管执法局联合江苏省南通市城管局，在位于崇明岛上的启东启隆、海门海永两镇以及江苏与上海省市交界处开展联合整治行动，进一步加强两地城管部门的执法协作，为下一步长三角一体化联合整治和执法常态化打下基础，有效提高两地城市治理现代化水平，共同提升城市管理能力。联合整治组成部门还合力打击跨省市流动性违法违规行为，建立跨省市案件全程追溯工作机制。

【“叶脉工程”建设】2020 年，崇明区以党建“叶脉工程”为抓手，坚持将党建“微网格”作为社区治理的基本模块，推动网格科学化设置、实体化运作，提高社区治理的精细化程度，增强社区治理有效力度，提升社区治理的情感温度。借助科技支撑、智慧赋能，运用现代信息技术扁平化、交互式、快捷性的特性，提升网格运行效率。

【向化镇“智慧 +”服务平台建设】2020 年 9 月，向化镇“智慧 +”服务平台上线。该平台分为智慧益站、理论宣讲、教育服务、科技与科普服务、健身体育服务、文化服务六大版块，通过“我来服务”“我要服务”两个端口，实现志愿服务“点单—派单—评单”流程化配送，打造一站式智慧志愿服务平台，提高志愿服务效率与体验感，为市民生活提供更好的便利服务。

【废品智能化回收服务点建设】2020 年，为深入推进生活垃圾分类减量工作，建立健全生活垃圾可回收物回收体系，试点“两网融合”可回收物有偿回收，崇明区建立“村居回收服务点、镇级中转站储存、区级散场规范处置”的资源物流体系，有效推进生活垃圾无害化、减量化、资源化。区内开设 23 个废品智能化回收服务点，有效推进生活垃圾无害化、减量化、资源化。村民可在规定服务点将可回收物过磅换取相应报酬，数据直接录入智慧环卫管理平台，实现可回收物的来源、品类、重量全程追溯。

四、信息产业发展

【软件和信息服务业发展】2020 年，崇明区参加网上直报的软件和信息服务类企业共 28 家。其中经认定的软件企业 19 家，非认定企业 9 家，共计实现营业收入 289 410.7 万元，利润总额 90 077.9 万元，税金总额 2 391.4 万元，与 2019 年同期相比均降幅明显。产业呈现主要特点为：一是营业收入相比减少。二是核心企业资产规模有所增长，资产总计超亿元的企业 7 家。三是利润总额减少明显。四是人才有所减少，3 家企业搬迁后，软件和信息服务业的企业的从业人员人数为 4 760 人，与

2019年同期相比减少20.59%。

【**智慧园区建设**】2020年，上海智慧岛产业园区积极打造5G生态创新创业园和人才服务业特色产业。4月，由市人才行业协会协助，园区完成世界级生态岛人才服务园建设，引进人力资源企业20余家，完成税收4 450余万元，基本达成人才服务园建设的阶段性目标任务。园区积极筹备“直播产业园”挂牌，以专项扶持政策为引领，依托“李佳琦”明星效应，重点引进MCN直播机构、网红培训机构等，形成培训、策划、营销、带货、销售等环节企业聚集的全产业链高地，带动“崇明好物”形成品牌效应，扩大市场知名度及占有率。推进实体企业入驻，依托特色产业建设加大实体招商力度，并不断完善园区配套设施建设，真正实现入驻企业“进得来、留得住、过得好”。

五、信息基础设施建设

【**5G网络信号升级**】2020年2月3日，崇明区科委会同崇明电信、崇明移动、崇明联通，对区行政服务中心的5G网络信号进行优化，为“5G+体温测试”等5G应用提供网络保障，为提升区行政服务中心业务办理效率提供高效网络支撑；针对防汛防台有关工作，优化区域内5G网络信号，做好智能防汛应用网络保障工作；重点勘察堡镇社区、长兴岛振华港机基地等区域，制定5G网络微基站和室分基站优化方案，推动区域内5G网络深化建设，为5G示范应用建设提供网络保障。

【**农村偏远地区网络覆盖**】2020年，崇明区科委联合崇明电信着力解决因地理环境特性、经济发展不平衡等因素造成的网络发展不平衡问题，加快农村偏远地区网络覆盖，打通入户“最后一公里”；做好现有覆盖区寻盲补弱，提高网络质量。2020年，新建光分端口6 807个，累计达到403 592个，同期压降0箱体、1箱体占比，光端口利用率50.12%。崇明电信与崇明联通通力合作，开通5G基站138个，着力打造“三千兆”网络，让全区人民享受数字化生活带来的便利。

【**崇明万达广场5G网络覆盖**】2020年10月，崇明区科委会同崇明移动、崇明联通完成崇明万达广场室外区域5G网络建设，推进室内5G网络覆盖。同时，区科委会同相关委局、通信运营商研究推动万达广场内5G应用开发，利用5G、人工智能等技术，推动智能停车、购物导航等场景建设，提升商场管理、运营和服务水平，为消费者提供良好的购物体验。

六、信息化环境建设

【崇明区政府与上海仪电签署战略合作框架】2020 年 6 月 1 日，崇明区政府与上海仪电（集团）有限公司战略合作框架，双方将充分发挥各自优势，全力推进崇明区政务服务“一网通办”、城市运行“一网统管”，加快提升崇明城乡治理现代化水平。签约仪式上，区委书记李政表示，崇明正处在重要的历史发展机遇期、创新转型期、加速发展期，希望仪电集团充分发挥“一网一云双平台”的经验和专业优势，助力崇明加快城乡治理现代化步伐，为崇明“两张网”系统的整合、建设和提升贡献力量，为崇明加快世界级生态岛建设提供智慧支撑。区长缪京表示，大力推进“一网通办”“一网统管”两张网建设，要强化顶层设计，体现“打基础、重实战、创特色”，双方将以此次战略合作为标志，有效提升崇明城乡治理现代化水平。

【智慧城市体验周专项活动举办】2020 年 12 月 12 日，为更好地推动 5G、无线电及电磁辐射知识普及，引导广大居民正确认识电磁辐射，区科委与区无线电管理办公室在崇明科技生态馆开展智慧城市体验周专项活动暨 5G、无线电宣传活动。活动邀请了上海市无线电宣讲团、中国移动集团的专家和讲师，为市民讲述“5G 的前世与今生”，通过介绍 5G 历史、市民动手做无线遥控小车、知识竞答等活动，增强无线电科普和智慧城市网络建设体验的趣味性。

【智慧城市体验周活动举办】2020 年，崇明区科委会同三大运营商开展了一系列智慧城市体验周活动。12 月 12 日，崇明区科委会同崇明电信局在万达广场举行“上海智慧城市宣传周”路演活动。全国劳模邱莉娜在现场开讲智慧小课堂，通过 BP 机、大哥大等实物展示生动演绎 1G 到 5G 的移动通讯发展历程。12 月 13 日，崇明联通公司在崇明万达联通营业厅举办路演活动，选取已落地崇明的部分智慧城市解决方案进行大屏及实物展示，包括智慧社区—智能充电桩、智慧垃圾分类—人脸识别、智慧养老—烟感、智慧商圈—云门店等。12 月 14 日，上海移动崇明分公司举办 5G 引领智慧生活体验展活动，通过展板展示、视频播放、现场体验等形式介绍了 5G 应用、商务直播、工业互联网、光网宽带、智慧家庭、智慧生活等。

【两化融合专题培训会议召开】2020 年 10 月 13 日，崇明区科委在杨浦区互联宝地创意园面向本区工业互联网企业、高新技术企业，召开两化融合工作专题培训会议。会议邀请市物联网行业协会专家团队，以两化融合的基本知识和内涵为题，对企业两化融合贯标工作进行指导，为企业提供政策解读和技术指导。本次专题培训会共有300余家崇明高新技术企业参会，有效提升了崇明区相关高新技术企业对两化融合的认识水平，加深了对两化融合评定工作的理解程度，为后续崇明区开展两化融合工作打下了良好基础。

【“智慧园区”座谈会召开】2020年11月19日，崇明区科委会同上海市智慧园区发展促进会召开“智慧园区”座谈会，崇明智慧岛产业园、富盛工业园区、崇明工业园区、长兴海洋装备产业园四个园区的代表参会。会议围绕崇明各园区建设智慧园区现状、遇到的困难和问题以及下一步工作计划进行了深入研讨。上海市智慧园区发展促进会高级咨询顾问张左红针对各园区遇到的困难，提供了发展新思路，并对所提问题进行一一解答。

【“智慧崇明”发展研讨会召开】2020年12月11日，崇明区科委召开数字化转型下的“智慧崇明”发展研讨会。会议通过远程视频连线上海智慧城市发展研究院、上海仪电智慧城市研究院、上海电信科技发展有限公司等单位的“智慧城市”发展领域研究专家，聚焦数字化转型下的智慧城市建设，研究如何以业务需求为引导，在数据汇集、系统整合、功能融合、安全可控上做深、做实、做细，调整优化“智慧崇明”十四五规划建设内容，全力推进两网协同发展，支撑城市高效运行。

【老年人智能手机学习班开班】2020年12月15日，崇明区深入贯彻“十四五”规划，着力推动城市数字化转型，让“银发族”也能跟上数字化时代的步伐，横沙乡新时代文明实践分中心开设智能手机学习课程，尽力减少老年人与社会间的“数字鸿沟”。

（施　华）

附录

SHANGHAI INFORMATIZATION

2020 年上海市信息化建设大事记

1 月

1 月 2 日 上海市优化营商环境暨投资促进大会举行。这是上海连续第三年工作开局之际就突出抓优化营商环境工作，市委、市政府专门研究制定了上海营商环境改革 3.0 版方案和加强投资促进 32 条举措。市委副书记、市长应勇主持会议。市委常委、常务副市长陈寅，市委常委、副市长吴清分别就优化营商环境、投资促进工作做具体部署。

1 月 3 日 由上海市经济和信息化委员会（以下简称“市经济信息化委”）指导，上海人工智能发展联盟（SAIA）与闵行区政府共同主办的“2020 人工智能与长三角协同创新高峰论坛暨上海人工智能发展联盟年会”在上海虹桥商务区举行。上海市政府副秘书长陈鸣波，闵行区委副书记、代理区长陈宇剑，中国人工智能产业发展联盟副秘书长、中国信息通信研究院副总工程师王爱华，上海人工智能发展联盟理事长、上海仪电集团董事长吴建雄，市经济信息化委副主任张英，闵行区副区长吴斌，虹桥商务区管委会副主任金国军等相关负责人出席会议，来自三省一市经信部门、人工智能相关联盟、协会、企业代表出席并共同见证长三角人工智能发展联盟倡议发起仪式。2019 世界人工智能大会的重要成果《智联世界》在论坛上首发，2020 世界人工智能创新大赛（AIWIN）宣布启动，2019 年度上海人工智能 Top 企业榜单公布。

1月7日 国产特斯拉 Model Y 项目在沪正式启动，首批国产 Model 3 向消费者交付。上海市委书记李强赴特斯拉上海超级工厂调研并会见美国特斯拉公司首席执行官埃隆·马斯克，市委副书记、市长应勇与埃隆·马斯克共同启动国产 Model Y 项目。

1月8日 上海国微 EDA（Electronic design automation，电子设计自动化）研发中心在临港康桥园区正式启动。市经济信息化委副主任傅新华出席启动仪式并致辞。

1月9日 2020 工业互联网创新发展大会暨工业人共振嘉年华在沪举行。上海市政府副秘书长陈鸣波，工业和信息化部（以下简称“工信部”）信息技术发展司巡视员李颖、信息通信管理局副局长隋静、网络安全管理局副局长杨宇燕出席会议。工业互联网产业联盟理事长、中国信息通信研究院院长刘多，市经济信息化委主任吴金城、副主任张英，上海市通信管理局副巡视员范志刚，江苏省工业和信息化厅副厅长胡学同，浙江省经济和信息化厅副厅长吴君青，安徽省经信厅副厅长王厚亮等出席会议。

1月13日 上海市人民政府与中国长江三峡集团有限公司在沪签署战略合作协议。上海市委书记李强，市委副书记、市长应勇会见三峡集团董事长雷鸣山一行。应勇、雷鸣山出席签约仪式，市委常委、副市长吴清与三峡集团总经理王琳代表双方签约。市委常委、市委秘书长诸葛宇杰，市政府秘书长陈靖，市政府副秘书长陈鸣波、杭迎伟，市经济信息化委主任吴金城、副主任吕鸣等参加相关活动。

1月20日 国内领先的云计算服务商优刻得科技股份有限公司正式在上交所科创板挂牌上市，成为科创板第一家同股不同权的上市公司。市经济信息化委主任吴金城出席上市仪式并致辞。

1月28日 市经济信息化委与国家开发银行（以下简称“国开行”）上海分行、上海银行建立重点企业信贷便捷通道。国开行上海分行、上海银行紧急融资 50 亿元，建立应急物资生产资金需求快速响应机制，开通绿色审核通道，用于支持上海市新冠肺炎疫情防控需求物资重点生产和供应企业。两家银行拟建立专项融资服务通道，参照“上海市产业绿贷”政策予以优惠利率融资支持。

2月

2月7日 上海市政府下发《上海市全力防控疫情支持服务企业平稳健康发展若干政策措施的通知》（“沪 28 条”），纾解新冠肺炎疫情对企业的影响。

2月8日 市经济信息化委发布《关于做好企业复工复产工作的通知》。通知要求，把新冠肺炎疫情防控作为当前最重要的工作来抓，充分发挥基层党组织的战斗堡垒作用和党员先锋模范作用，广泛动员、严格标准、突出重点、稳定生产，扎实做好企业复工管理、新冠肺炎疫情防控、安全生产工作。

2月10日　市委常委、副市长吴清调研部分在沪央企复工复产和新冠肺炎疫情防控保障情况。到中国石油上海销售公司、中国石油西气东输管道公司、国网上海市电力公司察看企业调度指挥中心，听取防疫保障和企业复工情况介绍。市政府副秘书长陈鸣波、上海市经济和信息化工作党委（以下简称“市经济信息化工作党委”）书记陆晓春、市经济信息化委副主任张建明、浦东新区副区长王华等参加调研。市经济信息化委发布《上海市经济和信息化委员会关于支持培育新型云服务助力企业复工复产的通知》，通过免费开放云服务资源、支持培育新产品新模式、加快推动“企业上云”、鼓励企业创新研发，进一步鼓励应用和支持培育新型云计算产品服务，助力全市企业复工复产。

2月14日　市经济信息化委和上海市应急管理局联合编制发布《上海企业复工指南》，明确企业复工报备流程、前期准备及复工后管理等事项。

2月19日　市委常委、副市长吴清，市政府副秘书长陈鸣波赴闵行区调研，先后到基因科技（上海）有限公司、晟碟半导体（上海）有限公司、上海柏楚电子科技股份有限公司和达闼机器人有限公司调研新冠肺炎疫情防控和企业复工复产情况。闵行区委副书记、区长陈宇剑、市经济信息化委副主任张建明等参加调研。

2月24日　经市经济信息化委组织协调，一批来自上海人工智能企业的智能化防疫物资启运发往上海市援助武汉医疗队。市经济信息化工作党委书记陆晓春、市经济信息化委副主任张英，以及科大讯飞股份有限公司、上海钛米机器人科技有限公司、上海芯翌智能科技有限公司等相关企业负责人见证了物资发运。

2月28日　为进一步帮助企业加快复工复产，推动上海经济稳定发展，市经济信息化委及时调整企业复工指南，一是不再强调白名单的重点企业和一般企业之分，只要是做好防疫条件准备的企业皆可复工；二是“一网通办”从过去的人员信息报备平台变为复工工作申请办理平台；三是复工申请无需审批，企业只需通过“一网通办”上的企业复工人员网上登记报备系统填报企业相关信息、上传防控方案、就复工有关新冠肺炎疫情防控措施内容承诺进行确认即完成备案，可以复工；四是将国务院印发的《企事业单位复工复产疫情防控措施指南》有关内容补充完善到新版内容中。

3月

3月3日 市经济信息化委召开全市重点供应链暨生产资源对接服务平台企业座谈会，市经济信息化委主任吴金城、副主任张英等出席。

3月3日 市人大常委会副主任肖贵玉、市人大财经委主任委员戴柳、市经济信息化委副主任戎之勤带队赴上海捷瑞生物工程有限公司、上海天诚通信技术股份有限公司调研中小企业复工复产情况，听取对中小企业立法的意见建议。

3月5日 格科微电子临港项目签约仪式在沪举行。上海市委常委、副市长吴清，市政府副秘书长朱芝松、陈鸣波见证了格科微临港项目签约仪式。市经济信息化委主任吴金城、副主任傅新华，上海市发展和改革委员会（以下简称“市发展改革委”）、上海市规划和自然资源局、临港新片区管委会、临港集团等相关单位负责人出席仪式。市经济信息化委发布新办企业复工指南，要求坚持条件管理，进一步简化复工手续。一般行业备案即可复工，特定行业需向行业主管部门备案确认后予以复工，剧场、书场演出等按国家规定暂时不宜复工。

3月9日 上海市新冠肺炎疫情防控工作领导小组新闻发布会举行，市经济信息化委副主任张建明介绍上海企业复工情况：截至3月8日，全市规模以上工业企业复工率达97%，超市卖场复工率98.8%，电商行业、大宗商品、农产品批发市场复工率100%，菜市场复工率98%，餐饮服务复工率62.6%。

3月12日 金桥5G产业生态园开园暨开发区重点项目集中开工仪式在浦东新 金桥开发区举行。上海市委常委、浦东新区区委书记翁祖亮，市政府副秘书长、浦东新区区委副书记、区长杭迎伟，市经济信息化委副主任张建明等出席活动。

3月15日 《上海市5G网络及用户感知测评报告（2019）》正式发布。截至2020年1月，上海建成超过1.6万个5G宏基站、1.3万个5G室内小站，实现了中心城区和郊区重点区域网络全覆盖，成为国内乃至全球5G网络规模最大的城市之一。

3月16日 上海市新冠肺炎疫情防控工作领导小组发布《关于调整本市企业复工复产复市备案工作的通知》，明确了除需要备案确认行业和等待国家相关部门通知再复工的经营活动外，全市工商业企业和个体工商户复工复产复市取消备案，可以直接复工。

3月17日 市经济信息化工作党委、市经济信息化委召开市经济信息化系统2020年视频工作会议。市委常委、副市长吴清出席会议并讲话。市经济信息化工作党委书记陆晓春部署2020年系统党建工作任务。市经济信息化工作党委副书记、市经济信息化委主任吴金城部署2020年产业和信息化工作任务。

3 月 23 日　上海市“复工复产复市疫情防护综合保险”发布会在中国太保产险上海分公司举行，标志着专门针对灵活就业行业复工人员的保险产品在沪推出。市政府副秘书长陈鸣波、市经济信息化委主任吴金城以及相关委办局负责人出席。

3 月 31 日　2020 年上海市重大产业项目集中签约暨特色产业园区推介活动在上海展览中心举行，总投资约 4 418 亿元的 152 个重大产业项目集中签约，26 个特色产业园区和 60 平方公里产业新空间正式发布。市委书记李强出席并见证签约推介，市委副书记、代市长龚正为上海市投资促进服务中心揭牌并正式启动上海市投资促进平台。

4 月

4 月 1 日　为进一步方便企业网上办事，实现涉企事项“进一网、能通办”，上海市企业电子营业执照和企业电子印章同步发放，在全国率先打破部门藩篱，通过打通电子执照、电子印章、实体印章系统，共享企业登记和印章制作数据，革命性再造企业印章刻制流程，并率先将之付诸实践。

4 月 3 日　“上海市企业服务云”召开防疫物资出口供需对接座谈会。市经济信息化委牵头，邀请上海市商务委员会（以下简称“市商务委”）、上海海关、上海市市场监督管理局（以下简称“市市场监管局”）相关负责人为企业答疑。

4 月 8 日　市政府办公厅印发《上海市促进在线新经济发展行动方案（2020—2022 年）》，明确提出到 2022 年，将上海打造成具有国际影响力、国内领先的在线新经济发展高地。

4 月 14 日　市人大常委会副主任肖贵玉、市人大财经委主任委员戴柳、市经济信息化委副主任戎之勤带队赴上海钛米机器人科技有限公司、上海韦尔半导体股份有限公司调研，了解企业创新发展情况，听取企业对中小企业立法的意见建议。

4 月 20—23 日　市人大常委会主任蒋卓庆带队赴张江科学城、宝山区、金山区调研生物医药产业发展情况。市人大常委会秘书长赵卫星、市人大常委会副秘书长兼办公厅主任王平、市人大财经委主任委员戴柳、市人大常委会研究室主任刘世军等参加调研，市经济信息化委总工程师刘平陪同调研。

4 月 21 日　以“启迪智能，启航未来”为主题的 2020 世界人工智能创新大赛正式启动。大赛通过设置不同主题赛道，招募全球人工智能技术人才与团队，为上海打造人工智能高地提供有力平台支撑。

4月28日 “2020首届中国（上海）工业品在线交易节”开幕。市委常委、副市长吴清出席开幕式并宣布交易节开幕。开幕式由市政府副秘书长陈鸣波主持。市经济信息化委总工程师刘平出席。

4月28日 上海市生物医药产业特色园区推进大会召开。市委常委、副市长吴清，市政府副秘书长陈鸣波，市经济信息化委主任吴金城、副主任吕鸣、总工程师刘平等出席会议。

5月

5月11日 为积极扩大有效投资，全面加快全市重大产业项目落地建设，市经济信息化委组织召开全市重大产业项目产融对接活动，搭建重大项目与金融机构之间“零距离”沟通交流平台。全市100多家亿元以上重大产业项目单位代表、国家开发银行、中国进出口银行等政策性银行、8家在沪商业银行、部分投资基金、创投公司代表，以及各区投资促进机构、主管部门参加。

5月14日 市经济信息化委会同市发展改革委、上海市人力资源和社会保障局（以下简称“市人社局”）、上海市教育委员会（以下简称“市教委”）、上海市科学技术委员会（以下简称“市科委”）、上海市金融工作局编制发布《上海市重点领域（产业类）紧缺人才开发目录》，聚焦集成电路、人工智能、生物医药等14个重点领域，提出175类紧缺人才。

5月17日 上海信息消费云峰汇拉开帷幕，活动历时一个月。市委副书记、代市长龚正宣布云峰汇开幕，市委常委、副市长吴清为上海数字新基建产品直播带货，工信部总工程师田玉龙视频致辞。作为上海“五五购物节”九大重点板块之一，上海信息消费云峰汇以“数字赋能消费新时代”为主题，主推5G+产品、智能网联汽车、智能家电三大类产品，在线云服务、智慧康养服务、在线文娱三大服务，在线教育、在线文旅、数字商业三大场景。同时举办2020首届中国（上海）工业品在线交易节等活动，加速生产消费、生活消费、信息消费的跨界深度融合，全面提升国家信息消费示范城市能级。

5月18日 为加快5G网络建设与创新应用，申通地铁集团与上海电信、上海移动、上海联通、上海铁塔签署战略合作框架协议并举行开工仪式，在上海地铁5G系统建设与融合应用两方面展开合作。

5月19日 沪复工复产复市指南6.0版公布。上海在前期应复尽复的基础上，根据全市重大突发公共卫生事件三级应急响应防控要求，进一步做好新冠肺炎疫情常态化防控下复工复产复市工作。

5月27日 市委常委、副市长吴清赴智能制造特色园区——金桥5G产业生态园调研，先后到华为智能汽车创新中心、上海拿森汽车电子有限公司、中移动（上海）产业研究院调研企业发展情况，并听取金桥管委会园区建设进展汇报。市经济信息化委副主任张建明、浦东新区副区长管小军、浦东新区科经委主任唐石青、金桥管委会主任杨晔等参加调研。

5月28日 上海市虚拟现实产业协会第一届第一次会员大会暨第一届第一次理事会、监事会在沪召开。市经济信息化委副主任傅新华出席会议。

5月29日 市经济信息化委与市税务局签订战略合作备忘录，切实发挥合作机制作用，为企业发展创造良好环境，为产业发展培育新动能，共同推动产业经济平稳发展。

6月

6月3日 上海市人民政府与浙江大学在沪签署战略合作协议。上海市委书记李强、浙江大学党委书记任少波出席并讲话。上海市委副书记、代市长龚正与浙江大学校长吴朝晖为浙江大学上海高等研究院揭牌。上海市委常委、副市长吴清与浙江大学副校长王立忠代表双方签署战略合作协议。浙江大学副校长何莲珍介绍浙大上海高研院筹建情况。上海市领导诸葛宇杰、浙江大学陈纯院士等出席。根据协议，双方将围绕国家重大战略和区域经济社会发展需求，共同推进科技创新、人才培养、国际交流、成果转移转化等领域合作，共建浙江大学上海高等研究院，围绕基础理论、算力算法、场景应用等功能布局，重点开展“计算+”领域前沿科技研究，努力打造创新引领、功能综合、产学研协同发展的数字科技重要策源地、具有国际影响力的“计算+”高地。

6月6日 第二届长三角一体化发展高层论坛、长三角一体化（网上）创新成果展在浙江湖州举行，上海市经济信息化委主任吴金城、江苏省工信厅厅长谢志成、浙江省经信厅厅长徐旭、安徽省经信厅厅长牛弩韬分别代表三省一市经信部门签署《共同推进长三角数字经济一体化发展战略合作协议》。

6月6日 腾讯长三角人工智能超算中心及产业基地项目开工仪式在松江经济技术开发区举行。市委常委、副市长吴清，市政府副秘书长陈鸣波，市经济信息化委主任吴金城，松江区委书记程向民，松江区委副书记、区长李谦，市住房城乡建设委副主任朱剑豪，腾讯副总裁邱跃鹏、道峰等共同见证项目启动。

6月10日 上海市稳就业和投资促进工作推进会议召开。上海市委副书记、代市长龚正指出，要深入贯彻落实习近平总书记重要讲话和全国“两会”精神，按照市委要求，全面强化就业优先政策，积极扩大有效投资，为夺取新冠肺炎疫情防控和实现经济社会发展目标“双胜利”打下坚实基础。市领导陈寅、吴清、许昆林、彭沉雷、陈群出席会议。上海市人力资源和社会保障局、市经济信息化委通报相关工作情况，市教委、市商务委、上海市国有资产监督管理委员会（以下简称“市国资委”）、浦东新区作交流发言。

6 月 12 日 《推动工业互联网创新升级 实施“工赋上海”三年行动计划（2020—2022年）》正式发布。

6 月 16 日 “上海制造佳品汇”集中发布活动在上海国际时尚中心举办。市经济信息化工作党委书记陆晓春出席并为首届“上海设计 100+”最具人气设计师陈安琪颁奖，市经济信息化委主任吴金城、市商务委主任华源、市市场监管局局长陈学军共同宣布活动启动并直播探店“上海制造会客厅”。

6 月 16 日 以“智行生态　智绘未来”为主题的上海市智能制造特色产业园区推进大会在“上海之鱼”——奉贤博物馆召开。市委常委、副市长吴清，市政府副秘书长陈鸣波，市经济信息化委主任吴金城，奉贤区委书记庄木弟，奉贤区区长郭芳，临港集团总裁袁国华，上海电气集团总裁黄瓯等出席会议。

6 月 18 日 《上海市促进中小企业发展条例》经市十五届人大常委会二十二次会议表决通过并正式实施。

6 月 27 日 上海智能网联汽车规模化载人示范应用启动暨滴滴自动驾驶出行服务首发仪式在嘉定安亭举行，市经济信息化委主任吴金城出席仪式并致辞，嘉定区委书记、区长陆方舟，区委常委、统战部部长陆祖芳，市交通委副主任董爱华，市公安局交警总队车管所副所长刘玉刚等出席仪式。

6 月 28 日 2020 年上海市节能宣传周开幕日活动在虹口区花园坊节能环保产业园举行。市委常委、副市长吴清，市人大常委会副主任肖贵玉，市政协副主席李逸平，市政府副秘书长陈鸣波，市经济信息化委主任吴金城、副主任阮力等出席活动。

6 月 29 日 网易上海国际文创科技园项目开工仪式在青浦区市西软件信息园举行。市政府副秘书长陈鸣波，市经济信息化委主任吴金城，市商务委副主任周岚，青浦区委书记赵惠琴，区委副书记、区长余旭峰，网易公司首席执行官丁磊等共同见证项目启动。

6 月 29 日 上海市人工智能行业协会第一届第一次会员大会举行。市经济信息化委副主任张英出席。会议审议通过了协会章程及相关制度文件，选举产生了第一届理事会和监事会。

7月

7月7日 中国（上海）自由贸易试验区临港新片区2020年重点产业项目集中开工活动举行，总投资约480亿元的18个重点产业项目正式开工建设。市委书记李强出席并宣布项目开工。市委副书记、代市长龚正讲话。市委常委、常务副市长陈寅主持。市委常委、副市长吴清为临港新片区智能新能源汽车产业链招商服务中心揭牌。市委常委、市委秘书长诸葛宇杰出席。

7月9日 2020世界人工智能大会云端峰会在上海世博中心开幕，开幕式线上线下结合，以现场演讲、全息影像、视频音频等形式交互进行。中共中央政治局委员、上海市委书记李强在开幕式上致辞。工信部部长苗圩通过视频致辞。上海市委副书记、代市长龚正主持。联合国工业发展组织总干事李勇、国际电信联盟秘书长赵厚麟分别通过视频致辞。上海市人大常委会主任蒋卓庆、市政协主席董云虎、市委副书记廖国勋，市领导陈寅、翁祖亮、诸葛宇杰出席开幕式。

7月15日 上海4K超高清频道——“欢笑剧场频道”开播仪式在沪举行。市经济信息化委副主任傅新华，市文化旅游局一级巡视员王玮，上海广播电视台、上海文化广播影视集团有限公司（SMG）党委书记、董事长王建军，上海广播电视台台长、SMG总裁宋炯明等出席仪式并共同启动开播上线装置。

7月16日 国家中小企业发展基金有限公司在注册地上海正式揭牌。工信部党组成员、副部长王江平，财政部党组成员、副部长余蔚平，上海市委常委、副市长吴清出席仪式并为国家中小企业发展基金有限公司揭牌。市经济信息化委主任吴金城、副主任戎之勤出席。工信部、财政部，上海市人民政府、浦东新区人民政府及有关部门，各省、自治区、直辖市、计划单列市及新疆生产建设兵团中小企业主管部门，上海证券交易所、深圳证券交易所，国家中小企业发展基金有限公司股东单位，子基金及被投企业代表等参加揭牌仪式。

7月16日 工信部副部长王江平、工信部中小企业局局长梁志峰、国家中小企业发展基金管理有限公司董事长马向晖一行赴上海之江生物科技股份有限公司调研。上海市经济信息化委主任吴金城、副主任戎之勤参加调研。

7月18日 沪苏大丰产业联动集聚区重点项目开工和签约仪式举行。盐城市委书记戴源、上海市经济和信息化委员会副主任吕鸣、上海市国有资产监督管理委员会副主任袁泉、江苏省发展改革委副主任高清、盐城市常务副市长羊维达、临港集团总裁袁国华等出席。

7月22日 由中国台北市政府产业发展局、上海市经济和信息化委员会共同主办的

2020台北上海城市论坛产业经济交流分论坛以“云会议”方式在中国台北和上海两地同时举行。上海市经济和信息化委员会主任吴金城、中国台北市政府副秘书长林育鸿、中国台北市政府产业发展局局长林崇杰出席分论坛。

7月24日 市经济信息化委和中国建设银行股份有限公司（以下简称“建设银行”）上海分行共同签署“金融支持‘新基建’等领域产业发展合作协议”，市经济信息化委主任吴金城、副主任吕鸣，建设银行上海市分行党委书记、行长林顺辉、副行长齐红出席。建设银行上海分行与5家上海市“新基建”重点项目企业签订合作协议。

7月27日 上海市人民政府与中国铁建股份有限公司在沪签署战略合作协议。市委书记李强会见中国铁建股份有限公司董事长陈奋健一行。市委副书记、市长龚正出席签约仪式。市委常委、副市长吴清与中国铁建股份有限公司总裁庄尚标代表双方签署战略合作协议。市领导诸葛宇杰参加相关活动。

7月28日 市政府召开工业稳增长工作会议。市委常委、副市长吴清出席会议并讲话，市政府副秘书长陈鸣波主持会议，市经济信息化委主任吴金城汇报产业经济运行情况和下一步稳增长工作打算，浦东新区、嘉定区、上汽集团和化工区四家单位做交流发言。全市各区、相关部门及企业集团负责人参加会议。

7月28日 上海市工业互联网工作推进会议召开。市委常委、副市长吴清出席，市政府副秘书长陈鸣波主持，市经济信息化委主任吴金城、副主任张英出席会议。

7月30日 市经济信息化委、闵行区政府、云南白药集团三方就云南白药上海国际中心项目举行签约仪式。市经济信息化委主任吴金城出席签约仪式并讲话，市经济信息化委副主任戎之勤代表市经济信息化委签约，闵行区区长陈宇剑、副区长吴斌、云南白药集团党委书记、副董事长汪戎出席签约仪式。

8月

8月3日 爱夫迪（FFT）全球总部项目开工奠基仪式在嘉定区安亭镇举行。市经济信息化委主任吴金城、副主任张建明，嘉定区委书记陆方舟，区委副书记、代区长高香，复星国际联席董事长汪群斌，复星全球合伙人、爱夫迪（FFT）董事长张良森等嘉宾出席仪式并见证奠基。

8月7日 市核电办联合中核检修有限公司等机构，在沪召开“上海核电海南服务基地合作联盟”成立大会。市经济信息化工作党委书记陆晓春出席，并与嘉宾一道为联盟揭牌。

8月11日 上海燃气轮机制造业创新中心专家评审会在上海发电设备成套设计研究院有限公司举行。全国燃气轮机标准化技术委员会、上海交通大学、上海理工大学、市发展改革委、市科委、市财政局等机构相关专家组成评审专家组，对中国联合重型燃气轮机技术有限公司的建设方案进行评审。

8月19日 闻泰12英寸车规级功率半导体自动化晶圆制造中心项目正式落户临港。临港新片区、临港集团和闻天下三家签订投资协议。上海市委常委、常务副市长陈寅，市政府副秘书长、临港新片区管委会党组书记朱芝松，市经济信息化委主任吴金城、副主任傅新华，市发展改革委副主任裘文进，临港新片区管委会专职副主任吴晓华，临港集团董事长刘家平、总裁袁国华等出席签约仪式。

8月25日 为推动上海市生物医药产业特色园区建设，加强园区与企业互动、企业与医院互动，上海推进科技创新中心建设办公室（以下简称“市科创办”）、市经济信息化委、上海申康医院发展中心联合举办“上海市生物医药产业发展推介会”。

8月28日 第三届“绽放杯”5G应用征集大赛（上海赛区）决赛及颁奖仪式在临港新片区举办。

9月

9月14日 2020世界智能网联汽车大会在上海汽车会展中心开幕。工信部装备工业一司司长罗俊杰、中国工程院李骏院士、上海市经济和信息化委员会主任吴金城、嘉定区委书记陆方舟、长三角“三省一市”相关部门和兄弟省市负责人，中国汽车工业协会常务副会长兼秘书长付炳锋、国家智能网联汽车创新中心执行主任张进华、德国汽车工业协会中国首席代表张琳等世界知名研究机构学者、行业领袖以及企业高管出席。

9月15日 第二十二届中国国际工业博览会（以下简称“工博会”）在国家会展中心（上海）正式开幕。中共中央政治局委员、上海市委书记李强出席开幕式暨颁奖仪式，中国工程院院长李晓红，上海市委副书记、市长龚正，工信部副部长辛国斌致辞并共同开启第二十二届工博会。国家发展改革委、商务部、科技部、中国科学院、中国贸促会、联合国工业发展组织和中国机械工业联合会相关负责人出席开幕式。上海市领导吴清主持，诸葛宇杰出席。第二十二届工博会为期5天，共设九大专业展，参展企业超过2 000家，展览规模24.5万平方米，聚焦首展首发新成果和“互联网＋工业”新进展，涵盖从制造业基础材料、关键零部件到先进制造装备、整体解决方案的全产业链最新技术、产品和服务。展会专门设置意大利国家馆，首次设置院士专家创新成果展，集中设置防疫精品展，全新打造在线平台“线上工博”，并举行了创新与新兴产业发展国际会议、全球制造业产业链高质量合作高峰论坛等专题活动。

9 月 18 日 上海奕瑞光电子科技股份有限公司在上海证交所科创板正式挂牌上市，成为科创板数字化 X 线探测器第一股。市经济信息化委副主任傅新华出席仪式并为企业上市鸣锣。

9 月 27 日 上海市政府与华为公司深化战略合作框架协议签约暨华为青浦研发中心项目开工仪式举行。市委副书记、市长龚正，华为公司董事长梁华出席。市委常委、副市长吴清，华为公司高级副总裁任树录代表双方签约。双方还共同启动了青浦研发中心项目。市政府秘书长陈靖、副秘书长陈鸣波，市经济信息化委主任吴金城、副主任张英，青浦区委书记赵惠琴、区长余旭峰等出席。

9 月 28 日 新能源汽车专用牌照申领“一件事”在“一网通办”总门户“一件事一次办”专栏正式发布。涵盖新能源汽车购车资格查询、车辆信息确认、专用牌照申请等事项。在办理流程上实现“一网办理”“只跑一次”，办理时间大幅压减，由原本的 26—39 个工作日减少至 7—14 个工作日内。

9 月 28 日 “上海燃气轮机制造业创新中心”授牌仪式举行。市委常委、副市长吴清和国家电投党组书记、董事长钱智民见证。仪式由市政府副秘书长陈鸣波主持，市经济信息化委主任吴金城向国家电投总经理助理、中国重燃党委书记、董事长束国刚授牌。市经济信息化委副主任张建明、市核电办主任陆海宾等出席。

9 月 29 日 上海市人民政府与美团点评签订战略合作框架协议。市委书记李强会见美团点评创始人、董事长兼首席执行官王兴一行。市委副书记、市长龚正出席签约仪式。市委常委、副市长吴清，美团点评联合创始人穆荣均代表双方签约。市委常委、市委秘书长诸葛宇杰出席相关活动。仪式由市政府副秘书长陈鸣波主持，市经济信息化委主任吴金城、副主任张英等出席。

10 月

10 月 9 日 上海市政府与阿里巴巴集团、蚂蚁集团在沪签署战略合作协议。市委书记李强，市委副书记、市长龚正会见了阿里巴巴集团董事会主席兼首席执行官张勇、蚂蚁集团董事长井贤栋一行。龚正、张勇出席签约仪式。市委常委、副市长吴清与蚂蚁集团首席执行官胡晓明、阿里巴巴集团公共事务总裁闻佳签署协议。市委常委、市委秘书长诸葛宇杰出席相关活动。市政府秘书长陈靖出席。仪式由市政府副秘书长陈鸣波主持，市经济信息化委主任吴金城、副主任张英等出席。

10 月 14 日　第三届全球 IC 企业家大会暨第十八届中国国际半导体博览会（IC China 2020）在上海开幕。上海市人民政府副秘书长陈鸣波，工信部电子信息司副司长杨旭东，中国半导体行业协会理事长、中芯国际集成电路制造有限公司董事长周子学，美国半导体行业协会轮值主席、安森美半导体总裁兼 CEO Keith D.Jackson（杰克信）出席开幕式并致辞。

10 月 16 日　首台国产完整自主知识产权 A320NEO/CEO 全动飞行模拟机交付仪式在浦东新区举行。该飞行模拟机由华模科技研发并交付吉祥航空进行飞行培训使用。市经济信息化委主任吴金城出席活动。

10 月 27 日　临港新片区“东方芯港”集成电路综合性产业基地启动仪式在临港举行。市政府副秘书长、临港新片区党工委书记、管委会常务副主任朱芝松，市经济和信息化委员会副主任傅新华，临港新片区党工委副书记、临港集团党委书记、董事长袁国华，临港新片区党工委委员、管委会专职副主任吴晓华，市国资委二级巡视员邵珉，临港集团党委副书记、总裁吕鸣出席仪式。

10 月 29 日　上海市人工智能产业工作领导小组会议召开。市委常委、副市长、市人工智能产业工作领导小组组长吴清出席会议并讲话。会议由市政府副秘书长、市人工智能产业工作领导小组副组长陈鸣波主持。市经济信息化委主任吴金城、副主任张英等出席。会上，副市长吴清为张江人工智能岛、西岸智慧谷、马桥 AI 创新试验区三个人工智能特色园区授牌。

10 月 30 日　十二届全国人大常委会副委员长严隽琪，上海市人民政府原副秘书长、申迪集团原党委书记兼董事长范希平，市人大常委办公厅副主任杨可方赴上海超级计算中心调研，对其未来发展提出殷切希望。市经济信息化委主任吴金城等参加调研。

11 月

11 月 5 日　2020 国际工业互联网创新发展论坛在第三届中国国际进口博览会现场举行。工信部副部长刘烈宏，上海市委常委、副市长吴清出席大会并致辞。市政府副秘书长陈鸣波，工信部信息通信管理局局长韩夏、二级巡视员许谦，工信部国际合作司副司长刘子平，工信部办公厅副巡视员张红宇，中国工业互联网研究院院长徐晓兰，上海市经济和信息化委员会副主任张英等出席。

11 月 8 日 “11 直播月上海制造品牌在线购”活动启动仪式在长宁区世贸商城举行。上海市副市长宗明、市政府副秘书长尚玉英、市经济信息化委主任吴金城、市商务委主任华源、长宁区区长王岚及本地制造企业、全市多家知名电商平台出席启动仪式。活动由市经济信息化委、市商务委、市国资委共同主办，充分发挥“11 直播月”作用，围绕汽车、个护美妆、纺织、服装、食品、珠宝首饰、家具家居、智能硬件、医疗健身、文化创意 10 个领域，组织多场重点活动，设立“上海制造”产品直播专场、线上直播专区等，同时紧扣“双 11”“双 12”和跨年迎新购物季等消费热点，不断放大延续活动效应，开展“上”海制造品牌专区大汇展、“海”派生活海上制造、上海工业“品”直播交易、上海制造佳品年终大“牌”档四大主题活动，着力推动上海制造企业与电商平台深化对接，促进上海市生产制造企业扩大销售，形成消费促进生产的长效机制。

11 月 11 日 市经济信息化委、徐汇区政府与文思海辉合作框架协议签署仪式举行。市委常委、副市长吴清，中国电子集团董事长芮晓武，市政府副秘书长陈鸣波、中国电子集团副总经理陈锡明出席。市经济信息化委主任吴金城、徐汇区区长方世忠、文思海辉首席执行官卢哲群代表三方签署合作框架协议。

11 月 11 日 2020“双千兆宽带城市”发展高峰论坛在上海举办。上海市委常委、副市长吴清，市政府副秘书长陈鸣波，中国工程院院士张平，市经济信息化委主任吴金城，中国信息通信研究院院长、宽带联盟秘书长刘多，市经济信息化委副主任张建明，上海市通信管理局副局长谢雨琦等出席论坛。根据中国信息通信研究院发布信息，从网络基础设施能力、网络覆盖及用户感知度看，上海率先建成“双千兆宽带城市”。

11 月 12 日 上海鲲鹏生态伙伴大会在上海举办。市经济信息化委主任吴金城、副主任张英、徐汇区区长方世忠、华为常务董事汪涛等出席。会上，举行了上海鲲鹏生态创新中心启用仪式，为 33 家生态伙伴代表单位授牌认证；华为和徐汇区签署了战略合作协议。

11 月 17 日 2020 第八届先进制造业大会在上海嘉定区召开。中国工程院院士陈学东、中国科学院院士褚君浩，市经济信息化委副主任张建明，嘉定区委书记陆方舟、副区长沈华棣，上海电气集团股份有限公司总裁黄瓯等出席大会。上海市政协副主席周汉民，中国工程院院士单忠德，国家制造强国建设战略咨询委员会委员朱森第，联合国工业发展组织数字化、技术与创新司官员 Raymond Tavares 通过视频形式参加大会。

11 月 17—18 日 2020 全球智慧城市大会上海分会场在上海白玉兰广场举办。大会运用线上+线下的形式，设立巴塞罗那、上海、纽约三地会场，其中首次在中国上海开设分会场。上海市委常委、副市长吴清出席活动并致辞，市经济信息化工作党委书记陆晓春、市经济信息化委主任吴金城、副主任张英参加活动。本次大会上，上海从全球350个城市中脱颖而出，获得最高殊荣——世界智慧城市大奖，这是中国城市首次获得该奖项。

11月20日 为期三天的上海“设计之都”十周年主题活动在上海展览中心正式拉开帷幕。上海市人大常委会副主任肖贵玉、市政协副主席金兴明、市政府副秘书长陈鸣波、中国联合国教科文组织全国委员会秘书长秦昌威等，参观了上海“设计之都”十周年成果回顾展，并出席了“设计之都”十周年主题活动开幕式和主题论坛。

11月20日 上海市中医药产业研讨会在奉贤举行。市人大常委会主任、党组书记蒋卓庆见证“东方美谷中医药产业基地”揭牌。同时揭牌的还有中药标准化教育部重点实验室东方美谷中心、中药现代制剂技术教育部工程研究中心东方美谷中心、上海中医药大学技术转移中心东方美谷中心。

11月23日 市经济信息化委与市科协签署战略合作协议，深入贯彻落实习近平总书记在浦东开发开放30周年庆祝大会上的重要讲话精神，发挥政府职能部门和科技群团组织优势，服务以企业为主体的技术创新体系建设，推动科技和经济社会发展深度融合，推进上海国际经济中心和科技创新中心建设。市经济信息化委主任吴金城代表市经济信息化委签约并讲话，市科协党组书记、副主席马兴发代表市科协签约并介绍有关情况。

11月26日 上海市民营经济发展战略咨询委员会正式成立。市委常委、市政府副市长吴清向与会委员颁发聘书。市政府副秘书长陈鸣波主持会议。来自民营企业、大学、研究机构和投融资机构的15位专家学者和企业家受聘为首届委员。民营经济发展战略咨询委员会是上海市民营经济发展的“思想库”和“智囊团”，由上海市重点产业领域知名民营企业家、研究民营经济领域的知名专家学者两方面代表人士组成。

12月

12月4日 2020中国（上海）大数据产业创新峰会在上海举行。本届峰会以“数聚浦江之滨，赋能创新之城”为主题，线上线下同步进行。市经济信息化委副主任张英、工信部信息技术发展司副司长杨宇燕为本届峰会致辞。

12月8日 2020上海智慧城市体验周开幕式暨2020上海智慧城市建设“智慧工匠”选树、“领军先锋”评选活动颁奖典礼在上海世博会博物馆举行。市委常委、副市长吴清致辞并宣布体验周开幕，市政府副秘书长陈鸣波、市经济信息化工作党委书记陆晓春、市总工会副主席周奇、市经济信息化工作党委副书记马列坚、市纪委监委驻市经济信息化委纪检监察组组长陈荣标、市经济信息化委副主任张英等出席活动。开幕式上，2020 上海智慧城市建设“智慧工匠”选树、“领军先锋”评选活动举行颁奖典礼；上海市首批人工智能示范应用场景授牌仪式举行，上海世外教育集团、上海第十人民医院、张江人工智能岛和长宁区北新泾街道 4 个场景被评为首批“上海市人工智能示范应用场景”。

12 月 14 日　“城市数字化　助力一体化——2020 首届长三角城市数字化转型创新论坛暨长三角产业和信息化发展研究联盟年会”在上海智慧城市体验周期间召开，市经济信息化委总工程师刘平出席论坛并致辞。

12 月 19 日　首届上海市工业机器人技术应用技能大赛暨第四届全国工业机器人技能应用大赛选拔赛决赛开幕。

12 月 20 日　第二届健康中国思南峰会在科学会堂举行。市经济信息化委总工程师刘平出席。此次峰会上，由市经济信息化委、上海科创办和申康医院发展中心共同正式发布“市级医院医企协同研究创新平台（HI-CLIP）——临床试验加速器”。

12 月 22 日　国家药品监督管理局药品审评检查长三角分中心、医疗器械技术审评检查长三角分中心正式挂牌。根据部市合作协议，双方将加强顶层设计，建立科学高效专业的区域性审评检查工作体系，为药品医疗器械企业研发创新提供优质服务，将两个分中心打造为推动长三角区域高质量一体化发展的实践平台、深化药品医疗器械审评审批制度改革的合作平台、服务医药产业创新发展的孵化平台。

12 月 22 日　2020 年上海市智能制造推进工作大会在嘉定区召开。市经济信息化委副主任张建明，嘉定区副区长、区政协党组书记沈华棣，中国科学院院士毛军发，上海电气集团总裁黄瓯，上海市智能制造产业协会会长徐洪海等嘉宾出席。

12 月 24 日　2020 海聚英才创新创业峰会在沪召开。会上发布了关键核心技术攻关项目、高层次人才需求岗位目录，并为海聚英才创业大赛获奖项目进行颁奖和签约。市经济信息化工作党委书记陆晓春出席峰会并为获奖项目颁奖。

12 月 26 日　市经济信息化工作党委、市经济信息化委召开 2021 年度务虚会，深入学习贯彻落实习近平总书记考察上海和在浦东开发开放 30 周年庆祝大会上的重要讲话精神和中共十九届四中、五中全会精神，以及中央经济工作会议精神，按照市委学习讨论会的部署要求，谋划 2021 年产业和信息化高质量发展的工作思路和举措。

12 月 28 日　市委常委、副市长吴清带队赴北京拜访中国联合网络通信集团有限公司、中国保利集团有限公司等央企集团总部，重点交流央企发展规划及后续在沪战略布局，市经济信息化委副主任戎之勤参加。

12 月 29 日　致景科技纺织工业互联网中心启用仪式在虹口区北外滩举行。市经济信息化委总工程师刘平、虹口区副区长郑宏、市工业互联网协会常务副会长张锡平、致景科技董事长赵振洪出席启用仪式并致辞。作为致力于纺织全产业链升级的互联网科技创新企业，致景科技旗下拥有成品布线上流通平台“百布”和智能纺织工业互联网平台“全布”，服务全国纺织厂超 6 000 家，累计接入织机超 45 万台，覆盖全国 30% 织造产能。

2020 上海市智慧城市发展水平评估报告

一、评估体系与方法

（一）评估体系概述

1. 评估体系框架

上海市智慧城市发展水平评估指标体系，包括一级指标 3 个，即新型基础设施指数、智

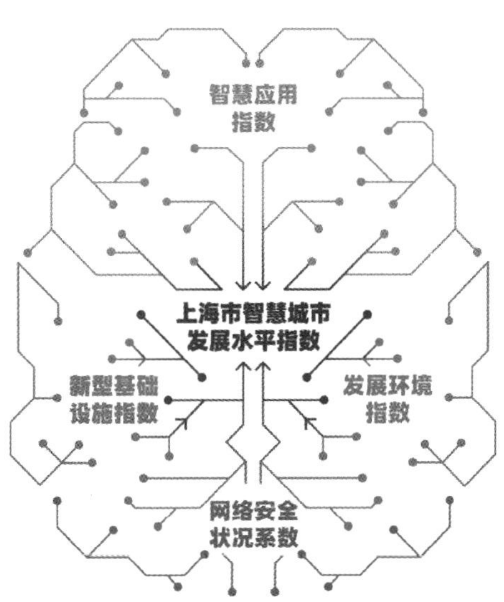

图 1-1　上海市智慧城市发展水平评估体系

慧应用指数与发展环境指数；二级指标 10 个，即基础能力、应用感知、信息资源、政务服务、城市运行、数字经济、公共服务、机制保障、区域创新、试点示范；三级指标 38 个。网络安全状况系数作为各区智慧城市发展水平指数系数。

2. 评估指标构成

表 1-1　上海市智慧城市发展水平评估指标体系

一级指标	二级指标	序号	三级指标
新型基础设施指数	基础能力	1	5G 建设应用
	应用感知	2	固定宽带用户感知速率
		3	移动通信网络用户感知度
		4	物联感知建设应用
	信息资源	5	公共信息资源社会开放水平
		6	政务数据资源共享水平
智慧应用指数	政务服务	7	“一网通办”服务能力
		8	电子印章与电子证照应用水平
		9	政务云平台应用水平
		10	政府网站与政务新媒体服务水平
	城市运行	11	社区云平台应用水平
		12	公共设施监测水平
		13	电子警察监控点覆盖率
		14	城市网格化综合管理水平
		15	能耗计量覆盖率
		16	环境质量监测水平
		17	气象自动监测站覆盖率
	数字经济	18	工业互联网创新发展情况
		19	大数据产业发展情况
		20	人工智能应用场景培育度
		21	单位地区生产总值发明专利申请和授权情况
		22	软件产业发展情况
	公共服务	23	公交电子站牌覆盖率
		24	公共停车信息联网数据质量水平
		25	医疗数据互联度
		26	医疗服务数字化水平
		27	智慧学校发展水平
		28	文化上海云公共文化设施上线率
		29	智慧社区（村庄）建设水平

续表

一级指标	二级指标	序号	三级指标
发展环境指数	机制保障	30	制度规划
		31	支撑保障
	区域创新	32	政务服务
		33	城市运行
		34	数字经济
		35	公共服务
	试点示范	36	工作试点
		37	项目培育
		38	宣传体验
网络安全状况系数			

（二）评估测算方法

1. 发展水平指数形成

各区智慧城市发展水平指数的平均值即为上海市智慧城市发展水平指数。市各级指标指数值，分别对应各区相关指标的平均值。

2. 关于区域划分

参考上海市的有关行政区域划分标准，在评估分析中将 16 个区分为中心城区与郊区等两类区域。其中，浦东、黄浦、静安、徐汇、长宁、普陀、虹口、杨浦为中心城区；宝山、闵行、嘉定、金山、松江、青浦、奉贤、崇明为郊区。

表 1-2　中心城区—郊区域划分表

区	区域划分	区	区域划分
浦东	中心城区	宝山	郊区
黄浦	中心城区	闵行	郊区
静安	中心城区	嘉定	郊区
徐汇	中心城区	金山	郊区
长宁	中心城区	松江	郊区
普陀	中心城区	青浦	郊区
虹口	中心城区	奉贤	郊区
杨浦	中心城区	崇明	郊区

二、评估总体情况

（一）上海市智慧城市发展水平指数

评估结果显示，2020上海市智慧城市发展水平指数为109.77，相较上一年提高3.91，中心城区智慧城市发展水平指数为119.44，郊区智慧城市发展水平指数为100.10。

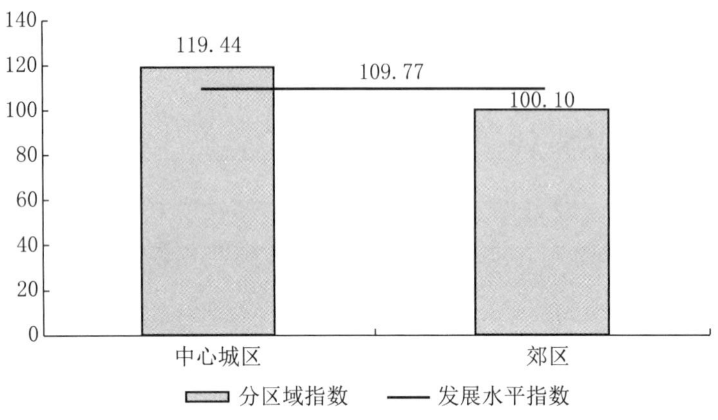

图2-1　上海市智慧城市发展水平指数

从一级指标来看，新型基础设施指数为119.16，相较上一年提高0.41；智慧应用指数为113.12，提高0.39；发展环境指数为102.23，提高1.86。网络安全状况系数均值为0.99，提高0.03。通过对本年度智慧城市评估的具体分析，现阶段，上海市智慧城市建设成效显著：5G建设和应用全面提速；智慧应用数字化、互联度进一步提高，公共服务更加普惠便捷智能；政务服务“一网通办”持续深化，高效办成一件事，办事更加快捷方便；城市运行“一网统管”加快推进，城市治理更加精细化；数字经济活力迸发，产业高质量发展；智慧城市发展环境保障持续加强。

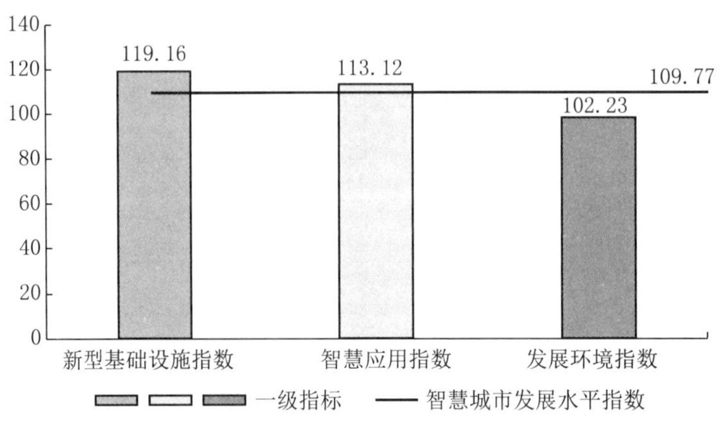

图2-2　上海市智慧城市发展水平指数一级指标

（二）新型基础设施

新型基础设施指数为 119.16, 相较上一年提高 0.41; 中心城区新型基础设施指数为 129.36, 郊区新型基础设施指数为 108.95。

上海已率先建成“双千兆宽带城市第一城”，实现千兆固定宽带覆盖 960 万户家庭，固定宽带平均可用下载速率达到 50.32 Mbit/s, 为全国第一个超过 50 Mbit/s 的城市。上海已累计建设 5G 室外基站超 3 万个、室内小站 498 万个，实现 5G 网络中心城区和郊区重点区域室外覆盖，上海在平均接入带宽、宽带下载速率、千兆以上宽带用户渗透率、用户感知度等关键指标继续保持全国领先。

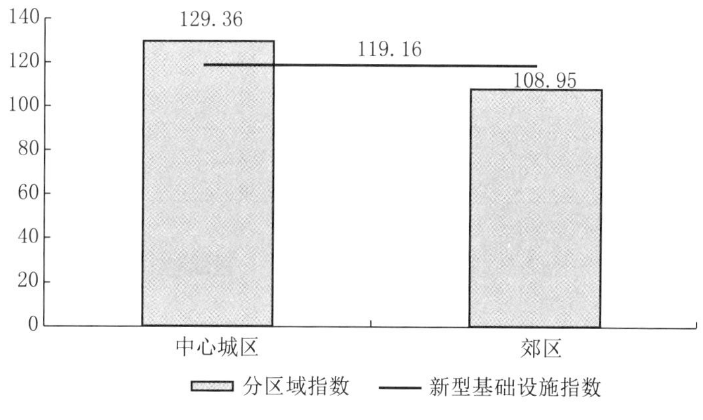

图 2-3 新型基础设施指数

新型基础设施指数相关二级指标指数值如下:

表 2-1 新型基础设施指数二级指标

二级指标	指数值
基础能力	121.06
应用感知	123.37
信息资源	108.59

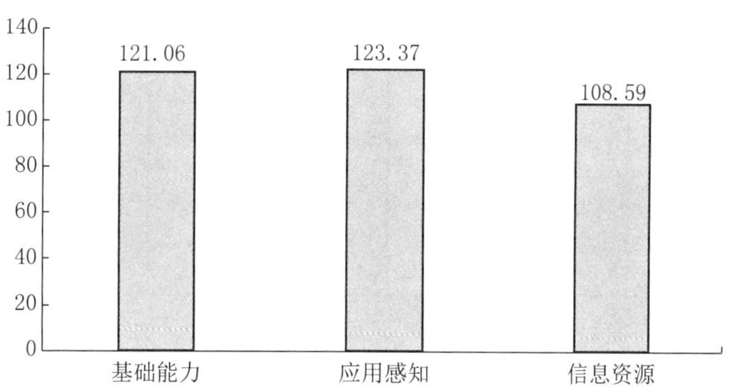

图 2-4 新型基础设施指数二级指标

1. 基础能力

基础能力相关三级指标指数值如下:

表 2-2　新型基础设施指数——基础能力

三级指标	指数值
5G 建设应用	121.06

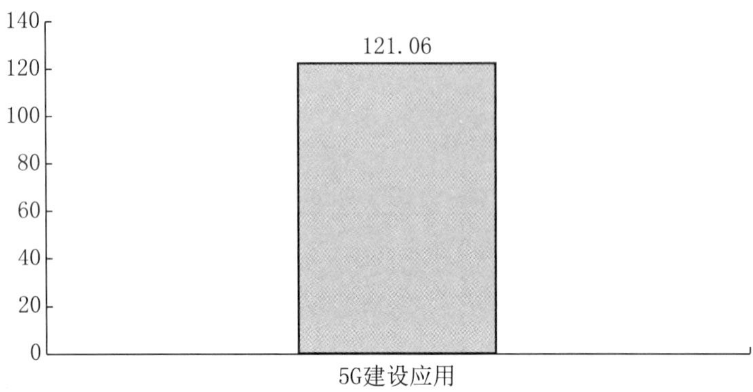

图 2-5　新型基础设施指数——基础能力

2. 应用感知

应用感知相关三级指标指数值如下:

表 2-3　新型基础设施指数——应用感知

三级指标	指数值
固定宽带用户感知速率	139.35
移动通信网络用户感知度	114.92
物联感知建设应用	100.81

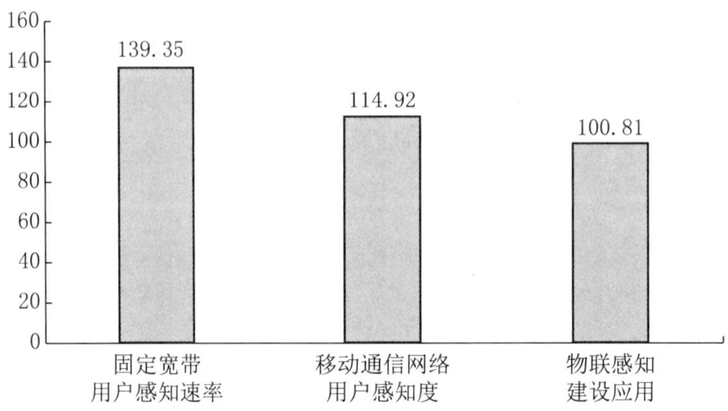

图 2-6　新型基础设施指数——应用感知

3. 信息资源

信息资源相关三级指标指数值如下：

表 2-4 新型基础设施指数——信息资源

三级指标	指数值
公共信息资源社会开放水平	107.47
政务数据资源共享水平	109.70

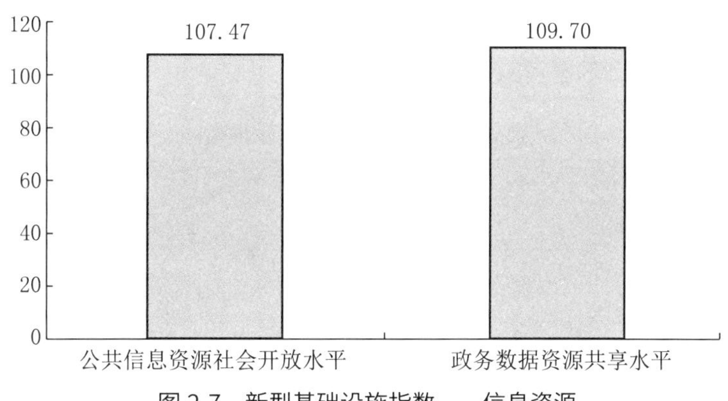

图 2-7 新型基础设施指数——信息资源

（三）智慧应用

智慧应用指数为 113.12, 相较上一年提高 0.39。中心城区智慧应用指数为 123.85, 郊区智慧应用指数为 102.4。

智慧应用指数的增长主要体现在政务服务“一网通办”持续深化，高效办成一件事，办事更加快捷方便。城市运行“一网统管”加快推进，城市治理更加精细化。人工智能、大数据、工业互联网全面赋能实体经济高质量发展，人工智能应用场景持续开放，大数据核心产业总产值快速增长，工业互联网发展路径不断创新，打造“工赋上海”，推动工业互联网发展向产业化、知识化的梯度提升。公共服务智慧便捷，全市 38 家市级医疗机构实现 35 项医学检验和 9 项医学影像检查项目互联互通互认，16 个区已完成互联互通互认应用的全覆盖。市区两级机构间医学影像和报告的互联互认覆盖率为 97%。全市 2.6 万多个公交站点中近 1 万个站点实现了电子化改造，中心城区（除浦东新区外环线以外地区）实现公交电子站牌和途经线路实时预报双覆盖。

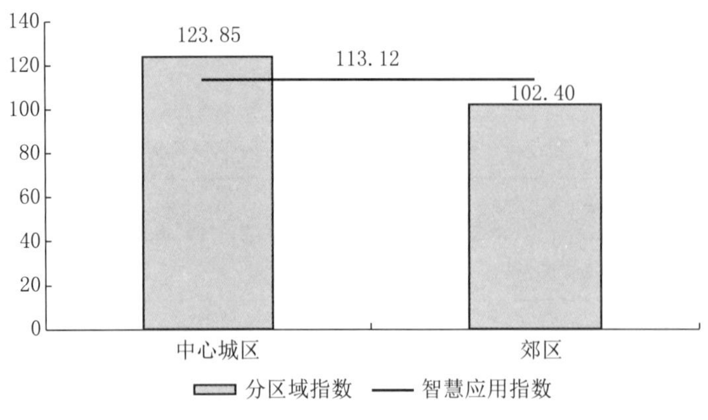

图 2-8　智慧应用指数

智慧应用指数有关二级指标指数值如下:

表 2-5　智慧应用指数二级指标

二级指标	指数值
政务服务	106.19
城市运行	120.71
数字经济	126.42
公共服务	100.00

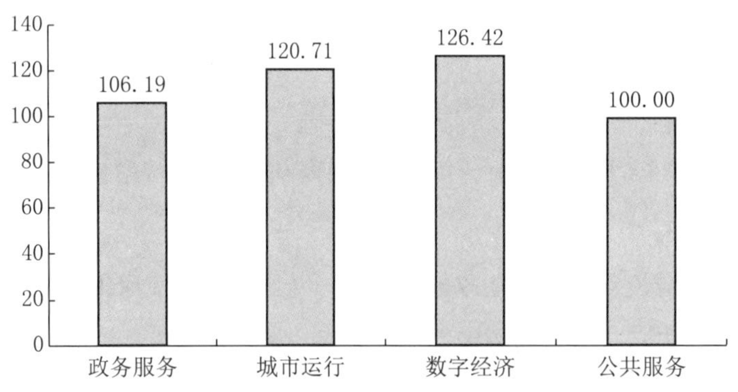

图 2-9　智慧应用指数二级指标

1. 政务服务

政务服务相关三级指标指数值如下:

表 2-6　智慧应用指数——政务服务

三级指标	指数值
“一网通办”服务能力	119.13
电子印章与电子证照应用水平	110.47
政务云平台应用水平	96.87
政府网站与政务新媒体服务水平	98.29

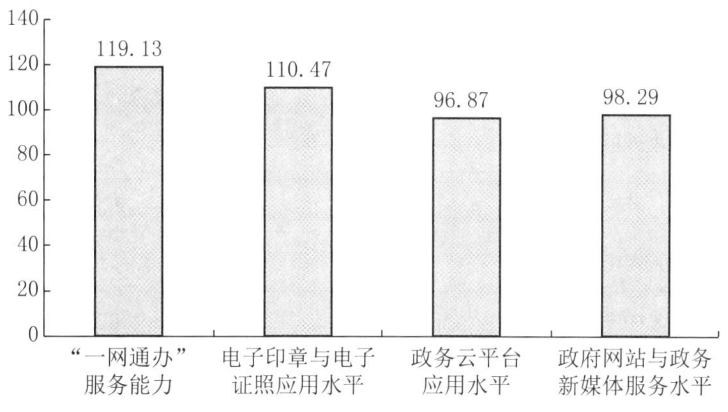

图 2-10 智慧应用指数——政务服务

2. 城市运行

城市运行相关三级指标指数值如下:

表 2-7 智慧应用指数——城市运行

三级指标	指数值
社区云平台应用水平	92.74
公共设施监测水平	120.07
电子警察监控点覆盖率	126.59
城市网格化综合管理水平	96.93
能耗计量覆盖率	111.95
环境质量监测水平	164.29
气象自动监测站覆盖率	132.40

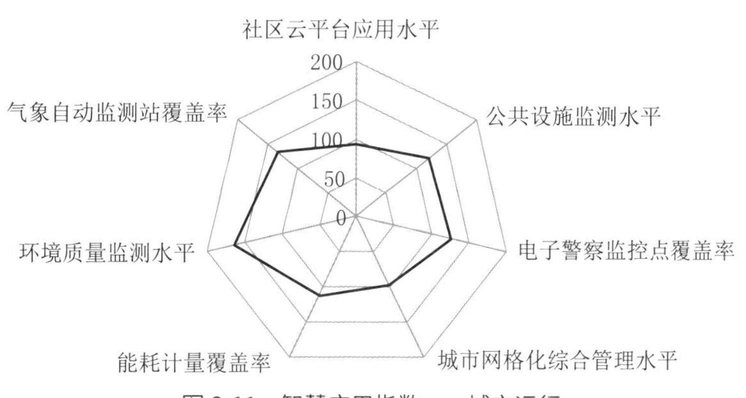

图 2-11 智慧应用指数——城市运行

3. 数字经济

数字经济相关三级指标指数值如下:

表 2-8　智慧应用指数——数字经济

三级指标	指数值
工业互联网创新发展情况	211.17
大数据产业发展情况	97.73
人工智能应用场景培育度	118.10
单位地区生产总值发明专利申请和授权情况	102.49
软件产业发展情况	102.61

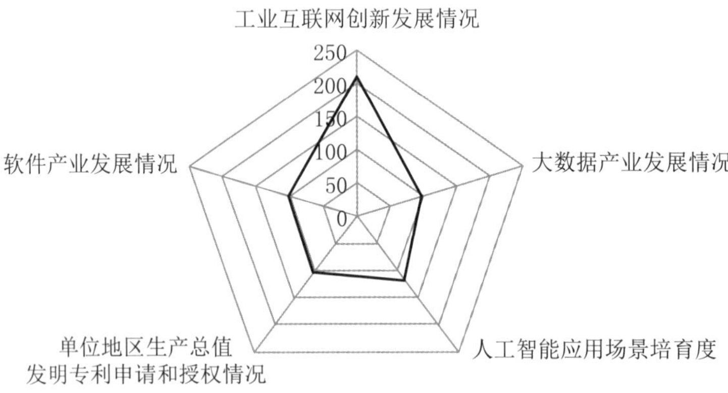

图 2-12　智慧应用指数——数字经济

4. 公共服务

公共服务相关三级指标指数值如下：

表 2-9　智慧应用指数——公共服务

三级指标	指数值
公交电子站牌覆盖率	100.35
公共停车信息联网数据质量水平	124.38
医疗数据互联度	95.54
医疗服务数字化水平	94.40
智慧学校发展水平	102.50
文化上海云公共文化设施上线率	100.00
智慧社区（村庄）建设水平	82.86

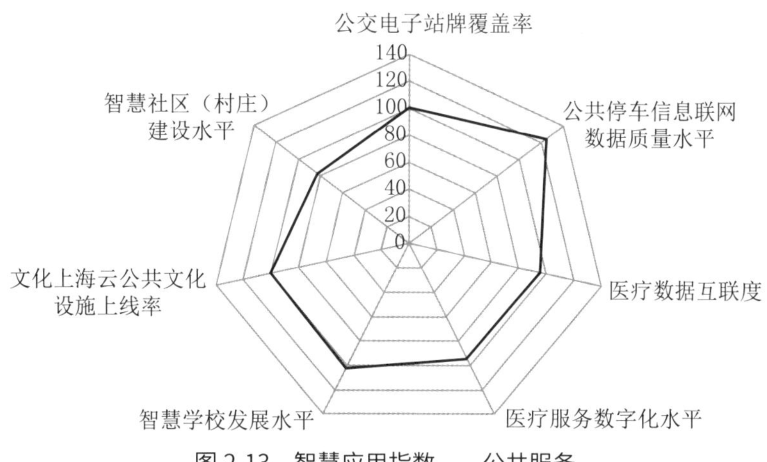

图 2-13 智慧应用指数——公共服务

（四）发展环境

发展环境指数为 102.23, 相较上一年提高 1.86. 中心城区发展环境指数为 109.40, 郊区发展环境指数为 95.06。

上海强化市、区联动工作协同机制，加强区域智慧城市发展顶层设计，各区制定具有可操作性的规划和协同推进的工作计划。各区均设立了区智慧城市领导小组。持续加强人才服务保障。推进智慧城市相关应用项目建设和技术研发产业化，引领多渠道、多元化资金推动区域应用服务拓展、产业发展升级。各区在政务服务、城市运行、数字经济、公共服务等方面打造了诸多亮点的创新应用；努力打造优质、多元协同、富于活力的创新生态环境；加强国内外合作交流，承担与智慧城市相关的试点工作与宣传体验活动。

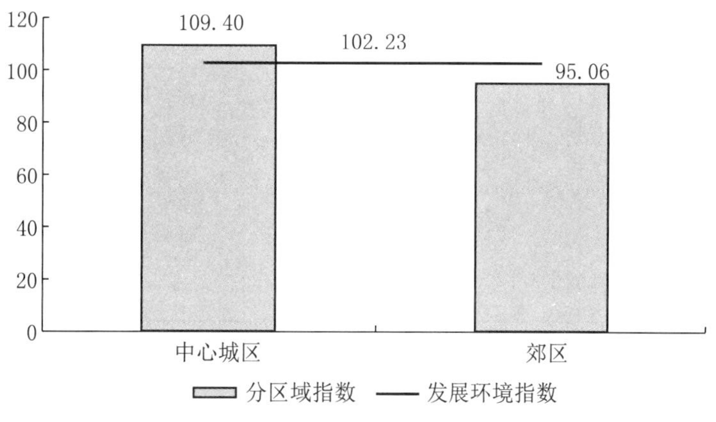

图 2-14 发展环境指数

发展环境指数相关二级指标指数值如下:

表 2-10　发展环境指数二级指标

二级指标	指数值
机制保障	97.47
区域创新	100.14
试点示范	108.19

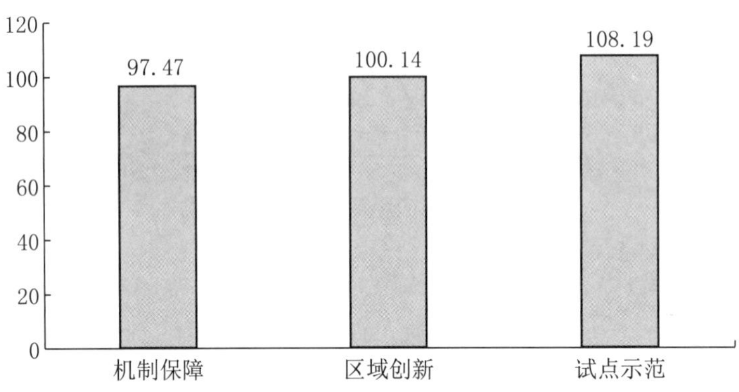

图 2-15　发展环境指数二级指标

1. 机制保障

机制保障相关三级指标指数值如下:

表 2-11　发展环境指数——机制保障

三级指标	指数值
制度规划	98.17
支撑保障	96.77

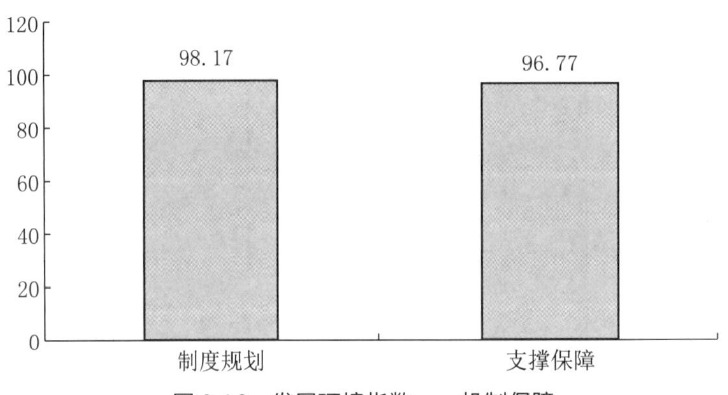

图 2-16　发展环境指数——机制保障

2. 区域创新

区域创新相关三级指标指数值如下:

表 2-12 发展环境指数——区域创新

三级指标	指数值
政务服务	100.40
城市运行	101.29
数字经济	101.76
公共服务	97.12

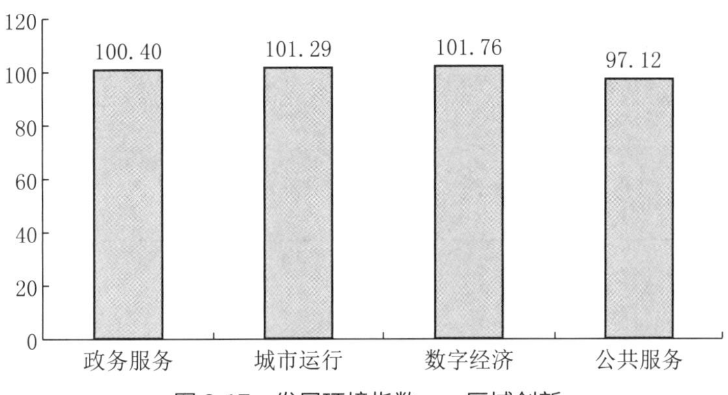

图 2-17 发展环境指数——区域创新

3. 试点示范

试点示范相关三级指标指数值如下:

表 2-13 上海市发展环境指数——试点示范

三级指标	指数值
工作试点	92.44
项目培育	120.90
宣传体验	111.23

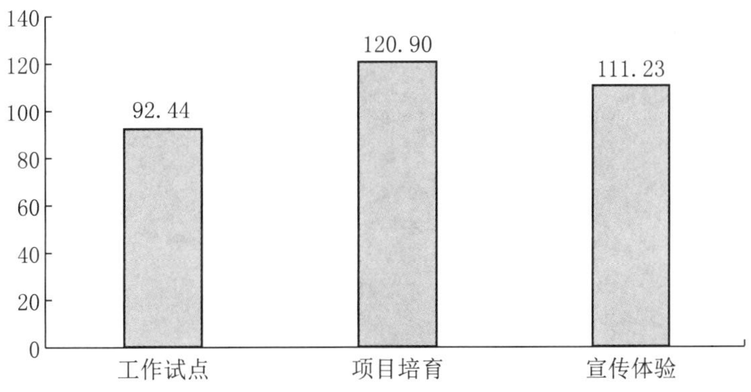

图 2-18 发展环境指数——试点示范

三、区域评估结果

(一)区域智慧城市发展水平指数

按智慧城市发展水平指数从高到低依次排名，浦东新区、徐汇区、黄浦区为智慧城市发展水平指数前三名，指数值分别为 133.41、126.74 和 125.32。

表 3-1　智慧城市发展水平指数（前三名）

排名	行政区	智慧城市发展水平指数	一级指标			网络安全状况系数
			新型基础设施指数	智慧应用指数	发展环境指数	
1	浦东	133.41	121.96	136.12	136.52	1.00
2	徐汇	126.74	124.68	136.25	112.26	1.00
3	黄浦	125.32	135.76	135.94	109.19	0.98

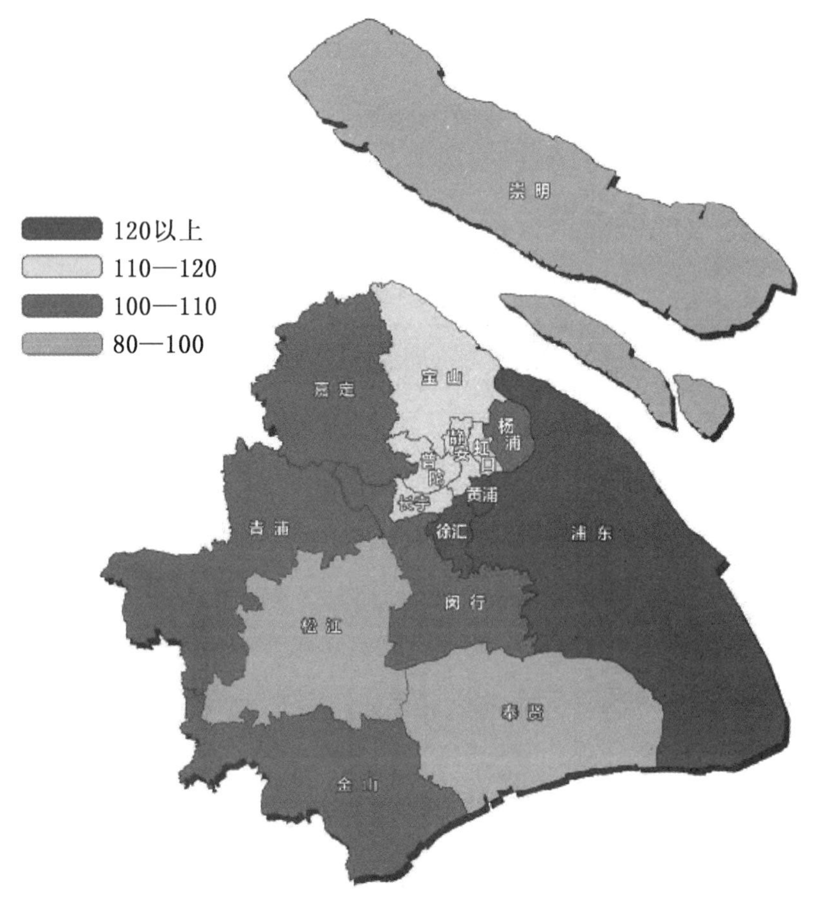

图 3-1　智慧城市发展水平指数地图

按区域划分，各区智慧城市发展水平指数如下：

表 3-2 中心城区智慧城市发展水平指数

排名	行政区	智慧城市发展水平指数	一级指标			网络安全状况系数
			新型基础设施指数	智慧应用指数	发展环境指数	
1	浦东	133.41	121.96	136.12	136.52	1.00
2	徐汇	126.74	124.68	136.25	112.26	1.00
3	黄浦	125.32	135.76	135.94	109.19	0.98
4	静安	117.02	129.76	121.83	104.45	0.99
5	普陀	115.92	132.92	112.14	110.89	1.00
6	长宁	115.52	125.30	120.14	109.16	0.98
7	虹口	113.89	141.74	115.13	97.08	0.99
8	杨浦	107.70	122.82	113.27	95.65	0.98

表 3-3 郊区智慧城市发展水平指数

排名	行政区	智慧城市发展水平指数	一级指标			网络安全状况系数
			新型基础设施指数	智慧应用指数	发展环境指数	
1	宝山	110.94	116.91	114.72	108.21	0.98
2	嘉定	106.69	103.34	106.93	108.51	1.00
3	闵行	105.39	116.31	103.30	108.75	0.98
4	金山	104.30	102.87	113.55	96.92	0.98
5	青浦	103.03	109.31	107.77	94.41	0.99
6	松江	93.82	112.95	94.19	83.60	0.99
7	奉贤	89.35	107.04	90.19	82.24	0.98
8	崇明	87.31	102.85	88.54	77.85	0.99

（二）新型基础设施

按新型基础设施指数从高到低依次排名，虹口区、黄浦区、普陀区为前三名。

表 3-4 新型基础设施指数

排名	行政区	指数值	排名	行政区	指数值
1	虹口	141.74	9	宝山	116.91
2	黄浦	135.76	10	闵行	116.31
3	普陀	132.92	11	松江	112.96
4	静安	129.76	12	青浦	109.31
5	长宁	125.30	13	奉贤	107.04
6	徐汇	124.68	14	嘉定	103.34
7	杨浦	122.82	15	金山	102.87
8	浦东	121.96	16	崇明	102.85

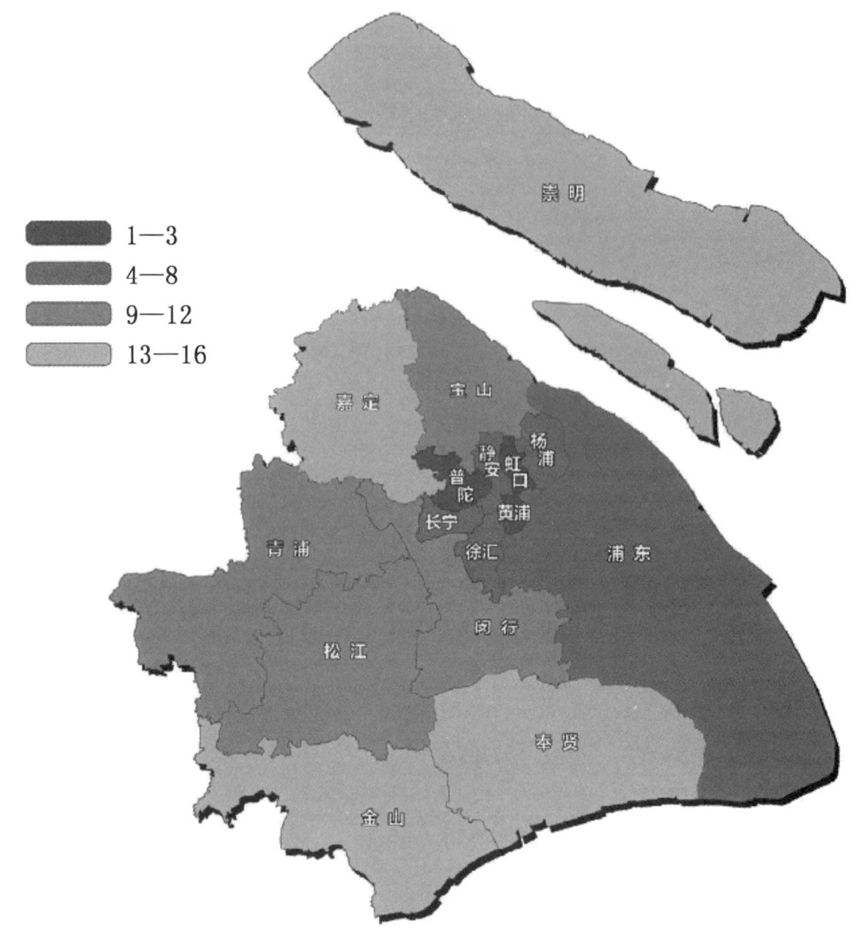

图 3-2　各区新型基础设施指数地图

按区域划分，各区新型基础设施指数如下：

表 3-5　中心城区新型基础设施指数

排名	行政区	指数值
1	虹口	141.74
2	黄浦	135.76
3	普陀	132.92
4	静安	129.76
5	长宁	125.30
6	徐汇	124.68
7	杨浦	122.82
8	浦东	121.96

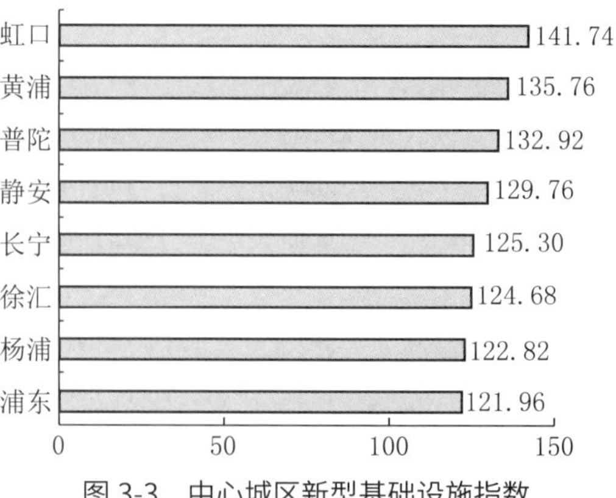

图 3-3　中心城区新型基础设施指数

表 3-6 郊区新型基础设施指数

排名	行政区	指数值
1	宝山	116.91
2	闵行	116.31
3	松江	112.95
4	青浦	109.31
5	奉贤	107.04
6	嘉定	103.34
7	金山	102.87
8	崇明	102.85

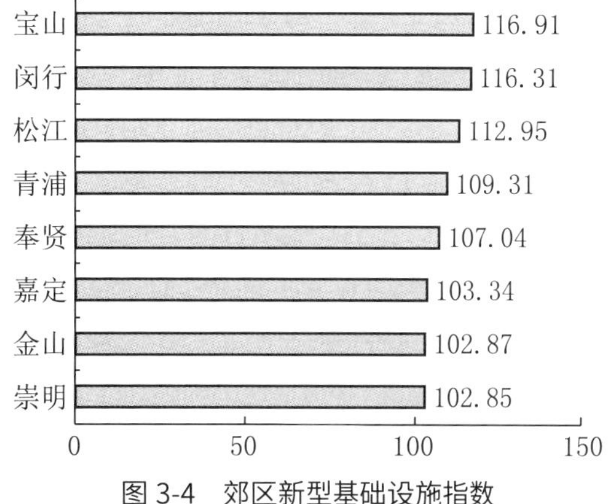

图 3-4 郊区新型基础设施指数

1. 基础能力

上海基于 5G+ 光网“双千兆”，构建高速、智能、泛在的应用生态圈，推进城市精细化管理、美丽家园、垂直行业等领域的智能应用，现在已率先建成“双千兆宽带城市第一城”。

“双千兆”高速智能的通信网络基础设施，极大助力区块链、云计算、大数据、边缘计算等信息技术快速高效应用于工业互联网、大健康大医疗、智慧家庭、物联网、超高清视频、VR/AR 公共服务、无人机、智能网联汽车、自动驾驶等多个领域，为产业发展升级提供源动力。已推进了 300 多项 5G 应用项目，包括商飞、商发、外高桥造船厂等典型应用。其中，部分应用已经落地，形成成熟的商业模式，如临港无人机项目、宝山智能垃圾桶项目。在上海新型冠状病毒感染肺炎防控工作中，5G 成为实战强力“外援”，5G+ 热成像红外测温仪、基于 5G 的远程医疗云平台、5G 移动监护箱、5G 防疫智能机器人、基于 5G 的移动医院广泛助力抗疫。

表 3-7 基础能力

排名	行政区	指数值	排名	行政区	指数值
1	虹口	210.57	9	闵行	117.43
2	黄浦	192.22	10	宝山	110.01
3	普陀	169.88	11	松江	91.36
4	静安	164.85	12	青浦	81.93
5	徐汇	153.29	13	奉贤	74.10
6	长宁	147.72	14	嘉定	68.33
7	杨浦	130.18	15	金山	52.61
8	浦东	120.75	16	崇明	51.73

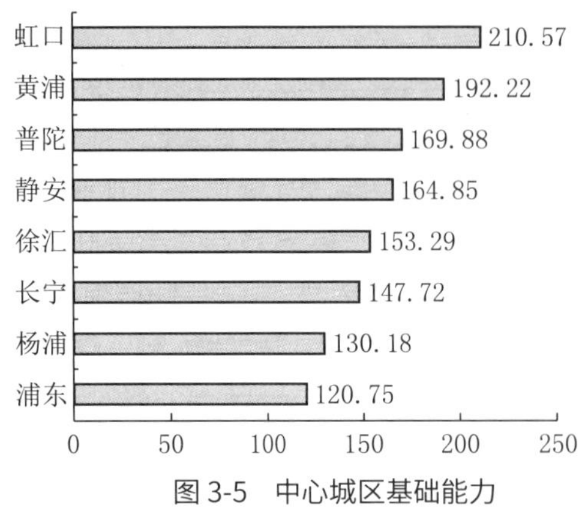

图 3-5　中心城区基础能力

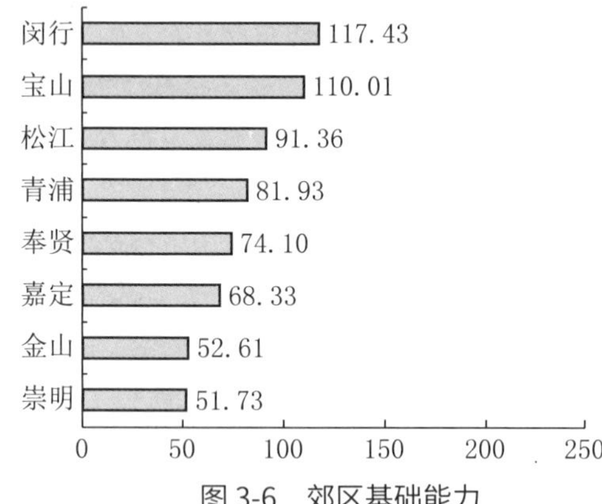

图 3-6　郊区基础能力

2. 应用感知

上海持续深入推进移动通信网络设施建设，进一步扩大网络覆盖范围，提升网络供给能力，持续提高各类用户感知度。上海移动通信用户感知度总体情况良好，用户实际平均下载速率稳步上升。“十三五”期间，上海市固定宽带平均下载速率始终排名全国第一。

上海打造“物联、数联、智联”三位一体的新型城域物联专网体系，探索为城市管理和社会治理提供智能数据服务，推动“感知网络”与城市管理和社会治理深度融合。新型城域物联专网利用多种无线通信技术，在城市街镇社区部署泛连接的智能感知终端，通过综合服务平台及应用算法汇集、分析数据，形成对当前态势的感知和未来发展的预测，为城市管理精细化、智能化提供数据服务支撑。

表 3-8　应用感知

排名	行政区	指数值	排名	行政区	指数值
1	虹口	127.74	9	宝山	122.79
2	普陀	127.37	10	金山	122.75
3	浦东	125.85	11	青浦	122.12
4	杨浦	125.56	12	长宁	122.02
5	黄浦	124.63	13	奉贤	122.00
6	松江	123.63	14	崇明	121.26
7	静安	123.59	15	闵行	119.94
8	嘉定	122.99	16	徐汇	119.77

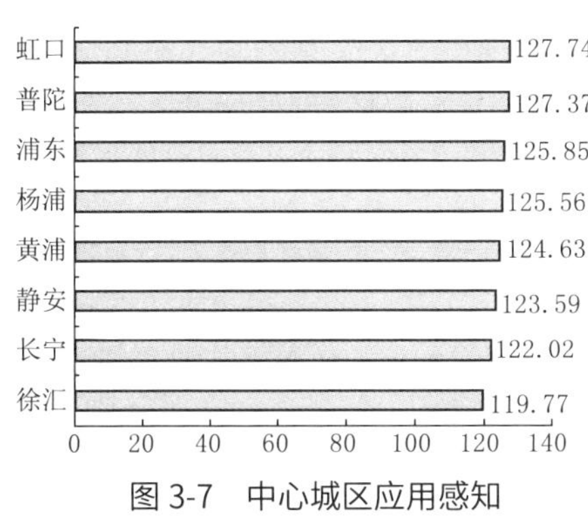

图 3-7 中心城区应用感知

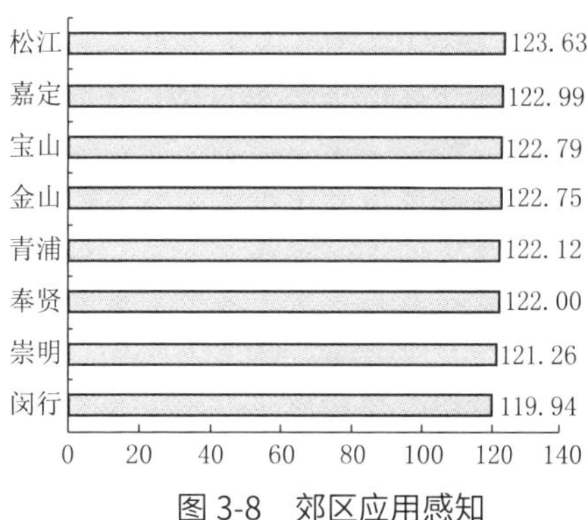

图 3-8 郊区应用感知

3. 信息资源

2020 年，聚焦防疫复工、卫生健康、交通出行、文化教育、信用服务、普惠金融、商业服务等重点领域深入推进公共信息资源分级分类开放，全面提升开放数据治理能力和服务水平，重点打造了一批经济价值较高、社会价值显著的政企数据融合示范应用项目，释放公共数据价值，助力数字经济发展。

上海市级各单位按照有关数据共享标准规范提出数据需求，通过市大数据资源平台及时共享数据，为上海市政务服务“一网通办”、城市运行“一网统管”提供基础支撑。目前已打通了国家、市、区三级交换通道，实现与长三角共享交换数据，与国家共享数据。

表 3-9 信息资源

排名	行政区	指数值	排名	行政区	指数值
1	浦东	114.86	9	徐汇	109.25
2	长宁	112.01	10	虹口	109.20
3	普陀	111.33	11	黄浦	108.30
4	静安	111.13	12	闵行	107.69
5	宝山	110.77	13	青浦	107.07
6	杨浦	110.43	14	金山	106.35
7	崇明	110.20	15	奉贤	105.26
8	松江	109.95	16	嘉定	93.59

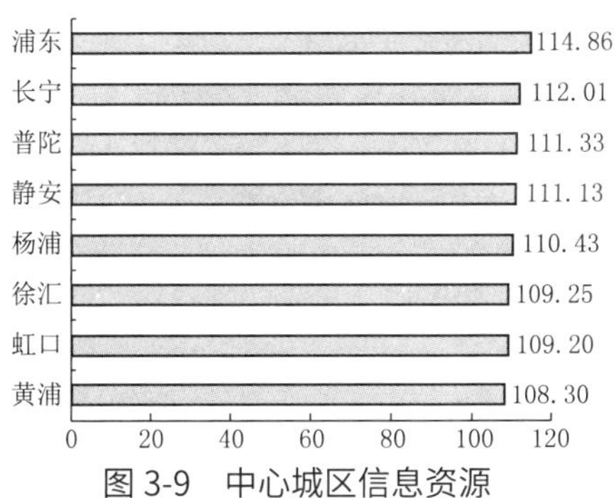

图 3-9 中心城区信息资源

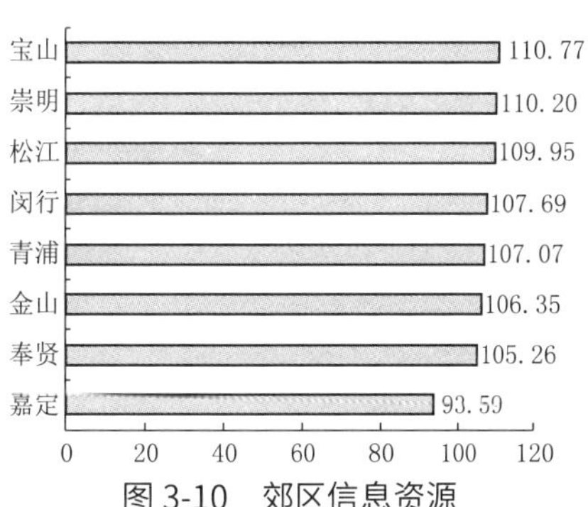

图 3-10 郊区信息资源

（三）智慧应用

按智慧应用指数从高到低依次排名，徐汇区、浦东新区、黄浦区为前三名。

表 3-10　智慧应用指数

排名	行政区	指数值	排名	行政区	指数值
1	徐汇	136.25	9	杨浦	113.27
2	浦东	136.12	10	普陀	112.14
3	黄浦	135.94	11	青浦	107.77
4	静安	121.83	12	嘉定	106.93
5	长宁	120.14	13	闵行	103.30
6	虹口	115.13	14	松江	94.19
7	宝山	114.72	15	奉贤	90.19
8	金山	113.55	16	崇明	88.54

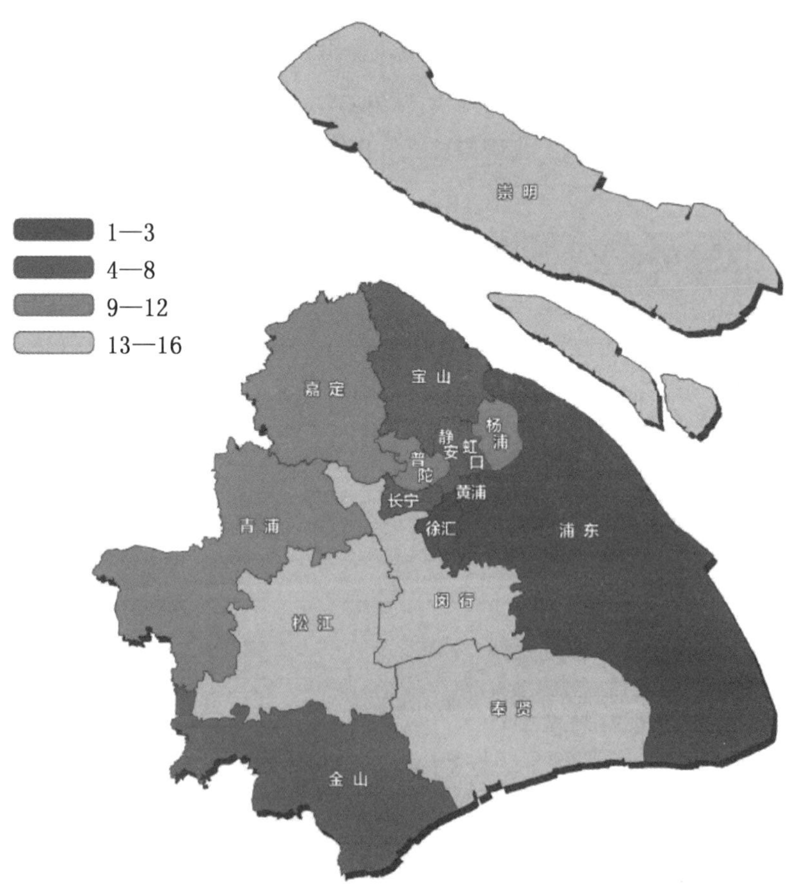

图 3-11　各区智慧应用指数地图

表 3-11　中心城区智慧应用指数

排名	行政区	指数值
1	徐汇	136.25
2	浦东	136.12
3	黄浦	135.94
4	静安	121.83
5	长宁	120.14
6	虹口	115.13
7	杨浦	113.27
8	普陀	112.14

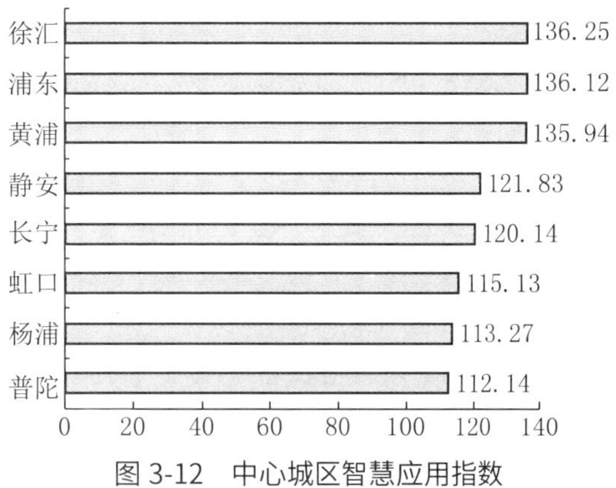

图 3-12　中心城区智慧应用指数

表 3-12　郊区智慧应用指数

排名	行政区	指数值
1	宝山	114.72
2	金山	113.55
3	青浦	107.77
4	嘉定	106.93
5	闵行	103.30
6	松江	94.19
7	奉贤	90.19
8	崇明	88.54

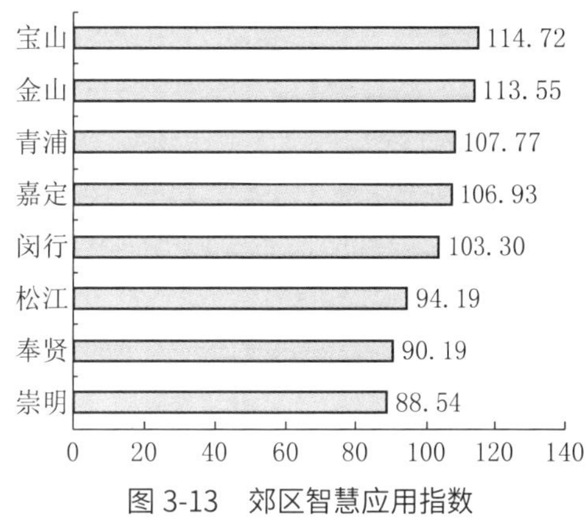

图 3-13　郊区智慧应用指数

1. 政务服务

据联合国经济与社会事务部今年 7 月发布的《2020 联合国电子政务调查报告》中“地方在线服务指数”显示，上海位列全球各大城市第 9 位，正在推行的“一网通办”被作为经典案例写入该报告中。

今年，“一网通办”聚焦“两个免于提交”，在开展政务服务和实施监管执法场景中，通过电子证照应用、数据共享核验等方式，实行“凡是本市政府部门核发的材料，原则上一律免于提交；凡是能够提供电子证照的，原则上一律不再提交实体证照”，推动从“侧重行政权力事项”向“行政权力事项和公共服务事项并重”转变，从“能办”向“好办”转变，提升群众和企业的获得感。

围绕“高效办成一件事”，聚焦企业、群众关心的痛点难点，对办事流程进行系统性重构，实现“一件事一次办”。首批 14 件事项，包括企业纳税缴费一件事、创新创业一件事、公民出生一件事、医疗付费一件事等跨部门、跨层级、跨区域事项。

表 3-13　政务服务

排名	行政区	指数值	排名	行政区	指数值
1	宝山	118.84	9	徐汇	103.34
2	静安	118.17	10	青浦	103.24
3	浦东	117.52	11	黄浦	101.27
4	奉贤	113.75	12	嘉定	99.99
5	虹口	111.36	13	杨浦	99.61
6	金山	106.29	14	普陀	99.49
7	闵行	106.00	15	崇明	98.17
8	长宁	104.46	16	松江	97.52

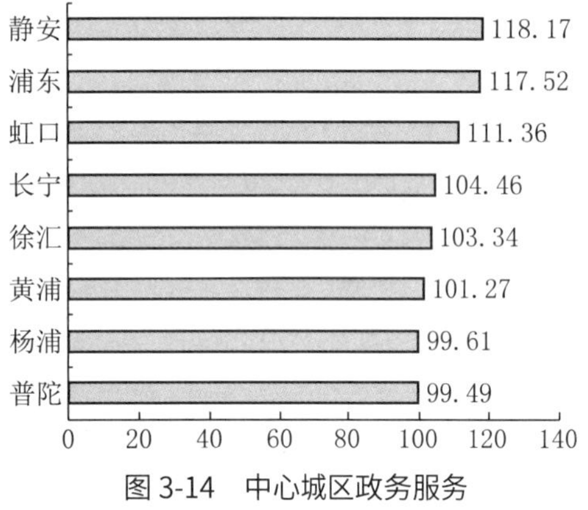

图 3-14　中心城区政务服务

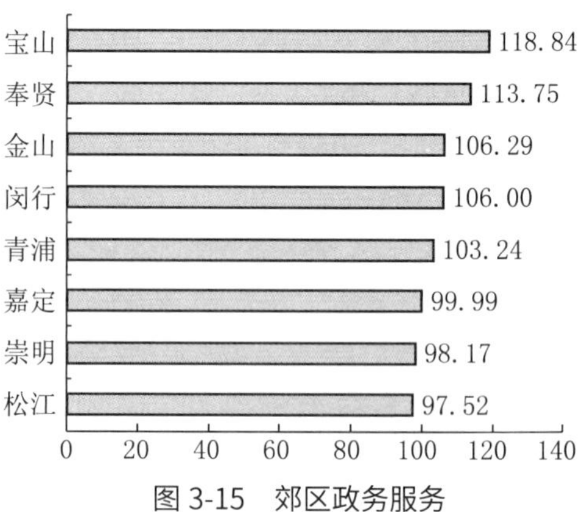

图 3-15　郊区政务服务

2. 城市运行

上海城市运行“一网统管”目前已经建成城市运行管理和应急联动处置系统，整合接入公共安全、绿化市容、住建、交通、应急、民防、生态环境、卫生健康、气象、水电气网等领域的专题应用，初步实现了“一屏观天下、一网管全城”。未来三年，“一网统管”建设将依托市、区两级大数据资源平台，推动“一网统管”的业务数据、视频数据、物联数据和地图数据的集中统一管理，实现“治理要素一张图、互联互通一张网、数据汇聚一个湖、城市大脑一朵云、城运系统一平台、移动应用一门户”。

上海聚焦环保、建筑、水务、燃气、管廊等重点领域，加强互联感知、数据分析、智能决策技术的应用，推进公共建筑能耗和重点用能单位能耗的监测，全面提升城市能源管理水平和能源利用效率。

表 3-14　城市运行

排名	行政区	指数值	排名	行政区	指数值
1	黄浦	187.79	9	宝山	103.01
2	虹口	161.12	10	金山	101.32
3	静安	156.36	11	嘉定	93.29
4	长宁	156.25	12	松江	92.08
5	普陀	142.85	13	青浦	92.02
6	杨浦	137.85	14	闵行	90.48
7	徐汇	136.50	15	奉贤	89.24
8	浦东	109.01	16	崇明	82.19

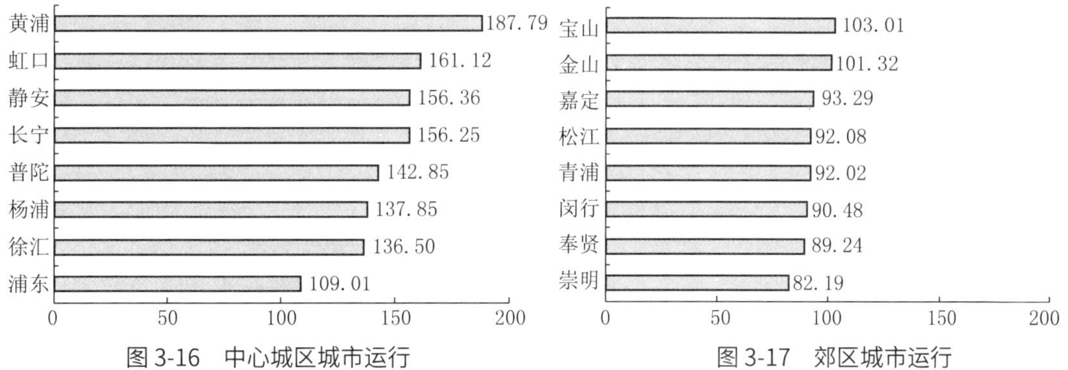

图 3-16　中心城区城市运行　　　　图 3-17　郊区城市运行

3. 数字经济

上海依托雄厚的产业基础、丰富的应用场景、充沛的要素资源等优势，为数字经济与实体经济深度融合，全面推进城市数字化转型奠定了坚实的基础。2020 年 2 月，上海市发布的《关于进一步加快智慧城市建设的若干意见》中强调，上海将打造数字新产业创新策源高地；推进数字化转型高质量发展，实现信息技术与实体经济深度融合，推进工业互联网创新发展，持续推动数据融合创新应用；建设世界级的智慧城市应用场景；重点建设数字经济示范区。

上海积极落实国家“推动新一代人工智能健康发展”的要求，把发展人工智能作为优先战略选择，实施“智能上海（AIOSH）”行动，推进人工智能产业发展、科技创新、应用落地和生态建设，举办世界人工智能大会，着力打造人工智能创新策源、应用示范、制度供给和人才集聚的“上海高地”。人工智能作为产业变革的核心力量，“赋能百业”效应正日益显现。上海工业互联网发展重点围绕工业互联网赋能经济高质量发展的工作主线，创新工业互联网发展路径，打造“工赋上海”，推动工业互联网发展向产业化、知识化梯度投升。

表 3-15 数字经济

排名	行政区	指数值	排名	行政区	指数值
1	浦东	236.78	9	杨浦	116.98
2	徐汇	188.94	10	松江	114.68
3	青浦	169.30	11	崇明	107.10
4	金山	162.58	12	奉贤	90.55
5	嘉定	150.92	13	静安	89.54
6	闵行	134.40	14	长宁	88.27
7	宝山	126.11	15	普陀	75.94
8	黄浦	118.73	16	虹口	51.92

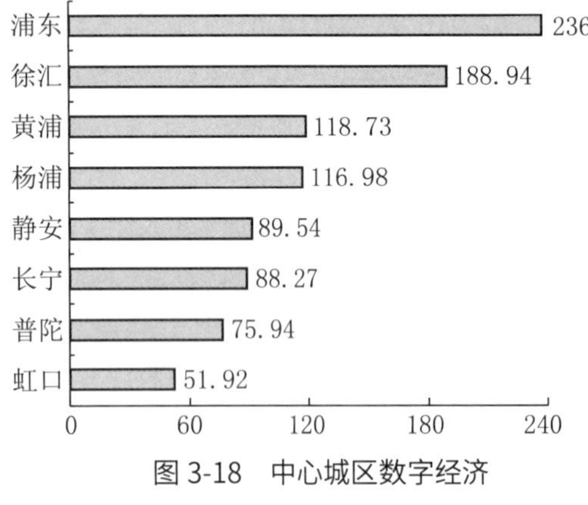

图 3-18 中心城区数字经济

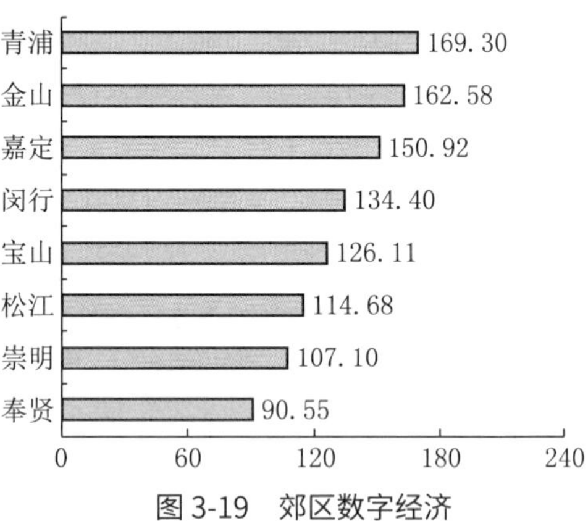

图 3-19 郊区数字经济

4. 公共服务

上海各领域着力为市民提供智慧便捷的公共服务，围绕市民对生活品质、文化休闲、医疗教育、交通出行等方面的需求，创新服务模式、丰富服务内容、整合服务渠道，建设普惠宜居、以人为本的智慧生活环境，便民、利民、惠民，持续提升市民获得感、幸福感、安全感。

医疗服务更加精准化，已实现医疗机构医学影像和报告的互联互通互认。上海健康信息网已全面联网。上海教育信息化自有光纤教育城域网全面覆盖，学校信息化应用程度显著加强，教师信息技术应用能力广泛提升，全面打造教育信息化应用标杆学校。上海公共停车信息平台已经接入全市 3 000 个公共停车场（库）和 1 200 个收费道路停车场，共约 89 万个泊位的数据。全市 2.6 万多个公交站点中近 1 万个站点实现了电子化改造，中心城区（除浦东新区外环线以外地区）实现公交电子站牌和途经线路实时预报双覆盖。

表 3-16 公共服务

排名	行政区	指数值	排名	行政区	指数值
1	徐汇	117.17	9	金山	94.90
2	虹口	116.45	10	杨浦	93.83
3	黄浦	116.19	11	嘉定	93.11
4	宝山	115.94	12	闵行	92.35
5	长宁	115.74	13	青浦	82.17
6	普陀	114.52	14	松江	79.76
7	静安	112.45	15	奉贤	77.43
8	浦东	101.97	16	崇明	76.12

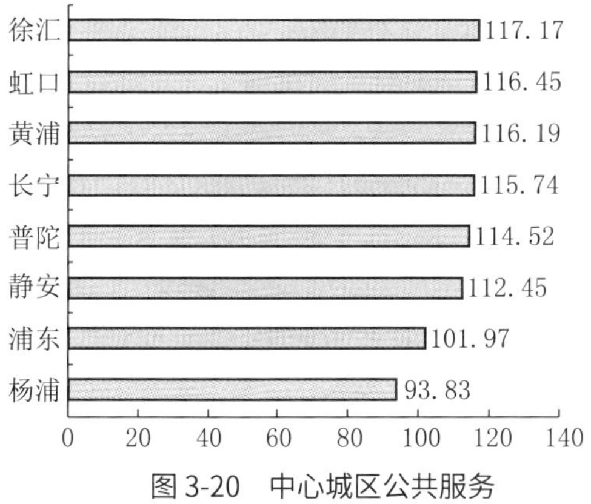

图 3-20 中心城区公共服务

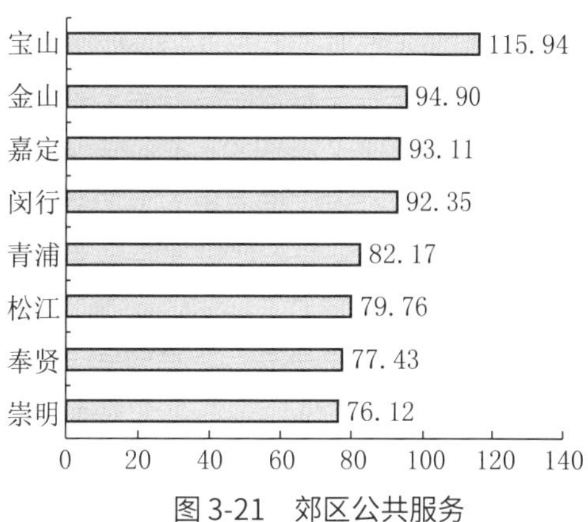

图 3-21 郊区公共服务

（四）发展环境

按发展环境指数从高到低依次排名，浦东新区、徐汇区、普陀区为前三名。

表 3-17 发展环境指数

排名	行政区	指数值	排名	行政区	指数值
1	浦东	136.52	9	静安	104.45
2	徐汇	112.26	10	虹口	97.08
3	普陀	110.89	11	金山	96.92
4	黄浦	109.19	12	杨浦	95.65
5	长宁	109.16	13	青浦	94.41
6	闵行	108.75	14	松江	83.60
7	嘉定	108.51	15	奉贤	82.24
8	宝山	108.21	16	崇明	77.85

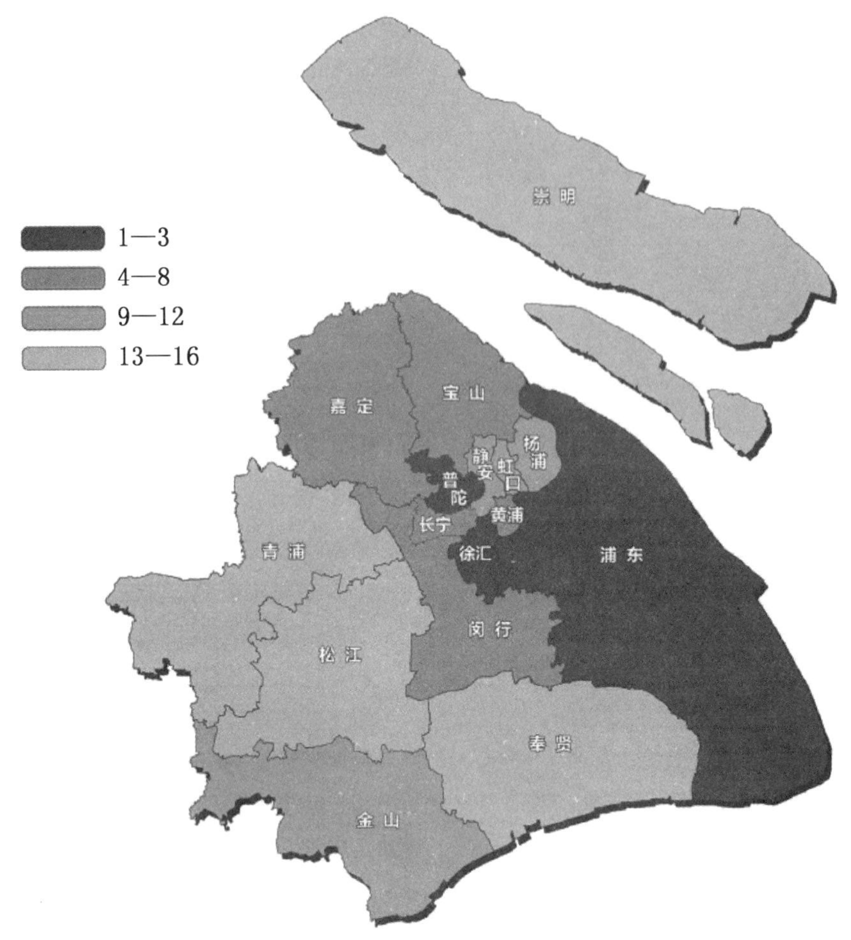

图 3-22　各区发展环境指数地图

表 3-18　中心城区发展环境指数

排名	行政区	指数值
1	浦东	136.52
2	徐汇	112.26
3	普陀	110.89
4	黄浦	109.19
5	长宁	109.16
6	静安	104.45
7	虹口	97.08
8	杨浦	95.65

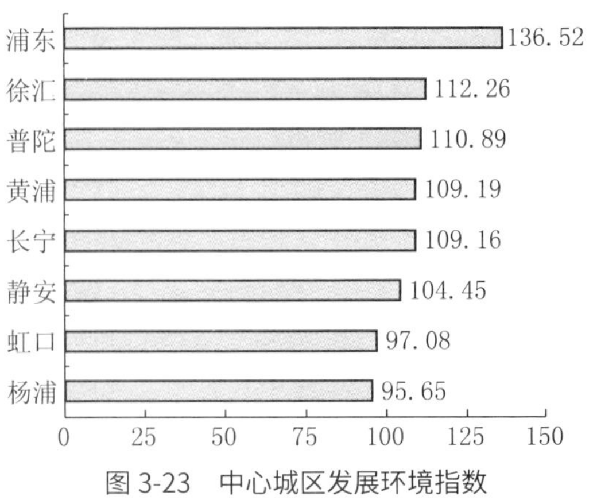

图 3-23　中心城区发展环境指数

表 3-19　郊区发展环境指数

排名	行政区	指数值
1	闵行	108.75
2	嘉定	108.51
3	宝山	108.21
4	金山	96.92
5	青浦	94.41
6	松江	83.60
7	奉贤	82.24
8	崇明	77.85

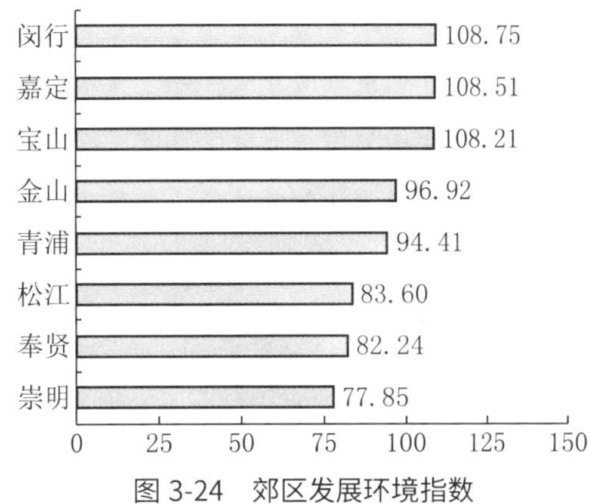

图 3-24　郊区发展环境指数

1. 机制保障

各区均设立了智慧城市建设领导小组，加强了区域智慧城市发展顶层设计，制定具有可操作性的规划和协同推进的工作计划；启动编制“十四五”智慧城市相关规划；拓展投融资渠道，利用政府相关专项资金，推进智慧城市相关应用项目建设和技术研发产业化，引领多渠道、多元化资金推动区域应用服务拓展、产业发展升级。各区纷纷强化人才培养，加大人才激励扶持力度，制定落实人才保障政策。

表 3-20　机制保障

排名	行政区	指数值	排名	行政区	指数值
1	静安	101.88	9	青浦	98.18
1	宝山	101.88	10	奉贤	96.25
3	闵行	100.05	11	徐汇	96.10
4	浦东	100.00	12	杨浦	94.28
4	黄浦	100.00	12	嘉定	94.28
4	长宁	100.00	14	虹口	92.40
4	普陀	100.00	15	崇明	92.25
4	金山	100.00	16	松江	91.98

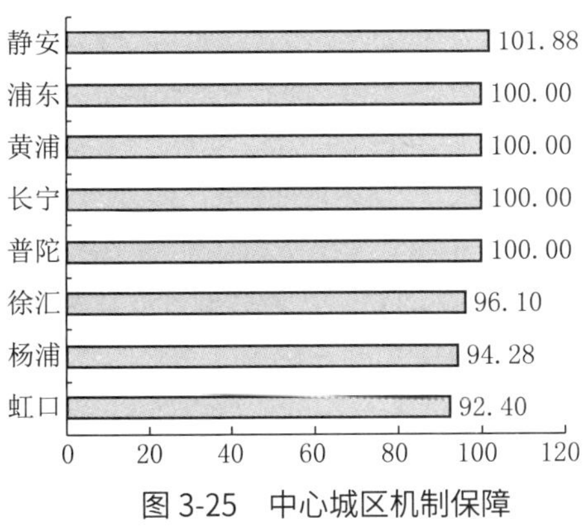

图 3-25　中心城区机制保障

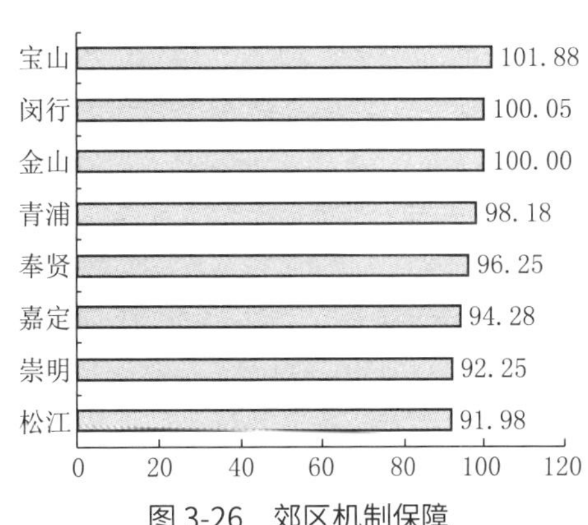

图 3-26　郊区机制保障

2. 区域创新

各区把握数字经济发展机遇，聚焦在线新经济等新业态新模式，加快推进新基建、布局新产业、培育新消费、形成新动能。在政务服务、城市运行、数字经济、公共服务等方面打造了诸多各具亮点的创新应用。疫情期间，各区及时响应，发挥出智慧城市建设成果的重要作用，助力疫情防控、助力企业复工复产。

表 3-21　区域创新

排名	行政区	指数值	排名	行政区	指数值
1	浦东	110.17	9	徐汇	99.74
1	长宁	110.17	10	青浦	99.37
1	普陀	110.17	11	闵行	98.95
1	宝山	110.17	12	金山	97.07
1	嘉定	110.17	13	崇明	88.29
6	虹口	106.07	14	奉贤	87.09
7	黄浦	103.63	15	杨浦	86.82
8	静安	101.48	16	松江	82.92

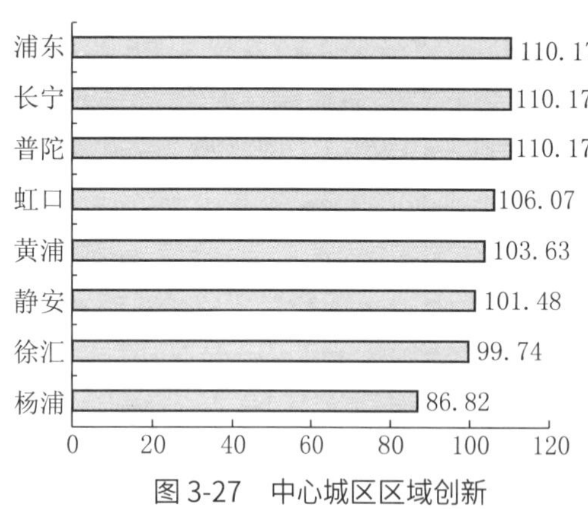

图 3-27　中心城区区域创新

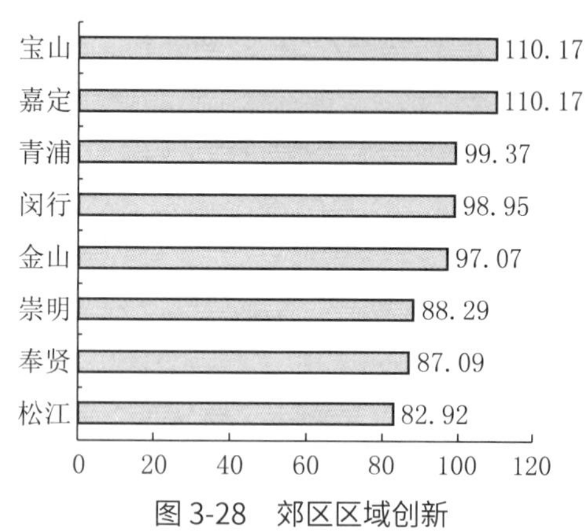

图 3-28　郊区区域创新

3. 试点示范

各区积极主动承担相关国家级及市级智慧城市项目建设，加大信息化相关项目培育，打造优质、多元协同、富于活力的创新生态环境。各区多形式、多频次、多层面开展各类宣传活动，提升市民的获得感和体验感，着力营造出良好的智慧城市发展环境。

表 3-22 试点示范

排名	行政区	指数值	排名	行政区	指数值
1	浦东	196.01	9	宝山	109.83
2	徐汇	139.73	10	杨浦	108.34
3	闵行	127.63	11	金山	94.68
4	黄浦	122.73	12	虹口	88.22
5	普陀	119.11	13	青浦	85.28
6	嘉定	115.79	14	松江	78.91
7	长宁	113.91	15	奉贤	66.43
8	静安	110.13	16	崇明	54.34

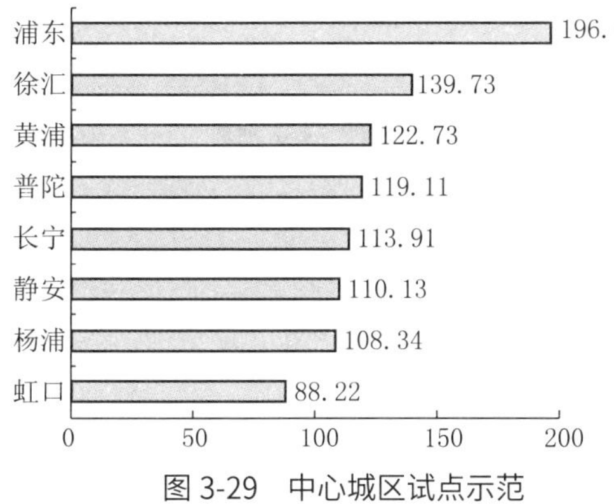

图 3-29 中心城区试点示范

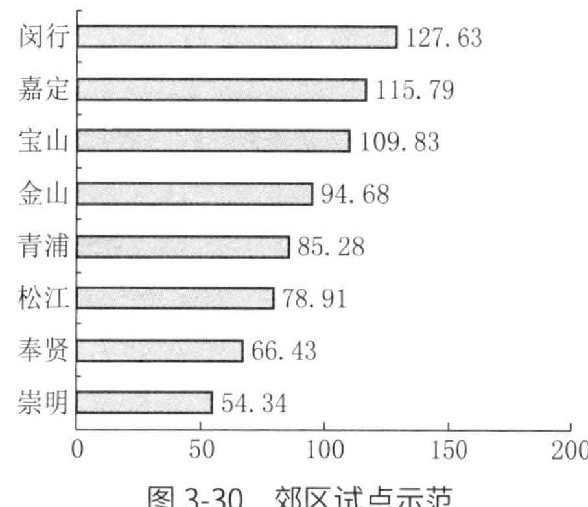

图 3-30 郊区试点示范

（五）网络安全状况系数

根据相关通报，2020 年 1—10 月，上海市各区政府部门、事业单位与重点企业被通报存在网络安全高危风险数量为 82 个，同比去年明显下降。7 个区发生网络安全事件 13 件，同比去年下降 6 件。

表 3-23 网络安全状况系数

序号	行政区	网络安全状况系数	序号	行政区	网络安全状况系数
1	浦东	1.00	5	崇明	0.99
1	徐汇	1.00	10	黄浦	0.98
1	普陀	1.00	10	长宁	0.98
1	嘉定	1.00	10	杨浦	0.98
5	静安	0.99	10	宝山	0.98
5	虹口	0.99	10	闵行	0.98
5	松江	0.99	10	金山	0.98
5	青浦	0.99	10	奉贤	0.98

2020 上海软件和信息技术服务业“百强”企业名单

序号	企业名称	区
1	支付宝（中国）网络技术有限公司	浦东新区
2	中国银联股份有限公司	浦东新区
3	汉海信息技术（上海）有限公司	长宁区
4	上海寻梦信息技术有限公司	长宁区
5	百度（中国）有限公司	浦东新区
6	腾讯科技（上海）有限公司	徐汇区
7	思爱普（中国）有限公司	静安区
8	上海华东电脑股份有限公司	嘉定区
9	上海宝信软件股份有限公司	浦东新区
10	上海阑途信息技术有限公司	闵行区
11	上海哔哩哔哩科技有限公司	杨浦区
12	瑞庭网络技术（上海）有限公司	浦东新区
13	上海华讯网络系统有限公司	浦东新区
14	银联商务股份有限公司	浦东新区
15	携程计算机技术（上海）有限公司	徐汇区
16	上海中通吉网络技术有限公司	青浦区

续表

序号	企业名称	区
17	咪咕视讯科技有限公司	浦东新区
18	网宿科技股份有限公司	嘉定区
19	上海中兴软件有限责任公司	浦东新区
20	上海基分文化传播有限公司	嘉定区
21	卡斯柯信号有限公司	静安区
22	汇付天下有限公司	徐汇区
23	上海汇付数据服务有限公司	徐汇区
24	开店宝支付服务有限公司	浦东新区
25	携程旅游网络技术（上海）有限公司	长宁区
26	上海钧正网络科技有限公司	闵行区
27	上海数禾信息科技有限公司	浦东新区
28	上海汉得信息技术股份有限公司	青浦区
29	达疆网络科技（上海）有限公司	杨浦区
30	上海掌小门教育科技有限公司	宝山区
31	上海巨人网络科技有限公司	徐汇区
32	英特尔亚太研发有限公司	闵行区
33	百视通网络电视技术发展有限责任公司	长宁区
34	上海龙旗科技股份有限公司	徐汇区
35	银联国际有限公司	浦东新区
36	银联数据服务有限公司	浦东新区
37	上海申雪供应链管理有限公司	青浦区
38	上海阅文信息技术有限公司	浦东新区
39	万达信息股份有限公司	徐汇区
40	珍岛信息技术（上海）股份有限公司	静安区
41	上海陆家嘴国际金融资产交易市场股份有限公司	浦东新区
42	上海鱼泡泡信息科技有限公司	松江区
43	上海玄霆娱乐信息科技有限公司	浦东新区
44	行吟信息科技（上海）有限公司	嘉定区
45	米哈游科技（上海）有限公司	嘉定区
46	迅付信息科技有限公司	徐汇区
47	上海华兴数字科技有限公司	浦东新区
48	上海上湖信息技术有限公司	浦东新区
49	上海二三四五网络科技有限公司	浦东新区
50	上海电科智能系统股份有限公司	普陀区

续表

序号	企业名称	区
51	赛韵网络科技（上海）有限公司	普陀区
52	上海浪潮云计算服务有限公司	静安区
53	东方财富信息股份有限公司	嘉定区
54	优刻得科技股份有限公司	杨浦区
55	鼎捷软件股份有限公司	静安区
56	花旗金融信息服务（中国）有限公司	浦东新区
57	卫宁健康科技集团股份有限公司	浦东新区
58	上海完美时空软件有限公司	杨浦区
59	达索析统（上海）信息技术有限公司	浦东新区
60	上海三思电子工程有限公司	闵行区
61	上海中软华腾软件系统有限公司	徐汇区
62	思科系统（中国）研发有限公司	徐汇区
63	上海识装信息科技有限公司	虹口区
64	上海连尚网络科技有限公司	浦东新区
65	携程旅游信息技术（上海）有限公司	浦东新区
66	上海电信科技发展有限公司	黄浦区
67	上海南洋万邦软件技术有限公司	长宁区
68	上海泛微网络科技股份有限公司	奉贤区
69	盛趣信息技术（上海）有限公司	浦东新区
70	上海京东到家元信信息技术有限公司	杨浦区
71	上海微创软件股份有限公司	闵行区
72	上海华测导航技术股份有限公司	青浦区
73	天翼视讯传媒有限公司	浦东新区
74	心动网络股份有限公司	闵行区
75	中汇信息技术（上海）有限公司	浦东新区
76	易百信息技术（上海）股份有限公司	普陀区
77	上海理想信息产业（集团）有限公司	浦东新区
78	上海富友支付服务股份有限公司	浦东新区
79	华勤技术有限公司	浦东新区
80	上海艾为电子技术股份有限公司	闵行区
81	易安信信息技术研发（上海）有限公司	杨浦区
82	上海维信荟智金融科技有限公司	虹口区
83	上海海隆软件有限公司	徐汇区
84	上海新萌网络科技有限公司	浦东新区

续表

序号	企业名称	区
85	宝付网络科技（上海）有限公司	徐汇区
86	上海嵩恒网络科技股份有限公司	浦东新区
87	上海新致软件股份有限公司	浦东新区
88	上海金桥信息股份有限公司	浦东新区
89	上海东方希杰商务有限公司	静安区
90	亿企赢网络科技有限公司	浦东新区
91	上海七牛信息技术有限公司	浦东新区
92	上海诺基亚贝尔软件有限公司	浦东新区
93	中远海运科技股份有限公司	浦东新区
94	云汉芯城（上海）互联网科技股份有限公司	松江区
95	上海收钱吧互联网科技有限公司	普陀区
96	上海大唐移动通信设备有限公司	徐汇区
97	蓝沙信息技术（上海）有限公司	闵行区
98	上海纳客宝信息技术有限公司	普陀区
99	上海荣数信息技术有限公司	浦东新区
100	上海东普信息科技有限公司	青浦区

2020上海软件和信息技术服务业高成长“百家”企业名单

序号	企业名称	区
1	云知声（上海）智能科技有限公司	徐汇区
2	上海得仕网络科技有限公司	徐汇区
3	上海甄云信息科技有限公司	青浦区
4	上海森亿医疗科技有限公司	浦东新区
5	上海云从企业发展有限公司	浦东新区
6	上海沐瞳科技有限公司	嘉定区
7	上海扩博智能技术有限公司	闵行区
8	上海乐言信息科技有限公司	长宁区
9	特赞（上海）信息科技有限公司	浦东新区
10	上海云轴信息科技有限公司	闵行区
11	海穗信息技术（上海）有限公司	普陀区
12	上海达龙信息科技有限公司	浦东新区
13	天纳能源科技（上海）有限公司	闵行区
14	上海阅客信息科技有限公司	虹口区
15	上海妙克信息科技有限公司	杨浦区
16	柏项网络科技（上海）有限公司	普陀区

续表

序号	企业名称	区
17	上海烽策信息科技有限公司	虹口区
18	上海冰鉴信息科技有限公司	浦东新区
19	中云开源数据技术（上海）有限公司	浦东新区
20	上海达哈那网络科技有限公司	虹口区
21	亨得昂信息科技（上海）有限公司	宝山区
22	上海百及信息科技有限公司	徐汇区
23	上海韦地科技集团有限公司	虹口区
24	上海西派埃智能化系统有限公司	徐汇区
25	上海移卓网络科技有限公司	嘉定区
26	上海宏灿信息科技股份有限公司	奉贤区
27	上海维跃信息科技有限公司	浦东新区
28	上海氪信信息技术有限公司	长宁区
29	上海汉朔信息科技有限公司	崇明区
30	集辉信息系统（上海）有限公司	普陀区
31	上海建业信息科技股份有限公司	静安区
32	上海聚水潭网络科技有限公司	静安区
33	上海方立数码科技有限公司	普陀区
34	上海斯干网络科技有限公司	普陀区
35	上海旖美信息技术有限公司	嘉定区
36	上海敏达网络科技有限公司	徐汇区
37	上海览逸信息科技有限公司	黄浦区
38	上海化云科技有限公司	浦东新区
39	上海恒锐智能工程股份有限公司	普陀区
40	阅霆信息技术（上海）有限公司	浦东新区
41	上海云角信息技术有限公司	闵行区
42	上海龙智数码科技股份有限公司	崇明区
43	猎熊座安全技术（上海）有限公司	浦东新区
44	上海臻客信息技术服务有限公司	崇明区
45	上海众言网络科技有限公司	徐汇区
46	上海碧虎网络科技有限公司	普陀区
47	瑞数信息技术（上海）有限公司	虹口区
48	上海文景信息科技有限公司	浦东新区
49	上海航动科技有限公司	徐汇区
50	上海梅斯医药科技有限公司	松江区

续表

序号	企业名称	区
51	上海欧冶金融信息服务股份有限公司	宝山区
52	上海盛霄云计算技术有限公司	浦东新区
53	上海天齐智能建筑股份有限公司	普陀区
54	上海飞为智能系统股份有限公司	闵行区
55	上海高重信息科技有限公司	普陀区
56	万司信息技术（上海）股份有限公司	浦东新区
57	健医信息科技（上海）股份有限公司	杨浦区
58	上海点明信息技术有限公司	闵行区
59	上海泰宇信息技术股份有限公司	闵行区
60	芯讯通无线科技（上海）有限公司	长宁区
61	上海艾飞能源科技有限公司	崇明区
62	飞书深诺数字科技（上海）有限公司	普陀区
63	上海方付通商务服务有限公司	徐汇区
64	上海金曲信息技术有限公司	嘉定区
65	上海翰声信息技术有限公司	青浦区
66	上海云盾信息技术有限公司	闵行区
67	上海云砺信息科技有限公司	宝山区
68	上海纽盾科技股份有限公司	杨浦区
69	上海神开石油科技有限公司	闵行区
70	方一信息科技（上海）有限公司	杨浦区
71	上海捷鑫网络科技股份有限公司	普陀区
72	上海新炬网络信息技术股份有限公司	青浦区
73	励元科技（上海）有限公司	浦东新区
74	上海智觅智能科技有限公司	虹口区
75	上海清鹤科技股份有限公司	杨浦区
76	上海艺赛旗软件股份有限公司	长宁区
77	星环信息科技（上海）有限公司	徐汇区
78	上海卓繁信息技术股份有限公司	徐汇区
79	视辰信息科技（上海）有限公司	浦东新区
80	上海云蟾数码科技有限公司	普陀区
81	上海久誉软件系统有限公司	徐汇区
82	上海繁易信息科技股份有限公司	杨浦区
83	上海道客网络科技有限公司	杨浦区
84	上海仲尼软件有限公司	徐汇区

续表

序号	企业名称	区
85	上海合合信息科技股份有限公司	杨浦区
86	上海复深蓝软件股份有限公司	徐汇区
87	上海贯幸软件科技有限公司	杨浦区
88	上海软素科技有限公司	浦东新区
89	上海艾麒信息科技股份有限公司	闵行区
90	仟传网络科技（上海）有限公司	长宁区
91	铂略企业管理咨询（上海）有限公司	长宁区
92	上海速锐信息技术有限公司	浦东新区
93	证通股份有限公司	浦东新区
94	上海易景信息科技有限公司	闵行区
95	维坤智能科技（上海）有限公司	徐汇区
96	上海复翼软件开发有限公司	杨浦区
97	上海瑞狮网络科技有限公司	普陀区
98	上海泽鑫电力科技股份有限公司	杨浦区
99	上海伯俊软件科技有限公司	闵行区
100	上海弈力信息科技有限公司	崇明区

2021 年度上海市网络与信息安全服务推荐单位名单

一、信息安全实施服务（共 34 家，排名不分先后）

上海观安信息技术股份有限公司

上海信联信息发展股份有限公司

北京天融信网络安全技术有限公司

网神信息技术（北京）股份有限公司

北京神州绿盟科技有限公司

上海市数字证书认证中心有限公司

上海计算机软件技术开发中心

北京网御星云信息技术有限公司

万达信息股份有限公司

上海鹏越惊虹信息技术发展有限公司

远江盛邦（北京）网络安全科技股份有限公司

上海万达信息系统有限公司

杭州安恒信息技术股份有限公司

上海络安信息技术有限公司

上海三零卫士信息安全有限公司

中远海运科技股份有限公司

上海市信息安全测评认证中心

优刻得科技股份有限公司

上海上讯信息技术股份有限公司

上海卫道信息技术有限公司

上海辰锐信息科技公司

上海创旗天下科技股份有限公司

上海理想信息产业（集团）有限公司

瑞数信息技术（上海）有限公司

上海安识网络科技有限公司

格尔软件股份有限公司

工业互联网创新中心（上海）有限公司

上海派拉软件股份有限公司

上海天泰网络技术有限公司

上海万雍科技股份有限公司

上海安几科技有限公司

上海嘉韦思信息技术有限公司

上海启明星辰信息技术有限公司

上海鼎赛信息科技有限公司

二、信息安全咨询和培训服务（共 10 家，排名不分先后）

北京神州绿盟科技有限公司

上海市信息安全测评认证中心

上海安言信息技术有限公司

上海观安信息技术股份有限公司

上海汇哲信息科技有限公司

上海天民信息技术有限公司

上海卫道信息技术有限公司

上海豌豆信息技术有限公司

上海安几科技有限公司

上海万雍科技股份有限公司

索引

SHANGHAI INFORMATIZATION

5

A

AP

189, 194, 196, 201

App

7, 9, 10, 27, 35, 64, 65, 70, 72, 78, 90, 94, 106, 121, 126, 135, 138, 140, 145, 147, 158, 165, 169, 170, 176, 177, 179—181, 189, 200, 210, 211, 213, 238, 259, 260, 269, 272, 275, 286, 301, 322, 328, 356, 359, 361, 363, 379, 391, 394, 403, 404, 413, 425, 440, 448, 452, 454, 469—471, 476, 477, 482, 499

AI

5, 8, 19, 57, 58, 60, 65, 66, 83, 87, 92, 93, 97, 99—101, 107, 139, 200, 201, 206, 229, 247, 251, 255, 271, 298, 319, 343, 344, 351, 359, 363, 367, 372, 377, 384, 390, 393, 395, 397—399, 401, 411, 412, 435, 442, 443, 466, 469, 472, 482, 526

AR

66, 220, 221, 229, 242, 343, 355, 381, 422, 547

B

B2B

367

B2C

367

BIM

138，414

C

城市大脑

87，91，351，362—364，367，413，438，468，473，486，552

D

电子政务

9，60，89，105，106，108，109，144，160，226，285，286，292—294，298，300，327，328，394，407，410，439，444，446，449，450，464，465，475，491，492，497，551

电子商务

79，147，237，238，240，241，243，292，348，357，367，384，460，484，503

电子合同

10，168，238，286

大数据

4，7，10，11，15，25—27，56，60，66—70，72—74，83—87，90，91，93，95—97，104—107，109，114，117，121，124，125，127—129，132，133，135，138，142，143，148，149，151—158，160，163，164，168，170，176，178—181，188，189，196，198，201，202，205，211，222，223，234，240，242，

243，247，254—257，259，260，268—270，272，276，282，289，292—296，298，300，305，319，328，348，350，351，354—356，359，360，362—367，369，371—373，378，380，382—384，387，389，393，394，398，402，404—406，408—412，414，417，419，421，426，434，436，438，442，444—446，449，452，453，455，456，458，461，465—469，471，473，475，484，488，489，493，496，528，532，537，540，547，549，552

等级保护

116，125，131，164，188，195，196，201，202，259，275，283，286，292—294，477

E

ETC

134，171，177

EPON

81

二维码

145，169，170，176，214，225，226，232，269，356，366，389，420，441，464，469，506

F

FTTH

6，22，79，81

孵化器

98，374，427，428

封装测试

41，47，48，50

G

GIS

141，143，223，260，357，363，391，425，461，482

工业 4.0

260

工业互联网

4，10—12，15，25，26，29，53，87，89，149，240，245—248，255，256，265，290，293，295—297，317，339，344—346，371，392，414，416，426，433—436，442，445，460，461，473，474，483，486，487，489，490，510，515，521，523，526，527，530，532，537，540，547，553，569

公务网

160，187，439

官方微信

192，204，208，230，232

国家重大科技专项

26

光刻机

51

H

互联网 +

53，86，105，114，124，146，150，157，158，168，178，179，193，202，209，214，221，233，243，258，284，285，310，339，344，358，359，361，365，379，386，388，389，394，402，404，414，419，420，433，440，444，448，454，464，466，477，489，501，507，524

合杆整治

24，25，61，400

I

IC 卡

361

IPTV

6，27，40，79，84，89，90，502

J

集成电路

4，5，39—50，67，76，77，258，295，308，314，320，331，344，345，370，372，374，394，401，431，501，519，526

机器人

19，63，67，85，99，100，200，206，214，225，230，248—251，253，261—265，275，276，309，319，320，339，342—344，367，368，376，378，383，398，410，411，414，416，441，443，459，484，486，487，516，518，529，547

架空线入地

24，25，61，400

K

宽带城市

2，14，20，81，320，345，346，393，527，535，547

科技创新中心

293，297，338，372，374，407，428，431，524，528

跨境电商

240，242，243，278，317，330，336，369

L

两地三中心

191

两化融合

89，246—248，253，392，435，442，460，474，483，486，487，492，493，510，511

M

门户网站

107，109，114，128，140，147，149，151，199，202，238，300，330，403，404，444，448，449，452，456，457，493

明厨亮灶

365，425

N

NGB

22，429，436

Q

千兆宽带

14，20，81，87，88，320，345，346，393，467，501，527，535，547

R

软件正版化

149，150，152

人工智能

3，4，6，7，10—12，14，19，25，26，44，53，56—58，60，61，64—67，72，73，87，92，96—101，104，114，123，143，155，168，171，178，181，184，189，190，205，225，229，240，247，251，258，268—270，282，289，290，293—296，300，301，304，306，308，312—315，317，320，330，335，339，343，344，351，352，361，362，364，371—374，376，377，381—386，388，389，392—395，397—399，401，402，405，406，410，414—416，428，434—436，438，443，454，455，459，462，473，474，483，484，486，487，490，501，503，507，509，514，516，518—522，526，529，532，537，540，553

S

三网融合

191，502

三清单

107，188，419

实事项目

170，188，232，234，291

数字电视

2，23，28，34，44，66，68，71，91，92

数据通信网

21

数据库

8，10，29，72，78，107，120，131，133—135，138，140，147，153，158，159，161，181，187，194，195，197，199，201，203，225，230，238，262，266，285，324，354，356，359，365，366，371，389，390，391，420，446，447，480

数字证书认证

283，292，568

数据中心

2，3，9，19，55，60，80，86，87，89，96，105，106，108，114，117，129，132，135，137，142，144，147，149，151，153，155—160，164，170，179，181，191，194，197，199，201，202，207，211，234，243，253，255，268，269，273，298，305，328，350，351，354，356，368，369，372，378，382，387，393，394，398，404，414，419，421，426，444，446，449，455，460，463，465，473，484，485，489，496

社保卡

9，123，211，269，492，500

社区服务

235，236，353，388，400，404，405，452，456

事中事后监管

32，357，360

双公示

419

随申码

8，9，106，170，181，202，226，285，353，377，387，448，464，477，499

V

VR

5，40，57，60，63，66，67，90，192，193，319，343，393，421，422，427，484，547

W

微门户

206，207

微信公众号

27，112，113，126，140，192，210—212，220，225，232，271，275，316，329，330，355，378，417，433，466，471，492，498

网格化管理

259，360，423

无线电

4，28—34，120，121，300，314，316，324，325，337，432，472，493，502，503，510

无线城市

2

无纸化

32，112，114，145，146，228，285，286，450，497

无人机

7，19，30，32，34，99，100，122，140，175，213，214，378，392，422，441，448，484，486，547

物联网

8，11，12，22，40，41，52，53，55—58，64，65，67—72，87，89，91，104，155，171，174，192，214，260，267，270，290，293，295，297，300，301，320，345，357，363，374，380，383，394，406，407，415，428，445，447，467，470，471，478，484，486，502，503，507，510，547

伪基站

31

网联汽车

7，26，40，99，100，258，329，331，345，368，374，469，470，519，521，524，547

X

校园网

186，189，190，193，194，196，199，204，455

下一代广播电视网

22

新能源汽车

67，121，196，258，306，308，339，342，460，469—471，522，525

Y

一网通办

7，8，10，11，15，32，60，82，97，104—107，109，110，113—118，120，121，123，124，126，131，133，135—137，139—141，144，150，153，154，156，157，159，161，163，168，178，179，188，191，198—201，204，209—212，215，234，237，238，244，268，269，279，283—286，304—306，315，327，348—354，357，376—380，382，386，387，394，396，397，400—403，409，410，418—421，438，446，448，449，463，464，473—475，479，486，488，489，495，497，504，506，510，516，525，532，534，537，538，549，551

一网统管

3，7—9，15，19，60，82，91，107，123，124，131，133，137—139，141，144，154，157，159，163，168—170，181，191，192，209—211，260，283，284，348—350，353，354，357，362，365，376，377，379，380，382，386，390，394，398，400，402，405，409，410，418，422—425，440，441，446，447，449，457，458，463，464，473，474，479—481，486，488，489，497，500，504，506，510，534，537，549，552

一门式

189，277，431

一站式

115，193，195—197，200，214，233，243，353，377，378，389，412，450，456，469，471，499，508

一卡通

176，177，186，188，193，194，197，200，224，232，326，471，492

一带一路

53，175，284，312，316，317，336，338，346

云计算

3，19，26，27，53，81，87，127，155，160，190，194，196，201，259，293，294，298，300，324，348，359，368，369，374，386，402，404—406，415，447，465，477，484，491，515，516，547，562，566

移动通信网

3，22，56，430，532，536，548

移动互联网

3，21，151，216，240，269，272，460，462，471，492

有线电视网

22

Z

灾备

9，60，105，108，160，201，273

政务云

9，87—89，108，109，144，157，160，180，226，285，328，354，386，387，403，404，409，410，444，449，465，488，489，491，492，532，538

政务外网

9，54，60，108，116，118，131，133，149，156，160，210，285，291，298，387，394，407，410，439，446，447，449，464，465，475，492，497

专精特新

55，57，301

战略性新兴产业

67，100，249，314，321，392，413，459，460

自主知识产权

50，64，294，301，371，526

智库平台

316，329

智能终端

44，57，99，377，441，444，470

智能制造

3，18，58，63，245，246，248—251，258，260—263，265，295，296，308，309，329，342—344，348，371，393，414，416，442，445，460，462，484，486，490，520，521，529

智能工厂

15，49，248—253，260，265，442，443，461

智慧城市

14，22，54—56，59—61，78，83，87，89，97，114，139，177，212，250，294，308，313—316，327，348—350，372，374，375，382，383，394，396，397，400—402，407，409，410，414，416—418，430—432，434，436，444—447，458，461，463，471—473，484，486—488，495，501，504，510，511，527—529，531—534，541，544，545，553，557，558

智慧园区

7，55，58，68，100，258—260，273，343，399，443，461，462，470，471，484，503，509，511

智慧社区

60，87，168，209，211，314，397，401，404，420，434，492，500，510，532，540

智慧新城

327，472

智慧商圈

240，242，389，510

智慧政务

258，260，294，397，398，402，430，463，465

智慧就业

389，409，498

智慧教育

3，18，19，89，168，183，184，189，217，294，346，356，377，388，398，399，404，409，412，420，434，439，443，455，472，487，499，507

智慧经济

463

智慧民生

420

智慧治理

255，463

智慧交通

3，19，33，55，123，168—170，177，388，412，434，435，457，461，470，472，497

智慧健康

40，70，168，178，180，377，388，401，409，411，420，454，498，499

智慧生活

29，168，209，378，379，397，463，510，554

智慧文化

168，216，397，409，412，440

智慧旅游

10，168，237，389，457

智慧邮政

168，209，214

#

4G

3，6，22，56，58，79，82，84，187，254，259，406，415，429，461，485，502

5G

2—6，13，14，18—22，25，28—31，33，34，40，52，53，56，58—61，63，65—67，72，79，82—90，122，174，185，186，201，214，226，240，247，255，259，260，265，268，270，272，282，289，296，319，320，325，327，330，342—346，348，361，370—372，376，377，382，389，393，396，399—401，406，407，409，410，414—416，418，420—422，424，426—433，435，436，438，442，443，445，446，448，459，461，462，466，467，470，472，473，478，485—488，490，493，501—504，506，507，509，510，517，519，520，524，532，534—536，547

图书在版编目(CIP)数据

2021上海信息化年鉴/《上海信息化年鉴》编纂委员会编. —上海:学林出版社,2021
ISBN 978-7-5486-1802-7

Ⅰ.①2… Ⅱ.①上… Ⅲ.①信息工作-上海-2021-年鉴 Ⅳ.①G202-54

中国版本图书馆CIP数据核字(2021)第184931号

责任编辑 胡雅君 许苏宜 王 慧 石佳彦
封面设计 汪 昊

2021上海信息化年鉴
《上海信息化年鉴》编纂委员会 编

出 版 学林出版社
(201101 上海市闵行区号景路159弄C座)
发 行 上海人民出版社发行中心
(201101 上海市闵行区号景路159弄C座)
印 刷 上海商务联西印刷有限公司
开 本 787×1092 1/16
印 张 37.5
插 页 44
字 数 82万
版 次 2021年11月第1版
印 次 2021年11月第1次印刷
ISBN 978-7-5486-1802-7/Z·103
定 价 450.00元

中国工商银行上海市分行

金融支持上海科创中心建设

中国工商银行紧密围绕上海建设成具有国际影响力科创中心的国家战略，积极支持上海集成电路、人工智能、生物医药三大产业发展，切实履行国有大行责任，于 2018 年 11 月在上海设立了总行级科创企业金融服务中心（上海），中心立足上海，辐射长三角，通过专属客户的信贷标准、专项跨区域信贷政策、专门融资审批通道、全生命周期金融服务体系等措施，不断探索科创金融服务新模式，提升金融服务能力。工行上海分行科创中心相继荣获全球工业智能峰会与福布斯中国联袂颁发的首届全球工业互联网奖项“湛卢奖”“2020 年度上海银行业科技金融服务奖”“上海市金融创新奖”等一系列国家和上海市重大奖项和荣誉。

为进一步丰富融资渠道，加大对重点科创领域及科创板拟上市企业的信贷支持和金融服务力度，工行于 2019 年 11 月联合中金设立了中金工银长三角科创股权基金，重点投资长三角区域内的“硬核”科技企业。此外，工行上海分行还充分利用工银集团品牌、渠道、牌照等资源优势，跨界融合，积极构建赋能科创的生态圈，广泛参与上海“浦江之光”行动、“科创企业上市贷”“知识产权金融联盟”等，支持了一大批科创板拟上市企业，并取得了积极的成效。

截至目前，工行上海分行科创企业表内外融资已突破千亿元，扶持了一批集成电路、生物医药、人工智能等关键领域龙头企业。其中，针对集成电路、人工智能、生物医药、高端装备、数据中心等产业，通过“基金 + 并购 + 发债”“并购 + 项目”“场景应用 + 融资 + 投资”“项目融资 +ABS”等金融服务模式，为一大批科创重点领域优质企业的发展提供金融支持，助力企业成功上市。

银联智惠
UnionPay Smart

关于我们

银联智惠信息服务（上海）有限公司是中国银联旗下子公司，成立于2012年，建立并不断完善基于消费数据的大数据平台，为银联及合作伙伴提供行业分析、经营决策、商业策略等多方面的大数据应用解决方案。公司成立以来在商业零售、餐饮连锁、酒店连锁、汽车、航空、金融等领域形成了特有的服务体系，帮助企业从客户挖掘、市场动态监测、商业策略改善等全方位提升企业经营效率，应对市场变化。

公司与众多知名企业达成战略合作伙伴关系并获得业界高度评价，是上海市高新技术企业、双软认证企业，获得国家科技部、上海市科学技术委员会的多项政府资金扶持，2015年荣获由上海市经济和信息化委员会为指导单位颁发的“上海智慧城市建设十大优秀应用”奖项。

 上海市世纪大道1229号1楼17层

 021-23568566

 corp@unionpaysmart.com

华鑫股份

CHINA FORTUNE

证券代码：600621

上海华鑫股份有限公司（以下简称“华鑫股份”）由上海金陵股份有限公司更名而来。公司创始于1952年，1992年上市，股票简称“华鑫股份”，证券代码600621，是上海国资委旗下上海仪电集团控股企业。

2017年，华鑫股份完成资产重组，全资控股华鑫证券，实现了由房地产业向金融服务业的转型。站在发展的新起点上，华鑫股份确立了“金融科技为引领，聚焦证券主业，积极服务于实体经济，发展成为客户提供高品质金融解决方案的科技创新型金融服务商”的战略发展目标。

华鑫股份致力于以“金融＋科技”重塑旗下金融业态，构建金融科技服务生态圈，着力打造行业领先水平、具备华鑫特色的金融科技综合服务平台，平台涵盖投资交易、账户管理、策略组合、服务研究、研发投教、公司融资，并重点推进“一个平台＋五个系统”研发，即N视界仿真回测平台和奇点特色交易系统、星途移动投资终端、引力波大数据分析系统、灯塔基金投资管理平台和恒星投资交易管理系统。

2020年，华鑫股份全资控股公司华鑫证券在中国证券报主办的金牛奖评选中，荣获“2020年证券公司金融科技金牛奖”。

地址：上海市徐汇区宛平南路8号
电话：021-64339000
邮箱：shcf@shchinafortune.com

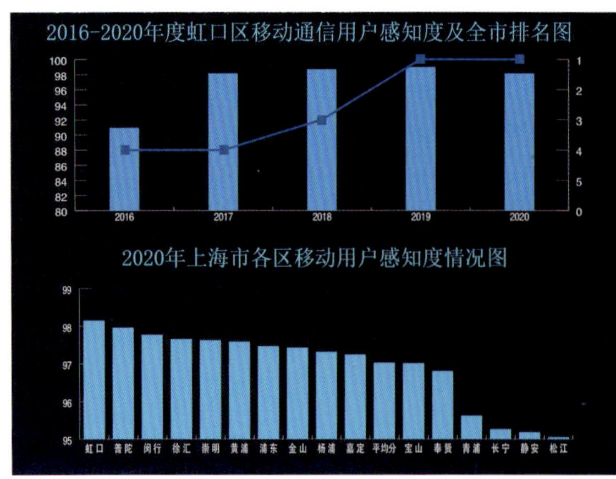

“夯实底座 赋能虹口”

2020 年虹口区共完成 1030 个 5G 基站建设，5G 基站密度继续保持上海领先。在上海市经济和信息化委员会发布的《上海市移动通信用户感知度测评报告 (2020 年)》中，虹口区在城区测评中各项指标名列前茅，以 98.15 分蝉联上海市城区移动用户感知度第一名。在新冠肺炎疫情期间，通过“人防 + 技术防”手段建立商务楼宇疫情防控智能模式。依托“随申办市民云”App 平台，上线“虹口区楼宇园区疫情防控信息系统”，覆盖全区 91 幢重点商务楼宇和 48 个园区，实现高效防疫管控。2020 年 9 月 15 日，华为上海 5G+XR 创新中心展厅在虹口北外滩正式揭牌，作为虹口区对外展示 5G+XR 产业发展现状以及应用落地的窗口，展厅重点展示 VR 工业、AR 教育、VR 娱乐、VR 医疗和 VR 体育等行业场景，突出 5G 为虹口区带来的信息化提升与未来导向。同时通过华为云服务与生态，赋能虹口高质量发展，培育一批 5G+XR 明星企业、标杆企业、示范企业，打造全国 5G 创新发展高地与样板。

长宁区科委

上海 AI 重大项目
仙塔智能“汽车智能网联研发总部”
落地长宁

2020 年 7 月 11 日下午，2020 世界人工智能大会闭幕式在上海世博中心举行。闭幕式上，通过云平台远程连线的方式，在上海市委副书记、代市长龚正的见证下，长宁区委副书记、区长王岚代表长宁区政府，与上海仙塔智能科技有限公司（以下简称“仙塔智能”）创始人李鹏完成了合作意向签约，标志着上海 2020 年人工智能重大产业项目仙塔智能“汽车智能网联研发总部”正式落地长宁。

仙塔智能是一家从事汽车智能网联相关业务的科技公司。企业致力于打造全新的车联网产品和服务模式，构建全新的汽车智能出行方式，并对智能网联产生的海量大数据进行分布式存储、云端和边缘计算等数据开发和应用。作为出行科技领域的 AI 领先企业，此次落地的汽车智能网联研发总部将加大“物联网 + 混合现实 + 人工智能 +5G”等重点领域技术的研发投入，加速 AI 技术在汽车场景的大规模应用落地，夯实汽车智能化业务领域的核心人工智能技术和产业融合能力。

长宁区科技节隆重开幕

2020 年 8 月 28 日，以“科技战疫，创新未来”为主题的 2020 年长宁区科技节在天山街道金虹桥国际中心顺利开幕。上海市科委一级巡视员季晓烨，上海市科协副主席陈丽，长宁区区委常委、副区长钟晓敏出席了开幕式。

钟晓敏在致辞中指出，面对新冠肺炎疫情，全区通力协作，筑牢了疫情防控的“铜墙铁壁”，应急科普为科学抗疫、助力企业复工复产作出了突出贡献。

启动仪式上，集中展示了长宁区科大讯飞（上海）科技有限公司、拼多多上海寻梦信息技术有限公司以及深兰科技（上海）有限公司等优秀科技企业在科技抗疫、促进区域经济发展中的科技成果。

长宁区科普工作联席会议、公民科学素质工作领导小组成员单位、街道（镇）、科普基地、科技企业以及广大市民代表等共计 100 余人参加了本次活动。

中国人民银行数字货币研究所与
上海市长宁区人民政府签署战略合作协议

2020 年 9 月 28 日，中国人民银行数字货币研究所与上海市长宁区人民政府在沪签署战略合作协议，旨在共同打造高品质金融科技功能平台和区块链技术应用示范区，为上海金融科技中心建设持续贡献力量。

根据协议，双方将集聚技术、人才、场景和服务优势，成立上海金融科技公司，逐步实现贸易金融区块链平台和技术研发中心落地。此举是人民银行数研所推动贸易金融区块链平台生态建设和全国布局的重要环节，也是长宁区立足区位和产业特色，紧密对接上海金融科技中心建设的重大举措。未来，双方将以技术驱动为抓手，以场景应用为支撑，贯彻新的发展理念，共同探索开放、合作、共赢的金融科技发展新格局。

会前，上海市委常委、副市长吴清在市政府会见了签约双方代表，高度肯定了战略合作前景。长宁区政府、人民银行数研所、上海市政府有关部门和在沪金融机构有关负责同志参加了签约仪式。

上海市嘉定区人民检察院

控申信访接待智能辅助平台

痛点问题

控告申诉部门是检察机关的"窗口"部门，也是履行法律监督职能的重要组成部分，在司法改革的背景下，各级检察机关大力推广办公自动化、办案现代化，有力提高了检察机关的法律监督能力和执法公信力。但就控申工作而言，由于受到传统管理模式的束缚，信息化转型工作相对滞后，基层检察机关控申信访接待工作面临以下问题。

一是案多人少，工作繁杂。控申工作往往具有面广量大、一人多职、繁杂琐碎的特点，信息化手段的利用率还不够。

二是对来访人员的信息采集不全面、不完善。通常信访接待会进行全程同步录音录像，但目前对音视频监控价值的挖掘不够深入全面。

三是数据呆滞化。目前，控申信访信息资源无法共享，缺少二次利用价值，控告工作各自为阵，缺少配合。各级院信访处理脱节，重复信访答复口径不一致，同时信访接待与涉检信访矛盾排查脱节、信访接待与积案化解脱节。

图 1 智能语音识别模块

图 2 笔录制作系统界面

图 3 微表情分析和语义分析模块

解决路径

基于以上痛点问题，嘉定区人民检察院探索构建控申信访接待智能辅助平台，通过来访接待管理、全程音视频管理、微表情分析等功能，提升接访效率和专业性，更好解决老百姓的问题，为检察机关提供接访过程的智能辅助支持。

一是引入智能语音转写功能。通过智能语音识别功能，将谈话内容实时转写成文字，并全程录音，形成可追溯的留证材料（图 1）；通过双屏显示，来访人和承办人均可看到笔录制作情况，向来访人公开笔录制作过程，承办检察官结合当事人要求适当调整后即可形成谈话笔录（图 2），极大节约了笔录制作的时间，提高接访工作效率和笔录制作质量。

二是引入人脸识别功能。在控申接待场所外场就可以通过人脸识别技术捕捉人脸信息，通过历史库比对，一方面分析出该名信访人员历史来访次数，调阅相关信访记录和材料，提示承办检察官采取有针对性的谈话策略；另一方面分析该名信访人员是否到访过其他检察院，避免发生各级院信访处理脱节、重复信访答复口径不一致情况。

三是引入微表情分析和语义分析功能。微表情分析和语义分析贯穿接访全过程，实时关注来访人员表情变化、情绪状态，通过预先设置敏感词、关键词，谈话过程中一旦识别到来访人说出敏感词信息，系统将报警弹窗提示接访人员，指示报警的敏感词内容和笔录位置，提醒接访人调整询问策略、把控谈话节奏，安抚好来访人的情绪，促使谈话成效最大化（图3）。信访人也可以在相应的界面上看到滚动的提示信息，并且系统会高亮标注、语音提醒，起到警示作用，部分极端情况下会联动法警，应急处置。事后追溯时可回溯定位到录音录像片段。此外通过微表情分析和语义分析可以对来访人员外场等候阶段、接访谈话阶段、接访结束三个阶段进行心理状态动态变化的评估，结合满意度评价模块作为接访工作成效和检察官绩效考核的重要参考。

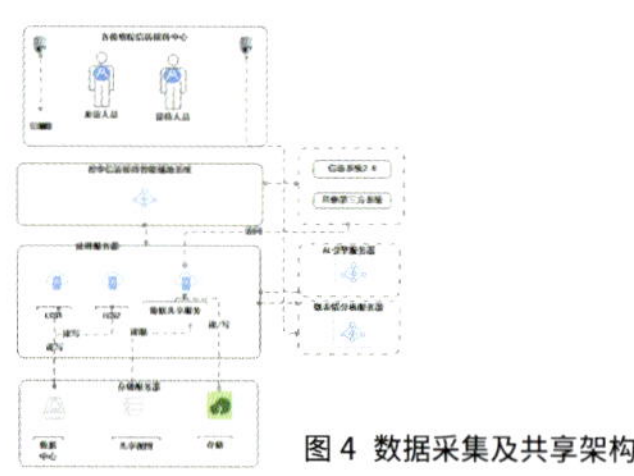

图 4 数据采集及共享架构

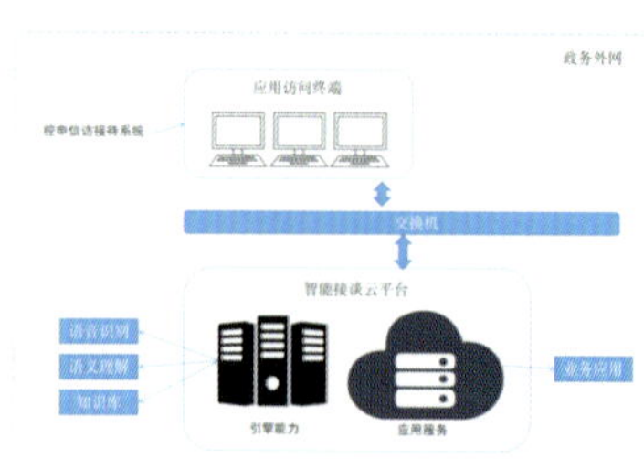

图 5 智能接访平台总体架构

配套机制

嘉定区人民检察院结合《人民检察院控告申诉检察工作细则》，建立了来访人员信息跨院共享机制，旨在解决多头信访、重复信访的问题；同时建立来访人员信息录入标准等进一步完善体制机制，旨在构建来访人员信息采集的标准，包括人脸身份信息、历史来访记录信息、历史上访信息、微表情信息、心理状态评估信息等，对来访人员进行数据画像，更好地为控申工作服务。

成效总结

通过构建控申信访接待智能辅助平台，为检察机关接访过程提供了以下智能辅助支持：

（一）借助音、视频分析手段对来访人员进行基本信息的采集，并通过与上海市大数据中心一网通办对接完善来访人员数据信息，最终以结构化数据形式回传信访 2.0 或统一软件 2.0（图 4），通过共享数据让信息流动起来、活起来。

（二）汇集来访人员重复信访、异地信访等信访历程信息，结合信访历程及来访人特征，对可能存在的信访风险进行预警研判。

（三）基于语音平台技术实现信访过程全记录，结合语义分析以及微表情跟踪系统的相关情况，实现对谈话询问工作的事前评估、事中预警、事后追溯及评判的科学管理（图 5）。

（四）通过微表情记录及满意度模块，综合分析接访效果，为管理决策及提升信访效果提供数据支持。

（五）成果复用性。控申接访智能辅助平台所采用的技术不仅仅局限于信访接待场景，以微表情分析、语义分析、智能语音转写为核心的系统在讯问工作、远程提审等类似场景中同样具有高度的适用性。

崇明检察院

目前，崇明检察院正处于新大楼建设阶段，为确保新大楼与本区驻所检察室业务工作的顺利开展，在新大楼与看守所之间敷设了光纤链路。同时结合区看守所数字化改造的实际情况，崇明检察院积极开展本区驻所检察室监控联网数字化改造工程。对看守所近 600 路监控视频图像进行数字化改造，并在驻所检察室实现上述图像的采集、管理、存储和预警等功能，有效促进了现代科技与检察工作的有机结合。

SHANGHAI CHONGMING
DISTRICT PROCURATORATE

中国科学院上海天文台

服务于天文领域的信息化建设

机构简介

中国科学院上海天文台成立于1962年，前身是1872年建立的徐家汇天文台和1900年建立的佘山天文台，目前包括徐家汇园区和佘山科技园区两个部分。徐家汇为总部，天文观测台站位于上海松江佘山地区。

上海天文台以天文地球动力学、天体物理以及行星科学为主要学科方向，同时积极发展现代天文观测技术和时频技术，努力为天文观测研究和国家战略需求提供科学和技术支持。

上海天文台信息化建设始终走在中科院单位前列，多年来一直被评为中科院信息化评估A类研究所，并荣获中科院信息化工作优秀奖。

网络安全保障

上海天文台始终重视网络安全工作，在中科院办公厅的指导下，深化落实网络安全责任制，成立了“上海天文台网络安全和信息化领导小组”，与所内各网站安全责任人和信息发布员签订安全责任书，并持续推进等保测评工作。

“上海天文台文献资源服务平台”和“VLBI射电天文和深空测量数据库平台”两个对外服务系统已完成信息系统安全等级保护备案并通过等级保护二级测评。

2014年至今，上海天文台已连续七年举办网络信息安全培训，邀请业界知名网络安全厂商和资深技术专家为学员授课，追踪热点事件，剖析典型案例，讲解攻防要点，切实推进网络信息安全知识普及，提高网络用户的安全防护能力。

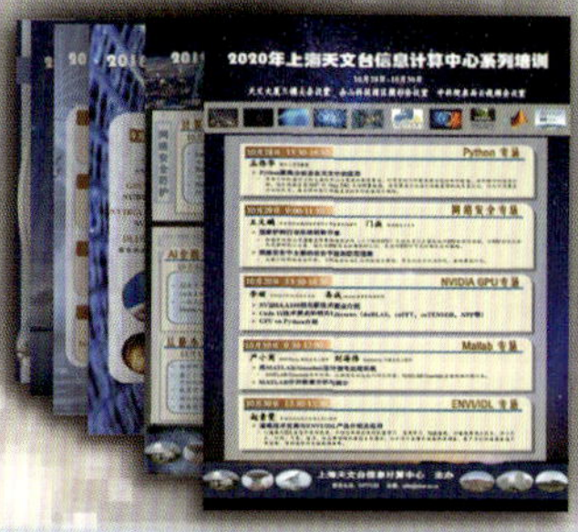

科研协同平台

科研协同平台是上海天文台定制开发的所级信息化支撑平台。平台设置文件管理、社区交流、wiki管理等多种功能模块，为信息共享、交互协作、科研管理等提供有力支撑。

文档管理

支持多人同时在线对文档进行访问、编辑和发布。

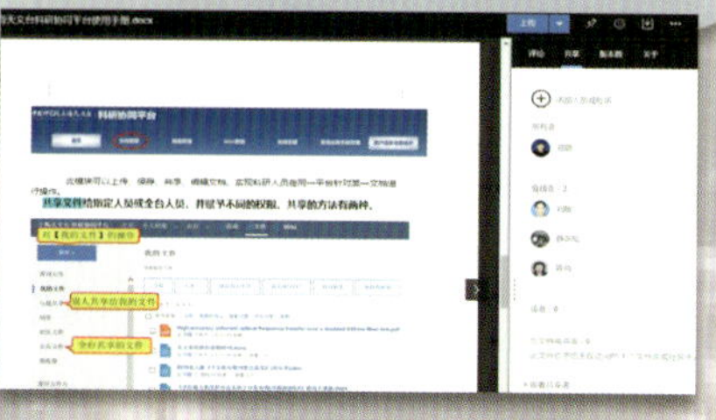

社区

支持个人或团组创建社区，提供共享信息和交流空间。

wiki 管理

支持wiki站点创建，支持登陆用户访问和多人协作维护。

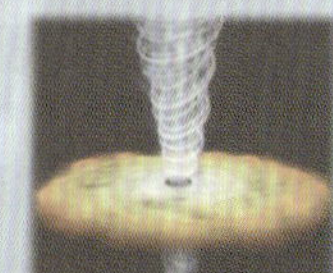
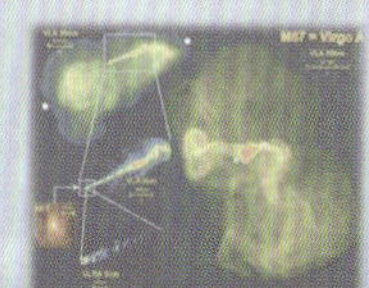
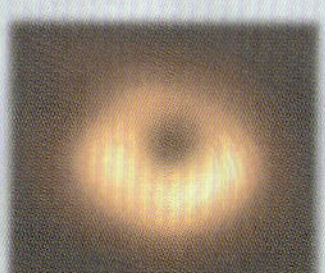
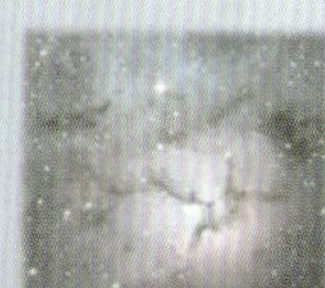
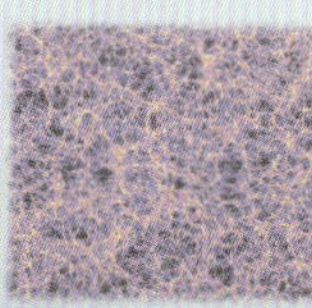

精勤司天

诚信修文

上海化学工业区

上海化学工业区（以下简称“上海化工区”）地处杭州湾北岸，横跨金山、奉贤两区，规划面积29.4平方公里。2020年，上海化工区努力克服新冠肺炎疫情影响、国际形势变化、经济下行压力及园区企业大修等重重困难，实现销售收入1229.84亿元，完成工业总产值1122.28亿元，实现利润总额158亿元，规上工业企业销售利润率12.7%；累计上缴税金87.79亿元，其中金山、奉贤两区分别为7.68亿元、9.99亿元。

自1996年8月批准设立以来，上海化工区学习国际先进园区经验，创造性地践行“产品项目、公用辅助、物流传输、生态保护、管理服务”五个一体化开发理念，经过二十年发展，已成为基础设施完备、公用配套齐全、管理服务便捷的现代化石化基地，成为集聚国际知名跨国企业最多、产业能级和产品关联度最高、资源循环利用水平最先进的国家级经济技术开发区之一，是国家首批新型工业化示范基地、国家生态工业示范园区、全国循环经济先进单位。

德国巴斯夫、美国亨斯迈、日本三井等世界著名跨国化工公司，荷兰孚宝、法国液化空气集团、苏伊士集团、美国普莱克斯等世界著名公用工程公司和中石化、上海石化、高桥石化、华谊集团等国内大型骨干企业皆为上海化工区的投资主体。

数字化转型作为上海化工区“十四五”开发建设的主攻方向之一，科学遵循化工园区运行和发展规律，深入推进园区业务、政务、服务的全面数字化转型，进一步克服经济增长、资源约束、安全应急、生态环保、产业创新等复杂挑战，持续夯实高质量发展新基建，持续激活数据要素发展新引擎，实现数据感知更加多元、数据传递更加迅捷、数据汇聚更加丰富、数据分析更加系统、数据应用更加广泛的目标。

SHANGHAI CHEMICAL INDUSTRIAL PARK

上海市第一中级人民法院

“涉众型刑事案款信息核发平台”

近年来，全国集资诈骗、非法吸收公众存款类案件进入高发期，上海市第一中级人民法院（以下简称“市一中院”）已受理此类案件数十起且已陆续进入执行阶段。此类案件涉及的被害人数众多、地域分布广泛，需要统计、核实的身份资料、损失金额等信息量极其巨大，且执行案款发放工作极其复杂、繁琐。对此，市一中院在上海市高级人民法院指导下，依托上海市经济和信息化委员会、一网通办和上海市大数据中心的力量，研发“涉众型刑事案款信息核发平台”，形成“线上登记为主、线下登记为辅”的工作模式，取得了较好的应用效果。该平台主要具有以下六个特点：

1

人脸识别，确保登录人实名操作。平台依托上海“一网通办”和大数据中心提供的人脸识别功能，核验登录平台的案件被害人身份的真实性，确保人证合一。

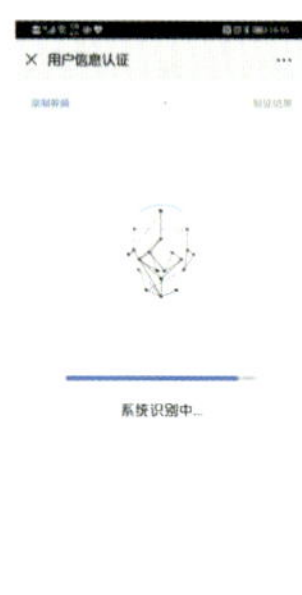

2

公平对待，保障被害人合法权益。被害人继承人、委托代理人以及前期审计遗漏的被害人可登陆平台在线提交相关证明材料。经审核无误后，相关人员可正常进入后续账户、金额核对流程。

3

跨界合作，确保银行账号正确有效。为解决被害人提供了错误银行账号导致赃款无法退赔的情况，市一中院与农业银行上海分行对接，开发银行账号自动校验功能，确保账号正确有效。对于无农业银行卡的被害人，经本人同意，在线录入开户信息后，由农行为其在线开设电子二类账户，赃款发放后，被害人可凭身份证去任意农行网点取现或转账。

4

全程在线，确保异议处置便捷高效。被害人可通过该平台以拍照形式提交异议材料，经审计公司在线审核确认异议成立后，可即时更正相关金额；如异议不成立，平台会记录审计不通过的原因。

5

留言反馈，畅通被害人沟通渠道。平台为被害人提供了便捷的留言功能。法院可以通过案件公告、执行进展等功能，及时就个案核发相关情况、被害人普遍提出的问题和阶段性执行进展情况向广大被害人说明。

6

全程留痕，确保线上操作有迹可循。平台作为中华人民共和国最高人民法院司法链在我院的试点项目，依托区块链技术全程留痕、不易篡改的技术特性，对被害人的异议反馈、农行授权等行为同步上链存证，确保被害人无法随意更改在线确认操作和结果。

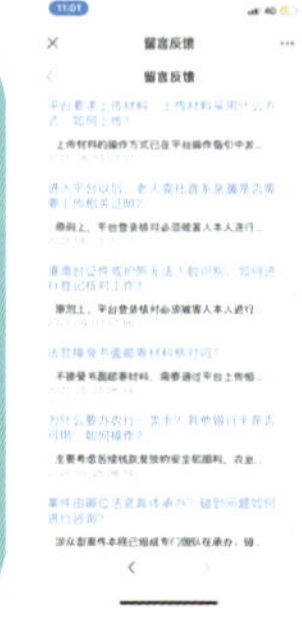

自去年 2020 年 7 月平台上线以来，为 14 万余名被害人提供信息核对服务，成功向 5.4 万余人发放 34.4 亿余元追回的赃款。目前该平台升级至 4.0 版，已将全市法院纳入系统，可为各家法院涉众型案件被害人提供信息核对服务。

SATC 上海市防伪技术产品测评中心

上海市防伪技术产品测评中心（简称“中心”）成立于2004年，属全额拨款事业单位，直属于上海市科学技术委员会。中心下设办公室、质量管理部、测评室、市场部4个内设机构，拥有一支专业技术能力雄厚的检测和鉴定队伍。中心租赁办公及实验用房面积2000平方米，配备国际知名品牌的检测和鉴定仪器。

中心坚持以“诚实守信、科学严谨、公正准确、优质高效、持续改进”为质量方针。作为一家专门从事防伪技术产品检测与评估的第三方独立检测鉴定机构，中心从事防伪技术产品的检测与评估以及相关技术培训与咨询服务。中心坚持司法鉴定客观、独立和公正的原则，为司法诉讼提供司法鉴定服务。中心的司法鉴定业务范围涉及仲裁委员会、市场监督管理局、上海区县法院以及江、浙、皖地区所辖50余家法院。

学校概况

上海戏剧学院（简称"上戏"）是由上海市人民政府主办、与文旅部共建的全日制普通高等艺术院校。建校七十六年以来，学校坚持社会主义办学方向，牢牢把握立德树人根本任务，秉持"至善至美"的校训精神和"出人才、出作品、出思想、出模式"的办学方针，致力于建设国内领先、世界一流的高等艺术院校。

学校现有4个校区，设有表演系（含音乐剧中心）、导演系、戏剧文学系、舞台美术系、电影学院、创意学院、戏曲学院、舞蹈学院、马克思主义学院、人文社科部等二级单位和附属戏曲学校、附属舞蹈学校两所中专。学校现设博士后流动站2个、一级学科博士学位授权点2个、一级学科硕士学位授权点4个。设有本科专业21个，入选国家级一流本科专业7个、上海市一流本科专业4个。戏剧与影视学入选上海市首批高峰Ⅰ类学科建设计划，设计学、艺术学理论分别入选首批高原Ⅰ类、Ⅱ类学科建设计划。

学校信息化建设情况

信息化基础设施不断完善

近年来，上戏高度重视信息化建设，智慧校园建设稳步推进，在完成校园网和数据中心建设的基础上，部署开展了学校信息门户、一卡通、办公OA、教务、招生、学工等40多个教育教学和校园管理重要业务系统。如通过网上办事大厅，实现与教职工和学生相关的80多个行政审批和行政服务事项"一网通办"；通过数据中心建设学校统一的数据库和数据交换平台，实现全校各部门、院系业务系统对接、交换和共享，目前已汇集665万余条数据等。

信息化发展目标明确

2020年底，学校制定了"十四五"信息化发展规划，明确了学校在"十四五"期间，加大信息化投入，建设和完善"一网、一云、一库、一平台、一中心"的新基建基础设施，以开展"一网通办、一网统管"两个综合性应用为统领，带动和实现数字化转型的"智慧上戏"建设总目标。从整体上通过信息化手段，提高学校校园运行和管理效率，进一步提升教育教学质量。

教职工和学生画像定位精准

通过大数据和人工智能技术，对学校教职工和学生个人情况进行梳理和分析，实现对教职工和学生个人的精准画像，为每位教师制定个性化的培养和发展计划目标，引进优秀人才，优化和助推教师队伍建设；实现新时代学生综合素质的全面评价。

智慧教室/剧场艺术特色突出

在学校4个校区分别建设多功能性的艺术类院校智慧教室和小型演出创作剧场，集线上课堂教学、艺术创作、学术研讨、汇报演出、远程专家指导、学生表演智能化分析、异地交互、VR/AR场景教学等多种功能于一体，为教学实践活动提供人性化、智能化的互动空间，推动艺术类院校课堂教学的改革和发展。

上海第二工业大学

上海第二工业大学（http://www.sspu.edu.cn）位于浦东新区金海路2360号，是一所工科见长，管经文理艺多学科协调发展的市属普通高等学校，学校先后入选教育部“卓越工程师培养计划”、教育部“本科教学工程”地方高校第一批本科专业综合改革试点、上海“一流本科建设引领计划”、上海“一流研究生教育引领计划”。建有全国首家省级劳模学院“上海劳模学院”、上海市劳模文化研究中心。

上海第二工业大学数据中心是上海教育城域网的骨干节点，配置了高性能服务器、集中化存储和数据库，基于虚拟化平台支撑学校各类业务系统运行，具备集中化备份能力、统一安全管控与运维能力。

在“十三五”期间，上海第二工业大学依托企业微信，将学校各类应用迁移到了移动端，形成了移动数字校园，提升了在校师生信息化应用的体验感受度。

在“十四五”期间，上海第二工业大学信息化建设将继续坚持信息技术与教育教学深度融合的核心理念，发挥信息技术对教育教学综合改革的支撑与引领作用，通过打造数字化校园，创设良好的信息化氛围，引领教师发展、促进学生成长，提升教育教学质量，提高学校管理水平。

上海思博职业技术学院

上海思博职业技术学院是经上海市人民政府批准建立的全日制高等职业技术院校，于 2003 年建校。现举办方为上海报业集团旗下上海新华发行集团有限公司。下设 5 个二级学院、2 个直属系，开设有护理、国际商务、学前教育、建筑工程技术、计算机应用技术等 8 个大类 38 个专业（含方向），基本形成了与现代服务业、先进制造业等产业结构分别对接的教育、工、商、管、医、艺多科性协调发展的专业布局结构。

学校重视基础建设，不断改善办学条件。现有土地面积 498 亩，建筑面积近 15 万平方米。数字化校园建设已实现万兆核心全光纤网络、千兆到桌面的接入能力，出口带宽 1.8G，无线网络教学校园全覆盖。拥有校内实践教学基地 28 个，其中 3 个中央财政重点资助建设项目、8 个上海市财政重点资助建设项目，教学仪器设备总值达 1.02 亿元。校外实训基地 197 个，其中与行业龙头企业或大型企业按“四共”要求、校企深度合作的实训基地和战略联盟 18 个，学校和企业为顶岗实习与在校学习建立双向渗透的驻企（驻校）工作站 12 个，产学研合作企业 128 个。图书馆纸质图书 58 万册，电子文献资源总量 120 万册，并拥有上海高职院校首个数码图书馆（室）。

学校 2016 年成为上海市特色高职院校，随后获批为“高等职业教育三年创新行动计划（A 类）”建设院校。获得上海市精神文明单位（蝉联五届），上海市安全文明校园（蝉联五届），教育部“国防教育特色学校＂称号。曾获教育部高校校园文化优秀项目奖二等奖 1 项，教学成果奖 11 项（含国家二等奖 1 项，上海特等奖 1 项、一等奖 2 项、二等奖 7 项），上海市质量工程奖 33 项（含精品课 17 门，教学团队 11 个，教学名师 5 人），上海市教学设计比武获奖 4 项（含二等奖 3 项，三等奖 1 项），出版教材 79 部（其中国家规划教材 5 部、出版社规划教材 21 部）。截至 2020 年底，学校学生在国际职业技能大赛、全国职业院校技能大赛、上海星光大赛、国家和世界大赛上海选拔赛等各类大赛中获一、二等奖 400 余项，获奖数量和质量居上海高职先进、民办高职第一。

SHANGHAI
BUSINESS
& TOURISM
SCHOOL

上海市商贸旅游学校

国际化、现代化精致学校

上海市商贸旅游学校是集商贸、旅游、信息、艺术于一体的"上海市中等职业教育改革发展特色示范学校""上海市文明单位""上海市中小学（中职）行为规范示范校""全国餐饮职业教育示范校""全国职业院校旅游类示范专业点"，2020年被上海市教委立项为上海优质中职培育学校（A+档）。

学校现有市场营销、旅游管理、计算机应用（人工智能服务）等20个专业，实行中本、中高、中专三种人才培养模式，在校生1622人。学校建有一流的四星级上海市职业教育现代商贸开放实训中心、旅游烹饪实训中心、人工智能实训中心等多个实训中心，学校与国际知名的法国蓝带创办的"上海蓝带厨艺职业技能培训学校"是世界技能大赛"烹饪""糖艺西点制作"的上海选手培养基地，已逐步形成职业教育与职业培训并举并重、东西校区联动的新格局。

学校以"办人民满意的教育、办学生喜欢的学校"为宗旨，落实"为了每个学生的发展"的教育理念，坚持打造"崇德强技"的办学特色，培养"有能力的好人"，让每个学生都有人生出彩的机会。

学校聚焦高质量发展，积极担当职业教育创新的"开路先锋"，坚持精致化办学，以"高颜值""最上海""创新核"为特色，打造服务城市美好生活的"美好教育"，努力办"学生喜欢的学校"。

上海信息技术学校

上海信息技术学校利用信息整合技术，融合学习载体，整合优质资源，创建集智慧互动教室、多功能学术报告厅、数据集控中心为一体的智慧学习平台，为师生提供信息化支撑的自主、开放、互动、共享的人性化智慧学习和教学空间，即两个空间：网络空间（线上 · 虚拟）、物理空间（线下 · 现实）。

智慧学习空间是数字教室和未来教育的融合，采用先进的学习分析技术，实现智能化的学习跟踪与监测诊断，支持自适应、个性化学习，构建数据互联，资源共享，形成开放式、一体化的学习新生态。智慧学习空间处处彰显对未来教育模式的探索，一方面为教师培养"终身化"提供了平台支撑，另一方面为学生提供了自主学习平台，让学习过程更开放、更情境化。

上海学前教育网

“一网一平台、三通多应用”学前教育信息化公共平台

学前教育网秉承“搭建信息化平台、提供学前教育一站式服务”的建设初衷与“共建共享”的建设理念，密切关注时代发展与技术进步，坚持以研究带动应用、以应用推进学前教育现代化发展。经过二十多年的发展，结合上海市委、市政府近年来关于网站整合、政务信息系统整合的要求，形成了上海教育信息化整体格局下的学前教育信息化“一网一平台、三通多应用”总体架构。

“一网一平台”即上海学前教育网、园园通管理平台。“上海学前教育网”传递国内外学前教育最新信息、倡导学前教育最新理念、提供学前教育服务，为上海学前教育改革和发展提供资讯服务。“园园通管理平台”采用集约化的建设方式，面向全市园所、家庭、社区、社会四大领域用户群，满足幼儿园在园所管理、保教实施、卫生保健、家园社区等方面的基本应用需求，实现托幼机构保育、教育、管理业务全覆盖。

“三通多应用”即“管理通”“课程通”“家园通”及多种云应用。

“管理通”实现机构信息管理、入园信息登记管理、幼儿在园信息管理、教职工管理、卫生保健管理、园所办公管理等功能，覆盖幼儿园核心的日常管理需求。管理数据“伴随”教师和托幼机构的日常业务工作而产生，为幼儿园保教质量监测提供依据。

“课程通”具备学前教育资源库、在线协同备课、在线教研三大核心功能，实现本市学前教育课程资源的共建共享，支持教师的教育教学与专业成长。

“家园通”以移动互动平台的形式，提供园所主页建站系统、园所相册、家园交流、家园论坛、幼儿成长档案等家园共育功能，为本市各级各类幼儿园及家长提供服务。

“多应用”基于园园通的学前教育信息化公共平台与服务体系，以云服务模式为本市各级各类幼儿园及家长提供服务。各区教育管理部门和幼儿园可在原有工作基础上提出业务需求，进行功能拓展，创新工作模式，发展常态化应用；通过统一数据标准完成伴随式动态采集数据资源的整合，推动全市的有序开放与共享，促进学前教育现代化发展。

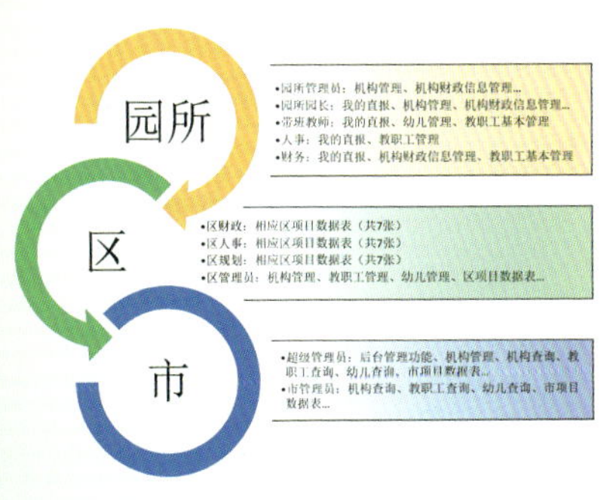

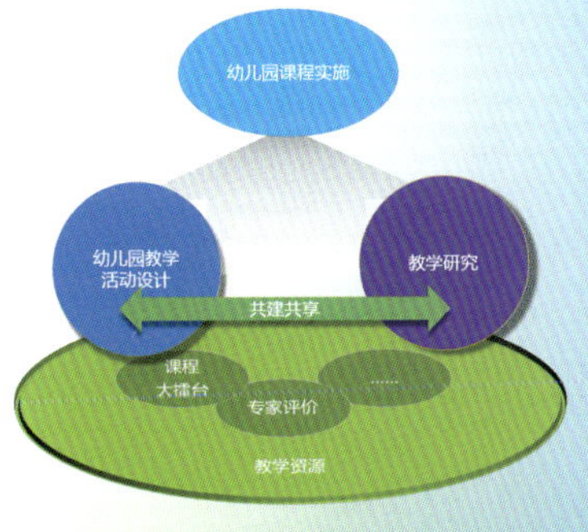

上海市教育委员会信息中心学前教育信息部　黄浦区皋兰路24号（200020）　33080099-211

上海市皮肤病医院

Shanghai Demartological Hospital

2020 年年初，正值抗击新冠肺炎疫情的关键阶段，上海市皮肤病医院首批试点开通了互联网在线问诊，组建了皮肤科专家团队、内科专家团队、药师团队，针对发热咨询和皮肤病专病、药品使用等提供免费的专业图文咨询，减轻了门诊预检分诊压力，及时消除恐慌、正确引导，减少医院人群聚集和交叉感染，为百姓健康保驾护航。

上海市皮肤病医院积极响应市政府号召，2020 年 2 月 28 日，成为上海市第一批取得互联网医院资质的 6 家单位之一。2020 年 3 月 5 日，互联网医院线上平台正式开通预约挂号、在线复诊、药师审方、报告查询和送药到家等功能，可为三个月以内到院就诊过的皮肤常见病、慢性病患者提供在线复诊服务，实现了复诊患者足不出户、在家诊疗的新模式。

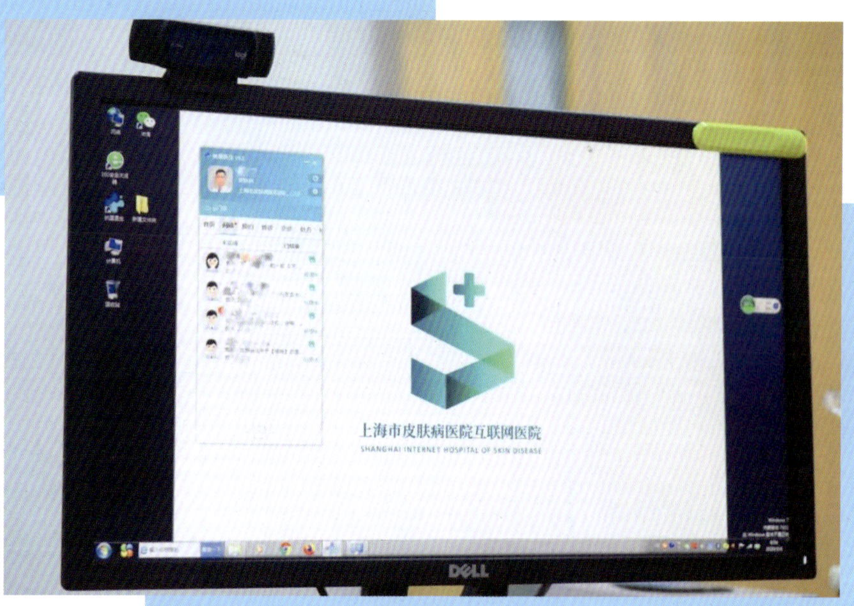

上海市皮肤病医院互联网医院搭建了云药房平台，为医院建立多样化、共享式的药品生态链体系，把传统处方变成电子处方，从而完善病人药品供给，并支持药品供应体系全面追溯、监管。患者在收到处方单后，可选择多种购药方式，如医院取药、配送到家。此外，电子处方还提供多项其他服务保证处方安全性，如用药提醒、用药咨询、安全预警。

2020 年 3 月 20 日，上海市皮肤病医院互联网医院云门诊保德路院区完成云门诊建设，配备高清在线视讯设备，具备远程会诊、远程门诊等功能。通过互联网医院，实现了医院诊疗数据的线上线下融合，构建完整的互联网线上诊疗服务闭环，通过互联网技术，扩大医疗服务半径，提供更加便捷、触手可及的医疗服务。

上海健康医学院

在“人工智能 + 教育”的时代背景下，教育信息化支撑引领着教育现代化发展，推动教育理念变革、模式再造、体系重塑。基于历史机遇和现实挑战，作为全国首家以“健康”命名的医学院，上海健康医学院（以下简称“学校”）智慧校园建设围绕“应用型、特色性、国际化”办学定位，依照学校建设发展的思路和目标，理性选择新的逻辑路径与发展空间，创新性开辟一条异于传统的路，学校信息化建设成效一年上一个台阶，走出一条健康人才培养智慧提升之路。

2020 年，面对新冠肺炎疫情防控的各项部署和要求，学校快速响应，充分利用信息化工作手段助力学校疫情防控，全力保障疫情防控期间的网络和信息安全。搭建“上海教育云视频会议系统”，为多场疫情防控工作视频会议提供有力技术支撑和网络保障。2 月初学校响应教育部和上海市教委“停课不停学”号召，落实在线教学的组织和实施，组织开展 Zoom 在线教学和云视频会议培训，通过该平台可实现音视频会议、资料共享等功能，满足各部门各院系的远程会议和办公需求，为疫情期间学校日常工作的正常开展、组织协调提供保障。

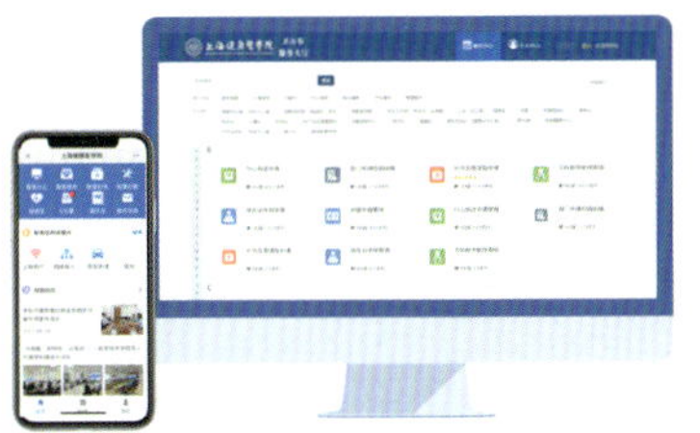

疫情期间，为实现“停课不停教、停课不停学”，学校开启云端教学，全面助推在线教学。启用了学校教学资源云平台，开启了在线教学的云端教学推进工作，对在线教学实施的技术路径提供了有力保障。完成教学信息化平台建设，教学工作相关信息与师生互动完整上线，建立教师系统教学档案，实时反馈教学效果，建立教师在线学习与提升系统，针对性促进教师成长，实现在线教育教学智能化管理。

2020 年完成各校级业务系统建设，包括场馆预约平台项目、干部职工培训信息管理微应用项目、门禁管理控制系统升级服务、E 办事流程新建升级等。完善 200 事务大厅建设，改进服务，提升服务效率。实现“常规事务 90% 线上办理，办事时间较 2019 年缩短 50%”的工作目标。场馆预约平台以学校企业微信“i- 健康”为入口，满足学校内各种场所，包括图书馆学术研讨室，现代医学教育博物馆，学生活动中心，会议室等场所的预订、使用、管理等功能，是学校场馆预约业务实现一网通办的重要应用场景。该平台解决了场馆预约难、统计乱、入口多等管理痛点，在一个入口解决差异化的校内所有的场馆预约和现场登记问题，更便捷和精准地服务于师生，从而提高师生服务质量、提升管理水平。

学校“疫情环境下一卡通系统的实践与思考”被评为“2020 年度上海市高校信息化建设与应用优秀案例铜奖”。为响应疫情防控的要求，在校宿舍门口加装智慧测温人脸识别门禁闸机管控设备，同时对门禁一卡通管理平台进行了功能升级，增加智慧测温一脸通门禁模块，出入人员进行严格测温人脸识别、健康码查证，实时进出人员测温，异常体温数据上报，通过人脸检测，对学生身份的识别、健康码查验，将不符合进入资格的人拒之门外，为学生创建安全、和谐的学习环境。该系统的建设加强了校园出入口的管理，通过大数据分析确保校园精准管控，确保疫情防控工作平稳、高效、有序。

“疫情防控信息管理平台‘健康宝’”被评为“2020 年上海市高校信息化建设与应用评选入围案例”。为准确了解师生健康情况，更加精准、高校为师生服务，学校联合公司自主研发了“健康宝”信息管理平台，并依托学校微信门户“i- 健康”发布运行。健康报、健康卡、健康码、健康讯、健康通等疫情防控师生健康管理应用多管齐下，全面报送数据、排查疫况、电子通行，提供健康咨询、疫情百科等信息，助力教职工安全返岗工作，保障师生返校健康通行。

2020 年 11 月，学校开展以“信息服务师生，数据引领健康”为主题的网络信息服务月，包括网络信息服务宣讲、网络服务宣传、网络信息技术服务、信息化问卷调查、网络安全演练与培训等形式多样、内容丰富的系列活动。通过服务月，以服务为载体，促进信息化技术与学校教学科研的深度融合和创新应用，不断提高学校智慧校园建设水平，提升为师生服务的技术能力和质量。学校紧紧围绕以“师生为本，服务为导向”的宗旨，在网络安全综合保障上下功夫，在统筹信息化项目建设协调聚合上勇于探索，在持续加强网络安全、推进“一网通办”上辛勤耕耘。坚持“统筹规划、协同推进、持续发展”的理念。统筹规划，落实多元共治，消除“信息孤岛”。构建全域数据支持体系，强化精准管理，加强校园信息化与学校业务的深度融合。

学校地址：上海市浦东新区周祝公路279号

上海市黄浦区 香山中医医院

Xiangshan TCM Hospital, Huangpu District, Shanghai

“智慧中药云”

信息化技术助推中医药服务

质量监管平台建设

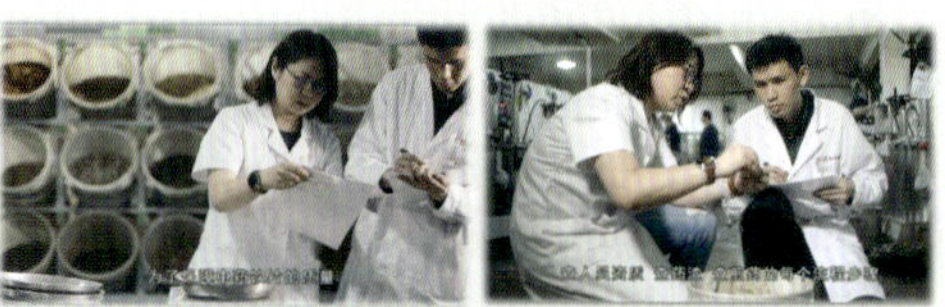

每月不定期前往在线合作的饮片厂开展“飞行检查”

上海市黄浦区香山中医医院（原上海市卢湾区香山中医医院）建于 1985 年 10 月，占地 4.95 亩 建筑面积 6619 m²，是上海市最早成立的二级甲等中医医院之一，是上海市文明单位，是一家坚持以传承发扬中医特色为宗旨，特色鲜明，疗效、口碑享誉沪上的公立中医医院。医院“施氏伤科疗法”被列入国家级非物质文化遗产代表性扩展项目名录，施氏伤科为上海市临床中医重点学科；中医肛肠科为上海市中医临床优势专科；针灸科为“海派中医陆氏针灸传承研究基地香山分中心”；医院开设有国内唯一的“淋巴管肌瘤病（LAM 病）”罕见病中医专病门诊。

黄浦区香山中医医院利用信息化技术助推传统中医药服务，建有全市唯一的“智慧中药云”区域中药饮片服务管理平台。“智慧中药云”汇集了中药饮片智能审方、配送查询、监管服务等系统，配套共享药品字典、实时查询、处方助手等功能模块，以“互联网＋共享”的形式，在全市创先形成了统一饮片字典、统一智能助手、统一处方审核、统一质量监管、统一线上查询的全新管理模式。如今该平台已覆盖全区 17 家医疗机构，截至 2021 年 5 月底，饮片处方金额达到了 3.2 亿元，处方数达到了 80 万张，极大地提高了中药饮片的使用率和群众接受度。

平台实现中药煎药状态可追溯，患者可通过手机短信提醒和微信公众号查询代煎配送实时状态，真正实现区域内中医药服务让“病人舒心、医院安心、政府放心”的目标。该项目荣获全国中医药系统 2018—2020 年改善医疗服务先进典型、第三届上海医改十大创新举措、沪卫生健康系统首批“创新医疗服务品牌”。

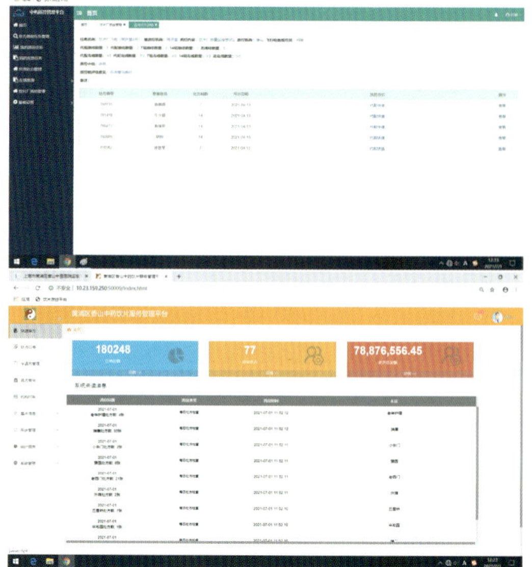

中国石化上海石油化工股份有限公司

中国石化上海石油化工股份有限公司（以下简称“上海石化”）是中国石油化工股份有限公司的控股子公司，位于上海市金山区，是中国最大的炼油化工一体化综合性石油化工企业之一，也是中国重要的成品油、中间石化产品、合成树脂和合成纤维生产企业。2017年，上海石化围绕发展战略，加快推进“两化”深度融合，强化“六统一”管理（统一规划、统一标准、统一设计、统一投资、统一建设、统一管理），按照“统筹推进、融合发展，集成共享、协同智能”工作方针，全面推进信息化建设，推动集成共享的经营管理平台、互联智能的生产运营平台和敏捷安全的基础设施平台等智能工厂建设，每年投入投资、科研经费 3000 余万元，重点在智能工厂推广项目、LIMS 建设及系统完善、中央数据库、先进控制系统、两化融合管理体系等方面开展工作。

上海石化按照“创新、协调、绿色、开放、共享”的发展战略和总部信息化工作部署，根据企业炼化一体化特征，持续推进“两化”深度融合。2013 年，上海石化被工信部评为国家级“两化”两化深度融合示范企业，2014 年，被工信部选为两化融合管理体系贯标试点单位。2014 年 12 月 22 日，上海石化两化融合体系完成建立，并试运行。2015 年 4 月 25 日，通过评定并获得两化融合体系证书。2016 年，被评为中国石化“两化”深度融合优秀实践单位。2017 年，获两化融合管理体系贯标示范单位称号。2018 年，被工信部评为“2018 年智能制造试点示范”。2019 年 12 月，“以信息化与工业化融合为核心的智能工厂建设实践”被上海市评为企业管理现代化创新成果一等奖。

2019 年 7 月 10 日，中国石化首个使用自动导引运输车（AGV）技术的智能物资仓库上海石化智能仓储项目上线运行。该项目于 2019 年 11 月 13 日启动，位于金山区环江路的上海石化仓库 9 号、10 号库房，面积 3200 平方米，配置货架 774 个，货架面积 3600 平方米。项目投资额 751.77 万元，由上海石化众达有限公司设计，上海臻友设备工程有限公司、上海康宁企业发展有限公司、北京名道恒通信息技术有限公司等承建，上海金申工程建设监理有限公司监理。项目包括建设机器人仓库、投入使用 14 台智能仓储机器人和配套管理系统（智能仓储系统、智能物资管理系统），智能仓储系统通过扫描送货单，将到货信息（到货记录单号、行项目、物料编码、数量、批次、设备位号、序列号等信息）推送给智能物资管理系统，智能仓储机器人，机器人接收到指令后系统自动执行将货架移动到操作台，保管员进行上架入库，实现由传统“人找货”模式改变为“货找人”模式。截至 2020 年年底，智能仓库储存管理电气、仪表、密封件、紧固件、备件、轴承等物资 16 个大类 4000 个品种，仓储利用率提升 40%，作业效率提升 60%，出入库准确率达到 100%。

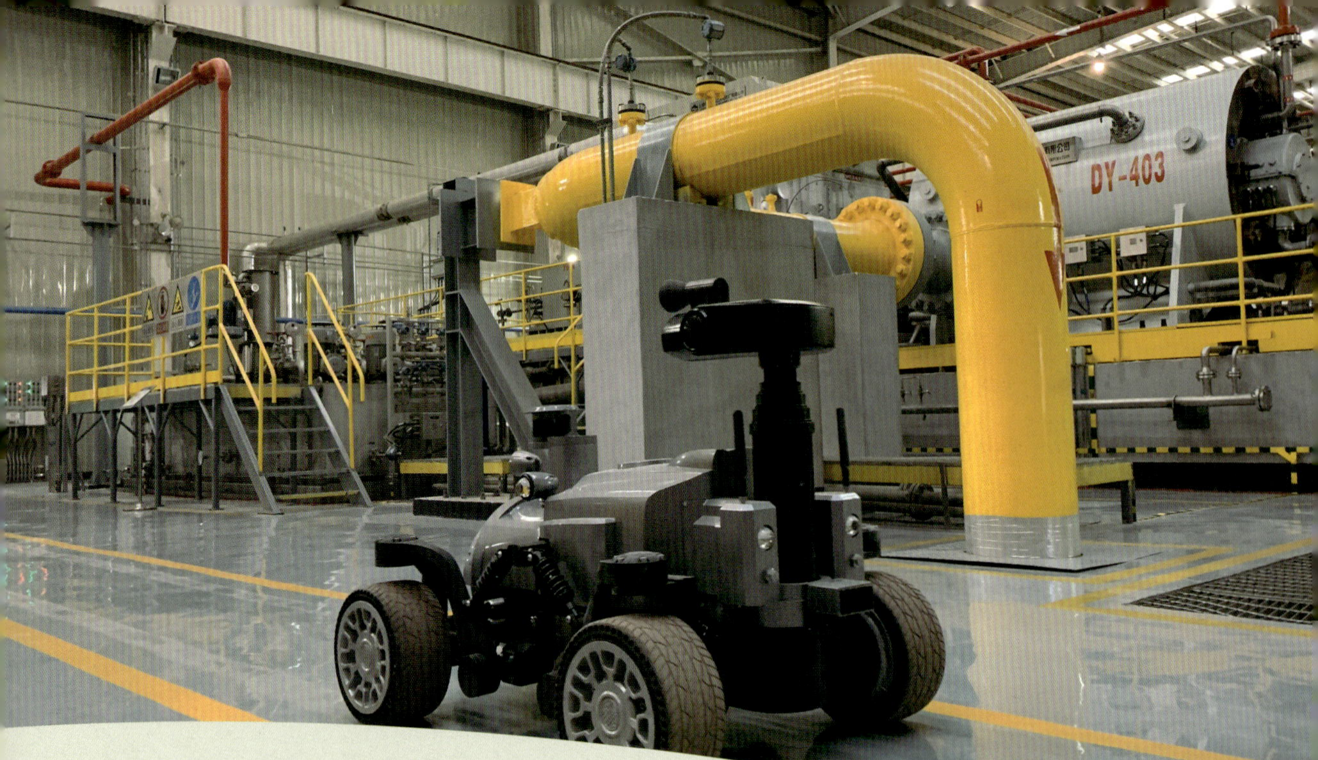

国家管网集团西气东输公司

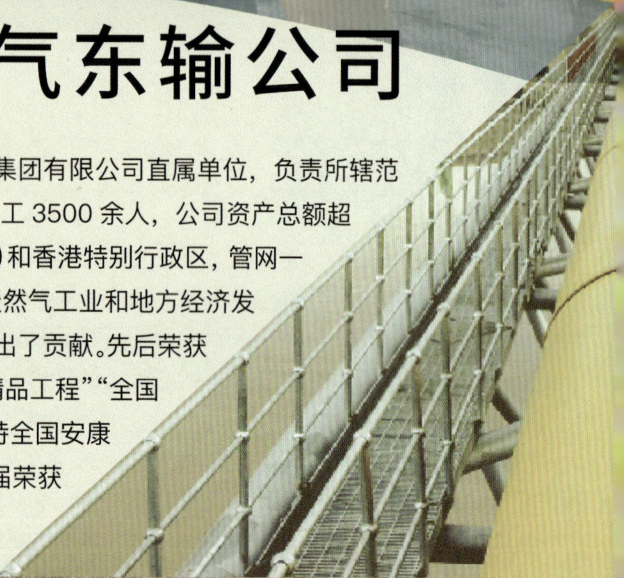

国家管网集团西气东输公司是国家石油天然气管网集团有限公司直属单位，负责所辖范围内管道安全运行、生产经营和工程建设等业务。现有员工 3500 余人，公司资产总额超千亿元。运营管道总长 15988 千米，途经 19 个省（市、区）和香港特别行政区，管网一次管输能力超千亿方 / 年，下游用户达 576 家，为促进天然气工业和地方经济发展，调整能源结构、改善生态环境、提高人民生活质量作出了贡献。先后荣获全国“五一劳动奖状”“新中国成立六十周年百项经典暨精品工程”“全国文明单位”“浦东新区经济特别贡献奖”等奖项，持续保持全国安康杯竞赛优胜集体并荣获“上海市五一劳动奖状”，连续五届荣获“上海市文明单位”称号。

上海电信工程有限公司

上海电信工程有限公司是中国通信服务股份有限公司旗下的专业施工企业，于1952年成立。公司主营信息通信类工程施工、设计、维护及各类电信增值产品的拓展业务，近年先后承建平安城市、政务云、雪亮工程、智慧城市、IDC数据机房等重要新基建项目，目前是上海电信5G的总包牵头单位，也是中央“新基建”的龙头和标杆企业，在5G、工业互联网和物联网领域已经具有大量研究成果和推广应用基础。

倾力打造业务总包品牌，提升一体化服务能力

公司立足“新一代综合智慧服务商”定位，以价值创造为中心，为建设方提供高素质的总承包管理服务，为工程交付后的运行维护提供全方位的支撑管理手段。公司凭借一揽子综合实施交付能力，承担了上海轨道交通通信总包项目、上海有则临港智造信息服务研发中心项目、世纪互联外高桥钛基云计算中心项目等，在行业内树立了新的标杆。

积极探索创新转型新路径，研发推出智慧产品

随着大数据、云计算、物联网、AI技术等新兴前沿技术的深入运用，公司发挥自身优势，通过打造智慧城市精细化管理解决方案，为城市管理科学决策提供先进手段，助力智慧城市底座构建，先后研发推出了智慧田子坊监管集成平台、上海海关产品安全智能评价平台、智慧能源管控中心综合管理平台、上海市数据中心在线能源审计平台等产品。

公司始终顺应市场动向，持续加大新业务拓展力度，不断提升智慧新产品研发能力。未来，公司会继续结合市场的实际变化，将成功经验与顶层设计紧密结合，加快创新转型发展步伐，构建符合客户需求和价值、适应市场发展的业务体系。

号百控股股份有限公司

号百控股股份有限公司（原上海国脉实业股份有限公司）是中国电信旗下唯一 A 股上市公司，成立于 1992 年 11 月 24 日，并于 1993 年 4 月 7 日在上海证券交易所挂牌上市（证券代码为 600640），是我国邮电系统第一家上市公司。2012 年公司实施重大资产重组，更名为“号百控股股份有限公司”。

号百控股股份有限公司主要经营“6+1”产品，包括天翼超高清、天翼云游戏、天翼云 VR、教育培训、宣传营销、文化旅游及融合能力，致力通过“科技 + 文化”，打造成为中国电信的 CICT（内容文化服务集成）公司，成为领先的数字生活科技公司。

公司下属八大子公司，包括天翼视讯传媒有限公司、炫彩互动网络科技有限公司、天翼阅读文化传播有限公司、天翼爱动漫文化传媒有限公司、成都天翼空间科技有限公司、翼集分电子商务（上海）有限公司、号百商旅电子商务有限公司、尊茂酒店控股有限公司。

临港产业区

上海临港产业区经济发展有限公司成立于2017年，是临港集团着眼于建成具有全球影响力的科技创新中心主体承载区、进一步打响“上海制造”品牌的总体战略布局，整合核心产业资源与优质服务力量、全资组建的国有企业，致力于推进临港产业区战略新兴产业高密度集聚、重大产业项目高质量服务、特业载体高水平建设、产城融合高水平发展。公司目前建有翡翠、钻石、玛瑙等“宝石”系列标准厂房40万平方米，“十四五”期间进一步建成100万平方米创产业复合载体，面向各类研发制造企业提供空间承载和功能依托。

作为上海自由贸易试验区临港新片区先行启动区域以及集成电路综合产业创新基地“东方芯港”的重要组成部分，临港产业区对标国际最高标准、最好水平，以构建对外开放新体制和特殊经济功能为目标动力、以“国际制造、智能制造、高端制造、关键制造”为特征引领，深度嵌入全球创新链、产业链和供应链，攀升布局全球价值链，聚焦发力以动力装置为核心技术的高端装备制造业、以智能网联新能源汽车为核心的新一代汽车制造业、以集成电路为核心技术的芯片制造业，打造特殊功能最优、开放程度最好、产业能级最高、创新动力最强的世界级产业集群。

扫码即刻关注

纳米园—集成电路特色产业园

纳米园——集成电路特色产业园位于临港产业区，处于上海东方芯港特色园区核心区域，南至沧海路，西至云水路，东至钻石园，北至相邻地块，总占地面积 71760.1 平方米(约合 108 亩)，总建筑面积 101680.58 平方米，容积率 178。基地范围内新建 5 栋 3 层厂房、以及相关配套设施。

中国北斗产业技术创新西虹桥基地

CHINA BEIDOU TECHNOLOGY INNOVATION WEST HONGQIAO BASE

全国唯一以“北斗导航”为特色产业的国家火炬特色产业基地

北斗西虹桥基地是上海市首批26个特色产业园区之一。通过政府支持、企业和平台的多方努力，北斗西虹桥基地已集聚了百余家北斗导航与定位相关企业，如华测、联适、威固、海积、普适、势航、道枢、川土等一批“北斗+”“+北斗”跨界融合的知名企业，成功孵化创业板上市公司总部两家。

基地平均年产值增长50%，上海市北斗导航功能型平台于2019年正式落地园区，通过共性技术协同研发与技术成果转化，支撑复杂场景高可用高精度融合导航技术创新，加速提升北斗导航产业领域发展能级。基地通过七年多的发展，已成为国内技术综合竞争力最强、产业链最完整、最有影响力的北斗第一园。

四大优势

区位环境得天独厚——背靠虹桥综合枢纽，面向江浙广阔腹地，位处长三角区域一体化发展战略的核心区。

专业平台创新引领——院士专家服务中心、上海北斗导航创新研究院、上海市北斗导航功能型平台、上海交通大学感知与导航研究所、上海高新产业融创服务战略联盟等多平台引领。

产业生态协同发展——政府支持、龙头企业引领、纵向资源集聚、横向跨界融合等聚焦产业发展，构建全方位立体化的产业创新生态体系。

核心政策全面助力——青浦区北斗专项政策＋租税政策＋大虹桥政策＋大张江政策等多政策联动。

【联系我们】

公司地址：上海市青浦区高泾路599号

公司邮箱：business_beidou@shnid.com

公司电话：021-80162505

公司官网：http://www.shnid.com/

公司官微

上海长兴岛开发建设有限公司

Shanghai Changxing Island Development & Construction Co.,Ltd

上海长兴岛开发建设有限公司成立于 2008 年 4 月，是经上海市委、市政府批准设立，隶属于上海市长兴岛开发建设管理委员会的国有功能性企业，主要负责长兴岛市政基础设施、社会配套设施建设、重大民生工程建设。

当前，公司正按照市委、市政府对长兴岛新一轮开发建设的总要求，围绕“服务国家战略、服务重大项目、服务人民群众”，抢抓长兴岛“两区”建设和轨交上岛的机遇，向“城市开发运营商”“产业发展服务商”转型升级，致力于将长兴岛打造成集“产、城、人、文”为一体的新型产业空间和生活社区。

上海长兴岛经济发展有限公司是开发公司，为贯彻上海“十四五”长兴岛海洋强国战略，服务上海全球海洋中心城市建设，打造国家新型工业化产业示范基地与国家海洋经济发展示范区而设立。公司以“服务地区经济建设，推动长兴产业发展”为己任，围绕加快“海洋经济、创新经济、服务经济”的产业目标，充分利用长兴岛政策、环境、配套等多方优势，积极搭建产业聚集平台，为落户企业提供优质的全方位服务。

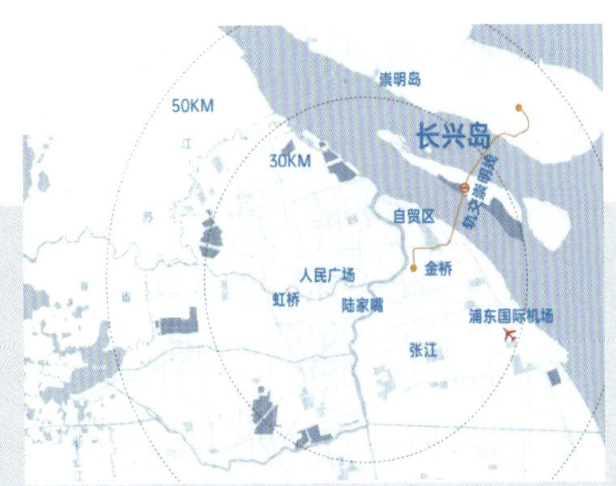

联系方式：上海长兴岛开发建设有限公司

地址：上海市崇明区长兴镇秋柑路 688 弄 18 号

电话：021-33802222　传真：021-33802719　邮编：201913

招商服务热线：

杨小姐 13788933205　/　周先生 13524425740

上海亿通国际股份有限公司

E 汇达

让跨境货物贸易结算更简单!

货贸支付 E 汇达

E 汇达帮助企业解决外贸结算痛点，提供全线上一站式全球结算方案。专注为进出口贸易企业提供无需银行开户、便捷高效、降低成本、操作易上手的结算平台。

极速开户 一周完

传统银行开户需要大量准入材料且需要线下配合，开户时长长达一个月左右。E 汇达开户全程在线操作提交完成后，仅需五个工作日即可完成开户。

汇率锁定 不用愁

相比传统询价交易模式采取当前牌价进行外汇交割，E 汇达采取锁汇交易模式，您可实时查询汇率，在汇率相对较好时锁定汇率后进行交易，无需保证金，轻松为您节省外汇成本。

跨境出款 极速达

E 汇达基于亿通海运数据赋能和合作方全在线交易直连系统，为客户报关单审核提供数据化支持、为资金出款提供全在线通道，现已达到付完即出款、香港地区当天可到账、欧美地区隔天即到账的时效。

运费贷

让运费美金融资更灵活!

航运市场运力紧张，海运运价持续攀升。上海亿通国际股份有限公司联合银行，共同推出运费美金融资产品，使航运物流企业缓解资金周转压力，摆脱资金紧张的困境，助力提升口岸营商环境。

亿通运费美金融资产品为纯信用贷款，无需抵押和担保。单客授信额度最高 1000 万美金，利率跌破 3%，可随借随还，额度循环使用，按日计息。

亿通运费美金融资产品，依托海运数据和线上平台，采用信息化手段，从产品申请、额度审批、支用到还款全部流程均可线上操作，便捷高效。基于海运运费结算场景，闭环管理，风险可控。

SHANGHAI E&P INTERNATIONAL,INC.

欲了解 E 汇达、运费融资产品更多详情，请拨打热线电话：400-821-2199
刘先生：18609918889

上海新致软件股份有限公司

股票代码:688590

新致软件成立于 1994 年，是国内领先的软件服务提供商。公司总部坐落于上海，在北京、深圳、大连、重庆、成都、贵安、武汉、东京等地设立了分支机构。2020 年 12 月，新致软件正式登陆 A 股科创板，公司迎来新的发展篇章。公司主营业务包括向保险公司、银行等金融机构和其他行业终端客户提供科技服务，从事包括咨询规划、设计、开发、运维等软件开发服务，以及向一级软件承包商提供软件项目分包服务。

公司依托二十多年服务金融行业的实践经验，基于云机算、大数据、人工智能、区块链四大基础实验室的研发能力，为金融客户提供包括渠道、核心、数据、管理等全面的信息化解决方案，满足金融客户实现智能化、安全合规、业务多样化等需求，连续多年在中国保险业、银行业 IT 解决方案市场份额中占据领先地位。同时，公司的相关产品及服务已广泛应用于电信、医疗、汽车等诸多领域。

多年积累的知识与经验，以及高质量的交付体系和一流的服务能力，新致软件已在业内树立了良好的企业形象与信用基础，赢得众多优质客户。其中包括中国太保、中国人寿、中国人保、交通银行、建设银行、中国银联、中国电信、上海汽车、复星集团等行业龙头企业，品牌影响力进一步拓宽。

新致软件承担多项上海市重要科研课题或研发产业化项目，荣获“高新技术企业”“上海市企业技术中心”“上海市科技小巨人企业”“上海软件企业规模百强”等称号，并拥有软件企业和软件产品“双软”认证，通过了 ISO27001、ISO9001 质量体系认证、CMMI5 认证和软件服务商一级交付能力评估。公司还多次获得权威机构评选的行业排行榜及合作伙伴、行业协会颁发的权威奖项，荣膺“2020 年中国软件行业最具影响力企业”“2000—2020 中国软件和信息服务业发展杰出企业”“2020 年上海软件核心竞争力企业（规模型）”“2020 年上海软件和信息技术服务业百强”“2020 中国金融科技竞争力 100 强”等。

自成立以来，新致软件以“日新以致远”作为公司的核心理念和品牌承诺，以技术为支撑，以创新为动力，致力于为全球客户提供安全、健康、持续优化的软件科技服务。

日新以致远

聚辰半导体股份有限公司（以下简称“聚辰”）坐落于张江高科技园区，是一家拥有超过二十年经验的模拟/数字芯片设计高科技公司，主营业务为集成电路产品的研发设计和销售，并提供应用解决方案和技术支持服务。

基本信息

成立时间：2009年

上市时间：2019年

股票简称：聚辰股份

股票代码：688123

产品业务

聚辰自主研发的产品广泛应用于智能手机、液晶面板、蓝牙模块、通信、计算机及周边、医疗仪器、白色家电、汽车电子、工业控制等众多领域，尤其在智能手机摄像头模组市场，聚辰多年蝉联全球冠军。在汽车电子方面，聚辰每年出货量近千万颗，终端客户涵盖国内外一线汽车品牌。公司现已拥有AEC-Q100 A2等级的全系列车规级EEPROM产品，并积极完善在A1等级和A0等级汽车级EEPROM的技术积累和产品布局。

研发实力

聚辰致力于持续提升核心芯片的自主研发能力，截至2020年底，聚辰的技术研发人员占比超过50%，并拥有境内发明专利37项、实用新型专利16项、美国发明专利5项。同时，聚辰也是ISO9001、ISO14001认证企业和高新技术企业，拥有国家商用密码产品生产/销售证书、集成电路设计企业证书和集成电路卡注册证书。

聚辰荣获
2020年度
十大中国IC设计公司

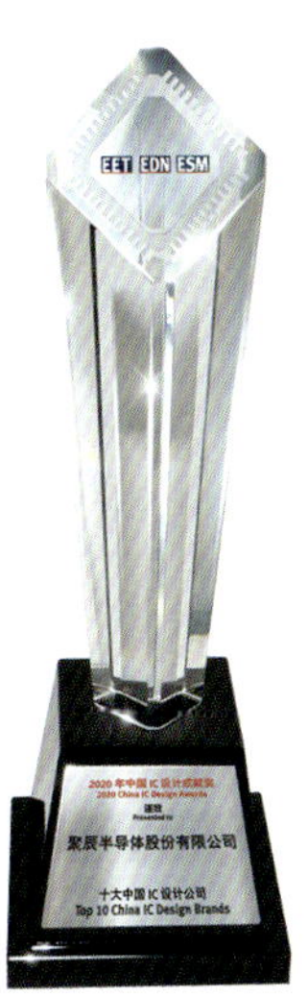

公司目标

聚辰持续以市场需求为导向，以自主创新为驱动，对现有产品线进行完善和升级，并积极开拓NOR Flash、电机驱动芯片、温度传感器等新产品领域，巩固在非易失性存储芯片领域的市场领先地位，丰富在驱动芯片等领域的产品布局，扩大产品的应用领域，进一步提升公司产品的竞争力。

总部地址：上海市浦东新区张江高科技园区松涛路647弄12—13号　电话：+86-21-50802030

上海造币有限公司

1983版熊猫金币

1982版熊猫金币

“为国造币”

上海造币有限公司（原上海造币厂，以下简称“上币”）是隶属于中国人民银行的国家造币企业。上币创立于 1920 年，是近代以来唯一存续至今的国家级造币厂，是我国近代重要的金融机构和上海工业文明的历史见证。2020年，上币迎来了成立 100 周年的重要时刻。

如今，上币已成为国内屈指可数的现代化程度高、竞争优势强的造币企业之一，拥有唯一的国家级硬币设计中心。主要从事设计生产国家流通硬币、金属纪念币；兼营金属纪念章、奖牌、工业金银、机械设计制造等加工业务。

上币始终深入学习贯彻习近平新时代中国特色社会主义思想，开展“不忘初心、牢记使命”主题教育，全面完成生产、科技研发和企业党建等各项工作任务。

公司推动党建工作与业务工作深度融合，取得显著成效。高质量完成国家定制任务，践行“为国造币”的使命；入选“国家工业遗产”和“中国工业遗产保护名录”，扩大品牌影响力。

“为国造币”的精神，激励着“上币人”在硬币的方寸之间，创造出精美绝伦的“国家名片”。屹立于苏州河畔一个世纪，上币先后铸造了四套人民币流通硬币，以及我国第一套贵金属纪念币、第一套熊猫金币、第一套普通纪念币，并建成国内唯一的钢芯镀镍坯饼生产基地，开启了人民币硬币材质的新纪元。历年设计铸造的熊猫金银币、“双龙”银币、“孔雀开屏”银币先后荣获世界“最佳金币奖”“最佳银币奖”等荣誉。普通纪念币，贵金属纪念币、章及奖牌等产品均享誉国内外。2019 年武汉军运会奖牌、2008 年北京奥运会金镶玉奖牌等国家定制产品，都是上币荣誉出品。“上币人”以报国为使命，以创新为动力，以艺术为追求，为上海制造、上海品牌、上海文化贡献力量，向世界造币产业的新高峰不断攀登。

2021 年是中国共产党成立 100 周年，是“十四五”规划开局之年，是上币高质量发展的关键之年。上币将奋力书写高质量转型发展的时代考卷，为高质量发展作出新贡献。

美迪科（上海）包装材料有限公司（简称“美迪科”）是专业生产医疗器械灭菌包装、包装材料、消毒器械、医疗器械的企业，也是集研发、生产、销售于一体的国家高新技术企业、上海医疗器械行业协会会员单位、中国医疗器械包装协会理事单位、中国卫生监督协会消毒专业委员会理事企业、上海市高新技术企业协会初始会员单位。公司通过 ISO13485 体系认证及 CE 认证，荣获上海市品牌产品、上海市名牌、国际质量信用5A企业、2009年上海包装行业企业竞争力50强的企业、上海安全生产标准化三级企业、2014—2017年度合同信用等级AAA级企业、2014—2017年度上海市守合同重信用企业、2016年奉贤区印刷协会销售状元、2016年奉贤区印刷协会爱心企业等奖项或称号。2016年建立上海市奉贤区技术研发中心，荣获上海市奉贤区小巨人培育型企业、奉贤区“四新”企业称号；2017年荣获上海市2018年“专精特新”中小企业称号。

美迪科研发、生产的多个产品已获得上海市自主创新产品、上海市专利新产品、国家科技型中小企业技术创新基金等多项国家级和市级的科技项目资助。公司现有已授权发明5件、实用新型专利15件、软件著作3件、审核中的发明专利2件。

美迪科是美国杜邦公司在中国地区的Tyvek材料唯一授权经销商和指定加工商；生产的医疗器械-防护服和消毒器械已销售到国内2000家三甲医院；医疗器械灭菌包装材料及包装已拥有1000多家客户，其中境外客户20多家。

上海物联网中心

SHANGHAI INTERNET OF THINGS CENTER

经上海市人民政府批准，中国科学院上海微系统与信息技术研究所和嘉定区人民政府在嘉定共建“上海物联网中心”，并于 2010 年 3 月 2 日举行了揭牌仪式。2011 年，上海物联网有限公司作为“上海物联网中心”的运营载体和产业化平台，由中科院上海微系统所下属的新微集团联合上海仪电控股集团及嘉定区国资等单位发起成立。

“上海物联网中心”依托中国科学院上海微系统与信息技术研究所在物联网方面的研发力量、研究成果、人才优势，大力吸引各类物联网研发、示范和产业化项目落户，努力打造国内最具竞争力、国际影响力的物联网创新基地，攻克物联网核心技术，引领国家标准制定，推广物联网应用示范，加速技术成果产业化。上海物联网中心将面向“智慧上海”，推动上海信息产业的新一轮发展。

上海外高桥造船有限公司（以下简称“外高桥造船”）成立于 1999 年，是中国船舶集团有限公司旗下的大型骨干造船企业和国家核心军工生产企业，国内军用舰船、特种工程船和海洋工程的主要建造基地。公司全资拥有上海外高桥造船海洋工程有限公司，是中国海工平台最大最强生产基地之一。

上海外高桥造船有限公司主营业务包括防务装备、船舶建造与修理、海洋工程装备、非船装备四大板块。公司自成立起就确立了建造世界一流产品的目标，产品类型覆盖散货轮、油轮、超大型集装箱船、海工钻井平台、钻井船、浮式生产储油装置、海工辅助船等。公司自主研制的好望角型绿色环保散货轮已成为国内建造最多、国际市场占有率最大的中国船舶出口“第一品牌”，累计承建并交付的 17 万吨级和 20 万吨级散货船占全球好望角型散货轮船船队比重的 14%。30 万吨级超大型油轮 VLCC 累计交付量占全球 VLCC 船队的 9%，11 万吨级阿芙拉型原油轮获得“中国名牌产品”称号。在海洋工程业务领域，公司先后承建并交付了 15 万吨级、17 万吨级、30 万吨级海上浮式生产储油装置（FPSO），标志着我国在 FPSO 的设计与建造领域已位居世界先进行列。3000 米深水半潜式钻井平台是世界上最先进的第 6 代深水半潜式钻井平台，作业水深 3000 米，钻井深度达 10000 米，被列入国家“863”计划项目。公司于 2011 年圆满完成了“海洋石油 981”项目的建造、调试任务及其相关的国家“863”计划和上海市重大科技专项的结题工作，填补了我国在深水特大型海洋工程装备制造领域的空白，该项目荣获 2014 年国家科技进步特等奖。公司承建的海洋工程产品有 JU2000E 型和 CJ46 型自升式钻井平台，标志着公司在自升式钻井平台领域已经形成系列化生产能力。自 2005 年起，公司造船总量和经济效益连续十年稳居国内造船企业首位。2011 年，公司完工交船 36 艘，成为中国第一家年造船完工总量突破 800 万载重吨大关的船厂。

公司已先后通过“三大体系”认证，并建立了“能源管理体系 ISO50001”；被认定为“国家企业技术中心”“高新技术企业”“创新型企业”等；荣获“国家科学技术进步奖特等奖”“全国五一劳动奖状”“上海市科学技术进步奖一等奖”“中国国际工业博览会金奖”“上海市企业管理现代化创新成果一等奖”“上海市质量金奖”等荣誉。理化试验所通过了国家实验室 CNAS、国防科技工业实验室 DILAC 两个资质的认定。